# 전남선생안

## 범례

* 본 책은 조선시대 전라남도와 제주도 지역에 해당하는 28개 고을의 선생안(先生案)을 정리한 것이다.
* 수록 시기는 1910년까지를 원칙으로 하였다.
* 각 군현의 읍지는 대개 1910년 이후에 발간된 것을 저본으로 하였다. 여의치 않은 경우에는 이 시기와 가까운 시기에 발간된 읍지를 참조하였다. 현대에 나온 군지는 참조만 하였으되 각주표기는 하지 않았다.
* 선생안 중 이름이 사뭇 다르게 표기된 경우는 각주에 밝혔고, 음만 다른 경우에는 대부분 그대로 사용하였다.
* 간지 표기가 명백히 오류인 것은 표시 없이 바로잡았다.
* 도임연월이 차이가 나는 경우에는 제수(除授) 날짜와 도임 날짜가 다르기 때문에 나타나는 현상으로, 크게 차이가 나지 않은 한 각주표기를 하지 않았다.
* 저본으로 삼은 읍지가 아닌 다른 읍지에 이임 사유가 기록된 경우에는 이를 참고하였다.
* 목차는 가나다 순으로 하였다.(다만 제주도는 제일 뒤에 붙였다.)
* 1895년에 신설된 군들은 마지막 기타 항목에 넣었다.
* 전남 소재 수군진의 선생안이 남아 있는 경우 부록1에 실었다.
* 전라도 관찰사안의 경우 사용자의 편의를 위해 부록2에 실었다.

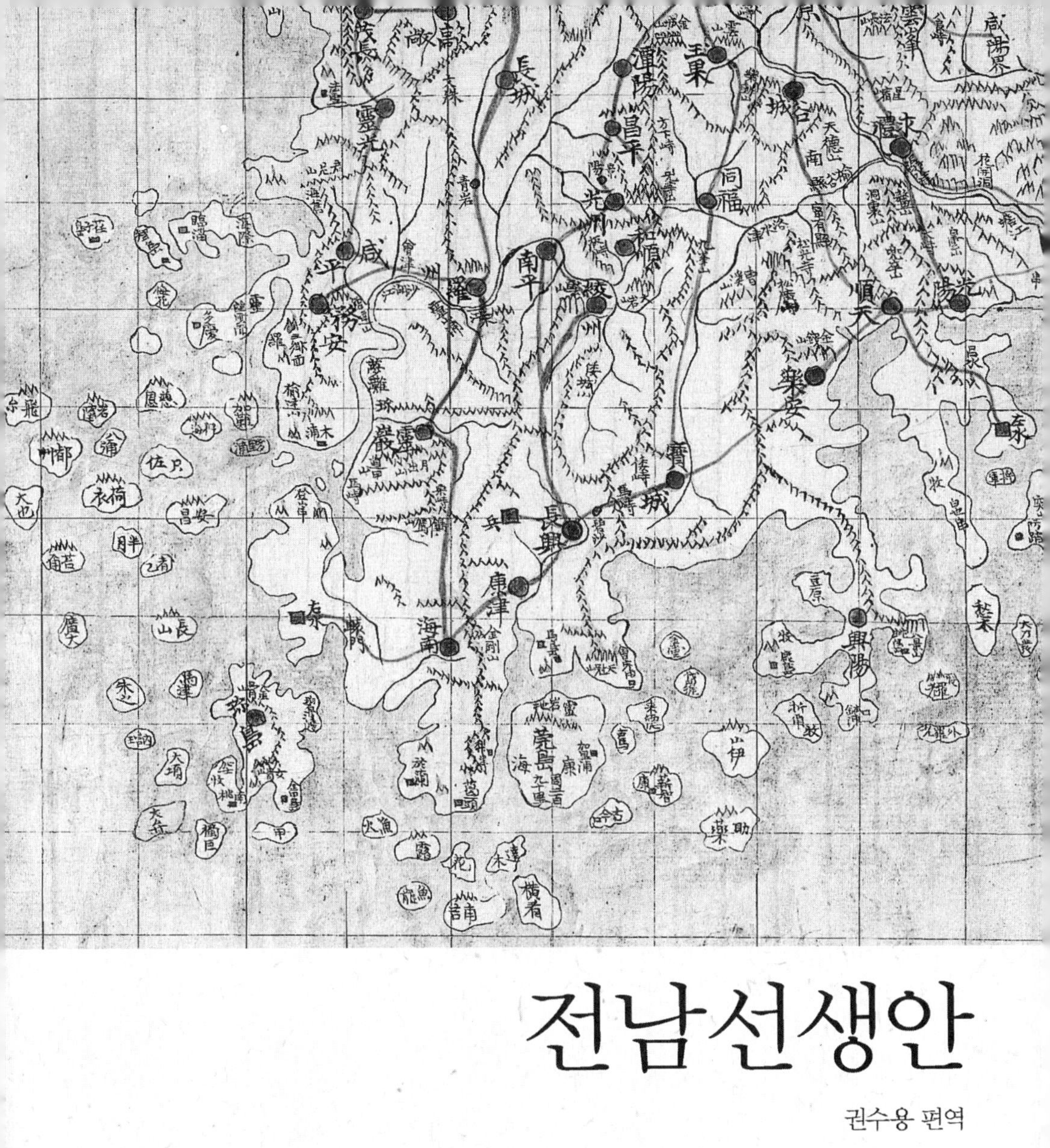

# 전남선생안

권수용 편역

**조선시대 전라남도·제주도 지역 28개 고을의 수령 명단**

본 책은 조선시대 전라남도와 제주도 지역에 해당하는 28개 고을의 선생안(先生案)을 정리한 것이다. 수록 시기는 1910년까지를 원칙으로 하였고 각 군현의 읍지는 대개 1910년 이후에 발간된 것을 저본으로 하였다.

심미안

## 서문

구슬이 서 말이라도 꿰어야 보배라는 속담이 있다. 그동안 많은 지방지가 생산되었고, 또 디지털 베이스화 된 것도 많이 있어서 자료를 활용하기에는 다소 편리해지긴 했다. 그러나 전남지역 수령 명단을 찾아보기 위해서는 여전히 각 읍지를 몇 개씩 다시 들춰보아야 하는 번거로운 점이 있다.

『조선시대 전라도의 감사·수령명단-전북편』이 나온 지 어언 20년이 넘었지만 아직도 전남편(全南篇)의 발간은 아무 소식이 없다. 누군가가 하겠지 하고 기다리다가 세월이 많이 흘렀다. 그래서 여러모로 부족한 필자가 마침내 지역학 연구자나 관심 있는 사람들에게 조그마한 보탬이 되고자 마음먹고 전남지역과 제주 지역의 선생안을 한군데로 모으고, 또 각각의 선생안들을 서로 비교 검토하여 『전남선생안』을 내게 되었다.

읍지류는 각 고을마다 편찬한 시기에 약간의 차이가 있지만 나름대로 만든 것이 각각 5~10종에 이른다. 그 가운데 공통적으로 만든 것이 고종 연간인 1871년, 1895년, 1899년의 3번에 걸쳐있다. 즉 전국 읍지 상송령에 따라 전라도도지 형태로 만든 것이다. 그런데 본 책에서 서술할 수령의 명단은 1910년까지로 잡았기 때문에 될 수 있으면 후대에 나온 것이 필요하였다. 그래서 많은 경우가 일제치하인 1920년대 무렵에 간행된 군지를 저본으로 삼았다.

읍지가 간행되었다고 해서 모든 읍지에 선생안이 들어있는 것은 아니다. 또한 선생안이 들어있다고 해서 모두 완벽하게 들어있는 것은 아니다. 그래서 본 선생안을 만드는 데 많은 자료를 참조해야했는데, 국립중앙도서관의 읍지자료와 서울대학교 규장각 한국학연구원의 한국학자료센터 지리지를 많이 활용하였다. 수많은 사람들의 노고와 누구든지 볼 수 있도록 개방해준 기관에 대하여 이 자리를 빌려 깊은 감사인사 올린다.

지역학을 연구하는 사람들이나 관심 있는 사람들 모두가 날마다 사용하는 데 편리하였으면 하는 바람이다. 호남지역의 학문과 이를 연구하는 연구자가 날로 성장하길 기원한다.

2017.12.

조선대학교 한국학자료센터 전임연구원 권수용

목차

水路九百七十里
濟州
大靜
旌義
康津
海南
長興
珍島
莞島
靈巖
務安
羅州
南平
綾州
寶城
樂安
順天
興陽
光陽
咸平
靈光
長城
潭陽
昌平
光州
和順
同福

강진 康津

# 강진(康津)[1]

백제 때 도무군(道武郡)과 동음현(冬音縣)이 이 지역에 설치되었고, 757년(경덕왕 16)에 도무군을 양무군(陽武郡)으로, 동음현은 탐진현(耽津縣)으로 개칭하였다. 940년(태조 23)에 양무군을 도강현(道康縣)으로 개칭하고 1018년(현종 9)에 영암군에 속하게 했으며, 1172년(명종 2)에 감무가 설치되었다. 탐진현은 처음 영암군에 속했다가 후일 장흥부에 속하게 되었다. 1417년(태종 17)에 도강과 탐진의 두 현을 합쳐서 강진현(康津縣)으로 만들고 탐진에 치소(治所)를 두었으며, 병마도절제사의 영은 도강의 치소로 옮겼다. 현의 치소는 이후 1429년(세종 11)에 도강의 송계(松溪)로 옮겨졌다가 1475년(성종 6)에 탐진으로 되돌아왔다. 도강현의 별호는 금릉(金陵)이며, 탐진현의 별호는 오산(鰲山)이다. 1895년과 1896년의 지방제 개편으로 전라남도 강진군이 되었고, 1914년 면의 폐합이 있었을 때 현재와 같은 윤곽이 잡혔다.

오순종(吳舜宗) : 무과. 홍치 4년(1491) 정월에 도임하여 을묘년(1495) 10월에 체직되어 돌아갔다.

이신(李紳) : 무과. 을묘년(1495) 12월에 도임하여 경신년(1500) 6월에 체직되었다.

최관(崔灌) : 무과. 경신년(1500) 8월에 도임하여 임술년(1502) 정월에 체직되어 돌아갔다.

허겸(許謙) : 무과. 임술년(1502) 2월에 도임하여 을축년(1505) 10월에

---

1) 강진군지는 『금릉읍지(金陵邑誌)』(1793경), 『호남읍지』(1871), 『강진현여지승람』(1895), 『강진지도읍지(康津地圖邑誌)』(1899), 『강진군지』(1924) 등이 있는데, 『금릉읍지』(1793)만 도임일자가 기록되어 있고 다른 읍지에는 기록되지 않았다. 여기에서는 『금릉읍지』를 저본으로 하여 『호남읍지』와 『강진군지』(1924) 등을 참조하였다.

체직되어 돌아갔다.

정한(程漢)[2] : 무과. 을축년(1505) 11월에 도임하여 기사년(1509) 5월에 체직되어 돌아갔다.

이열(李烈) : 문과. 광산인. 기사년(1509) 7월에 도임하여 경오년(1510) 6월에 체직되어 돌아갔다.

이세충(李世忠) : 문과. 경오년(1510) 7월에 임신년(1512) 10월에 체직되어 돌아갔다.

김경훈(金敬勳) : 문과. 임신년(1512) 11월에 도임하여 갑술년(1514) 8월에 체직되어 돌아갔다.

김밀(金蜜) : 문과. 갑술년(1514) 10월에 도임하여 병자년(1516) 6월에 체직되어 돌아갔다.

김자수(金自修) : 문과. 언양인. 병자년(1516) 8월에 도임하여 기묘년(1519) 6월에 체직되어 돌아갔다.

정윤서(鄭允諝) : 무과. 기묘년(1519) 9월에 도임하여 가정 을유년(1525)에 체직되어 돌아갔다.

이성(李誠) : 무과. 을유년(1525) 3월에 도임하여 병술년(1526) 9월에 체직되어 돌아갔다.

이진충(李盡忠) : 무과. 병술년(1526) 5월에 도임하여 정해년(1527) 7월에 체직되어 돌아갔다.

김천수(金千壽) : 무과. 정해년(1527) 9월에 도임하여 무자년(1528) 12월에 체직되어 돌아갔다.

고천령(高千齡) : 무과. 기축년(1529) 3월에 도임하여 동년 11월에 체직되어 돌아갔다.

권유경(權有慶) : 무과. 경인년(1530) 3월에 도임하여 을미년(1535) 3월에 체직되어 돌아갔다.

2) 정한문(程漢文)으로 나왔지만 1871년도 읍지를 참조하여 정한(程漢)으로 바꾸었다.

강자검(姜子儉)[3] : 무과. 진주인. 을미년(1535) 5월에 도임하여 병신년(1536) 6월에 체직되어 돌아갔다.

박자방(朴自芳) : 무과. 정유년(1537)[4] 4월에 도임하여 신축년(1541) 9월에 체직되어 돌아갔다.

김협(金俠) : 문과. 신축년(1541) 12월에 도임하여 임인년(1542) 5월에 체직되어 돌아갔다.

오대방(吳大防) : 문과. 임인년(1542) 4월에 도임하여 계묘년(1543) 12월에 체직되어 돌아갔다.

허세린(許世獜) : 무과. 갑진년(1544) 2월에 도임하여 정미년(1547) 6월에 체직되어 돌아갔다.

남전(南荃) : 무과. 정미년(1547) 9월에 도임하여 동년 12월에 체직되어 돌아갔다.

윤광운(尹光雲) : 무과. 무신년(1548) 2월에 도임하여 기유년(1549) 12월에 체직되어 돌아갔다.

박사량(朴士良) : 무과. 경술년(1550) 정월에 도임하여 신해년(1551) 4월에 체직되어 돌아갔다.

송안(宋安) : 무과. 신해년(1551) 6월에 도임하여 임자년(1552) 2월에 체직되어 돌아갔다.

홍언성(洪彦誠) : 무과. 임자년(1552) 4월에 도임하여 을묘년(1555) 5월에 체직되어 돌아갔다.

노자길(盧子佶) : 무과. 을묘년(1555) 6월에 도임하여 동년 7월에 체직되어 돌아갔다.

유충정(柳忠貞) : 무과. 을묘년(1555) 9월에 도임하여 무오년(1558) 정월에 체직되어 돌아갔다.

강자령(姜自齡) : 무과. 진주인. 무오년(1558) 3월에 도임하여 동년 12

3) 강우검(姜于儉)으로 나오지만 1871년에 나온 읍지에 따라 강자검(姜子儉)으로 고쳤다.

4) 임인년(1542)으로 되어 있는 것을 앞뒤 정황에 맞추어 고쳤다.

월에 체직되어 돌아갔다.

정세필(鄭世弼) : 무과. 기미년(1559) 2월에 도임하여 경신년(1560) 9월에 체직되어 돌아갔다.

유연(柳淵) : 무과. 경신년(1560) 12월에 도임하여 신유년(1561) 6월에 체직되어 돌아갔다.

강려(姜侶) : 무과. 진주인. 신유년(1561) 8월에 도임하여 임술년(1562) 12월에 체직되어 돌아갔다.

최제운(崔霽雲) : 무과. 계해년(1563) 3월에 도임하여 갑자년(1564) 11월에 체직되어 돌아갔다.

김덕윤(金德允)[5] : 무과. 을축년(1565) 2월에 도임하여 병인년(1566) 6월에 체직되어 돌아갔다.

김응식(金應湜) : 무과. 병인년(1566) 7월에 도임하여 무진년(1568) 정월에 체직되어 돌아갔다.

이몽상(李夢祥) : 무과. 무진년(1568) 3월에 도임하여 동년 6월에 체직되어 돌아갔다.

설언국(薛彦國) : 무과. 순창인. 무진년(1568) 8월에 도임하여 동년 11월에 체직되어 돌아갔다.

우전(禹銓) : 무과. 무진년(1568) 12월에 도임하여 경오년(1570) 5월에 체직되어 돌아갔다.

변자신(邊自新) : 무과. 경오년(1570) 7월에 도임하여 임신년(1572) 9월에 체직되어 돌아갔다.

주빈(朱贇) : 무과. 임신년(1572) 10월에 도임하여 계유년(1573) 6월에 체직되어 돌아갔다.

변기(邊璣) : 무과. 계유년(1573) 8월에 도임하여 갑술년(1574) 윤11월에 체직되어 돌아갔다.

5) 후대의 읍지에는 김덕윤(金德潤)으로 나온다.

송강(宋江) : 무과. 을해년(1575) 정월에 도임하여 동년 3월에 체직되어 돌아갔다.

문몽헌(文夢軒) : 무과. 남평인. 을해년(1575) 4월에 도임하여 병자년(1576) 3월에 체직되어 돌아갔다.

황세달(黃世達) : 무과. 병자년(1576) 4월에 도임하여 정축년(1577) 2월에 체직되어 돌아갔다.

민정준(閔廷俊) : 무과. 여흥인. 정축년(1577) 4월에 도임하여 기묘년(1579) 11월에 체직되어 돌아갔다.

김경린(金慶獜) : 무과. 기묘년(1579) 12월에 도임하여 경진년(1580) 3월에 체직되어 돌아갔다.

김공주(金公珠) : 무과. 경진년(1580) 4월에 도임하여 동년 6월에 체직되어 돌아갔다.

김충서(金忠恕) : 무과. 경진년(1580) 8월에 도임하여 동년 12월에 체직되어 돌아갔다.

조희침(趙希琛)[6] : 무과. 신사년(1581) 2월에 도임하여 동년 3월에 체직되어 돌아갔다.

최호(崔湖) : 무과. 신사년(1581) 4월에 도임하여 동년 10월에 체직되어 돌아갔다.

박응정(朴應禎) : 무과. 신사년(1581) 11월에 도임하여 임오년(1582) 6월에 체직되어 돌아갔다.

변언양(邊彦讓)[7] : 문과. 임오년(1582) 7월에 도임하여 계미년(1583) 정월에 체직되어 돌아갔다.

전탁(田卓) : 무과. 계미년(1583) 2월에 도임하여 동년 4월에 체직되어 돌아갔다.

이순신(李純信) : 무과. 계미년(1583) 5월에 도임하여 을유년(1585) 4월

6) 1871년 읍지에는 조희침(趙希沈)으로 나오며, 후대의 읍지에는 조희황(趙希況)으로도 나온다.

7) 변언양(邊彦讓)을 이언양(李彦讓)으로 보기도 한다.

에 체직되어 돌아갔다.

유은(柳溵) : 문과. 을유년(1585) 6월에 도임하여 병술년(1586) 5월에 체직되어 돌아갔다.

유억수(柳億壽) : 무과. 병술년(1586) 6월에 도임하여 정해년(1587) 8월에 체직되어 돌아갔다.

이원형(李元亨) : 무과. 정해년(1587) 9월에 도임하여 경인년(1590) 4월에 체직되어 돌아갔다.

권구(權球) : 무과. 경인년(1590) 5월에 도임하여 신묘년(1591) 4월에 체직되어 돌아갔다.

신충일(申忠一) : 무과. 신묘년(1591) 5월에 도임하여 계사년(1593)[8] 10월에 체직되어 돌아갔다.

이언양(李彦讓)[9] : 문과. 양성인.

유삽(柳澁) : 무과. 계사년(1593) 11월에 도임하여 갑오년(1594)[10] 5월에 체직되어 돌아갔다.

나대용(羅大用) : 무과. 순절. 금성인. 갑오년(1594) 9월에 도임하여 병신년(1596) 7월에 체직되어 돌아갔다.

임봉상(任鳳祥) : 무과. 병신년(1596) 11월에 도임하여 정유년(1597) 5월에 체직되어 돌아갔다.

이극신(李克信) : 무과. 정유년(1597) 5월에 도임하여 무술년(1598) 4월에 체직되어 돌아갔다.

송상보(宋商甫) : 무과. 무술년(1598) 4월에 도임하여 기해년(1599) 8월에 체직되어 돌아갔다.

임홍효(任興孝) : 무과. 기해년(1599) 9월에 도임하여 경자년(1600) 4월에 체직되어 돌아갔다.

---

8) 병인년(1626)으로 되어있는 것을 바로잡았다.
9) 『강진군지』(1924)에 이언양(李彦讓)이 들어가면서 조성(趙珵)까지 순서가 뒤바뀌었다.
10) 정유년(1597)으로 기록되어있는 것을 갑오년(1594)으로 바로잡았다.

유몽호(柳夢虎) : 무과. 경자년(1600) 5월에 도임하여 동년 6월에 체직되어 돌아갔다.

임현(林晛) : 문과. 경자년(1600) 8월에 도임하여 신축년(1601) 5월에 체직되어 돌아갔다.

김응감(金應瑊) : 무과. 신축년(1601) 6월에 도임하여 임인년(1602) 2월에 체직되어 돌아갔다.

허수겸(許守謙) : 문과. 김해인. 임인년(1602) 4월에 도임하여 계묘년(1603) 5월에 체직되어 돌아갔다.

김존경(金存敬) : 문과. 지사(知事). 광산인. 계묘년(1603) 5월에 도임하여 을사년(1605) 3월에 체직되어 돌아갔다.

윤시용(尹是勇) : 문과. 파평인. 을사년(1605) 5월에 도임하여 병오년(1606) 정월에 체직되어 돌아갔다.

김질간(金質幹) : 문과. 광산인. 병오년(1606) 2월에 도임하여 동년 5월에 체직되어 돌아갔다.

이삼성(李三省) : 문과. 병오년(1606) 6월에 도임하여 정미년(1607) 정월에 체직되어 돌아갔다.

이시립(李時立) : 문과. 인천인. 정미년(1607) 2월에 도임하여 기유년(1609) 4월에 체직되어 돌아갔다.

윤길(尹趌) : 문과. 파평인. 기유년(1609) 5월에 도임하여 경술년(1610) 2월에 체직되어 돌아갔다.

이함일(李涵一) : 문과. 사성(司成). 함평인. 경술년(1610) 3월에 도임하여 신해년(1611) 2월에 체직되어 돌아갔다.

소사원(蘇泗源) : 문과. 진주인. 신해년(1611) 3월에 도임하여 임자년(1612) 5월에 체직되어 돌아갔다.

정인(鄭寅) : 문과. 초계인. 임자년(1612) 6월에 도임하여 계축년(1613) 6월에 체직되어 돌아갔다.

허용(許嵱) : 문과. 양천인. 계축년(1613) 7월에 도임하여 갑인년(1614)

7월에 체직되어 돌아갔다.

조응휴(曺應休) : 문과. 갑인년(1614) 8월에 도임하여 정사년(1617) 9월에 체직되어 돌아갔다.

이목(李楘) : 문과. 전주인. 정사년(1617) 12월에 도임하여 무오년(1618) 2월에 체직되어 돌아갔다.

권해(權瀣) : 무과. 경신년(1620) 12월에 도임하여 임술년(1622) 정월에 체직되어 돌아갔다.

윤우(尹佑) : 무과. 임술년(1622) 5월에 도임하여 계해년(1623) 4월에 체직되어 돌아갔다.

황경기(黃景祺) : 무과.

변언황(邊彦璜) : 무과. 계해년(1623) 12월에 강진현감이었음.

송행길(宋行吉) : 문과. 을축년(1625)에 강진현감이었음.

윤계(尹棨) : 문과. 남원인.

임득열(林得悅)[11] : 문과. 장령. 평택인. 무진년(1628) 12월에 도임하여 기사년(1629) 6월에 체직되어 돌아갔다.

이인립(李仁立) : 무과. 기사년(1629) 8월에 도임하여 동년 윤11월에 체직되어 돌아갔다.

이진철(李晋哲) : 문과.

유정익(柳廷益)[12] : 무과.

이경(李坰) : 문과. 벽진인. 신미년(1631) 윤11월에 강진현감으로 폄출(貶出)되었다.

남궁집(南宮鏶) : 문과. 함열인.

홍처후(洪處厚) : 문과. 남양인. 계유년(1633)[13] 9월에 도임하여 갑술년(1634) 7월에 체직되어 돌아갔다.

---

11) 『호남읍지』(1871)에는 임득열(林得烈)로 나온다.

12) 『호남읍지』(1871)에는 유정익부터 이운재까지 나오지 않는다.

13) 기유년(1669)으로 되어 있는 것을 바로잡았다.

이운재(李雲栽) : 문과. 재령인. 갑술년(1634) 9월에 도임하여 병자년(1636) 8월에 체직되어 돌아갔다.

김익희(金益禧) : 문과. 병자년(1636) 8월에 도임하여 정축년(1637) 3월에 체직되어 돌아갔다.

성곡(成穀) : 무과. 창녕인.

성하명(成夏明) : 문과.

여이재(呂爾載) : 문과. 판서. 함양인. 신사년(1641) 5월에 도임하여 임오년(1642) 7월에 체직되어 돌아갔다.

강유(姜瑜) : 문과. 진주인. 계미년(1643) 8월에 도임하여 을유년(1645) 4월에 체직되어 돌아갔다.

유상중(柳尙中) : 무과. 을유년(1645) 4월에 도임하여 동년 12월에 체직되어 돌아갔다.

장문석(張文碩) : 무과. 병술년(1646) 2월에 도임하여 정해년(1647) 8월에 체직되어 돌아갔다.

이태방(李太芳) : 문과. 정해년(1647) 10월에 도임하여 기축년(1649) 4월에 체직되어 돌아갔다.

한진(韓縝) : 문과. 기축년(1649) 6월에 도임하여 경인년(1650) 10월에 체직되어 돌아갔다.

이유원(李惟源) : 문과. 경인년(1650) 11월에 도임하여 신묘년(1651) 6월에 체직되어 돌아갔다.

신유(申瀏) : 무과. 신묘년(1651) 6월에 도임하여 계사년(1653) 7월에 체직되어 돌아갔다.

변유(邊宥) : 무과. 계사년(1653) 7월에 도임하여 갑오년(1654) 6월에 체직되어 돌아갔다.

최유지(崔攸之) : 문과. 삭녕인. 갑오년(1654) 6월에 도임하여 을미년(1655) 7월에 체직되어 돌아갔다.

최계향(崔繼享) : 문과. 전주인. 을미년(1655) 8월에 도임하여 정유년

(1657) 8월에 체직되어 돌아갔다.

김명열(金命說)[14] : 문과. 정유년(1657) 8월에 도임하여 기해년(1659) 6월에 체직되어 돌아갔다.

오성몽(吳聖蒙) : 문과. 해주인. 기해년(1659) 6월에 도임하여 동년 12월에 체직되어 돌아갔다.

송정렴(宋挺濂) : 문과. 은진인. 경자년(1660) 2월에 도임하여 동년 4월에 체직되어 돌아갔다.

김징(金澄) : 문과. 감사. 청풍인. 경자년(1660) 11월에 도임하여 신축년(1661) 6월에 체직되어 돌아갔다.

강여호(姜汝㦿) : 문과. 진주인. 신축년(1661) 윤7월에 도임하여 동년에 체직되어 돌아갔다.

정숙주(鄭叔周) : 문과. 연일인. 계묘년(1663) 2월에 도임하여 동년 4월에 체직되어 돌아갔다.

조성(趙䃏) : 문과. 평양인. 계묘년(1663) 6월에 도임하여 을사년(1665) 9월에 체직되어 돌아갔다.

오명열(吳命說)[15] : 문과. 해주인. 을사년(1665) 12월에 도임하여 정미년(1667) 9월에 체직되어 돌아갔다.

이복(李馥) : 문과. 벽진인. 정미년(1667) 12월에 도임하여 임자년(1672) 10월에 체직되어 돌아갔다.

전속(田䅉)[16] : 문과. 담양인. 계축년(1673) 정월에 도임하여 동년 8월에 체직되어 돌아갔다.

김익화(金益華) : 문과. 광산인. 계축년(1673) 9월에 도임하여 갑인년(1674) 2월에 체직되어 돌아갔다.

이영갑(李英甲) : 문과. 경주인. 갑인년(1674) 4월에 도임하여 을묘년

---

14) 다른 군지에는 김명열(金命烈)·김명열(金命悅)로 나온다.

15) 다른 군지에는 오명열(吳命悅)로도 나온다.

16) 다른 군지에는 전별(田鼈)로도 나온다.

(1675) 8월에 체직되어 돌아갔다.

이후성(李後晟)[17] : 무과. 을묘년(1675) 10월에 도임하여 기미년(1679) 6월에 체직되어 돌아갔다.

이함(李咸) : 무과. 기미년(1679) 8월에 도임하여 경신년(1680) 12월에 체직되어 돌아갔다.

유한명(柳漢明) : 무과. 신유년(1681) 2월에 도임하여 임술년(1682) 6월에 체직되어 돌아갔다.

남유성(南有星) : 문과. 정언. 의령인. 임술년(1682) 8월에 도임하여 계해년(1683) 12월에 체직되어 돌아갔다.

이세강(李世剛)[18] : 무과. 갑자년(1684) 3월에 도임하여 을축년(1685) 10월에 체직되어 돌아갔다.

윤행(尹荇)[19] : 문과. 부사. 파평인. 을축년(1685) 12월에 도임하여 병인년(1686) 6월에 체직되어 돌아갔다.

고응문(高應文) : 무과. 병인년(1686) 8월에 도임하여 정묘년(1687) 11월에 체직되어 돌아갔다.

유백승(柳百乘) : 문과. 문화인. 무진년(1688) 정월에 도임하여 기사년(1689) 5월에 체직되어 돌아갔다.

백세흥(白世興) : 문과. 기사년(1689) 7월에 도임하여 경오년(1690) 6월에 체직되어 돌아갔다.

방만원(方萬元) : 무과. 경오년(1690) 8월에 도임하여 신미년(1691) 11월에 체직되어 돌아갔다.

이수장(李守長) : 무과. 임신년(1692) 2월에 도임하여 동년 11월에 체직되어 돌아갔다.

김항(金沆) : 문과. 안동인. 임신년(1692) 12월에 도임하여 갑술년(1694)

---

17) 『강진군지』(1924)에는 이준성(李俊晟)으로 나온다.

18) 다른 군지에는 이세강(李世綱)으로도 나온다.

19) 『호남읍지』(1871)에는 윤연(尹衍)으로 나온다.

6월에 체직되어 돌아갔다.

이극형(李克亨) : 문과. 양성인. 갑술년(1694) 8월에 도임하여 동년 11월에 체직되어 돌아갔다.

최정룡(崔廷龍) : 문과. 을해년(1695) 정월에 도임하여 정축년(1697) 4월에 체직되어 돌아갔다.

오달해(吳達海) : 무과. 정축년(1697) 4월에 도임하여 동년 11월에 체직되어 돌아갔다.

송만(宋墁) : 문과. 무인년(1698) 2월에 도임하여 동년 11월에 체직되어 돌아갔다.

이성구(李星耉) : 무과. 기묘년(1699) 정월에 도임하여 경진년(1700) 3월에 체직되어 돌아갔다.

권성구(權聖矩) : 문과. 경진년(1700) 5월에 도임하여 동년 7월에 체직되어 돌아갔다.

이훤(李萱) : 무과. 경진년(1700) 9월에 도임하여 임오년(1702) 4월에 체직되어 돌아갔다.

유지후(柳之厚) : 무과. 임오년(1702) 6월에 도임하여 동년 12월에 체직되어 돌아갔다.

조복경(曺復卿) : 문과. 참의. 창녕인. 계미년(1703) 2월에 도임하여 동년 6월에 체직되어 돌아갔다.

유지후(柳之厚) : 무과. 계미년(1703) 8월에 재임하여 갑신년(1704) 2월에 체직되어 돌아갔다.

오명증(吳命增) : 문과. 함양인. 갑신년(1704) 6월에 도임하여 을유년(1705) 4월에 체직되어 돌아갔다.

김중려(金重呂) : 무과. 을유년(1705) 6월에 도임하여 병술년(1706) 정월에 체직되어 돌아갔다.

정계장(鄭啓章) : 문과. 초계인. 병술년(1706) 8월에 도임하여 정해년(1707) 6월에 체직되어 돌아갔다.

최기억(崔基億) : 무과. 정해년(1707) 8월에 도임하여 동년 12월에 체직되어 돌아갔다.

박수인(朴壽仁) : 문과. 밀양인. 무자년(1708) 3월에 도임하여 동년 6월에 체직되어 돌아갔다.

이이경(李頤慶) : 무과. 무자년(1708) 9월에 도임하여 경인년(1710) 12월에 체직되어 돌아갔다.

신혼(申混) : 문과. 신묘년(1711) 2월에 도임하여 임진년(1712) 정월에 체직되어 돌아갔다.

정이규(鄭以規) : 문과. 임진년(1712) 정월에 도임하여 갑오년(1714) 9월에 체직되어 돌아갔다.

정익시(鄭翊時) : 문과. 갑오년(1714) 10월에 도임하여 병신년(1716) 9월에 체직되어 돌아갔다.

최필번(崔必蕃) : 무과. 병신년(1716) 9월에 도임하여 동년 동월에 체직되어 돌아갔다.

장성(張晟) : 무과. 병신년(1716) 9월에 도임하여 정유년(1717) 7월에 체직되어 돌아갔다.

이진환(李震煥)[20] : 문과. 정유년(1717) 9월에 도임하여 기해년(1719) 6월에 체직되어 돌아갔다.

김성발(金聲發) : 문과. 경주인. 기해년(1719) 9월에 도임하여 신축년(1721) 5월에 체직되어 돌아갔다.

진익한(陳翼漢) : 문과. 여양인. 신축년(1721) 윤6월에 도임하여 임인년(1722) 10월에 체직되어 돌아갔다.

최운룡(崔雲龍) : 문과. 탐진인. 임인년(1722) 12월에 도임하여 을사년(1725) 3월에 체직되어 돌아갔다.

박단석(朴端錫) : 무과. 을사년(1725) 5월에 도임하여 동년 동월에 체직

20) 『호남읍지』(1871)에는 이진난(李震煗)으로 나온다.

되어 돌아갔다.

장우귀(張宇龜) : 문과. 흥덕인. 을사년(1725) 10월에 도임하여 병오년(1726) 2월에 체직되어 돌아갔다.

이홍매(李洪邁) : 무과. 병오년(1726) 3월에 도임하여 정미년(1727) 9월에 체직되어 돌아갔다.

박종윤(朴宗潤) : 문과. 밀양인. 정미년(1727) 12월에 도임하여 기유년(1729) 정월에 체직되어 돌아갔다.

정우룡(鄭虞龍) : 무과. 기유년(1729) 3월에 도임하여 경술년(1730) 6월에 체직되어 돌아갔다.

조한위(趙漢緯) : 문과. 경술년(1730) 7월에 도임하여 신해년(1731) 3월에 체직되어 돌아갔다.

이시희(李時熙)[21] : 신해년(1731) 7월에 도임하여 임자년(1732) 8월에 체직되어 돌아갔다.

임철(任轍) : 문과. 풍천인. 임자년(1732) 7월에 도임하여 계축년(1733) 2월에 체직되어 돌아갔다.

이거원(李巨源)[22] : 임자년(1732) 12월에 도임하여 계축년(1733) 2월에 체직되어 돌아갔다.

서명걸(徐命杰) : 문과. 계축년(1733) 2월에 도임하여 을묘년(1735) 3월에 체직되어 돌아갔다.

김한운(金翰運) : 문과. 안동인. 을묘년(1735) 4월에 도임하여 병진년(1736) 4월에 체직되어 돌아갔다.

홍중기(洪重夔) : 무과. 병진년(1736) 6월에 도임하여 무오년(1738) 12월에 체직되어 돌아갔다.

이수일(李壽一) : 무과. 기미년(1739) 4월에 도임하여 경신년(1740) 4월에 체직되어 돌아갔다.

---

21) 『금릉읍지』(1793)에만 조한위 다음에 이시희(李時熙)가 들어 있다.
22) 『금릉읍지』(1793)에만 임철 다음에 이거원(李巨源)이 들어 있다.

남윤관(南胤寬) : 문과. 경신년(1740) 5월에 도임하여 동년 7월에 체직되어 돌아갔다.

윤득징(尹得徵) : 문과. 사간. 해평인. 경신년(1740) 7월에 도임하여 신유년(1741) 7월에 체직되어 돌아갔다.

조순신(趙純臣) : 무과. 신유년(1741) 4월에 도임하여 동년 12월에 체직되어 돌아갔다.

신연(申涎) : 문과. 고령인. 임술년(1742) 2월에 도임하여 갑자년(1744) 9월에 체직되어 돌아갔다.

박기담(朴嗜覃) : 무과. 갑자년(1744) 11월에 도임하여 을축년(1745) 7월에 체직되어 돌아갔다.

남정오(南正五) : 무과. 을축년(1745) 10월에 도임하여 병인년(1746) 8월에 체직되어 돌아갔다.

안명학(安鳴鶴) : 문과 순흥인. 병인년(1746) 9월에 도임하여 무진년(1748) 4월에 체직되어 돌아갔다.

이환(李渙) : 문과. 판윤. 무진년(1748) 6월에 도임하여 임신년(1752) 10월에 체직되어 돌아갔다.

여선응(呂善應) : 문과. 함양인. 임신년(1752) 12월에 도임하여 갑술년(1754) 윤4월에 체직되어 돌아갔다.

이현조(李顯祚) : 문과. 여주인. 갑술년(1754) 5월에 도임하여 정축년(1757) 9월에 체직되어 돌아갔다.

윤면동(尹冕東) : 문과. 해평인. 정축년(1757) 12월에 도임하여 무인년(1758) 7월에 체직되어 돌아갔다.

이담(李潭) : 문과. 덕수인. 무인년(1758) 7월에 도임하여 동년 12월에 체직되어 돌아갔다.

허휘(許彙) : 문과. 기묘년(1759) 정월에 도임하여 신사년(1761) 6월에 체직되어 돌아갔다.

이현태(李顯泰) : 문과. 전주인. 신사년(1761) 7월에 도임하여 임오년

(1762) 11월에 체직되어 돌아갔다.

임관주(任觀周) : 문과. 풍천인. 임오년(1762) 11월에 도임하여 계미년(1763) 7월에 체직되어 돌아갔다.

이의태(李宜泰) : 무과. 계미년(1763) 8월에 도임하여 을유년(1765) 12월에 체직되어 돌아갔다.

조진정(趙鎭禎) : 무과. 병술년(1766) 정월에 도임하여 무자년(1768) 12월에 체직되어 돌아갔다.

심국현(沈國賢) : 문과. 무자년(1768) 12월에 도임하여 경인년(1770) 8월에 체직되어 돌아갔다.

윤석렬(尹錫烈) : 문과. 삼사(三司). 해평인. 경인년(1770) 11월에 도임하여 신묘년(1771) 2월에 체직되어 돌아갔다.

이득준(李得駿) : 무과. 신묘년(1771) 3월에 도임하여 동년 11월에 체직되어 돌아갔다.

이익선(李益烍) : 문과. 신묘년(1771) 12월에 도임하여 임진년(1772) 7월에 체직되어 돌아갔다.

이숭(李崇) : 무과. 임진년(1772) 8월에 도임하여 계사년(1773) 6월에 체직되어 돌아갔다.

김리환(金履煥) : 무과. 안동인. 계사년(1773) 7월에 도임하여 갑오년(1774) 5월에 체직되어 돌아갔다.

이평(李枰) : 문과. 전주인. 갑오년(1774) 6월에 도임하여 동년 9월에 체직되어 돌아갔다.

이겸빈(李謙彬) : 문과. 교리. 덕수인. 갑오년(1774) 9월에 도임하여 을미년(1775) 4월에 체직되어 돌아갔다.

서완석(徐完碩) : 무과. 을미년(1775) 4월에 도임하여 병신년(1776) 4월에 체직되어 돌아갔다.

이동욱(李東郁) : 문과. 여주인. 병신년(1776) 5월에 도임하여 무술년(1778) 7월에 체직되어 돌아갔다.

이경일(李敬一) : 문과. 경주인. 무술년(1778) 8월에 도임하여 기해년 (1779) 8월에 체직되어 돌아갔다.

이홍재(李洪載) : 문과. 한산인. 기해년(1779) 9월에 도임하여 신축년 (1781) 윤5월에 체직되어 돌아갔다.

민영철(閔永喆) : 무과. 여흥인. 신축년(1781) 6월에 도임하여 계묘년 (1783) 11월에 체직되어 돌아갔다.

안숙(安橚) : 무과. 계묘년(1783) 11월에 도임하여 갑진년(1784) 6월에 체직되어 돌아갔다.

신홍주(申鴻周) : 무과. 평산인. 갑진년(1784) 7월에 도임하여 을사년 (1785) 2월에 체직되어 돌아갔다.

민정환(閔廷桓) : 무과. 여흥인. 을사년(1785) 2월에 도임하여 정미년 (1787) 정월에 체직되어 돌아갔다.

성종인(成種仁) : 문과. 창녕인. 정미년(1787) 9월에 도임하여 무신년 (1788) 5월에 체직되어 돌아갔다.

윤익동(尹翊東) : 문과. 교리. 해평인. 무신년(1788) 5월에 도임하여 기유년(1789) 2월에 체직되어 돌아갔다.

박재순(朴載淳) : 문과. 죽산인. 기유년(1789) 2월에 도임하여 경술년 (1790) 7월에 체직되어 돌아갔다.

이인식(李寅植) : 무과. 경술년(1790) 7월에 도임하여 임자년(1792) 정월에 체직되어 돌아갔다.

홍병신(洪秉臣) : 문과. 임자년(1792) 정월에 도임하여 동년 5월에 체직되어 돌아갔다.

성언집(成彦檝)[23] : 문과. 임자년(1792) 5월에 도임하여 계축년(1793) 6월에 체직되어 돌아갔다.

이면휘(李勉輝) : 음직. 완산인.

---

23) 『금릉읍지』(1793)는 성언집 까지 기록되어 있다.

조홍진(趙洪鎭) : 문과.
이해청(李海淸) : 문과. 한산인.
송응규(宋應奎) : 문과.
이주현(李周顯) : 문과. 부평인.
이건식(李健植) : 무과.
서치보(徐致輔) : 무과.
남길관(南吉寬) : 문과.
이원학(李元學) : 무과.
임문백(任文伯) : 문과. 풍천인.
황기안(黃基安) : 문과. 창원인.
이인모(李仁模) : 무과.
신경우(申景雨) : 문과.
한긍유(韓兢裕) : 문과.
이시권(李時權) : 무과.
서학순(徐鶴淳) : 무과.
조존규(趙存奎) : 무과. 평양인.
김익종(金益鍾) : 무과. 안산인.
이창신(李彰愼) : 무과. 기축년(1829) 9월에 도임하였다.
조석구(趙錫龜) : 문과. 한양인. 신묘년(1831) 6월 도정에서 제수되었다.
임백경(任百經) : 문과. 우상. 풍천인. 계사년(1833) 6월 도정에서 제수되고, 부친상을 당했다.
조병일(趙秉一)[24] : 문과. 을미년(1835) 4월에 제수되었으나 부임하지 못한 채 죽었다.
김낙희(金樂喜) : 무과. 경주인. 을미년(1835) 5월에 도임, 병신년(1836) 12월에 좌천되었다.

24) 현대 군지에서 들어간 인물이다.

이관연(李觀淵) : 무과. 한산인. 정유년(1837) 6월 도정에서 제배(除拜, 임명)되었다.

이인석(李寅奭) : 문과. 전주인. 기해년(1839) 12월 도정에서 제배, 대간(臺諫, 사간원·사헌부)의 계에 의해 파직되었다.

임태승(任泰昇) : 무과. 신축년(1841) 6월 도정(都政, 도목정사)[25]에서 제배, 임인년(1842) 6월에 폄중(貶中)[26]되었다.

박승휘(朴承輝) : 문과. 계묘년(1843) 12월 도정에서 제배(除拜)되었다.

민형재(閔馨在) : 문과. 여흥인. 을사년(1845) 12월 도정에서 제배(除拜)되었다.

조학춘(趙學春) : 무과. 정미년(1847) 6월 도정에서 제배(除拜)되었다.

심의원(沈宜元) : 문과. 판서. 청송인. 기유년(1849) 12월 도정에서 제배(除拜)되었다.

정헌교(鄭獻敎) : 문과. 신해년(1851) 12월에 제배(除拜)되었다.

김상현(金尙玄) : 무과. 임자년(1852) 12월에 제배(除拜)되었다.

이행규(李行奎) : 무과. 계축년(1853) 11월에 제배(除拜)되었다.

이유석(李裕奭) : 문과. 경주인. 갑인년(1854) 7월에 제배(除拜)되었다.

심의찬(沈宜贊) : 무과. 청송인. 을묘년(1855) 2월에 제배(除拜)되었다.

홍일형(洪一衡) : 문과. 남양인. 기미년(1859) 11월에 제배(除拜)되었다.

신명화(申命和) : 문과. 평산인. 경신년(1860) 6월에 제배(除拜)되었다.

조재승(趙載升) : 무과. 평양인. 임술년(1862) 정월에 제배, 순천과 서로 바꾸어서 왔다.

유해로(柳海魯) : 무과. 병인년(1866) 8월에 제배, 암행어사 계보에 의해 파직되었다.

이종서(李鍾緖)[27] : 무과. 함풍인. 정묘년(1867) 6월에 제배(除拜)되었고

25) 도정(都政) : 도목정사(都目政事). 매년 2회 또는 4회씩 이조와 병조에서 행하던 인사행정, 관원의 성적을 고사(考査)하여 출척(黜陟)과 이동(移動)을 행하였다.

26) 폄중(貶中) : 6월과 12월에 실시하는 포폄(褒貶)에서 낮은 점수인 중하(中下)를 받아서 좌천되는 것을 말함.

임신년(1872) 5월에 도백(道伯, 관찰사)의 계(啓)로 파출(罷黜)[28] 되었다.

유석희(柳錫喜) : 무과. 진주인. 임신년(1872) 6월에 제배, 관에서 죽었다.

윤용(尹鏞) : 무과. 파평인. 갑술년(1874) 4월에 제배(除拜)되었다.

이규삼(李奎參) : 무과. 덕수인. 병자년(1876) 7월 도정에서 제배, 무인년(1878) 6월에 폄중(貶中)되고, 명천(明川)과 서로 바꾸었다.

이창권(李昌權) : 무과. 덕수인. 기묘년(1879) 2월에 명천(明川)에서 부임하였다.

이건구(李建九) : 문과. 전주인. 기묘년(1879) 8월에 제배(除拜)되었다.

조익원(趙益元) : 문과. 한양인. 신사년(1881) 12월에 제배, 관(官)에서 죽었다.

정학순(鄭學淳) : 무과. 하동인. 계미년(1883) 2월에 제배, 갑신년(1884)에 중(中)을 받았다.

이상규(李庠珪) : 무과. 한산인. 을유년(1885) 2월에 제배(除拜)되었다.

신홍균(申泓均) : 무과. 정해년(1887) 12월에 제배(除拜), 영암으로 이배(移拜)되었다.

민영은(閔泳殷) : 무과. 여흥인. 정해년(1887) 12월에 낙안에서 부임하여 구성(龜城)으로 이배(移拜)되었다.

민창호(閔昌鎬) : 무과. 여흥인. 신묘년(1891) 5월에 제배(除拜)되었다.

이규하(李奎夏) : 무과. 전주인. 갑오년(1894) 7월에 도임하여 원면(願免)하였다.

오철선(吳哲善) : 해주인. 건양 원년(1896) 7월에 도임해왔다.

신성휴(申性休) : 음직. 고령인. 정유년(1897) 11월에 도임하여 원면(願免)하였다.

정인국(鄭寅國) : 음직. 동래인. 기해년(1899) 5월에 도임하였다.

---

27) 『호남읍지』(1871)에는 이종서까지 실려있다.

28) 파출(罷黜) : 출체(黜遞). 장계(狀啓)로 파면되어 쫓겨나는 것.

강영서(姜永瑞) : 음직. 진주인.

이희익(李憙翼) : 문과. 연안인.

강영서(姜永瑞) : 음직. 진주인.

조중관(趙重觀) : 음직. 양주인.

채수강(蔡洙康) : 음직. 평강인. 무신년(1908) 11월에 본직에 제배(除拜)되었다.

조병우(曺秉瑀) : 음직. 창녕인.

백흥기(白興基) : 음직. 수원인.

곡성 谷城
水路九百七十里
濟州
大靜
旌義
長興
康津
海南
興陽
順天
光陽
樂安
寶城
綾州
南平
羅州
務安
咸平
靈光
長城
潭陽
昌平
光州
和順
同福
玉果
谷城
求禮
珍島
莞島
牛
飛揚

# 곡성(谷城)29)

백제 때 욕내군(欲乃郡, 일명 浴川郡)이었다가 신라 경덕왕 때 곡성군(谷城郡)으로 개칭하고, 영현으로 동복·구례·부유(富有, 순천 주암면)의 3현을 거느리면서 무주(武州, 광주)에 속하였다. 고려 초에는 승평군(昇平郡, 순천)의 속현이 되었다가 현종 9년(1018)에는 나주에 이속되었고, 명종 2년(1172)에 감무(監務)를 두었다. 조선 태종 13년(1413)에 다시 현감을 두어 남원도호부(南原都護府)에 속하게 하였는데 정유년(1597)에는 남원도호부에 아예 병합되고 말았고, 광해 원년(1609) 겨울에 다시 현이 복구되었다. 현감에는 본래 문(文)·음(蔭)·무(武)가 통행되었는데 정조 5년(1781)에 비로소 음관으로 정하고, 임기는 24개월로 하였다. 곡성의 별호는 욕천(浴川)이다. 고종 32년(1895)에 제도가 바뀌어 현감 대신 군수를 두었으며, 1914년 봄에 옥과 전부와 구례군 고달면 일부를 합병하였다.

본 관안(官案)은 1487년(성종 18) 현감 권이충(權爾忠)을 시작으로 하여 성안(成案)되었다. 그러나 다음 3인은 연대는 미상이지만 고증할 수 있기 때문에 새로 증보한다.

서혁(徐赫) : 이천인(利川人)으로 호는 만학(晩學)이며, 공도공(恭度公) 선(選)의 6세손이다.

조찬(趙纘) : 무과. 통훈대부. 순창인으로 호는 도암(陶庵)이며, 비안현감 팽손(彭孫)의 아들이다.

최여달(崔汝達) : 전주인으로 자는 입가(立可), 호는 인의헌(仁義軒)이

29) 『욕천속지(浴川續誌)』(1923)를 저본으로 하였다. 곡성 선생안은 1793년경에 편찬된 『곡성읍지』를 모태로 하여 여기에 계속 증보를 해간 것이다.

다. 부임이나 체직연월은 미상이지만 문효공 윤효손(尹孝孫)이 찬술한 묘지(墓誌)에 근거하여 입록한다.

권이충(權爾忠) : 통훈대부(通訓大夫). 충청도 진잠(鎭岑) 현감과 자리를 바꾸어 정미년(1487, 성종 18) 4월에 부임하였고, 9월에 바뀌었다.

양지손(梁芷孫) : 선무랑(宣務郞). 정미년(1487, 성종 18) 11월에 부임하여 계축년(1493, 성종 24) 2월에 바뀌었다.

정수인(丁守仁) : 조봉대부(朝奉大夫). 계축년(1493, 성종 24) 2월에 부임하여 같은 해 11월에 백성을 학대한다는 계(啓)로 인해 파직되었다.

곽득형(郭得亨) : 통훈대부. 갑인년(1494, 성종 25) 2월에 부임하여 기미년(1499, 연산군 5) 정월에 과체(瓜遞[30])되었다.

송연손(宋演孫) : 통훈대부. 기미년(1499) 2월에 부임하여 갑자년(1504, 연산군 10) 3월에 임기가 만료되어 바뀌었다.

조형(趙珩) : 선무랑. 순창인. 갑자년(1504) 3월에 부임하여 정묘년(1507, 중종 2) 6월에 바뀌었다.

이극문(李克文) : 통훈대부. 정묘년(1507) 9월에 부임하여 기사년(1509, 중종 4) 3월에 임기가 만료되어 바뀌었다.

박지겸(朴之謙) : 통훈대부. 기사년(1509) 4월에 부임하여 동년 10월에 바뀌었다.

권억(權憶) : 통훈대부. 경오년(1510, 중종 5) 2월에 부임하였고, 6월에 '억(憶)'자를 '억(億)'자로 잘못 쓴 것으로 인해 파직되었다.

하팽로(河彭老) : 조산대부(朝散大夫). 경오년(1510) 7월에 부임하였고 계유년(1513, 중종 8)에 표(表)를 받들고 상경하였다가 부친상을

30) 과체(瓜遞) : 임기를 마치고 교체되는 것을 말한다. 『경국대전(經國大典)』 「이전(吏典) 외관직(外官職)」에 "관찰사(觀察使)·도사(都事)는 근무 일수가 360일, 수령은 1800일, 당상관 수령 및 가족을 임지에 데리고 가지 않은 변방 수령과 훈도(訓導)는 900일이 차면 교체한다."라고 하였다.

당하여 바뀌었다.

조인손(趙仁孫) : 조산대부. 계유년(1513) 3월에 부임하여 갑술년(1514, 중종 9) 6월에 바뀌었다.

나안세(羅安世) : 조산대부. 갑술년(1514, 중종 9) 7월에 부임하여 병자년(1516, 중종 11) 12월에 바뀌었다.

김근(金墐) : 조산대부. 정축년(1517, 중종 12) 2월에 부임했다가 동년 6월에 바뀌었다.

유인수(柳仁洙) : 조산대부. 정축년(1517) 11월에 부임하였고, 경진년(1520, 중종 15) 10월에 바뀌었다.

김수창(金壽昌) : 조산대부. 경진년(1520) 11월에 부임하여 신사년(1521, 중종 16) 4월에 죽었다.

양희석(梁希奭) : 조산대부. 신사년(1521) 5월에 부임하여 계미년(1523, 중종 18) 6월에 바뀌었다.

권방걸(權邦傑) : 조산대부. 계미년(1523) 8월에 부임하여 동년 12월에 바뀌었다.

양철견(梁鐵堅) : 조산대부. 갑신년(1524, 중종 19) 2월에 부임하였고, 병술년(1526, 중종 21) 11월에 병이 있어서 바뀌었다.

이찬(李璨) : 무과. 봉직랑(奉直郎). 정해년(1527, 중종 22) 2월에 부임하여 무자년(1528, 중종 23) 6월에 바뀌었다.

정관(丁瓘) : 조봉대부. 무자년(1528) 8월에 부임하여 기축년(1529, 중종 24) 8월에 바뀌었다.[31)]

정세광(丁世光) : 조봉대부. 기축년(1529) 10월에 부임하여 신묘년(1531, 중종 26) 8월에 농작물의 피해가 많다는 재상(災傷)[32)] 계보(啓報)로 파직되었다.

조방필(趙邦弼) : 통훈대부. 신묘년(1531) 11월에 부임하여 을미년(1535,

31) 『곡성군지』(1917)에는 이임 사유가 '신고(身故, 죽음)'로 나온다.

32) 재상(災傷) : 수재·한재, 또는 풍해·병충해로 인해서 발생한 곡식의 피해.

중종 30) 8월에 재상(災傷) 계보(啓報)로 파직되었다.

정림(鄭琳) : 통훈대부. 을미년(1535) 12월에 부임하여 병신년(1536, 중종 31) 12월에 폄체(貶遞)[33] 되었다.[34]

김윤장(金允章) : 통훈대부. 정유년(1537, 중종 32) 2월에 부임하여 무술년(1538, 중종 33) 9월[35]에 어사의 계로 파직되었다.

임세언(林世彦) : 중훈대부(中訓大夫). 무술년(1538) 12월에 부임하여 임인년(1542, 중종 37) 12월에 좌천되었다.

김서운(金瑞雲) : 봉훈랑(奉訓郎). 계묘년(1543, 중종 38) 2월에 부임하여 병오년(1546, 명종 1) 정월에 전(箋)을 받들고 상경하였다가 상을 당했다.

한용권(韓用權) : 통훈대부. 병오년(1546) 2월에 부임하여 동년 8월에 재상(災傷) 계보(啓報)로 파직되었다.

이세번(李世蕃) : 봉훈랑. 정미년(1547, 명종 2) 정월에 부임하여 동년 12월에 바뀌었다.

한응성(韓應星) : 통훈대부. 무신년(1548, 명종 3) 정월에 부임하여 기유년(1549, 명종 4) 6월에 폄체되었다

서연(徐練) : 무과. 통훈대부. 기유년(1549) 8월에 부임하여 경술년(1550, 명종 5) 12월에 폄체되었다.

김기문(金起文) : 문과. 봉렬대부.[36] 신해년(1551, 명종 6) 2월에 부임하여 동년 12월에 폄체되었다.

육대춘(陸大春) : 문과. 승훈랑. 임자년(1552, 명종 7) 2월에 부임하여 동년 12월에 폄체되었다.

염뇌(廉雷) : 봉훈랑. 계축년(1553, 명종 8) 정월에 부임하여 같은 달 19

---

33) 폄체(貶遞) : 고과(考課) 때에 하등(下等)을 맞아서 체직되는 것을 말한다.

34) 『곡성군지』(1917)에는 '을미년(1535) 11월에 부임하여 병신년(1536, 중종 31) 8월에 재상(災傷) 계보(啓報)로 파직되었다.'고 나온다.

35) 『곡성군지』(1917)에는 파직 연월이 1538년 8월로 나온다.

36) 『곡성군지』(1917)에는 봉훈랑으로 나온다.

일에 부친의 상을 당하였다.

김몽좌(金夢佐) : 중훈대부. 계축년(1553) 3월[37]에 부임하여 무오년(1558, 명종 13) 정월에 돈녕주부(敦寧主簿)로 벼슬이 올랐다.

고충수(高忠橾) : 중직대부(中直大夫). 무오년(1558) 2월에 부임하여 동년 6월에 폄체되었다.

김입(金立) : 조산대부. 무오년(1558) 윤7월에 부임하여 계해년(1563, 명종 18) 6월에 바뀌었다.[38]

소해(蘇邂) : 생원. 중훈대부. 한성판관으로서 계해년(1563, 명종 18) 8월에 부임하여 갑자년(1564, 명종 19) 12월에 바뀌었다.[39] 사창(社倉)을 설립하였다.

위대성(魏大成) : 문과. 봉열대부(奉列大夫). 을축년(1565, 명종 20) 정월에 부임하여 동년 7월에 폄체되었다.

이수완(李秀完) : 생원. 통훈대부. 을축년(1565) 9월에 부임하여 병인년(1566, 명종 21) 12월에 폄체되었다.

박사우(朴思遇) : 문과. 중훈대부. 정묘년(1567, 명종 22) 2월에 부임하여 을사년(1569, 선조 2) 12월에 경체(京遞[40])되었다.

이요신(李堯臣) : 문과. 통훈대부. 경오년(1570, 선조 3) 2월에 부임하여 갑술년(1574, 선조 7) 12월에 임기가 만료되어 바뀌었다.

윤시침(尹時忱) : 봉렬대부. 을해년(1575, 선조 8) 2월에 부임하여 동년 9월에 재상(災傷) 계보로 파직되었다.

홍진(洪津) : 문과. 통훈대부. 을해년(1575) 12월[41]에 부임하여 기묘년(1579, 선조 12) 정월에 폄체되었다.

권조(權祖) : 문과. 통훈대부. 기묘년(1579) 2월에 부임하였고, 경진년

---

37) 『곡성군지』(1917)에는 윤3월 6일로 나온다.

38) 『곡성군지』(1917)에는 '임술년(1562, 명종 17) 12월에 정체(呈遞)하였다.'고 나온다.

39) 『곡성군지』(1917)에는 폄체되었다고 나온다.

40) 경체(京遞) : 중앙부처(경관직)로 전출 교체되는 것을 말한다.

41) 『곡성군지』(1917)에는 11월로 나온다.

(1580, 선조 13)에 감사와 상피제(相避制)에 해당되어 대흥(大興) 현감과 서로 바꾸었다.

김급(金汲) : 문과. 중훈대부. 경진년(1580) 6월에 충청도 대흥(大興)으로부터 부임하여 와서 신사년(1581, 선조 14) 3월에 죽었다.

이양(李楊) : 생원. 통훈대부. 신사년(1581) 5월에 부임하여 동년 8월 4일에 죽었다.

박민준(朴民浚) : 문과. 봉정대부.[42] 신사년(1581) 10월에 부임하여 갑신년(1584, 선조 17)에 백성의 상소와 어사의 계로 인해 파직되었다.

이각(李覺) : 문과. 선무랑. 갑신년(1584) 8월에 부임하여 을유년(1585, 선조 18) 10월[43]에 경관직으로 바뀌었다.

정경륜(鄭景倫) : 생원. 중훈대부. 을유년(1585) 12월에 부임하여 정해년(1587, 선조 20) 12월에 폄체되었다.

정개청(鄭介淸) : 선무랑. 무자년(1588, 선조 21) 정월에 부임하였고, 10월에 부모의 나이가 90세를 넘는다는 것으로 걸체(乞遞)하였다.

임태(任兌) : 진사. 통훈대부. 무자년(1588) 10월에 부임하여 동년 11월에 계파(啓罷)되었다

신옥(申沃) : 선교랑(宣敎郎). 기축년(1589, 선조 22) 정월에 부임하여 신묘년(1591, 선조 24) 정월에 경체(京遞)되었다.

정대민(鄭大民) : 조봉대부. 신묘년(1591) 2월에 부임하여 계사년(1593, 선조 26)에 영남으로 피난을 간 것 때문에 병사의 계로 파직되었다.

김홍서(金興瑞) : 생원. 통훈대부. 계사년(1593) 10월에 부임하여 동년 12월에 폄체되었다.

정순복(鄭巡復) : 문과. 통훈대부. 갑오년(1594, 선조 27) 정월에 부임하

42) 『곡성군지』(1917)에는 봉훈랑으로 나온다.
43) 『곡성군지』(1917)에는 12월로 나온다.

여 병신년(1596, 선조 29) 정월에 경체(京遞)되었다.

윤홍지(尹興智)[44] : 문과. 통훈대부. 병신년(1596) 6월에 부임하여 동년 12월에 폄체되었다.

최충검(崔忠儉) : 무과. 선무랑. 정유년(1597, 선조 30) 정월에 부임하였으나 8월에 병란으로 남원이 함락되어 명군과 병사(兵使)가 모두 함께 죽었다.

고언장(高彦章) : 무과. 통훈대부. 정유년(1597)에 부임했으나 남원부에 병합되었다.

선조 30년 정유년에 본현은 남원과 합해졌기 때문에 이하부터는 남원부사를 기록한다.

이덕필(李德弼) : 무과. 정유년(1597)에 남원부사에 부임했다.

정언충(鄭彦忠) : 무과. 무술년(1598, 선조 31) 2월에 남원부사에 부임했다.

정응성(鄭應聖) : 무과. 무술년(1598, 선조 31) 3월에 남원부사에 부임했다.

원신(元愼) : 무과. 기해년(1599, 선조 32) 정월에 남원부사에 부임했다.

이사명(李思命) : 무과. 가의대부. 경자년(1600, 선조 33) 5월에 남원부사에 부임했다.

경섬(慶暹) : 문과. 통훈대부. 임인년(1602, 선조 35) 봄에 남원부사에 부임하였다.

성계선(成啓善) : 문과. 을사년(1605, 선조 38) 2월에 남원부사에 부임했다.

정사호(鄭賜湖) : 문과. 대헌(大憲)[45]. 을사년(1605, 선조 38) 6월에 남원부사에 부임했다.

신경행(辛景行) : 문과. 병오년(1606, 선조 39)에 남원부사에 부임했다.

---

44) 『곡성군지』(1917)에는 윤지흥(尹智興)으로 나오지만 윤홍지가 맞는 것 같다.

45) 『곡성군지』(1917)에는 가의대부(嘉義大夫)로 나온다.

성안의(成安義) : 문과. 통훈대부. 정미년(1607, 선조 40)에 남원부사에 부임했다.

기유년(1609. 광해군 1) 겨울에 곡성현으로 다시 복구되었다. 이하는 본현의 관안을 들어 기록한다.

남궁경(南宮檠) : 진사. 통훈대부. 기유년(1609) 12월에 부임하여 경술년(1610, 광해군 2) 3월에 경관직으로 바뀌었다.

기효전(奇孝荃) : 문과. 조산대부. 경술년(1610) 5월에 부임하여 신해년(1611, 광해군 3) 4월에 경관직으로 바뀌었다.

이인서(李麟瑞) : 문과. 통훈대부. 신해년(1611) 5월에 부임하여 같은 해 9월에 경관직으로 바뀌었다.

안극인(安克仁) : 진사. 통훈대부. 신해년(1611) 10월에 부임하여 계축년(1613, 광해군 5) 11월에 경관직으로 바뀌었다.

조홍벽(趙弘璧) : 문과. 통훈대부. 계축년(1613) 12월에 부임하여 병진년(1616, 광해군 8) 9월에 봉고(封庫)[46] 파직되었다.

최호(崔皞) : 진사. 봉정대부. 병진년(1616) 12월에 부임하여 무오년(1618, 광해군 10) 7월에 창녕부사로 옮겨갔다.

양사행(梁思行) : 통정대부. 무오년(1618) 11월에 부임하여 기미년(1619, 광해군 11) 12월에 창녕부사와 서로 바꾸었다.

한신민(韓信民) : 통정대부. 경신년(1620, 광해군 12) 2월에 부임하여 신유년(1621, 광해군 13) 8월에 봉고 파직되었다.

박윤장(朴允章) : 문과. 통훈대부. 임술년(1622, 광해군 14) 12월에 부임하여 계해년(1623, 광해군 15) 4월에 봉고 파직되었다.

박병(朴炳) : 문과. 승의랑(承義郞). 계해년(1623) 5월에 부임하여 을축년(1625, 인조 3) 정월에 관직을 버리고 돌아갔다.

김상윤(金相潤) : 문과. 통훈대부. 을축년(1625)에 부임하여 기사년

46) 봉고(封庫) : 봉체(封遞). 암행어사(暗行御史)가 봉고파직(封庫罷職) 시키는 것.

(1629, 인조 7)에 담양과 함께 조련(操鍊)할 때 호군(犒軍, 군사를 위로하는 일)을 삼가지 않은 일로 폄체되었다.

이상경(李祥慶) : 문과. 통훈대부. 경오년(1630, 인조 8) 2월에 부임하였다가 3월에 모친상을 당해 바뀌었다.

이정신(李正身) : 문과. 통훈대부. 경오년(1630) 5월에 부임하여 신미년(1631, 인조 9)에 연속해서 두 번이나 폄중(貶中)을 받아 벼슬을 버리고 돌아갔다.[47]

김억(金嶷) : 진사. 통훈대부. 신미년(1631) 8월에 부임하여 병자년(1636, 인조 14) 7월에 임기가 만료되어 바뀌었다.

신삼준(愼三俊) : 문과. 통훈대부. 병자년(1636) 9월에 부임하여 동년 12월에 병 때문에 벼슬을 버리고 돌아갔다.[48]

조칙(趙侙) : 문과. 통훈대부. 무인년(1638, 인조 16) 2월에 부임하여 신사년(1641, 인조 19) 12월에 병이 들어 바뀌었다.

한정(韓珽) : 진사. 통훈대부. 임오년(1642, 인조 20) 2월에 부임하여 계미년(1643, 인조 21) 정월에 경파(京罷)[49] 되었다.

이문주(李文柱) : 문과. 통훈대부. 계미년(1643) 3월에 부임하여 무자년(1648, 인조 26)에 임기가 만료되어 바뀌었다. 병술년(1646)에 개인(改印)하였다.

신희도(辛喜道) : 진사. 통훈대부. 무자년(1648) 2월에 부임하였으며, 경인년(1650, 효종 1)에 병으로 출척되어 3월에 죽었다.[50]

이식(李軾) : 경인년(1650) 3월에 부임하여 신묘년(1651, 효종 2) 12월에 법률을 거역한 것으로 인해 잡혀갔다.

유인성(柳仁聲) : 통훈대부. 임진년(1652, 효종 3) 정월[51]에 부임하였고,

---

47) 『곡성군지』(1917)에는 병이 들어 바뀌었다고 나온다.

48) 『곡성군지』(1917)에는 정축년(1637, 인조 15)에 병이 들어 바뀌었다고 나온다.

49) 경파(京罷) : 조정에서 파직시키는 것을 말함.

50) 『곡성군지』(1917)에는 "경인년(1650, 효종 1) 2월에 칙사로 있을 때 조정에서 재능 있는 자를 차사원(差使員)으로 하면서 이에 임금의 부름이 있었으나 병이 있다고 유장(由狀, 휴가신청서)을 낸 것으로 인해 파문당하여 3월에 사저에서 죽었다."라고 하였다.

병신년(1656, 효종 7) 11월에 임기가 만료되어 바뀌었다.

유비(兪秘) : 통훈대부. 병신년(1656) 12월에 부임하였고, 신축년(1661, 현종 2) 12월에 임기가 만료되어 바뀌었다.

권예(權勩) : 통훈대부. 임인년(1662, 현종 3) 3월에 부임하여 객사(客舍)를 세우고, 을사년(1665, 현종 6) 정월에 죽었다.

손지(孫志) : 문과. 통훈대부. 을사년(1665)에 부임하여 향리를 때려죽였는데, 7월에 인명(人命)에 남형(濫刑)한다는 계가 있어 파직되었다.

박정설(朴廷薛) : 문과. 통훈대부. 을사년(1665) 9월에 부임하여 병오년(1666, 현종 7)에 어사의 서계(書啓)로 인해 봉고 파직되었다.

홍석형(洪碩亨) : 문과. 통훈대부. 정미년(1667, 현종 8) 정월에 부임하여 무신년(1668, 현종 9) 6월에 폄파(貶罷)되었다.

이두장(李斗長) : 문과. 통훈대부. 무신년(1668) 7월에 부임하여 관아 건물을 중건하고, 기유년(1669, 현종 10) 2월에 폄파되었다.

김진한(金振漢) : 문과. 조봉대부. 경술년(1670, 현종 11)에 부임하여 8월에 경내의 어살을 막을 때에 죽은 백성이 18인에 이른 것 때문에 계보(啓報)에 의해 파직되었다.

최신헌(崔新憲) : 문과. 중직대부. 경술년(1670) 10월에 부임하여 신해년(1671, 현종 12) 4월에 죽었다.

이한구(李翰衢) : 문과. 통훈대부. 신해년(1671) 5월에 부임하여 임자년(1672, 현종 13) 6월에 폄체되었다.

이언철(李彦喆) : 문과. 통훈대부. 임자년(1672) 윤7월에 부임하여 계축년(1673, 현종 14) 12월에 폄체되었다.

문영후(文榮後) : 문과. 통훈대부. 갑인년(1674, 현종 15)에 부임하였으며, 을묘년(1675, 숙종 1)에 백성의 처를 빼앗아 관노첩(官奴妾)

51) 『곡성군지』(1917)에는 3월로 나온다.

으로 만들었기 때문에 그 지아비가 의송(議訟)을 올린 것으로 인해 유배당하고 파면되었다.

맹만시(孟萬始) : 진사. 통정대부. 을묘년(1675) 10월에 부임하였고, 무오년(1678, 숙종 4)에 대당(大倘, 큰도적)을 잡은 일로 인해 당상관으로 승진하였다.[52]

이심전(李心傳) : 문과. 통훈대부. 무오년(1678)에 부임하여 기미년(1679, 숙종 5) 11월에 재상(災傷)으로 인해 바뀌었다.

이만징(李萬徵) : 음직. 통훈대부. 경신년(1680, 숙종 6) 정월에 부임하여 신유년(1681, 숙종 7) 2월에 암행어사의 계로 파직되었다.

황재명(黃再命) : 무과. 통훈대부. 신유년(1681) 4월에 부임하여 계해년(1683, 숙종 9) 9월에 임기가 만료되어 바뀌었다.

김영징(金永徵) : 무과. 통훈대부. 계해년(1683) 10월에 부임하여 병인년(1686, 숙종 12) 4월에 임기가 만료되어 바뀌었다.

장신립(張信立) : 무과. 통정대부. 병인년(1686) 4월에 부임하여 정묘년(1687, 숙종 13) 11월[53]에 재상(災傷)으로 파직되었다.

정집(鄭檝) : 무과. 통훈대부. 무진년(1688, 숙종 14) 정월에 부임하여 경오년(1690, 숙종 16) 4월에 임기가 만료되어 바뀌었다.

이제면(李濟冕) : 무과. 통훈대부. 경오년(1690) 5월에 부임하여 임신년(1692, 숙종 18) 9월에 임기가 만료되어 바뀌었다.

김주익(金胄翼) : 무과. 통훈대부. 임신년(1692) 10월에 부임하여 갑술년(1694, 숙종 20) 2월에 대간(臺諫)의 계로 파직되었다.

이성좌(李聖佐) : 문과. 조봉대부. 갑술년(1694) 4월에 부임하고, 병자년(1696, 숙종 22) 4월에 어사가 현에 왔을 때 관청의 누결(漏結) 문서를 수색하여 찾아내었으므로 서계(書啓)하여 파직되었다.

---

52) 『곡성군지』(1917)에는 "병진년(1676, 숙종 2)에 대당(大倘, 큰도적)을 잡은 일로 인해 당상관으로 승진하고, 무오년(1678, 숙종 4)에 임기가 만료되어 바뀌었다."고 나온다.

53) 『곡성군지』(1917)에는 10월로 나온다.

이만정(李萬楨) : 무과. 통훈대부. 병자년(1696) 5월에 부임하여 무인년(1698, 숙종 24) 7월에 임기가 만료되어 바뀌었다.

김성원(金聖源) : 무과. 통훈대부. 무인년(1698)에 부임하였고, 기묘년(1699, 숙종 25)에 적들이 창리(倉吏)를 죽인 일로 잡혀갔다.[54)]

주항도(朱恒道) : 문과. 통훈대부. 기묘년(1699) 4월에 부임하여 동년 7월에 휴가를 얻어 본가에 간 후 모친상을 당하여 바뀌었다.

방우(方堣)[55)] : 무과. 통정대부.[56)] 기묘년(1699) 9월에 부임하여 임오년(1702, 숙종 28) 2월[57)]에 임기가 만료되어 바뀌었다.

김후광(金後光)[58)] : 무과. 통훈대부. 임오년(1702)에 부임하였으며, 동년 11월에 제언(堤堰)을 승낙 없이 농사에 사용한 일로 계에 의해 파직되었다.

신린(申潾) : 무과. 중훈대부. 계미년(1703, 숙종 29) 정월에 부임하여 을유년(1705, 숙종 31) 4월에 임기가 만료되어 바뀌었다.

윤징상(尹徵商) : 무과. 통훈대부. 을유년(1705) 8월에 부임하여 정해년(1707, 숙종 33) 12월에 계파(啓罷)되었다.

한재후(韓在垕) : 문과. 통훈대부. 무자년(1708, 숙종 34) 2월에 부임을 기한 내에 하지 못한 것으로 인해 폄체되었다.

임욱(林煜) : 무과. 통훈대부. 무자년(1708) 10월에 부임하여 경인년(1710, 숙종 36) 7월에 죽었다.

김여중(金呂重) : 무과. 승의랑. 경인년(1710) 8월에 부임하였는데, 곧바로 대간의 계보(啓報)로 인해 파직되었다.

박환(朴煥) : 무과. 중직대부. 경인년(1710) 10월에 부임하여 임진년(1712, 숙종 38) 12월에 폄체되었다.

---

54) 『곡성군지』(1917)에는 "사면(四面) 밖에서 영장(領將)을 적인(賊人)이 포를 쏘아 죽인 일로 인해 잡혀갔다."고 나온다.

55) 『곡성군지』(1917)에는 김방우(金方堣)로 나오지만 방우(方堣)가 맞는 것으로 보인다.

56) 『곡성군지』(1917)에는 중훈대부로 나온다.

57) 『곡성군지』(1917)에는 6월로 나온다.

58) 『곡성군지』(1917)에는 김준광(金浚光)으로 나오지만 김후광(金後光)이 맞는 것으로 보인다.

최동제(崔東濟) : 문과. 통훈대부. 계사년(1713, 숙종 39) 3월에 부임하여 갑오년(1714, 숙종 40) 6월에 폄체되었다.

김만적(金萬敵) : 무과. 가선대부. 갑오년(1714) 9월에 부임하여 11월에 인신(印信)을 개조하였는데, 정유년(1717, 숙종 43)에 어사가 현에 이르러 각 항의 문서를 수색했기 때문에 곧바로 봉고 파직되었다.

신몽필(辛夢弼) : 문과. 조산대부. 정유년(1714) 5월에 부임하여 오고오상(5考5上, 근무평정을 5차례 실시하여 5회 모두 상의 성적인 것을 말함)을 하였고, 기해년(1719, 숙종 45) 8월에 임기가 만료되어 바뀌었다.

김상한(金相漢) : 무과. 가선대부. 기해년(1719) 9월에 부임하여 신축년(1721, 경종 1)에 어사가 현에 이르렀을 때 문서를 수색하기 때문에 휴가를 얻어 상경하였는데, 어사의 계로 인해 파직되었다.

서행원(徐行遠) : 음직. 통훈대부. 신축년(1721) 11월에 부임하여 임인년(1722, 경종 2) 5월에 대간의 계보로 파직되었다.

전성일(田成一) : 무과. 통정대부. 임인년(1722) 6월에 부임하였고, 갑진년(1724, 경종 4) 12월에 임기가 만료되어 바뀌었다.

홍우귀(洪禹龜) : 무과. 통훈대부. 갑진년(1724)에 부임하여 을사년(1725, 영조 1)에 대간의 계보로 파직되었다. 4개월 동안 백성을 잘 다스렸는데 의외로 파직되니, 백성들이 부모를 잃은 것과 같이 하였다. 이에 격쟁하고 신원하여 다시 서용되었다.

이귀정(李龜楨) : 문과. 통훈대부. 을사년(1725) 6월에 부임하여 병오년(1726, 영조 2) 7월에 폄파되었다.

송종석(宋宗錫) : 음직. 통훈대부. 병오년(1726)에 부임하여 정미년(1727, 영조 3) 9월에 절순(節筍)의 일로 좌천되었다.

이동필(李東弼) : 무과. 통훈대부. 정미년(1727) 9월에 부임하였고, 경술년(1730, 영조 6) 3월에 임기가 만료되어 바뀌었다.

유봉장(柳鳳章) : 무과. 통훈대부. 경술년(1730) 3월에 부임하여 신해년(1731, 영조 7) 6월에 좌천되었다.

문수원(文壽元) : 무과. 통정대부. 신해년(1731) 9월에 부임하였고, 임자년(1732, 영조 8) 윤5월에 폄파되었다.[59]

변관하(卞觀夏) : 진사. 통훈대부. 임자년(1732) 6월에 부임하였으며, 계축년(1733, 영조 9) 8월에 순찰사가 부임하는 데 그 기한에 미치지 못했기 때문에 좌천되었다.

김시걸(金時傑) : 무과. 통훈대부. 계축년(1733)에 부임하였으며, 4월 21일 술시에 우연히 동헌과 객사에 화재가 발생하여 모두 타버렸으므로 힘써 일하여 중건하였다. 을묘년(1735, 영조 11) 남원 살옥(殺獄) 사건을 초검(初檢)하는 데 불명확하게 한 일로 순영에서 계를 올려 파직되었다.

나억령(羅億齡) : 무과. 통훈대부. 을묘년(1735, 영조 11) 8월에 부임하여 동년 12월에 좌천되었다.

박명재(朴明梓) : 무과. 정헌대부. 병진년(1736, 영조 12) 7월에 부임하여 관인을 개조하였으며, 동년 12월에 좌천되었다.

노제신(盧齊愼) : 무과. 통정대부. 정사년(1737, 영조 13) 4월에 부임하여 무오년(1738, 영조 14) 12월에 좌천되었다.

이용지(李龍至) : 무과. 통훈대부. 기미년(1739, 영조 15) 3월에 부임하여 동년 7월에 폄중(貶中)으로 계파(啓罷)되었다.

이사순(李思順) : 무과. 통정대부. 기미년(1739) 9월에 부임하였으며, 임술년(1742, 영조 18) 3월에 임기가 만료되어 바뀌었다. 선정비가 있다.

여광세(呂光世) : 문과. 통훈대부. 임술년(1742) 4월에 부임하여 사정(射亭)을 건립하였으며, 갑자년(1744, 영조 20)에 임기가 차서 바뀌

59) 『곡성군지』(1917)에는 사체(辭遞)로 나온다.

었다.

강성로(康聖路) : 문과. 승훈랑. 갑자년(1744) 9월에 부임하여 을축년(1745, 영조 21) 7월에 계로 인해 파직되었다.

서필수(徐必修) : 무과. 통정대부. 을축년(1745) 9월에 부임하여 병인년(1746, 영조 22)에 당상관으로서 폄중(貶中)되었다.

박지무(朴枝茂) : 무과. 가선대부. 병인년(1746) 4월에 부임하여 동년 9월에 계로 인해 파직되었다.

마기하(馬起河) : 무과. 통훈대부. 병인년(1746) 11월에 부임하여 정묘년(1747, 영조 23) 4월에 죽었다.

오한적(吳漢迪) : 통훈대부. 정묘년(1747) 7월에 부임하여 무진년(1748, 영조 24) 12월에 좌천되었다.

김몽석(金夢錫) : 무과. 가선대부. 기사년(1749, 영조 25) 4월에 부임하여 동년 12월에 좌천되었다.

허계(許琫) : 무과. 통정대부. 기사년(1749) 12월에 부임하여 임신년(1752, 영조 28) 정월에 전임이었던 영장(營將)으로 바뀌었다.

심동상(沈東尙) : 무과. 통정대부. 임신년(1752) 2월에 부임하여 계유년(1753, 영조 29) 4월에 계로 인해 체직되었다.

남상천(南相天) : 문과. 봉정대부. 계유년(1753) 5월에 부임하여 을해년(1755) 정월[60]에 계로 인해 체직되었다.

이현익(李顯益) : 무과. 통훈대부. 을해년(1755, 영조 31) 2월에 부임하여 관인을 개조하였으며, 병자년(1756, 영조 32) 5월에 죽었다.

전의채(全義采)[61] : 문과. 통훈대부. 병자년(1756) 6월에 부임하였고, 무인년(1758, 영조 34) 11월[62]에 임기가 만료되어 바뀌었다.

정문흥(鄭文興) : 음직. 통정대부. 무인년(1758) 11월에 부임하였고, 신사

60) 『곡성군지』(1917)에는 체직일이 갑술년(1754, 영조 30) 3월로 나온다.

61) 『곡성군지』(1917)에는 김의채(金義采)로 나오지만 전의채(全義采)가 맞는 것으로 보인다.

62) 『곡성군지』(1917)에는 3월로 나온다.

년(1761, 영조 37)에 임기가 만료되어 바뀌었다. 군민들이 각기 술과 안주를 들고 나와 잔치를 베풀며 전송하였다. 선정비가 있다.

박준원(朴俊源) : 문과. 통훈대부. 신사년(1761) 4월에 부임하여 임오년(1762, 영조 38) 6월에 좌천되었다.

양정집(梁廷楫) : 무과. 통훈대부. 임오년(1762) 7월에 부임하여 동년 12월에 좌천되었다.

이백령(李栢齡) : 무과. 통정대부. 임오년(1762) 12월에 부임하여 계미년(1763, 영조 39) 6월 15일에 좌천되었다.

김종일(金宗一) : 무과. 통훈대부. 계미년(1763) 7월에 부임하여 갑신년(1764, 영조 40) 6월에 계로 인해 파직되었다.

장한봉(張漢鳳) : 문과. 통훈대부. 갑신년(1764) 7월에 부임하여 동년 12월에 좌천되었다.

권정혁(權廷赫) : 무과. 가선대부. 을유년(1765, 영조 41) 정월에 부임하여 동년 6월 15일에 좌천되었다.

이홍기(李弘器) : 무과. 통정대부. 을유년(1765) 7월에 부임하여 병술년(1766, 영조 42) 12월 15일에 좌천되었다.

안복화(安復和) : 무과. 통훈대부. 정해년(1767, 영조 43) 정월에 부임하여 동년 12월 15일에 좌천되었다.

이명붕(李命鵬) : 무과. 통훈대부, 무자년(1768, 영조 44) 정월에 부임하여 기축년(1769, 영조 45) 2월에 상을 당하여 바뀌었다.

이정수(李鼎秀) : 무과. 통정대부. 기축년(1769) 2월에 부임하여 동년 12월 15일에 좌천되었다.

홍경(洪璥) : 무과. 남행(南行), 통훈대부. 경인년(1770, 영조 46) 정월에 부임하여 신묘년(1771, 영조 47) 9월에 남성현감이 되었다.

이기령(李杞齡) : 무과. 통정대부. 신묘년(1771) 9월에 부임하여 계사년(1773, 영조 49) 4월에 상을 당하여 바뀌었다.

변상벽(卞相璧) : 무과. 남행, 가선대부. 계사년(1773) 5월에 부임하여 을미년(1775, 영조 51) 4월에 죽었다.

이철수(李喆遂) : 무과. 통정대부. 을미년(1775) 4월에 부임하여 정유년(1777, 정조 1) 7월에 임기가 만료되어 바뀌었다.

김상현(金尙顯) : 무과. 남행, 통훈대부. 정유년(1777) 7월에 부임하여 동년 12월에 계파되었다.[63)]

이태형(李泰亨) : 무과. 통정대부. 무술년(1778, 정조 2) 2월에 부임하여 동년 6월 15일에 좌천되었다.

원계진(元繫鎭) : 무과. 통훈대부. 무술년(1778) 윤6월에 부임하였으며, 기해년(1779, 정조 3) 정월에 전직에서 있었던 일로 인해 체포되었다.

정지신(鄭趾新) : 무과. 통정대부. 기해년(1779) 2월에 부임하여 신축년(1781, 정조 5) 7월에 임기가 만료되어 바뀌었다.

김재화(金載華) : 문과. 남행, 통훈대부. 신축년(1781) 7월에 부임하여 계묘년(1783, 정조 7) 7월에 추성군수(楸城郡守)가 되어 옮겨갔다. 관안을 중수하였다.

권중립(權中立) : 문과. 남행, 통훈대부. 계묘년(1783) 7월에 부임하여 을사년(1785, 정조 9) 10월에 죽었다.

한건(韓謇) : 문과. 남행, 통훈대부. 을사년(1785) 11월에 부임하여 정미년(1787, 정조 11) 정월에 죽었다.

임하철(林夏喆) : 문과. 남행, 통훈대부. 정미년(1787) 2월에 부임하여 무신년(1788, 정조 12) 3월에 상을 당하여 바뀌었다.

유정양(柳正養) : 문과. 남행, 통훈대부. 무신년(1788) 5월에 부임하여 기유년(1789, 정조 13) 6월에 파직되었다.

박종간(朴宗幹) : 문과. 남행, 통훈대부. 기유년(1789) 7월에 부임하여 경술년(1790, 정조 14) 7월에 사직으로 인해 바뀌었다.

---

63) 『곡성군지』(1917)에는 10월에 죽었다고 나온다.

이성중(李性重) : 문과. 남행, 통훈대부. 경술년(1790) 7월에 부임하여 임자년(1792, 정조 16) 11월에 흥양현감이 되었다.

고정헌(高庭憲) : 문과. 남행, 통훈대부. 임자년(1792) 11월에 흥양현감에서 본 현으로 왔다. 계축년(1793)에 사간원으로 승진하여 상경하였다.

이춘보(李春輔) : 문과. 남행, 통훈대부. 계축년(1793, 정조 17) 5월에 부임하여 갑인년(1794, 정조 18) 11월에 진도군수와 서로 바꾸었다.

최상기(崔尙耆) : 무과. 통훈대부. 갑인년(1794) 11월에 진도군수에서 본 현으로 부임하여 을묘년(1795) 5월에 전직의 일로 파직되었다.

이윤명(李潤明) : 문과. 남행, 통훈대부. 을묘년(1795, 정조 19) 6월에 부임하여 정사년(1797) 윤6월에 임기가 만료되어 바뀌었다.[64]

김희채(金熙采) : 문과. 남행, 통훈대부. 무오년(1798) 정월에 부임하여 기미년(1799)에 장령에 승직되었다.[65]

정창기(鄭昌耆) : 문과. 남행, 통훈대부. 경신년(1800) 정월에 부임하여 임술년(1802, 순조 2) 5월에 도사에 제수되었다.[66]

박우원(朴祐源) : 음직. 임술년(1802) 8월에 부임하여 갑자년(1804, 순조 4) 11월에 죽었다.

이재순(李在純) : 음직. 통훈대부. 갑자년(1804)에 부임하여 을축년(1805, 순조 5)에 모친상을 당하여 바뀌었다.

김상엄(金相儼) : 음직. 통훈대부. 을축년(1805, 순조 5) 8월에 부임하여 8일 되던 날 병으로 바뀌었다.

이종명(李宗明) : 음직. 통훈대부. 정묘년(1807, 순조 7)에 부임하여 무진년(1808, 순조 8)에 어사의 계로 체직되었다.

정은상(鄭殷祥) : 음직. 통훈대부. 무진년(1808)에 부임하여 기사년

64) 『곡성군지』(1917)에는 무오년(1798, 정조 22) 정월에 사직으로 인해 바뀌었다고 나온다.
65) 『곡성군지』(1917)에는 경신년(1800, 정조 24) 정월 초에 임기가 만료되어 바뀌었다고 나온다.
66) 『곡성군지』(1917)에는 임기가 만료되어 바뀌었다.

(1809, 순조 9)에 구례현감과 서로 자리를 바꾸었다.

김광호(金光浩) : 무과. 통훈대부. 기사년(1809)에 부임하여 신미년(1811, 순조 11)에 좌천되었다.

심공권(沈公權) : 음직. 통훈대부. 신미년(1811, 순조 11) 7월에 부임하여 임신년(1812, 순조 12) 6월에 파직되었다.

김재겸(金載謙) : 통훈대부. 임신년(1812) 7월에 부임하여 동년 10월에 장수현감이 되었다.

심문영(沈文永) : 통훈대부. 임신년(1812) 10월에 장수현감과 바꾸어 부임하였다가 임기가 찼으나 잉임을 청하였고 을해년(1815, 순조 15) 6월에 바뀌었다.

홍희진(洪羲鎭) : 통훈대부. 을해년(1815) 7월에 부임하여 동년 12월에 창고 쌀을 환자한 일로 계하여 파직되었다.

이서(李舒) : 통훈대부. 을해년(1815) 12월에 부임하여 무인년(1818, 순조 18) 5월에 바뀌었다.

김노철(金魯喆) : 통훈대부. 무인년(1818) 7월에 부임하여 기묘년(1819, 순조 19) 12월에 파직되었다.

이도명(李道明) : 통훈대부. 경진년(1820, 순조 20) 정월에 부임하여 신사년(1821, 순조 21) 11월에 좌천되었다.

송계수(宋啓洙) : 통훈대부. 은진인. 신사년(1821)에 부임하여 계미년(1823)에 옮겨갔다.[67]

최두현(崔斗顯) : 통훈대부. 계미년(1823, 순조 23) 5월에 부임하여 을유년(1825, 순조 25) 11월에 임기가 만료되어 바뀌었다.

이면충(李勉沖) : 통훈대부. 을유년(1825) 12월에 부임하여 병술년(1826, 순조 26) 7월 15일에 죽었다

성긍묵(成兢默) : 통훈대부. 병술년(1826) 8월에 부임하여 무자년(1828,

67) 『곡성군지』(1917)에는 임오년(1822, 순조 22) 정월에 부임하여 5월에 공주목사로 옮겨갔다고 나온다.

순조 28) 12월에 임기가 만료되어 바뀌었다.

박긍원(朴肯源) : 기축년(1829, 순조 29)에 부임하여 경인년(1830, 순조 30) 12월에 바뀌었다.

박치영(朴致榮) : 신묘년(1831, 순조 31)에 부임하여 임진년(1832, 순조 32)에 순영(巡營)과의 상피로 돌아갔다.

이복현(李復鉉) : 임진년(1832) 2월에 부임하여 동년 6월에 경체(徑遞)[68] 되었다.

임우상(任禹常) : 임진년(1832)에 부임하여 계사년(1833, 순조 33)에 복계(覆啓)[69]에서 거하(居下)를 받았다.

이종직(李鍾稷) : 갑오년(1834, 순조 34)에 부임하여 을미년(1835, 헌종 1)에 홍주목사로 갔다.

이조식(李祖植) : 을미년(1835)에 부임하여 무술년(1838, 헌종 4)에 임기가 만료되어 바뀌었다.

조진문(趙鎭文) : 무술년(1838)에 부임하여 경자년(1840, 헌종 6)에 임기가 만료되어 바뀌었다.

신순(申淳) : 신축년(1841, 헌종 7)에 부임하여 임인년(1842, 헌종 8)에 바뀌어 돌아갔다.

이윤우(李胤愚) : 임인년(1842)에 부임하여 갑진년(1844, 헌종 10)에 교하현감으로 옮겨갔다.

조학점(趙學點) : 갑진년(1844)에 부임하여 병오년(1846, 헌종 12)에 임기가 만료되어 바뀌었다.

권속(權涑) : 정미년(1847, 헌종 13)에 부임하여 기유년(1849, 헌종 15)에 강릉령(康陵令)으로 옮겨갔다.

신석주(申錫疇) : 기유년(1849)에 부임하여 신해년(1851, 철종 2)에 임기가 만료되어 바뀌었다.

---

68) 경체(徑遞) : 임기가 차기 전에 체임되는 것.

69) 복계(覆啓) : 임금에게 명을 받고 처리한 사실을 보고하는 일을 이르던 말.

신명익(申命翼) : 임자년(1852, 철종 3) 정월에 부임하여 동년 7월에 복계(覆啓)에서 출하(黜下)되었다.

엄석명(嚴錫明) : 임자년(1852, 철종 3)에 부임하여 계축년(1853, 철종 4)에 좌천되었다.

이인재(李寅在) : 갑인년(1854, 철종 5)에 부임하여 을묘년(1855, 철종 6) 2월에 죽었다.

오기묵(吳基默) : 을묘년(1855)에 부임하여 정사년(1857, 철종 8)에 임기가 만료되어 바뀌었다.

박제빈(朴齊賓) : 정사년(1857)에 부임하여 기미년(1859, 철종 10)에 좌천되었다.

박희순(朴希順) : 기미년(1859)에 부임하여 신유년(1861, 철종 12)에 바뀌었다.

서기보(徐箕輔) : 신유년(1861)에 부임하여 임술년(1862, 철종 13)에 옮겨갔다.

박인수(朴麟壽) : 임술년(1862)에 부임하여 을축년(1865, 고종 2)에 바뀌었다.

이병오(李秉五) : 을축년(1865)에 부임하여 무진년(1868, 고종 5)에 옮겨갔다.

정연화(鄭淵和) : 무진년(1868)에 부임하여 경오년(1870, 고종 7)에 좌천되었다.

정광시(鄭匡始) : 경오년(1870)에 부임하여 신미년(1871, 고종 8)에 옮겨갔다.

정기증(鄭基曾) : 신미년(1871)에 부임하여 계유년(1873, 고종 10)에 임기가 만료되어 바뀌었다.

이공우(李公愚) : 계유년(1873)에 부임하여 병자년(1876, 고종 13)에 임기가 만료되어 도정(都正)에서 제수되었다.

이원린(李源麟) : 병자년(1876)에 부임하여 무인년(1878, 고종 15)에 옮겨갔다.

민영학(閔泳學) : 무인년(1878)에 부임하여 신사년(1881, 고종 18)에 옮겨갔다.

정진묵(鄭晉默) : 신사년(1881)에 부임하여 계미년(1883, 고종 20)에 임기가 만료되어 돌아갔다.

홍기주(洪岐周) : 계미년(1883) 6월에 부임하여 동년 11월에 바뀌었다.

조장교(趙章教) : 계미년(1883)에 부임하여 을유년(1885, 고종 22)에 옮겨갔다.

이준영(李俊永) : 을유년(1885)에 부임하여 병술년(1886, 고종 23)에 도정(都正)에 제수되었다.

김영직(金永稷) : 병술년(1886)에 부임하여 정해년(1887, 고종 24)에 옮겨갔다.

이계하(李啓夏) : 정해년(1887)에 부임하여 동년 12월에 상을 당해 바뀌었다.

이헌기(李憲基) : 정해년(1887)에 부임하여 무자년(1888, 고종 25)에 옮겨갔다.

이건응(李建膺) : 무자년(1888)에 부임하여 기축년(1889, 고종 26)에 옮겨갔다.

이희하(李熙夏) : 기축년(1889)에 부임하여 임진년(1892, 고종 29)에 옮겨갔다.

어재윤(魚在潤) : 임진년(1892)에 부임하여 갑오년(1894)에 임기가 만료되어 바뀌었다.

이문영(李文榮) : 갑오년(1894)에 부임하여 을미년(1895)에 면직되었다.

이우규(李祐珪) : 을미년(1895) 9월에 부임하여 병신년(1896)에 바뀌었다.

권성수(權聖洙) : 병신년(1896)에 부임하여 기해년(1899)에 바뀌었다.

정운석(鄭雲晳) : 기해년(1899)에 부임하여 경자년(1900)에 바뀌었다.

오용선(吳用善) : 경자년(1900)에 부임하여 신축년(1901)에 바뀌었다.

김일현(金一鉉) : 신축년(1901)에 부임하여 임인년(1902)에 바뀌었다.
송상희(宋祥熙) : 임인년(1902)에 부임하여 계묘년(1903)에 바뀌었다.
심택진(沈宅鎭) : 계묘년(1903)에 부임하여 을사년(1905)에 바뀌었다.
송진옥(宋振玉) : 을사년(1905)에 부임하여 병오년(1906)에 바뀌었다.
김진현(金鎭賢) : 병오년(1906)에 부임하여 무신년(1908)에 바뀌었다.
이호백(李鎬白) : 무신년(1908)에 부임하여 기유년(1909)에 죽었다.
박재규(朴在珪) : 경술년(1910)에 바뀌어 돌아갔다.

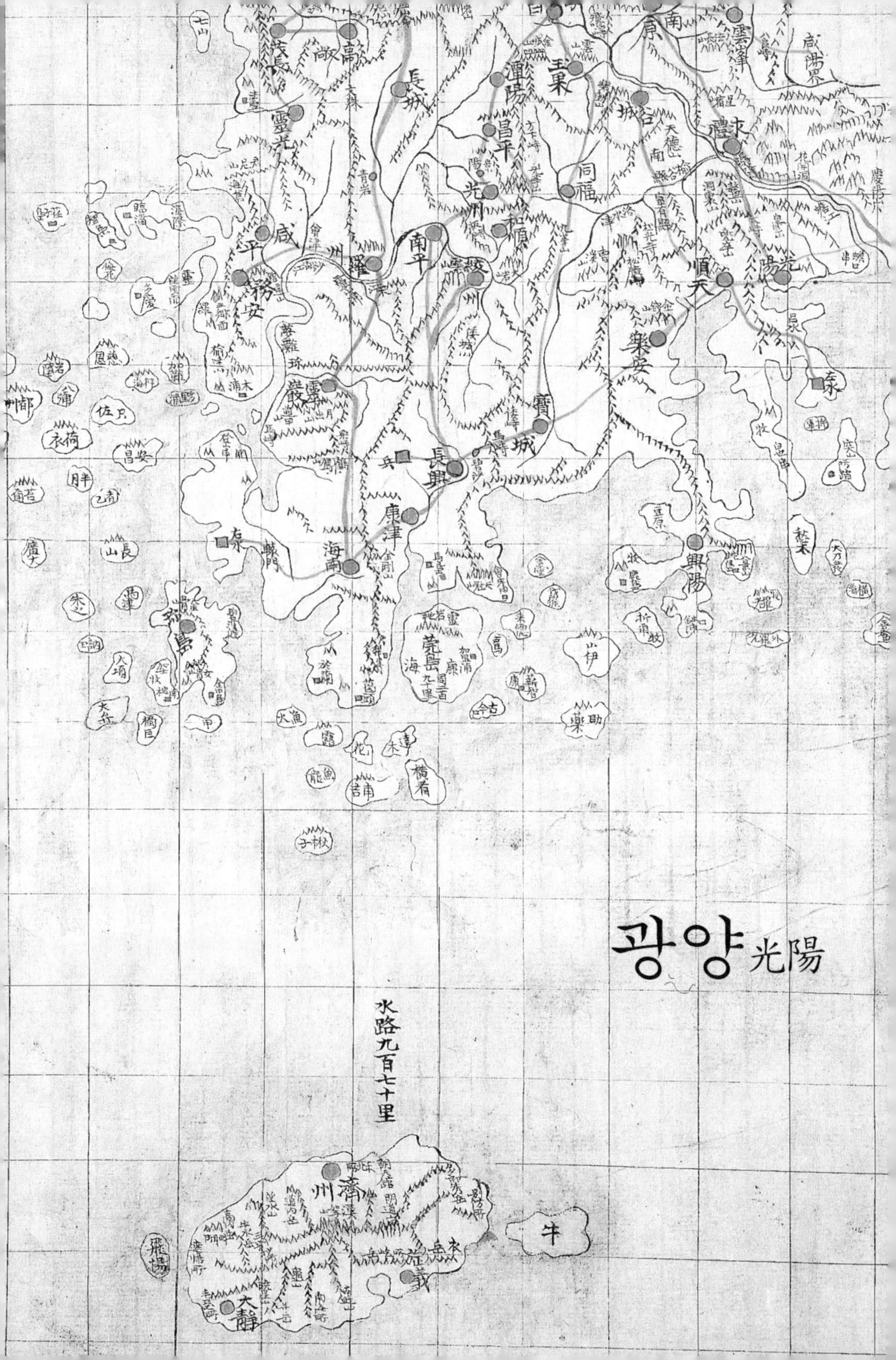
靈光
長城
潭陽
玉果
谷城
求禮
昌平
同福
光州
和順
咸平
務安
羅州
南平
綾州
順天
光陽
樂安
靈巖
寶城
長興
康津
海南
興陽
珍島
莞島
水路九百七十里
濟州
旌義
大靜

광양 光陽

## 광양(光陽)70)

백제 때는 마로현(馬老縣)으로 불리다가 신라 경덕왕 757년에 희양현(曦陽縣)으로 개칭되었으며, 고려 태조 23년(940)에 광양현(光陽縣)으로 개칭되고 1108년에 감무가 파견되어 독립했다. 조선초 군현제 개편으로 1413년에 광양현이 되었고, 별호는 마로(馬老)·희양(晞陽)이다. 1895년 지방제도 개혁으로 광양군이 되었으며, 1995년 광양군과 동광양시가 통합되어 광양시가 되었다.

박세후(朴世煦) : 문과. 가정(嘉靖) 병오년(1546)에 도임, 임기가 만료되어 향리로 돌아갔다. 주변루(籌邊樓)와 향사당(鄕射堂)을 건립하였다. 비석이 세워졌다.

정희홍(鄭熙弘) : 문과. 임기가 만료되어 향리로 돌아갔다.

김백균(金百鈞) : 문과. 관직을 그만 두었다.

송옥형(宋玉衡) : 임면 미상.

이몽상(李夢祥) : 문과. 임면 미상.

조숙(曹淑) : 문과. 임기가 만료되어 향리로 돌아갔다.

오윤희(吳胤希) : 문과. 미상.

노곤(盧鵾) : 문과. 미상.

유충홍(柳忠弘) : 미상.

이직간(李直幹) : 미상.

이남(李楠) : 미상.

유극공(劉克恭) : 미상.

---

70) 『광양군지』(1924, 광양군향교)를 저본으로 하였다.

이옥(李沃) : 미상.

이한무(李漢武) : 미상.

유춘발(柳春發) : 이상은 도임일자가 기록되어 있지 않다.

육대춘(陸大春) : 가정(嘉靖) 갑자년(1564)에 도임하였다.

윤택(尹澤) : 융경(隆慶) 정묘년(1567)에 도임하였다.

김세범(金世範) : 융경 기사년(1569)에 도임, 계유년(1573)에 파직(罷職)되어 향리로 돌아갔다.

유재(柳梓) : 만력(萬曆) 계유년(1573)에 도임, 갑술년(1574)에 파직되어 향리로 돌아갔다. 비석이 세워졌다.

이억기(李億祺) : 만력 갑술년(1574)에 도임, 정축년(1577)에 체직(遞職)되어 돌아갔다.

정숙남(鄭淑男) : 문과. 만력 정축년(1577) 11월에 도임, 경진년(1580) 4월에 체직(遞職)되어 돌아갔다. 섬거창(蟾居倉)을 설치하고 박세후와 최산두를 제사하는 사당을 세웠다.

민정준(閔廷俊) : 만력 경진년(1580) 7월에 도임, 동년 9월에 졸(卒)하였다.

임기문(林起文) : 만력 경진년(1580) 12월에 도임, 임오년(1582) 9월에 파직되어 돌아갔다.

이억복(李億福) : 이남(李楠)의 아들. 만력 임오년(1582) 11월에 도임, 계미년(1583)에 파직되어 돌아갔다.

황세득(黃世得) : 만력 계미년(1583) 12월에 도임, 갑신년(1584) 9월에 파직되어 돌아갔다.

김종려(金宗麗) : 만력 갑신년(1584) 11월에 도임, 을유년(1585)에 파직되어 돌아갔다.

유령(柳泠) : 만력 을유년(1585) 4월에 도임, 정해년(1587) 2월에 체직되어 돌아갔다.

김극조(金克祧) : 만력 정해년(1587) 3월에 도임, 무자년(1588) 9월에 파직되어 돌아갔다.

이충로(李忠老) : 만력 무자년(1588) 11월에 도임, 경인년(1590) 11월에 광주읍판관으로 승직되었다.

한덕수(韓德脩) : 만력 신묘년(1591) 1월에 도임, 동년 2월에 파직되어 돌아갔다.

어영담(魚泳潭) : 만력 신묘년(1591) 윤3월에 도임, 갑오년(1594) 4월에 한산(閑山) 군중(軍中)에서 전사하였다.

최산택(崔山澤) : 만력 계사년(1593) 12월에 도임, 갑오년(1594) 9월에 파직되어 돌아갔다.

박치공(朴致恭) : 만력 갑오년(1594) 11월에 도임, 을미년(1595)에 체직되어 돌아갔다.

김성(金晟) : 만력 을미년(1595) 11월에 도임, 병신년(1596) 6월에 폄파(貶罷)[71] 되었다.

이함림(李咸臨) : 문과. 만력 병신년(1596) 7월에 도임, 11월에 파직되어 돌아갔다.

구덕령(具德齡) : 병신년(1596) 12월에 도임, 조령(朝令)에 의해서 열 고을의 군관을 거느리고 진주에 성을 쌓고 왜구의 침략을 대비했다.

윤삼락(尹三樂) : 경술년(1610) 5월에 도임, 신해년(1611) 1월에 체직되어 돌아갔다.

이응남(李應男) : 신해년(1611) 1월에 도임, 임자년(1612) 6월에 폄파(貶罷)되었다.

이오(李璈) : 임자년(1612) 8월에 도임, 계축년(1613) 1월에 체직되어 돌아갔다. 향교를 세우고 아사를 지었다.

홍시술(洪時述) : 계축년(1613) 3월에 도임, 11월에 졸(卒)하였다.

---

71) 폄파(貶罷) : 폄체(貶遞). 고과(考課)에서 중·하등(中·下等)을 맞아서 벼슬이 갈리는 것.

이종언(李宗彦) : 갑인년(1614) 1월에 도임, 11월에 체직되어 돌아갔다.

한후(韓煦) : 문과. 갑인년(1614) 12월에 도임, 무오년(1618) 11월에 체직되어 돌아갔다.

오전(吳琠) : 문과. 기미년(1619) 2월에 도임, 계해년(1623) 12월에 파직되어 돌아갔다. 동헌(東軒)을 중수하였다.

박문명(朴文明) : 갑자년(1624) 1월에 도임, 을축년(1625) 12월에 폄체(貶遞)되었다. 객사를 세웠으며 비석이 세워졌다.

안식(安湜) : 병인년(1626) 2월에 도임, 무진년(1628)에 체직되어 돌아갔다.

이대근(李大根) : 기사년(1629) 4월에 도임, 갑술년(1634)에 체직되어 돌아갔다. 비석이 세워졌다.

이동명(李東明) : 갑술년(1634) 6월에 도임, 을해년(1635) 12월에 폄파(貶罷)되었다.

최탁(崔濯) : 병자년(1636) 3월에 도임, 신사년(1641)에 체직되어 돌아갔다. 거사비(去思碑)가 세워졌다.

강전(姜戩) : 신사년(1641) 8월에 도임, 을유년(1645) 12월에 파직되어 돌아갔다.

오정언(吳廷彦) : 을유년(1645) 12월에 도임, 정해년(1647)에 파직되어 돌아갔다.

정유(鄭瀏) : 정해년(1647) 8월에 도임, 무자년(1648) 5월에 파직되어 돌아갔다.

이익달(李益達) : 무자년(1648) 6월에 도임, 경인년(1650)에 체직되어 돌아갔다.

홍남립(洪南立) : 경인년(1650) 12월에 도임, 계사년(1653) 12월에 파직되어 돌아갔다.

소산해(蘇山海) : 갑오년(1654) 1월에 도임, 병신년(1656) 1월에 파직되어 돌아갔다.

심보(沈譜) : 병신년(1656) 3월에 도임, 무술년(1658) 2월에 파직되어 돌아갔다.

이송로(李松老) : 무술년(1658) 3월에 도임, 경자년(1660) 12월에 파직되어 돌아갔다. 대동고 건물과 명륜당의 문루 및 동서재를 건립했다.

경자년 12월에 전패(殿牌)를 잃어버린 일로 순사(巡使)가 계문(啓聞)하여 고을이 혁파되고 순천부(順天府)에 속하게 되었고, 계묘년(1663) 겨울에 순사(巡使) 민유중(閔維重)의 계문(啓聞)으로 복현(復縣)되었다.

임하유(林夏儒) : 갑진년(1664) 1월에 도임, 을사년(1665) 8월에 파직되어 돌아갔다.

정세형(鄭世衡) : 을사년(1665) 9월에 도임, 병오년(1666) 9월에 파직되어 돌아갔다.

유중기(柳重起) : 병오년(1666) 10월에 도임, 무신년(1668) 10월에 파직되어 돌아갔다.

이일로(李一老) : 기유년(1669) 1월에 도임, 8월에 파직되어 돌아갔다.

김로(金櫓) : 기유년(1669) 10월에 도임, 신해년(1671) 4월에 졸하였다.

최정(崔定) : 신해년(1671) 5월에 도임, 계축년(1673)에 체직되어 돌아갔다. 성의 삼문을 건립하였다.

양억(梁嶷) : 계축년(1673) 8월에 도임, 갑인년(1674) 12월에 체직되어 돌아갔다.

신응화(申應華) : 을묘년(1675) 3월에 도임, 6월에 폄파(貶罷)되었다.

안시익(安時翊) : 을묘년(1675) 8월에 도임, 정사년(1677) 11월에 체직되어 돌아갔다. 해창(海倉)을 중수하였다.

이기만(李器晩) : 도임일자 미상.

유익공(柳益恭) : 무오년(1678) 윤3월에 도임, 경신년(1680) 7월에 임기가 만료되어 돌아갔다.

안정(安竫) : 경신년(1680) 8월에 도임, 임술년(1682) 6월에 폄파(貶罷)되었다.

이지백(李之白) : 임술년(1682) 7월에 도임, 계해년(1683) 12월에 파직되어 돌아갔다.

양헌석(楊憲奭) : 갑자년(1684) 1월에 도임, 6월에 파직되어 돌아갔다.

남륜(南崙) : 갑자년(1684) 7월에 도임, 을축년(1685) 9월에 파직되어 돌아갔다.

민성준(閔聖濬) : 을축년(1685) 11월에 도임, 병인년(1686)에 파직되어 돌아갔다.

박승기(朴承棋) : 병인년(1686) 12월에 도임, 정묘년(1687) 8월에 졸하였다.

김익견(金益堅) : 정묘년(1687) 11월에 도임, 기사년(1689) 12월에 체직되어 돌아갔다.

박창윤(朴昌潤) : 경오년(1690) 2월에 도임, 신미년(1691) 10월에 파직되어 돌아갔다.

임후석(任後錫) : 신미년(1691) 10월에 도임, 갑술년(1694) 윤5월에 임기가 만료되어 돌아갔다.

김남길(金南佶) : 갑술년(1694) 6월에 도임, 9월에 졸하였다.

윤치경(尹致慶) : 갑술년(1694) 12월에 도임, 을해년(1695) 6월에 폄파(貶罷)되었다.

박재화(朴再華) : 을해년(1695) 7월에 도임, 정축년(1697) 7월에 폄파(貶罷)되었다.

이민철(李敏哲) : 정축년(1697) 8월에 도임, 10월에 파직되어 돌아갔다.

유호징(柳虎徵) : 정축년(1697) 12월에 도임, 무인년(1698) 12월에 파직되어 돌아갔다.

최수학(崔壽學) : 기묘년(1699) 3월에 도임, 윤7월에 부친상을 당하여 돌아갔다.

이규장(李奎章) : 기묘년(1699) 10월에 도임, 임오년(1702) 1월에 임기가 만료되어 돌아갔다.

이정원(朴廷元) : 임오년(1702) 3월에 도임, 4월에 파직되어 돌아갔다.

정창주(鄭昌周) : 임오년(1702) 6월에 도임, 갑신년(1704) 8월에 임기가 만료되어 돌아갔다.

김주갑(金胄甲) : 갑신년(1704) 9월에 도임, 병술년(1706) 2월에 파직되어 돌아갔다.

최석서(崔錫瑞) : 병술년(1706) 4월에 도임, 무자년(1708) 7월에 임기가 만료되어 돌아갔다. 비석이 세워졌다.

홍세보(洪世普) : 무자년(1708) 8월에 도임, 기축년(1709) 6월에 폄파(貶罷)되었다.

하응유(河應裕) : 기축년(1709) 9월에 도임, 신묘년(1711) 5월에 파직되어 돌아갔다.

정항녕(鄭恒寧) : 신묘년(1711) 7월에 도임, 임진년(1712) 12월에 폄파(貶罷)되었다.

허심(許鐔) : 계사년(1713) 3월에 도임, 갑오년(1714) 7월에 파직되어 돌아갔다.

유명석(柳明錫) : 을미년(1715) 1월에 도임, 병신년(1716) 9월에 파직되어 돌아갔다.

유영(柳泳) : 병신년(1716) 10월에 도임, 정유년(1717) 7월에 파직되어 돌아갔다.

최세화(崔世華) : 정유년(1717) 8월에 도임, 무술년(1718) 6월에 폄파(貶罷)되었다.

강성적(姜聖適) : 무술년(1718) 9월에 도임, 기해년(1719) 12월에 파직되어 돌아갔다. 비석이 세워졌다.

이중창(李重昌) : 경자년(1720) 7월에 도임, 12월에 폄파(貶罷)되었다.

홍우집(洪禹楫) : 신축년(1721) 2월에 도임, 10월에 파직되어 돌아갔다.

이선(李譔) : 신축년(1721) 12월에 도임, 임인년(1722) 8월에 파직되어 돌아갔다.

구문영(具文泳) : 임인년(1722) 12월에 도임, 갑진년(1724) 5월에 파직되어 돌아갔다. 객사와 각 공해를 중수하였다.

홍현주(洪顯周) : 갑진년(1724) 5월에 도임, 을사년(1725) 7월에 파직되어 돌아갔다.

김내경(金來慶) : 을사년(1725) 9월에 도임, 12월에 폄파(貶罷)되었다.

한오장(韓五章) : 문과. 병오년(1726) 2월에 도임, 8월에 파직되어 돌아갔다.

신홍조(申弘祚) : 병오년(1726) 11월에 도임, 정미년(1727)에 폄파(貶罷)되었다.

이계태(李桂泰)[72] : 무신년(1728) 2월에 도임, 경술년(1730) 4월에 임기가 만료되어 돌아갔다.

박내장(朴來章) : 경술년(1730) 4월에 도임, 동년 10월에 파직되어 돌아갔다.

이수송(李壽松) : 신해년(1731) 1월에 도임, 6월에 모친상을 당해 체직되어 돌아갔다.

김열(金洌) : 신해년(1731) 9월에 도임, 임자년(1732) 6월에 폄파(貶罷)되었다.

박동형(朴東亨) : 임자년(1732) 11월에 도임, 계축년(1733) 12월에 폄파(貶罷)되었다).

이지발(李枝發) : 갑인년(1734) 3월에 도임, 을묘년(1735) 6월에 폄파(貶罷)되었다. 남문을 중수했다.

한경유(韓景愈) : 을묘년(1735) 9월에 도임, 12월에 폄파(貶罷)되었다.

김두강(金斗剛) : 병진년(1736) 7월에 도임, 무오년(1738) 3월에 파직되

---

72) 『전라남도광양군지』(1899)에는 이주태(李柱泰)로 나온다.

어 돌아갔다.

최성(崔晟) : 무오년(1738) 4월에 도임, 경신년(1740) 7월에 임기가 만료되어 돌아갔다. 객사의 각 청을 중수하고 중역(重役)을 견감하여 백성들을 이롭게 하였다.

임광후(林光垕) : 경신년(1740) 8월에 도임, 신유년(1741) 9월에 파직되어 돌아갔다. 군기 집물을 보수하고 창고를 중수하였다.

임원(任遠) : 신유년(1741) 10월에 도임, 임술년(1742) 10월에 폄파(貶罷)되었다.

이세기(李世琦) : 계해년(1743) 2월에 도임, 갑자년(1744) 4월에 체직되어 돌아갔다.

김홍운(金弘運) : 갑자년(1744) 6월에 도임, 을축년(1745) 2월에 파직되어 돌아갔다. 새로이 호적고(戶籍庫)를 세웠으며, 역을 감해주었다.

한성검(韓聖儉) : 을축년(1745) 2월에 도임, 병인년(1746) 6월에 폄파(貶罷)되었다.

허승(許昇) : 병인년(1746) 10월에 도임, 정묘년(1747) 8월에 파직되어 돌아갔다.

전명좌(全命佐) : 정묘년(1747) 10월에 도임, 경오년(1750) 2월에 임기가 만료되어 돌아갔다.

어사필(魚史弼) : 문과. 경오년(1750) 4월에 도임, 8월에 파직되어 돌아갔다.

조하승(曹夏升) : 경오년(1750) 9월에 도임, 신미년(1751) 10월에 파직되어 돌아갔다.

민효백(閔孝百) : 임신년(1752) 4월에 도임, 갑술년(1754) 10월에 임기가 만료되어 돌아갔다. 마애비가 있다.

이찬휘(李纘徽) : 갑술년(1754) 10월에 도임, 정축년(1757) 3월에 임기가 만료되어 돌아갔다. 군기 집물을 보수하였다.

김필형(金必泂) : 정축년(1757) 3월에 도임, 무인년(1758) 5월에 모친상을 당하여 체직되어 돌아갔다.

임창봉(林昌鳳)[73] : 무인년(1758) 7월에 도임, 경진년(1760) 6월에 폄파(貶罷)되었다.

박정우(朴整羽) : 경진년(1760) 7월에 도임, 12월에 폄파(貶罷)되었다.

최종대(崔宗大) : 신사년(1761) 1월에 도임, 계미년(1763) 7월에 임기가 만료되어 돌아갔다.

유환덕(柳煥德) : 문과. 계미년(1763) 7월에 도임, 갑신년(1764) 6월에 폄파(貶罷)되었다.

윤밀(尹謐) : 갑신년(1764) 7월에 도임, 병술년(1766) 10월에 임기가 만료되어 돌아갔다.

이희도(李熙燾) : 정해년(1767) 1월에 도임, 무자년(1768) 6월에 체직되어 돌아갔다.

장지겸(張志謙) : 무자년(1768) 8월에 도임, 경인년(1770) 6월에 훈정(訓正)에 이배(移拜)되었다.

백태원(白泰源) : 경인년(1770) 7월에 도임, 임진년(1772) 1월에 파직되어 돌아갔다. 백성의 역을 견감해주었다.

신응삼(辛應三) : 임진년(1772) 2월에 도임, 7월에 체직되어 돌아갔다.

이한명(李漢明) : 임진년(1772) 8월에 도임, 계사년(1773) 6월에 체직되어 돌아갔다. 백성의 역을 견감해주었다.

홍건조(洪健祚) : 계사년(1773) 7월에 도임, 갑오년(1774) 8월에 파직되어 돌아갔다.

심후천(沈後天) : 갑오년(1774) 9월에 도임, 12월에 폄파(貶罷)되었다.

오한적(吳漢迪) : 갑오년(1774) 12월에 도임, 을미년(1775) 6월에 폄파(貶罷)되었다.

권필칭(權必稱) : 을미년(1775) 9월에 도임, 병신년(1776) 6월에 충주영

73) 『전라남도광양군지』(1899)에는 박창봉(朴昌鳳)으로 나온다.

장(忠州營將)에 이배(移拜)되었다.

김재후(金載厚) : 병신년(1776) 7월에 도임, 정유년(1777) 12월에 폄파(貶罷)되었다.

정준채(鄭駿采) : 무술년(1778) 2월에 도임, 기해년(1779) 12월에 파직되어 돌아갔다.

이사증(李師曾) : 문과. 경자년(1780) 2월에 도임, 6월에 폄파(貶罷)되었다.

정필충(鄭必忠) : 문과. 경자년(1780) 7월에 도임, 계묘년(1783) 1월에 임기가 만료되어 돌아갔다.

우정규(禹楨圭) : 문과. 계묘년(1783) 1월에 도임, 을사년(1785) 6월에 임기가 만료되어 돌아갔다.

김광운(金光運) : 을사년(1785) 7월에 도임, 12월에 폄파(貶罷)되었다.

이택영(李宅永) : 병오년(1786) 1월에 도임, 7월에 파직되어 돌아갔다.

허명(許溟) : 병오년(1786) 7월에 도임, 정미년(1787) 5월에 상주영장(尙州營將)에 이배(移拜)되었다.

강침(姜忱) : 문과. 정미년(1787) 6월에 도임, 무신년(1788) 9월에 모친상을 당하여 체직되어 돌아갔다.

황현기(黃顯基) : 무신년(1788) 10월에 도임, 기유년(1789) 6월에 폄파(貶罷)되었다.

이근주(李近冑) : 기유년(1789) 7월에 도임, 경술년(1790) 2월에 파직되어 돌아갔다.

장택기(張宅基) : 경술년(1790) 3월에 도임, 임자년(1792) 7월에 임기가 만료되어 돌아갔다.

이조범(李祖範) : 문과. 임자년(1792) 7월에 도임, 계축년(1793) 12월에 보령현감(保寧縣監)에 이배(移拜)되었다.

한사진(韓師鎭) : 갑인년(1794) 1월에 도임, 병진년(1796) 6월에 임기가 만료되어 돌아갔다.

이종숙(李鍾淑) : 남행. 병진년(1796) 7월에 특교에 의해 진천현감에서 바꾸어 8월에 도임, 무오년(1798) 6월에 도계(道啓)로 인해 임피현령(臨陂縣令)에 이배(移拜)되었다.

남성로(南省老) : 남행. 무오년(1798) 6월에 임피현령(臨陂縣令)에서 바꾸어 도임, 경신년(1800) 8월 도정에서 벼슬이 바뀌어 돌아갔다.

윤심휘(尹心輝) : 경신년(1800) 8월에 도임, 신유년(1801) 6월에 파직되어 돌아갔다.

남지욱(南志彧) : 문과. 신유년(1801) 7월에 도임, 계해년(1803) 4월에 부친상을 당하여 체직되어 돌아갔다.

이시명(李蓍明) : 문과. 계해년(1803) 5월에 도임, 을축년(1805) 윤6월에 임기가 만료되어 돌아갔다.

구달원(具達遠) : 을축년(1805) 7월에 도임, 정묘년(1807) 6월에 폄파(貶罷)되었다.

김종철(金宗喆) : 정묘년(1807) 7월에 도임, 무진년(1808) 6월에 수파(繡罷)[74] 되었다.

김진오(金鎭五) : 무진년(1808) 7월에 도임, 기사년(1809) 6월에 폄파(貶罷)되었다.

이은회(李殷會) : 기사년(1809) 7월에 도임, 신미년(1811) 3월에 모친상을 당해 돌아갔다.

한덕증(韓德增) : 신미년(1811) 4월에 도임, 12월에 폄파(貶罷)되었다

이득형(李得馨) : 임신년(1812) 1월에 도임, 계유년(1813) 7월에 본도의 병마우후(兵馬虞候)에 이배(移拜)되었다.

구재항(具載恒) : 계유년(1813) 8월에 도임, 을해년(1815) 9월에 함평현감(咸平縣監)에 이배(移拜)되었다.

이명서(李明緖) : 문과. 을해년(1815) 9월에 함평현감에서 바꿔 도임, 정

---

74) 수파(繡罷) : 암행어사의 계문(啓聞)에 의해 파직되다.

축년(1817) 12월에 임기가 만료되어 돌아갔다.

유광렴(柳光濂) : 무인년(1818) 1월에 도임, 기묘년(1819) 2월에 졸하였다.

이형(李泂)[75] : 기묘년(1819) 3월에 도임, 신사년(1821) 6월에 임기가 만료되어 돌아갔다.

한재록(韓在祿) : 신사년(1821) 6월에 도임, 계미년(1823) 12월에 임기가 만료되어 돌아갔다.

김이승(金履昇) : 계미년(1823) 12월에 도임, 병술년(1826) 4월에 임기가 만료되어 돌아갔다.

임형수(林亨壽) : 병술년(1826) 5월에 도임, 6월에 부친상을 당해 돌아갔다.

이현기(李玄璣) : 병술년(1826) 7월에 도임, 무자년(1828) 11월에 임기가 만료되어 돌아갔다.

백노수(白魯洙) : 무자년(1828) 12월에 도임, 기축년(1829) 9월에 수파(繡罷)되었다.

이일영(李日榮) : 기축년(1829) 10월에 도임, 신묘년(1831) 12월에 폄파(貶罷)되었다.

정주응(鄭周應) : 임진년(1832) 1월에 도임, 10월에 모친상을 당해 돌아갔다.

심긍조(沈兢祖) : 임진년(1832) 12월에 도임, 갑오년(1834) 12월에 파직되어 돌아갔다.

윤혜진(尹惠鎭) : 을미년(1835) 1월에 도임, 정유년(1837) 5월에 임기가 만료되어 돌아갔다.

강이오(姜彛五) : 정유년(1837) 5월에 도임, 기해년(1839) 11월에 초계군수(草溪郡守)에 이배(移拜)되었다.

---

75) 『전라남도광양군지』(1899)에는 이형(李炯)으로 나온다.

심의영(沈宜泳) : 기해년(1839) 11월에 도임, 임인년(1842) 3월에 임기가 만료되어 돌아갔다.

이남서(李南瑞) : 임인년(1842) 4월에 도임, 계묘년(1843) 12월에 황해도 병마우후(兵馬虞候)에 이배(移拜)되었다.

박승유(朴承儒) : 갑진년(1844) 1월에 도임, 을사년(1845) 12월에 함흥중군(咸興中軍)에 이배(移拜)되었다.

이지태(李志泰) : 병오년(1846) 1월에 도임, 정미년(1847) 6월에 명천부사(明川府使)에 이배(移拜)되었다.

서유서(徐有恕) : 정미년(1847) 6월에 도임, 12월에 수파(繡罷)되었다.

어재연(魚在淵) : 무신년(1848) 1월에 도임, 경술년(1850) 5월에 임기가 만료되어 돌아갔다.

조병덕(趙秉德) : 경술년(1850) 6월에 도임, 임자년(1852) 10월에 임기가 만료되어 돌아갔다. 서남문을 세웠다.

이승헌(李承憲) : 문과. 임자년(1852) 10월에 도임, 계축년(1853) 12월에 전망(前望)의 교리(校理)에 제배되어 체직되었다.

정유(鄭鎏) : 문과. 갑인년(1854) 1월에 도임, 윤7월에 부친상을 당하여 체직되어 돌아갔다.

임건수(林謇洙) : 문과. 갑인년(1854) 9월에 도임, 병진년(1856) 4월에 지평(持平)에 승소(陞召)[76]하였다.

심노수(沈魯秀) : 병진년(1856) 5월에 도임, 정사년(1857) 6월에 훈련정(訓鍊正)에 승소(陞召)하였다.

서귀순(徐龜淳) : 정사년(1857) 7월에 도임, 기미년(1859) 6월에 폄체(貶遞)되었다.

오한영(吳翰泳) : 기미년(1859) 8월에 도임, 임술년(1862) 8월에 체직되어 돌아갔다.

---

76) 승소(陞召) : 승소(承召). 임금이 부르는 명을 받음. 중앙 조정으로 들어감을 말한다.

김현문(金顯文) : 임술년(1862) 윤8월에 도임, 계해년(1863) 6월에 폄파(貶罷)되었다.

유준원(柳駿遠) : 계해년(1863) 8월에 도임, 갑자년(1864) 6월에 폄체(貶遞)되었다.

이유선(李有善) : 갑자년(1864) 8월에 도임, 병인년(1866) 12월에 폄파(貶罷)되었다.

이민철(李敏哲) : 정묘년(1867) 1월에 도임, 무진년(1868) 7월에 수파(繡罷)되었다.

윤영신(尹榮信) : 문과. 무진년(1868) 9월에 도임, 기사년(1869) 3월 24일 축시에 난적(亂賊) 회행(晦行) 등의 변고를 만나 인부(印符)와 군기(軍器)를 빼앗겼는데, 다음날 25일에 친히 이민(吏民)을 거느리고 다시 복성(復城)하였다. 그러나 처음에는 전성(全城)을 실수(失守)한 일로 순영문(巡營門)의 장계로 파직되었으며, 복성 후에 다시 복직되고 승자(陞資)되어 동년 7월에 황해도 재령군수(載寧郡守)에 이배(移拜)되었다.

조승현(趙承顯) : 기사년(1869) 9월에 도임, 신미년(1871) 12월에 임기가 만료되어 돌아갔다가 임신년(1872) 1월에 잉임(仍任)하고, 동헌과 내아 및 책실문간 등을 영건하고 객사와 각 공해를 보수하였으며 성첩을 축성하여 12월에 승자되고 계유년(1893) 1월에 조정으로 돌아갔다.

이희정(李熙正) : 계유년(1873) 2월에 도임, 갑술년(1874) 6월에 폄체되었다.

이유식(李儒植) : 갑술년(1874) 8월에 도임, 병자년(1876) 7월에 폄파되었다.

조한익(趙漢益) : 문과. 병자년(1876) 8월에 도임, 정축년(1877) 12월에 수파(繡罷)되었다.

조충희(趙忠熙) : 문과. 무인년(1878) 2월에 도임, 기묘년(1879) 12월에 환조(還朝)하였다.

김정호(金正浩) : 문과. 경진년(1880) 3월에 도임, 신사년(1881) 12월에 환조(還朝)하였다.

이주영(李周永) : 임오년(1882) 4월에 도임, 12월에 수파(繡罷)되었다.

이민승(李敏承) : 계미년(1883) 2월에 도임, 갑신년(1884) 6월에 승자(陞資)되어 환조(還朝)하였다.

이병훈(李秉勳) : 갑신년(1884) 8월에 도임, 을유년(1885) 10월에 평안도 함종부사(咸從府使)에 이배(移拜)되었다.

민영수(閔泳壽) : 문과. 을유년(1885) 12월에 도임, 병술년(1886) 11월에 모친상을 당하여 체직되어 돌아갔다.

신태휴(申泰休) : 무과. 정해년(1887) 1월에 도임, 2월에 평안도 함종부사(咸從府使)에 이배(移拜)되었다.

이민승(李敏承) : 정해년(1887) 7월에 도임, 무자년(1888) 2월에 충청도 서산군수(瑞山郡守)에 이배(移拜)되었다.

조정현(趙正顯) : 무자년(1888) 5월에 도임, 11월에 하동부사(河東府使)에 이배(移拜)되었다.

임진동(林鎭東) : 음직. 무자년(1888) 12월에 도임, 기축년(1889) 4월에 낙안군수(樂安郡守)에 이배(移拜)되었다.

김두현(金斗鉉) : 기축년(1889) 6월에 도임, 9월에 민란(民亂)으로 인해 파직되어 돌아갔다.

한창교(韓昌敎) : 기축년(1889) 9월에 도임, 신묘년(1891) 8월에 경상도 진주영장(晉州營將)에 이배(移拜)되었다.

민치열(閔致悅) : 신묘년(1891) 10월에 도임, 계사년(1893) 1월에 전주영장(全州營將)에 이배(移拜)되었다.

민영조(閔泳祚) : 계사년(1893) 3월에 도임, 갑오년(1894) 4월에 체직되어 돌아갔다.

조중엽(趙重燁) : 문과. 갑오년(1894) 5월에 도임, 7월에 체직되어 돌아갔다.

김우근(金宇根) : 갑오년(1894) 12월에 도임, 병신년(1896) 3월에 체직되어 돌아갔다.

김현승(金顯昇) : 병신년(1896) 4월에 도임, 정유년(1897) 4월에 창평군수(昌平郡守)에 이배(移拜)되었다.

김근식(金近植) : 정유년(1897) 7월에 도임, 무술년(1898) 3월에 체직되어 돌아갔다.

서병수(徐丙壽)[77] : 무술년(1898) 3월에 도임, 기해년(1899) 2월에 돌산군수(突山郡守)에 이배(移拜)되었다.

김한승(金漢昇) : 기해년(1899)에 도임, 1900년에 이임하였다.

이중익(李重翼) : 경자년(1900)에 도임, 1901년에 이임하였다.

서상욱(徐相郁) : 신축년(1901)에 도임, 1902년에 이임하였다.

조예석(趙禮錫) : 임인년(1902)에 도임, 1904년에 이임하였다.

유제관(柳濟寬) : 갑진년(1904)에 도임, 1906년에 이임하였다.

서상붕(徐相鵬) : 병오년(1906)에 도임, 1910년에 이임하였다.

---

77) 『전라남도광양군지』(1899)에는 서병수(徐丙壽)까지 기록되어 있다.

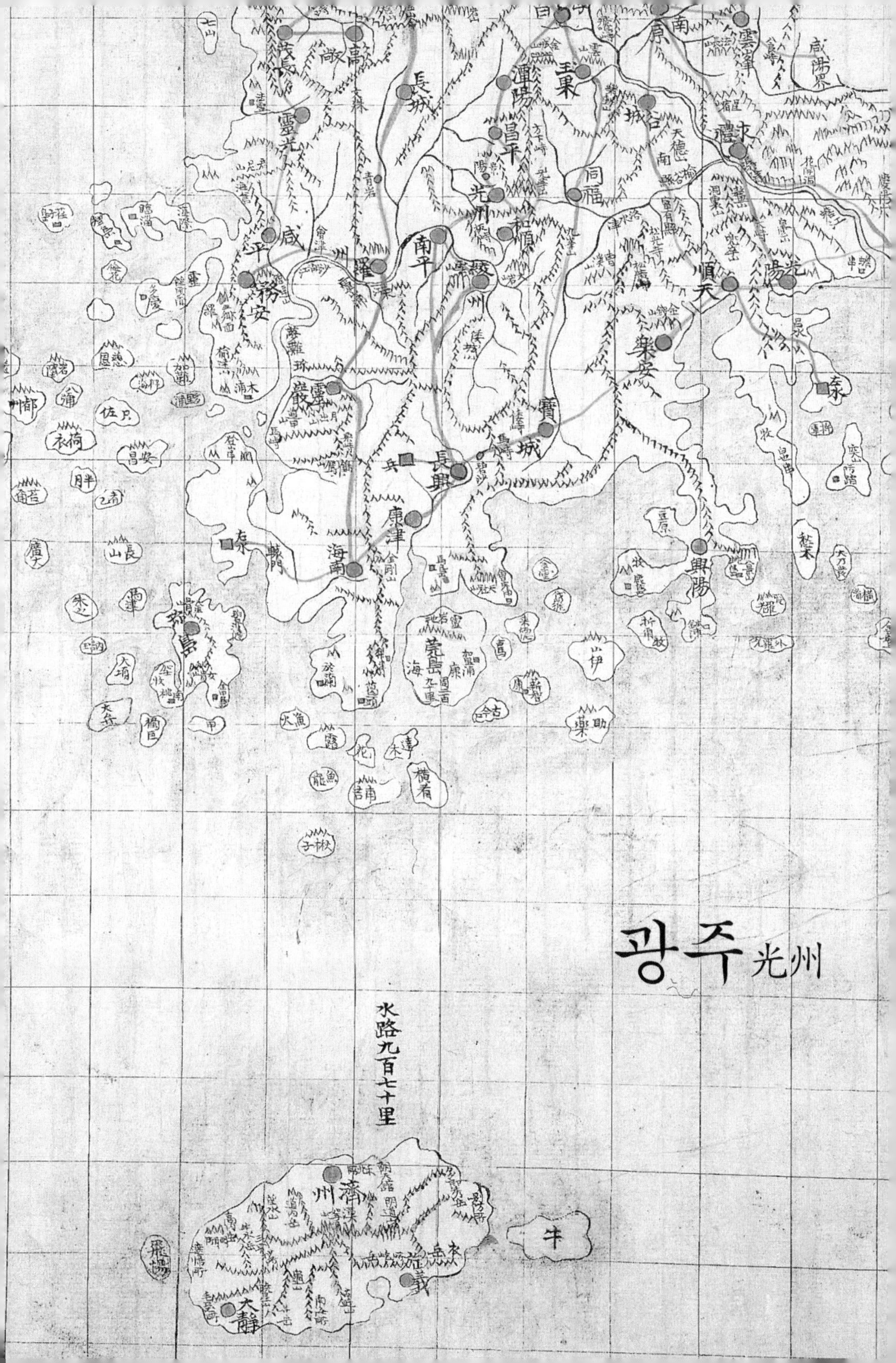
광주 光州
水路九百七十里
靈光
咸平
務安
羅州
南平
長城
光州
潭陽
昌平
和順
綾州
同福
玉果
谷城
求禮
順天
光陽
樂安
寶城
長興
康津
海南
靈巖
興陽
珍島
濟州
大靜
旌義
牛

## 광주(光州)78)

백제시대 때 무진주(武珍州)라 불렸고, 통일신라시대 때는 무주(武州) 또는 무진주(武珍州)로 불리다가 고려 태조 23년(940)에 무주를 광주(光州)로 개편하고 동시에 도독부를 두었다. 성종 14년에 관제개혁이 있었는데 전라남도를 해양도라 했으며 도호부를 안남(현재 영암)에 설치하였고 광주에는 자사(刺史)를 두었다. 현종 9년에 다시 행정구역을 재편하여 여러 도의 안무사를 폐지하고 전국에 4대도호부·8목·56지주군사·28진장·20현령을 두었다. 이때 광주는 강등되어 해양현이 되었다. 그 후 주로 승격되었다가 충선왕 2년에 다시 강등되어 화평부가 되었는데, 공민왕 11년에 다시 이름을 바꿔 무진부(茂珍府)라 했다. 조선시대 때는 전라도에는 좌·우도가 있었는데 광주는 좌도에 속해 있었다. 세종 12년에 목(牧)을 강등하여 무진군이라 개칭한 것을 시작으로 하여 문종 원년에 다시 복칭되었다가 성종 20년 광산현으로 강등되고 연산군 7년에 복구되었으며, 인조·숙종대에도 이와 비슷하게 불미스러운 일로 현으로 강등되었다가 복구되는 사례가 있었다. 광주의 별호는 무진(武珍)·무주(武州)·광산(光山)·해양(海陽)·서석(瑞石) 등이다. 1895년 지방체제의 개편으로 전라도가 나주부·전주부·남원부 3부로 분할되자 광주는 나주부 예하에 속하게 되었으며, 이때 광주군으로 개편되었다. 다시 1896년에 지방체제를 개혁하여 새로 13도제를 실시하며 각도에 관찰사를 두는 체제를 만들었는데, 전라도를 이때 전라남·북도로 분리함으로서 전라남도라는 행정구역이 정해지게 되었고, 이때 남도의 관찰부는 광주에 두어 1896년에 광주는 전라남도의 도청소재지가 된다. 1986년

---

78) 『광주읍지』(1925, 광주향교)를 저본으로 하였다.

11월 1일에는 직할시로 승격되었다.

병화 후 관안이 타버렸는데 지금 관안을 보면 가정 연간 이상은 대부분 누락되고 뒤섞여 있어서 고증할 근거가 없다.[79]

신라(新羅) 도독(都督) 천훈(天訓) : 문무왕(文武王) 18년에 아찬(阿湌)으로서 왔다.

김양(金陽) : 흥덕왕(興德王) 때 왔다.

고려(高麗) 목사(牧使) 이서(李舒)[80] : 공민왕 2년에 좌사간(左司諫)으로서 왔다.

조선(朝鮮) 목사(牧使) 권담(權湛) : 세종 12년에 현(縣)으로 강등되었다. 이상은 여지승람의 명환(名宦)조 주(註)에 보인 것이다.

신보안(辛保安) : 선덕(宣德) 경술년(1430)에 읍인(邑人)의 변란으로 현으로 강등되었는데 연혁조에 보인다.

현감(縣監) 안철석(安哲石) : 경태(景泰) 신미년(1451) 문종 원년에 승격되어 목사가 되었으며, 희경루(喜慶樓)가 완성되었는데 신숙주(申叔舟)의 <희경루기(喜慶樓記)>에 보인다.

그간의 목사와 현감은 고증할 수가 없다.

현감(縣監) 권수평(權守平) : 홍치 무신년(1488)에 향교를 중건한 사실이 성현(成俔)의 기(記)에 보인다. 기유년(1489)에 또 강등되어 현감이 되었다.

신한(申漢) : 홍치(弘治) 신유년(1501, 연산 7)에 승격되어 목(牧)이 되었다.

목사(牧使) 설순조(薛順祖)[81] : 첨추(僉樞)로서 왔다. 객사(客舍)를 중수한 것이 성현(成俔)의 기(記)에 보인다.

79) 『호남읍지』(1895).
80) 『호남읍지』(1895)에는 이관(李舘)으로 나온다.
81) 『호남읍지』(1895)에는 들어있지 않았다.

이영구(李英耇) : 정덕(正德) 기사년(1509)에 왔으며, 나이가 많은 것으로 사직했으나 고을의 선비들이 상언하여 머물러주길 청했다. 특별히 가선대부(嘉善大夫)에 승자되었다.

이홍간(李弘幹) : 가정(嘉靖) 계묘년(1543)에 왔다.

김응두(金應斗) : 가정 경술년(1550)에 왔다.

임붕(林鵬) : 가정 임자년(1552)에 왔다.

서경천(徐擎天) : 무관. 통정대부로서 왔다.

송순(宋純) : 문관. 가선대부(嘉善大夫)로서 왔다.

윤시형(尹時亨)

오겸(吳謙) : 문관. 가선대부(嘉善大夫)로서 왔다.

조안국(趙安國) : 무관. 통정대부로서 왔다.

이희손(李希孫) : 가정(嘉靖) 을묘년(1555)에 무관 당하관으로서 왔다.

박자방(朴自芳) : 가정 정사년(1557)에 무관 당하관으로서 왔다.

임구령(林九齡)

황윤건(黃允騫) : 가정 기미년(1559)에 와서 경신년(1560)에 체직되었다.

유경심(柳景深) : 가정 경신년(1560)에 문관 통정대부로서 와서 계해년(1563)에 체직되었다. 향교를 보수하여 넓히니 고을 사람들이 흥학비(興學碑)를 세웠다. 또 선정비(善政碑)도 있다.

김적(金適) : 가정 계해년(1563)에 문관 당하관으로서 왔다.

윤복(尹復) : 문관 당하관으로서 왔다.

신륜(申崙) : 가정 갑자년(1564)에 문관 당하관으로서 와서 병인년(1566)에 체직되었다.

최응룡(崔應龍) : 가정 병인년(1566)에 문관 통정대부로서 와서 무진년(1568)에 체직되었다.

양응정(梁應鼎) : 융경(隆慶) 무진년(1568)에 문관 통정대부로서 와서 경오년(1570)에 체직되었다.

이순형(李純亨) : 융경 경오년(1570)에 문관 가선대부로서 왔다.

윤행(尹行) : 문관 통정대부로서 왔다.
임회(林薈) : 융경 임신년(1572)에 문관 당하관으로서 와서 계유년(1573)에 체직되었다.
곽규(郭赳) : 만력(萬曆) 계유년(1573)에 문관 당하관으로서 왔다. 갑술년(1574)에 장령(掌令)에 제수되었다.
홍박(洪溥) : 만력 갑술년(1574)에 은일(隱逸)로서 와서 을해년(1575)에 체직되었다.
성수익(成壽益) : 만력 을해년(1575)에 문관 당하관으로서 와서 정축년(1577)에 체직되었다.
윤희길(尹希吉) : 만력 정축년(1577)에 문관 당하관으로서 와서 경진년(1580)에 체직되었다.
김수홍(金守弘) : 문관 당하관으로서 왔다.
임훈(林薰) : 만력 경진년(1580)에 은일(隱逸)로서 왔다.
신응시(辛應時) : 만력 신사년(1581)에 문관 통정대부로서 계미년(1583)에 체직되었다.
이장영(李長榮) : 만력 계미년(1583)에 문관 당하관으로서 왔다.
정염(丁焰) : 문관 당하관으로서 왔다.
권덕흥(權德興) : 문관 통정대부로서 왔다.
안용(安容) : 문관 통정대부로서 왔다.
김행(金行) : 만력 병술년(1586)에 문관 당하관으로서 왔다.
김우굉(金宇宏) : 문관 통정대부로서 왔다.
오운(吳澐) : 만력 무자년(1588)에 문관 당하관으로서 와서 경인년(1590)에 체직되었다.
정윤우(丁允祐) : 만력 신묘년(1591)에 문관 통정대부로서 와서 임진년(1592)에 체직되었다.
권율(權慄) : 만력 임진년(1592)에 문관 통정대부로서 와서 동년에 마침 왜란을 만나 본도(本道) 순찰사(巡察使)에 제수되고 팔도도원수가 되었다.

장의현(張義賢) : 만력 계사년(1593)에 무관 통정대부로서 와서 동년에 체직되었다.

최철견(崔鐵堅) : 만력 계사년(1593)에 문관 당하관으로서 와서 병신년(1596)에 체직되었다.

이정신(李廷臣) : 만력 병신년(1596)에 문관 당하관으로서 와서 당상관에 승자되고 무술년(1598)에 전주부윤에 제배되었다. 선정비(善政碑)가 세워졌다.

이상길(李尙吉) : 만력 무술년(1598)에 문관 당하관으로서 와서 임인년(1602)에 체직되었다.

여우길(呂佑吉)[82] : 만력 임인년(1602)에 문관 당하관으로서 와서 갑진년(1604)에 체직되었다.

이경함(李慶涵) : 만력 갑진년(1604)에 통정대부로서 와서 병오년(1606)에 체직되었다. 선정비(善政碑)가 세워졌다.

조희보(趙希輔) : 만력 병오년(1606)에 문관 당하관으로서 와서 당상(堂上)에 오르고 신해(1611)년에 체직되었다. 선정비(善政碑)가 세워졌다.

성안의(成安義) : 만력 신해년(1611)에 문관 당하관으로서 와서 임자년(1612)에 체직되었다.

박경신(朴敬新) : 만력 임자년(1612)에 문관 통정대부로서 와서 을묘년(1615)에 체직되었다. 선정(善政)을 하였으며, 가선(嘉善)에 오름.

홍명원(洪命元) : 만력 을묘년(1615)에 문관 통정대부로서 와서 가선(嘉善)에 오르고 정사년(1617)에 아사(衙舍)를 지었으며, 무오년(1618)에 체직되었다. 선정비(善政碑)가 세워졌다.

임길후(任吉後) : 만력 무오년(1618)에 음관 가선대부로서 와서 경신년

82) 『호남읍지』(1895)에는 오우길(吳佑吉)로 나온다.

(1620)에 체직되었다.

이안민(李安民) : 만력 경신년(1620)에 당하관으로서 동년에 폄체(貶遞)되고 신유년(1621)에 재임하였다.[83)]

박유장(朴有章) : 천계(天啓) 임술년(1622)에 문관 당하관으로서 와서 계해년(1623)에 체직되었다.

정운호(鄭雲湖) : 천계 계해년(1623)에 문관 가선대부로서 와서 동년에 체직되었다.

이신의(李愼儀) : 천계 계해년(1623)에 음관 가선대부로서 와서 갑자년(1624)에 체직되었다.

조희일(趙希逸) : 천계 갑자년(1624)에 문관 가선대부로서 왔다. 적(賊)원(愿)으로 인하여 현으로 강등되었다. 동년에 벼슬이 바뀌어 돌아갔다.

현감(縣監) 이배원(李培元) : 천계 을축년(1625)에 문관 당하관으로서 와서 동년에 체직되었다. 선정비(善政碑)가 세워졌다.

최유해(崔有海) : 천계 을축년(1625)에 문관 당하관으로서 와서 동년에 군부어사(軍簿御史)에 제수되었다.

최연(崔葕) : 을축년(1625)에 문관 당하관으로서 와서 동년에 체직되었다.

이유달(李惟達) : 병인년(1626)에 문관 당하관으로서 와서 경오년(1630)에 체직되었다.

임효달(任孝達) : 숭정(崇禎) 경오년(1630) 3월에 문관 당하관으로서 와서 계유년(1633)에 체직되었다.

심연(沈演) : 계유년(1633) 11월에 문관 당하관으로서 와서 갑술년(1634)에 목사로 승격되고, 을해년(1635)에 경상감사에 이배되었다.[84)] 선정비(善政碑)가 세워졌다.

---

83) 『호남읍지』(1895)에는 이임을 "임술년에 체직되었다."고 적었다.

84) 『호남읍지』(1895)에는 "갑술년에 체직되었다."고 기록되어있다.

목사(牧使) 권준(權濬) : 병자년(1634) 2월에 문관 당하관으로서 와서 정축년(1637)에 체직되었다. 청덕비(淸德碑)가 세워졌다.

이후원(李厚原) : 정축년(1637) 7월에 문관 당상관으로서 와서 무인년(1638)에 체직되었다. 선정비(善政碑)가 세워졌다.

김광혁(金光爀) : 무인년(1638) 12월에 문관 당하관으로서 와서 기묘년(1639)에 체직되었다. 청덕비(淸德碑)가 세워졌다.

송국택(宋國澤) : 기묘년(1639) 9월에 문관 당상관으로서 와서 신사년(1641)에 체직되었다.

이각(李恪) : 신사년(1641) 12월에 음관 당상관으로서 와서 계미년(1643)에 체직되었다. 선정비(善政碑)가 세워졌다.

민응협(閔應協) : 계미년(1643) 9월에 문관 당하관으로서 갑신년(1644)에 당상(堂上)에 오르고 동래부사(東萊府使)로 옮겨갔다.

신익전(申翊全) : 을유년(1645) 11월에 문관 당상관으로서 와서 무자년(1648)에 체직되었다.

조흡(趙潝) : 무자년(1648) 5월에 음관 가선대부로서 와서 동년에 체직되었다.

이시담(李時聃) : 기축년(1649) 2월에 음관 당상관으로서 와서 신묘년(1651)에 체직되었다.

윤득열(尹得說) : 신묘년(1651) 2월에 문관 당상관으로서 와서 임진년(1652)에 체직되었다.

박수문(朴守文) : 임진년(1652) 8월에 문관 당하관으로서 와서 갑오년(1654)에 체직되었다.

홍처량(洪處亮) : 갑오년(1654) 9월에 문관 당하관으로서 와서 병신년(1656)에 체직되었다.

강유(姜瑜) : 병신년(1656) 6월에 문관 당상관으로서 와서 동년에 황해감사(黃海監司)에 이배(移拜)되었다.

곽성구(郭聖龜) : 병신년(1656) 11월에 문관 당하관으로서 와서 무술년

(1658)에 체직되었다.

김소(金素) : 무술년(1658) 5월에 문관 통정대부로서 와서 경자년(1660)에 체직되었다. 선정비(善政碑)가 세워졌다.

이후(李垕) : 경자년(1660) 10월에 문관 당하관으로서 와서 신축년(1661)에 체직되었다.

이광재(李光載) : 신축년(1661) 7월에 문관 당하관으로서 와서 임인년(1662)에 체직되었다.

김익훈(金益勳) : 계묘년(1663) 정월에 당하관으로서 와서 을사년(1665)에 체직되었다.

윤변(尹抃) : 을사년(1665) 12월에 문관 당하관으로서 와서 기유년(1669)에 체직되었다.

오두인(吳斗寅) : 기유년(1669)에 3월에 승지(承旨)로서 걸군(乞郡)하여 와서 임자년(1672)에 체직되었다.

홍주삼(洪柱三) : 임자년(1672) 8월에 좌승지(左承旨)로서 왔다가 질만(秩滿, 임기가 참)하여 을묘년(1675)에 본백(本伯)에 제수되었다.

박홍문(朴興文) : 을묘년(1675) 3월에 문관 당하관으로서 와서 정사년(1677)에 체직되었다.

이민서(李敏敍) : 정사년(1677) 3월에 문관 당상관으로서 와서 무오년(1678)에 체직되었다. 고을사람들이 그리워하여 유애사(遺愛祠)를 세웠다.

이명익(李溟翼) : 무오년(1678) 12월에 문관 당상관으로서 와서 경신년(1680)에 체직되었다.

김치(金寘) : 경신년(1680) 7월에 문관 당상관으로서 와서 동년에 체직되었다.

김세정(金世鼎) : 경신년(1680) 12월에 문관 당하관으로서 와서 신유년(1681)에 체직되었다.

이기징(李箕徵) : 신유년(1681) 9월에 음관 당상관으로서 와서 갑자년

(1684)에 체직되었다.

이륜(李綸) : 갑자년(1684) 3월에 문관 당상관으로서 와서 동년에 체직되었다.

정중휘(鄭重徽) : 갑자년(1684) 10월에 문관 가선대부로서 와서 병인년(1686)에 체직되었다.

이항(李恒) : 병인년(1686) 9월에 당하관으로서 와서 기사년(1689)에 체직되었다. 희경루(喜慶樓)를 중수하였으며, 선정비(善政碑)가 있고, 또 마애비(磨崖碑)도 있다.

이화진(李華鎭) : 신미년(1691) 7월에 문관 당상관으로서 와서 갑술년(1694)에 체직되었다.

이동표(李東標) : 갑술년(1694) 2월에 문관 당상관으로서 와서 동년에 체직되었다.

임홍망(任弘望) : 갑술년(1694) 12월에 문관 당상관으로서 와서 병자년(1696)에 체직되었다.

박태항(朴泰恒)[85] : 병자년(1696) 7월에 와서 무인년(1698)에 체직되었다.

송정규(宋廷奎) : 무인년(1698) 7월에 문관 당상관으로서 와서 기묘년(1699)에 체직되었다.

한성우(韓聖佑) : 기묘년(1699) 7월에 당상관으로서 와서 경진년(1700)에 체직되었다. 소빈헌(笑嚬軒)과 월소루(月小樓)를 처음 세웠다. 선정비(善政碑)가 세워졌다.

심최량(沈最良) : 경진년(1700) 12월에 문관 당하관으로서 와서 신사년(1701)에 체직되었다.

이주징(李周徵) : 신사년(1701) 4월에 문관 당상관으로서 와서 동년에 체직되었다.

85) 『광주읍지』(1925)에는 들어있지 않았다.

홍중하(洪重夏) : 신사년(1701) 10월에 문관 당하관으로서 와서 동년에 체직되었다. 무고(巫蠱) 죄인인 숙정(淑貞)의 관향이라는 것으로서 강등되어 현이 되었다.(숙종 27년)

현감(縣監) 김정신(金鼎臣) : 계미년(1703) 10월에 당하관으로서 와서 갑신년(1704)에 체직되었다.

김진화(金鎭華) : 갑신년(1704) 6월에 당하관으로서 와서 을유년(1705)에 체직되었다. 고마청(雇馬廳)을 설립하였다.

경명회(慶明會) : 을유년(1705) 7월에 당하관으로서 와서 정해년(1707)에 체직되었다. 보역청(補役廳)을 설치하였다.

조정만(趙正萬) : 정해년(1707) 9월에 당하관으로서 와서 무자년(1708)에 체직되었다. 승격되어 목(牧)이 되었다.

목사(牧使) 황일하(黃一夏) : 무자년(1708) 정월에 문관 당하관으로서 와서 동년에 체직되었다.

남취명(南就明) : 무자년(1708) 3월에 문관 당하관으로서 와서 경인년(1710)에 체직되었다. 고을에 대동청(大同廳)을 설치하였다.

이명준(李明俊) : 경인년(1710) 7월에 수찬(修撰)으로서 와서 동년에 체직되었다.

박희보(朴熙普)[86] : 신묘년(1711) 5월에 문관 당하관으로서 와서 임진년(1712)에 체직되었다.

정복선(鄭復先) : 임진년(1712) 7월에 당하관으로서 와서 갑오년(1714)에 체직되었다.

이희담(李喜聃) : 갑오년(1714) 10월에 당하관으로서 와서 기해년(1719)에 체직되었다. 연빈당(延賓堂)과 교방(敎坊)을 건립하였다.

이성좌(李聖佐) : 기해년(1719) 7월에 와서 임인년(1722)에 체직되었다.[87]

이세근(李世瑾) : 임인년(1722) 8월에 감사(監司)로서 와서 계묘년(1723)

86) 『호남읍지』(1895)에는 박희진(朴熙晋)으로 나온다.

87) 『광주읍지』(1925)에는 "을사년(1715)에 당하관으로서 왔다."고 기록되어 있다.

에 경상감사(慶尙監司)로 옮겨갔다.

이의저(李宜著) : 계묘년(1723) 6월에 당하관으로서 와서 을사년(1725)에 체직되었다.

이익명(李益命) : 을사년(1725) 7월에 당하관으로서 와서 정미년(1727)에 체직되었다.

이의록(李宜祿) : 정미년(1727) 5월에 장성부사(長城府使)에서 와서 무신년(1728)에 체직되었다.

김중희(金重熙) : 무신년(1728) 3월에 사간(司諫)으로서 와서 기유년(1729)에 체직되었다.

박만보(朴萬普) : 기유년(1729) 6월에 승지(承旨)로서 와서 동년에 체직되었다.

권시경(權始經) : 기유년(1729) 12월에 승지(承旨)로서 와서 경술년(1730)에 체직되었다.

서종일(徐宗一) : 경술년(1730) 9월에 청풍현감(淸風縣監)에서 와서 동년에 체직되었다.

이명곤(李明坤) : 신해년(1731) 2월에 해주판관(海州判官)으로서 와서 계축년(1733)에 체직되었다.

이병상(李秉常) : 계축년(1733) 4월에 형조판서(刑曹判書)로서 보외(補外)되었다가 갑인년(1734)에 예판(禮判)으로 승직되었다.

서종집(徐宗集) : 갑인년(1734) 8월에 당하관으로서 와서 병진년(1736)에 체직되었다.

어유붕(魚有鵬) : 병진년(1736) 7월에 당하관으로서 와서 무오년(1738)에 체직되었다.

조두수(趙斗壽) : 기미년(1739) 4월에 음관 당상관으로서 와서 신유년(1741)에 체직되었다.

최상정(崔尙鼎) : 신유년(1741) 8월에 음관 당상관으로서 와서 계해년(1743)에 체직되었다.

이협(李埉) : 계해년(1743) 6월에 당하관으로서 와서 갑자년(1744)에 체직되었다.

신사적(申思迪) : 갑자년(1744) 5월에 당하관으로서 와서 을축년(1745)에 체직되었다.

심탁(沈鐸) : 을축년(1745) 4월에 당하관으로서 와서 정묘년(1747)에 체직되었다.

이담(李墰) : 정묘년(1747) 10월에 평양서윤(平壤庶尹)으로서 와서 무진년(1748)에 체직되었다.

송요화(宋堯和) : 무진년(1748) 12월에 음관 당상관으로서 와서 신미년(1751)에 체직되었다.

김시영(金始煐) : 신미년(1751) 5월에 당하관으로서 와서 을해년(1755)에 체직되었다. 객사(客舍)·관덕정(觀德亭)·황화루(皇華樓)를 중수하였다.

홍경보(洪鏡輔) : 을해년(1755) 7월에 문관 당상관으로서 와서 병자년(1756)에 체직되었다.

이방협(李邦協) : 병자년(1756) 12월에 음관 당상관으로서 와서 기묘년(1759)에 체직되었다.

김시교(金時敎) : 기묘년(1759) 6월에 음관 당상관으로서 와서 신사년(1761)에 체직되었다.

이종원(李宗垣) : 신사년(1761) 6월에 당하관으로서 와서 임오년(1762)에 체직되었다.

정석경(鄭錫敬)[88] : 임오년(1762) 7월에 당하관으로서 와서 을유년(1765)에 체직되었다.

송흠명(宋欽明) : 을유년(1765) 4월에 당하관으로서 와서 정해년(1767)에 체직되었다.

---

88) 『호남읍지』(1895)에는 정석교(鄭錫敎)로 나온다.

이광회(李匡會) : 정해년(1767) 2월에 당하관으로서 와서 동년에 체직되었다.

이종덕(李宗德) : 정해년(1767) 8월에 당하관으로서 와서 임진년(1772)에 체직되었다.

서노수(徐魯修) : 임진년(1772) 7월에 당하관으로서 와서 정유년(1777)에 체직되었다.

심공유(沈公猷) : 정유년(1777) 7월에 당하관으로서 와서 무술년(1778)에 체직되었다.

정존중(鄭存中) : 무술년(1778) 1월에 당하관으로서 와서 기해년(1779)에 체직되었다.

조시술(趙時述) : 기해년(1779) 5월에 당하관으로서 와서 경자년(1780)에 체직되었다.

이서(李漵)[89] : 경자년(1780) 12월에 당하관으로서 와서 계묘년(1783)에 체직되었다.

이복승(李復承)[90] : 계묘년(1783) 2월에 당하관으로서 와서 갑진년(1784)에 체직되었다.

정일환(鄭日煥) : 갑진년(1784) 5월에 당하관으로서 와서 을사년(1785)에 체직되었다.

유언제(兪彦鍗) : 을사년(1785) 6월에 당하관으로서 와서 정미년(1787)에 체직되었다.

김이기(金履基) : 정미년(1787) 8월에 당하관으로서 와서 기유년(1789)에 체직되었다.

성덕우(成德雨) : 기유년(1789) 6월에 응교(應教)로서 와서 경술년(1790)에 체직되었다.

김희(金熙)[91] : 경술년(1790) 3월에 규장각직제학(奎章閣直提學) 이조

---

89) 『광주읍지』(1925)에는 이숙(李淑)으로 나오지만 『호남읍지』(1895)를 참고하여 바꾸었다.
90) 『호남읍지』(1895)에는 이복영(李復永)으로 나온다.

참판(吏曹參判)으로서 보외(補外)되고, 동년에 형조판서에 승직되었다.

조연덕(趙衍德) : 경술년(1790) 7월에 문관 당상관으로서 와서 임자년(1792)에 체직되었다.

이정운(李鼎運) : 임자년(1792) 정월에 참판(參判)으로서 와서 계축년(1793)에 체직되었다.

서유성(徐有成) : 계축년(1793) 8월에 와서 갑인년(1794)에 승지에 제수되었다.[92]

성정진(成鼎鎭) : 갑인년(1794) 7월에 문관 당상관으로서 와서 병진년(1796)에 승지에 제수되었다.

서형수(徐瀅修) : 병진년(1796) 8월에 문관 당상관으로서 와서 무오년(1798)에 사직하였다.

김기후(金基厚) : 기미년(1799) 9월에 당하관으로서 와서 기미년(1799)에 사직하였다.

남인구(南麟耉) : 기미년(1799) 정월에 당하관으로서 와서 신유년(1801)에 사직하였다.

이상황(李相璜) : 신유년(1801) 8월에 문관 당상관으로서 와서 계해년(1803)에 대사성에 제수되었다. 선정비각(善政碑閣)이 세워졌다.

김선(金銑) : 계해년(1803)[93] 5월 문관 당상관으로서 와서 을축년(1805)에 임기가 차서 체직되었다. 흥학비(興學碑)가 세워졌다.

윤명렬(尹命烈) : 을축년(1805) 12월[94]에 문관 당상관으로서 와서 무진년(1808)에 임기가 차서 체직되었다.

송지렴(宋知濂) : 무진년(1808) 윤5월에 문관 당상관으로서 걸군(乞郡)하여 와서 경오년(1810)에 승지에 제수되었다.

---

91) 『호남읍지』(1895)에는 김희(金熹)로 나온다.

92) 『광주읍지』(1925)에는 "갑인년(1794)에 문관 당상관으로서 왔다."고 기록되어 있다.

93) 『광주읍지』(1925)에는 갑자년(1804)에 도임했다고 나온다.

94) 『광주읍지』(1925)에는 병인년(1806)에 도임했다고 나온다.

홍양묵(洪養默) : 경오년(1810) 5월에 당하관으로서 와서 갑술년(1814)에 나주목사에 이배되었다. 선정비(善政碑)가 세워졌다.

이민식(李民植) : 갑술년(1814) 6월에 나주목사(羅州牧使)에서 와서 정축년(1817)에 상경했다가 졸했다. 선정비(善政碑)가 세워졌다.

김용순(金龍淳) : 정축년(1817) 5월에 당하관으로서 와서 기묘년(1819)에 서윤이 되었다.

이의연(李義淵[95]) : 기묘년(1819) 6월에 당하관으로서 와서 경진년(1820)에 관(官)에서 죽었다.

김렴(金鐮) : 신사년(1821) 정월에 문관 당상관으로서 와서 임오년(1822)에 경체(京遞)되었다.

홍익한(洪益閑[96]) : 임오년(1822) 10월에 형조참의로서 와서 갑신년(1824)에 경체(京遞)되었다.[97]

윤치혁(尹致爀) : 갑신년(1824) 9월에 당하관으로서 와서 무자년(1828)에 경체(京遞)되었다. 선정비(善政碑)가 세워졌다.

박용수(朴容壽) : 무자년(1828) 6월에 문관 당상관으로서 기축년(1829)에 경체(京遞)되었다.

박영재(朴英載) : 기축년(1829) 11월[98]에 문관 당상관으로서 와서 신묘년(1831)에 폄체(貶遞)되었다.

조운명(趙雲明) : 신묘년(1831) 7월에 당하관으로서 와서 병신년(1836)에 임기가 차서 체직되었다.

조진민(趙鎭敏) : 병신년(1836) 6월에 와서 신축년(1841)에 임기가 차서 체직되었다.

조철영(趙徹永) : 신축년(1841) 6월에 당하관으로서 와서 을사년(1845)에 경체(京遞)되었다.

---

95) 『호남읍지』(1895)에는 이희연(李羲淵)으로 나온다.

96) 『호남읍지』(1895)에는 홍익문(洪益聞)으로 나온다.

97) 『광주읍지』(1925)에는 "계미년(1823)에 문관 당상관으로서 왔다."고 기록되었다.

98) 『광주읍지』(1925)에는 경인년(1830)에 도임한 것으로 나온다.

김교근(金喬根) : 을사년(1845) 7월에 당하관으로서 와서 정미년(1847)에 경체(京遞)되었다.

윤치용(尹致容) : 정미년(1847) 5월에 와서 기유년(1849)에 옮겨갔다. 제금루(製錦樓)와 응향정(凝香亭)을 건립하였다.

이재학(李在鶴) : 기유년(1849)에 부호군으로서 와서 신해년(1851)에 승지에 제수되었다.

신재순(申在順) : 신해년(1851) 4월에 당하관으로서 와서 갑인년(1854)에 암행어사의 계문(啓聞)에 의해 경체(京遞)되었다.

홍재응(洪在應) : 갑인년(1854) 7월에 당하관으로서 와서 병진년(1856)에 경체(京遞)되었다. 제금루(製錦樓)를 중수하였다.

김재헌(金在獻) : 병진년(1856) 10월에 당하관으로서 와서 무오년(1858)에 성주목사에 이배되었다. 치적(治績)이 있으며, 비각(碑閣)이 세워졌다.

이태현(李台鉉) : 무오년(1858) 3월에 당하관으로서 와서 기미년(1859)에 상경하여 졸하였다.

정기삼(鄭基三) : 기미년(1859) 정월에 당하관으로서 와서 경신년(1860)에 관(官)에서 졸하였다.

이익재(李益在) : 경신년(1860) 3월에 당하관으로서 와서 동년에 관(官)에서 졸하였다.

서경순(徐經淳) : 경신년(1860) 12월에 당하관으로서 와서 임술년(1862)에 정주목사가 되었다. 성적(聲績)이 있으며, 비석이 세워졌다.

김교성(金敎性) : 임술년(1862) 12월에 당하관으로서 와서 을축년(1865)에 통정(通政)에 오르고 병인년(1866)에 여주목사에 제수되었다.

안응수(安膺壽) : 병인년(1866) 5월에 당하관으로서 와서 정묘년(1867)에 사복판사가 되었다.

이정모(李鼎謨) : 정묘년(1867)에 당하관으로서 와서 1869년에 사령 인성(吝成)이 모친을 시해한 변으로 인해 현감으로 강등되었고, 경오년(1870)에 벼슬이 바뀌어 돌아갔다.

현감(縣監) 신석유(申錫游) : 경오년(1870) 7월에 당하관으로서 왔다. 신미년(1871) 7월에 목사(牧使)로 승격되었고, 임신년(1872) 8월에 사직하였다.

목사(牧使) 조운한(趙雲漢) : 임신년(1872) 8월에 당하관으로서 와서 계유년(1873)에 장악원정이 되었다.

박봉하(朴鳳夏) : 갑술년(1874) 3월에 당하관으로서 와서 을해년(1875)에 경체(京遞)되었다.

남호원(南鎬元) : 병자년(1876) 2월에 당하관으로서 와서 기묘년(1879)에 통정대부에 오르고, 경진년(1880)에 공조참판에 제수되었다.

유치희(兪致喜) : 경진년(1880) 2월에 당하관으로서 와서 갑신년(1884)에 장흥부사가 되었다.

송기로(宋綺老) : 갑신년(1884) 7월에 당하관으로서 와서 을유년(1885)에 서흥부사가 되었다.

김윤현(金胤鉉) : 을유년(1885) 4월에 당하관으로서 와서 병술년(1886)에 남원부사가 되었다.

민길호(閔吉鎬) : 병술년(1886) 2월에 당하관으로서 와서 동년 6월에 관(官)에서 죽었다.

민영우(閔泳愚) : 병술년(1886) 6월에 당하관으로서 와서 정해년(1887)에 통정대부에 오르고, 무자년(1888) 2월에 개성유수에 제수되었다.

민영직(閔泳稷) : 무자년(1888) 2월에 당하관으로서 와서 기축년(1889) 6월에 경주부윤이 되고 통정대부에 올랐다.

민선호(閔璿鎬) : 기축년(1889) 6월에 당하관으로서 와서 경인년(1890)에 통정대부에 오르고, 갑오년(1894) 6월에 경체(京遞)되었다.

이희성(李羲性)[99] : 갑오년(1894) 6월에 당하관으로서 와서 을미(1895)년 2월에 체직되었다.

고종 을미년(1895)에 관제가 개편된 후 군수가 되었다.

군수(郡守) 김경규(金敬圭)[100] : 을미년(1895)에 문관 당하관으로서 왔다.

김천수(金天洙) : 정유년(1897)에 왔다.

송종면(宋鍾冕) : 경자년(1900)에 왔다.

권중은(權重殷) : 신축년(1901)에 왔다.

조한용(趙漢鏞) : 을사년(1905)에 왔다.

홍난유(洪蘭裕) : 을사년(1905)에 왔다.

김정태(金禎泰) : 계축년(1913)에 왔다.

## 판관

우인태(禹仁泰) : 성화(1464~1487)년간에 재임.

이증화(李贈華)

김사걸(金士傑) : 가정 기미년(1559)에 왔다.

신번(申蕃) : 갑자년(1564)에 왔다.

양사기(楊士奇) : 병인년(1566)에 왔다.

구흡(具洽) : 융경 경오년(1570)에 왔다.

윤하(尹河)

민철명(閔哲命)

정윤조(丁允祖)

원수경(元守敬)

안언룡(安彦龍) : 만력 갑술년(1574)에 왔다.

황의원(黃義元) : 신사년(1581)에 왔다.

99) 『호남읍지』(1895)에는 이희성(李羲性)까지 나온다.

100) 『광주읍지』(1899)에는 김경규(金敬圭)까지 나온다.

기효근(奇孝謹) : 임오년(1582)에 왔다.
김홍복(金弘福)
김종려(金宗麗) : 병술년(1586)에 왔다.
김경로(金敬老) : 무자년(1588)에 왔다.
한윤선(韓允善) : 경인년(1590)에 왔다.
안윤호(安潤湖) : 신묘년(1591)에 왔다.
이충로(李忠老) : 임진년(1592)에 왔다.
이백복(李伯福) : 계사년(1593)에 왔다.
원종의(元宗義) : 을미년(1595)에 와서 병신년(1596)에 파직되었다.

## 관찰사

1896년에 관제가 개정된 후 처음으로 관찰사를 두었다.
윤웅렬(尹雄烈) : 병신년(1896)에 왔다.
민영철(閔泳喆) : 무술년(1898)에 왔다.
조종필(趙鍾弼) : 경자년(1900)에 왔다.
윤웅렬(尹雄烈) : 경자년(1900)에 재임하였다.
이근호(李根澔) : 임인년(1902)에 왔다.
이근교(李根敎) : 계묘년(1903)에 왔다.
김세기(金世基) : 갑진년(1904)에 왔다.
주석면(朱錫冕) : 을사년(1905)에 왔다.
이도재(李道宰) : 병오년(1906)에 왔다.
심상익(沈相翊)
김규창(金奎昌)
신응희(申應熙)

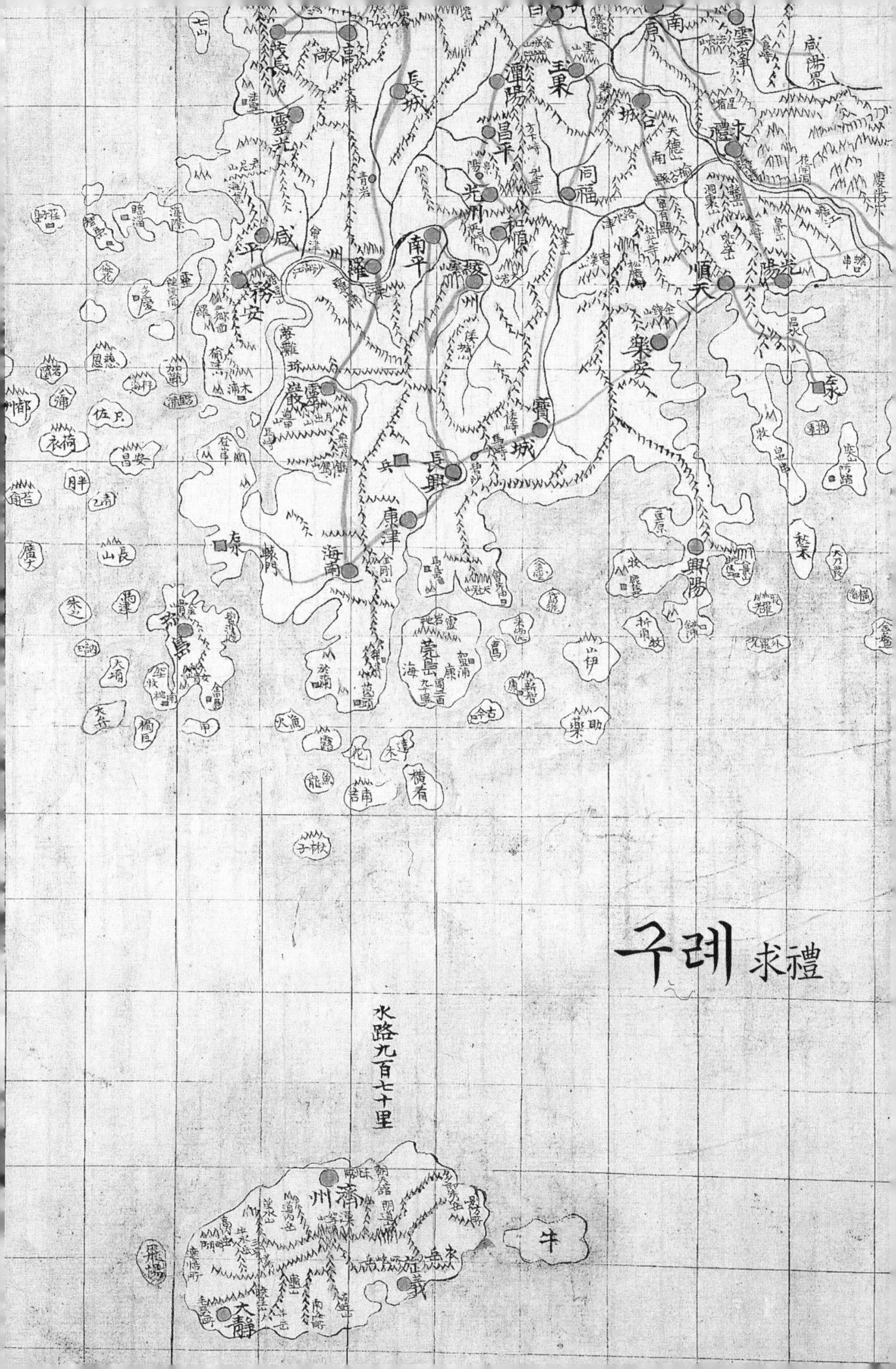

구례 求禮
水路九百七十里
靈光
長城
潭陽
玉果
昌平
光州
和順
同福
谷城
南原
雲峰
咸陽界
咸平
務安
羅州
南平
綾州
順天
光陽
樂安
靈巖
寶城
長興
康津
海南
興陽
珍島
莞島
濟州
大靜
旌義
牛

# 구례(求禮)[101]

백제시대 때는 구차례현(求次禮縣)으로 불렸고, 경덕왕 757년에는 구례현으로 개칭하여 곡성군 영현이 되었다. 고려 때에는 1018년 남원부에 예속되었다가 1143년(인종 21)에 감무를 두어 독립되었고, 조선초에는 군현제 개편에 따라 현감이 파견되었다. 1499년(연산군 5)에는 이 지방 사람의 역모로 유곡부곡으로 만들어 남원에 합병시켰다가 1507년에 복구하였고, 별호는 봉성(鳳城)이었다. 1895년에 지방제도 개혁으로 군이 되었으며, 1896년에 전라남도로 소속되었다. 1906년 지방행정구역 정리 때에 남원의 두입지인 고달면·중방면·외산동면·내산동면·소아면 등 5개면이 편입되어 행정구역이 확장되었다. 1914년에 고달면이 곡성군으로 귀속되어 8개면으로 이루어졌다.

안처순(安處順) : 문과. 정덕(正德) 무인년(1518)에 도임하였다. 선성묘(先聖廟)를 창건하였다.

구수복(具壽福) : 계사년(1533)에 부임하였다.

신승서(申承緖) : 명종 병인년(1566)에 부임하였다. 선정비(善政碑)가 있다.

송정순(宋廷荀) : 선정비(善政碑)가 있다.

이상 전란 전에 있던 것으로 연대미상이다.

조사겸(趙思謙) : 기축년(1589)에 도임하였다.

이원춘(李元春) : 임진년(1592)에 도임하였다. 정유년(1597)에 남원(南原)에서 순절했다.

---

101) 『호남읍지·봉성지』(1871)를 저본으로 하였다. 구례 선생안은 1800년에 출간된 『봉성지』를 모태로 하여 여기에 계속 증보를 해간 것이다.

이정남(李挺男) : 무술년(1598)에 도임하였다.
기여헌(奇汝獻) : 신축년(1601)에 도임하였다.
양밀(梁謐) : 계묘년(1603)에 도임하였다.
어득황(魚得滉) : 계묘년(1603)에 도임하였다.
권길(權吉) : 갑진년(1604)에 도임하였다.
김광익(金光翼) : 을사년(1605)에 도임하였다.
김구연(金九淵) : 기유년(1609)에 도임하였다.
변혼(邊混) : 기유년(1609)에 도임하였다.
최정호(崔挺豪) : 경술년(1610)에 도임하였다.
이인장(李仁長) : 임자년(1612)에 도임하였다.
민대륜(閔大倫) : 갑인년(1614)에 도임하였다.
황효전(黃孝全) : 기미년(1619)에 도임하였다.
신집(申楫) : 계해년(1623)에 도임하였다.
원리길(元履吉) : 을축년(1625)에 도임하였다.
이태길(李泰吉) : 병인년(1626)에 도임하였다.
김경(金坰) : 기사년(1629)에 도임하였다.
신량(申湸) : 문과. 갑술년(1634)에 도임하였다. 추호도 범하지 않으니 백성들이 칭송했다. 선정비(善政碑)가 있다.
정덕생(鄭德生) : 무인년(1638)에 도임하였다.
최동언(崔東彦) : 기묘년(1639)에 도임하였다.
정유(鄭維) : 신사년(1641)에 도임하였다. 선정비(善政碑)가 있다.
이경후(李慶厚) : 병술년(1646)에 도임하였다.
김극선(金克銑) : 무자년(1648)에 도임하였다.
윤이익(尹以益) : 경인년(1650)에 도임하였다.
홍주언(洪柱彦)[102] : 신묘년(1651)에 도임하였다.

102) 『속수구례지』(1962)에는 홍언주(洪彦柱)로 나온다.

최유지(崔攸之) : 문과. 신묘년(1651)에 도임하지 못한 채 상을 당하였다.
김상중(金尙重) : 임진년(1652)에 도임하였다.
이후응(李後膺) : 계사년(1653)에 도임하였다.
강수현(姜壽賢) : 정유년(1657)에 도임하였다. 청백비(淸白碑)가 있다.
조창문(趙昌門) : 무술년(1658)에 도임하였다. 백성을 사랑하여 고을의 폐단을 줄였다. 타루비(墮淚碑)가 있다.
이명기(李命耆) : 기해년(1659)에 도임하였다.
유중기(柳重起) : 계묘년(1663)에 도임하였다.
민회(閔晦) : 갑진년(1664)에 도임하였다.
임진창(林震昌) : 갑진년(1664)에 도임하였다.
이지행(李志行) : 정미년(1667)에 도임하였다.
이상직(李尙稷) : 무신년(1668)에 도임하였다.
정석윤(鄭錫胤) : 기유년(1669)에 도임하였다. 봉급을 덜어 홍학(興學)하고, 재물을 모아 백성을 진휼했다. 선정비(善政碑)가 있다.
이심전(李心傳) : 신해년(1671)에 도임하였다. 훈학(訓學)하길 게을리 하지 않았고 정사에 힘쓰고 자상하였다. 선정비(善政碑)가 있다.
문징후(文徵後) : 갑인년(1674)에 도임하였다.
이시원(李時援) : 병진년(1676)에 도임하였다.
김초중(金楚重) : 병진년(1676)에 도임하였다.
장위한(張緯漢) : 무오년(1678)에 도임하였다.
최국성(崔國成) : 경신년(1680)에 도임하였다.
이주(李倜) : 경신년(1680)에 도임하였다.
박사량(朴思良) : 임술년(1682)에 도임하였다.
이중엽(李重燁) : 갑자년(1684)에 도임하였다.
이계영(李繼榮) : 을축년(1685)에 도임하였다. 선정비(善政碑)가 있다.
한상명(韓尙明) : 병인년(1686)에 도임하였다.
이세암(李世菴) : 기사년(1689)에 도임하였다.

권계형(權季衡) : 신미년(1691)에 도임하였다. 7개월간의 정사에 백리(百里)가 춘풍(春風)을 만난 것 같았다. 청덕비(淸德碑)가 있다.

권동주(權東柱) : 신미년(1691)에 도임하였다.

허재(許梓) : 임신년(1692)에 도임하였다.

김구(金𤥺) : 임신년(1692)에 도임하였다.

강석량(姜碩良) : 을해년(1695)에 도임하였다. 정무(政務)가 간관(簡寬)하여 백성들이 생업을 즐겼다. 선정비(善政碑)가 있다.

최동명(崔東溟) : 정축년(1697)에 도임하였다. 정명(正名)을 시무를 삼았다.

정택주(鄭宅周) : 무인년(1698)에 도임하였다.

최익망(崔益望) : 경진년(1700)에 도임하였다.

이희하(李喜夏) : 임오년(1702)에 도임하였다.

이석우(李錫佑) : 갑신년(1704)에 도임하였다.

장선담(張善潭) : 을유년(1705)에 도임하였다. 선정비(善政碑)가 있다.

황찬(黃燦) : 정해년(1707)에 도임하였다.

김우추(金遇秋) : 문과. 경인년(1710)에 도임하였다.

정순필(丁舜弼) : 신묘년(1711)에 도임하였다.

김만형(金萬亨)[103] : 갑오년(1714)에 도임하였다.

민홍수(閔弘洙) : 을미년(1715)에 도임하였다. 각면(各面)에 선정비(善政碑)가 있다.

이선(李譔) : 정유년(1717)에 도임하였다.

홍우평(洪禹平) : 기해년(1719)에 도임하였다.

이창석(李昌錫) : 임인년(1722)에 도임하였다.

권만추(權萬樞) : 갑진년(1724)에 도임하였다.

나경두(羅景斗) : 병오년(1726)에 도임하였다.

---

103) 『속수구례지』(1962)에는 김만향(金萬享)으로 나온다.

이광보(李光輔) : 정미년(1727)에 도임하였다.

신벽(申璧) : 정미년(1727)에 도임하였다.

홍우재(洪禹載) : 기유년(1729)에 도임하였다.

박대재(朴大縡) : 경술년(1730)에 도임하였다.

김만홍(金滿泓) : 신해년(1731)에 도임하였다. 진정(賑政)을 행하였으며 거사비(去思碑)가 있다.

성필우(成弼禹) : 임자년(1732)에 도임하였다.

이우춘(李遇春) : 문과. 계축년(1733)에 도임하였다.

구세지(具世智) : 을묘년(1735)에 도임하였다.

이석화(李碩華) : 병진년(1736)에 도임하였다.

정양빈(鄭暘賓) : 정사년(1737)에 도임하였다.

이만령(李萬齡) : 기미년(1739)에 도임하였다.

김극윤(金克胤) : 기미년(1739)에 도임하였다.

정내항(鄭來恒) : 신유년(1741)에 도임하였다.

이장엽(李長燁) : 신유년(1741)에 도임하였다.

신원(申源) : 임술년(1742)에 도임하였다.

최세보(崔世輔) : 갑자년(1744)에 도임하였다.

이신(李伸) : 병인년(1746)에 도임하였다.

이우석(李禹錫) : 무진년(1748)에 도임하였다.

김성우(金聖宇) : 경오년(1750)에 도임하였다.

이유천(李惟天) : 신미년(1751)에 도임하였다.

허건(許健) : 임신년(1752)에 도임하였다.

백택인(白宅仁) : 계유년(1753)에 도임하였다.

김인권(金仁權) : 병자년(1756)에 도임하였다.

홍대인(洪大寅)[104] : 정축년(1757)에 도임하였다. 마애비(磨崖碑)가 있다.

---

104) 『속수구례지』(1962)에는 홍대인(洪大仁)으로 나온다.

조명철(曺命喆) : 기묘년(1759)에 도임하였다.

정창유(丁昌裕) : 경진년(1760)에 도임하였다.

지도함(池道涵) : 계미년(1763)에 도임하였다.

황인섭(黃仁燮) : 을유년(1765)에 도임하였다.

심돈(沈墩)[105] : 을유년(1765)에 도임하였다.

이정혁(李廷爀) : 무자년(1768)에 도임하였다.

정계주(鄭啓周) : 문과. 무자년(1768)에 도임하였다. 철비(鐵碑)가 있다.

조몽웅(趙夢熊) : 경인년(1770)에 도임하였다.

신광업(申光業) : 임진년(1772)에 도임하였다.

최우칠(崔宇七) : 계사년(1773)에 도임하였다.

황태언(黃泰彦) : 갑오년(1774)에 도임하였다.

이중옥(李重玉) : 문과. 병신년(1776)에 도임하였다.

박명환(朴明煥) : 무술년(1778)에 도임하였다.

조상익(趙常翼) : 문과. 경자년(1780)에 도임하였다.

이해주(李海柱) : 신축년(1781)에 도임하였다.

정현조(丁俔祖) : 문과. 계묘년(1783)에 도임하였다.

김명언(金命彦) : 문과. 갑진년(1784)에 도임하였다.

심진현(沈晉賢) : 문과. 을사년(1785)에 도임하였다. 정미년(1787)에 전라어사가 되었다.

이경유(李慶裕) : 문과. 을사년(1785)에 도임하였다.

이상악(李尙嶽) : 무신년(1788)에 도임하였다.

심구현(沈耇賢) : 경술년(1790)에 도임하였다.

이재천(李在天) : 경술년(1790)에 도임하였다. 굶주린 이를 구제하고 폐해를 줄였다. 거사비(去思碑)가 있다.

홍호원(洪浩源) : 계축년(1793)에 도임하였다.

105) 『속수구례지』(1962)에는 지돈(池墩)으로 나온다.

이종상(李宗祥) : 을묘년(1795)에 도임하였다. 봉급을 덜어 빙폐(氷弊)를 제거하니 백성들이 그 혜택을 입었다.

이방억(李邦億) : 정사년(1797)에 도임하였다.

홍이호(洪彛浩) : 남행(南行). 무오년(1798)에 도임하였다.

김최행(金最行) : 경신년(1800)에 도임하였다. 봉급을 덜어 보민(補民)하니 온 경내사람이 공덕을 칭송하였다. 『봉성지(鳳城誌)』를 간행하였다.

권익(權翊) : 순조 신유년(1801)에 도임하여 계해년(1803)에 면직했다.

홍경운(洪景運) : 계해년(1803)에 도임하여 을축년(1805)에 면직했다.

정택신(鄭宅信)[106] : 을축년(1805)에 도임하여 정묘년(1807)에 파직되었다.

김광호(金光浩) : 무진년(1808)에 도임하여 기사년(1809)에 곡성으로 옮겨갔다.

정은상(鄭殷祥) : 기사년(1809)에 도임하여 신미년(1811)에 면직했다.

이현영(李顯英) : 임신년(1812)에 도임하여 갑술년(1814)에 진주병영우후로 옮겨갔다.

방우정(方禹鼎) : 갑술년(1814)에 도임하여 병자년(1816)에 면직했다.

홍낙우(洪樂佑)[107] : 병자년(1816)에 도임하여 정축년(1817)에 영원(寧遠)군수로 옮겨갔다.

오치훈(吳致勛) : 정축년(1817)에 도임하여 기묘년(1819)에 면직했다.

오정주(吳鼎周) : 기묘년(1819)에 도임하여 신사년(1821)에 상을 당해 면직했다.

방승원(方承圓) : 신사년(1821)에 도임하여 임오년(1822)에 계파되었다.

이신영(李信泳) : 임오년(1822)에 도임하여 갑신년(1824)에 충원(忠原)영장으로 옮겨갔다.

---

106) 『속수구례지』(1962)에는 정신택(鄭信宅)으로 나온다.

107) 『속수구례지』(1962)에는 홍낙유(洪樂侑)로 나온다.

하시명(河始明) : 갑신년(1824)에 도임하여 병술년(1826)에 강진병영의 우후로 옮겨갔다. 비석이 있다.

허간(許幹) : 병술년(1826)에 도임하여 정해년(1827)에 홍주영장으로 옮겨갔다.

홍희상(洪羲象) : 무자년(1828)에 도임하여 기축년(1829)에 파직되었다.

박종철(朴宗喆) : 기축년(1829)에 도임하여 신묘년(1831)에 면직했다.

신종명(申鍾命) : 신묘년(1831)에 도임하여 계사년(1833)에 파직되었다.

이교익(李敎益) : 계사년(1833)에 도임하여 헌종 병신년(1836)에 면직했다. 비석이 있다.

이진민(李鎭旻) : 병신년(1836)에 도임하여 무술년(1838)에 울산병영의 우후로 옮겨갔다.

이종무(李鍾武) : 무술년(1838)에 도임하여 경자년(1840)에 면직했다.

원세현(元世顯) : 경자년(1840)에 도임하여 신축년(1841)에 상을 당해 면직했다.

임상필(林相弼) : 신축년(1841)에 도임하여 임인년(1842)에 파직되었다.

조성하(趙聲夏) : 임인년(1842)에 도임하여 갑진년(1844)에 면직했다.

강집(姜集) : 갑진년(1844)에 도임하여 병오년(1846)에 파직되었다.

오영선(吳永善) : 병오년(1846)에 도임하여 무신년(1848)에 울산병영 우후로 옮겨갔다. 비석이 있다.

손양한(孫亮漢) : 무신년(1848)에 도임하여 철종 원년 경술년(1850)에 면직했다.

이계순(李啓純) : 경술년(1850)에 도임하여 신해년(1851)에 파직되었다.

유상표(柳相杓) : 신해년(1851)에 도임하여 동년에 파직되었다.

남궁일(南宮鎰) : 신해년(1851)에 도임하여 계축년(1853)에 파직되었다.

심의영(沈宜泳) : 계축년(1853)에 도임하여 을묘년(1855)에 면직했다. 비석이 있다.

이종식(李鍾植) : 을묘년(1855)에 도임하여 정사년(1857)에 파직되었다.

신태익(申泰益) : 정사년(1857)에 도임하여 기미년(1859)에 진장(鎭將)으로 옮겨갔다. 비석이 있다.

조학현(趙學顯) : 기미년(1859)에 도임하여 경신년(1860)에 순천으로 옮겨갔다. 비석이 있다.

유광수(柳光秀) : 경신년(1860)에 순천군수에서 본관에 제수되었으나 부임하지 않다가 신유년(1861)에 병으로 면직했다.

김의성(金義性) : 신유년(1861)에 도임하여 임술년(1862)에 울산병영 우후가 되었다.

남익중(南益重) : 임술년(1862)에 도임하여 광무 갑자년(1864)에 파직되었다.

민치로(閔致魯) : 갑자년(1864)에 도임하여 병인년(1866) 파직되었다.

이한규(李翰奎) : 병인년(1866)에 도임하여 관에서 죽었다.

김교직(金敎直)[108] : 병인년(1866)에 도임하여 동헌을 중수하고 기사년(1869)에 관에서 졸했다. 철비(鐵碑)가 있다.

천우현(千禹鉉) : 기사년(1869)에 도임, 3월에 해적 전찬문(田贊文) 등이 광양을 함락하고 큰소리로 떠들자 순천과 구례는 근심하게 되었는데 천우현은 화약을 모아서 궤 속에 넣어두고 그 위에 앉아서 맹세하길 스스로 불사르고자 하였다. 이와 같이 하기를 이틀 밤낮을 하다가 평적이 되었다는 소식을 듣고서야 그쳤다. 고을 사람들이 추모하여 비석을 세웠다.

방효함(方孝涵)[109] : 기사년(1869)에 도임하여 계유년(1873)에 호군이 되었다. 일찍이 읍사례를 증산(增刪)하였으며, 각 면에서 비석을 세운 것이 있다.

최석홍(崔錫弘) : 계유년(1873)에 도임하여 을해년(1875)에 황해수영 우후가 되었다.

---

108) 『속수구례지』(1962)에는 김경상(金景商)으로 나온다. 동일인물로 보인다.

109) 『호남읍지·봉성지』(1871)는 방효함(方孝涵)까지 기록되어 있다.

정인태(鄭寅台) : 을해년(1875)에 도임하여 병자년(1876)에 파직되었다.

김종규(金鍾奎) : 병자년(1876)에 도임하여 무인년(1878)에 면직했다.

이충호(李忠鎬) : 무인년(1878)에 도임하여 경진년(1880)에 훈련원첨정이 되었다. 선정비가 있다.

유익형(柳益衡) : 경진년(1880)에 도임하여 신사년(1881)에 부친상을 당하여 면직했다.

김양선(金養善) : 신사년(1881)에 도임하여 연로한데도 검소함을 좋아하고 정사에 자상함이 많았다. 임오년(1882)에 정의현감으로 옮겨갔다. 비각이 있다.

송상순(宋詳淳) : 임오년(1882)에 도임하여 을유년(1885)에 면직했다.

김재하(金在夏) : 을유년(1885)에 도임하여 병술년(1886)에 남포현감에 제수되어 출발 전에 역병에 걸려 관에서 졸하였다. 철비가 있다.

남명직(南命稷) : 병술년(1886)에 도임하여 정해년(1887)에 철산부사가 되었다.

조정현(趙正顯) : 정해년(1887)에 철산부사에서 도임하여 9월에 하동부사로 옮겨갔다.

이종겸(李鍾謙) : 정해년(1887)에 하동부사에서 도임, 상을 당하여 곧바로 면직했다.

남궁표(南宮杓) : 친군좌영초관(親軍左營哨官)으로서 도임하여 기축년(1889)에 남해로 옮겨갔다.

홍채(洪埰) : 기축년(1889) 남해현령으로서 도임하여 겨울에 내금장(內禁將)이 되었다.

정준섭(鄭峻燮) : 기축년(1889)에 사헌부감찰로서 도임하여 경인년(1890)에 면직했다.

이희구(李熙九) : 경인년(1890)에 사헌부감찰로서 도임하여 임진년(1892)에 용담으로 옮겨갔다.

한헌교(韓憲敎) : 임진년(1892)에 양덕현감으로서 도임하여 갑오년

(1894)에 함안으로 옮겨갔다. 철비가 있다.

조규하(趙奎夏) : 갑오년(1894)에 만경현령에서 도임하여 동비의 난 때 신발을 신고 떠났다.

이봉상(李鳳相) : 을미년(1895)에 내무주사로서 도임하여 광무원년 정유년(1897)에 면직했다.

관제를 고쳐서 군수가 되었다.

서택환(徐宅煥) : 정유년(1897)에 궁내부주사로서 도임하여 부친상을 당해 곧바로 면직했다.

박항래(朴恒來) : 정유년(1897)에 중추원의관으로서 도임하여 근세의 양리(良吏)로 칭해졌고, 객사와 고각루를 중수하고, 기해년(1899)에 자성군으로 옮겨갔다.

이인성(李仁聲) : 기해년(1899)에 본관에 제수되었으나 박환(薄宦)이라 하여 부임하지 않았다.

이돈행(李敦行) : 경자년(1900) 장기군수(長鬐郡守)로서 도임하여 연로강직하고 정사에 사사로움이나 굽힘이 없어서 염직리(廉直吏)로 칭해졌다. 임인년(1902)에 자산군으로 옮겨갔다.

김일현(金一鉉) : 임인년(1902)에 곡성군수에서 도임하여 곧바로 부여로 옮겨갔다.

이재헌(李載憲) : 임인년(1902)에 진산군수에서 도임하여 계묘년(1903)에 청하로 옮겨갔다.

신택수(申澤秀) : 계묘년(1903)에 도임하여 을사년(1905)에 창성으로 옮겨갔다.

김원석(金元錫) : 비서승어(秘書丞御)로서 도임, 혜정비(惠政碑)가 있다.

송대진(宋大鎭) : 병오년(1906)에 도임하여 정미년(1907)에 면직했다.

이연회(李淵會) : 융희2년 무신년(1908)에 도임하여 정사년(1917)에 영암군으로 옮겨갔다.

나주 羅州
水路九百七十里
靈光
長城
潭陽
昌平
光州
和順
同福
谷城
求禮
順天
光陽
樂安
寶城
長興
康津
海南
靈巖
務安
咸平
南平
綾州
興陽
珍島
莞島
濟州
大靜
旌義

## 나주(羅州)110)

백제시대에는 발라군(發羅郡)이라 칭했으며, 신라의 경덕왕 때 금산군(錦山郡) 또는 금성(錦城)이라 고치고 회진(會津)·철야(鐵冶)·여황(艅艎) 등을 영현(領縣)으로 하였다. 고려 940년(태조 23)에 나주(羅州)로 고치고, 983년(성종 2)에 나주목(羅州牧)으로 격상시켜, 전국 12목 중 하나가 되었다. 995년에 절도사(節度使)를 두고 진해군(鎭海軍)이라 하고 해양도(海陽道)에 예속시켰다. 1010년(현종 1)에는 현종이 거란을 피하여 잠시 이곳에 행차하여 10여 일간 머무르다가 환도하였는데, 1018년에 목으로 승격되었다. 조선시대에도 그대로 하였고, 이웃 여러 군·현을 거느렸으며, 세조 때 진(鎭)이 설치되었다. 1645년(인조 23)에 향리(鄕吏)가 목사 이경생(李更生)을 구타하는 사건이 일어나 금성현(錦城縣)으로 격하시켰다. 그 뒤 나주로 환원되고 현이 되길 되풀이하였다. 나주의 별호는 금성(錦城)·통의(通義)·금산(錦山)이다. 1895년(개국 504)에는 나주 관찰부를 두어 관찰사를 배치하고 목(牧)을 부(部)로 하고 목사와 우영장을 폐하고 부수(部守)를 두었는데 1896년 지방제도 개혁으로 전라남도에 소속되고 관찰부가 광주에 설치됨으로서 전라남도의 행정중심지 기능이 광주로 넘어갔다. 1914년 군면 폐합 때 19개 면을 관할하게 되었다. 1929년에 나주면과 나신면이 합하여 나주면이 되었으며, 1981년에 나주읍과 영산포읍을 합하여 금성시로 승격, 1985년에 나주시로 개칭했다.

목사 민종유(閔宗濡) : 고려 충렬왕

---

110) 『나주군읍지』(1899)를 저본으로 하였다. 나주 선생안은 1815년에 출간된 『나주목읍지』를 저본으로 하여 여기에 계속 증보를 해간 것이다.

민적(閔頔) : 충렬왕

장항(張沆) : 충숙왕

윤택(尹澤) : 충목왕

하집(河楫) : 공민왕 7년 무술년(1358) 1월에 이임, 상경(上京)하였다.

이방직(李邦直) : 무술년(1358) 6월에 도임, 신축년(1361) 3월 3일에 이임, 상경하였다.

최지장(崔知藏) : 신축년(1361) 11월에 도임, 임인년(1362)에 이임, 상경하였다.

조천보(趙天寶) : 임인년(1362)에 도임, 계묘년(1363)에 이임, 상경하였다.

이지태(李之泰) : 계묘년(1363) 3월 3일에 도임, 동년 9월에 이임하였다.

이자을(李資乙) : 계묘년(1363) 11월 10일에 도임, 갑진년(1364) 3월 13일에 이임하였다.

마천린(馬天从) : 갑진년(1364) 4월 20일에 도임, 을사년(1365) 2월 21일에 이임, 상경하였다.

유유(柳濡) : 을사년(1365) 10월 29일에 도임, 병오년(1366) 1월 7일에 이임, 상경하였다.

여위현(呂衛賢) : 병오년(1366) 2월 17일에 도임하였다.

하을지(河乙沚) : 경술년 (1370) 12월에 이임, 상경하였다.

이진수(李進修) : 홍무 경술년(1370) 2월 9일에 도임, 신해년(1371) 8월 26일에 사재감(司宰監)이 되었다.

박임종(朴林宗) : 신해년(1371) 9월 25일에 도임, 계축년(1373) 1월 1일에 이임, 상경하였다.

이거인(李居仁) : 계축년(1373)년 10월 13일에 도임, 갑인년(1374) 7월 12일에 이임, 상경하였다.

백진(白瑨) : 갑인년(1374) 8월 9일에 도임, 동년 12월 26일에 이임하였다.

문세봉(文世鳳) : 우왕 을묘년(1375) 2월 11일에 도임, 동년 7월에 이임,

상경하였다.

배인우(裵仏祐) : 을묘년(1375) 8월 29일에 도임, 병진년(1376) 7월에 이임, 상경하였다.

이환검(李還儉) : 병진년(1376) 8월 12일에 도임, 무오년(1378) 1월에 이임, 상경하였다.

양유진(梁有珍) : 정순 무오년(1378) 4월 10일에 도임, 신유년(1381) 2월 11일에 이임하였다.

김희선(金希善) : 신유년(1381) 4월 8일에 도임, 임술년(1382) 2월 8일에 이임, 상경하였다.

황유룡(黃有龍) : 임술년(1382) 5월 27일에 도임, 동년 11월 10일에 이임, 상경하였다.

김종연(金宗衍) : 계해년(1383) 1월에 도임, 갑자년(1384) 7월에 이임, 상경하였다.

송문중(宋文中) : 갑자년(1384) 8월에 도임, 병인년(1386) 7월 16일에 이임하였다.

김리(金履) : 병인년(1386) 9월에 도임, 정묘년(1387) 7월에 이임하였다.

양안룡(梁安龍) : 정묘년(1387) 10월 17일에 도임, 무진년(1388) 2월 6일에 이임하였다.

이거이(李居易) : 무진년(1388) 2월 11일에 도임, 동년 7월 10일에 이임하였다.

정원후(鄭元厚) : 무진년(1388) 9월 4일에 도임, 기사년(1389) 2월 2일에 이임하였다.

김종연(金宗衍) : 기사년(1389) 10월 12일에 도임, 동년 12월 6일에 이임하였다.

진원서(陳元瑞) : 기사년(1389) 12월 8일에 도임, 경오년(1390) 4월 12일에 이임하였다.

여칭(呂稱) : 경오년(1390) 6월 15일에 도임, 임신년(1392) 1월 29일에 이임하였다.

최자운(崔子雲) : 임신년(1392) 4월 10일에 도임, 동년 7월에 이임하였다.

우하(禹夏) : 조선 임신년(1392) 9월에 도임, 동년 윤12월에 이임하였다.

배구(裵矩) : 계유년(1393) 1월 9일에 도임, 동년 9월 17일에 이임하였다.

안준(安俊) : 계유년(1393) 10월 20일에 도임, 갑술년(1394) 10월 2일에 이임하였다.

김윤진(金允珍) : 갑술년(1394) 12월에 도임, 병자년(1396) 10월에 이임하였다.

여의손(呂義孫) : 정축년(1397) 3월 26일에 도임, 무인년(1398) 10월 20일에 이임하였다.

임구(林球) : 무인년(1398) 10월 22일에 도임, 경진년(1400) 12월 22일에 이임하였다.

김윤길(金贇吉) : 신사년(1401) 1월 12일에 도임, 동년 윤3월 21일에 이임하였다.

송인(宋因) : 신사년(1401) 4월 25일에 도임, 임오년(1402) 1월 6일에 이임하였다.

이은(李垠) : 임오년(1402) 2월 1일에 도임, 동년 4월 22일에 이임, 상경하였다.

이은(李殷) : 임오년(1402) 5월 17일에 도임, 동년 8월 5일에 이임하였다.

노영국(盧永國) : 임오년(1402) 9월 10일에 도임하였다.

우홍부(禹洪富) : 영락 계미년(1403) 3월 6일에 도임, 동년 7월 25일에 이임, 판사섬시사(判司贍寺事)가 되었다.

송우(宋愚) : 계미년(1403) 8월 19일에 도임, 을유년(1405) 12월 24일에 이임, 좌사간(左司諫)이 되었다.

유두명(柳斗明) : 병술년(1406) 1월 8일에 도임, 정해년(1407) 10월 8월에 이임, 우사간(右司諫)이 되었다.

정진(鄭津) : 정해년(1407) 10월 26일에 도임, 무자년(1408) 7월 22일에

이임하였다.

강사덕(姜思德) : 무자년(1408) 10월 5일에 도임, 기축년(1409) 9월 20일에 이임, 순금사(巡禁司)로 배귀(陪歸)하였다.

조흡(曺恰) : 기축년(1409) 12월 5일에 도임, 임진년(1412) 5월 13일에 이임, 중군총제(中軍摠制)가 되었다.

마천목(馬天牧) : 임진년(1412) 5월 22일에 도임, 계사년(1413) 7월 19일에 이임, 자헌대부에 가자되었다.

신호(申浩) : 계사년(1413) 11월 16일에 도임, 을미년(1415) 4월 20월 이임, 한성윤(漢城尹)이 되었다.

송전(宋琠) : 을미년(1415) 4월 26일에 도임, 동년 7월 13일에 이임하였다.

최관(崔關)[111] : 을미년(1415) 8월 16일에 도임, 무술년(1418) 3월 25일에 이임, 전사판(典祀判)이 되었다.

이수(李竪) : 무술년(1418) 4월 6일에 도임, 기해년(1419) 12월 7일에 이임, 판강릉(判江陵)이 되었다.

정수홍(鄭守弘) : 경자년(1420) 1월 7일에 도임, 동년 12월 9일에 이임하였다.

이양몽(李養蒙) : 경자년(1420) 12월 28일에 도임, 계묘년(1423) 7월에 이임, 우군동지총제치사(右軍同知摠制致仕)가 되었다.

권천(權踐) : 계묘년(1423) 7월 19일에 도임, 갑진년(1424) 10월 7일에 이임, 상경하였다.

이교(李皎) : 갑진년(1424) 10월 19일에 도임, 을사년(1425) 7월에 이임하였다.

황자후(黃子厚) : 을사년(1425) 7월 6일에 도임, 병오년(1426) 3월 24일에 이임, 상경하였다.

111) 『나주목읍지』(1815년경)에는 최문(崔門)으로 나온다.

이욱(李勖) : 선덕 병오년(1426) 4월 7일에 도임, 경술년(1430) 4월 4일에 이임하였다.

김섭(金涉) : 경술년(1430) 4월 24일에 도임, 동년 11월 6일에 이임, 상경하였다.

조환(趙環) : 경술년(1430) 12월 15일에 도임, 을묘년(1435) 12월 28일에 이임, 상호군이 되어 상경하였다.

조의방(趙義方) : 을묘년(1435) 12월 29일에 도임, 정사년(1437) 1월 19일에 이임, 원평도호부사(原平都護府使)가 되었다.

정중수(鄭中守) : 정사년(1437) 1월 19일에 도임하였다.

유한(柳漢) : 무오년(1438) 4월 1일에 도임, 경신년(1440) 11월 23일에 이임, 인수부윤(仁壽府尹)이 되었다.

박배(朴培) : 신유년(1441) 1월 4일에 도임, 계해년(1443) 9월 4일에 이임, 상경하였다.

최효손(崔孝孫) : 계해년(1443) 11월 11일에 도임, 무진년(1448) 1월 16일에 이임, 상경하였다.

함우치(咸禹治) : 경태 무진년(1448) 6월 29일에 도임, 경오년(1450) 2월 27일에 이임, 중훈대부에 가자, 은진관시방납지둔사가 되어 일시에 발행하였다.

문서(文敍) : 경오년(1450) 3월 29일에 도임, 신미년(1452) 2월 9일에 통훈대부에 가자, 8월 3일에 당학질에 걸려 몇 달 동안 신음하다가 10월 15일에 별세하였다.

박시생(朴始生) : 계유년(1453) 1월 6일에 도임, 병자년(1456) 11월에 이임, 가선(嘉善) 검교(檢校) 호조참판(戶曹參判)이 되었다.

김가(金恕)[112] : 병자년(1456) 11월 22일에 도임, 정축년(1457) 7월 5일에 이임, 상경하였다.

---

112) 후대 읍지에는 김서(金恕)로도 나온다.

김계희(金係熙) : 정축년(1457) 8월 11일에 도임, 기묘년(1459) 11월 21일에 이임, 형조참의(刑曹參議)가 되었다. 향교를 보수하고, 읍성(邑城)을 광축(廣築)했다.

최선복(崔善復) : 경진년(1460) 12월 12일에 도임, 신사년(1461) 10월 21일에 이임, 성균관대사성(成均館大司成)이 되었다.

조지당(趙之唐) : 신사년(1461) 11월 21일에 도임, 계미년(1463) 10월에 상경하여 사직서를 올리고 면직되었다.

송익손(宋益孫) : 계미년(1463) 10월 26일에 도임, 갑신년(1464) 9월 4일에 이임하였다.

기분(奇賁) : 갑신년(1464) 10월 13일에 도임, 병술년(1466) 12월 12일에 이임, 가선대부(嘉善大夫) 검(檢) 호조참판(戶曹參判)이 되었다.

김자행(金自行) : 성화 병술년(1466) 1월 6일에 도임, 정해년(1467) 3월 26일에 판관 박문찬 등에 의해 주접(州接) 학생이 난언을 한 일로 피추(被推)되어 상경하였다가 의금부에 수금되고 4월 7일에 풀려났다.

이영견(李永肩) : 기축년(1469) 2월 15일에 도임, 신묘년(1471) 11월 24일에 이임, 중추부동지사(中樞府同知事)가 되었다.

이수생(李壽生) : 신묘년(1471) 11월 28일에 도임, 계사년(1473) 12월 11일에 모친상을 당해 이임하였다.

신환(申渙) : 도임일 미상, 기해년(1479) 3월 5일에 상경하였다.

김춘경(金春卿)[113] : 기해년(1479) 3월 4일에 도임하였다.

이맹현(李孟賢)[114] : 계묘년(1483) 12월 27일에 제수되었다.

윤효손(尹孝孫) : 갑진년(1484)에 도임, 정미년(1487) 3월에 이임하였다.

이유인(李有仁) : 정미년(1487) 4월 12일에 제수, 기유년(1489) 7월에 이임, 금성관(錦城館)과 망화루(望華樓)를 건립하였다.

113) 『나주목읍지』(1815년경)에는 김춘경(金春京)으로 나온다.
114) 『나주군읍지』(1899)에는 이맹현부터 민이까지는 실려 있지 않다.

김자행(金自行) : 경술년(1490) 7월에 도임, 갑인년(1494) 10월에 이임하였다.

박숙무(朴叔楙) : 갑인년(1494) 10월에 도임하였다.

한윤(韓倫) : 도임일 미상, 임술년(1502) 1월에 이임하였다.

민이(閔邇) : 임술년(1502) 1월에 도임, 계해년(1503) 1월에 이임하였다.

최옥호(崔玉皓) : 정덕 병인년(1506)에 도임하였다. 통정대부에 가자되었다.

김숭조(金崇祖) : 무진년(1508) 9월 13일에 도임하였다.

김말문(金末文) : 계유년(1513) 10월 17일에 도임, 병자년(1516) 1월에 이임하였다.

권희맹(權希孟) : 병자년(1516) 3월 27일에 도임, 신사년(1521)에 이임, 통정(通政)에 승자되었다.

신영홍(申永洪) : 신사년(1521) 10월에 도임하였다.

송흠(宋欽) : 가정 갑신년(1524) 8월에 도임, 을유년(1525)에 이임하였다.

이희보(李希輔) : 병술년(1526)에 도임하였다.

박상(朴祥) : 정해년(1527) 4월에 도임, 기축년(1529) 6월에 이임하였다.

박명손(朴命孫) : 기축년(1529) 7월에 도임, 경인년(1530) 12월에 이임하였다.

봉사종(奉嗣宗) : 신묘년(1531) 2월에 도임, 병신년(1536) 4월에 이임, 선공감정(繕工監正)이 되었다.

박형린(朴亨鱗) : 병신년(1536) 4월에 도임, 무술년(1538) 8월에 이임하였다.

이몽필(李夢弼) : 무술년(1538)에 도임, 경자년(1540) 2월에 이임하였다.

김익수(金益守) : 경자년(1540) 3월에 도임, 임인년(1542) 8월에 이임하였다.

조희(趙禧) : 임인년(1542) 9월에 도임, 을사년(1545) 1월에 이임하였다.

이몽량(李夢亮) : 을사년(1545) 4월에 도임, 동년 8월에 이임, 동부승지

(同副承旨)가 되었다.

하억수(河億水) : 을사년(1545) 11월에 도임, 무신년(1548) 2월에 이임하였다.

김언(金漹) : 무신년(1548) 3월에 도임, 동년 4월에 이임하였다.

김서성(金瑞星) : 무신년(1548) 6월에 도임, 동년 8월에 이임하였다.

오상(吳祥) : 무신년(1548) 9월에 도임, 임자년(1552) 11월에 이임, 홍문관수찬(弘文館修撰)이 되었다.

노경린(盧慶麟) : 계축년(1553) 1월 21일에 겸춘추편수관(兼春秋編修官)으로서 도임, 동년 6월에 남솔(濫率)한다는 것으로 파직되었다.

안축(安軸) : 계축년(1553) 7월에 겸춘추편수관(兼春秋編修官)으로서 도임, 갑인년(1554) 4월에 진휼에 힘쓰지 않는다는 이조좌랑 김홍도의 계보에 의해 파직되었다. 보성군수로 옮겨갔다.

최환(崔渙) : 갑인년(1554) 4월 17일에 겸춘추편수관(兼春秋編修官)으로서 도임, 을묘년(1555) 4월 4일에 좌승지의 서장(書狀)에 의해 진휼을 잘한 것으로 표리를 하사받았는데, 왜변 때 전마(戰馬)가 준비되지 않았다하여 좌방어사에게 곤장을 맞고 무재(武才)가 없다는 것으로 체직되어 광주에 도착한 후 별세하였다.

김윤제(金允悌) : 을묘년(1555) 6월 1일에 도임하였다.

윤행(尹行) : 경신년(1560) 8월 24일에 도임, 신유년(1561) 8월에 죄인 김응란을 체포하지 못한 일로 파직되었다.

송순(宋純) : 신유년(1561) 9월 12일에 도임, 임술년(1562) 12월 15일에 이임하였다.

이준민(李俊民) : 계해년(1563) 2월 10일에 도임, 갑자년(1564) 3월에 이임, 강계부사(江界府使)가 되었다.

김취문(金就文) : 갑자년(1564) 5월 3일에 도임, 을축년(1565) 9월에 이임, 성균(成均)에 제수되어 직이 대간에 이르렀다.

신일(辛馹) : 을축년(1565) 10월 2일에 도임, 동년 10월 11일에 파직되었다.

한복(韓輹) : 을축년(1565) 12월 23일에 도임하였다.

임회(林誨) : 융경 무진년(1568) 7월 27일에 도임, 기사년(1569) 5월에 이임하였다.

최응룡(崔應龍) : 기사년(1569) 5월 22일에 제수되었다. 부임하지는 않은 것으로 보인다.

조유성(趙惟誠) : 기사년(1569) 8월 23일에 도임, 실제로 검사를 하지 않은 일로 파직되었다.

권순(權純) : 신미년(1571) 2월 2일에 도임, 살옥죄인을 체포하지 못한 일로 파직되었다.

한효우(韓孝友) : 임신년(1572) 윤2월 13일에 도임, 동년 3월 16일에 조졸(漕卒)이 선소에 도착하지 못한 일로 파직되었다.

김우홍(金宇弘) : 임신년(1572) 5월 7일에 도임, 계유년(1573) 9월에 재상(災傷)으로 파직되었다. 자혜비(子惠碑)가 있다.

신연(辛璉)[115] : 계유년(1573) 9월 17일에 제수되었다.

홍춘년(洪春年) : 계유년(1573) 10월 15일에 제수되었다.

윤복(尹復) : 계유년(1573) 10월 28일에 제수되었다.

황림(黃琳) : 계유년(1573) 11월 2일에 제수되었다.

김명원(金命元) : 만력 갑술년(1574) 1월 12일에 도임, 병자년(1576) 7월에 임기가 차서 체직되었다.

정엄(鄭淹) : 병자년(1576) 8월 7일에 도임, 임기가 차서 체직되었다. 선정비(善政碑)가 있다.

문익성(文益誠) : 경진년(1580) 7월에 재임 중이었다.(왕조실록 기록)

유몽정(柳夢鼎) : 신사년(1581) 9월 1일에 도임하였다.

김성일(金誠一) : 계미년(1583) 8월 26일에 겸춘추편수관(兼春秋編修官)

115) 『나주군읍지』(1899)에는 신연부터 황림까지는 실려 있지 않다.

으로서 도임, 병오년(1584) 10월에 이임하였다. 인덕지(仁德池)를 정비하고, 서원을 창설하였으며, 사직단(社稷壇)을 옮겼다.

임윤신(任允臣) : 정해년(1587) 1월 20일에 도임, 무자년(1588) 4월에 여질(厲疾)에 걸려 6~7일을 앓다가 14일에 별세하였다.

윤우신(尹又新) : 무자년(1588) 5월 17일에 도임하였다.

민인백(閔仁伯) : 경인년(1590) 12월 18일에 도임, 신묘년(1591) 2월 19일에 이임하였다.

이경록(李慶祿) : 신묘년(1591) 3월 20일에 도임, 임진년(1592) 8월 이임, 제주목사(濟州牧使)가 되었다.

권율(權慄) : 임진년(1592) 7월 13일에 제수되었다. 부임하지 않음.(왕조실록 기록)

박광옥(朴光玉) : 임진년(1592) 9월 17일에 도임, 동년 12월에 이임하였다.

이용순(李用淳) : 임진년(1592) 12월 28일에 본도 방어사종사관으로서 도임, 병신년(1596) 1월에 이임, 경상감사(慶尙監司)가 되었다. 금성산성(錦城山城)을 수축(修築)하였다.

이복남(李福男) : 병신년(1596) 4월 6일에 도임, 정유년(1597) 2월에 이임, 전라병마사(全羅兵馬使)가 되었다. 청덕비(淸德碑)가 세워졌다.

배응경(裵應褧) : 정유년(1597) 3월에 도임, 동년 11월에 붙잡혀갔다.

정설(鄭渫) : 무술년(1598) 1월 22일에 도임, 동년 5월에 붙잡혀갔다.

남유(南瑜) : 무술년(1598) 8월 3일에 도임, 동년 11월에 노량(露梁) 전투에서 전사(戰死)하였다.

조수준(趙守準) : 무술년(1598) 12월 25일에 도임, 기해년(1599) 8월에 이임하였다. 목비가 세워졌다.

정엽(鄭曄) : 기해년(1599) 10월 7일에 도임, 경자년(1600) 1월에 사직서를 가지고 상경하였다.

권협(權悏) : 경자년(1600) 3월 18일에 도임, 신축년(1601) 10월 19일에

이임하였다.

이정신(李廷臣) : 신축년(1601) 12월 10일에 도임, 임인년(1602) 8월에 모친상을 당하였다.

우복룡(禹伏龍) : 임인년(1602) 10월 3일에 도임, 계묘년(1603)년에 암행어사 목장흠의 서계에 의해 표리 일습을 하사받고, 갑진년(1604) 1월에 본도의 순시연병어사 윤훤(尹暄)의 서계에 의해 표리 일습을 하사받았으며, 10월에 본도 순찰사의 서계에 의해 숙마 1필을 하사받았다. 정수루(正綏樓)를 건립하였다. 선정비(善政碑)가 있다.

유대정(兪大禎) : 을사년(1605) 2월 13일에 도임, 기유년(1609) 3월에 이임하였다.

목장흠(睦長欽) : 기유년(1609) 4월에 도임, 경술년(1610) 8월에 이임, 의정부사인(議政府舍人)이 되었다. 선정비(善政碑)가 있다.

유석증(兪昔曾) : 경술년(1610) 8월 18일에 도임, 동년 10월 23일에 부친상을 당하였다.

정경세(鄭經世) : 경술년(1610) 12월 21일에 도임, 동년 동월 29일에 전라도관찰사(全羅道觀察使)가 되어 이임하였다.

송석경(宋錫慶) : 신해년(1611) 2월 14일에 도임, 동년 8월에 이임하였다.

박동열(朴東說) : 신해년(1611) 9월 13일에 도임하였다.

박대하(朴大夏) : 계축년(1613) 8월 21일에 도임하였다.

김홍원(金弘遠) : 을묘년(1615) 9월에 도임, 동년 12월에 이임하였다.

권반(權盼) : 병진년(1616) 2월 23일에 도임, 동년 동월에 이임, 강화부사(江華府使)가 되었다.

김개(金闓) : 병진년(1616) 3월 24일에 도임, 정사년(1617) 4월에 이임하였다.

송일(宋馹) : 정사년(1617) 6월 2일에 도임, 무오년(1618) 4월에 사직하여 이임하였다.

임장(任章) : 무오년(1618) 7월 15일에 도임, 기미년(1619) 2월 8일에 졸하였다.

유석증(兪昔曾) : 기미년(1619) 6월 24일에 도임하였다.

남이공(南以恭) : 천계 계해년(1623) 5월 25일에 도임하였다.

민여임(閔汝任) : 갑자년(1624) 2월 4일에 도임, 을축년(1625) 1월 16일에 이임하였다.

조박(趙璞) : 을축년(1625) 2월 22일에 도임, 동년 동월 24일에 이임하였다.

정기광(鄭基廣) : 을축년(1625) 3월 28일에 도임, 동년 6월 2일에 이임하였다.

김진(金搢) : 을축년(1625) 8월 4일에 도임, 동년 10월 3일에 이임하였다.

유여각(柳汝恪) : 을축년(1625) 12월 1일에 도임, 정묘년(1627) 3월 27일에 이임하였다.

신계영(辛啓榮) : 정묘년(1627) 5월 9일에 도임, 기사년(1629) 8월 10일에 이임, 홍문관수찬(弘文館修撰)이 되었다. 선정비(善政碑)가 세워졌다.

장유(張維) : 숭정 기사년(1629) 9월 15일에 도임, 경오년(1630) 8월에 이임, 형조판서(刑曹判書)가 되었다.

원두표(元斗杓) : 경오년(1630) 10월 4일에 도임, 신미년(1631) 9월 16일에 이임, 상경하였다.

정효성(鄭孝誠) : 신미년(1631) 11월에 도임, 계유년(1633) 8월 26일에 이임하였다.

홍득일(洪得一) : 계유년(1633) 11월 13일에 도임, 을해년(1635) 4월에 감사의 계문에 의해 파직되었다.

이시방(李時昉) : 을해년(1635) 6월 6일에 도임, 병자년(1636) 3월 29일에 이임, 전라감사(全羅監司)가 되었다.

오준(吳竣) : 병자년(1636) 5월 4일에 도임하였다.

구봉서(具鳳瑞) : 정축년(1637) 8월 12일에 서훈군수에서 도임, 무인년(1638) 7월 25일에 이임, 전라감사(全羅監司)가 되었다. 청덕선정비(淸德善政碑)가 세워졌다.

김광욱(金光煜) : 무인년(1638) 9월 12일에 도임하였다.

김상복(金尙宓) : 기묘년(1639) 10월 16일에 도임, 임오년(1642) 9월에 이임하였다.

이경생(李更生) : 임오년(1642) 10월 10일에 도임, 을유년(1645) 8월 28일에 이임하였다. 향리가 목사를 구타한 강상죄로 인해 금성현으로 강등되었다.

현감(縣監) 송시길(宋時吉) : 을유년(1645) 12월 12일에 도임, 겸 토포사가 되어 여황면의 토적 김방헌 등 20여인을 체포하여 복주한 일로 특별히 가선대부에 가자되고 병술년(1646) 12월 2일에 이임하였다.

신면(申冕) : 정해년(1647) 1월 4일에 도임, 동년 11월 21일에 이임하였다.

이일상(李一相) : 무자년(1648) 3월 13일에 도임, 동년 10월 28일에 이임하였다.

김효성(金孝誠) : 기축년(1649) 1월 15일에 도임, 동년 6월 22일에 이임하였다.

이유겸(李有謙) : 기축년(1649) 8월 6일에 도임, 경인년(1650) 1월 12일에 이임하였다.

이여익(李汝翊) : 경인년(1650) 3월 11일에 도임, 동년 10월 23일에 석림(石淋)으로 인해서 졸하였다.

정지호(鄭之虎) : 경인년(1650) 12월 25일에 도임, 갑오년(1654) 1월에 이임, 사마교(駟馬橋)를 개수(改修)하였다.

목사(牧使) 유석(柳碩) : 갑오년(1654) 2월 19일에 도임, 동년 8월에 영장(營將)의 계보에 의해 파직되었다.

정기풍(鄭基豊) : 갑오년(1654) 9월 9일에 도임, 병신년(1656) 1월에 이임하였다.

현감(縣監) 홍처윤(洪處尹) : 병신년(1656) 2월 29일에 도임, 동년 윤5월 29일에 모친상을 당하여 발행하였다.

이후(李垕) : 병신년(1656) 7월 11일에 도임, 정유년(1657) 4월 5일에 이임하였다.

심지명(沈之溟) : 정유년(1657) 7월 2일에 도임하였다.

유철(兪撤) : 기해년(1659) 9월 22일에 도임, 동년 11월 19일에 기관(棄官)하였다.

이만영(李晩榮) : 기해년(1659) 12월 29일에 도임, 경자년(1660) 6월 16일에 이임하였다.

원두추(元斗樞) : 경자년(1660) 8월 14일에 도임, 계묘년(1663) 4월 16일에 이임, 광주부윤(廣州府尹)이 되었다.

윤격(尹檄) : 계묘년(1663) 5월 25일에 도임, 동년 9월 9일에 이임하였다.

이하악(李河岳) : 계묘년(1663) 9월 24일에 도임, 갑진년(1664) 1월 20일에 목사로 승격되고 동년 3월 13일에 이임하였다.

목사(牧使) 이한(李僴) : 갑진년(1664) 4월 8일에 도임, 을사년(1665) 6월 24일에 이임하였다.

이준악(李峻岳) : 을사년(1665) 8월 17일에 도임, 정미년(1667) 5월 19일에 이임하였다.

이민서(李敏敍) : 정미년(1667) 8월 18일에 도임, 무신년(1668) 12월 22일에 이임, 교리(校理)가 되었다.

박지(朴贄) : 기유년(1669) 2월 4일에 도임, 동년 5월 29일에 부계(府啓)에 의해 붙잡혀 파직되었다.

소두산(蘇斗山) : 기유년(1669) 7월 16일에 도임, 임자년(1672) 7월에 어버이 병환으로 사직서를 올리고 바뀌었다.

허질(許秩) : 임자년(1672) 10월 10일에 도임, 을묘년(1675) 8월 4일에 이임하였다.

이희년(李喜年) : 을묘년(1675) 9월 25일에 밀양부사에서 도임하였다.

윤이익(尹以益) : 을묘년(1675) 10월 3일에 도임, 증광시를 보는 일로 상경하고 시험장에 시종을 거느리고 들어간 일로 정사년(1677) 2월 15일에 의금부에 갇히게 되어 바뀌었다.

원진택(元振澤) : 정사년(1677) 4월 22일에 금산군수로서 도임, 동년 10월 24일에 재상(災祥)으로 인해 파직되었다.

신후명(申厚命) : 무오년(1678) 1월 1일에 도임, 기미년(1679) 6월에 이임, 홍문관부수찬(弘文館副修撰)이 되었다.

이세화(李世華) : 기미년(1679) 8월 16일에 도임, 동년 11월 28일에 이임, 황해도관찰사(黃海道觀察使)가 되었다.

강여호(姜汝戽) : 경신년(1680) 2월 26일에 도임, 동년 6월 21일에 계파(啓罷)되었다.

이희룡(李喜龍) : 경신년(1680) 7월 20일에 도임, 계해년(1683) 7월에 이임하였다.

임홍망(任弘望) : 계해년(1683) 9월 24일에 도임, 갑자년(1684) 1월 22일에 이임하였다.

남익훈(南益熏) : 갑자년(1684) 3월 10일에 도임, 을축년(1685) 7월 9일에 사직하였다.

황흠(黃欽) : 을축년(1685) 9월 9일에 도임, 병인년(1686) 6월 10일에 이임, 홍문관수찬(弘文館修撰)이 되었다.

유이승(柳以升) : 병인년(1686) 8월 9일에 도임, 정묘년(1687) 6월 7일에 암행어사의 계문에 의해 파직되었다.

조성보(趙聖輔) : 정묘년(1687) 8월 7일에 도임, 무진년(1688) 7월 21일에 이임하였다.

이세익(李世翊) : 무진년(1688) 9월 18일에 도임, 기사년(1689) 3월 24일에 이임하였다.

손만웅(孫萬雄) : 기사년(1689) 4월 10일에 도임, 동년 5월 27일에 계파되었다.

이징구(李徵龜) : 기사년(1689) 8월 2일에 도임, 경오년(1690) 6월 19일에 이임하였다.

윤정화(尹鼎和) : 경오년(1690) 12월 8일에 도임, 신미년(1691) 7월 15일에 이임, 제주목사(濟州牧使)가 되었다.

허지(許墀) : 신미년(1691) 8월 12일에 도임, 계유년(1693) 7월 16일에 이임, 광주부윤(廣州府尹)이 되었다.

이만저(李曼著) : 계유년(1693) 8월 19일에 능주목사에서 도임, 갑술년(1694) 10월 24일에 재상(災祥)으로 인해 파직되었다.

이인혁(李寅爀) : 갑술년(1694) 12월 14일에 남양부사에서 도임, 병자년(1696) 12월에 폄체되었다.

정시선(鄭是先) : 병자년(1696) 12월 26일에 제수, 정축년(1697) 2월 22일에 도임, 기묘년(1699) 4월에 임기가 차서 이임하였다.

김만증(金萬增) : 기묘년(1699) 7월 22일에 도임, 경진년(1700) 6월 10일에 계파되었다.

송정규(宋廷奎) : 경진년(1700) 7월 28일에 도임, 신사년(1701) 1월 17일에 사직하였다.

정협(鄭浹) : 신사년(1701) 7월 19일에 통천군수로서 도임, 임오년(1702) 5월 27일에 병으로 이임하였다.

이징집(李徵楫) : 임오년(1702) 8월 11일에 영천군수로서 도임, 갑신년(1704) 3월에 경포군 군량을 늦게 발선한 일로 이임하였다.

남언창(南彦昌) : 갑신년(1704) 5월 2일에 도임, 동년 8월 15일에 계파되었다.

박중규(朴重圭) : 갑신년(1704) 10월 2일에 도임, 정해년(1707) 1월 22일에 이임하였다.

이익저(李益著) : 정해년(1707) 3월 16일에 도임, 경인년(1710) 5월에 이임하였다.

조정만(趙正萬) : 경인년(1710) 6월 6일에 도임, 임진년(1712) 5월 20일에 사직하였다.

이만직(李萬稷) : 임진년(1712) 7월 6일에 도임, 을미년(1715) 8월 8일에 사직하였다.

김진옥(金鎭玉) : 을미년(1715) 11월 10일에 도임, 무술년(1718) 2월 11일에 임기가 차서 이임하였다.

정복선(鄭復先) : 무술년(1718) 5월 7일에 도임, 기해년(1719) 4월 1일에 별세하였다.

정욱선(鄭勖先) : 기해년(1719) 6월 17일에 도임, 경자년(1720) 7월 5일에 사직하였다.

유명건(兪命健) : 경자년(1720) 8월에 도임, 임인년(1722) 4월에 사직하였다.

정각선(鄭覺先) : 임인년(1722) 6월 17일에 도임, 을사년(1725) 7월에 이임하였다.

송요경(宋堯卿) : 을사년(1725) 11월 27일에 도임, 정미년(1727) 9월에 어사의 장계에 의해 파직되었다.

이형곤(李衡坤) : 정미년(1727) 10월 13일에 도임, 계축년(1733) 4월에 정배죄인을 놓친 일로 붙잡혀 파직되었다.

현감(縣監) 구택규(具宅奎) : 계축년(1733) 6월 11일에 도임, 을묘년(1735) 9월에 이임, 동지서장관(冬至書狀官)이 되었다.

이도현(李道顯) : 을묘년(1735) 10월 26일에 도임, 병진년(1736) 9월에 사직하였다.

이현필(李顯弼) : 병진년(1736) 10월 20일에 도임, 정사년(1737) 4월에 사직하였다.

김유(金濰) : 정사년(1737) 7월 8일에 도임, 동년 10월 4일에 대간의 계문에 의해 이임하였다.

목사(牧使) 유정(柳綎) : 정사년(1737) 11월 22일에 도임, 기미년(1739) 5월에 이임하였다. 한성우윤(漢城右尹)이 되었다.

이보욱(李普昱) : 기미년(1739) 8월 4일에 도임, 경신년(1740) 11월에 대계(臺啓)에 의해 파직되고, 을해년(1745) 3월에 역률(逆律)로 추시(追施)되었다.

윤흡(尹潝) : 경신년(1740) 12월에 도임, 계해년(1743) 8월에 파직되었다. 금성관(錦城館)을 개수(改修)하고 망화루(望華樓)를 중건(重建)하였다.

윤면교(尹勉敎) : 계해년(1743) 8월 22일에 도임, 을축년(1745) 4월에 사직하였다.

이협(李浹) : 을축년(1745) 6월 1일에 도임, 동년 8월에 대언(臺言)을 당하여 이임하였다.

조영로(趙榮魯) : 을축년(1745) 8월에 도임, 병인년(1746) 윤2월에 이임, 대사간(大司諫)이 되었다.

이후(李珛) : 병인년(1746) 4월 24일에 도임, 동년 4월 29일에 부친상을 당했다.

서명형(徐命珩) : 병진년(1746) 5월 20일 정사에서 본직에 제수, 8월 15일에 도임, 무진년(1748) 6월에 말미를 얻어 상경했다가 10월 3일에 사직하였다. 가선대부에 승자되었다.

이하징(李夏徵) : 무진년(1748) 10월 7일 정사에서 제수, 12월 14일에 도임, 임신년(1752) 9월에 전임인 한산군수의 일로 붙잡혀갔고, 계유년(1753) 3월에 폄하를 받았다. 을해년(1755) 3월에 대역무도하다 하여 복주를 당했다.

민백남(閔百男) : 계유년(1753) 5월 29일에 도임, 을해년(1755) 2월 4일에 이임, 정수루(正綏樓)를 건립하였다.

홍감보(洪鑑輔) : 을해년(1755) 2월 5일 정사에서 청주목사로서 본직에 제수, 동월 27일에 청주에서 출발하여 전주부까지 와서 체직되었다.

이시중(李時中) : 을해년(1755) 5월 16일에 도임, 병자년(1756) 5월에 친환(親患)으로 사직소를 올리고 이임하였다.

정지익(鄭志翼) : 병자년(1756) 7월 30일에 도임, 무인년(1758) 8월 28일에 사직하였다.

홍력(洪櫟) : 무인년(1758) 10월 18일에 도임, 임오년(1762) 9월 26일에 모친상을 당하여 발인하였다.

김인대(金仁大) : 임오년(1762) 10월 3일에 도임, 동년 동월 12일에 다른 나라 배가 표류하여 지도에 도착한 일을 수보할 때 도화(圖畫)를 하지 않은 일로 순영의 장계에 의해 파직되고 동월 26일에 돌아갔다.

유언술(兪彦述) : 임오년(1762) 11월 12일에 도임, 갑신년(1764) 3월 6일에 이임, 대사간(大司諫)이 되었다.

이사관(李思觀) : 갑신년(1764) 5월 9일에 도임, 을유년(1765) 6월 3일에 이임, 부총관(副摠官)이 되었다.

홍명한(洪名漢) : 을유년(1765) 6월 21일에 도임, 병술년(1766) 6월 5일에 이임, 형조참판(刑曹參判)이 되었다.

이서중(李敍中) : 병술년(1766) 7월 13일에 도임, 무자년(1768) 7월에 폄하되었다.

정언충(鄭彦忠) : 무자년(1768) 8월 20일에 도임, 동년 11월에 이임, 형조참판(刑曹參判)이 되었다.

민백분(閔百奮) : 무자년(1768) 12월 11일에 도임, 기축년(1769) 4월에 대동미를 실은 배가 치패된 일로 파직되어 본주에 귀양 보내졌다.

조덕수(趙德洙) : 기축년(1769) 5월 24일에 도임, 동년 8월 14일에 감사와 상피되어 이임, 상경하였다.

최경흥(崔景興) : 기축년(1769) 9월 13일에 도임, 동년 12월에 폄하되었다.

송택휴(宋宅休) : 경인년(1770) 2월 4일에 도임, 임진년(1772) 6월 4일에 대계에 의해 파직되었다.

서유상(徐有常) : 임진년(1772) 6월 20일에 도임, 전직의 일로 대계에 의해 파직되었다.

이종덕(李宗德) : 임진년(1772) 12월 2일에 도임, 계사년(1773) 7월 27일에 이질에 걸려 별세하였다.

홍익필(洪益弼) : 계사년(1773) 9월 15일에 도임, 을미년(1775) 3월 3일에 이임하였다.

이명중(李明中) : 을미년(1775) 3월 14일에 도임, 동년 10월에 금성관(錦城館)과 성지(城池)를 개수(改修)한 일로 통정대부에 승자되고 병신년(1776) 7월에 이임, 봉산군수(鳳山郡守)가 되었다.

조시만(趙時萬) : 병신년(1776) 8월 15일에 도임, 기해년(1779) 3월 21일에 이임하였다.

박사옥(朴師沃) : 기해년(1779) 4월 29일에 도임, 경자년(1780) 12월 20일에 사직하였다.

조시술(趙時述) : 신축년(1781) 1월 15일에 도임, 임인년(1782) 9월 27일에 이임하였다.

이정회(李廷恢) : 임인년(1782) 10월 22일에 성주목사에서 도임, 갑진년(1784) 12월 18일에 태사도에 표류한 사람에 대해 문정(問情)하는 것을 지체한 일로 먼저 파직되고 후에 나포되었다.

오재문(吳在文) : 갑진년(1784) 11월 18일 정사에서 울산부사로서 본직에 제수, 을사년(1785) 1월 22일에 도임, 병오년(1786) 2월 13일에 표류인을 문정하는 일이 지체된 일로 수영의 장계에 의해 파직되었다.

유한갈(兪漢葛) : 병오년(1786) 2월 30일에 도임, 지체된 일로 순영의 장계에 의해 파직되었다.

심이지(沈頤之) : 병오년(1786) 3월 15일에 도임, 동년 6월 29일에 이임,

전라관찰사(全羅觀察使)가 되었다.

이원배(李遠培) : 병오년(1786) 7월 13일에 본직에 제수, 동월 26일에 도임, 무신년(1788) 3월 7일에 본주의 세선(稅船) 3척이 치패(致敗)된 일로 대죄하기 위해 상경, 4월 5일에 순영의 장계에 의해 파직되었다.

이정모(李正模) : 무신년(1788) 4월 25일에 도임, 기유년(1789) 4월 24일에 이임하였다.

서탁수(徐琢修) : 기유년(1789) 4월 24일에 삼척부사에서 도임, 동년 8월 6일에 대동미를 실은 배 1척이 치패된 일로 서울에서 파직되었다.

이후원(李厚源) : 기유년(1789) 8월 6일에 선산부사에서 본직에 제수, 27일에 도임, 경술년(1790) 3월 12일에 대계에 의해 붙잡혀 파직되었다.

이우규(李禹圭) : 경술년(1790) 4월 11일에 도임, 임자년(1792) 5월에 말미를 얻어 상경했다가 6월 9일에 병환으로 이조에 소를 올리고 이임하였다.

이인섭(李寅燮) : 임자년(1792) 6월 24일에 도임, 계축년(1793) 4월 28일에 감사 권엄과 상피되어 서울에서 바뀌었다.

조시순(趙時淳) : 계축년(1793) 4월 28일 정에서 무주부사로서 본직에 제수, 5월 22일에 도임, 을묘년(1795) 5월 6일에 안핵사 이희갑의 계문에 의해 파직되고 동월 8일에 상경하였다.

조휘진(曹翬振) : 을묘년(1795) 5월 22일에 도임, 동년 8월에 안주목사(安州牧使)와 상환되어 21일에 떠났다.

임육(任焴) : 을묘년(1795) 9월 3일에 도임, 경신년(1800) 4월 24일에 이임, 상경하였다.

윤수익(尹守翼) : 경신년(1800) 윤4월 11일에 도임, 동년 7월 26일에 이임, 청주목사(淸州牧使)와 상환하였다.

서교수(徐敎修) : 경신년(1800) 8월 11일에 도임, 신유년(1801) 9월 2일에 부친상을 당하였다.

심후지(沈厚之) : 신유년(1801) 9월 21일에 도임, 병인년(1806) 6월 7일에 임기가 차서 상경하였다.

김용순(金龍淳) : 병인년(1806) 7월 13일에 도임, 무진년(1808) 4월에 수조(水操)[116]할 때 전선을 출발시키지 않은 일로 붙잡혀 파직되었다.

김사희(金思羲) : 무진년(1808) 5월 9일에 도임, 경오년(1810) 8월 25일에 이임, 상경하였다.

오한원(吳翰源) : 경오년(1810) 8월 17일 정에서 승지로서 본직에 제수, 29일에 도임, 임신년(1812) 5월 25일에 대동선(大同船)이 치패된 일로 붙잡혀 상경했다가 체직되어 돌아왔다.

김명진(金明鎭) : 임신년(1812) 7월 17일에 도임, 갑술년(1814) 4월 1일에 이임, 선산부사(善山府使)와 상환하였다.

이민식(李民植) : 갑술년(1814) 4월 25일에 도임, 동년 5월 23일에 이임, 광주목사(光州牧使)와 상환하였다.

홍양묵(洪養默) : 갑술년(1814) 6월 7일에 도임, 을해년(1815) 6월 1일에 갑술년의 환자를 미봉 마감한 일로 나포되어 체직되었다.

조진선(趙鎭宣)[117] : 을해년(1815) 6월 25일에 도임, 병자년(1816) 5월 11일에 이임, 상경하였다.

홍병주(洪秉周) : 병자년(1816) 6월 29일에 도임, 경진년(1820) 2월에 상경하여 폄중을 받아 체직되었다.

민치성(閔致成) : 경진년(1820) 4월 2일에 도임, 임오년(1822) 7월에 상경하여 소를 올리고 체직되었다.

조원영(趙原永) : 임오년(1822) 11월 17일에 도임, 갑신년(1824) 3월에

116) 수조(水操) : 수군을 훈련시키는 일을 말함.

117) 『나주목읍지』(1816년경)는 여기까지 기록되어 있다.

상경하여 6월에 사직하였다.

이희두(李羲斗) : 갑신년(1824) 윤7월 10일에 도임, 을유년(1825) 8월에 상경하여 소를 올리고 체직되었다.

김노종(金魯鐘) : 을유년(1825) 10월 13일에 도임, 정해년(1827) 3월에 사직하였다.

조함영(趙咸永) : 정해년(1827) 4월 21일에 도임, 경인년(1830) 4월 8일에 상경하여 소를 올리고 체직되었다. 선정비(善政碑)가 있다.

박종대(朴宗大) : 경인년(1830) 5월 8일에 도임, 동년 9월에 이임하였다.

이지연(李止淵) : 경인년(1830) 10월 1일에 도임, 신묘년(1831) 1월에 이임, 한성판윤(漢城判尹)이 되었다.

박내겸(朴來謙) : 신묘년(1831) 1월에 도임, 계사년(1833) 5월에 이임, 우승지(右承旨)가 되었다.

이회연(李晦淵) : 계사년(1833) 6월 4일에 도임, 정유년(1837) 3월 21일에 병으로 파직되었다.

박호수(朴鎬壽) : 정유년(1837) 4월 13일에 도임, 무술년(1838) 2월 28일에 이임하였다.

이현호(李玄好) : 무술년(1838) 3월 17일에 도임, 경자년(1840) 2월 12일에 폄중(貶中)[118]을 받아 이임하였다.

심의복(沈宜復) : 경자년(1840) 5월 10일에 도임, 임인년(1842) 8월 8일에 이임하였다.

이노영(李魯榮) : 임인년(1842) 9월 24일에 도임, 계묘년(1843) 10월 20일에 이임하였다.

서유민(徐有民) : 계묘년(1843) 12월 29일에 도임, 갑진년(1844) 6월 14일에 서울에서 죽었다.

김유희(金有喜) : 갑진년(1844) 7월 27일에 도임, 정미년(1847) 5월 9일

118) 폄중(貶中) : 고과(考課)에서 낮은 점수인 중등(中等)을 맞은 것을 말함.

에 말미를 얻어 상경하였다가 폄중을 받고 이임하였다.

윤치응(尹致膺) : 정미년(1847) 8월 12일에 도임, 기유년(1849) 5월 1일에 이임하였다.

김재경(金在敬) : 기유년(1849) 6월 13일에 도임, 신해년(1851) 4월 13일에 암행어사의 계문에 들어가 파직되었다.

조연명(趙然明) : 신해년(1851) 5월 10일에 도임, 계축년(1853) 1월 15일에 충주목사(忠州牧使)가 되었다.

남병선(南秉善) : 계축년(1853) 2월 15일에 도임, 11월에 세곡선이 빙박(氷泊)한 일로 파직되었다.

김기현(金箕絢) : 계축년(1853) 12월 27일에 여주목사에서 도임, 을묘년(1855) 10월에 이임하였다.

심명규(沈明奎) : 을묘년(1855) 10월 16일 정사에서 평양서윤으로서 제수, 12월 22일에 도임, 병진년(1856) 7월 5일에 충주목사(忠州牧使)가 되었다.

윤치용(尹致容) : 병진년(1856) 7월 5일 정사에서 광흥수에서 본직에 제수, 8월 7일에 도임, 정사년(1857) 10월 15일에 여주목사(驪州牧使)가 되었다.

서유상(徐有象) : 정사년(1857) 10월 15일 정사에서 이천부사로서 제수, 11월 30일에 도임, 기미년(1859) 5월 1일에 이임하였다.

박현규(朴顯圭) : 기미년(1859) 5월 1일 정사에서 충주목사로서 제수, 6월 20일에 도임, 경신년(1860) 2월 7일에 전직인 진주의 이로 파직되었다.

조희철(趙熙哲) : 경신년(1860) 2월 7일 정사에서 제수, 3월 15일에 도임, 동년 10월 20일에 이임하였다.

홍재응(洪在應) : 경신년(1860) 10월 20일 정사에서 청풍부사로서 제수, 임술년(1862) 1월 19일에 금학헌에서 별세하였다.

김동선(金東選) : 임술년(1862) 1월 28일 정사에서 제수, 3월 15일에 도임, 계해년(1863) 4월에 대동선 1척이 치패된 일로 취리(就理)차 상경하여 용서를 받고, 7월 3일 도정에서 서원현감(西原縣監)에 이배되었다.

송정희(宋正熙) : 계해년(1863) 7월 3일 도정에서 양양부사로서 본직에 제수, 8월 22일에 도임, 갑자년(1864) 4월 12일에 순영의 장계에 의해 파직되고, 동월 17일에 동조(東朝)의 특교로 잉임되어 6월 15일에 관에 도착했고, 을축년(1865) 6월에 이임하였다.

김우현(金佑鉉) : 을축년(1865) 6월 22일 정사에서 삼척부사로서 본직에 제수, 8월 16일에 도임, 무진년(1868) 9월 17일에 이임하였다.

김병우(金炳愚) : 무진년(1868) 9월 17일 정사에서 선산부사 통정대부로서 본직에 제수, 10월 24일에 도임, 신미년(1871) 6월 20일에 양주목사(楊州牧使)에 이배되었다.

김직선(金直善) : 신미년(1871) 6월 20일 정사에서 회양부사로서 본직에 제수, 8월 14일에 도임, 임신년(1872) 7월 27일에 이임, 상경하였다.

송인옥(宋寅玉) : 임신년(1872) 7월 27일 정사에서 울산부사로서 본직에 제수, 9월 2일에 도임, 을해년(1875) 5월 7일에 상경하여 9월 3일에 삼척부사(三陟府使)가 되었다.

조병로(趙秉老) : 을해년(1875) 9월 3일 정사에서 청주목사로서 제수, 10월 3일에 도임, 병자년(1876) 9월 16일에 모친상을 당했다.

김선근(金善根) : 병자년(1876) 9월 24일 정사에서 황주목사로서 제수, 10월 30일에 도임, 무인년(1878) 2월 27일에 홍주목사(洪州牧使)가 되었다.

오달선(吳達善) : 무인년(1878) 2월 2일 정사에서 홍주목사로서 제수, 4월 22일에 도임, 신사년(1881) 6월 20일에 경주부윤(慶州府尹)이 되었다.

민경호(閔璟鎬) : 신사년(1881) 6월 20일 정사에서 능주목사로서 본직에 제수, 7월 12일에 도임, 임오년(1882) 10월 25일에 구세미(舊稅米)를 건납(愆納)한 일로 순영의 장계에 의해 파직되었다.

이태진(李泰鎭) : 임오년(1882) 12월 12일 정사에서 청풍부사로서 본직에 제수, 계미년(1883) 1월 29일에 도임, 동년 11월 14일에 돈녕도정(敦寧都正)이 되었다.

조석영(趙奭永) : 계미년(1883) 11월 15일 정사에서 서흥부사로서 본직에 제수, 갑신년(1884) 1월 30일에 도임, 동년 7월 21일에 말미를 얻어 상경했다가 8월 16일 정사에서 거창부사(居昌府使)에 이배되었다.

박규동(朴奎東) : 갑신년(1884) 8월 16일 정사에서 거창부사로서 제수, 9월 20일에 도임, 병술년(1886) 6월 19일에 모친상을 당해 체직되었는데 그대로 학교리 사저에서 머물다가 10월 8일에 별세했다. 금성관(錦城館)을 중수하였다.

윤태원(尹泰元) : 병술년(1886) 7월 29일 정사에서 금산군수로서 본직에 제수, 9월 10일에 도임, 무자년(1888) 7월 10일 정사에서 장성부사(長城府使)에 이배되었다.

이재곤(李載崑) : 무자년(1888) 7월 11일 정사에서 수찬으로서 본직에 제수, 8월 13일에 도임, 기축년(1889) 6월 30일에 다시 수찬(修撰)이 되어 환조(還朝)하였다.

김규식(金奎軾) : 기축년(1889) 6월 30일 정사에서 제수, 8월 22일에 도임, 경인년(1890) 7월 1일에 진향사로서 상경하였다가 9월 19일에 체직되었다.

조필영(趙弼永) : 경인년(1890) 9월 19일 정사에서 통정대부 총무관 겸 전운어사로서 본직에 제수, 10월 26일에 도임, 신묘년(1891) 6월 22일에 폄중을 받았다.

임대준(任大準) : 신묘년(1891) 6월 22일 정사에서 통정대부 형조참의로서 본직에 제수, 8월 19일에 도임, 동년 11월 13일에 이임하였다.

윤상익(尹相翊) : 신묘년(1891) 11월 13일 정사에서 통정대부로서 본직에 제수, 12월 29일에 도임, 계사년(1893) 8월 21일에 임기가 차서 이임하였다. 내아(內衙)를 보수하였다.

민종열(閔種烈) : 계사년(1893) 11월 25일에 도임, 을미년(1895) 9월 21일에 담양군수(潭陽郡守)에 이배되었다.

군수(郡守) 안종수(安宗洙) : 을미년(1895) 8월 6일에 도임, 병신년(1896) 2월 9일에 단발령으로 민란이 일어났을 때 피살되었다.

이우규(李祐珪) : 병신년(1896) 4월 18일에 도임, 정유년(1897) 5월 12일에 체직되었다.

김직현(金稷鉉) : 정유년(1897) 10월 7일에 도임, 기해년(1899) 1월 22일에 대구관찰사로 이배되었다.

이호석(李鎬奭)119) : 기해년(1899) 1월 29일에 도임, 신축년(1901) 10월에 이임하였다.

김천수(金天洙) : 신축년(1901) 10월에 도임, 갑진년(1904)에 이임하였다.

민영채(閔泳采) : 갑진년(1904) 7월에 도임, 정미년(1907) 2월에 이임하였다.

김성기(金聖基) : 정미년(1907) 3월에 도임, 기유년(1909) 3월에 이임, 궁삼면(宮三面) 사건 때 부정(不正)하였다.

박윤동(朴潤東) : 기유년(1909) 4월에 도임, 1914년 3월에 이임하였다.

### 판관

오신열(吳臣烈) : 무술년(1358) 2월에 이임하였다.

---

119) 본지는 이호석까지 기록되어 있다.

전철(全哲) : 무술년(1358) 4월에 도임, 신축년(1361) 3월 3일에 이임하였다.

김원각(金元恪) : 신축년(1361) 4월 2일에 도임, 임인년(1362)에 이임하였다.

이림(李琳) : 임인년(1362)에 도임, 계묘년(1363)에 이임하였다.

곽윤명(郭允明) : 계묘년(1363) 9월 13일에 도임, 을사년(1365) 8월 7일에 이임하였다.

이서(李舒) : 을사년(1365) 10월 3일에 도임, 병오년(1366) 1월 7일에 이임하였다.

허승우(許承祐) : 병오년(1366) 2월 18일에 도임하였다.

김증(金璔) : 병오년(1366) 6월 19일에 도임하였다.

이일선(李日善) : 계축년(1373) 3월 22일에 도임, 갑인년(1374) 1월 11일에 이임하였다.

김윤택(金允澤) : 갑인년(1374) 2월 20일에 도임, 동년 12월 26일에 이임하였다.

이사방(李斯昉) : 을묘년(1375) 2월 1일에 도임, 동년 4월 26일에 이임하였다.

정수도(鄭修道) : 을묘년(1375) 7월 21일에 도임, 병진년(1376) 7월에 이임하였다.

송자호(宋子浩) : 병진년(1376) 9월 7일에 도임, 정사년(1377) 7월에 이임하였다.

이덕유(李德猷) : 무오년(1378) 4월에 도임, 기미년(1379) 6월에 이임하였다.

한중현(韓仲賢) : 기미년(1379) 9월에 도임, 신유년(1381) 2월 11일에 이임하였다.

강사경(姜思敬) : 신유년(1381) 6월에 도임, 임술년(1382) 7월에 이임하였다.

유극삼(柳克滲) : 임술년(1382) 12월에 10일에 도임, 갑자년(1384) 7월에 이임하였다.

이지을(李持乙) : 갑자년(1384) 10월에 도임, 병인년(1386) 4월에 이임하였다.

배규(裵規) : 정묘년(1387) 10월 4일에 도임, 무진년(1388) 9월 4일에 이임하였다.

김양준(金楊俊) : 기사년(1389) 2월에 도임, 경오년(1390) 1월에 이임하였다.

윤의(尹義) : 경오년(1390) 5월 13일에 도임, 동년 8월 13일에 이임하였다.

이양구(李養具) : 조선 임신년(1392) 10월 15일에 도임, 계유년(1393) 10월 6일에 이임하였다.

송홍은(宋洪殷) : 계유년(1393) 10월 17일에 도임, 병자년(1396) 3월에 이임하였다.

권희도(權希道) : 병자년(1396) 7월 9일에 도임하였다.

강경의(姜敬毅) : 정축년(1397)에 도임, 무인년(1398) 5월에 이임하였다.

유직(劉直) : 무인년(1398) 8월 21일에 도임, 기묘년(1399) 3월 2일에 이임하였다.

권익(權翊) : 기묘년(1399) 4월 3일에 도임, 경진년(1400) 8월 2일에 이임하였다.

허빈(許彬) : 경진년(1400) 8월 23일에 도임, 신사년(1401) 7월 25일에 이임하였다.

김사문(金士文) : 신사년(1401) 8월 28일에 도임, 계미년(1403) 3월 8일에 이임하였다.

구송(仇送) : 계미년(1403) 3월 26일에 도임, 동년 12월에 이임하였다.

조혼(曹渾) : 갑신년(1404) 1월 27일에 도임, 병술년(1406) 8월 1일에 이임하였다.

권삼(權參) : 병술년(1406) 8월 1일에 도임, 기축년(1409) 3월 15일에 이임하였다.

최직지(崔直之) : 기축년(1409) 4월 20일에 도임하였다.

유익지(柳翼之) : 경인년(1410) 8월 2일에 도임, 임진년(1412) 1월 19일에 이임하였다.

이종화(李種華) : 임진년(1412) 1월 19일에 도임, 동년 11월에 이임하였다.

박입기(朴立基) : 계사년(1413) 2월 17일에 도임, 갑오년(1414) 9월 2일에 이임하였다.

유흡(柳洽) : 갑오년(1414) 윤9월 17일에 도임, 을미년(1415) 6월 20일에 이임하였다.

현중인(玄仲仁) : 을미년(1415) 7월 7일에 도임, 동년 8월 7일에 이임하였다.

채지정(蔡知正) : 을미년(1415) 9월 2일에 도임, 무술년(1418) 3월 12일에 이임하였다.

허지혜(許之惠) : 무술년(1418) 3월 23일에 도임, 기해년(1419) 9월에 이임하였다.

권극화(權克和) : 기해년(1419) 11월 24일에 도임, 신축년(1421) 12월에 이임하였다.

김전(金塡) : 신축년(1421) 12월에 도임, 임인년(1422) 9월에 이임하였다.

원욱(元郁) : 임인년(1422) 11월 1일에 도임, 을사년(1425) 1월에 이임하였다.

최민(崔岷) : 을사년(1425) 1월 14일에 도임, 병오년(1426) 12월에 이임하였다.

조자(趙孜) : 정미년(1427) 1월 8일에 도임, 신해년(1431) 6월 1일에 이임하였다.

최자연(崔自淵) : 신해년(1431) 8월 1일에 도임, 병진년(1436) 7월 5일에 이임하였다.

신전(愼詮) : 병진년(1436) 7월 24일에 도임, 신유년(1441) 7월 9일에 이임하였다.

최수로(崔壽老) : 신유년(1441) 8월 11일에 도임, 계해년(1443) 12월 4일에 이임하였다.

설정신(薛丁新) : 계해년(1443) 11월 27일에 도임, 을축년(1445) 8월 9일에 이임하였다.

한계미(韓繼美) : 을축년(1445) 8월 9일에 도임, 정묘년(1447) 12월 18일에 이임하였다.

이구관(李九寬) : 무진년(1448) 3월 28일에 도임, 경오년(1450) 3월 16일에 이임하였다.

강노(姜老) : 경오년(1450) 3월 13일에 도임, 을해년(1455) 3월 10일에 이임하였다.

황사장(黃事長) : 을해년(1455) 3월 3일에 도임, 경진년(1460) 4월 16일에 이임하였다.

홍의발(洪義發) : 경진년(1460) 3월 25일에 도임, 신사년(1461) 3월 17일에 이임하였다.

변종신(卞宗信) : 신사년(1461) 4월 15일에 도임, 임오년(1462) 3월 29일에 이임하였다.

최흔(崔昕) : 임오년(1462) 4월 9일에 도임, 갑신년(1464)에 이임하였다.

박문찬(朴文燦) : 을유년(1465) 1월 22일에 도임, 무자년(1468) 3월 20일에 이임하였다.

조훈(趙勛) : 무자년(1468) 2월 29일에 도임하였다.

김수형(金壽亨) : 계사년(1473) 8월 12일에 도임, 기해년(1479) 1월 22일에 이임하였다.

오한(吳漢) : 기해년(1479) 1월 10일에 도임하였다.

## 나주관찰사

한기동(韓耆東) : 을미년(1895) 5월 29일에 도임, 부임하지 않았다.

채규상(蔡奎常) : 을미년(1895) 7월 1일에 도임, 동년 12월 18일에 이임하였다.

조한근(趙漢根) : 병신년(1896) 1월 13일에 도임, 동년 2월 9일에 이임하였다.

한기동(韓耆東) : 병신년(1896) 4월 30일에 도임, 부임하지 않았다.

윤헌(尹憲) : 병신년(1896) 5월 28일에 도임, 동년 8월 3일에 이임하였다.

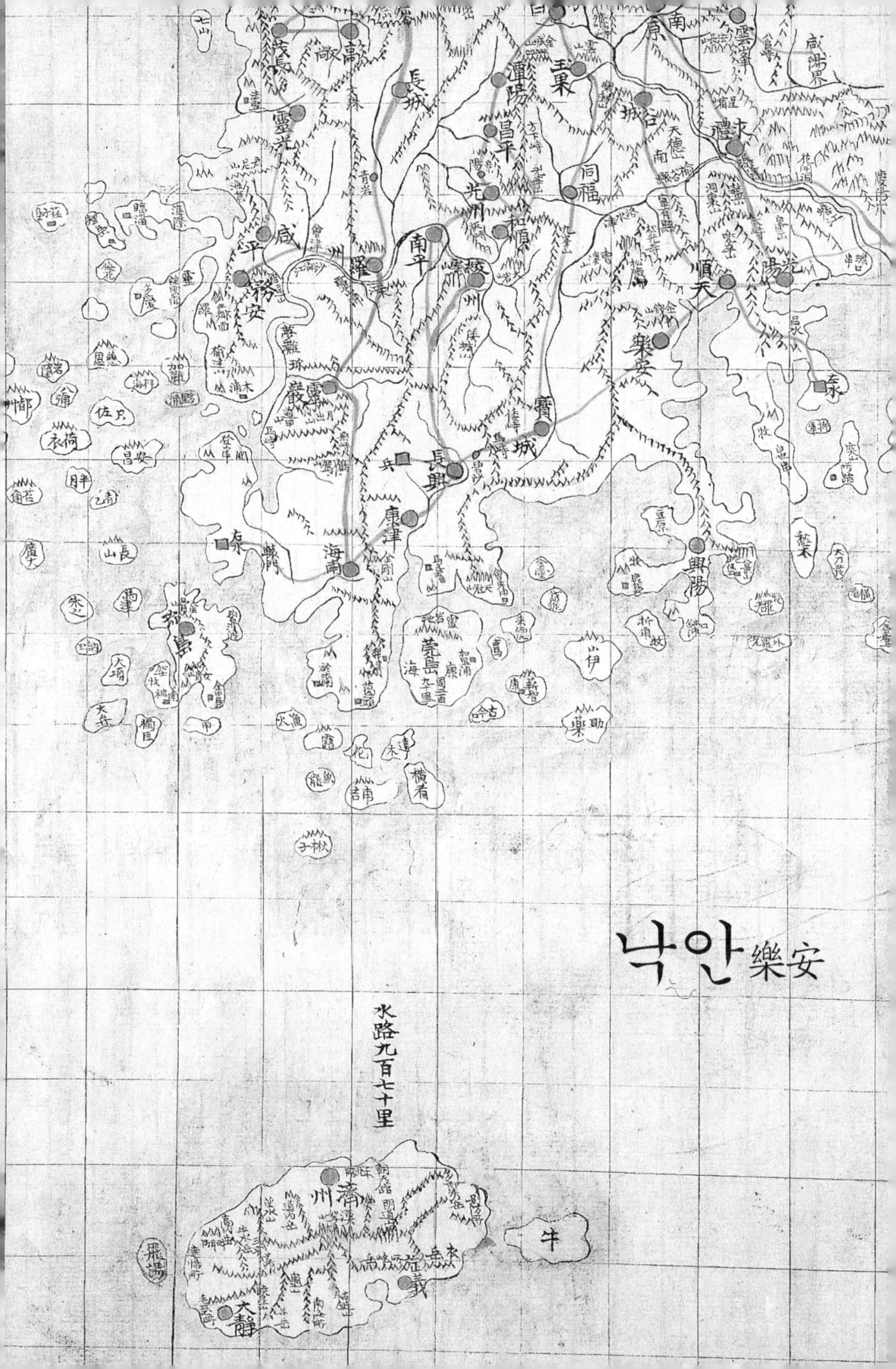
낙안 樂安
水路九百七十里
濟州
大靜
旌義

# 낙안(樂安)120)

백제시대 때는 파지(波知, 또는 分沙)로 불렸으며, 663년에 분차주(分嵯州)로 고치고 귀단(貴旦)·고서(皐西)·수원(首原)·군지(軍支) 등의 현을 관할하였다. 경덕왕 757년에 분령군(分嶺郡)으로 고치고, 강원(薑原)·백주(栢舟)·충렬(忠烈)·조양(兆陽) 등을 영현(領縣)으로 하였다. 940년(태조 23)에 낙안군(또는 陽岳)으로 고치고 나주에 소속시켰으며, 1172년(명종 2) 감무관(監務官)을 두어 독립 고을이 되었고, 뒤에 감무가 지군사(知郡事)로 승격하였다. 1466년(세조 12)에 군수로 바뀌었고 장흥에 속하였다가 뒤에 순천에 속하였다. 1515년(중종 10)에 한 군인(郡人)이 그 어미를 죽인 죄로 현령관(縣令官)으로 격하되었다가 곧 복구되었으며, 1555년(명종 10)에 한 사노(私奴)가 그 주인을 죽인 죄로 현감관(縣監官)으로 격하되었다가 1575년(선조 8)에 복구되었다. 낙안의 별호는 분사(分槎)·부사(浮槎)·낙주(洛州)·양악(陽岳) 등이다. 1896년에 전라남도에 속하였고, 1908년 8월 5일에 군을 폐하고 순천군에 편입되어 낙안면이 되었으며, 1949년에 순천군이 승주군으로 개칭되고, 1995년 승주군과 순천시가 통합되어 순천시에 속하게 되었다.

방덕룡(方德龍) : 만력 정유년(1597)에 부임하여 무술년(1598) 11월에 노량전투에서 전사하였다. 서울 거주.

정홍록(丁弘祿) : 기해년(1599) 2월에 부임하여 경자년(1600) 정월에 독향사(督餉使)의 계(啓)에 의해 파직되었다.

홍지(洪祉) : 경자년(1600) 4월에 부임하여 신축년(1601) 11월에 재상

120) 『낙안읍지 읍선생안』(1906)을 저본으로 하였다.

(灾傷) 때문에 파직되었다. 태인 거주.

박대신(朴大信) : 신축년(1601) 12월에 부임하여 임인년(1602) 11월에 병으로 체직되었다. 춘천 거주.

전희광(田希光) : 통정. 계묘년(1603) 정월에 부임하여 동년 3월에 암행어사 계문(啓聞)으로 파직되었다. 고부 거주.

우배선(禹拜善) : 통정. 계묘년(1603) 5월에 부임하여 갑진년(1604) 6월에 폄파(貶罷)되어 돌아갔다. 합천 거주.

정대용(鄭大用) : 갑진년(1604) 8월에 부임하여 동년 12월에 친상을 당해 급히 돌아갔다. 당진 거주.

이복경(李復慶) : 을사년(1605) 정월에 부임하여 병오년(1606) 2월에 내수사의 전세(田稅) 납부하지 않은 것으로 계파(啓罷)[121]되었다. 수원 거주.

소응종(蘇應宗) : 병오년(1606) 4월에 부임하여 정미년(1607) 12월에 대파(臺罷)[122]되었다. 진위 거주.

한호문(韓好問) : 무신년(1608) 2월에 부임하여 경술년(1610) 12월에 폄파(貶罷)되어 돌아갔다. 서울 거주.

장언침(張彦忱) : 신해년(1611) 4월에 부임하여 동년 11월에 대파(臺罷)되었다. 서울 거주.

이장(李嶂) : 임자년(1612) 정월에 부임하여 동년 11월에 재상(灾傷) 때문에 파직되었다. 온양 거주.

양간(梁諫) : 임자년(1612) 12월에 부임하여 계축년(1613) 12월에 재상(灾傷) 때문에 파직되었다. 전주 거주.

하경수(河景受) : 갑인년(1614) 정월에 부임하여 병진년(1616) 5월에 경파(京罷)되었다. 합천 거주.

정운(鄭澐) : 병진년(1616) 6월에 부임하여 정사년(1617) 10월에 사망하

---

121) 계파(啓罷) : 계문(啓聞, 관찰사나 어사 등이 임금에게 아뢺)하여 파직함.

122) 대파(臺罷) : 대각(臺閣, 사헌부·사간원)의 탄핵으로 파면됨.

였다. 서울 거주.

어운급(魚雲級) : 정사년(1617) 12월에 부임하여 임술년(1622) 12월에 임기가 만료되어 돌아갔다. 서울 거주.

박유건(朴惟健) : 통정대부. 천계 임술년(1622) 12월에 부임하여 계해년(1623) 4월에 파직되어 돌아갔다. 충주 거주.

송득운(宋得運) : 통정대부. 계해년(1623) 5월에 부임하여 을축년(1625) 8월에 진상(進上)을 궐봉(闕封)한 일 때문에 파직되었다. 홍양 거주.

심동명(沈東明) : 가선대부, 남풍군(南豊君). 을축년(1625) 10월에 부임하여 병인년(1626) 3월에 상을 당하였다. 신창 거주.

임경업(林慶業) : 가선대부. 병인년(1626) 5월에 부임하여 무진년(1628) 3월에 경파(京罷)되었다. 충주 거주.

조형원(趙亨遠) : 통정대부. 숭정 무진년(1628) 4월에 부임하여 기사년(1629) 3월에 암행어사 계파(啓罷)되었다. 상주 거주.

우상중(禹尙中) : 가의대부. 기사년(1629) 윤4월에 부임하여 경오년(1630) 정월에 재상(災傷) 때문에 파직되었다. 공주 거주.

정원필(鄭元弼) : 통정대부. 경오년(1630) 3월에 부임하여 임신년(1632) 정월에 경파(京罷)되었다. 충주 거주.

이시득(李時得) : 통정대부. 임신년(1632) 2월에 부임하여 계유년(1633) 12월에 재상(災傷) 때문에 파직되었다. 청주 거주.

권약(權若) : 통정대부. 갑술년(1634) 2월에 부임하여 동년 8월에 병으로 체직되었다. 서울 거주.

안위(安偉) : 갑술년(1634) 9월에 부임하여 병자년(1636) 정월에 암행어사 계파(啓罷)되었다. 김해 거주.

이위(李葳) : 숭덕 병자년(1636) 2월에 부임하여 정축년(1637) 3월에 경파(京罷)되었다. 양주 거주.

임항수(林恒壽) : 통정대부. 정축년(1637) 3월에 부임하여 기묘년(1639)

6월에 폄파(貶罷)되어 돌아갔다. 황주 거주.

허쟁(許崝) : 가선대부. 기묘년(1639) 8월에 부임하여 경진년(1640) 12월에 폄파(貶罷)되어 돌아갔다. 과천 거주.

김민학(金敏學) : 신사년(1641) 3월에 부임하여 임오년(1642) 4월에 수영의 장계로 파직되었다. 금구 거주.

변언황(邊彦璜) : 임오년(1642) 5월에 부임하여 갑신년(1644) 10월에 파직되어 돌아갔다. 광주(廣州) 거주.

민선(閔璿) : 순치 갑신년(1644) 12월에 부임하여 병술년(1646) 10월에 경파(京罷)되었다. 통진 거주.

정이중(鄭以重) : 병술년(1646) 12월에 부임하여 정해년(1647) 9월에 사직하였다. 서울 거주.

김해(金垓) : 정해년(1647) 11월에 부임하여 무자년(1648) 11월에 재상(災傷)으로 파직되었다. 전의 거주.

김형상(金亨祥) : 통정대부. 무자년(1648) 12월에 부임하여 신묘년(1651) 4월에 임기가 만료되어 돌아갔다. 서울 거주.

백홍성(白弘性) : 신묘년(1651) 5월에 부임하여 동년 6월에 대파(臺罷)되었다. 용인 거주.

김수해(金壽海) : 신묘년(1651) 7월에 부임하여 계사년(1653) 정월에 사직하였다. 양주 거주

홍세호(洪世虎) : 계사년(1653) 3월에 부임하여 병신년(1656) 6월에 폄파(貶罷)되어 돌아갔다. 평산 거주.

백후청(白後淸) : 병신년(1656) 8월에 부임하여 무술년(1658) 정월에 수조(水操)할 때 사포수(射砲手)가 맞추지 못한 것으로 계파(啓罷)되었다. 창녕 거주.

황류(黃瑠) : 무술년(1658) 2월에 부임하여 기해년(1659) 8월에 경파(京罷)되었다. 강화 거주.

김종필(金宗泌) : 문과. 기해년(1659) 11월에 부임하여 임인년(1662) 6

월에 폄파(貶罷)되어 돌아갔다. 서울 거주.

조상주(趙相周) : 강희 임인년(1662) 8월에 부임하여 을사년(1665) 3월에 임기가 만료되어 돌아갔다. 김제 거주.

최진성(崔震聖) : 을사년(1665) 4월에 부임하여 병오년(1666) 8월에 순천겸관으로서 청대죽 진상의 기한을 넘겼다는 것 때문에 계파(啓罷)되었다. 서울 거주.

박장경(朴長卿) : 병오년(1666) 9월에 부임하여 무신년(1668) 8월에 전세(田稅)를 운반하던 배가 파손된 것으로 인해 나파(拿罷)[123]되었다. 서울 거주.

신지응(愼祉膺) : 무신년(1668) 10월에 부임하여 기유년(1669) 11월에 재상(災傷)으로 파직되었다. 서울 거주.

노전(盧銓) : 경술년(1670) 정월에 홍덕현감으로부터 부임하여 임자년(1670) 정월에 상주영장(尙州營將)에 이배(移拜)되었다. 서울 거주.

박진익(朴進益) : 임자년(1670) 정월에 부임하여 계축년(1673) 12월에 재상(災傷)으로 파직되었다. 연안 거주.

정세형(鄭世衡) : 통정대부. 갑인년(1674) 2월에 부임하여 병진년(1676) 5월에 암행어사의 계(啓)에 의해 파직되었다. 직산 거주.

김석망(金碩望) : 병진년(1676) 8월에 부임하여 무오년(1678) 정월에 나주영장에 이배(移拜)되었다. 양지 거주.

이공걸(李公傑) : 무오년(1678) 2월에 부임하여 동년 6월에 폄파(貶罷)되어 돌아갔다. 전주 거주.

양오거(楊五擧) : 무오년(1678) 9월에 부임하여 신유년(1681) 2월에 임기가 만료되어 돌아갔다. 순창 거주.

한익세(韓翼世) : 신유년(1681) 3월에 부임하였다. 임술년(1682) 정월에

---

123) 나파(拿罷) : 나체(拿遞). 수령으로 부임하기 전의 일이나 수령으로 있으면서 저지른 공죄(公罪)로 잡혀 와서 파면되는 것.

남원영장에 이배(移拜)되었다. 진주 거주.

이진영(李震英) : 임술년(1682) 2월에 부임하여 동년 9월에 파직되어 돌아갔다. 용인 거주.

신명임(申命任) : 임술년(1682) 11월에 부임하여 계해년(1683) 6월에 살주(弑主)의 일로 파직되었다. 인동 거주.

김전(金銓) : 통정대부. 계해년(1683) 8월에 부임하여 동년 11월에 계파(啓罷)되었다. 남포 거주.

신담(辛曇) : 갑자년(1684) 2월에 부임하여 동년 8월에 모친상을 당하였다. 원주 거주.

민석재(閔碩才) : 갑자년(1684) 10월에 부임하여 병인년(1686) 10월에 수조(水操) 때 사격(射格)을 대점(代點)한 것으로 나거(拿去)되었다. 문의 거주.

이상욱(李相頊) : 병인년(1686) 12월에 부임하여 무진년(1688) 2월에 사직하였다. 충주 거주.

최용지(崔容之) : 무진년(1688) 5월에 부임하여 경오년(1690) 7월에 임기가 만료되어 돌아갔다. 남원 거주.

박사량(朴思良) : 통정대부. 경오년(1690) 7월에 부임하여 신미년(1691) 5월에 친년(親年)이 80살이라는 것으로 정체(呈遞)하였다. 이천 거주.

이심(李蕃) : 신미년(1691) 7월에 부임하여 임신년(1692) 12월에 분상(奔喪)하였다. 횡성 거주.

김시경(金始慶) : 계유년(1693) 2월에 부임하여 을해년(1695) 6월에 폄파(貶罷)되어 돌아갔다. 장흥 거주.

이수민(李壽民) : 을해년(1695) 8월에 부임하여 병자년(1696) 9월에 친병(親病)으로 정체(呈遞)하였다. 서울 거주.

채이장(蔡以章) : 병자년(1696) 12월에 부임하여 무인년(1698) 3월에 우림장(羽林將)에 승배(陞拜)되었다. 서울 거주.

박동상(朴東相) : 무인년(1698) 3월에 부임하여 경진년(1700) 4월에 임기가 만료되어 돌아갔다. 충주 거주.

원시형(元始亨) : 경진년(1700) 9월에 부임하여 임오년(1702) 2월에 폄파(貶罷)되어 돌아갔다. 원주 거주.

이만엽(李萬葉) : 임오년(1702) 4월에 부임하여 갑신년(1704) 6월에 폄파(貶罷)되어 돌아갔다. 홍주 거주.

신미(申渼) : 갑신년(1704) 9월에 부임하여 병술년(1706) 6월에 파직되어 돌아갔다. 수원 거주.

김득휘(金得輝) : 통정. 병술년(1706) 7월에 부임하여 정해년(1707) 6월에 폄파(貶罷)되어 돌아갔다. 서울 거주.

장우진(張友軫) : 정해년(1707) 9월에 부임하여 무자년(1708) 4월에 어사의 계문으로 파직되었다. 풍덕 거주.

최대처(崔大處) : 무자년(1708) 6월에 부임하여 기축년(1709) 12월에 경파(京罷)되었다. 사천 거주.

심지해(沈之海) : 경인년(1710) 2월에 부임하여 동년 12월에 폄파(貶罷)되어 돌아갔다. 서울 거주.

민주헌(閔周憲) : 신묘년(1711) 2월에 부임하여 임진년(1712) 12월에 폄파(貶罷)되어 돌아갔다. 원주 거주.

김정삼(金鼎三) : 계사년(1713) 3월에 부임하여 을미년(1715) 7월에 폄파(貶罷)되어 돌아갔다. 청주 거주.

유성부(柳聖溥) : 을미년(1715) 8월에 부임하여 정유년(1717) 5월에 어사의 계문에 의해 파직되었다. 이천 거주.

이건(李楗) : 통정대부. 정유년(1717) 9월에 부임하여 동년 12월에 대파(臺罷)되었다. 고부 거주.

유평(柳枰) : 무술년(1718) 4월에 부임하여 동월에 분상(奔喪)하였다. 충주 거주.

이중창(李重昌) : 통정대부. 무술년(1718) 5월에 부임하여 동년 12월에 폄파(貶罷)되어 돌아갔다. 서울 거주.

이담석(李聃錫) : 기해년(1719) 2월에 부임하여 동년 3월에 분상(奔喪)하였다. 서울 거주.

유혜장(柳惠章) : 가선대부. 기해년(1719) 4월에 부임하여 신축년(1721) 4월에 순영(巡營)의 장계에 의해 파직되었다. 공주 거주.

김정구(金正龜) : 문과. 신축년(1721) 5월에 부임하여 계묘년(1723) 9월에 임기가 만료되어 돌아갔다. 예천 거주.

최유태(崔裕泰) : 계묘년(1723) 10월에 부임하여 을사년(1725) 6월에 폄파(貶罷)되어 돌아갔다. 포천 거주.

황택(黃澤) : 을사년(1725) 9월에 부임하여 정미년(1727) 6월에 폄파(貶罷)되어 돌아갔다. 수원 거주.

장태소(張泰紹) : 정미년(1727) 10월에 부임하여 임신 정월에 우림장(羽林將)에 제배(除拜)되었다. 서울 거주

이광국(李光國) : 문과. 무신년(1728) 4월에 부임하여 동년 8월에 수영의 계문에 의해 파직되었다. 서천 거주.

강택(姜澤) : 무신년(1728) 10월에 부임하여 기유년(1729) 9월에 계파(啓罷)되었다. 진주 거주.

조문벽(趙文璧) : 기유년(1729) 12월에 부임하여 임자년(1732) 3월에 분상(奔喪)하였다. 청주 거주.

이경진(李慶晋) : 임자년(1732) 4월에 부임하여 동년 12월에 순영의 계문에 의해 파직되었다. 포천 거주.

이만유(李萬囿) : 자헌대부. 한원군(韓原君). 임자년(1732) 12월에 부임하여 갑인년(1734) 10월에 경체(徑遞)[124]되었다. 서울 거주.

임시화(林時華) : 가선대부. 갑인년(1734) 12월에 부임하여 을묘년(1735) 6월에 폄파(貶罷)되어 돌아갔다. 서울 거주.

---

124) 경체(徑遞) : 임기 만료 전 인사이동, 벼슬의 임기가 다 차기 전에 다른 벼슬로 갈려 감.

윤이교(尹以敎) : 을묘년(1735) 9월에 부임하여 동년 11월에 재상(災傷)으로 파직되었다. 이성(尼城) 거주.

이진엽(李震葉) : 문과. 병진년(1736) 정월에 부임하여 동년 6월에 폄파(貶罷)되어 돌아갔다. 구성(龜城) 거주.

김만홍(金滿泓) : 자헌대부. 병진년(1736) 11월에 부임하여 무오년(1738) 12월에 폄파(貶罷)되어 돌아갔다. 서울 거주.

원중채(元重采) : 기미년(1739) 4월에 부임하여 경신년(1740) 5월에 어사의 계문에 의해 파직되었다. 원주 거주.

윤성오(尹聖五) : 경신년(1740) 7월에 부임하여 임술년(1742) 3월에 계파(啓罷)되었다. 정산 거주.

정운채(鄭運采) : 임술년(1742) 4월에 부임하여 동년 10월에 경파(京罷)되었다. 원주 거주.

박양좌(朴亮佐) : 임술년(1742) 12월에 부임하여 을축년(1745) 3월에 임기가 만료되어 돌아갔다. 이천 거주.

최후태(崔後泰) : 을축년(1745) 3월에 부임하여 병인년(1746) 3월에 이조의 점하(點下)로 체직되었다. 성주 거주.

이석복(李錫福) : 문과. 병인년(1746) 4월에 부임하여 동년 9월에 사망하였다. 연안 거주.

김우(金瑀) : 가선대부. 병인년(1746) 11월에 부임하여 기사년(1749) 4월에 임기가 만료되어 돌아갔다. 충주 거주.

전한상(田漢祥) : 기사년(1749) 5월에 부임하여 신미년(1751) 9월에 임기가 만료되어 돌아갔다. 결성 거주.

우홍제(禹弘濟) : 통정대부. 신미년(1751) 9월에 부임하여 동년 12월에 순영의 계문에 의해 파직되었다. 서울 거주.

정운일(鄭運一) : 임신년(1752) 2월에 부임하여 동년 10월에 계파(啓罷)되었다. 서울 거주.

전치우(田致雨) : 임신년(1752) 12월에 부임하여 계유년(1753) 10월에 순영의 계문에 의해 파직되었다. 서울 거주.

유언지(兪彦摯) : 가선대부. 계유년(1753) 12월에 부임하여 병자년(1756) 4월에 임기가 만료되어 돌아갔다. 부여 거주.

오한적(吳漢迪) : 통정대부. 병자년(1756 )4월에 부임하여 정축년(1757) 6월에 폄파(貶罷)되었다. 서울 거주.

김양심(金養心) : 문과. 정축년(1757) 7월에 부임하여 기묘년(1759) 6월에 정체(呈遞)하였다. 서울 거주.

이덕관(李德觀) : 기묘년(1759) 9월에 부임하여 임오년(1762) 2월에 폄파(貶罷)되어 돌아갔다. 배천 거주.

유재(柳梓) : 문과. 임오년(1762) 3월에 부임하여 동년 11월에 분상(奔喪)하였다. 영변 거주.

송영(宋鍈) : 문과. 임오년(1762) 12월에 부임하여 계미년(1763) 5월에 경파(京罷)되었다. 서울 거주.

윤광(尹珖) : 통정대부. 계미년(1763) 6월에 부임하여 갑신년(1764) 2월에 폄파(貶罷)되어 돌아갔다. 서울 거주.

전광윤(田光尹) : 갑신년(1764) 3월에 부임하여 을유년(1765) 12월에 폄파(貶罷)되어 돌아갔다. 결성 거주.

박사검(朴思儉) : 가선대부. 병술년(1766) 정월에 부임하여 정해년(1767) 8월에 폄파(貶罷)되어 돌아갔다. 서울 거주.

구대훈(具大勳) : 통정대부. 정해년(1767) 8월에 부임하여 동년 12월에 폄파(貶罷)되어 돌아갔다. 서울 거주.

조중선(趙重選) : 무자년(1768) 2월에 부임하여 동년 9월에 전세(田稅)의 운반선이 패선(敗船)한 것으로 인해 경파(京罷)되었다. 서울 거주.

유춘암(柳春馣) : 통정대부. 무자년(1768) 9월에 부임하여 신묘년(1771) 정월에 임기가 만료되어 돌아갔다. 금천(衿川) 거주.

이익수(李翼遂) : 통정대부. 신묘년(1771) 정월에 부임하여 동년 12월에 충주영장에 이배(移拜)되었다. 서울 거주.

유이주(柳爾胄) : 통정대부. 임진년(1772) 정월에 부임하여 계사년(1773) 6월에 전세(田稅)의 운반선이 치패(致敗)한 것으로 인해 계파(啓罷)되었다. 대구 거주.

권도(權翿) : 가선대부. 계사년(1773) 6월에 부임하여 갑오년(1774) 12월에 다대포 첨사에 이배(移拜)되었다. 함양 거주.

송석손(宋錫孫) : 갑오년(1774) 12월에 부임하여 을미년(1775) 6월에 폄파(貶罷)되어 돌아갔다. 서울 거주.

민치협(閔致協) : 을미년(1775) 6월에 부임하여 동년 12월에 폄파(貶罷)되어 돌아갔다. 서울 거주.

임세재(林世載) : 숭록대부. 병신년(1776) 정월에 부임하여 동년 5월에 순영의 계문에 의해 파직되었다. 남양 거주.

신치권(申致權) : 문과. 병신년(1776) 6월에 부임하여 무술년(1778) 7월에 임기가 만료되어 돌아갔다. 서울 거주.

김치오(金致五) : 무술년(1778) 8월에 부임하여 신축년(1781) 정월에 임기가 만료되어 돌아갔다. 서원 거주.

최익대(崔益大) : 신축년(1781) 정월에 부임하여 계묘년(1783) 6월에 임기가 만료되어 돌아갔다. 금산 거주.

이장철(李長喆) : 계묘년(1783) 6월에 부임하여 갑진년(1784) 2월에 위재(僞灾)의 일로 순영 장계에 의해 나거(拿去)되었다. 해미 거주.

이연철(李延喆) : 통정. 갑진년(1784) 3월에 부임하여 을사년(1785) 6월에 폄중(貶中)되었다. 회덕 거주.

심묵지(沈默之) : 을사년(1785) 6월에 부임하여 정미년(1787) 5월에 전주토포사에 제배(除拜)되었다. 서울 거주.

송관휴(宋觀休) : 정미년(1787) 5월에 부임하여 기유년(1789) 6월에 이조의 점하(點下)를 받았다. 전주 거주.

이응복(李膺福) : 기유년(1789) 7월에 부임하여 경술년(1790) 2월에 황장(黃腸)의 일로 경파(京罷) 나거(拿去)되었다. 진위 거주.

이준덕(李駿德) : 경술년(1790) 2월에 부임하여 신해년(1791) 11월에 분상(奔喪)하였다. 덕산 거주.

홍채주(洪采疇) : 신해년(1791) 11월에 부임하여 계축(1793) 6월에 경파(京罷)되었다. 서울 거주.

유상량(柳相亮) : 계축년(1793) 6월에 부임하여 동년 8월에 순영의 장계에 의해 파직되었다. 서울 거주.

이성중(李性重) : 남행. 계축년(1793) 8월에 부임하여 을묘년(1795) 12월에 울산부사에 이배(移拜)되었다. 서울 거주.

안익(安廙) : 병진년(1796) 정월에 부임하여 정사년(1797) 6월에 폄파(貶罷)되어 돌아갔다. 과천 거주.

이원신(李元臣) : 정사년(1797) 7월에 부임하여 무오년(1798) 8월에 세선(稅船)이 치패된 일로 나파(拿罷)되었다. 단성 거주.

이겸회(李謙會) : 무오년(1798) 8월에 부임하여 경신년(1800) 8월에 청주영장에 이배(移拜)되었다. 서울 거주.

서봉순(徐鳳淳) : 경신년(1800) 8월에 부임하여 동년 11월에 분상(奔喪)하였다. 서울 거주.

권우인(權友仁) : 경신년(1800) 12월에 부임하여 계해년(1803) 정월에 임기가 만료되어 돌아갔다. 서울 거주.

김종순(金宗淳) : 계해년(1803) 정월에 부임하여 을축년(1805) 7월에 임기가 만료되어 돌아갔다. 서울 거주.

이기정(李基鼎) : 을축년(1805) 7월에 부임하여 정묘년(1807) 12월에 황병우후(黃兵虞侯)에 이배(移拜)되었다. 서울 거주.

이보영(李普榮) : 무진년(1808) 정월에 부임하여 경오년(1810) 12월에 벼슬이 바뀌어 돌아갔다. 양주 거주.

왕도상(王道常) : 통정대부. 신미년(1811) 정월에 부임하여 임신년(1812) 6월에 폄파(貶罷)되어 돌아갔다. 서울 거주.

이규남(李圭男) : 임신년(1812) 7월에 부임하여 갑술년(1814) 정월에 우영장(右營將)에 이배되었다. 서울 거주.

이동응(李東膺) : 갑술년(1814) 정월에 부임하여 을해년(1815) 7월에 강원토포사에 이배(移拜)되었다. 서울 거주.

백동신(白東臣) : 을해년(1815) 7월에 부임하여 병자년(1816) 2월에 순영의 장계에 의해 파직되었다. 인동 거주.

이면학(李勉學) : 병자년(1816) 2월에 부임하여 정축년(1817) 3월에 분상(奔喪)하였다. 서울 거주.

김사운(金思運) : 정축년(1817) 3월에 부임하여 동년 6월에 폄파되었다. 서울 거주.

신곤(申崐) : 정축년(1817) 8월에 부임하여 기묘년(1819) 12월에 임기가 만료되어 돌아갔다. 서울 거주.

조건수(趙建洙) : 경진년(1820) 정월에 부임하여 임오년(1822) 5월에 임기가 만료되어 돌아갔다. 서울 거주.

이주상(李周尙) : 임오년(1822) 5월에 부임하여 갑신년(1824) 12월에 임기가 만료되어 돌아갔다. 서울 거주.

신언모(申彦模) : 을유년(1825) 정월에 부임하여 동년 7월에 외간상을 만났다. 수원 거주.

이제도(李濟道) : 통정대부. 을유년(1825) 8월에 내승(內乘)으로 제수되어 부임하여 정해년(1827) 12월에 임기가 만료되어 돌아갔다. 서울 거주.

원식(元植) : 무자년(1828) 정월에 부임하여 기축년(1829) 8월에 좌수사 상피로 벼슬이 바뀌어 돌아갔다. 원주 거주.

이희만(李喜晩) : 기축년(1829) 9월에 부임하여 신묘년(1831) 6월에 경상 우병우후(右兵虞候)에 이배(移拜)되었다. 서울 거주.

이용순(李容純) : 신묘년(1831) 7월에 부임하여 임진년(1832) 12월에 경상 우병우후(右兵虞候)에 이배(移拜)되었다. 서울 거주.

한계철(韓啓轍) : 임진년(1832) 12월에 부임하여 을미년(1835) 6월에 임기가 만료되어 돌아갔다. 진주 거주.

장동칠(張東七) : 을미년(1835) 윤6월에 부임하여 정유년(1837) 12월에 임기가 만료되어 돌아갔다. 인동 거주.

김정원(金鼎遠) : 무술년(1838) 정월에 부임하여 경자년(1840) 5월에 임기가 만료되어 돌아갔다. 용인 거주.

신재정(申在貞) : 통정대부. 경자년(1840) 6월에 부임하여 임인년(1842) 5월에 어사에 의해 봉고파직되었다. 충주 거주.

이의순(李義純) : 임인년(1842) 7월에 부임하여 갑진년(1844) 11월에 임기가 만료되어 돌아갔다. 지평(砥平) 거주.

민중헌(閔重憲) : 을사년(1845) 정월에 부임하여 병오년(1846) 11월에 황병우후(黃兵虞侯)에 이배(移拜)되었다. 서울 거주.

이규헌(李圭憲) : 정미년(1847) 정월에 부임하여 무신년(1848) 6월에 세선(稅船)이 치패(致敗)된 일로 경파(京罷)되었다. 서울 거주.

김영기(金永琦) : 통정대부. 무신년(1848) 7월에 부임하여 경술년(1850) 11월에 임기가 만료되어 돌아갔다. 서울 거주.

김일순(金鎰淳) : 통정대부. 경술년(1850) 12월에 부임하여 계축년(1853) 9월에 임기가 만료되어 돌아갔다. 수원 거주.

조일섭(趙一燮) : 통훈대부. 함풍 계축년(1853) 10월에 부임하여 을묘년(1855) 12월에 임기가 만료되어 돌아갔다. 아산 거주.

정일엽(鄭一曄) : 통정대부. 병진년(1856) 2월에 부임하여 정사년(1857) 9월에 어사에 의해 봉고파직되었다. 양근 거주.

이명칠(李明七) : 통정대부. 정사년(1857) 11월에 부임하여 경신년(1860) 3월에 임기가 만료되어 돌아갔다. 시흥 거주.

유기철(柳冀喆) : 통훈대부. 경신년(1860) 4월에 부임하여 신유년(1861) 4월에 외간을 만났다. 서울 거주.

김성희(金成喜) : 가선대부. 신유년(1861) 5월에 부임하여 동년 9월에 경체(京遞)되었다. 광주(廣州) 거주.

양주화(梁柱華) : 통훈대부. 신유년(1861) 10월에 부임하여 갑자년(1864) 정월에 폄파(貶罷)되었다. 서울 거주.

한용신(韓用信) : 통훈대부. 동치 갑자년(1864) 2월에 부임하여 을축년(1865) 12월에 경상우도 병우후(兵虞侯)에 이배(移拜)되었다. 용인 거주.

유완근(柳完根) : 통훈대부. 병인년(1866) 정월에 부임하여 정묘년(1867) 6월에 암행어사의 계문에 의해 파직되었다. 양주 거주.

유기백(柳冀伯) : 통훈대부. 정묘년(1867) 7월에 부임하여 기사년(1869) 6월에 본도 병우후(兵虞侯)에 이배(移拜)되었다. 공주 거주.

이창렴(李昌濂) : 통훈대부. 기사년(1869) 8월에 부임하여 임신년(1872) 7월에 경상도 진주영장에 이배(移拜)되었다. 서울 거주

이중덕(李重德) : 통훈대부. 임신년(1872) 7월에 부임하여 갑술년(1874) 정월에 충청도 서천(舒川)군수에 이배(移拜)되었다. 서울 거주.

이규봉(李奎鳳) : 통훈대부. 갑술년(1874) 2월에 부임하여 을해년(1875) 8월에 훈련정(訓鍊正)에 승차(陞差)하였다. 서울 거주.

이희춘(李熙春) : 통훈대부. 광서 을해년(1875) 9월에 부임하여 정축년(1877) 12월에 임기가 만료되어 체직되었다. 서울 거주.

이긍용(李兢鎔) : 통훈대부. 무인년(1878) 2월에 부임하여 경진년(1880) 7월에 임기가 만료되어 체직되었다. 서울 거주.

정익용(鄭益鎔) : 통훈대부. 경진년(1880) 9월에 부임하여 임오년(1882) 12월에 외간을 만났다. 용인 거주.

이긍한(李肯漢) : 통훈대부. 계미년(1883) 2월에 부임하여 동년 12월에 폄파(貶罷)되어 돌아갔다. 공주 거주.

김응모(金膺模) : 통훈대부. 갑신년(1884) 2월에 부임하여 을유년(1885) 6월에 훈련정(訓鍊正)에 승차(陞差)하였다. 수원 거주.

이종호(李宗鎬) : 통훈대부. 을유년(1885) 8월에 부임하여 병술년(1886)

7월에 경상도 함안군수에 이배(移拜)되었다. 서울 거주.

민영은(閔泳殷) : 통정대부. 병술년(1886) 8월에 부임하여 정해년(1887) 12월에 강진현감에 이배(移拜)되었다. 진잠 거주.

김두현(金斗鉉) : 남행. 무자년(1888) 2월에 부임하여 기축년(1889) 5월에 광양현감에 이배(移拜)되었다. 연산 거주.

임진동(林鎭東) : 음직, 남행. 기축년(1889) 5월에 부임하여 동년 7월에 황해도 장련(長連)군수에 이배(移拜)되었다. 개성 거주.

임병찬(林秉瓚) : 통정대부. 기축년(1889) 8월에 부임하여 경인년(1890) 9월에 경체(徑遞)되었다. 태인 거주.

김연하(金演夏) : 통훈대부. 경인년(1890) 10월에 부임하여 임진년(1892) 정월에 경상도 인동부사에 이배(移拜)되었다. 목천 거주.

한억길(韓億吉) : 통훈대부. 임진년(1892) 4월에 부임하여 동년 10월에 평안도 가산군수에 이배(移拜)되었다. 서울 거주.

신병우(愼炳佑) : 문과. 임진년(1892) 12월에 부임하여 갑오 8월에 벼슬이 바뀌어 돌아갔다. 안의 거주.

장교준(張敎駿) : 통훈대부. 갑오년(1894) 8월에 부임하여 병신년(1896) 6월에 경체(徑遞)되었다. 인동 거주.

이규횡(李奎鐄) : 통훈대부. 건양 병신년(1896) 7월에 부임하여 광무 정유년(1897) 11월에 경체(徑遞)되었다. 온양 거주.

서옥순(徐玉淳) : 통정대부. 정유년(1897) 11월에 부임하여 기해년(1899) 7월에 벼슬이 바뀌어 돌아갔다. 은진 거주.

문창석(文昌錫) : 통훈대부. 기해년(1899) 7월에 부임하여 신축년(1901) 정월에 회인군수에 이배(移拜)되었다. 서울 거주.

서창보(徐章輔) : 남행. 신축년(1901) 정월에 부임하여 동년 6월에 돌산군수에 이배(移拜)되었다. 수원 거주.

안익환(安翊煥) : 통정대부. 신축년(1901) 7월에 부임하여 임인년(1902) 정월에 북도 만경군수에 이배(移拜)되었다. 서울 거주.

민순호(閔舜鎬) : 임인년(1902) 3월에 부임하여 을사년(1905) 12월에 벼슬이 바뀌어 돌아갔다. 서울 거주.

남평 南平
水路九百七十里
濟州
大靜
旌義
海南
康津
長興
寶城
樂安
順天
光陽
興陽
靈巖
羅州
務安
咸平
靈光
長城
潭陽
昌平
光州
和順
綾州
同福
玉果
谷城
求禮
南原
雲峰
茂長
高敞
南平
珍島
莞島

# 남평(南平)125)

백제시대 때는 미동부리현(未冬夫里縣)으로 칭해졌고, 신라에 점령된 뒤에 미동부리정(未冬夫里停)이 설치되었으며, 경덕왕 757년에 현웅(玄雄)현으로 고치고 무주(武州)의 영현(領縣)으로 하였다. 940년(태조 23)에 남평(南平, 또는 永平)으로 고치고 나주목에 속하였다가 1172년(명종 2)에 감무(監務)를 두었다. 1390년(공양왕 2)에 수령(守令)이 폐지되고 화순현에 겸관(兼官)으로 편입되었고, 1394년(태조 3)에 다시 감무를 두었으며, 1413년(태종 13)에는 감무가 현감(縣監)으로 바뀌었다. 남평의 별호는 오산(烏山)·영평(永平)이다. 1895년(고종 32)에 나주부 남평군, 1896년에 전라남도 남평군이 되었으며, 1914년 행정구역개편에 따라 나주군에 병합되어 남평면이 되었다가 1995년 나주시와 나주군이 통합되면서 읍으로 승격되었다.

박겸지(朴謙之) : 반남인.

홍이(洪伊) : 풍산인. 창평으로 이배(移拜)되었다.

이전수(李全粹) : 청백리. 사실이 구지 명환편에 기록되어 있다.

박수지(朴遂智) : 함양인. 관학(館學)의 추천으로 부임해왔으며, 청백리이다. 사적이 구지 명환편에 실려있다.

박이관(朴以寬) : 함양인.

우성(禹成) : 고을 앞 10리에 걸쳐 소나무를 심었다. 청덕비(淸德碑)가 세워졌는데, 일이 구지 명환편에 실려 있다.

소자파(蘇自坡)

125) 『남평읍지』(1928)를 저본으로 하였다.

박이공(朴以恭) : 함양인.

박노(朴老)

이민수(李民秀)

이봉손(李奉孫)

장세린(張世麟)

심연(沈演)

윤방서(尹邦瑞)

이병연(李秉淵)

임백령(林百齡)

김택(金澤)

정장손(鄭長孫)

오겸(吳謙) : 계사년(1533) 별시(別試)에 갑과(甲科)로 합격하였다.

형자관(邢自寬)[126] : 경인년(1530)에 도임하여 계사년(1533)에 하양(河陽)에 이배(移拜)되었다.

이정화(李貞華) : 배전(陪箋)하고 상경했다가 정산(定山)현감과 바꾸게 되어 돌아오지 않았다.

소련(蘇連) : 병신년(1536) 정월에 도임, 신축년(1541) 2월에 체직되었다.

백인걸(白仁傑) : 신축년(1541) 3월 16일에 도임, 을사년(1545) 4월에 지평(持平)에 제수되었다. 호는 휴암(休庵), 현(縣)에 서원(書院)이 있다.

박이(朴苡) : 을사년(1545) 4월에 도임, 무신년(1548) 8월에 공물(貢物)을 납부하지 않아서 체직되었다.

노홍우(盧弘祐) : 무신년(1548) 8월에 도임, 신해년(1551) 10월에 대론(臺論)에 의해 체직되었다.

조인각(曺仁角) : 신해년(1551) 11월 19일에 도임, 계축년(1553)에 재상

126) 『남평군읍지』(1899)에는 실려있지 않은 인물이다.

(災傷)으로 파직되었다.

나응허(羅應虛) : 계축년(1553)에 도임, 정사년(1557)에 체직되었다.

김이(金浰) : 정사년(1557)에 도임, 경신년(1560)에 체직되었다.

심수(沈鐩) : 경신년(1560)에 도임, 임술년(1562)에 체직되었다.

이제(李濟) : 임술년(1562)에 도임, 계해년(1563)에 체직되었다.

신묵(申默) : 계해년(1563)에 도임, 갑자년(1564)에 체직되었다.

신세림(申世霖) : 갑자년(1564)에 도임, 기사년(1569)에 체직되었다.

이징(李徵) : 기사년(1569)에 도임, 과만(瓜滿, 임기가 다 참)으로 갑술년(1574) 12월에 본도(本道) 도사(都事)에 제수되었다.

양대수(楊大樹) : 갑술년(1574) 12월에 도임, 을해년(1575) 4월에 해남현감과 바꾸었다.

최경장(崔慶長) : 을해년(1575) 4월에 해남현감으로부터 도임, 동년 9월에 재상(災傷)으로 파직되었다.

조재호(趙在浩) : 망미루(望美樓)를 창건하였다.

정상(鄭詳) : 을해년(1575) 10월에 도임, 병자년(1576) 10월에 재상(災傷)으로 파직되었다.[127)]

임정수(林貞秀) : 병자년(1576) 11월에 도임, 정축년(1577) 정월에 감옥의 죄수가 도망간 일로 감사의 계에 의해 파직되었다.[128)]

이준종(李俊宗) : 정축년(1577) 3월에 도임, 동년 10월에 재상(災傷)으로 파직되었다.

오언후(吳彦厚) : 정축년(1577) 12월에 도임, 임오년(1582)에 체직되었다.

김인수(金仁秀) : 임오년(1582) 3월에 도임, 갑신년(1584) 8월에 사제관

---

127) 『남평읍지』(1928)에는 원래 "병자년(1576) 11월에 도임, 정축년(1577) 정월에 감옥의 죄수가 도망간 일로 감사의 계에 의해 파직, 겸하여 재상(災傷)으로 파직되었다."이라고 기록되어 있지만, 『남평군읍지』(1899)를 참조하여 위 내용으로 바꾸었다.

128) 『남평읍지』(1928)에는 원래 "정축년(1577) 3월에 도임, 기묘년(1579) 가을에 감옥에 갇힌 죄수가 도망가자 관직을 버리고 돌아갔다. 임오년(1582)에 체직되었다."이라고 기록되어 있지만, 『남평군읍지』(1899)를 참조하여 위 내용으로 바꾸었다.

(賜祭官)의 계에 의해 파직되었다.

김문표(金文豹) : 갑신년(1584) 10월에 도임, 병술년(1586)에 원계(院啓)[129]에 의해 파직되었다.

이정광(李正光) : 병술년(1586) 3월 13일에 도임, 경인년(1590)에 추부(秋府, 형조)의 계(啓)로 파직되었다.

한순(韓楯) : 경인년(1590) 10월에 도임, 신묘년(1591)에 산성(山城)을 쌓았고, 임진년(1592) 8월 8일에 금산(錦山) 송현(松峴)에서 왜적을 막던 장수들이 싸움에 져서 뿔뿔이 달아났으나 홀로 저항하다 죽었다.

박지효(朴之孝) : 임진년(1592) 12월 24일에 순찰사(巡察使)의 장계(狀啓)에 의해 가관(假官)으로 부임하여 이 해 12월 24일에 실직에 오르고, 갑오년(1594) 정월 5일에 병으로 사체(辭遞)[130]하였다.

유경선(柳敬善) : 갑오년(1594) 3월 16일에 도임, 동년 10월에 원계(院啓)로 파직, 또 조도어사(調度御史)의 계문(啓聞)에 의해 나추(拿推)되었다.

양사형(楊士衡) : 갑오년(1594) 12월 13일에 도임, 을미년(1595) 4월에 원계(院啓)에 의해 박파(駁罷)[131]되었다.

강종윤(姜宗胤) : 을미년(1595) 6월 5일에 도임, 병신년(1596) 9월에 재상(災傷)의 일로 파직되었다.

박기준(朴耆俊) : 병신년(1596) 12월에 도임, 무술년(1598) 4월에 말미를 얻어 귀근(歸覲)하였다가 도중에 호조참의(戶曹參議)의 계문에 의해 나파(拿罷)되었다.

허완(許完) : 무술년(1598) 6월에 도임, 신축년(1601) 정월 2일에 상을 당하였다.

---

129) 원계(院啓) : 승정원(承政院)에서 임금에게 아뢴 것.
130) 사체(辭遞) : 상사(上司)가 예우하지 않음으로 말미암아 글을 올려 인퇴(引退, 그만둠)하는 것.
131) 박파(駁罷) : 박체(駁遞). 대각(臺閣, 사헌부·사간원)에서 탄핵을 당하여 파직되는 것.

안극인(安克仁) : 신축년(1601) 2월 13일에 도임, 계묘년(1603) 4월 11일에 원계(院啓)로 파직되었다. 숙청(菽廳)과 관청(官廳)을 조성하였다.

이사안(李師顏) : 계묘년(1603) 6월 2일에 도임, 병오년(1606) 3월 25일에 병으로 사직하였다. 군기(軍器)·형옥(刑獄)·명륜당 등을 조성하였다.

유효립(柳孝立) : 병오년(1606) 5월 3일에 도임, 기유년(1609) 8월에 별시에 참여하여 급제하고, 경술년(1610) 윤3월 25일에 환수(換授)되었다. 서헌(西軒)과 대문 등을 세웠다.

김서(金曙)[132] : 경술년(1610) 윤3월 29일에 도임, 동년 4월 12일에 모상을 당하여 사체(辭遞)하였다.

조유한(趙維韓) : 경술년(1610) 4월 25일에 인천(仁川)에서 도임, 임자년(1612) 8월 5일에 통정(通政)에 제수, 동년 12월에 원계(院啓)로 파직되었다. 관청과 남·서고(西庫)를 조성하였다.

권현(權晛) : 계축년(1613) 정월에 도임, 무오년(1618) 정월에 과체(瓜遞)[133]되었다.

이여척(李汝惕) : 무오년(1618) 6월에 도임, 동년 11월에 석성(石城)현감과 바꾸었다.

임석후(任錫後) : 무오년(1618) 12월에 도임, 임술년(1622) 3월에 친경별시(親耕別試)에서 입격하고 응방(應榜)하러 상경했다가 동월 18일에 모상(母喪)을 당해 돌아오지 않았다.

정연(鄭演) : 임술년(1622) 4월에 제수되어 6월에 도임, 동년 7월에 은진현감과 바꾸었다.

안헌기(安獻奇) : 임술년(1622) 8월에 은진(恩津)현감으로서 도임, 계해년(1623) 4월에 배전(陪箋)하고 상경했다가 원계(院啓)로 파직되

132) 『남평군읍지』(1899)에는 나오지 않는다.

133) 과체(瓜遞) : 임기가 차서 교체되는 것.

었다.

고부천(高傅川) : 계해년(1623) 6월에 도임, 동년 11월에 감사(監司)의 장계(狀啓)에 시관(試官)에 나아가지 않았다는 것으로 봉고파직 되었다.

노재준(盧在俊) : 계해년(1623) 12월에 도임, 갑자년(1624) 8월에 상경했다가 상을 당했다.

이문헌(李文憲) : 갑자년(1624) 10월에 도임, 을축년(1625) 4월에 강옥(姜獄)[134]으로 인해 감사(監司)의 계(啓)로 파직되었다.

이시담(李時聃) : 을축년(1625) 5월에 도임, 이 해 8월에 상경했다가 상을 당하였다.

이명익(李明翼) : 을축년(1625) 9월에 도임, 동년 12월에 호패(號牌)를 때맞추어 거행하지 않은 것으로 인해 파직을 당하였다.

박호(朴濠) : 병인년(1626) 2월 2일에 도임, 경오년(1630) 4월에 나주겸관(羅州兼官)이 수조군(水操軍)을 궐도(闕到, 결근)한 일로 인해 우수사(右水使)의 계(啓)로 파직되었다. 아사와 공수청(供須廳), 매화당(梅花堂), 서루당사(西樓堂舍), 서상방(西上房) 등을 조성하였다.

구숙(具橚) : 경오년(1630) 6월에 도임, 을해년(1635) 4월에 과체(瓜遞) 되었다.

심서(沈諝) : 을해년(1635) 8월에 도임, 정축년(1637) 6월에 폄체(貶遞) 되었다.

백효민(白孝民) : 정축년(1637) 7월에 도임, 기묘년(1639) 7월에 졸하였다. 객사의 중문을 조성하였다.

최온(崔薀) : 기묘년(1639) 9월에 도임, 경진년(1640) 2월에 병으로 사

---

134) 강옥(姜獄) : 소현세자빈(昭顯世子嬪) 강씨(姜氏)가 사사(賜死)된 사건. 세자빈과 조소용(趙昭容)의 반목으로 빚어진 사건인데, 세자가 죽자 조소용이 강씨의 소행이라고 무고(誣告)하여 결국 인조 24년(1646)에 사사(賜死)하였다.

체(辭遞)하였다.

원진명(元振溟) : 경진년(1640) 4월 12일 정사에서 제배, 8월 12일에 도임, 계미년(1643) 4월 4일에 과체(瓜遞)되었다. 객사 등 여러 건물을 영건하였다.

이징(李憕) : 계미년(1643) 8월 12일에 도임, 무자년(1648) 4월 26일에 과체(瓜遞)되었다.[135)]

윤격(尹檄) : 무자년(1648) 6월 3일에 도임, 기축년(1649) 9월에 관직을 버리고 사체(辭遞)하였다.

윤종지(尹宗之) : 기축년(1649) 12월 정사에서 제수, 경인년(1650) 정월에 도임, 갑오년(1654) 12월에 임기가 만료되어 체직되었다. 객사와 섭향정(躡香亭) 등을 영건하였다.

홍처심(洪處深) : 갑오년(1654) 12월 26일 도정에서 제수, 을미년(1655) 2월 6일에 도임, 병신년(1656) 윤5월에 모상(母喪)을 당하였다.

이정(李晸) : 병신년(1656) 6월에 도임, 신축년(1661) 5월에 임기가 만료되어 체직되었다.

조억(趙億) : 신축년(1661) 7월에 도임, 동년 11월에 재상(災傷)으로 호조(戶曹)의 회계(回啓)에 의해 파직을 당하였다.

채충립(蔡忠立) : 임인년(1662) 정월에 도임, 갑진년(1664) 2월에 졸서(卒逝)했다.

구일(具鎰) : 갑진년(1664) 4월에 도임, 을사년(1665) 3월에 정시(庭試)를 보러 상경했다가 오래도록 관에 돌아오지 않기 때문에 순찰사(巡察使)가 계문하여 파직되었다.

송시걸(宋時杰) : 을사년(1665) 6월 2일에 도임, 경술년(1670) 3월에 임기가 만료되어 체직되었다.

장세명(張世明) : 경술년(1670) 5월 8일에 도임, 을묘년(1675) 6월에 임

135) 원래는 이임년이 갑신년(1644)으로 나왔는데 다른 읍지를 참조하여 바꾸었다.

기가 만료되어 체직되었다.

박상욱(朴尙郁) : 을묘년(1675) 8월 26일에 도임, 경신년(1680) 7월에 임기가 만료되어 체직되었다.

이형직(李亨稷) : 경신년(1680) 8월 8일에 도임, 계해년(1683) 9월에 관직을 버려 체직되었다.

성지선(成至善) : 계해년(1683) 11월 2일에 도임, 병인년(1686) 정월에 진위현령(振威縣令)에 제수되었다.

심익창(沈益昌) : 병인년(1686) 2월 29일에 도임, 경오년(1690) 12월 22일에 과체(瓜遞)되었다.

오시진(吳始震) : 신미년(1691) 정월 20일에 도임, 갑술년(1694) 윤5월에 말미를 얻어 상경했다가 경신년(1680) 때 역옥(逆獄)의 일로 파직되었다. 임신년(1692)에 대청과 동상방(東上房)을 영건하고 서헌(西軒)을 중건하였다.

박세표(朴世標) : 갑술년(1694) 6월에 도임, 무인년(1698) 정월에 졸서(卒逝)했다. 을해년(1695) 봄에 상창(商倉)을 창설하였다.

송병익(宋炳翼) : 무인년(1698) 2월 20일에 도임, 임오년(1702) 4월에 사체(辭遞)하였다.

장완(張梡) : 임오년(1702) 6월 6일에 도임, 갑신년(1704) 정월에 병영(兵營)의 매탄(埋炭)을 상교(相較)한 일로 계파(啓罷)되었다.

심정노(沈廷老) : 갑신년(1704) 정월 27일에 도임, 동년 9월에 신 감사와 원수진 일로 도체(圖遞)[136]되었다.

이해조(李海朝) : 갑신년(1704) 9월 20일 정사에서 통훈(通訓)으로서 본직에 제수, 동월 27일에 하직숙배(下直肅拜)하고 10월 21일에 도임, 을유년(1705) 윤4월 17일에 홍문관 부수찬(弘文館副修撰)에 승소(承召)하였다.

---

136) 도체(圖遞) : 자기의 벼슬이 바뀌기를 스스로 꾀하여 체직되는 것.

유상기(兪相基) : 을유년(1705) 5월 11일에 도임, 병술년(1706) 6월에 도체(圖遞)하였다.

성수웅(成壽雄) : 병술년(1706) 7월에 도임, 기축년(1709) 3월에 전주판관(全州判官)에 이배(移拜)되었다.

임상덕(林象德) : 기축년(1709) 9월에 도임, 경인년(1710) 4월 10일 정사에서 헌납(獻納)에 이배, 동월 19일 정사에서 이조좌랑 겸 사서(司書)에 이배(移拜)되었다.

황하필(黃夏弼) : 경인년(1710) 5월 30일에 도임, 신묘년(1711) 6월 15일에 폄체(貶遞)되었다.

임세양(林世讓) : 신묘년(1711) 8월 25일에 도임, 갑오년(1714) 10월에 친병(親病) 때문에 정사(呈辭)하여 계체(啓遞)되었다.

조태기(趙泰耆) : 갑오년(1714) 12월 13일에 도임, 무술년(1718) 3월 19일에 김포군수(金浦郡守)에 이배(移拜)되었다.

이익명(李益命) : 무술년(1718) 5월 20일에 도임, 기해년(1719) 4월 19일에 안악군수(安岳郡守)에 이배(移拜)되었다.

유하기(兪夏基) : 기해년(1719) 4월에 중훈대부로서 본직에 제수되어 6월에 도임, 임인년(1722) 9월에 대파(臺罷)되었다. 현사(縣司)를 개건하였다.

이광보(李匡輔) : 임인년(1722) 9월에 시강원문학(侍講院文學)으로서 본직에 제수, 12월에 도임, 갑진년(1724) 정월에 지평(持平)에 이배되었으나 대신(大臣)의 계달(啓達)로 잉임(仍任), 동년 4월 29일 정사에서 홍문관수찬(弘文館修撰)에 이배(移拜)되었다.

임광(任珖) : 갑진년(1724) 윤4월에 홍문관교리로서 본직에 제수되어 5월에 도임, 을사년(1725) 5월에 대간(臺諫)의 계로 인해 삭출(削黜)되었다.

민진굉(閔鎭紘) : 을사년(1725) 6월 14일에 도임, 병오년(1726) 6월 6일에 체직되었다.

조상수(趙尙遂) : 병오년(1726) 7월 24일 정사에서 통훈대부(通訓大夫) 장악원주부(掌樂院主簿)로서 본직에 제수, 9월 26일에 도임, 동년 12월 15일에 폄체(貶遞)되었다.

권정성(權定性) : 병오년(1726) 12월에 통훈대부 제용주부로서 본직에 제수되어 정미년(1727) 2월에 도임, 동년 7월에 파체(罷遞)되었다.

민기(閔圻) : 정미년(1727) 8월에 통훈(通訓) 기성랑(騎省郞)으로서 본직에 제수, 10월 16일에 도임, 무신년(1728) 6월에 폄체(貶遞)되었다.

홍응몽(洪應夢) : 무신년(1728) 7월에 본직에 제수되어 8월에 도임, 기유년(1729) 7월에 모친상을 당하였다.

한사선(韓師善) : 기유년(1729) 8월에 도임, 신해년(1731) 정월 6일 정사에서 동부승지(同副承旨)에 특별히 제수되고 이어서 우부승지(右副承旨)에 올랐다.

이현응(李顯應) : 신해년(1731) 4월 28일에 도임, 임자년(1732) 4월 22일에 졸서(卒逝)했다.

김시언(金時彦) : 임자년(1732) 5월 19일에 도임, 병진년(1736) 12월 11일에 과체(瓜遞)되었다.

박필시(朴弼時) : 병진년(1736) 12월에 통훈대부 형조좌랑으로서 본직에 제수되어 정사년(1737) 3월에 도임, 임술년(1742) 2월에 임기가 차서 상경(上京)하였다.

유성중(兪性中) : 임술년(1742) 3월초에 종묘서령으로서 본직에 제수되어 5월에 도임, 갑자년(1744) 4월에 졸서(卒逝)했다. 진휼청을 영건하고 운영당(雲影堂)을 중수하였다.

윤경주(尹敬周) : 갑자년(1744) 6월에 도임, 병인년(1746) 2월에 헌납(獻納)에 이배(移拜)되었다.

조재홍(趙載洪) : 병인년(1746) 2월에 중후대부로서 본직에 제수되어 윤3월에 도임, 정시(庭試)를 보러 상경(上京)했다가 오래도록 돌아오지 않은 이유로 무진년(1748) 윤7월 4일에 순찰사(巡察使) 장계(狀啓)에 의해 파직되었다.

유언민(兪彦民) : 무진년(1748) 윤7월에 도임, 기사년(1749) 3월에 부수찬(副修撰)에 제수되었다.

김기대(金器大) : 기사년(1749) 3월에 숭묘서령으로서 본직에 제수되어 5월에 도임, 신미년(1751) 9월에 고양군수(高陽郡守)에 이배(移拜)되었다. 불에 탄 남창(南倉)을 개건하고 서창을 이건하였다.

김성휴(金聖休) : 신미년(1751) 9월 정사에서 사복주부로서 본직에 제수되어 11월에 도임, 갑술년(1754) 2월에 전주판관(全州判官)에 이배(移拜)되었다.

송재희(宋載禧) : 갑술년(1754) 2월에 한성판관(漢城判官)으로서 본직에 제수되어 4월에 도임, 정축년(1757) 정월에 가평군수(加平郡守)에 이배(移拜)되었다. 선성묘·객사·선칠당·관청을 모두 중창하였다.

이은(李溵) : 정축년(1757) 2월에 사복시주부로서 본직에 제수되어 3월에 도임, 기묘년(1759) 8월에 정시 문과에 을과(乙科) 제1인으로 합격, 9월에 홍문관교리(弘文館校理)에 특제(特除)되었다.

김상효(金尙孝) : 기묘년(1759) 9월에 도임, 임오년(1762) 12월 25일에 대계(臺啓)로 인해 체직되었다. 사창·남창·대동고를 개건하였다.

김항주(金恒柱) : 임오년(1762) 12월 구전정사에서 본직에 제수되어 계미년(1763) 정월 13일에 도임, 갑신년(1764) 4월에 정시(庭試)를 보는 일로 상경했다가 곧이어 생부의 상을 만나 체직되었다.

이석보(李奭輔) : 갑신년(1764) 4월 13일 정사에서 통훈대부로서 본직에 제수되어 동월 27일에 도임, 무자년(1768) 12월 22일에 임기가 만료되어 체직되었다.

남기명(南紀溟) : 무자년(1768) 12월에 통훈대부로서 본직에 제수, 기축년(1769) 정월 18일에 도임, 계사년(1773) 10월 정사에서 체직되었다. 사창 서고를 중창하고 전옥(典獄)을 개건하였다.

김상행(金常行) : 계사년(1773) 10월 3일에 통훈대부(通訓大夫) 종묘서령(宗廟署令)으로서 본직에 제수, 동월 16일에 도임, 동월 28일에 대론(臺論)에 '이판(吏判)의 병정(秉政)이 불공(不公)하다' 하여 체차(遞差)의 명이 있었다.

오재문(吳在文) : 계사년(1773) 11월에 한성부서윤(漢城府庶尹)으로서 본직에 제수, 11월 16일에 도임, 병신년(1776) 6월에 호성현령(豪城縣令)에 이배(移拜)되었다.

송지경(宋持敬) : 병신년(1776) 6월 22일에 도임, 정유년(1777) 7월에 신 감사와 상혐(相嫌)으로 체직되었다.

정동협(鄭東協) : 정유년(1777) 9월에 사복판관으로서 본직에 제수되어 10월 1일에 도임, 경자년(1780) 정월에 폄체(貶遞)되었다.

유증양(柳曾養) : 경자년(1780) 정월 28일에 도임, 갑진년(1784) 10월에 교하군수(交河郡守)로 이배(移拜)되었다. 사창의 북고를 중수하고 서창을 옛터로 이건하였으며, 현청을 개건하고 관지소(官紙所)를 창건하였다.

이희인(李羲寅) : 갑진년(1784) 10월에 한성주부로서 도임, 무신년(1788) 12월에 문의현령(文義縣令)에 제수되었다. 사창의 동고(東庫)를 창건하였다.

이의진(李義進) : 무신년(1788) 12월에 조지서별제로서 제수되어 기유년(1789) 정월에 도임, 동년 2월에 졸서(卒逝)했다.

이헌응(李憲膺) : 기유년(1789) 3월에 평시주부로서 도임, 경술년(1790) 3월에 부상(父喪)을 만났다.

송흠서(宋欽書) : 경술년(1790) 3월에 군자감주부(軍資監主簿)로서 부임하여 계축년(1793) 6월에 수계(繡啓)로 파직되었다. 한편으로는 신사(身死)하였다.

민두혁(閔斗爀) : 계축년(1793) 6월에 종묘령(宗廟令)으로서 부임하여 동년 12월에 폄하(貶下)되었다.

김인순(金麟淳) : 계축년(1793) 12월에 경모궁령으로서 제수되어 갑인년(1794) 정월에 도임, 동년 2월에 모상(母喪)을 만나 체직되었다.

임성운(林性運) : 갑인년(1794)[137] 3월에 도임, 정사년(1797) 6월에 서흥부사(瑞興府使)에 이배(移拜)되었다.

정지용(鄭持容) : 정사년(1797) 윤6월에 도임, 경신년(1800) 3월에 정배(定配)된 죄인이 도망쳐서 숨어버린 일로 체임(遞任)되었다.

박이형(朴以亨)[138] : 경신년(1800) 4월에 도임, 신유년(1801) 9월에 관에서 죽었다.

김세연(金世淵) : 신유년(1801) 10월에 도임, 갑자년(1804) 3월에 서울에서 체직되었다.

이광헌(李光憲) : 갑자년(1804) 3월에 도임, 정묘년(1807) 12월에 순창군수(淳昌郡守)에 이배(移拜)되었다.

김이완(金履完) : 정묘년(1807) 12월에 제수되어 무진년(1808) 정월에 도임, 동년 10월에 관찰사와 상피로 체직되었다.

한백연(韓百衍) : 무진년(1808) 12월에 종묘서령으로서 도임, 신미년(1811) 8월에 임천군수(林川郡守)에 이배(移拜)되었다.

민치복(閔致福)[139] : 신미년(1811) 8월에 형조정랑으로서 본직에 제수되어 동월 28일에 도임, 갑술년(1814) 4월에 졸서(卒逝)했다.

김기유(金基有) : 갑술년(1814) 4월에 영희전령(永禧殿令)으로서 제수되어 5월에 도임, 병자년(1816) 6월에 수포(繡褒)로 인해서 승서(陞敍)되고 금산군수(錦山郡守)에 이배(移拜)되었다.

이정관(李鼎寬) : 병자년(1816) 윤6월에 도임, 무인년(1818) 6월에 폄파되었다.

윤경의(尹景儀) : 무인년(1818) 7월에 영희전령(永禧殿令)으로서 내임,

137) 병진년(1796) 3월에 도임했다고 기록되어 있지만 『남평군읍지』(1899)에 따라 바꾸었다.
138) 『남평군읍지』(1899)에는 나오지 않았다.
139) 『남평군읍지』(1899)에는 나오지 않았다.

신사년(1821) 6월에 예천군수(醴川郡守)에 이배(移拜)되었다.

박호수(朴鎬壽) : 신사년(1821) 6월 도정에서 한성주부(漢城主簿)로서 본직에 제수, 계미년(1823) 3월에 신계현령(新溪縣令)에 이배(移拜)되었다.

이노영(李魯榮) : 계미년(1823) 3월에 신계현령(新溪縣令)과 상환(相換), 병술년(1826) 6월에 한산군수(韓山郡守)에 이배(移拜)되었다.

이문영(李聞榮) : 병술년(1826) 6월에 충훈부도사로서 제수되어 7월에 도임, 기축년(1829) 12월에 괴산군수(槐山郡守)에 이배(移拜)되었다. 비석이 세워졌다. 병자년(1816)에 사마시에 합격했다.

홍명섭(洪明燮) : 기축년(1829) 12월에 경모궁령(景慕宮令)으로서 내임, 계사년(1833) 5월에 합천군수(陜川郡守)에 이배(移拜)되었다.

임형진(林迥鎭) : 계사년(1833) 5월 구전정사에서 종묘서령(宗廟署令)으로서 본직에 제수되어 6월에 도임, 을미년(1835) 12월에 금천군수(金川郡守)에 이배(移拜)되었다. 영남루를 창건하고 관창과 정문을 중수했으며, 보설계(補說禊)를 신설했다.

조태순(趙台淳) : 을미년(1835) 12월 22일 정사에서 공조정랑(工曹正郎)으로서 본직에 제수되어 병신년(1836) 정월에 도임, 무술년(1838) 6월에 의성현령(義城縣令)에 이배(移拜)되었다. 병자년(1816)에 사마시에 합격했다.

송지학(宋持學) : 무술년(1838) 7월에 도임, 경자년(1840) 12월에 의성현령(義城縣令)에 이배(移拜)되었다.

박인수(朴麟壽) : 신축년(1841) 정월에 도임, 계묘년(1843) 8월에 부상(父喪)을 만나 체직되었다.

김좌현(金佐鉉) : 계묘년(1843) 9월에 도임, 병오년(1846) 12월에 전주판관(全州判官)에 이배(移拜)되었다.

이계선(李啓善) : 경주인. 정미년(1847) 정월에 도임, 기유년(1849) 윤4월에 도기(到記) 시험에서 합격하여 5월에 정체(呈遞)[140]하였다.

안응수(安膺壽) : 순흥인. 기유년(1849) 7월에 도임, 경술년(1850) 5월에 공주판관(公州判官)에 이배(移拜)되었다.

이정현(李正鉉) : 용인인. 경술년(1850) 5월에 종친부전부(宗親府典簿)로서 본직에 제수, 임자년(1852) 12월에 고양군수(高陽郡守)에 이배(移拜)되었다.

조병립(趙秉立) : 양주인. 계축년(1853) 정월에 도임, 동년 8월에 부상(父喪)을 만나 체직되었다.

박제인(朴齊寅) : 반남인. 계축년(1853) 9월에 도임 병진년(1856) 정월에 도기(到記) 시험에 합격, 3월에 체직되었다.

이공우(李公愚) : 연안인. 병진년(1856) 4월에 도임, 기미년(1859) 6월 정사에서 영평군수(永平郡守)에 이배(移拜)되었다.

김병유(金炳儒) : 안동인. 기미년(1859) 7월에 형조정랑(刑曹正郞)으로서 부임하여 임술년(1862) 정월에 진천현감(鎭川縣監)과 상환(相換)하였다.

이호신(李鎬臣) : 우봉인. 임술년(1862) 정월에 진천현감(鎭川縣監)으로서 상환(相換)하여 2월에 도임, 전직(前職)의 일 때문에 수계(繡啓)로 인해 취리(就理)141), 6월에 체직되었다.

김정진(金靖鎭) : 임술년(1862) 7월에 도임, 병인년(1866) 6월에 예천군수(醴川郡守)에 이배(移拜)되었다.

이호철(李鎬哲)

남홍중(南弘重) : 의령인. 병인년(1866) 6월에 예릉령(睿陵令)으로서 본직에 제수, 7월에 도임, 정묘년(1867) 6월에 암행어사의 회계(回啓)로 인해 파출(罷黜)되었다.

김헌진(金巚鎭) : 정묘년(1867) 9월에 도임, 경오년(1870) 4월에 김포군수(金浦郡守)에 이배(移拜)되었다.

---

140) 정체(呈遞) : 체차(遞差)되기를 청하는 서면을 제출함으로서 체직됨.

141) 취리(就理) : 죄 지은 벼슬아치가 의금부에 나아가 심리를 받음.

민정호(閔定鎬) : 여흥인. 경오년(1870) 4월에 도임, 계유년(1873) 7월에 동부승지첨서(同副承旨添書)에 제수되었다.

이위재(李渭在) : 한산인. 계유년(1873) 8월에 도임, 을해년(1875) 3월에 충청도 문의(文義)로 승직되었다.

민영직(閔泳稷) : 여흥인. 을해년(1875) 3월에 경모궁령(景慕宮令)으로서 본직에 제수, 4월에 도임, 병자년(1876) 8월 정사에서 해주판관(海州判官)에 이배(移拜)되었다.

윤자록(尹滋祿) : 파평인. 병자년(1876) 8월에 광흥창령(廣興倉令)으로서 본직에 제수, 9월에 도임, 정축년(1877) 9월에 황해도 배천군수(白川郡守)와 상환(相換)하였다.

홍승오(洪承五) : 풍산인. 정축년(1877) 9월에 배천군수(白川郡守)로서 본직에 상환, 10월에 도임, 기묘년(1879) 4월에 황해도 신계현령(新溪縣令)과 상환(相換)하였다.

박세병(朴世秉) : 밀양인. 기묘년(1879) 4월에 신계현령(新溪縣令)으로서 본직에 이배, 5월에 도임, 경진년(1880) 7월에 경상도 영천군수(永川郡守)에 이배(移拜)되었다.

장희(張熙) : 경진년(1880) 9월에 도임, 임오년(1882) 11월에 상을 당하였다.

민영집(閔泳集) : 계미년(1883) 2월에 도임, 병술년(1886) 2월에 충청도 평택현감(平澤縣監)에 이배(移拜)되었다.

채경묵(蔡慶默) : 병술년(1886) 2월에 평택현감(平澤縣監)에서 상환(相換), 3월에 도임, 정해년(1887) 5월에 충청도 보은군수(報恩郡守)와 상환(相換)하였다.

홍종오(洪鍾五) : 정해년(1887) 5월에 보은군수(報恩郡守)로서 상환(相換), 7월에 도임, 무자년(1888) 12월에 말미를 얻어 귀근(歸覲)했다가 기축년(1889) 정월에 부상(父喪)을 만났다.

민영대(閔泳大) : 기축년(1889) 3월에 진산군수(珍山郡守)로서 본직에 제수, 5월에 도임, 신묘년(1891) 정월에 임실현감(任實縣監)에 이배(移拜)되었다.

정동기(鄭東箕) : 신묘년(1891) 4월에 지례현감(智禮縣監)으로서 본직에 제배, 6월에 도임, 임진년(1892) 12월에 경상도 영천군수(榮川郡守)에 이배(移拜)되었다.

이희하(李熙夏) : 계사년(1893) 정월 일에 화순현감(和順縣監)으로서 본직에 제수, 2월에 도임, 갑오년(1894) 10월에 정체(呈遞)하였다.

이재량(李載亮) : 갑오년(1894) 10월에 총리주사(總理主事)로서 본직에 제배, 12월에 도임, 정유년(1897) 5월에 중추원(中樞院) 3등 의관(議官)에 이배되었다.

이태정(李台珽) : 정유년(1897) 4월에 김포군수(金浦郡守)로서 무안군수(務安郡守)에 이배되었으나 부임하지 않다가 동년 5월에 본직에 서임, 7월 13일에 도임, 무술년(1898) 3월에 태인군수(泰仁郡守)에 이배(移拜)되었다.

이교영(李教榮) : 용인인. 무술년(1898) 3월에 화순군수(和順郡守)로서 본직에 제수, 3월 30일에 도임, 동년 12월에 졸서(卒逝)했다.

이근홍(李根洪)[142] : 전주인. 무술년(1898) 12월 27일에 서임, 기해년(1899) 2월 13일에 도임, 금구로 이배(移拜)되었다.

서재우(徐載雨) : 달성인. 경자년(1900) 4월에 금구에서 도임하여 신축년(1901)에 이배(移拜)되었다.

정해로(鄭海魯) : 연일인.

홍봉표(洪鳳杓) : 남양인.

민희식(閔憙植) : 여흥인.

이준규(李峻奎) : 평창인.

조병우(曺秉瑀) : 창녕인.

142) 『남평군읍지』(1899)에는 이근홍(李根洪)까지 실려 있다.

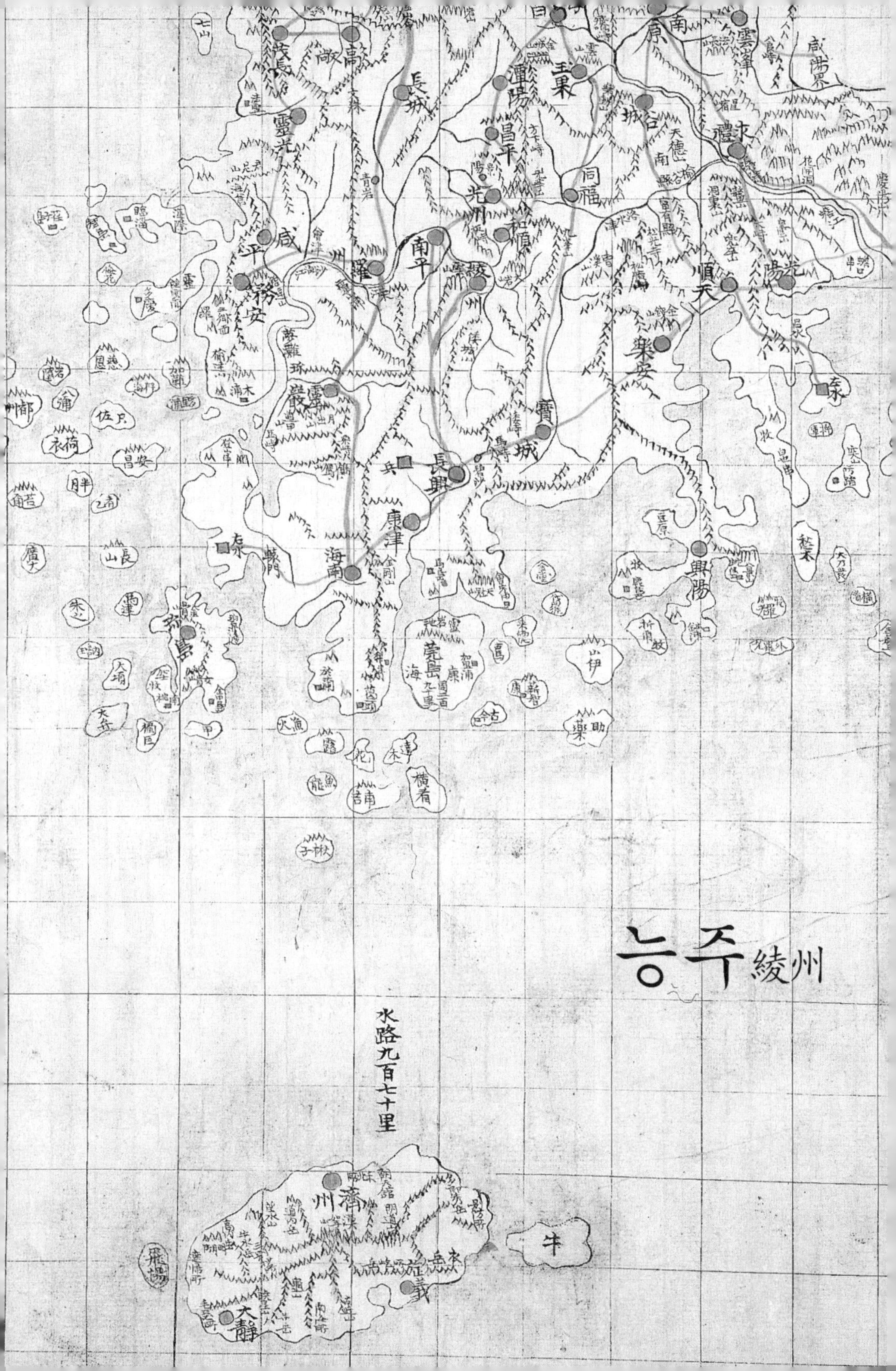

능주 綾州
水路九百七十里
濟州
大靜
旌義
牛
海南
康津
長興
靈巖
羅州
務安
咸平
靈光
長城
潭陽
昌平
光州
和順
南平
寶城
樂安
順天
光陽
興陽
同福
玉果
谷城
求禮
珍島
莞島

# 능주(綾州)143)

백제 때 이릉부리(爾陵夫里, 또는 竹樹夫里·連珠夫里·仁夫里)로 칭했는데, 경덕왕 757년에 능성군(陵城郡)으로 개칭하였으며, 영현(領縣)으로 부리현(富里縣)과 여미현(汝湄縣)이 있었고 무주(武州, 광주)에 예속시켰다. 1018년(현종 9)에 나주(羅州)에 속하였으며, 1143년(인종 21)에 현령(縣令)을 두었다. 1416년(태종 16)에 화순이 병합되어 순성(順城)으로 개칭되었다가 2년 후에 분리되었다. 1594년(선조 27)에 화순이 또 병합되었다가 1611년(광해군 3)에 다시 분리되었다. 1632년(인조 10)에 인헌왕후(仁獻王后) 구씨(具氏)의 고향이라 하여 능주목으로 하였다. 능주의 별호는 연주(蓮州)·죽수(竹樹)이다. 1895년에 나주부의 능주군이 되고, 다음해 전라남도에 속하였다가 1914년 행정구역 개편 때 화순군에 합쳐져 능주면이 되었다.

현령(縣令) 김중성(金仲誠) : 병신년(1416)에 순성현령에서 부임하여 정유년(1417) 4월 25일에 파직되었다.
최교(崔郊) : 임자년(1432)에 부임하였다.
노질(盧秩) : 갑인년(1434)에 부임하였다.
최추(崔湫) : 임술년(1442년)에 부임하여, 기사년(1449)에 파직되었다.
신상조(辛尙調) : 병술년(1466)에 이임하였다.
조정로(趙庭老) : 경인년(1470) 9월 25일에 부임하였다.
김박(金博) : 병신년(1476) 12월 9일에 이임하였다.
선시중(宣時中) : 갑진년(1484) 3월에 부임하여, 병오년(1486) 2월에 이

143) 『능주읍지』(1925, 능주향교)를 저본으로 하였다.

임하였다. 정미년(1487)에 선정비가 건립되었다.

임옥산(林玉山)[144] : 남행(南行)으로 통훈대부(通訓大夫). 성종 임자년(1492)에 효행으로서 특제(特除)되었다.

민계안(閔繼安) : 남행(南行)으로 통훈대부(通訓大夫).

송세림(宋世琳) : 문과(文科) 출신으로 조봉대부(朝奉大夫).

신공제(申公濟) : 문과 출신으로 조산대부(朝散大夫).

박광우(朴光佑) : 문과 출신으로 조봉대부(朝奉大夫).

장응성(張應聖) : 문과 출신으로 조봉대부(朝奉大夫).

정만종(鄭萬鐘) : 문과 출신으로 중훈대부(中訓大夫).

김선(金璿) : 남행(南行)으로 통훈대부(通訓大夫).

윤행(尹行) : 문과 출신으로 봉직랑(奉直郎).

이홍(李弘) : 남행(南行)으로 통훈대부(通訓大夫).

이적(李績) : 남행(南行)으로 통덕랑(通德郎).

홍봉세(洪奉世) : 남행(南行)으로 통선랑(通善郎).

조옥(趙玉) : 남행(南行)으로 통훈대부(通訓大夫).

김종수(金從壽) : 남행(南行)으로 통훈대부(通訓大夫).

이증화(李曾華) : 남행(南行)으로 봉정대부(奉正大夫).

양홍(楊洪) : 문과 출신으로 통훈대부(通訓大夫).

신희남(愼喜男) : 문과 출신으로 통훈대부(通訓大夫).

이황(李璜) : 남행(南行)으로 중훈대부(中訓大夫).

소해(蘇澥) : 남행(南行)으로 통훈대부(通訓大夫).

정염(丁焰) : 문과 출신으로 중훈대부(中訓大夫).

윤존성(尹存性) : 문과 출신으로 조산대부(朝散大夫).

이언양(李彦讓) : 문과 출신으로 봉렬대부(奉列大夫). 기묘년(1579)에 본직 역임, 선정비가 있는데 1579년 7월에 세운 것이다.

---

144) 『호남읍지』(1871)에는 임옥산(林玉山)부터 실려 있고, 대부분 출신과 품계명만 나온다. 이것은 1789년에 출간된 『능주목읍지』에서부터 그렇게 시작했기 때문으로 보인다.

이담룡(李聃龍) : 문과 출신으로 조산대부(朝散大夫).

김영남(金穎男) : 문과 출신으로 조산대부(朝散大夫).

황승헌(黃承憲) : 문과 출신으로 봉직랑(奉直郎).

안묵지(安默智) : 문과 출신으로 봉열대부(奉列大夫).

김익복(金益福) : 문과 출신으로 조산대부(朝散大夫). 기축년(1589) 10월에 부임하였다.

박이룡(朴以龍) : 문과 출신으로 봉정대부(奉正大夫). 갑오년(1594) 10월에 부임하였고, 을미년(1595) 4월에 별세하였다.

조공근(趙公瑾) : 남행(南行)으로 조산대부(朝散大夫). 을미년(1595) 7월에 부임하였고, 병신년(1596) 12월에 체직되었다.

이계명(李繼命) : 무과(武科) 출신으로 조산대부(朝散大夫). 병신년(1596) 12월에 부임하였고, 정유년(1597) 5월에 상경하여 사체(辭遞)하였다.

이희간(李喜幹) : 남행(南行)으로 조산대부(朝散大夫). 정유년(1597) 7월에 부임하였고, 무술년(1598) 9월에 금구현령과 바꾸었다.

나대용(羅大用) : 무과 출신으로 조봉대부(朝散大夫). 무술년(1598) 9월에 금구현령에서 부임하였고, 기해년(1599) 3월에 사체(辭遞)하였다.

하응도(河應圖) : 남행(南行)으로 조봉대부(朝奉大夫). 기해년(1599) 5월에 부임하여 신축년(1601) 4월에 체직되었다.

정상철(鄭象哲) : 남행(南行)으로 통훈대부(通訓大夫). 신축년(1601) 5월에 부임하여 동년 7월에 체직되었다.

유석증(俞昔曾) : 문과 출신으로 조산대부(朝散大夫). 신축년(1601) 7월에 부임하여 계묘년(1603) 3월에 체직되었다.

구심(具瀋) : 남행(南行)으로 통선랑. 계묘년(1603) 5월에 부임하여 을사년(1605) 4월에 체직되었다.

이언좌(李彦佐) : 남행(南行)으로 조봉대부(朝奉大夫). 을사년(1605) 5월에 부임하여 동년 8월에 체직되었다.

홍우(洪遇) : 남행(南行)으로 통훈대부(通訓大夫). 을사년(1605) 10월에 부임하여 정미년(1607) 2월에 사체(辭遞)하였다.

김효남(金孝男) : 남행(南行)으로 통훈대부(通訓大夫). 정미년(1607) 4월에 부임하여 무신년(1608) 9월에 암행어사의 계보(啓報)로 파직되었다.

이인민(李仁民) : 남행(南行)으로 통훈대부(通訓大夫). 무신년(1608) 10월에 동복현감에서 옮겨왔고, 기유년(1603) 7월에 체직되었다.

윤수(尹燧) : 문과 출신으로 통훈대부(通訓大夫). 기유년(1603) 9월에 부임하여 계축년(1613) 9월에 체직되었다.

한여직(韓汝稷)[145] : 문과 출신으로 통훈대부(通訓大夫). 계축년(1613) 12월 부임하여 갑인년(1614) 12월에 재령군수로 옮겨갔다.

유광(柳洸) : 문과 출신으로 통훈대부(通訓大夫). 을묘년(1615) 정월에 문음으로 부임하여, 병진년(1616)에 등제하였고, 정사년(1617) 3월에 체직되었다.

유도(柳塗) : 문과 출신으로 통훈대부(通訓大夫). 정사년(1617) 5월에 부임하여 무오년(1618) 윤4월에 사체하였다.

윤홍업(尹弘業) : 남행(南行)으로 통훈대부(通訓大夫). 무오년(1618) 7월에 부임하여 기미년(1619) 2월에 별세하였다.

신수무(愼守武) : 남행(南行)으로 통훈대부(通訓大夫). 기미년(1619)[146] 4월에 화순현에서 옮겨왔고, 신유년(1621) 8월에 의성현령과 바꾸어 제수되었다.

허한(許僩) : 남행(南行)으로 통훈대부(通訓大夫). 신유년(1621) 8월에 의성현령과 바꾸어 부임하였고, 계해년(1623) 4월에 체직되었다.

양선(梁譔) : 남행(南行)으로 통훈대부(通訓大夫). 계해년(1623) 5월에

---

145) 『호남읍지』(1871)에는 한여직(韓汝漗)으로 기록되어 있다.

146) 신유년(1621)으로 되어 있는 것을 다른 읍지를 참고하여 바꾸었다.

부임하여 갑자년(1624) 7월에 체직되었다.

이순명(李順命) : 무반(武班)으로 통정대부(通訓大夫). 갑자년(1624) 10월에 부임하여 정묘년(1627) 12월에 제직되었다.

심기주(沈器周) : 남행(南行)으로 조산대부(朝散大夫). 무진년(1628) 3월에 부임하여 경오년(1630) 12월에 체직되었다.

김의립(金毅立) : 남행(南行)으로 통훈대부(通訓大夫). 신미년(1631) 2월에 부임하여 임신년(1632) 정월에 체직되었다.

목사(牧使) 정연(鄭沇) : 문과 출신으로 봉열대부(奉列大夫). 임신년(1632) 3월에 부임하여 동년 5월에 인현왕후 구씨의 성향(姓響)이라 하여 목(牧)으로 승격되어 체직되었다.

조국빈(趙國賓) : 문과 출신으로 통정대부(通政大夫). 임신년(1632) 6월에 부임하여 동년 10월에 체직되었다.

이후천(李後天) : 문과 출신으로 통훈대부(通訓大夫). 임신년(1632) 11월에 부임하여 계유년(1633) 9월에 체직되었다.

정양필(鄭良弼) : 문과 출신으로 통정대부(通政大夫). 계유년(1633) 11월에 부임하여 을해년(1635) 10월에 동래부사로 이배되었다.

김원립(金元立) : 문과 출신으로 통훈대부(通政大夫). 을해년(1635) 11월에 부임하여 경진년(1640) 2월에 관직을 사임하고 귀가하였다.

유성증(俞省曾) : 문과 출신으로 통정대부(通政大夫). 경진년(1640) 4월에 부임하여 동년 10월에 체직되었다.

유석(柳碩) : 문과 출신으로 통정대부(通政大夫). 경진년(1640) 11월에 부임하여 동년 12월에 체직되었다.

김광혁(金光爀) : 문과 출신으로 통정대부(通政大夫). 신사년(1641) 1월에 부임하여 계미년(1643) 2월에 병으로 교체되었다.

임효달(任孝達) : 문과 출신으로 통정대부(通政大夫). 계미년(1643) 4월에 부임하여 갑신년(1644) 3월에 체직되었다.

최래길(崔來吉) : 문과 출신으로 가선대부. 완천군(完川君)에 올랐다.

갑신년(1644) 5월에 부임하여 을유년(1645) 12월에 말미를 얻어 상경했다가 사체하였다.

이시담(李時聃) : 남행(南行)으로 통정대부(通政大夫). 병술년(1646) 5월에 부임하여 무자년(1648) 정월에 사체하였다.

김경항(金慶恒) : 남행(南行)으로 통정대부(通政大夫). 무자년(1648) 3월에 부임하여 기축년(1649) 12월에 체직되었다.

장중인(張仲仁) : 문과 출신으로 통정대부(通政大夫). 효종 원년 경인년(1650) 정월에 부임하여 동년 윤11월에 사체하였다.

곽성구(郭聖龜) : 문과 출신으로 통훈대부(通訓大夫). 경인년(1650) 12월에 부임하여 임진년(1652) 10월에 부친상을 당하여 교체되었다.

신열도(申悅道) : 문과 출신으로 통훈대부(通訓大夫). 임진년(1652) 11월에 부임하여 계사년(1653) 6월에 체직되었다.

임성익(林聖翊) : 문과 출신으로 통훈대부(通訓大夫). 계사년(1653) 6월에 제수되어 동년 7월에 부임하였고, 갑오년(1654) 정월에 체직되어 돌아갔다.

한진기(韓震琦) : 문과 출신으로 통훈대부(通訓大夫). 갑오년(1654) 2월에 부임하여 동년 3월에 사체하였다.

노문한(盧文漢) : 문과 출신으로 통훈대부(通訓大夫). 갑오년(1654) 12월에 부임하여 병신년(1656) 9월에 파직되었다.

정시성(鄭始成) : 문과 출신으로 통훈대부(通訓大夫). 병신년(1656) 11월에 부임하여 정유년(1657) 7월에 광주 복시(覆試)의 시관(試官)인 도사(都事)와 서로 다툰 것이 상부에 알려져 파면되었다.

이성징(李星徵) : 문과 출신으로 통정대부(通政大夫). 정유년(1657) 8월에 부임하여 임인년(1662) 5월에 동래부사로 이배(移拜)되었다.

이휘진(李彙晉) : 문과 출신으로 통훈대부(通訓大夫). 임인년(1662) 7월에 부임하여 을사년(1665) 12월에 평가에서 낮은 등급을 받아 교체되었다.

민여로(閔汝老) : 문과 출신으로 통훈대부(通訓大夫). 병오년(1666) 2월에 부임하여 기유년(1669) 4월에 사체하였다.

이유상(李有相) : 문과 출신으로 통훈대부(通訓大夫). 기유년(1669) 4월에 부임하여 임자년(1672) 11월에 승소(承召)하였다.

이정(李晸) : 남행(南行)으로 통정대부(通政大夫). 임자년(1672) 12월에 부임하여 갑인년(1674) 2월에 체직되었다.

윤진(尹搢) : 문과 출신으로 통훈대부(通訓大夫). 갑인년(1674) 3월에 부임하여 동년 9월에 수찬(修撰)으로 승소(承召)하였다.

조위봉(趙威鳳) : 문과 출신으로 통훈대부(通訓大夫). 갑인년(1674) 12월에 부임하여 을묘년(1675) 정월에 승소(承召)하였다.

이세익(李世翊) : 문과 출신으로 통정대부(通訓大夫). 을묘년(1675) 정월에 부임하여 동년 6월에 사헌부의 탄핵으로 파직되었다.

윤지선(尹趾善) : 문과 출신으로 통훈대부(通訓大夫). 을묘년(1675) 6월에 도임하여 병진년(1676) 6월에 암행어사의 상소에 의하여 파직되었다.

김재현(金載顯)[147] : 문과 출신으로 통훈대부(通訓大夫). 병진년(1676) 12월에 부임하여 무오년(1678) 12월에 파직되어 교체되었다.

유지발(柳之發) : 문과 출신으로 통훈대부. 무오년(1678) 12월에 부임하여 경신년(1680) 5월에 장령으로 승소하였다.

박진규(朴鎭圭) : 문과 출신으로 통훈대부. 경신년(1680) 6월에 부임하여 동년 12월에 폄체(貶遞)되었다.

유창(兪瑒) : 문과 출신으로 통정대부(通政大夫). 신유년(1681) 2월에 부임하여 9월에 병이 들어 교체되었다.

김두명(金斗明) : 문과 출신으로 통훈대부(通訓大夫). 신유년(1681) 10월에 부임하여 임술년(1682) 7월에 서장관(書狀官)에 임명되어

147) 『호남읍지』(1871)에는 나온 인물인데 본 읍지에는 빠져있다.

소환되었다.

엄집(嚴緝) : 문과 출신으로 통훈대부(通訓大夫). 임술년(1682) 9월에 부임하여 계해년(1683) 7월에 사직하였다.

박태손(朴泰遜) : 문과 출신으로 통훈대부(通訓大夫). 계해년(1683) 9월에 부임하여 갑자년(1684) 2월에 의주부윤으로 이배되었다.

이수만(李壽曼) : 문과 출신으로 통훈대부(通訓大夫). 갑자년(1684) 4월에 부임하여 을축년(1685) 11월에 경원부사(慶源府使)에 제수되어 옮겼다.

임환(林渙) : 문과 출신으로 통훈대부(通訓大夫). 무진년(1688) 7월에 부임하여 기사년(1689) 윤3월에 계문에 의해 파직되었다.

정재후(鄭載厚)148) : 문과 출신으로 통훈대부(通訓大夫). 기사년(1689) 윤3월에 부임하여 동년 10월에 체직되었다.

유지(柳楮) : 남행으로 통훈대부(通訓大夫). 기사년(1689) 10월에 부임하여 동년 10월에 체직되었다.

배정휘(裵正徽) : 문과 출신으로 통훈대부(通訓大夫). 기사년(1689) 11월에 부임하여 경오년(1690) 정월에 모친상을 당하였다.

이만저(李曼著) : 남행(南行)으로 통훈대부(通訓大夫). 경오년(1690) 정월에 부임하여 계유년(1693) 7월에 나주목사에 제수되어 옮겼다.

박명의(朴明義) : 문과 출신으로 통훈대부(通訓大夫). 계유년(1693) 7월에 부임하여 갑술년 7월 종성부사(鍾城府使)에 임명되어 옮겼다.

박치도(朴致道) : 문과 출신으로 통정대부(通政大夫). 갑술년(1694) 8월에 부임하여 병자년(1696) 7월에 사직하였다.

유성운(柳成運) : 문과 출신으로 통훈대부(通訓大夫). 병자년(1696) 9월에 부임하여 무인년(1698) 6월에 암행어사에 의하여 파직되었다.

이익태(李益泰) : 문과 출신으로 통정대부(通政大夫). 무인년(1698) 7월

148) 『호남읍지』(1871)에는 "을축년(1685) 12월에 부임하여 무진년(1688) 4월에 사직하였다."고 하여 임환(林渙) 목사 앞에 두었다.

에 부임하여 경진년(1700) 10월에 임기가 만료되어 교체되었다.

조지항(趙持恒) : 남행(南行)으로 통훈대부(通訓大夫). 신사년(1701) 3월에 부임하여 임오년(1702) 정월에 교체되었다.

남정중(南正重) : 문과 출신으로 통훈대부(通訓大夫). 임오년(1702) 3월에 부임하여 갑신년(1704) 3월에 경상감사에 임명되어 옮겼다.

이이만(李頤晩) : 문과 출신으로 통훈대부(通訓大夫). 갑신년(1704) 4월에 부임하여 병술년(1706) 6월에 사체하였다.

이민영(李敏英) : 문과 출신으로 통정대부(通政大夫). 병술년(1706) 7월에 부임하여 정해년(1707) 12월에 교체되었다.

송유룡(宋儒龍) : 문과 출신으로 통훈대부(通訓大夫). 무자년(1709) 2월에 부임하여 기축년(1710) 3월에 병으로 체직되었다.

이구령(李龜齡) : 문과 출신으로 통훈대부(通訓大夫). 기축년(1710) 3월에 부임하여 경인년(1710) 9월에 사체(辭遞)하였다.

정사효(鄭思孝) : 문과 출신으로 통훈대부(通訓大夫). 신묘년(1711) 2월에 부임하여 계사년(1713) 2월에 사체(辭遞)하였다.

정일녕(鄭一寧)[149] : 문과 출신으로 통훈대부(通訓大夫). 계사년(1713) 5월에 부임하여 갑오년(1714) 9월에 병으로 체직되었다.

조정만(趙正萬) : 남행(南行)으로 통훈대부(通訓大夫). 을미년(1715) 2월에 부임하여 정유년(1717) 4월에 사직하였다.

조태흥(趙泰興) : 남행(南行)으로 통정대부(通政大夫). 정유년(1717) 5월에 부임하여 무술년(1718) 윤8월에 체직되었다.

임상덕(林象德) : 문과 출신으로 통훈대부(通訓大夫). 무술년(1718) 9월에 부임하여 기해년(1719) 9월에 병으로 사직하였다.

윤홍(尹泓) : 남행(南行)으로 통훈대부(通訓大夫). 기해년(1719) 10월에 부임하여 신축년(1721) 10월에 체직되었다.

149) 본 읍지에는 조정만(趙正萬)으로 기록되어 있으나 『호남읍지』(1871)에 의거해 바꾸었다.

홍용조(洪龍祚) : 문과 출신으로 통훈대부(通訓大夫). 신축년(1721) 11월 부임하여 동년 12월에 체직되었다.

이승원(李承源) : 문과 출신으로 통훈대부(通訓大夫). 임인년(1722) 2월에 부임하여 동년 7월 정사에서 홍문관 부수찬(副修撰)에 제수되었다.

신유익(愼惟益) : 문과 출신으로 통훈대부(通訓大夫). 임인년(1722) 9월에 부임하여 계묘년(1723) 4월에 제수목사에 임명되어 옮겼다.

김종연(金宗衍) : 남행(南行)으로 통훈대부(通訓大夫). 계묘년(1723) 7월에 부임하여 갑진년(1724) 4월에 사체하였다.

채성윤(蔡成胤) : 문과 출신으로 통정대부(通政大夫). 갑진년(1724) 5월에 부임하여 병오년(1726) 5월에 사직하였다.

민치용(閔致龍) : 문과 출신으로 통훈대부(通訓大夫). 병오년(1726) 6월에 부임하여 정미년(1727) 9월에 체직되었다.

최창민(崔昌敏) : 남행(南行)으로 통정대부(通政大夫). 정미년(1727) 9월에 부임하여 기유년(1729) 3월에 사직하였다.

박당(朴鐺) : 남행(南行)으로 통정대부(通政大夫). 기유년(1729) 5월에 부임하여 같은 달 27일에 파직되었다.

손경석(孫景錫) : 문과 출신으로 통훈대부(通訓大夫). 기유년(1729) 7월에 부임하여 경술년(1730) 11월에 암행어사에 의하여 봉고파직되었다.

심봉휘(沈鳳輝) : 남행(南行)으로 통훈대부(通訓大夫). 신해년(1731) 2월에 부임하여 임자년(1732) 윤5월에 사직하였다.

신필하(申弼夏)[150] : 남행(南行)으로 통정대부(通政大夫). 임자년(1732) 7월에 부임하여 계축년(1733) 8월에 체직되었다.

정석주(鄭錫疇) : 남행(南行)으로 통훈대부(通訓大夫). 계축년(1733) 9월

150) 『호남읍지』(1871)에는 실리지 않은 인물이다.

에 부임하여 갑인년(1734) 8월에 계문에 의해 파직되었다.

윤동설(尹東卨) : 남행(南行)으로 통훈대부(通訓大夫). 갑인년(1734) 10월에 부임하여 을묘년(1735) 정월에 대간에 의해 파직되었다.

한덕필(韓德弼) : 남행(南行)으로 통훈대부(通訓大夫). 을묘년(1735) 11월에 부임하여 정사년(1737) 3월에 병으로 사직하였다.

김동정(金東鼎) : 음서(蔭敍)로 통훈대부(通訓大夫). 정사년(1737) 4월에 부임하여 무오년(1738) 11월에 체직되었다.

엄경하(嚴慶遐) : 문과 출신으로 통정대부(通政大夫). 기미년(1739) 1월에 부임하여 같은 해 11월에 별세하였다.

이광의(李廣義) : 음서(蔭敍)로 통훈대부(通訓大夫). 기미년(1739) 12월에 부임하여 갑자년(1744) 3월에 교체되었다.

이하징(李夏徵)[151] : 남행(南行)으로 통훈대부(通訓大夫). 갑자년(1744) 3월에 부임하여 무진년(1748) 10월에 나주목사에 이배되었다. 을해년(1755)에 복주(伏誅)되었다.

윤무교(尹懋敎) : 남행(南行)으로 통정대부(通政大夫). 무진년(1748) 11월에 부임하여 경오년(1750) 8월에 병으로 사직하였다.

홍윤보(洪允輔) : 남행(南行)으로 통훈대부(通訓大夫). 경오년(1750) 10월에 부임하여 계유년(1753) 11월에 별세하였다.

조명겸(趙明謙) : 문과 출신으로 가선대부. 계유년(1753) 12월에 부임하여 갑술년(1754) 12월에 폄체되었다.

신경보(申慶普) : 남행(南行)으로 통정대부(通政大夫). 을해년(1755) 2월에 부임하여 정축년(1757) 2월에 퇴임할 나이가 초과되어 교체되었다.

김상열(金相說) : 남행(南行)으로 통훈대부(通訓大夫). 정축년(1757) 2월에 부임하여 무인년(1758) 정월 정사에서 체직되었다.

---

151) 『호남읍지』(1871)에는 실리지 않은 인물이다.

유직기(兪直紀) : 남행(南行)으로 통훈대부(通訓大夫). 무인년(1758) 4월에 부임하여 기묘년(1759) 2월에 사직하였다.

박사눌(朴師訥) : 문과 출신으로 통정대부(通政大夫). 기묘년(1759) 3월에 부임하여 경진년(1760) 6월에 대사간에 제수되었다.

이후달(李厚達) : 문과 출신으로 통정대부(通訓大夫). 경진년(1760) 7월에 부임하여 신사년(1761) 2월에 병으로 사직하였다.

홍중효(洪重孝) : 문과 출신으로 통정대부(通政大夫). 신사년(1761) 4월에 부임하여 동년 8월에 향교의 향축을 잃어버려 장계에 의해 파직되었다.

민광우(閔光遇) : 문과 출신으로 통정대부(通政大夫). 신사년(1761) 9월에 부임하여 계미년(1763) 7월에 세금을 제대로 걷지 못한 일로 파직되었다.

박창윤(朴昌潤) : 문과 출신으로 통정대부(通政大夫). 계미년(1763) 7월에 부임하여 동년 12월에 관찰사가 능주에 왔을 때 예장(禮狀)을 받치지 못한 일로 파직되었다.

정하언(鄭夏彦) : 문과 출신으로 통정대부(通政大夫). 갑신년(1764) 2월에 부임하여 을유년(1765) 정월에 병으로 사직하였다.

한필수(韓必壽) : 문과 출신으로 통정대부(通政大夫). 을유년(1765) 2월에 부임하여 병술년(1766) 정월에 병으로 사직하였다.[152)]

민숙(閔塾) : 문과 출신으로 통정대부(通政大夫). 정해년(1767) 7월에 부임하여 동년 12월에 폄체되었다.

조숙(趙璛) : 문과 출신으로 통정대부(通政大夫). 무자년(1768) 정월에 부임하여 기축년(1769) 5월에 경파(京罷)되었다.

김광태(金光泰) : 무반(武班)으로 통정대부(通政大夫). 기축년(1769) 5월에 부임하여 동년 12월에 체직되었다.

152) 다른 군지에서는 "정해년(1767) 6월에 임기가 만료되어 교체되었다."고 쓰여 있다.

홍윤(洪錀)[153] : 문과 출신으로 통정대부(通政大夫). 경년인(1770) 2월 에 부임하여 동년 6월에 전최(殿最)에 의하여 교체되었다.

구수국(具壽國) : 문과 출신으로 통정대부(通政大夫). 경인년(1770) 8월 에 부임하여 임진년(1772) 7월에 사직하였다.

박성환(朴聖煥) : 무반(武班)으로 통정대부(通政大夫). 임진년(1772) 8월 에 부임하여 같은 달 17일에 경파(京罷)되었다.

박종익(朴鍾益) : 무반(武班)으로 통정대부(通政大夫). 임진년(1772) 8월 에 부임하여 계사년(1773) 정월에 전직되었다.

이행원(李行源) : 문과 출신으로 통훈대부(通訓大夫). 계사년(1773) 정 월에 부임하여 갑오년(1774) 12월에 근무 평점이 좋지 못하여 교 체되었다.

오현주(吳鉉胄) : 문과 출신으로 통훈대부(通訓大夫). 을미년(1775) 정 월에 부임하여 병신년(1776) 6월에 교체되었다.

이육(李堉) : 문과 출신으로 통정대부(通政大夫). 병신년(1776) 8월에 부임하여 정유년(1777) 12월에 체직되었다.

여선덕(呂善德) : 문과 출신으로 통정대부(通政大夫). 무술년(1778) 2월 에 부임하여 경자년(1780) 6월에 임기가 만료되어 교체되었다.

홍주만(洪周萬) : 문과 출신으로 통훈대부(通訓大夫). 경자년(1780) 7월 에 부임하여 신축년(1781) 5월에 모친상을 당하여 교체되었다.

조사충(趙思忠) : 문과 출신으로 통훈대부(通訓大夫). 신축년(1781) 윤5 월에 부임하여 동년 8월에 별세하였다.

주중순(朱重純) : 문과 출신으로 통훈대부(通訓大夫). 신축년(1781) 10 월에 부임하여 임인년(1782) 10월에 병으로 사직하였다.

김이기(金履基) : 남행(南行)으로 통훈대부(通訓大夫). 임인년(1782) 10 월에 부임하여 계묘년(1783) 3월에 교체되었다.

153) 홍약(洪錀)으로 나와 있지만 『호남읍지』(1871)에 의거하여 홍윤(洪錀)으로 바꾸었다. 홍윤(洪潤)으로 나온 읍지도 있다.

김항주(金恒柱) : 남행(南行)으로 통훈대부(通訓大夫). 계묘년(1783) 4월에 부임하여 갑진년(1784) 10월에 사직하였다.

유한교(兪漢敎)[154] : 남행(南行)으로 통훈대부(通訓大夫). 갑진년(1784) 11월에 부임하여 을사년(1785) 4월에 경파되었다.

임중원(林重遠) : 남행(南行)으로 통훈대부(通訓大夫). 을사년(1785) 4월에 부임하여 정미년(1787) 4월에 경파되었다.

이악배(李樂培) : 남행(南行)으로 통훈대부(通訓大夫). 정미년(1787) 4월에 부임하여 신해년(1791) 11월에 임기가 만료되어 교체되었다.

윤기동(尹耆東) : 남행(南行)으로 통훈대부(通訓大夫). 임자년(1792) 정월에 부임하여 계축년(1793) 6월에 암행어사의 계문에 의하여 파직되었다.

박좌원(朴左源)[155] : 통훈대부(通訓大夫). 계축년(1793)에 부임하여 갑인년(1794)에 체직되었다.

심환지(沈煥之)[156] : 문반으로 가선대부. 갑인년(1794) 3월에 부임하여 동년 6월에 도승지에 제수되어 조정으로 돌아갔다.

조익현(趙翼顯) : 남행으로 통훈대부(通訓大夫). 갑인년(1794) 8월에 부임하여 을묘년(1795) 8월에 사직하였다.

이대영(李大永) : 남행(南行)으로 가선대부. 을묘년(1795) 9월에 부임하여 정사년(1797) 12월에 임기가 만료되어 교체되었다.

이종섭(李宗燮) : 문과 출신으로 통훈대부(通訓大夫). 무오년(1798) 정월에 부임하여 기미년(1799) 8월에 모친상을 당하였다.

심수(沈銖) : 문과 출신으로 통훈대부(通訓大夫). 기미년(1799) 9월에 부임하여 경신년(1800) 8월에 순천부사로 임명되어 옮겼다.

양주익(梁周翊) : 문과 출신으로 통정대부(通政大夫). 경신년(1800) 8월

---

154) 『호남읍지』(1871)에는 유한돈(兪漢敦)으로 나온다.
155) 본 읍지에는 나오지 않지만 『호남읍지』(1871)에는 나온다.
156) 『호남읍지』(1871)에는 실려있지 않다.

에 부임하여 신유년(1801) 7월에 복계(覆啓)[157]에서 점하(點下)를 받았다.

이항연(李恒演) : 남행(南行)으로 통훈대부(通訓大夫). 신유년(1801) 7월에 부임하여 을축년(1805) 12월에 병으로 교체되었다.

이상정(李象鼎) : 문과 출신으로 통정대부(通政大夫). 을축년(1805) 12월에 부임하여 무진년(1808) 2월에 평양서윤(平壤庶尹)으로 임명되어 옮겼다.

조용진(趙用鎭) : 남행(南行)으로 통훈대부(通訓大夫). 무진년(1808) 2월에 부임하여 임신년(1812) 11월에 암행어사에 의하여 교체되었다.

남인구(南麟耈) : 남행(南行)으로 통훈대부(通訓大夫). 임신년(1812) 11월에 부임하여 병자년(1816) 2월에 암행어사에 의하여 봉고파직되었다.

박종민(朴宗民) : 남행(南行)으로 통훈대부(通訓大夫). 병자년(1816) 4월에 부임하여 무인년(1818) 정월에 근무평점이 좋지 못하여 교체되었다.

이낙수(李洛秀) : 남행(南行)으로 통훈대부(通訓大夫). 무인년(1818) 2월에 부임하여 신사년(1821) 8월에 상경하여 사직하였다.

윤치혁(尹致爀) : 남행(南行)으로 통훈대부(通訓大夫). 신사년(1821) 9월에 부임하여 갑신년(1824) 9월에 광주목사에 임명되어 옮겼다.

서흥보(徐興輔) : 남행(南行)으로 통훈대부(通訓大夫). 갑신년(1824) 10월에 부임하여 병술년(1826) 정월에 사직하였다.

홍용묵(洪容默) : 남행(南行)으로 통훈대부(通訓大夫). 병술년(1826) 5월에 부임하여 정해년(1827) 6월에 계에 의해 체직되었다.

이덕수(李德秀) : 남행(南行)으로 통훈대부(通訓大夫). 정해년(1827) 7월에 부임하여 기축년(1829) 2월에 사직하였다.

---

157) 복계(覆啓) : 임금에게 명을 받고 처리한 사실을 보고하는 일을 이르던 말.

홍철영(洪徹榮) : 남행(南行)으로 통훈대부(通訓大夫). 기축년(1829) 2월에 부임하여 경인년(1830) 6월 전최(殿最)[158]에서 점하(黜下)를 받았다.

이광도(李廣度) : 남행(南行)으로 통훈대부(通訓大夫). 경인년(1830) 7월에 부임하여 을미년(1835) 6월에 임기가 만료되어 교체되었다. 각 공해를 일신하였다.

이광승(李光承) : 남행(南行)으로 통훈대부(通訓大夫). 을미년(1835) 6월에 부임하여 동년 9월에 사직하였다.

이형재(李衡在) : 남행(南行)으로 통훈대부(通訓大夫). 병신년(1836) 정월에 부임하여 정유년(1837) 12월 전최에서 거하(居下)를 받았다.

이희석(李羲碩) : 남행(南行)으로 통훈대부(通訓大夫). 정유년(1837) 12월에 부임하여 기해년(1839) 12월 전최에서 거하(居下)를 받았다.

이규헌(李奎憲) : 남행(南行)으로 통훈대부(通訓大夫). 기해년(1839) 12월에 부임하여 갑진년(1844) 9월에 청주목사에 임명되어 옮겼다.

이현오(李玄五) : 남행(南行)으로 통훈대부(通訓大夫). 갑진년(1844) 10월에 부임하여 무신년(1848) 12월에 사직하였다.

김진화(金鎭華) : 남행(南行)으로 통훈대부(通訓大夫). 기유년(1849) 정월에 부임하여 경술년(1850) 6월에 상경하여 사망하였다.

이장우(李章愚) : 남행(南行)으로 통훈대부(通訓大夫). 경술년(1850) 7월에 부임하여 갑인년(1854) 4월에 사직하였다.

이병례(李秉禮) : 남행(南行)으로 통훈대부(通訓大夫). 갑인년(1854) 5월에 부임하여 을묘년(1855) 12월에 장흥부사에 임명되어 옮겼다.

이혜(李暳) : 남행(南行)으로 통훈대부(通訓大夫). 병진년(1856) 2월에 부임하여 기미년(1859) 5월에 충주목사에 임명되어 옮겼다.

조병문(趙秉文) : 남행(南行)으로 통훈대부(通訓大夫). 기미년(1859) 5월

---

158) 전최(殿最) : 관원들의 근무 성적을 심사하여 우열(優劣)을 매기던 일로서, 일명 포폄(褒貶)이라고도 함. 상(上)을 최(最), 하(下)를 전(殿)이라 한다. 이조에서 관장했다.

에 부임하여 경신년(1860) 2월에 상경하여 사직하였다.

이충익(李忠翼) : 남행(南行)으로 통훈대부(通訓大夫). 경신년(1860) 2월에 부임하여 신유년(1861) 정월에 청주목사에 임명되어 옮겼다.

조명하(趙命夏) : 남행(南行)으로 통훈대부(通訓大夫). 신유년(1861) 2월에 부임하여 임술년(1862) 7월에 무장현감에 제수되었다.

윤규석(尹奎錫) : 남행(南行)으로 통훈대부(通訓大夫). 임술년(1862) 7월에 부임하여 병인년(1866) 정월에 사망하였다.

여중섭(呂重燮) : 남행(南行)으로 통훈대부(通訓大夫). 병인년(1866) 3월에 부임하여 정묘년(1867) 7월에 암행어사에 의하여 파직되었다.

이교영(李喬榮)[159] : 남행(南行)으로 통훈대부(通訓大夫). 정묘년(1867) 7월에 부임하여 신미년(1871) 7월에 장악첨정(掌樂僉正)으로 이배되었다.

한치조(韓致肇) : 남행으로 통훈대부(通訓大夫). 신미년(1871) 7월에 부임하여 갑술년(1874) 4월에 문천군수에 임명되어 자리를 옮겼다.

윤횡선(尹宖善) : 남행으로 통훈대부(通訓大夫). 갑술년(1874) 4월에 부임하여 동년 10월에 암행어사에 의하여 봉고파직되었다.

김도근(金度根) : 남행으로 통훈대부(通訓大夫). 갑술년(1874) 10월에 부임하여 정축년(1877) 10월에 암행어사에 의하여 봉고파직되었다.

김석근(金晳根) : 남행으로 통훈대부(通訓大夫). 무인년(1878) 정월에 부임하여 동년 12월에 무위종사관(武威從事官)에 승소되었다.

심의현(沈宜絢) : 음직으로 통정대부(通政大夫). 기묘년(1879) 2월에 부임하여 경진년(1880) 정월에 총관(總管)에 승소되었다.

이응우(李應愚) : 남행으로 통정대부(通政大夫). 경진년(1880) 3월에 부임하여 신사년(1881) 4월에 김해부사에 임명되어 옮겼다.

민철호(閔喆鎬) : 남행으로 통훈대부(通訓大夫). 신사년(1881) 6월에 부

159) 『호남읍지』(1871)에는 이교영(李喬榮)까지 실려 있다.

임하여 같은 달 20일에 나주목사에 임명되어 옮겼다.

박헌양(朴憲陽) : 남행으로 통훈대부(通訓大夫). 신사년(1881) 7월에 부임하여 계미년(1883) 정월에 담양부사에 임명되어 옮겼다.

이호철(李鎬喆) : 문과 출신으로 통정대부(通政大夫). 계미년(1883) 3월에 부임하여 갑신년(1884) 2월에 충추목사에 임명되어 옮겼다.

김익성(金益成) : 음직으로 통훈대부(通訓大夫). 갑신년(1884) 7월에 부임하여 을유년(1885) 3월에 암행어사에 의하여 봉고파직되었다.

홍우경(洪祐慶) : 음직으로 통정대부(通政大夫). 을유년(1885) 3월에 부임하여 병술년(1886) 7월에 원주판관으로 전직되었다.

신태정(申泰鼎) : 남행으로 통훈대부(通訓大夫). 병술년(1886) 9월에 부임하여 정해년(1887) 10월에 담양부사에 임명되어 옮겼다.

박현양(朴顯陽) : 남행으로 통훈대부(通訓大夫). 정해년(1887) 11월에 부임하여 무자년(1887) 7월에 거창부사에 임명되어 옮겼다.

김승집(金升集) : 남행으로 통훈대부(通訓大夫). 무자년(1887) 8월에 부임하여 신묘년(1891) 6월에 장흥부사에 임명되어 옮겼다.

서완순(徐完淳) : 남행으로 통훈대부(通訓大夫). 신묘년(1891) 7월에 부임하여 갑오년(1894) 7월에 좌부승지에 제수되었다.

군수(郡守) 조존두(趙存斗) : 무과 출신으로 가선대부. 갑오년(1894) 7월에 부임하여 병신년(1896) 2월에 병으로 교체되었다.

유풍열(柳灃烈) : 무과 출신으로 통정대부(通政大夫). 병신년(1896) 3월에 부임하여 정유년(1897) 5월에 숙천군수에 이배되었다.

이범학(李範學) : 남행으로 통훈대부(通訓大夫). 정유년(1897) 5월에 부임하여 기해년(1899) 5월에 청양군수로 전직되었다.

조용희(趙用熙) : 남행으로 통훈대부. 기해년(1899) 7월에 부임하여 경자년(1900) 12월에 홍산군수에 이배되었다. 인화불망비가 세워졌다.

안익환(安翊煥)[160] : 무과 출신으로 통훈대부. 신축년(1901) 1월에 부임하여 동년 6월에 낙안군수에 이배되었다.

이범구(李範九) : 음직으로 통훈대부. 신축년(1901) 7월에 부임하여 임인년(1902) 4월에 진주군수에 이배되었다. 선정비가 있다.

손인용(孫麟鏞) : 남행으로 승훈랑. 임인년(1902) 4월에 부임하여 통정대부에 승자되고 갑진년(1904) 2월에 체직되었다. 거사각과 마애비가 세워졌다.

홍봉표(洪鳳杓) : 음직으로 통정대부. 갑진년(1904) 4월에 부임하여 을사년(1905) 6월에 휴가기간을 어겨서 면관되었다.

박용훈(朴龍勳) : 음직으로 통정대부. 을사년(1905) 9월에 부임하여 정미년(1907) 1월에 자원하여 면관되었다. 영세불망비가 있다.

권중면(權重冕) : 음직으로 통정대부. 정미년(1907) 2월에 부임하여 동년 7월에 자원하여 면관되었다.

민상현(閔象鉉) : 문과 출신으로 통정대부. 정미년(1907) 9월에 부임하여 경신년(1920) 8월에 장성에 이배되었다.

160) 문익환(文翊煥)으로 나온 곳도 있다.

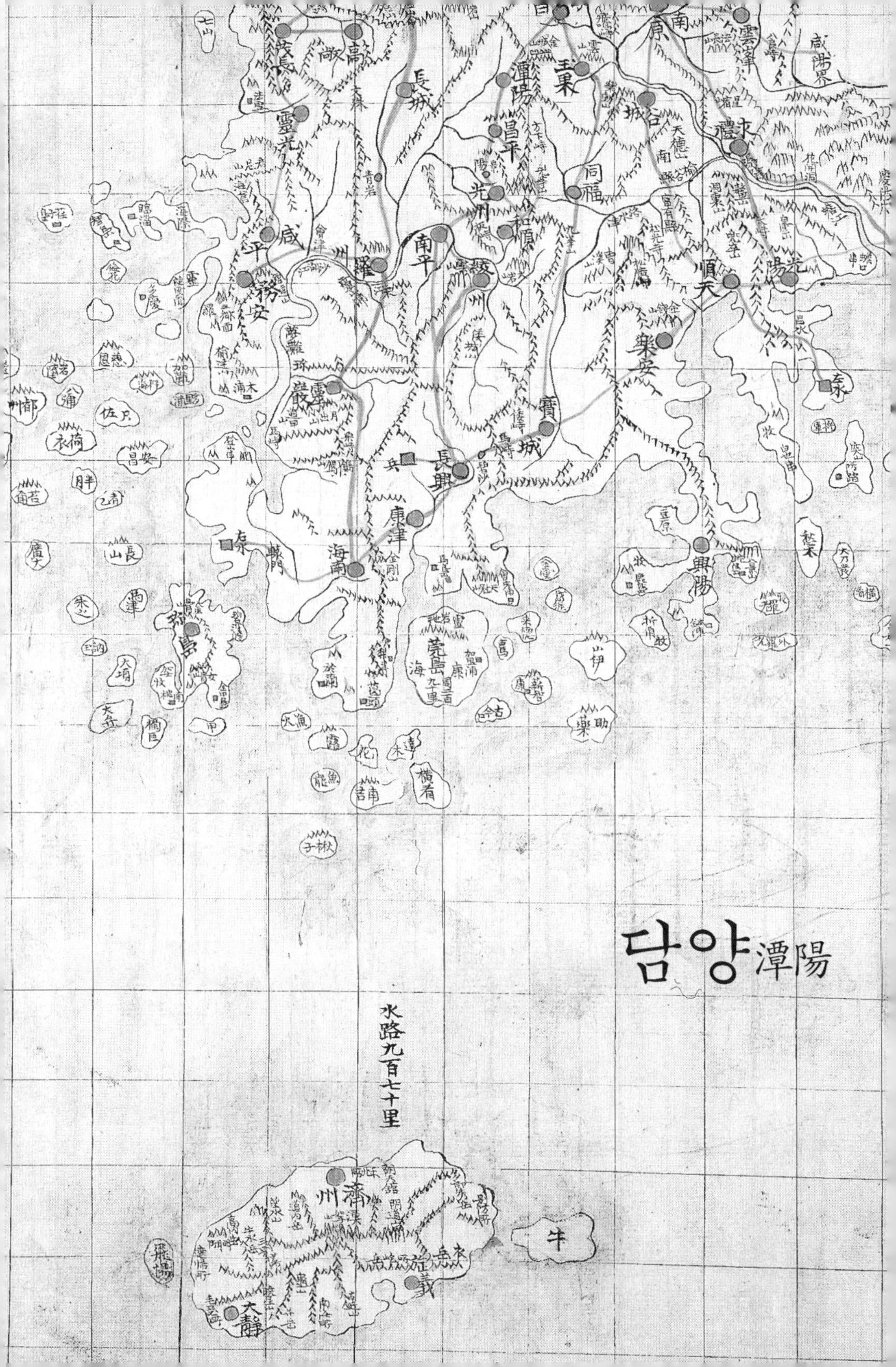
水路九百七十里
담양 潭陽

# 담양(潭陽)161)

백제시대에는 추자혜군(秋子兮郡)으로 불렸고, 757년(경덕왕 16)에는 추성군(秋成郡)으로 고쳐 불렀다. 995년(성종 14)에 담주(潭州)로 고치고 도단련사(都團練使)를 두었다가 담양으로 고쳐서 나주(羅州)의 속현이 되었고, 1172년(명종 2) 감무(監務)가 파견되어 주현으로 독립하였다. 1391년(공양왕 3)에는 율원현(栗原縣)을 겸병하여 속현으로 삼았다. 1395년(태조 4)에 국사 조구(祖丘)의 본향이라 하여 군으로 승격하였고, 1399년(정종 1)에 정종비 김씨(金氏)의 외향이라 하여 부로 승격한 뒤 1413년(태종 13)에 담양도호부가 되었다. 1728년(영조 4)에 역적 박미귀(朴美貴)의 출생지라 하여 담양현으로 강등하였다가 1738년에 다시 승격하였다. 1762년 역적 이홍범(李弘範)의 태생지라 하여 다시 현으로 강등하였다가 1772년에 담양도호부로 승격하는 곡절을 겪었다. 담양의 별호는 추성(秋城)·담주(潭州)이다. 1895년의 관제개혁으로 담양군이 되어 남원부에 속하게 되었다. 1908년에 옥과군이 폐지되면서 일부가 담양에 이속되었고, 1914년에는 창평군이 폐지되어 그 예하의 면들과 광주군의 갈전면·대치면, 장성군의 갑향면·북하면 일부, 동복군 일부가 편입되었다.

남계당(南季堂) : 미상.

곽은(郭垠) : 문과. 신해년(1491)에 도임하였다. 양사재기 지음, 순직하자 군민들이 사당을 세웠다.

박상(朴祥) : 문과. 을해년(1515)에 도임하였다. 김정·유옥과 신비복위상

161) 『담양군읍지』(1899)를 저본으로 하였다.

소 올림.

박이관(朴以寬) : 문과. 무인년(1518) 7월에 재임 중이었다.

박수량(朴守良) : 문과. 무신년(1548)에 도임, 경술년(1550)에 퇴임하였다.

오겸(吳謙) : 문과. 경술년(1550)에 도임, 신해년(1551)에 퇴임하였다.

이삼준(李三俊) : 문과. 신해년(1551)에 도임, 갑인년(1554)에 퇴임하였다.

이세림(李世琳) : 갑인년(1554)에 도임, 기미년(1559)에 퇴임하였다.

임억령(林億齡) : 문과. 기미년(1559)에 도임, 신유년(1561)에 퇴임하였다.

임회(林晦) : 문과. 신유년(1561)에 도임, 계해년(1563)에 퇴임하였다.

노진(盧禛) : 문과. 계해년(1563)에 도임, 을축년(1565)에 퇴임하였다.

심연(沈淵) : 문과. 을축년(1565)에 도임, 병인년(1566)에 퇴임하였다.

이광진(李光軫) : 문과. 병인년(1566)에 도임, 정묘년(1567)에 퇴임하였다.

허벽(許璧) : 남대(南臺)[162]. 정묘년(1567)에 도임, 기사년(1569)에 퇴임하였다.

박문수(朴文守) : 문과. 기사년(1569)에 도임, 경오년(1570)에 퇴임하였다.

임려(任呂) : 문과. 경오년(1570)에 도임, 신미년(1571)에 퇴임하였다.

김위(金偉) : 문과. 신미년(1571)에 도임, 갑술년(1574)에 퇴임하였다.

이중호(李仲虎) : 문과. 갑술년(1574)에 도임, 정축년(1577)에 퇴임하였다.

김일준(金逸駿) : 문과. 정축년(1577)에 도임, 정축년(1577)에 퇴임하였다.

성자항(成子沆) : 문과. 정축년(1577)에 도임, 무인년(1578)에 퇴임하였다.

이장영(李長榮) : 문과. 무인년(1578) 1월에 도임, 경진년(1580)에 퇴임하였다. 대사간으로 이임.

김희필(金希弼) : 문과. 경진년(1580) 3월에 도임, 임오년(1582)에 퇴임하였다.

김경헌(金景憲) : 문과. 임오년(1582)에 도임, 계미년(1583)에 퇴임하였다.

박세현(朴世賢) : 무과. 계미년(1583)에 도임, 계미년(1583)에 퇴임하였다.

162) 남대(南臺) : 학문과 덕이 뛰어나 이조에서 추천을 받아 사헌부의 대관으로 뽑힌 사람.

장응정(張應禎)[163] : 문과. 계미년(1583)에 도임, 갑신년(1584)에 퇴임하였다.

김천일(金千鎰) : 남대. 갑신년(1584) 4월에 도임, 병술년(1586)에 퇴임하였다. 임진왜란 때 진주에서 순절했다.

김예종(金禮宗) : 문과. 병술년(1586)에 도임, 무자년(1588)에 퇴임하였다.

김여물(金汝岉) : 문과. 무자년(1588) 4월에 도임, 경인년(1590)에 퇴임하였다. 임진왜란 때 충주 달천에서 순절했다.

최경회(崔慶會) : 문과. 경인년(1590)에 도임, 신묘년(1591)에 퇴임하였다. 임진왜란 때 진주에서 순절했다.

이성임(李聖任) : 문과. 신묘년(1591)에 도임, 임진년(1592)에 퇴임하였다.

이경린(李景麟) : 문과. 임진년(1592) 4월에 도임, 병신년(1596)에 체직되었다.

김락(金洛) : 남대. 병신년(1596) 3월에 도임, 정유년(1597)에 퇴임하였다.

최우(崔遇) : 무과. 정유년(1597)에 도임, 동년에 퇴임하였다.

원유남(元裕男) : 무과. 정유년(1597) 11월에 도임, 기해년(1599)에 퇴임하였다.

최경장(崔慶長) : 문과. 기해년(1599) 1월에 도임, 동년에 퇴임하였다.

이규문(李奎文) : 무과. 기해년(1599) 8월에 도임, 경자년(1600)에 퇴임하였다.

이성남(李誠男) : 무과. 경자년(1600) 10월에 도임, 신축년(1601)에 퇴임하였다.

조정지(趙庭芝) : 문과. 신축년(1601) 7월에 도임, 임인년(1602)에 퇴임하였다.

오정방(吳定邦) : 무과. 임인년(1602) 1월에 도임, 동년에 퇴임하였다.

이간(李侃) : 무과. 임인년(1602) 8월에 도임, 갑진년(1604)에 퇴임하였다.

163) 장응헌(張應憲)으로 나온 곳도 있다.

신경진(申景禛) : 무과. 갑진년(1604) 5월에 도임, 병오년(1606)에 퇴임하였다.

김원복(金元福) : 무과. 병오년(1606) 2월에 도임, 동년에 퇴임하였다.

이춘기(李春祺) : 문과. 병오년(1606) 12월에 도임, 정미년(1607)에 퇴임하였다.

김니(金柅) : 문과. 정미년(1607) 윤6월 10일에 도임, 무신년(1608) 10월에 순창군수(淳昌郡守)에 이배(移拜)되었다.

최동립(崔東立) : 문과. 무신년(1608) 10월 27일에 순창군수로서 도임, 경술년(1610) 3월에 산성(山城)을 쌓고 당상(堂上)에 승직되어 돌아갔다.

이안눌(李安訥) : 문과. 경술년(1610) 윤3월 4일에 도임, 신해년(1611) 2월 4일에 관직을 버리고 돌아갔다.

윤효전(尹孝全) : 문과. 신해년(1611) 5월 5일에 도임, 임자년(1612) 8월 29일에 벼슬이 바뀌어 돌아갔다.

윤유기(尹唯幾) : 문과. 임자년(1612) 10월 24일에 도임, 계축년(1613) 2월 9일에 벼슬이 바뀌어 돌아갔다.

정광적(鄭光績) : 문과. 계축년(1613) 4월 1일에 도임, 병진년(1616) 정월에 벼슬이 바뀌어 돌아갔다.

허경(許儆) : 문과. 병진년(1616) 2월 10일에 도임, 9월에 문과에 등제, 정사년(1617) 8월에 지평(持平)에 이배(移拜)되었다.

김홍원(金弘遠) : 남대. 정사년(1617) 10월 4일에 도임, 경신년(1620) 12월 27일에 벼슬이 바뀌어 돌아갔다.

이준(李隼) : 남대. 신유년(1621) 5월 1일에 도임, 임술년(1622) 12월 5일에 벼슬이 바뀌어 돌아갔다.

이여규(李如圭) : 남대. 계해년(1623) 4월 16일에 도임, 갑자년(1624) 2월 14일에 벼슬이 바뀌어 돌아갔다.

심기성(沈器成) : 갑자년(1624) 2월에 도임, 동년 7월에 부친상을 당하였다.

박정현(朴鼎賢) : 문과. 갑자년(1624) 9월 13일에 도임, 동년 12월 12일에 벼슬이 바뀌어 돌아갔다.

윤천구(尹天衢) : 남대. 을축년(1625) 정월 23일에 도임, 정묘년(1627) 2월 6일에 벼슬이 바뀌어 돌아갔다.

조희일(趙希逸) : 문과. 정묘년(1627) 2월 22일에 도임, 숭정(崇禎) 무진년(1628) 2월 22일에 벼슬이 바뀌어 돌아갔다.

이윤우(李潤雨) : 문과. 무진년(1628) 3월 15일에 도임, 경오년(1630) 7월 26일에 벼슬이 바뀌어 돌아갔다.

황수(黃濸) : 문과. 경오년(1630) 10월 12일에 도임, 갑술년(1634) 7월 7일에 관직을 버렸다.

윤시용(尹是勇) : 문과. 갑술년(1634) 9월 12일에 도임, 을해년(1635) 6월 30일에 벼슬이 바뀌어 돌아갔다.

이정남(李井男) : 남대. 을해년(1635) 9월 3일에 도임, 기묘년(1639) 9월 18일에 벼슬이 바뀌어 돌아갔다.

이후기(李厚基) : 남대. 기묘년(1639) 10월 12일에 도임, 임오년(1642) 3월 2일에 70세로 사직하고 돌아갔다.

구인기(具仁墍) : 남대. 임오년(1642) 4월 8일에 도임, 동년 11월 7일에 부친상을 당하였다.

이시담(李時聃) : 남대. 임오년(1642) 12월 8일에 도임, 을유년(1645) 4월 7일에 임기가 만료되어 돌아갔다.

심제(沈齊)[164] : 문과. 을유년(1645) 윤6월 19일에 도임, 병술년(1646) 9월 중시(重試)에 등제하여 당상(堂上)에 승직, 무자년(1648) 5월 29일에 전주부윤(全州府尹)으로 옮겨갔다.

성이성(成以性) : 문과. 무자년(1648) 7월 24일에 도임, 경인년(1650) 정

164) 심제(沈濟)로 되어있는 곳도 있다.

월 9일에 부교리(副校理)에 이배(移拜)되었다.

정창주(鄭昌胄) : 문과. 경인년(1650) 2월 24일에 도임, 임진년(1652) 5월 9일에 벼슬이 바뀌어 돌아갔다.

조계원(趙啓遠) : 문과. 임진년(1652) 5월 27일에 도임, 동년 9월 3일에 경상감사(慶尙監司)로 옮겨갔다.

소동도(蘇東道) : 문과. 임진년(1652) 11월 3일에 도임, 계사년(1653) 윤7월 11일에 제주목사(濟州牧使)에 이배(移拜)되었다.

김응조(金應祖) : 문과. 계사년(1653) 8월 17일에 도임, 갑오년(1654) 7월 4일에 사직하였다.

이잠(李梣) : 남대. 갑오년(1654) 9월 26일에 도임, 정유년(1657) 4월 4일에 벼슬이 바뀌어 돌아갔다.

이규로(李奎老) : 문과. 정유년(1657) 6월 9일에 도임, 무술년(1658) 12월 22일에 관직을 버렸다.

이무(李袤) : 문과. 기해년(16593) 3월 13일에 도임, 경자년(1660) 정월 3일에 사간(司諫)에 이배(移拜)되었다.

임유후(任有後) : 문과. 경자년(1660) 3월 10일에 도임, 신축년(1661) 7월 7일에 벼슬이 바뀌어 돌아갔다.

박지용(朴之墉) : 무과. 신축년(1661) 8월 6일에 도임, 동년 10월 8일에 벼슬이 바뀌어 돌아갔다.

권상구(權尙矩) : 문과. 신축년(1661) 11월 3일에 도임, 임인년(1662) 11월 3일에 벼슬이 바뀌어 돌아갔다.

최유지(崔攸之) : 문과. 임인년(1662) 12월 26일에 도임, 계묘년(1663) 8월 25일에 집의(執義)에 이배(移拜)되었다.

이기징(李箕徵) : 남대. 계묘년(1663) 9월 27일에 도임, 을사년(1665) 3월 25일에 벼슬이 바뀌어 돌아갔다.

김익경(金益炅) : 문과. 을사년(1665) 4월 26일에 도임, 병오년(1666) 4월 28일에 벼슬이 바뀌어 돌아갔다.

이세익(李世翊) : 문과. 병오년(1666) 5월 25일에 도임, 정미년(1667) 7월 5일에 서장관(書狀官)에 이배(移拜)되었다.

홍성구(洪聖龜) : 문과. 정미년(1667) 8월 2일에 도임, 무신년(1668) 2월 5일에 벼슬이 바뀌어 돌아갔다.

박순(朴純) : 문과. 무신년(1668) 4월 8일에 도임, 계축년(1673) 정월 6일에 장령(掌令)에 이배되었다.

권세경(權世經) : 남대. 계축년(1673) 2월 24일에 도임, 을묘년(1675) 정월 10일에 청주목사(淸州牧使)에 이배(移拜)되었다.

김하현(金夏鉉) : 문과. 을묘년(1675) 윤5월 6일에 도임, 경신년(1680) 4월 14일에 임기가 만료되어 체직되었다.

목임형(睦林馨) : 남대. 경신년(1680) 4월 21일에 도임, 동년 10월 6일에 벼슬이 바뀌어 돌아갔다.

이관(李慣) : 남대. 경신년(1680) 12월 6일에 도임, 신유년(1681) 2월 8일에 경주부윤(慶州府尹)에 이배(移拜)되었다.

이수징(李壽徵) : 문과. 신유년(1681) 2월 10일에 도임, 임술년(1682) 3월 12일에 친병(親病)으로 사직하였다.

최진남(崔鎭南) : 문과. 임술년(1682) 4월 17일에 도임, 계해년(1683) 6월 24일에 벼슬이 바뀌어 돌아갔다.

홍득우(洪得禹) : 남대. 계해년(1683) 윤6월 29일에 도임, 을축년(1685) 7월 5일에 충원현감(忠原縣監)에 이배(移拜)되었다.

남필성(南弼星) : 문과. 을축년(1685) 9월 1일에 도임, 병인년(1686) 9월 1일에 벼슬이 바뀌어 돌아갔다.

최상익(崔商翼) : 문과. 병인년(1686) 11월 11일에 도임, 무진년(1688) 2월 5일에 벼슬이 바뀌어 돌아갔다.

이일익(李日翼) : 문과. 무진년(1688) 3월 17일에 도임, 동년 4월 8일에 벼슬이 바뀌어 돌아갔다.

김준상(金儁相) : 문과. 무진년(1688) 7월 21일에 도임, 기사년(1689) 9

월 13일에 벼슬이 바뀌어 돌아갔다.

조정우(曺挺宇) : 문과. 기사년(1689) 11월 1일에 도임, 계유년(1693) 5월 3일에 상을 당하였다.

이광하(李光夏) : 문과. 계유년(1693) 6월 25일에 도임, 갑술년(1694) 4월 20일에 벼슬이 바뀌어 돌아갔다.

조전주(曺殿周) : 남대. 갑술년(1694) 윤5월 16일에 도임, 병자년(1696) 7월 3일에 별세하였다.

이삼석(李三碩) : 문과. 병자년(1696) 8월 28일에 도임, 무인년(1698) 12월 20일에 임기가 만료되어 체직되었다.

김성최(金盛最) : 남대. 기묘년(1699) 3월 19일에 도임, 신사년(1701) 4월 9일에 사직하였다.

유명홍(兪命弘) : 문과. 신사년(1701) 6월 1일에 도임, 동년 11월 12일에 필선(弼善)에 이배(移拜)되었다.

심징(沈徵) : 남대. 임오년(1702) 정월 6일에 도임, 갑신년(1704) 3월 23일에 사직하였다.

한세양(韓世讓) : 남대. 갑신년(1704) 5월 11일에 도임, 병술년(1706) 12월에 표리(表裏)를 하사받고 상주목사(尙州牧使)에 제수, 동년 12월 27일에 잉임(仍任), 무자년(1708) 윤3월 20일에 관직을 버렸다.

심제현(沈齊賢) : 남대. 무자년(1708) 5월 11일에 도임, 경인년(1710) 12월에 벼슬이 바뀌어 돌아갔다.

유태명(柳泰明) : 문과. 신묘년(1711) 2월 6일에 보덕(輔德)으로서 도임, 임진년(1712) 12월에 문학(文學)에 이배(移拜)되었다.

조태과(趙泰果) : 남대. 임진년(1712) 12월 21일에 첨추(僉樞)로서 도임, 계사년(1713) 6월 24일에 폄체(貶遞)되었다.

심중량(沈仲良) : 문과. 계사년(1713) 9월 11일에 도임, 병신년(1716) 2월 3일에 임기가 만료되어 체직되었다.

조태홍(趙泰興) : 남대. 병신년(1716) 윤3월 11일에 도임, 동년 6월에 벼슬이 바뀌어 돌아갔다.

윤양래(尹陽來) : 문과. 병신년(1716) 7월 1일에 도임, 동년 11월 1일에 사간(司諫)에 이배(移拜)되었다.

서명연(徐命淵) : 문과. 병신년(1716) 12월 9일에 도임, 무술년(1718) 6월 2일에 동래부사(東萊府使)에 이배(移拜)되었다.

신성하(申聖夏) : 무술년(1718) 윤8월 8일에 도임, 동년 10월에 상을 당하였다.

유명건(兪命健) : 무술년(1718) 11월 1일에 안악군수(安岳郡守)로서 도임, 경자년(1720) 8월 17일에 나주목사(羅州牧使)에 이배(移拜)되었다.

이유수(李有壽) : 경자년(1720) 10월 1일에 도임, 신축년(1721) 윤6월 27일에 청주목사(淸州牧使)에 이배(移拜)되었다.

심계현(沈啓賢) : 남대. 신축년(1721) 9월 21일에 도임, 갑진년(1724) 윤4월 15일에 별세하였다.

윤동로(尹東魯) : 남대. 갑진년(1724) 7월 17일에 도임, 을사년(1725) 4월 26일에 사직하였다.

송요경(宋堯卿) : 남대. 을사년(1725) 6월 26일에 도임, 동년 10월 22일에 나주목사(羅州牧使)에 이배(移拜)되었다.

김도협(金道浹) : 남대. 을사년(1725) 12월 25일에 도임, 병오년(1726) 4월 5일에 상주목사(尙州牧使)에 이배(移拜)되었다.

박창후(朴昌厚) : 남대. 병오년(1726) 5월에 도임, 정미년(1727) 6월에 청주목사에 이배(移拜)되었다.

심유현(沈維賢) : 정미년(1727) 7월에 도임, 태인현감 박필현(朴弼顯) 등과 함께 역모를 하여 몰래 화약과 철환 수십 짐을 남태징(南泰徵) 집으로 실어 보낸 일로 무신년(1728) 3월에 국문을 받은 뒤 형을 집행하기 전에 죽었다.

이정응(李挺膺) : 문과. 무신년(1728) 3월 29일에 도임, 동년 10월 9일에 별세하였다.

임광필(林光弼) : 문과. 무신년(1728) 11월에 도임, 경술년(1730) 4월에 사직하였다.

유면기(兪勉基) : 남대. 경술년(1730) 8월에 도임, 신해년(1731) 6월에 전최에서 거하(居下)를 받았다.

이의적(李宜迪) : 남대. 신해년(1731) 9월 일 도임, 계축년(1733) 6월에 거하(居下)를 받았다.

윤상희(尹尙喜) : 남대. 계축년(1733) 9월 9일에 도임, 병진년(1736) 10월 20일에 사직서를 올리고 체직되었다.

윤세관(尹世觀) : 남대. 병진년(1736) 12월 12일에 도임, 무오년(1738) 6월 24일에 대간에 의해 체직되었다.

김득대(金得大) : 남대. 무오년(1738) 8월 2일에 도임, 기미년(1739) 6월에 폄체(貶遞)되었다.

신사적(申思迪) : 남대. 기미년(1739) 9월에 도임, 갑자년(1744) 정월에 광주목사(光州牧使)에 이배(移拜)되었다.

안순(安錞) : 남대. 갑자년(1744) 2월 20일에 도임, 정묘년(1747) 7월에 폄체(貶遞)되었다.

조두수(趙斗壽) : 남대. 정묘년(1747) 11월 11일에 도임, 무진년(1748) 7월 7일에 폄체(貶遞)되었다.

김시영(金始煐) : 남대. 무진년(1748) 9월 1일에 도임, 기사년(1749) 7월에 병영(兵營)의 장계에 의해 파직되었다.

이경조(李景祚) : 남대. 기사년(1749) 11월에 도임, 신미년(1751) 9월에 사직하였다.

유봉(兪葑) : 남대. 신미년(1751) 11월 2일에 도임, 임신년(1752) 2월 23일에 별세하였다.

김한방(金漢房) : 남대. 임신년(1752) 4월 19일에 도임, 갑술년(1754) 12월에 폄체(貶遞)되었다.

송순명(宋淳明) : 남대. 을해년(1755) 2월 17일에 금산군수(金山郡守)에서 도임, 병자년(1756) 4월 12일에 전임(前任)인 금산(金山)의 일로 편배(編配)[165]되었다.

이석희(李錫禧) : 남대. 병자년(1756) 4월 12일에 군자판관(軍資判官)으로서 본직에 제수, 기묘년(1759) 4월 24일에 진주목사(晉州牧使)에 이배(移拜)되었다.

이기중(李箕重) : 남대. 경진년(1760) 정월 27일에 도임, 신사년(1761) 11월 6일에 별세하였다.

이종덕(李宗德) : 남대. 신사년(1761) 12월 15일에 충원현감(忠原縣監)으로서 도임, 계미년(1763) 10월 11일에 상을 당하였다.

송익언(宋翼彦) : 남대. 계미년(1763) 11월 29일에 도임, 을유년(1765) 4월 14일에 저치미(儲置米)를 집탈(執頉)한 일로 파직되었다.

박사형(朴師亨) : 음직. 을유년(1765) 4월 27일에 도임, 기축년(1769) 9월 29일에 병으로 사직하였다.

김철행(金喆行) : 음직. 기축년(1769) 7월 20일에 도임, 경인년(1770) 6월 15일에 폄체(貶遞)되었다.

이정회(李廷恢) : 음직. 경인년(1770) 7월 21일에 도임, 계사년(1773) 9월 29일에 모친상을 당하였다.

조학천(趙學天) : 음직. 계사년(1773) 10월 16일에 도임, 동년 12월 15일에 폄체되었다.

홍정유(洪鼎猷) : 음직. 갑오년(1774) 정월 30일에 평창군수(平昌郡守)로서 도임, 동년 12월 15일에 폄체되었다.

홍병은(洪秉殷) : 음직. 을미년(1775) 정월 15일에 천안군수(天安郡守)로서 본직에 제수, 정유년(1777) 7월 2일에 황주목사(黃州牧使)에 이배(移拜)되었다.

165) 편배(編配) : 귀양 보낼 사람의 이름을 도류안(徒流案)에 적어 넣는 일을 이르던 말.

이인섭(李寅燮) : 음직. 정유년(1777) 7월 24일에 익산군수(益山郡守)로서 도임, 경자년(1780) 9월 29일에 모친상을 당하였다.

이서(李溆) : 음직. 경자년(1780) 10월 21일에 도임, 동년 12월 24일에 광주목사(光州牧使)에 이배(移拜)되었다.

이익선(李益烍) : 음직. 신축년(1781) 정월 22일에 도임, 계묘년(1783) 4월 15일에 동부승지(同副承旨)에 특제되었다.

박영수(朴英秀) : 음직. 계묘년(1783) 정월 13일에 신천군수(信川郡守)로서 도임, 병오년(1786) 3월 26일에 사직하였다.

홍배호(洪配浩) : 음직. 병오년(1786) 4월 17일에 도임, 정미년(1787) 3월 10일에 창곡(倉穀)을 집탈(執頉)한 일로 파직되었다.

박인영(朴仁榮) : 음직. 정미년(1787) 3월 20일에 합천군수(陜川郡守)로서 도임, 동년 5월 5일에 합천(陜川)의 일로 파직되었다.

이관수(李觀秀) : 음직. 정미년(1787) 5월 5일에 김제군수(金堤郡守)로서 도임, 무신년(1788) 12월 19일에 사직하였다.

홍수영(洪守榮) : 음직. 무신년(1788) 12월 20일 정사에서 순창군수(淳昌郡守)로서 제배, 기유년(1789) 2월 4일에 도임, 동년 6월 20일 정사에서 성주목사(星州牧使)로 이배(移拜)되었다.

정동유(鄭東愈) : 음직. 기유년(1789) 6월 20일 정사에서 익산군수(益山郡守)로서 제배, 경술년(1790) 7월 7일에 도임, 8월 28일에 사직하였다.

윤홍렬(尹弘烈) : 문과. 경술년(1790) 8월 28일 정사에서 본직 제수, 9월 9일에 도임, 신해년(1791) 5월 22일에 우부승지(右副承旨)에 특제되었다.

이상도(李尙度) : 문과. 신해년(1791) 5월 22일에 전교리(前校理)로서 본직 제수, 임자년(1792) 4월 4일에 헌납(獻納)에 이배(移拜)되었다.

이유칭(李惟稱) : 남대. 임자년(1792) 4월 4일 정사에서 안산군수(安山郡守)로서 본직 제수, 동월 10일에 도임, 계축년(1793) 6월 7일에 도계(道啓)로 인해 체직되었다.

이정인(李廷仁) : 남대. 계축년(1793) 6월 3일 정사에서 풍기군수(豐基郡守)로서 제수, 동월 29일에 도임, 동년 12월 27일에 내관(內官) 노문(路文)의 일 때문에 도계(道啓)에 의해 체직되었다.

이헌유(李憲儒) : 음직. 갑인년(1794) 정월 6일 정사에서 선혜랑청(宣惠郎廳)으로서 제배, 동월 18일에 도임, 정사년(1797) 윤6월 22일에 폄체되었다.

이정서(李廷書) : 음직. 정사년(1797) 7월 11일 정사에서 금산군수(金山郡守)로서 본직에 제수, 동월 27일에 도임, 동년 12월에 폄체(貶遞)되었다.

김이계(金履銈) : 사마. 정사년(1797) 12월 30일 정사에서 현륭령(顯隆令)으로서 본직에 제배, 무오년(1798) 정월 12일에 도임, 경신년(1800) 4월 25일에 경체(京遞)되었다.

송시연(宋時淵) : 음직. 경신년(1800) 4월 25일 정사에서 익위사익위(翊衛司翊衛)로서 본직에 제배, 윤4월 12일에 도임, 임술년(1802) 5월 4일 정사에서 황주목사(黃州牧使)에 이배(移拜)되었다.

이동야(李東野) : 음직. 임술년(1802) 5월 10일 정사에서 사직령(社稷令)으로서 본직에 제배, 동월 22일에 도임, 병인년(1806) 12월에 임기가 만료되어 돌아갔다.

안정헌(安廷瓛) : 사마. 병인년(1806) 12월 20일 정사에서 김제군수(金堤郡守)로서 본직에 제수, 정묘년(1807) 정월 6일에 도임, 경오년(1810) 12월 30일에 임기가 만료되어 체직되었다.

이광헌(李光憲) : 사마. 경오년(1810) 12월 27일 정사에서 순창군수(淳昌郡守)로서 본직에 이배, 신미년(1811) 12월 17일에 충주목사(忠州牧使)에 승직되었다.

이황(李潢) : 음직. 신미년(1811) 12월 18일 정사에서 의성현령(義城縣令)으로서 본직에 이배, 임신년(1812) 정월 15일에 도임, 을해년

(1815) 6월 1일 정사에서 진주목사(晉州牧使)에 이배(移拜)되었다.

김사채(金思采) : 음직. 을해년(1815) 6월 2일 정사에서 김제군수(金堤郡守)로서 본직에 이배, 동월 22일에 도임, 병자년(1816) 9월 26일에 사직하였다.

이노수(李潞秀) : 사마. 병자년(1816) 10월 4일 정사에서 선혜랑청(宣惠郎廳)으로서 본직에 제배, 동월 26일에 도임, 경진년(1820) 12월 7일에 임기가 만료되어 체직되었다.

서유성(徐有聲) : 사마. 경진년(1820) 12월 26일 정사에서 배천군수(白川郡守)로서 본직에 이배, 신사년(1821) 정월 21일에 도임, 동년 12월 4일에 별세하였다.

이헌조(李憲祖) : 신사년(1821) 10월 12일 정사에서 장악첨정(掌樂僉正)으로 본직에 제배, 11월 6일에 도임, 갑신년(1824) 6월 25일 정사에서 광주판관(廣州判官)에 이배(移拜)되었다.

임승운(林昇運) : 사마. 갑신년(1824) 6월 25일 정사에서 김포군수(金浦郡守)로서 본직에 이배, 윤7월 3일에 도임, 병술년(1826) 6월 17일에 점하(點下)를 받아 파직되었다.

심존지(沈存之) : 사마. 병진년(1826) 6월 도정에서 함흥판관(咸興判官)으로서 본직에 제배, 신묘년(1831) 3월에 경체(京遞)되었다.

이회연(李晦淵) : 남대. 신묘년(1831) 3월 10일 정사에서 선혜랑청(宣惠郎廳)으로서 본직에 제배, 동년 4월 6일에 도임, 계사년(1833) 5월 정사에서 나주목사(羅州牧使)에 이배(移拜)되었다.

조석현(曺錫玄) : 남대. 계사년(1833) 5월 산정(散政)[166]에서 한산군수(韓山郡守)로서 본직에 이배, 을미년(1835) 5월 정사에서 대구판관(大邱判官)에 이배(移拜)되었다.

홍기섭(洪耆燮) : 남대. 을미년(1835) 6월에 도임, 기해년(1839) 4월에

166) 산정(散政) : 정기적인 인사 조치 이외에 임시로 벼슬아치를 임명하거나 바꾸던 일.

공주(公州)로 옮겨갔다.

조철영(趙徹永) : 기해년(1839) 4월에 도임, 신축년(1841) 6월에 광주목사(光州牧使)에 이배(移拜)되었다.

정문승(鄭文升) : 신축년(1841) 7월에 도임, 임인년(1842) 8월에 암행어사의 계보로 파직되었다.

김동헌(金東獻) : 임인년(1842) 8월에 도임, 계묘년(1843) 3월에 안주목사(安州牧使)에 이배(移拜)되었다.

정헌용(鄭憲容) : 계묘년(1843) 5월에 도임, 동년 10월에 평양서윤(平壤庶尹)에 이배(移拜)되었다.

송종수(宋宗洙) : 계묘년(1843) 12월에 도임, 을사년(1845) 12월에 충주목사(忠州牧使)에 이배(移拜)되었다.

이상두(李象斗) : 병오년(1846) 정월 20일에 도임, 정미년(1847) 5월 19일에 상주목사(尙州牧使)에 이배(移拜)되었다.

김노순(金老淳) : 정미년(1847) 6월 23일에 도임, 경술년(1850) 6월에 낮은 점수를 받아 파직되었다.

박승규(朴承圭) : 경술년(1850) 7월에 도임, 신해년(1851) 5월에 암행어사의 계보로 파직되었다.

홍재응(洪在應) : 신해년(1851) 5월에 도임, 갑인년(1854) 윤7월에 광주목사(光州牧使)에 이배(移拜)되었다.

황종림(黃鍾林)[167] : 갑인년(1854) 8월에 도임, 정사년(1857) 6월에 홍주목사(洪州牧使)에 이배(移拜)되었다.

김재헌(金在獻) : 음직. 정사년(1857) 8월에 도임, 무오년(1858) 2월에 전직의 일 때문에 우도 암행어사의 계보로 파직되었다.

이익재(李益在) : 무오년(1858) 3월에 도임, 경신년(1860) 윤3월에 광주목사(光州牧使)에 이배(移拜)되었다.

167) 『담양지』(1857)는 황종림까지 기록되어 있다.

윤주진(尹周鎭) : 경신년(1860) 4월에 도임, 신유년(1861) 3월에 광주판관(廣州判官)에 이배(移拜)되었다.

윤규석(尹奎錫) : 신유년(1861) 4월에 도임, 임술년(1862) 7월에 능주목사(綾州牧使)에 이배(移拜)되었다.

정순조(鄭順朝) : 임술년(1862) 7월에 도임, 계해년(1863) 6월에 이천부사(利川府使)에 이배(移拜)되었다.

이공우(李公愚) : 계해년(1863) 6월에 이천부사(利川府使)로서 본직에 제수, 동년 7월에 도임, 갑자년(1864) 6월 15일에 폄체(貶遞)되었다.

이수악(李秀岳) : 갑자년(1864) 6월 정사에서 함흥판관(咸興判官)으로서 본직에 제수, 동년 8월 14일에 도임, 무진년(1868) 9월에 광주판관(廣川判官)에 이배되었다. 관의(瓘儀)로 개명.

김온순(金蘊淳) : 무진년(1868) 9월 정사에서 순창군수(淳昌郡守)로서 본직에 제수, 동월에 도임, 임신년(1872) 7월에 해주판관(海州判官)에 이배(移拜)되었다.

이승경(李承敬) : 임신년(1872) 7월 정사에서 은율현감(殷栗縣監)으로서 본직에 제수, 9월에 도임, 을해년(1875) 8월 정사에서 상주목사(尙州牧使)에 이배(移拜)되었다.

김석근(金奭根) : 을해년(1875) 8월 정사에서 함양군수(咸陽郡守)로서 본직에 제수, 동월에 도임, 병자년(1876) 7월 정사에서 상주목사(尙州牧使)에 이배(移拜)되었다.

민철호(閔喆鎬) : 병자년(1876) 7월 정사에서 평양서윤(平壤庶尹)으로서 본직에 제수, 9월에 도임, 신사년(1881) 4월 정사에서 능주목사(綾州牧使)에 이배(移拜)되었다. 경호(璟鎬)로 개명.

김세기(金世基) : 신사년(1881) 4월 정사에서 금산군수(錦山郡守)로서 본직에 제수, 5월에 도임, 임오년(1882) 6월에 정체(呈遞)하였다.

남정현(南廷顯) : 임오년(1882) 6월 정사에서 종친부전첨(宗親府典籤)으로서 본직에 제수, 7월에 도임, 동년 11월 정사에서 경기도 교하군수(交河郡守)와 상환(相換), 아직 옮겨가지 전인 동월 28일에 별세하였다.

김갑균(金甲均) : 임오년(1882) 11월에 정사에서 경기도 교하군수(交河郡守)로서 본직에 제수, 12월에 도임, 계미년(1883) 정월에 모친상을 당하였다.

박헌양(朴憲陽) : 계미년(1883) 정월 정사에서 능주목사(綾州牧使)로서 본직에 제수, 2월에 도임, 을유년(1885) 정월 정사에서 충청도 온양군수(溫陽郡守)에 이배(移拜)되었다.

김승집(金升集) : 을유년(1885) 정월 정사에서 충청도 공주판관(公州判官)으로서 본직에 제수, 2월에 도임, 병술년(1886) 10월 정사에서 장성부사(長城府使)에 이배(移拜)되었다.

김오현(金五鉉) : 병술년(1886) 10월 정사에서 장성부사(長城府使)로서 본직에 제수, 12월에 도임, 정해년(1887) 10월 정사에서 무안현감(務安縣監)에 이배(移拜)되었다.

신태정(申泰鼎) : 정해년(1887) 10월 정사에서 능주목사(綾州牧使)로서 본직에 제수, 11월에 도임, 무자년(1888) 2월에 별세하였다.

민선호(閔璿鎬) : 무자년(1888) 2월 16일 정사에서 김제군수(金堤郡守)로서 본직에 제수, 5월에 도임, 무자년(1888) 11월 29일 정사에서 전주판관(全州判官)에 이배(移拜)되었다.

김석근(金石根) : 무자년(1888) 11월 정사에서 본직에 제수, 12월에 도임, 기축년(1889) 6월 22일 정사에서 평안도 영유현령(永柔縣令)에 이배(移拜)되었다.

김병억(金炳億) : 기축년(1889) 6월 25일 정사에서 고부군수(古阜郡守)로서 본직에 제수, 8월에 도임, 신묘년(1891) 정월 29일 정사에서 황해도 연안부사(延安府使)에 이배(移拜)되었다.

윤제익(尹濟翼) : 신묘년(1891) 정월 29일 정사에서 전주판관(全州判官)으로서 본직에 제수, 2월 26일에 도임, 갑오년(1894) 7월 14일에 경체(京遞)되었다.

조중구(趙重九) : 갑오년(1894) 7월 14일 정사에서 충청도 청양현감(靑陽縣監)으로서 본직에 제수, 9월 12일에 도임, 을미년(1895) 9월 21일에 경체(京遞)되었다.

민종열(閔種烈) : 을미년(1895) 9월 21일 정사에서 나주목사(羅州牧使)로서 본직에 제수, 11월 12일에 도임, 동년 11월 27일에 정체(呈遞), 병신년(1896) 3월 1일에 환조(還朝)하였다.

유기완(柳冀完) : 을미년(1895) 12월 17일 정사에서 본직에 제수, 병신년(1896) 4월 20일에 도임, 정유년(1897) 4월 26일 정사에서 중추부의관(中樞府議官)에 특제(特除)되었다.

김덕수(金德洙)[168] : 정유년(1897) 5월 6일 정사에서 본직에 제수, 7월 6일에 도임, 신축년(1901) 5월에 퇴임하였다. 홍학비가 있다.

박원명(朴源明) : 통훈대부. 신축년(1901) 5월에 도임하여 신축년(1901) 8월에 동복군수로 퇴임하였다.

조한용(趙漢鏞) : 정3품 통정대부. 신축년(1901) 8월에 도임하여 을사년(1905) 5월에 퇴임하였다. 홍학불망비가 있다.

김병안(金炳鷃) : 정3품 통정대부. 을사년(1905) 5월에 도임하여 정미년(1907) 5월에 퇴임하였다. 지방관제 변경으로 관명이 군수로 개칭되었다.

이호영(李虎榮) : 종2품 가선대부. 정미년(1907) 6월에 도임하여 기유년(1909) 2월에 퇴임하였다.

168) 본 읍지는 김덕수까지 기록되어 있다.

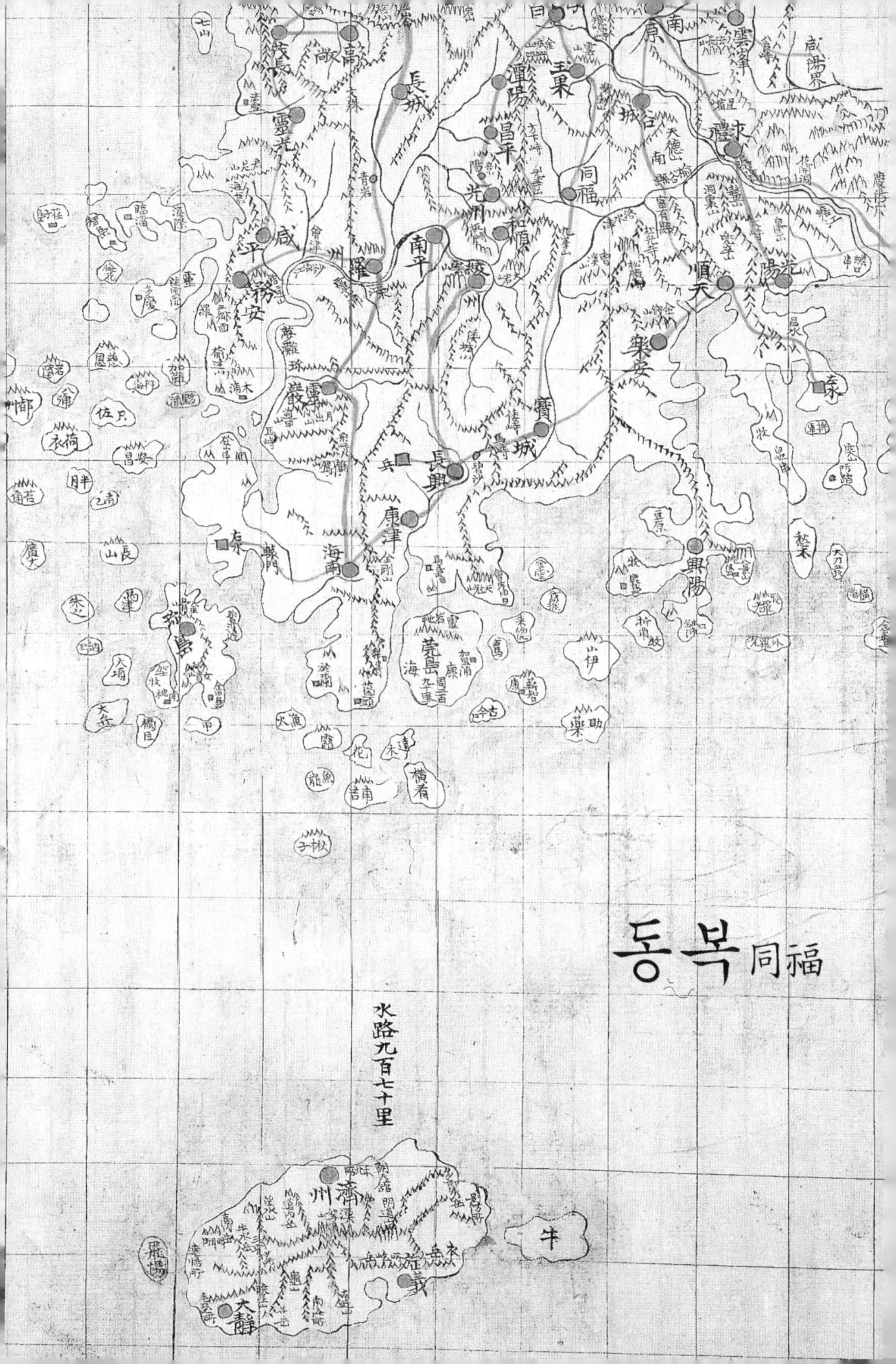

水路九百七十里
濟州
大靜
旌義
牛
長興
康津
海南
靈巖
羅州
南平
綾州
和順
光州
昌平
潭陽
同福
淳昌
玉果
谷城
求禮
順天
光陽
樂安
寶城
興陽
務安
咸平
靈光
長城
高敞
茂長
珍島
莞島
咸陽界


동복 同福

# 동복(同福)169)

백제 때 두부지(豆夫只)로 불렸고, 757년(경덕왕 16)에 동복으로 개칭되어 무주도독부 관내 곡성군의 영현이 되었다. 고려 초에는 보성군의 임내였다가 뒤에 승려 조염(祖琰)의 고향이라 하여 감무관(監務官)을 두었다. 1394년(태조 3)에 화순감무가 겸하였고, 1405년(태종 5)에 화순현에 병합되어 1407년에 복순(福順)으로 개칭되었다가 1416년 다시 분리되었다. 동복의 별호는 귀성(龜城)·옹성(瓮城)·복주(福州)이다. 1895년에 군이 되었으며, 1914년 행정구역개편 때 화순군에 병합되었다.

이사의(離思義)

김상보(金尙保)170) : 정미년(1427)에 부임하였다.

곽덕중(郭德中) : 갑인년(1434) 12월 16일에 부임하였다.

하강지(河綱地) : 경신년(1440)에 부임하여 갑자년(1444)에 향교를 창건하고, 파직되었다.

최자목(崔自睦) : 경오년(1450) 11월 8일에 부임하였다.

유의(柳誼) : 경인년(1470)에 부임하고 갑오년(1474)에 응취루(凝翠樓)를 건립하였다.

윤지(尹墀) : 정유년(1477) 10월 29일에 부임하였다.

이간(李墾) : 정묘년(1507) 12월 25일에 재임하였다.

송구(宋駒) : 경오년(1510)에 퇴임하였다. 물염정을 건립하였다.

임억령(林億齡) : 계사년(1533)에 걸양(乞養)하여 부임하여 치화(治化)

---

169) 『동복지』(1915)를 저본으로 하였다. 동복 선생안은 1789년경에 출간된 『동복현읍지』를 저본으로 하여 계속해서 증보해간 것이다.

170) 김상보(金尙保), 곽덕중(郭德中), 최자목(崔自睦), 윤지(尹墀), 이간(李墾) 등은 후대에 나온 읍지에 들어있다.

를 크게 행하였다. 후에 도원서원에 배향되었다.

정거도(鄭居道) : 경자년(1540)에 부임하여 계묘년(1543)에 향교를 중수하고 교체되었다.

남궁익(南宮翼) : 정미년(1547)에 재임 중이었다. 거사비(去思碑)가 있다.

한인원(韓仁源) : 가정(嘉靖) 임술년(1562) 2월에 부임하여 갑자년(1564) 10월에 사망하였다.

최규(崔奎) : 을축년(1565) 정월에 부임하여 동년 10월에 사망하였다.

허두(許斗) : 병인년(1566) 정월에 부임하여 정묘년(1567) 6월에 폄체(貶遞)되었다.

조천령(曺千齡) : 융경(隆慶) 정묘년(1567) 8월에 부임하여 신미년(1571) 2월에 사체(辭遞)하였다.

이증(李拯)[171] : 신미년(1571) 4월에 부임하여 3일 만에 사망하였다.

김눌(金訥) : 신미년(1571) 5월에 부임하여 임신년(1572) 6월에 폄체(貶遞)되었다.

신응원(申應元) : 임신년(1572) 8월에 부임하여 만력 갑술년(1574)에 파직되었다.

서응린(徐應麟) : 갑술년(1574) 12월에 부임하여 을해년(1575) 12월에 사직하였다.

김원복(金元福) : 병자년(1576) 2월에 부임하여 무인년(1578)에 파직되었다.

조희철(趙希轍) : 무인년(1578) 11월에 부임하여 계미년(1583) 11월에 임기가 만료되어 체직되었다.

이양형(李陽亨) : 계미년(1583) 11월에 부임하여 갑신년(1584) 4월에 상을 당하여 교체되었다.

정구(鄭逑) : 갑신년(1584) 7월에 부임하여 을유년(1585) 정월에 승진

171) 이극(李極)으로 나온 곳도 있다.

하여 찬집랑(纂集郞)에 제수되었다. 고을사람들이 사당을 건립하였다.

김부륜(金富倫) : 을유년(1585) 3월에 부임하여 기축년(1589)에 임기가 만료가 되었지만 1년을 더하였다. 향교의 위판을 개조하여 친히 글씨를 썼으며, 병술년(1586)에 성묘(聖廟)를 개건하고, 정해년(1587)에 협선루(挾仙樓)를 창건하였다.

권잉(權仍) : 경인년(1590) 10월에 부임하여 신묘년(1591) 7월에 계파(啓罷)되었다.

황진(黃進) : 신묘년(1591) 8월에 부임하여 임진년(1592) 10월에 승진하여 익산군수에 제수되었다. 후에 왜군을 토벌하다가 순절(殉節)하였다.

김성원(金成遠) : 임진년(1592) 12월에 부임하여 계사년(1593) 3월에 교체되어 돌아갔다.

기효증(奇孝曾) : 계사년(1593) 3월에 부임하여 8월에 대파(臺罷)되었다.

강홍수(姜弘秀) : 계사년(1593) 10월에 부임하여 갑오년(1594) 2월에 초상을 당하여 교체되었다.

이수형(李隨亨) : 갑오년(1594) 6월에 부임하여 8월에 대파(臺罷)되었다.

심발(沈潑) : 갑오년(1594) 10월에 부임하여 을미년(1595) 4월에 대파(臺罷)되었다.

김양봉(金陽鳳) : 을미년(1595) 5월에 부임하여 병신년(1596) 12월에 사체(辭遞)하였다.

송두남(宋斗南) : 병신년(1596) 12월에 부임하여 정유년(1597) 3월에 상을 당하여 교체되었다.

신덕용(愼德容) : 정유년(1597) 5월에 부임하여 기해년(1599) 11월에 폄체(貶遞)되었다.

조계한(趙繼漢) : 경자년(1600) 정월에 부임하여 임인년(1602) 계파(啓罷)되었다.

송처중(宋處中) : 임인년(1602) 12월에 부임하여 계묘년(1603) 2월에 대파(臺罷)되었다.

정회(鄭晦) : 계묘년(1603) 정월에 부임하여 동년 12월에 대파(臺罷)되었다.

이진(李瑱) : 갑진년(1604) 3월에 부임하여 병오년(1606) 3월에 대파(臺罷)되었다.

이인민(李仁民) : 병오년(1606) 5월에 부임하여 무신년(1608) 10월에 옮겨갔다.

심우단(沈友端) : 무신년(1608) 10월에 부임하여 경술년(1610) 정월에 대파(臺罷)되었다.

심전(沈澱) : 경술년(1610) 3월에 부임하여 신해년(1611)에 대파(臺罷)되었다.

조효원(趙孝元) : 신해년(1611) 12월에 부임하여 임자년(1612) 12월에 계파(啓罷)되었다.

김광환(金光煥) : 계축년(1613) 2월에 부임하여 갑인년(1614) 8월에 이천(移遷)되었다.

김위(金緯) : 갑인년(1614) 9월에 부임하여 을묘년(1615) 9월에 사직하였다.

이성(李晟) : 을묘년(1615) 11월에 부임하여 무오년(1618) 10월에 파직되었다.

윤충원(尹忠源) : 무오년(1618) 12월에 부임하여 경신년(1620) 6월에 폄체(貶遞)되었다.

유계룡(柳季龍)[172] : 경신년(1620) 6월에 부임하여 동년 11월 19일에 이체되었다.

정홍연(鄭弘衍) : 천계(天啓) 신유년(1621) 정월에 부임하여 임술년

172) 본 읍지에는 들어있지 않고 후대 군지에 들어간 인물이다.

(1622) 12월에 옮겨갔다.

이일장(李日章) : 계해년(1623) 정월에 부임하여 4월에 선유어사(宣諭御史)에 의하여 계파(啓罷)되었다.

강위재(姜渭載) : 계해년(1623) 7월에 부임하여 숭정(崇禎) 무진년(1628) 10월에 임기가 만료되어 체직되었다.

김자강(金自剛) : 무진년(1628) 12월에 부임하여 기사년(1629) 2월에 사망하였다.

이시맹(李時孟) : 기사년(1629) 3월에 부임하여 신미년(1631) 12월에 계파(啓罷)되었다.

임담(林墰) : 임신년(1632) 2월에 부임하여 계유년(1633) 12월에 사직하였다.

안절(安節) : 갑술년(1634) 3월에 부임하여 병자년(1636) 8월에 사직하였다.

이형(李逈)[173] : 인조(仁廟) 병자년(1636) 10월에 부임하여 신사년(1641) 8월에 임기가 만료되어 체직되었다.

민성복(閔聖復) : 신사년(1641) 12월에 부임하여 계미년(1643) 6월에 폄체(貶遞)되었다.

한무(韓楙) : 계미년(1643) 8월에 부임하여 갑신년(1644) 6월에 폄체(貶遞)되었다.

신기한(申起漢) : 갑신년(1644) 8월에 부임하여 12월에 사망하였다.

채충진(蔡忠晋) : 을유년(1645) 2월에 부임하여 무자년(1648) 윤3월에 사망하였다.

오달주(吳達周) : 무자년(1648) 5월에 부임하여 효종 계사년(1653) 5월에 임기가 만료되어 체직되었다.

이창완(李昌完) : 계사년(1653) 5월에 부임하여 을미년(1655) 2월에 대

---

173) 『호남읍지』(1871)에는 이회(李廻)로 나온다.

파(臺罷)되었다.

이유정(李維禎) : 을미년(1655) 3월에 부임하여 동년 7월에 대파(臺罷)되었다.

이상필(李尙弼) : 을미년(1655) 9월에 부임하여 병신년(1656) 4월에 계파(啓罷)되었다.

손지(孫志) : 병신년(1656) 4월에 부임하여 기해년(1659) 정월에 사직하였다.

김극형(金克亨) : 기해년(1659) 7월에 부임하여 현종 계묘년(1663) 2월에 사망하였다.

송지렴(宋之濂) : 계묘년(1663) 4월에 부임하여 체임되어 돌아간 연월은 미상이다.

사간 민유중(閔維重)의 계문에 의해 복현(復縣)되었다.

한후상(韓後相)[174] : 갑진년(1664) 정월에 부임하여 동년 7월에 계파(啓罷)되었다.

김향(金灊) : 갑진년(1664) 9월에 부임하여 동년 12월에 폄체(貶遞)되었다.

고두기(高斗紀) : 을사년(1665) 정월에 부임하여 병오년(1666) 6월에 폄체(貶遞)되었다.

심지헌(沈之瀗) : 병오년(1666) 9월에 부임하여 무신년(1668) 7월에 사망하였다.

윤민성(尹敏聖) : 무신년(1668) 8월에 부임하여 계축년(1673) 7월에 임기가 만료되어 체직되었다. 경술년(1670)에 서원을 창건하고 12월에 화적 6명을 잡은 공으로 당상관에 승직되었다.

이창(李昌) : 계축년(1673) 8월에 부임하여 숙종 병진년(1676) 4월에 대파(臺罷)되었다. 비석이 세워졌다.

---

174) 후대 읍지에는 한준상(韓俊相)으로도 나온다.

송상주(宋尙周) : 병진년(1676) 5월에 부임하여 정사년(1677) 6월에 폄체(貶遞)되었다.

조경망(趙景望) : 정사년(1677) 7월에 부임하여 기미년(1679) 2월에 사직하였다.

조정우(曺挺宇) : 기미년(1679) 5월에 부임하여 경신년(1680) 8월에 계파(啓罷)되었다.

이석(李瀩) : 경신년(1680) 9월에 부임하여 임술년(1682) 5월에 사직하였다.

이송제(李松齊) : 임술년(1682) 9월에 부임하여 계해년(1683) 6월에 폄체(貶遞)되었다.

정이(鄭阤) : 계해년(1683) 7월에 부임하여 무진년(1688) 4월에 사직하였다.

유성화(柳聖和) : 무진년(1688) 6월에 부임하여 동년 12월에 상을 당하여 교체되었다.

민창기(閔昌基) : 무진년(1688) 12월에 부임하여 기사년(1689) 5월에 사직하였다.

이광도(李光道) : 기사년(1689) 12월에 부임하여 신미년(1691) 6월에 계파(臺罷)되었다.

황이장(黃爾章) : 신미년(1691) 윤7월에 부임하여 갑술년(1694) 3월에 계파(啓罷)되었다.

이형(李瀅) : 갑술년(1694) 5월에 부임하여 무인년(1698) 6월에 계파(啓罷)되었다.

이익하(李翊夏) : 무인년(1698) 7월에 부임하여 기묘년(1699) 8월에 계파(啓罷)되었다.

이만엽(李萬葉) : 기묘년(1699) 12월에 부임하여 갑신년(1704) 2월에 임기가 만료되어 체직되었다.

이우춘(李宇春) : 갑신년(1704) 3월에 부임하여 병술년(1706) 5월에 임기가 만료되어 체직되었다.

유일운(柳一運) : 병술년(1706) 9월에 부임하여 기축년(1709) 정월에 임기가 만료되어 체직되었다.

여필시(呂必時) : 기축년(1709) 2월에 부임하여 신묘년(1711) 5월에 임기가 만료되어 체직되었다.

민창하(閔昌夏) : 신묘년(1711) 8월에 부임하여 계사년(1713) 9월에 임기가 만료되어 체직되었다.

이규일(李揆一) : 계사년(1713) 11월에 부임하여 갑오년(1714) 12월에 폄체(貶遞)되었다.

박상순(朴尙淳) : 을미년(1715) 2월에 부임하여 동년 12월에 폄체(貶遞)되었다.

서종규(徐宗揆) : 병신년(1716) 2월에 부임하여 기해년(1719) 3월에 사망하였다

홍순(洪洵) : 기해년(1719) 3월에 부임하여 신축년(1721) 12월에 폄체(貶遞)되었다.

이현경(李顯慶) : 경종 임인년(1722) 3월에 부임하여 동년 12월에 대파(臺罷)되었다.

조순(趙純) : 계묘년(1723) 정월에 부임하여 영조 병오년(1726) 3월에 사망하였다.

김언보(金彦輔) : 병오년(1726) 4월에 부임하여 동년 12월에 폄체(貶遞)되었다.

안수상(安壽相) : 정미년(1726) 2월에 부임하여 동년 9월에 계파(啓罷)되었다.

홍유도(洪裕度) : 정미년(1726) 10월에 부임하여 경술년(1730) 6월에 폄체(貶遞)되었다.

이순흠(李舜欽) : 경술년(1730) 9월에 부임하여 을묘년(1735) 7월에 임기가 만료되어 체직되었다.

이유(李溁) : 을묘년(1735) 8월에 부임하여 무오년(1738) 6월에 폄체(貶遞)되었다.

이숭진(李嵩鎭) : 무오년(1738) 8월에 부임하여 경신년(1740) 5월에 대파(臺罷)되었다.

심명달(沈命達) : 경신년(1740) 윤6월에 부임하여 을축년(1745) 정월에 임기가 만료되어 체직되었다.

이민중(李敏中) : 을축년(1745) 3월에 부임하여 6월에 폄체(貶遞)되었다.

민위(閔緯) : 을축년(1745) 10월에 부임하여 병인년(1746) 6월에 계파(啓罷)되었다.

송익현(宋翼賢) : 병인년(1746) 12월에 부임하여 신미년(1751) 4월에 대파(臺罷)되었다.

박사약(朴思約) : 신미년(1751) 윤5월에 부임하여 동년 12월에 계파(啓罷)되었다.

윤우(尹堣) : 임신년(1752) 2월에 부임하여 동년 12월에 사망하였다.

임서(任遾) : 계유년(1753) 2월에 부임하여 갑술년(1754) 8월에 계파(啓罷)되었다.

이양중(李養重) : 갑술년(1754) 9월에 부임하여 정축년(1757) 12월에 폄체(貶遞)되었다.

박정양(朴挺陽) : 무인년(1758) 5월에 부임하여 동년 12월에 폄체(貶遞)되었다.

권제응(權濟應) : 기묘년(1759) 4월에 부임하여 신사년(1761) 2월에 김제군수(金堤郡守)로 승직하였다.

이서규(李瑞圭) : 임오년(1762) 정월에 부임하여 동년 9월 이전에 직사(職事)를 그만두었다.

장계소(張啓紹) : 임오년(1762) 9월에 부임하여 동년 12월에 폄체(貶遞)되었다.

임희교(任希敎) : 임오년(1762) 12월에 부임하여 계미년(1763) 7월 이전에 직사(職事)를 그만두었다.

정인환(鄭寅煥) : 계미년(1763) 7월에 부임하여 병술년(1766) 4월에 부모의 상을 당하여 교체되었다.

이위(李渭) : 병술년(1766) 5월에 부임하여 기축년(1769) 12월에 임피현령(臨陂縣令)으로 승직하였다.

홍충해(洪忠海) : 경인년(1770) 정월에 부임하여 동년 8월에 사망하였다

김재균(金載均) : 경인년(1770) 10월에 부임하여 을미년(1775) 5월에 임기가 만료되어 체직되었다.

박화원(朴華源) : 을미년(1775) 8월에 부임하여 기해년(1779) 5월에 대흥군수(大興郡守)에 승직되었다.

이규량(李奎亮) : 기해년(1779) 7월에 부임하여 임인년(1782) 5월에 폄체(貶遞)되었다.

이화국(李華國) : 임인년(1782) 7월에 부임하여 병오년(1786) 12월에 벼슬이 바뀌어 돌아갔다.

이영운(李榮運) : 정미년(1787) 정월에 부임하여 기유년(1789) 7월에 부모의 상을 당하여 교체되었다.

유한순(兪漢純) : 기유년(1789) 7월에 부임하여 신해년(1791) 12월에 벼슬이 바뀌어 돌아갔다.

박윤수(朴崙壽) : 신해년(1791) 10월에 부임하여 계축년(1793) 11월에 지평(持平)으로 승직하였다.

심봉석(沈鳳錫) : 계축년(1793) 12월에 부임하여 을묘년(1795) 7월에 폄체(貶遞)되었다.

엄사면(嚴思勉) : 을묘년(1795) 8월에 부임하여 경신년(1800) 4월에 사직하였다.

홍주구(洪疇九) : 경신년(1800) 4월에 부임하여 계해년(1803) 9월에 장파(狀罷)되었다.

이유문(李儒文) : 계해년(1803) 9월에 부임하여 정묘년(1807) 6월에 사

망하였다

송운재(宋雲載) : 정묘년(1807) 7월에 부임하여 신미년(1811) 6월에 진산군수(珍山郡守)로 옮겼다.

박회수(朴會壽) : 신미년(1811) 7월에 부임하여 을해년(1815) 5월에 옥천군수(沃川郡守)로 옮겼다.

이규열(李奎說) : 을해년(1815) 5월에 부임하여 기묘년(1819) 6월에 폄체(貶遞)되었다.

홍백영(洪百泳) : 기묘년(1819) 6월에 부임하여 계미년(1823) 12월에 서천군수(舒川郡守)로 옮겼다.

이휘녕(李彙寧) : 계미년(1823) 12월에 부임하여 정해년(1827) 6월에 서산군수(瑞山郡守)로 옮겼다.

김기순(金箕詢) : 정해년(1827) 6월에 부임하여 기축년(1829) 8월에 사직하였다.

이원길(李源吉) : 기축년(1829) 8월에 부임하여 계사년(1833) 6월에 익산군수(益山郡守)로 승직하였다.

이인원(李寅元) : 계사년(1833) 6월에 부임하여 정유년(1837) 5월에 영천군수(永川郡守)로 승직하였다.

정윤용(鄭允容) : 정유년(1837) 5월에 부임하여 기해년(1839) 9월에 천안군수(天安郡守)로 승직하였다.

이회재(李會在) : 기해년(1839) 5월에 부임하여 임인년(1842) 12월에 폄체(貶遞)되었다.

심희순(沈熙淳) : 임인년(1842) 12월에 부임하여 갑진년(1844) 4월에 경과(慶科)에 합격하여 사직하였다.

윤상일(尹庠一) : 갑진년(1844) 5월에 부임하여 정미년(1847) 10월에 온양군수(溫陽郡守)로 승직하였다.

서장순(徐章淳) : 정미년(1847) 10월에 부임하여 동년 11월에 상을 당하여 교체되었다.

이인승(李寅升) : 정미년(1847) 12월에 부임하여 기유년(1849) 정월에 사망하였다.

한용한(韓用翰) : 기유년(1849) 2월에 부임하여 경술년(1850) 12월에 폄체(貶遞)되었다.

유경환(兪景煥) : 경술년(1850) 12월에 부임하여 신해년(1851) 8월에 사망하였다.

송태희(宋太凞) : 신해년(1851) 8월에 부임하여 임자년(1852) 6월에 사망하였다.

이병교(李秉敎) : 임자년(1852) 7월에 부임하여 갑인년(1854) 12월에 온양군수(溫陽郡守)로 승직하였다.

김상여(金尙礪) : 갑인년(1854) 12월에 부임하여 정사년(1857) 6월에 폄체(貶遞)되었다.

유건환(兪建煥) : 정사년(1857) 6월에 부임하여 경신년(1860) 정월에 예천군수(醴泉郡守)에 제수되어 옮겼다.

임승수(林勝洙) : 기미년(1859) 12월에 부임하여 경신년(1860)에 문화현령(文化縣令)과 바꾸었다.

정원필(鄭元弼) : 경신년(1860) 3월에 부임하여 계해년(1863) 7월에 영천군수(永川郡守)에 제수되어 옮겼다.

조용하(趙龍夏) : 계해년(1863) 7월에 부임하여 을축년(1865) 12월에 진산군수(珍山郡守)와 상환하였다.

윤홍구(尹弘求) : 을축년(1865) 12월에 부임하여 정묘년(1867) 6월에 어사(御史)의 장계에 의하여 파직되었다.

김주호(金疇鎬) : 정묘년(1867)년 6월에 부임하여 경오년(1870) 12월에 고성군수(高城郡守)에 승직되어 옮겼다.

이학래(李鶴來)[175] : 경오년(1870) 2월에 부임하여 갑술년(1874) 5월에

175) 『호남읍지』(1871)에는 이학래까지 나온다.

보성군수로 옮겼다.

이수영(李秀永) : 갑술년(1874) 6월에 부임하여 무인년(1878) 3월에 영평군수로 옮겼다.

김정수(金正秀) : 무인년(1878) 5월에 부임하여 경진년(1880) 8월에 아산현감으로 옮겼다.

임성수(林星洙) : 경진년(1880) 9월에 부임하여 임오년(1882) 12월 24일에 황해도 배천군수로 옮겼다.

유달준(兪達濬) : 임오년(1882) 12월 24일에 제수되어 계미년(1883) 2월에 도임, 을유년(1885) 4월 19일에 풍기군수로 옮겼다.

조성희(趙性熹) : 을유년(1885) 4월에 부임하여 병술년(1886) 4월에 임실현감으로 옮겼다.

이문연(李文淵) : 병술년(1887) 7월에 부임하여 기축년(1889) 3월에 진산군수에 이배되었다.

홍종윤(洪鍾奫) : 기축년(1889) 3월 25일에 부임하여 임진년(1892) 정월에 면천군수로 옮겼다.

조성희(趙性熹) : 임진년(1892) 정월 27일에 재차 제수되어 3월 24일에 부임하였고, 같은 해 10월에 옥천군수로 옮겨갔다.

이건(李健) : 임진년(1892) 10월 9일에 제수되어 같은 해 11월 30일에 부임하였고, 계사년(1893) 10월에 예산현감으로 옮겼다.

유치성(兪致誠) : 계사년(1893) 11월 19일에 제수되어 12월 27일에 부임하였고, 을미년(1895) 10월 3일에 교체되어 돌아갔다.

최준상(崔俊相) : 을미년(1895) 10월 4일에 제수되어 같은 달 28일에 부임하였고, 정유년(1897) 4월 18일에 부친상을 당하여 교체되었다.

이교영(李敎榮) : 정유년(1897) 4월 1일에 제수되어 같은 달 29일에 부임하였고, 같은 달 11월 14일에 화순군수로 옮겨갔다.

오계련(吳啓鍊) : 정유년(1897) 11월 14일에 제수되어 12월 17일에 부임하였고, 기해년(1899)에 체직되어 돌아갔다.

김영학(金永鶴) : 기해년(1899)에 부임하여 경자년(1900)에 상을 당하여 체직되었다.

조한용(趙漢鏞) : 경자년(1900) 11월에 부임하여 신축년(1901) 9월에 담양군수에 이배되었다.

박원명(朴源明) : 신축년(1901) 12월에 부임하여 임인년(1902) 3월에 보령군수에 이배되었다.

정관희(鄭觀喜) : 임인년(1902) 10월에 부임하여 계묘년(1903) 2월에 장수군수에 이배되었다.

김기중(金祺中) : 계묘년(1903) 4월에 부임하여 을사년(1905) 9월에 체직되었다. 갑진년(1904)에 선정으로 불망비가 세워졌고, 향교를 중수하여 홍학비가 세워졌다.

김택진(金宅鎭) : 을사년(1905) 10월에 부임하여 병오년(1906) 3월에 체직되었다.

이범준(李範俊) : 병오년(1906) 8월에 부임하여 정미년(1907) 1월에 체직되었다.

이사필(李思弼) : 무신년(1908) 3월에 부임하여 경술년(1910) 8월 25일에 담양군수에 이배되었다.

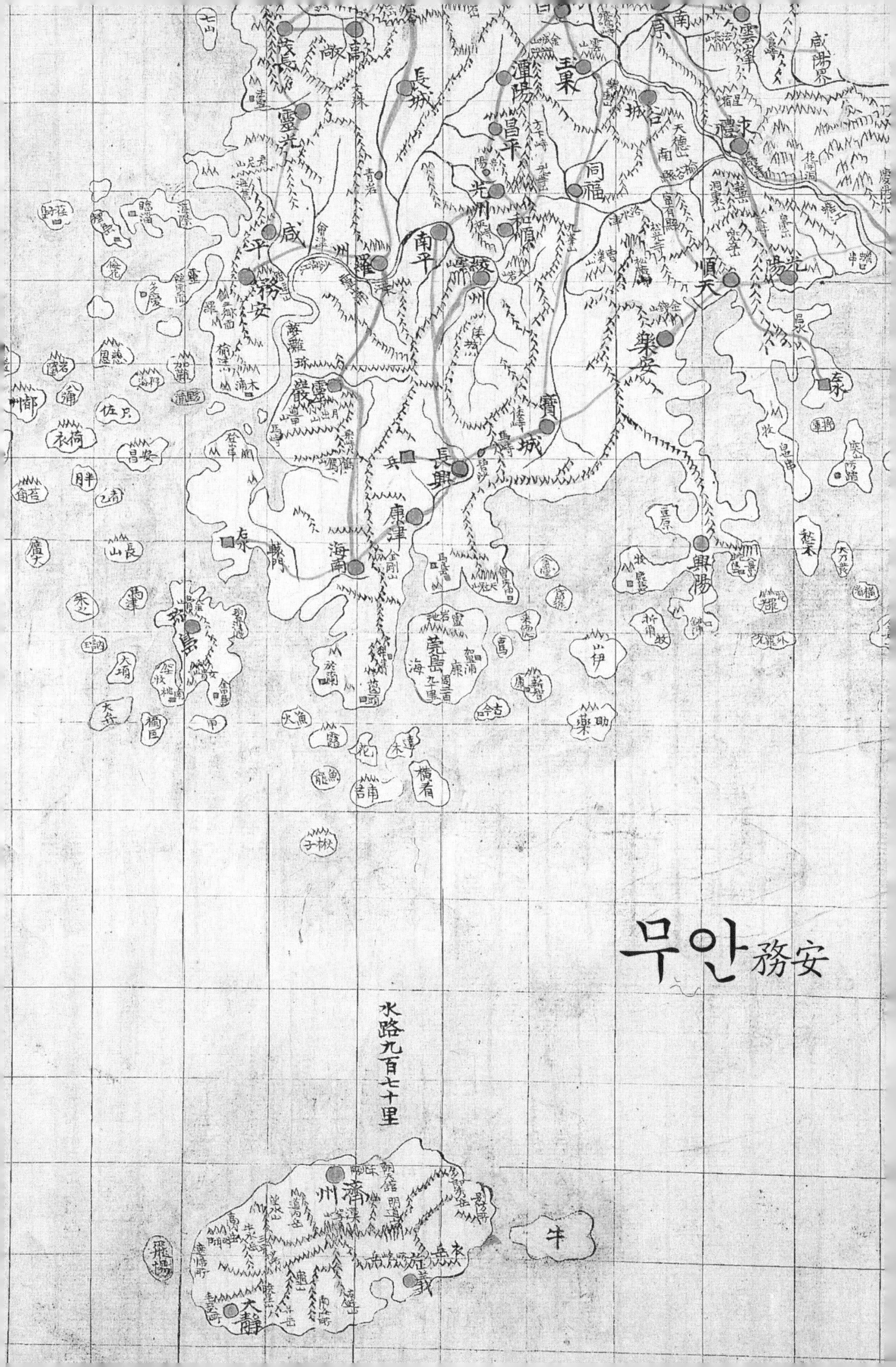
水路九百七十里
靈光
咸平
務安
羅州
南平
長城
光州
昌平
潭陽
和順
綾州
同福
順天
光陽
樂安
寶城
興陽
長興
康津
海南
靈巖
珍島
濟州
大靜
旌義
莞島
무안 務安

# 무안(務安)176)

백제 때는 물아혜군(勿阿兮郡)이라 칭해졌고, 757년(경덕왕 16)에 무안군으로 개칭되었으며, 고려시대에는 944년(혜종 1)에 물량군(勿良郡)이 되었다가 991년(성종 10)에 다시 무안군으로 고치고 나주군의 속군이 되었다. 조선초 군현제 개편으로 1413년(태종 13)에 무안현이 되어 조선시대 동안 유지되었다. 별호는 물량(勿良)·면주(綿州)·면성(綿城)이다. 1895년 관제개혁 때 나주부 예하의 무안군이 되었고, 1896년 도서지방이 지도군(智島郡)으로 분리되었다. 1897년 10월에 목포진의 개항으로 이곳에 감리서(監理署)가 설치되자 무안군도 부로 승격, 청사를 목포로 이전했고 부윤이 감리를 겸임하였다. 그러나 1903년 7월에 목포감리서가 따로 설치되자 무안부는 다시 무안군으로 강등되었다. 1906년에 다시 무안부로 승격하고 감리가 폐지되어 부윤이 업무를 맡게 되었다. 1910년에 목포부로 개칭하여 무안의 명칭이 없어졌다가 1914년 행정구역 개편 때 다시 분리하여 목포부와 무안군으로 독립하였다. 그 해 지도군 일대와 완도군의 팔금면, 진도군의 도초면이 편입되었고, 이후 이들 도서지역의 분할 이속이 빈번하게 반복되었다. 1969년에 신안군을 신설해 도서지방을 분리시켰다.

나자강(羅自康) : 계묘년 3월 19일에 도임하여 병오년 9월 23일에 의주부윤에 이배되었다.

나창(羅昶) : 병자년(1516) 5월 9일에 도임하여 무인년(1518) 4월 16일에 해남현감에 이배되었다.

176) 『면성지(綿城誌)』(1924)를 저본으로 하였고, 『무안군지』(1922)를 참조하였다. 무안 선생안은 1899년에 출간된 『전라남도 무안부읍지』를 저본으로 하여 증보한 것이다.

서옥(徐沃)

전응정(全應禎)

채우령(蔡禹齡)

백홍남(白興南)[177]

허계영(許啓英) : 계해년(1623) 4월에 도임하여 동년 12월에 계파(啓罷)되었다.

신혜(愼惠) : 갑자년(1624) 정월에 도임하여 동년 4월에 계파(啓罷)되었다.

정급(鄭汲) : 갑자년(1624) 6월에 도임하여 을축년(1625) 4월에 계파(啓罷)되었다.

최경일(崔敬一) : 을축년(1625) 6월에 도임하여 동년 12월에 계파(啓罷)되었다.

김주(金輳) : 병인년(1626) 2월에 도임하여 경오년(1630) 정월에 계파(啓罷)되었다.

신집(申楫) : 경오년(1630)[178] 3월에 도임하여 을해년(1635) 6월에 벼슬이 바뀌어 돌아갔다.

송두문(宋斗文) : 을해년(1635) 8월에 도임하여 동년 12월에 폄파(貶罷)되었다.

변시익(卞時益) : 병자년(1636) 3월에 도임하여 기묘년(1639) 7월에 벼슬이 바뀌어 돌아갔다.

이행진(李行進) : 기묘년(1639) 9월에 도임하여 계미년(1643) 2월에 사직하였다.

김선영(金善英) : 계미년(1643) 3월에 도임하여 을유년(1645) 6월에 계파(啓罷)되었다.

---

177) 나자강(羅自康)부터 백홍남(白興南)까지는 『면성지(綿城誌)』(1924)부터 들어간 것이다. 1623년 이전의 기록은 병란 때 소실되었다고 한다.

178) 『무안군지』(1922)에는 경자년으로 잘못 기록되어 있다.

오정일(吳挺一) : 을유년(1645) 8월에 도임하여 병술년(1646) 4월에 벼슬이 바뀌어 돌아갔다.

유계(兪棨) : 병술년(1646) 6월에 도임하여 무자년(1648) 8월에 사직하였다.

곽성구(郭聖龜) : 무자년(1648) 10월에 도임하여 경인년(1650) 정월에 승직(陞職)되었다.[179]

윤익형(尹益亨) : 경인년(1650) 2월에 도임하여 동년 12월에 벼슬이 바뀌어 돌아갔다.

송명규(宋明奎) : 신묘년(1651) 정월에 도임하여 동년 12월에 폄파(貶罷)되었다.

이선(李禮)[180] : 임진년(1652) 2월에 도임하여 동년 9월에 계파(啓罷)되었다.

채지연(蔡之沇)[181] : 임진년(1652) 10월에 도임하여 갑오년(1654) 12월에 폄파(貶罷)되었다.

김극화(金克和) : 을미년(1655) 2월에 도임하여 동년 12월에 벼슬이 바뀌어 돌아갔다.

오찬(吳燦) : 병신년(1656) 정월에 도임하여 동년 5월에 계파(啓罷)되었다.

유정립(柳貞立) : 병신년(1656) 6월에 도임하여 동년 12월에 폄파(貶罷)되었다.

이세익(李世翊) : 정유년(1657) 2월에 도임하여 경자년(1660) 정월에 벼슬이 바뀌어 돌아갔다.

조정우(曺挺宇) : 경자년(1660) 7월에 도임하여 신축년(1661) 6월에 계파(啓罷)되었다.

---

179) 『무안군지』(1922)에는 "기유년(1669) 4월에 계폄(啓貶)"이라고 기록되어 있지만 연대가 맞지 않다.

180) 『무안군읍지』(1899)에는 이선(李禮)으로 나온다.

181) 『무안군지』(1922)에는 채지침(蔡之沈)으로 기록되어 있다.

이수항(李守恒) : 신축년(1661) 7월에 도임하여 갑진년(1664) 4월에 계파(啓罷)되었다.

정유지(鄭維地) : 갑진년(1664) 5월에 도임하여 을사년(1665) 6월에 폄파(貶罷)되었다.

어진열(魚震說) : 을사년(1665) 8월에 도임하여 기유년(1669) 5월에 벼슬이 바뀌어 돌아갔다.

유정(柳頲) : 기유년(1669) 6월에 도임하여 경술년(1670) 11월에 나파(拿罷)[182] 되었다.

원철(元撤) : 신해년(1671) 정월에 도임하여 동년 6월에 폄파(貶罷)되었다.

김성구(金聲久) : 신해년(1671) 7월에 도임하여 동년 11월에 계파(啓罷)되었다.

박이문(朴以文) : 임자년(1672) 정월에 도임하여 계축년(1673) 3월에 계파(啓罷)되었다.

이상익(李尙翼) : 계축년(1673) 4월에 도임하여 을묘년(1675) 10월에 계파(啓罷)되었다.

남후(南垕) : 병진년(1676) 2월에 도임하여 정사년(1677) 3월에 장파(狀罷)되었다.

유명철(兪命哲) : 정사년(1677) 6월에 도임하여 무오년(1678) 3월에 세상을 떠났다.

강서황(姜瑞璜) : 무오년(1678) 4월에 도임하여 기미년(1679) 12월에 폄파(貶罷)되었다.

최원(崔援) : 경신년(1680) 2월에 도임하여 동년 7월에 폄파(貶罷)되었다.

한범제(韓范齊) : 경신년(1680) 9월에 도임하여 갑자년(1684) 6월에 승직되었다.

---

182) 나파(拿罷) : 죄를 지은 벼슬아치를 잡아다가 심문하고 파면함.

김일성(金日省) : 갑자년(1684) 7월에 도임하여 무진년(1688) 2월에 나파(拿罷)되었다.

박만정(朴萬鼎) : 무진년(1688) 5월에 도임하여 기사년(1689) 2월에 승직되었다.

유봉징(柳鳳徵) : 기사년(1689) 4월에 도임하여 경오년(1690) 8월에 계파(啓罷)되었다.

이만근(李萬根) : 경오년(1690) 9월에 도임하여 신미년(1691) 6월에 폄파(貶罷)되었다.

안준유(安俊儒) : 신미년(1691) 8월에 도임하여 계유년(1693) 11월에 대파(臺罷)되었다.

조복경(曺復卿) : 갑술년(1694) 정월에 도임하여 동년 6월에 벼슬이 바뀌어 돌아갔다.

최경중(崔敬中) : 갑술년(1694) 8월에 도임하여 을해년(1695) 11월에 대파(臺罷)되었다.

이태동(李泰東) : 을해년(1695) 12월에 도임하여 병자년(1696) 5월에 계파(啓罷)되었다.

김령(金坽) : 병자년(1696) 6월에 도임하여 무인년(1698) 2월에 대파(臺罷)되었다.

최계옹(崔啓翁) : 무인년(1698) 3월에 도임하여 기묘년(1699) 8월에 계파(啓罷)되었다.

이웅징(李熊徵) : 기묘년(1699) 10월에 도임하여 신사년(1701) 6월에 사직하였다.

최수(崔櫞)[183] : 신사년(1701) 9월에 도임하여 임오년(1702) 8월에 사직하였다.

김윤해(金潤海) : 임오년(1702) 9월에 도임하여 을유년(1705) 9월에 사

183) 『무안군지』(1922)에는 권수(權櫞)로 나온다.

직하였다.

송도함(宋道涵) : 을유년(1705) 11월에 도임하여 정해년(1707) 12월에 벼슬이 바뀌어 돌아갔다.

박태삼(朴泰三) : 무자년(1708) 2월에 도임하여 신묘년(1711) 정월에 대파(臺罷)되었다.

황익재(黃翼再) : 신묘년(1711) 2월에 도임하여 을미년(1715) 6월에 사직하였다.

정내주(鄭來周) : 을미년(1715) 9월에 도임하여 정유년(1717) 9월에 계파(啓罷)되었다.

정성시(鄭聖時) : 정유년(1717) 10월에 도임하여 기해년(1719) 7월에 사직하였다.

이의종(李義宗) : 기해년(1719) 8월에 도임하여 신축년(1721) 8월에 사직하였다.

송택상(宋宅相) : 신축년(1721) 10월에 도임하여 임인년(1722) 7월에 대파(臺罷)되었다.

권덕재(權德載) : 임인년(1722) 8월에 도임하여 계묘년(1723) 12월에 폄파(貶罷)되었다.

이성천(李聖天) : 갑진년(1724) 3월에 도임하여 을사년(1725) 6월에 사직하였다.

정중대(鄭重岱)[184] : 을사년(1725) 9월에 도임하여 병오년(1726) 12월에 폄파(貶罷)되었다.

박수근(朴守謹) : 정미년(1727) 2월에 도임하여 동년 12월에 계파(啓罷)되었다.

김이만(金履萬) : 정미년(1727) 12월에 도임하여 경술년(1730) 6월에 폄파(貶罷)되었다.

184) 『무안군읍지』(1899)에는 정중대(鄭重岱)로 나온다.

김상석(金相奭) : 경술년(1730) 8월에 도임하여 신해년(1731) 5월에 승직되었다.

김경연(金慶衍)[185] : 신해년(1731) 7월에 도임하여 임자년(1732) 9월에 폄파(貶罷)되었다.

남윤관(南胤寬) : 임자년(1732) 11월에 도임하여 갑인년(1734) 10월에 벼슬이 바뀌어 돌아갔다.

황연승(黃沇承)[186] : 을묘년(1735) 정월에 도임하여 동년 6월에 나파(拿罷)되었다.

송유식(宋儒式) : 을묘년(1735) 11월에 도임하여 동년 12월에 벼슬이 바뀌어 돌아갔다.

한봉조(韓鳳朝) : 병진년(1736) 2월에 도임하여 정사년(1737) 윤9월에 계파(啓罷)되었다.

송창명(宋昌明) : 정사년(1737) 10월에 도임하여 무오년(1738) 4월에 사직하였다.

심세우(沈世遇) : 무오년(1738) 4월에 도임하여 동년 11월에 대파(臺罷)되었다.

심굉(沈宏) : 무오년(1738) 11월에 도임하여 기미년(1739) 6월에 폄파(貶罷)되었다.

남상구(南尙耉)[187] : 기미년(1739) 9월에 도임하여 경신년(1740) 11월에 벼슬이 바뀌어 돌아갔다.

이수덕(李壽德) : 경신년(1740) 12월에 도임하여 임술년(1742) 12월에 계파(啓罷)되었다.

박첨(朴瞻) : 계해년(1743) 4월에 도임하여 을축년(1745) 7월에 벼슬이 바뀌어 돌아갔다.

185) 『무안군지』(1922)에는 김경행(金慶行)으로 나오지만 김경연(金慶衍)이 맞는 것으로 보인다.
186) 『무안군지』(1922)에는 황윤승(黃胤承)으로 나온다.
187) 『무안군읍지』(1899)에는 김상구(金尙耉)로 나온다.

이하술(李河述) : 을축년(1745) 9월에 도임하여 정묘년(1747) 3월에 승직되었다.

한광협(韓光協) : 정묘년(1747) 4월에 도임하여 기사년(1749) 4월에 승직되었다.

박수유(朴垂裕) : 기사년(1749) 5월에 도임하여 신미년(1751) 4월에 대파(臺罷)되었다.

이수관(李壽觀) : 신미년(1751) 5월에 도임하여 임신년(1752) 10월에 승직되었다.

이극록(李克祿) : 임신년(1752) 10월에 도임하여 갑술년(1754) 4월에 벼슬이 바뀌어 돌아갔다.

이의로(李宜老) : 갑술년(1754) 5월에 도임하여 을해년(1755) 8월에 계파(啓罷)되었다.

박정원(朴正源) : 을해년(1755) 11월에 도임하여 병자년(1756) 4월에 세상을 떠났다.

정술조(鄭述祚) : 병자년(1756) 5월에 도임하여 정축년(1757) 2월에 장파(狀罷)되었다.

이항조(李恒祚) : 정축년(1757) 3월에 도임하여 동년 12월에 장파(狀罷)되었다.

이만회(李萬恢) : 무인년(1758) 2월에 도임하여 경진년(1760) 6월에 폄파(貶罷)되었다.

정언휘(鄭彦輝) : 경진년(1760) 7월에 도임하여 신사년(1761) 정월에 세상을 떠났다.

이보온(李普溫) : 신사년(1761) 2월에 도임하여 계미년(1763) 9월에 승소(承召)하였다.

한종찬(韓宗讚) : 계미년(1763) 9월에 도임하여 갑신년(1764) 2월에 폄파(貶罷)되었다.

홍검(洪檢) : 갑신년(1764) 3월에 도임하여 병술년(1766) 정월에 승소

(承召)하였다.

이계(李溎) : 병술년(1766) 5월에 도임하여 무자년(1768) 4월에 승소(承召)하였다.

송영(宋鍈) : 무자년(1768) 5월에 도임하여 기축년(1769) 정월에 벼슬이 바뀌어 돌아갔다.

윤홍(尹泓) : 기축년(1769) 정월에 도임하여 동년 6월에 세상을 떠났다.

송규환(宋奎煥) : 기축년(1769) 7월에 도임하여 경인년(1770) 4월에 대파(臺罷)되었다.

권이강(權以綱) : 경인년(1770) 5월에 도임하여 신묘년(1771) 9월에 벼슬이 바뀌어 돌아갔다.

홍상성(洪相聖) : 신묘년(1771) 10월에 도임하여 임진년(1772) 8월에 벼슬이 바뀌어 돌아갔다.

임붕한(林鵬翰) : 임진년(1772) 8월에 도임하여 계사년(1773) 10월에 대파(臺罷)되었다.

정반(鄭槃) : 계사년(1773) 10월에 도임하여 을미년(1775) 11월에 세상을 떠났다.

권진(權禛) : 을미년(1775) 12월에 도임하여 병신년(1776) 6월에 벼슬이 바뀌어 돌아갔다.

윤행보(尹行普) : 병신년(1776) 7월에 도임하여 동년 9월에 계파(啓罷)되었다.

엄사만(嚴思晩) : 병신년(1776) 9월에 도임하여 정유년(1777) 12월에 승소(承召)하였다.

성정진(成鼎鎭) : 무술년(1778) 정월에 도임하여 동년 8월에 계파(啓罷)되었다.

홍문영(洪文泳) : 무술년(1778) 9월에 도임하여 경자년(1780) 3월에 승소(承召)하였다.

이일증(李一曾) : 경자년(1780) 5월에 도임하여 신축년(1781) 12월에 벼슬이 바뀌어 돌아갔다.

심상현(沈商賢) : 신축년(1781) 12월에 도임하여 임인년(1782) 9월에 세상을 떠났다.

유협기(柳協基) : 임인년(1782) 10월에 도임하여 갑진년(1784) 6월에 순천부사에 이배되었다.

허질(許晊) : 갑진년(1784) 6월에 도임하여 동년 12월에 승소(承召)하였다.

이백형(李百亨) : 을사년(1785) 정월에 도임하여 병오년(1786) 6월에 승소(承召)하였다.

이석하(李錫夏) : 병오년(1786) 7월에 도임하여 무신년(1788) 8월에 벼슬이 바뀌어 돌아갔다.

이광현(李光鉉) : 무신년(1788) 9월에 도임하여 계축년(1793) 5월에 벼슬이 바뀌어 돌아갔다.

한태유(韓泰裕) : 계축년(1793) 5월에 도임하여 갑인년(1794) 10월에 벼슬이 바뀌어 돌아갔다.

이만원(李萬源) : 갑인년(1794) 11월에 도임하여 기미년(1799) 5월에 승소(承召)하였다.

김상임(金相任) : 기미년(1799) 6월에 도임하여 임술년(1802) 6월에 승직되어 옮겨갔다.

이인채(李寅采) : 임술년(1802) 7월에 도임하여 갑자년(1804) 11월에 승소(承召)하였다.

신재명(申在明) : 갑자년(1804) 12월에 도임하여 병인년(1806) 7월에 승소(承召)하였다.

이상우(李尙愚) : 병인년(1806) 8월에 도임하여 무진년(1808) 4월에 승소(承召)하였다.

홍우섭(洪遇燮) : 무진년(1808) 5월에 도임하여 동년 10월에 파직되었다.

서준보(徐俊輔) : 무진년(1808) 11월에 도임하여 경오년(1810) 8월에 파직되었다.

이지연(李止淵) : 경오년(1810) 8월에 도임하여 임신년(1812) 3월에 사직하였다.

신재식(申在植) : 임신년(1812) 4월에 도임하여 계유년(1813) 9월에 승소(承召)하였다.

임경진(林景鎭) : 계유년(1813) 9월에 도임하여 갑술년(1814) 7월에 파직되었다.

최수준(崔秀俊) : 갑술년(1814) 8월에 도임하여 을해년(1815) 6월에 파직되었다.

남병관(南秉寬) : 을해년(1815) 6월에 도임하여 정축년(1817) 10월에 파직되었다.

이종목(李鍾穆) : 정축년(1817) 10월에 도임하여 기묘년(1819) 12월에 승소(承召)하였다.

권중청(權中淸) : 경진년(1820) 정월에 도임하여 신사년(1821) 4월에 벼슬이 바뀌어 돌아갔다.

이인태(李寅泰) : 신사년(1821) 5월에 도임하여 동년 10월에 상을 당하여 체직되었다.

한익상(韓益相) : 신사년(1821) 11월에 도임하여 계미년(1823) 12월에 승소(承召)하였다.

윤영로(尹永魯) : 갑신년(1824) 정월에 도임하여 을유년(1825) 12월에 벼슬이 바뀌어 돌아갔다.

박종휴(朴宗休) : 을유년(1825) 12월에 도임하여 정해년(1827) 6월에 승소(承召)하였다.

김일연(金逸淵)[188] : 정해년(1827) 7월에 도임하여 무자년(1828) 7월에 상을 당하여 체직되었다.

---

188) 『무안군읍지』(1899)에는 들어있지 않았다.

심계석(沈啓錫) : 무자년(1828) 8월에 도임하여 경인년(1830) 12월에 승소(承召)하였다.

성수묵(成遂默) : 신묘년(1831) 정월에 도임하여 동년 4월에 사직서를 올려 체직되었다.

한용간(韓用幹) : 신묘년(1831) 4월에 도임하여 임진년(1832) 6월에 사직서를 올리고 체직되었다.

유영보(柳榮輔) : 임진년(1832) 7월에 도임하여 계사년(1833) 6월에 폄파(貶罷)되었다.

오치순(吳致淳) : 계사년(1833) 7월에 도임하여 을미년(1835) 5월에 사직하였다.

김대곤(金大坤) : 을미년(1835) 5월에 도임하여 병신년(1836) 2월에 사직하였다.

정기화(鄭琦和) : 병신년(1836) 2월에 도임하여 정유년(1837) 12월에 승소(承召)하였다.

조운승(曺雲承) : 무술년(1838) 정월에 도임하여 기해년(1839) 9월에 파직되었다.

이노규(李魯奎) : 기해년(1839) 10월에 도임하여 신축년(1841) 8월에 파직되었다.

홍재중(洪在重)[189] : 신축년(1841) 10월에 도임하여 계묘년(1843) 6월에 승소(承召)하였다.

강장환(姜長煥) : 계묘년(1843) 윤7월에 도임하여 을사년(1845) 6월에 승소(承召)하였다.

김영수(金英秀) : 을사년(1845) 7월에 도임하여 병오년(1846) 12월에 폄체(貶遞)되었다.

정석조(鄭錫朝) : 정미년(1847) 정월에 도임하여 동년 5월에 상을 당하

189) 『무안군읍지』(1899)에는 홍대중(洪大重)으로 나온다.

여 체직되었다.

이정민(李鼎民) : 정미년(1847) 6월에 도임하여 기유년(1849) 12월에 폄체(貶遞)되었다.

조규순(趙奎淳) : 경술년(1850) 2월에 도임하여 신해년(1851) 4월에 승직되어 옮겨갔다.

김세호(金世鎬) : 신해년(1851) 5월에 도임하여 임자년(1852) 6월에 사직서를 올려 체직되었다.

서유상(徐有象) : 임자년(1852) 7월에 도임하여 동년 11월에 사직서를 올리고 체직되었다.

정세창(鄭世昌) : 계축년(1853) 정월에 도임하여 동년 11월에 파직되었다.

서용보(徐用輔) : 계축년(1853) 12월에 도임하여 병진년(1856) 12월에 폄체(貶遞)되었다.

이상억(李象億) : 정사년(1857) 정월에 도임하여 동년 12월에 암행어사의 계보에 의해 파직되었다.

이상신(李象愼) : 무오년(1858) 정월에 도임하여 경신년(1860) 12월에 승직되어 옮겨갔다.

정순조(鄭順朝) : 경신년(1860) 12월에 도임하여 임술년(1862) 7월에 승직되어 옮겨갔다.

서원보(徐元輔) : 임술년(1862) 7월에 도임하여 을축년(1865) 10월에 승직되어 옮겨갔다.

한치조(韓致肇) : 을축년(1865) 10월에 도임하여 정묘년(1867) 7월에 승직되어 옮겨갔다.

홍우경(洪祐慶) : 정묘년(1867) 7월에 도임하여 기사년(1869) 6월에 승직되어 옮겨갔다.

윤홍선(尹弘善) : 기사년(1869) 6월에 도임하여 임신년(1872) 7월에 승직되어 옮겨갔다.

김복용(金復容) : 임신년(1872) 7월에 도임하여 갑술년(1874) 11월에 암행어사의 계보에 의해 파직되었다.

이운하(李雲夏) : 갑술년(1874) 11월에 도임하여 병자년(1876) 4월에 상을 당하여 체직되었다.

오장선(吳長善) : 병자년(1876) 5월에 도임하여 정축년(1877) 6월에 계문에 의해 파직되었다.

조준구(趙駿九) : 정축년(1877) 6월에 도임하여 무인년(1878) 6월에 암행어사의 계보에 의해 파직되었다.

홍재정(洪在鼎) : 무인년(1878) 6월에 도임하여 경진년(1880) 4월에 경파(京罷)되었다.

이상돈(李象暾) : 경진년(1880) 4월에 도임하여 동년 12월에 폄파되었다.

김우현(金禹鉉) : 신사년(1881) 5월에 도임하였다.[190]

이병고(李秉皐) : 계미년(1883) 8월에 도임하여 을유년(1885) 3월에 승소(承召)하였다.[191]

윤태창(尹泰昌) : 을유년(1885) 10월에 도임하였다.[192]

조필영(趙弼永) : 병술년(1886) 11월에 도임하여 정해년(1887) 4월에 이직하였다.

정기우(鄭基雨) : 정해년(1887) 5월에 도임하여 동년 10월에 이직하였다.

김오현(金五鉉) : 정해년(1887) 11월에 도임하여 경인년(1890) 7월에 이직하였다.

민영학(閔永學) : 경인년(1890) 10월에 도임하여 계사년(1893) 12월에 이직하였다.

이중익(李重益) : 갑오년(1894) 3월에 도임하고, 동년 7월에 이직하였다.

---

190) 『무안군읍지』(1899)에는 "경진년(1880) 12월에 도임하여 을유년(1885)에 승소(承召)하였다."라고 기록되어 있다.

191) 『무안군지』(1922)에는 계미년(1883) 3월에 도임하였다고 나온다.

192) 『무안군읍지』(1899)에는 "을유년(1885) 3월에 도임하여 병술년 8월에 죽었다."라고 기록되어 있다.

이응식(李膺植) : 갑오년(1894) 8월에 도임하여 동년 8월에 이직하였다.

이중익(李重益)[193] : 갑오년(1894) 8월에 도임하여 을미년(1895) 3월에 상을 당하여 체직되었다.

김근식(金近植)[194] : 을미년(1895) 7월에 도임하여 정유년(1897) 5월에 이직하였다.

진상언(秦尙彦) : 정유년(1897) 8월에 도임하였다.

이준영(李準榮) : 경자년(1900) 4월에 도임하였다.

현명운(玄明運) : 경자년(1900) 5월에 도임하였다.

조종서(趙鍾緖) : 경자년(1900) 7월에 도임하였다.

민영채(閔永采) : 신축년(1901) 12월에 도임하였다.

조진규(趙晋奎) : 임인년(1902) 6월에 도임하였다.

이준규(李峻奎) : 병오년(1906) 7월에 도임하였다.

안기현(安基鉉) : 병오년(1906) 8월에 도임하였다.

홍재기(洪在琪) : 정미년(1907) 7월에 도임하였다.

한치유(韓致愈) : 무신년(1908) 3월에 도임하였다.

---

193) 『무안군지』(1922)에는 실리지 않고 『무안군읍지』(1899)에는 실려 있는 인물이다.

194) 『무안군읍지』(1899)는 김근식까지 실려 있다.

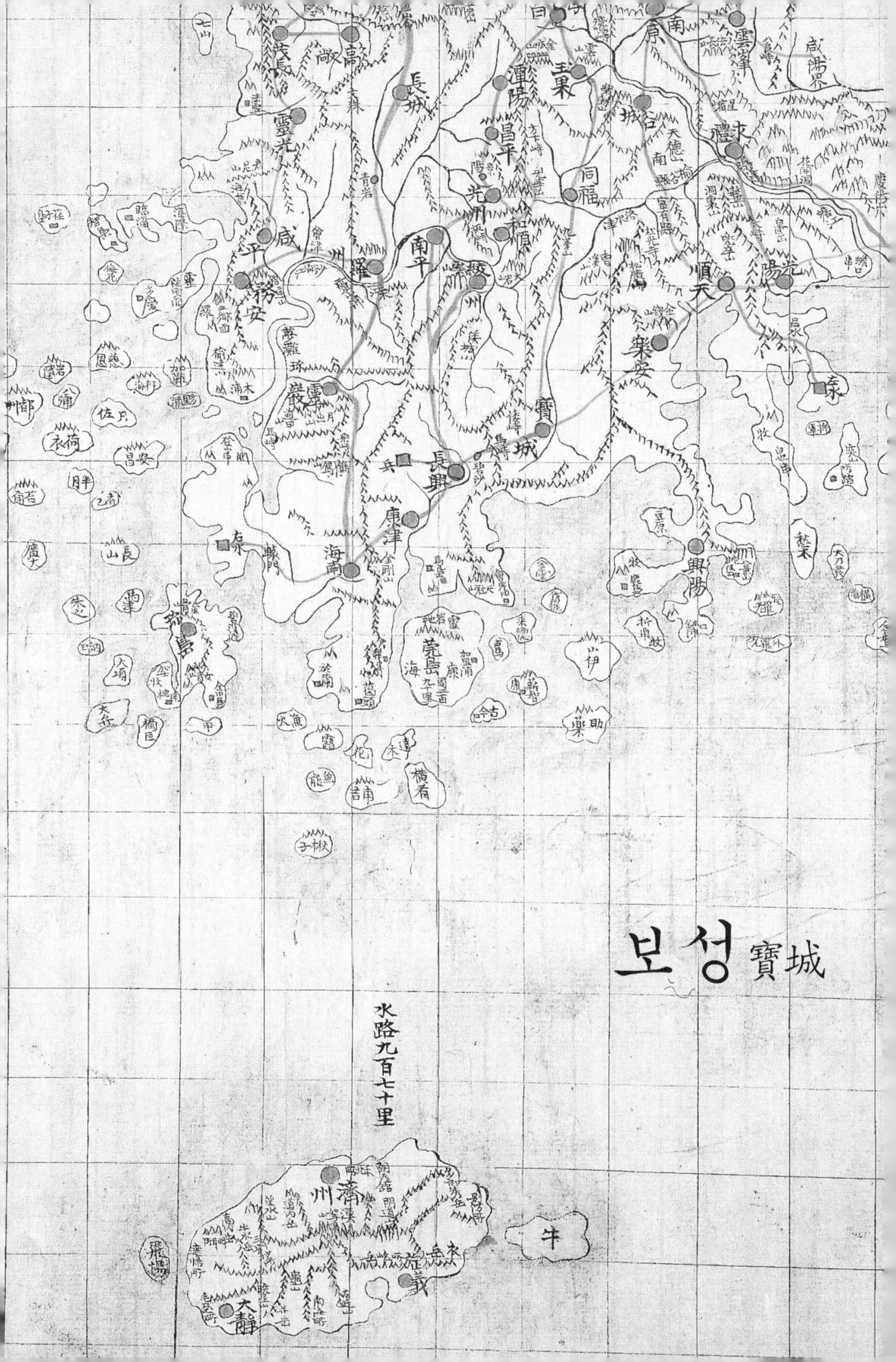
靈光
咸平
務安
羅州
南平
光州
昌平
潭陽
長城
玉果
谷城
同福
和順
求禮
順天
光陽
樂安
寶城
長興
靈巖
康津
海南
興陽
珍島
莞島
水路九百七十里
濟州
大靜
旌義
牛
보성 寶城

# 보성(寶城)195)

백제 때는 복홀군(伏忽郡)이라 칭했고, 757년(경덕왕 16)에 보성군으로 개칭되었다. 996년(성종 15)에 패주(貝州)라고 개칭하여 자사를 두었으며, 1018년(현종 9)에 다시 군으로 고치면서 보성이라고 한 뒤 현재까지 이어지고 있다. 별호는 산양(山陽)·패주(貝州)이다. 1895년 관제개혁으로 군이 되었으며, 1908년에는 낙안군이 폐지되면서 4개면이 편입되었고, 1914년에 장흥군 소속이었던 천포·회령·웅치의 3개면이 편입되었으며, 1929년에 순천 관내의 일부 지역을 벌교면에 편입함으로서 현재의 군지역과 거의 같은 영역을 갖추었다.

고려 함유일(咸有一) : 인종 때 재임, 염근(廉謹)하여 성적(聲績)이 있었다.

박원계(朴元桂)

조선 김유양(金有讓)

이호성(李好誠) : 청간(淸簡)하였다. 1427년에 무과에 급제하였으며, 원종공신(原從功臣)이 되고, 공조참의와 절제사(節制使)를 역임했다.

정식(鄭軾) : 염직(廉直)하고 가혹하지 않았다. 1432년에 문과에 급제하여 형조참판·대사헌·지중추원사(知中樞院事)를 역임했다.

조충손(趙衷孫) : 염근(廉謹)하고 홍학(興學)하였다. 1442년에 문과에 급제하여 성균관사예를 역임했다. 손자가 조광조(趙光祖)이다.

백회(白繪) : 아들이 백효삼(白效參)이다.

---

195) 『전라남도 보성군읍지』(1899)를 저본으로 하였다. 이 읍지는 도임·이임 연월일이 표기되어 있지 않은 것이 특징이다. 많은 인물이 현대 군지에서 새롭게 들어간 인물이다. 보성군 선생안은 1895년에 읍지 상송령에 의해 만들어진 『호남읍지』를 거의 그대로 사용한 것이다.

이시원(李始元) : 1471년에 도임하였다. 1450년에 문과에 급제하고, 1456년에 우헌납(右獻納)을 역임했다.

정화(鄭和) : 1472년에 도임하였다. 아버지는 하원군(河原君) 정수충(鄭守忠)이고, 1466년에 판관(判官)을 역임했다.

신경(申經) : 1486년 8월에 도임했다. 1474년에 문과에 급제하여 이조좌랑·사헌부장령을 역임했다.

이효독(李孝篤) : 1483년에 문과에 급제했다.

송흠(宋欽) : 1506년에 도임했다. 1492년에 문과에 급제하고, 이조·병조판서와 판중추부사를 역임했다.

권연(權然) : 무과. 1509년에 도임하였다.

여형(呂衡) : 무과. 1511년에 도임하였다.

장한공(張漢公) : 1518년에 도임하였다. 정국공신(靖國功臣)이다.

박수량(朴守良) : 1531년에 도임하였다.

이도남(李圖南) : 문과. 1533년에 도임하였다. 공조좌랑과 동래부사를 역임했다.

방진(方震) : 무과. 아버지는 방국형(方國亨)이고 사위가 이순신이다.

김충렬(金忠烈) : 1531년에 문과에 급제했다.

정맹남(鄭孟男) : 1561년에 파직되었다.

노대축(盧大畜) : 문과. 1535년에 도임했다. 아버지는 노세준(盧世俊)이다.

이인곤(李仁坤) : 무과.

이의(李艤) : 무과. 장단부사(長湍府使, 1561)와 수군절제사(水軍節度使, 1562)를 역임했다.

이이수(李頤壽) : 무과

최여림(崔汝霖) : 무과.

김척(金滌) : 무과.

남지원(南智遠) : 무과. 1540년에 도임했다. 영암군수(1571~1573)를 역임했다. 아버지는 남인(南寅)이다.

유태수(柳台壽) : 무과.

오운(吳沄) : 무과. 1564년에 도임했다. 수군절도사를 역임했고, 아버지는 오응규(吳應奎)이다

임자운(任子雲) : 무과.

성박(成鎛) : 무과. 수사(水使)를 지냈다.

정인관(鄭仁寬) : 문과. 1552년에 도임했다.

조세감(趙世瑊) : 무과. 1564년에 도임했다.

박주량(朴宙亮) : 무과.

유영립(柳永立) : 문과. 1580년대 1568년에 문과에 급제했다.

김종려(金宗麗) : 무과. 광주목사를 역임했으며, 사위가 박정홍(朴廷弘)이다.

김윤국(金潤國) : 문과. 1572년에 도임했다.

윤대이(尹大頤) : 무과.

서예원(徐禮元) : 무과. 1581년에 도임했다. 1573년에 무과에 급제하고 진주목사를 역임했다.

이각(李殼) : 무과.

유춘발(柳春發) : 무과. 1561년에 무과에 급제하여 훈련원습독관(訓練院習讀官, 1566)을 역임했다.

이천문(李天文) : 무과. 금산군수(1593)와 경상좌수사(1606)를 역임했다.

양대수(楊大樹) : 무과. 회령부사(1588)와 제주목사(1592)를 역임했다.

이간(李澗) : 무과.

이숭우(李崇右) : 무과.

신호인(愼好仁) : 무과. 철산군수(鐵山郡守, 1590)를 역임했다. 아버지는 신종효(愼宗孝)이다.

이기빈(李箕賓) : 무과. 1583년에 무과에 급제하여 이천부사(1592)와 수군통제사(1607)를 역임했다.

이흘(李訖) : 무과. 1587년에 졸하였다.

현극(玄極) : 무과. 1580년에 무과에 급제하여 길주목사를 역임했다. 아버지는 현적복(玄積福)이다.

신여관(申汝瓘) : 무과. 정주판관(定州判官, 1574)을 역임했다. 사위가 영변부사 양응심(梁應深)이다.

김대정(金大鼎) : 무과. 가선대부. 연안부사(1592)를 역임했다.

김득광(金得光) : 무과. 1592년에 도임했다. 훈련원첨정(1601)과 삭주부사(1604)를 역임했다.

안홍국(安弘國) : 무과. 1595년에 도임하여 1597년에 안골포해전에서 전사했다.

반혼(潘混) : 무과. 1597년에 도임했다. 장인인 최광연(崔廣淵)이다.

김백옥(金伯玉) : 무과. 1598년에 도임했다.

김극제(金克悌) : 무과. 1599년에 도임했다.

손경지(孫景祉) : 무과. 1601년에 도임했다.

권형(權泂) : 무과. 파총(把摠).

신초(辛礎) : 무과. 청백리로 비석이 세워졌다. 천성만호(1591)와 현풍현감을 역임했고, 아버지는 신주(辛柱)이다.

유몽룡(劉夢龍) : 무과. 1604년에 도임했다.

안옥(安沃) : 무과. 함안군수(1595)와 미조항첨사(1607)를 역임했다.

이충선(李忠善) : 무과. 1606년 5월에 도임했다. 도총부도사(都摠府都事, 1604)를 역임했다.

기경헌(奇敬獻) : 무과. 1607년 5월에 도임했다. 전주판관(1599)과 용안현감(1604)을 역임했다.

안대훈(安大勛) : 무과. 1609년 6월에 파직되었다.

박명수(朴命壽) : 무과. 1584년에 무과에 합격하여 인산첨사(麟山僉使, 1604)와 벽동군수(碧潼郡守)를 역임했다.

이직(李稷) : 무과. 1610년 7월에 도임했다. 강명불가((剛明不苛)함에 비석이 세워졌으며, 무안현감(1604)과 곡산군수(1619)를 역임했다.

정희현(鄭希賢) : 무과. 조방장.

이설(李渫) : 무과. 1614년에 도임했다. 1584년에 무과에 합격, 선무원종공신이 되었고 오위장(1626)에 올랐다.

이대길(李大吉) : 무과.

이결(李潔) : 무과.

정홍량(鄭弘亮) : 무과. 1618년에 도임했다.

이정준(李廷俊) : 무과.

김대명(金大鳴) : 무과.

조형도(趙亨道) : 무과. 1620년 무렵에 도임했다. 학문을 장려하여 문사가 울흥하였다. 괴산군수(1627)를 역임했다.

송립(宋岦) : 무과. 1625년 1월에 도임했다. 덕원부사(1623)를 역임했다.

권응명(權應命) : 무과. 1625년 2월에 도임했다. 부령부사(1630)를 역임했다.

정여린(鄭如麟) : 무과. 1564년생으로 경원부사(1615)를 역임했다.

심개(沈開) : 무과. 1626년 12월에 도임했다.

이상규(李尙規) : 무과. 1628년 10월에 도임했다. 무안현감(1601)과 장연부사(1628)를 역임했다.

배명순(裵命純) : 무과. 1629년에 도임했다. 1597년생이다.

이식(李植) : 무과. 1630년에 도임했다. 부역을 덜어주어서 고을사람들이 그 혜택을 입고 비석을 세웠다.

이점(李漸) : 무과. 1633년에 도임했다. 1578년생으로 1612년에 무과에 합격하였으며, 정사원종공신(靖社原從功臣)이 되었다.

이필행(李必行) : 문과. 1633년에 도임했다. 1623년에 문과에 급제하여 경성판윤(鏡城判尹, 1632)과 경상도사를 역임했다.

민인량(閔仁亮) : 문과. 경흥부사(1637)를 역임했다.

변급(邊岌) : 무과. 1635년 6월에 도임했다, 전라수군절도사(1656)와 제주목사(1657)를 역임했다.

유신로(柳莘老) : 문과. 1637년 11월에 도임했다. 1627년에 문과에 급제하여 공조좌랑(1631)과 창원대도호부사를 역임했다.

오섬(吳暹) : 문과. 1639년 1월에 도임했다. 1624년에 문과에 급제하여 함평군수(1649)와 단천군수(1653)를 역임했다.

조빈(趙贇) : 문과. 1650년 10월 10일에 도임하여 11월 9일에 상국책공사(上國責貢事)로서 관문(關文)이 오자 즉일로 관직을 버리고 돌아갔다. 백성들이 길을 막았지만 그치게 할 수 없었고 지금까지도 칭송한다.

이숭언(李崇彦) : 문과. 1631년에 문과에 급제하여 형조정랑(1645)과 직강(直講, 1647)을 역임했다.

정척(鄭倜) : 무과. 1643년에 도임했으며, 서흥부사(1640)와 동지중추부사(1662)를 역임했다.

윤기망(尹起望) : 무과. 1643년 10월에 도임했으며, 선정비(善政碑)가 세워졌다. 영암군수(1646)를 역임했다.

백후청(白後淸) : 무과. 1636년에 무과에 급제하여 낙안군수(1656)를 역임했다.

조필달(趙必達) : 무과. 1645년 4월에 도임했으며, 청개강명(淸介剛明)하여 비석이 세워졌다. 평안병마절도사(1663)를 역임했다.

이준건(李俊健) : 무과. 1647년 10월에 도임했으며, 수문장(1627)을 역임했다.

허도(許道) : 무과. 1648년 6월에 도임했으며, 재능이 뛰어나 공적이 많았다. 장연부사(1656)와 용천부사(1664)를 역임했다.

박이소(朴而昭) : 무과. 다스리기를 쉽게 하였으며 학관에 정성을 다했다. 전라병마절도사(1669)를 역임했다.

최율(崔嵂) : 무과. 1636년에 무과에 급제하여 벽동군수(1645)를 역임했다.

이언규(李彦珪) : 무과. 1654년 7월에 도임했으며, 거제현령(1648)과 철산부사(1652)를 역임했다.

경일회(慶一會) : 무과. 1655년 1월에 도임했다. 1651년에 무과에 급제하고 박천군수(1658)를 역임했다.

정내창(鄭來彰) : 무과. 1656년 2월에 도임했으며, 1656년 5월에 졸하였다.

함진문(咸震炆) : 무과. 1656년 7월에 도임했다. 진도군수(1653)와 대구영장(1664)을 역임했다.

이빈(李獱) : 무과. 1659년에 도임했다. 1644년에 무과에 급제했다.

박정상(朴廷翔) : 무과. 1659년 6월에 도임했다. 1636년에 무과에 급제하여 낙안군수(1665)를 역임했다.

엄태구(嚴台耉) : 무과. 1661년 6월에 도임했다. 장흥부사(1664), 덕원부사(1668)를 역임했다.

정시웅(鄭時雄) : 무과. 1661년 10월에 도임했다. 1606년에 무과에 급제하여 칠원현감(1650), 훈련첨정(1661)을 역임했다.

최형운(崔亨運) : 무과. 1662년 12월에 도임했다

이창욱(李昌彧) : 무과. 1663년 7월에 도임했다

홍남립(洪南立) : 문과. 1663년 8월에 도임하여 권학(勸學)을 열심히 했다. 1633년에 문과에 급제하여 인천부사(1668)를 역임했다.

정운망(鄭雲望) : 무과. 1664년 12월에 도임했다. 1651년에 무과에 급제했다.

신건(申健) : 무과. 1665년 5월에 도임했다. 1660년에 무과에 급제하였다.

조시일(趙時一) : 무과. 1666년 6월에 도임했다. 1651년에 무과에 급제했다.

박진한(朴震翰) : 무과. 1667년 1월에 도임했다. 1651년에 무과에 급제하였다.

박종표(朴宗杓) : 무과. 1667년 11월에 도임했다.

임준업(林俊業) : 무과. 1668년 5월에 도임했다

박선홍(朴宣興) : 무과. 1669년 9월에 도임했다. 매우 인후하여 경술년 대 기근과 신해년 대 역병 때 시체가 들판에 가득하였는데 온 마음을 다해서 구휼하고 때때로 마을을 두루 돌아다니며 죽은 사람과 병든 사람을 조문하고 병 걸린 사람은 불러다가 친히 쌀과 장을 주었다. 이로 말미암아 사람들이 많이 죽지 않게 되었으므로 백성들이 추모하여 비석을 세웠다. 1651년에 무과에 급제했다.

최양필(崔良弼) : 무과. 1672년 7월에 도임했다.

신계(申銈) : 무과. 1673년에 도임했다.

최주화(崔柱華) : 무과. 1673년 8월에 도임했다

정창한(鄭昌翰) : 무과. 1673년 9월에 도임했다. 1617년생.

배태수(裵泰綏) : 무과. 1675년 2월에 도임했다.

김학만(金學萬) : 무과. 1675년 9월에 도임했다.

권진석(權震錫) : 무과. 1677년 6월에 도임했다, 1651년에 무과에 급제했다.

김국표(金國標) : 무과. 1680년에 도임했다. 철곶첨사(鐵串僉使, 1678), 풍천부사를 역임했다.

김남두(金南斗) : 무과. 1681년 1월에 도임했다. 1622년생으로 1644년에 무과에 급제했다.

안근(安根) : 무과. 1682년 12월에 도임했다.

박림(朴琳) : 무과. 1683년 6월에 도임했다.

조세익(曺世益) : 무과. 1687년 3월에 도임했다. 우후(1682)와 봉산군수(1689)를 역임했다.

이한규(李漢珪) : 무과. 1688년 7월에 도임했다. 부총관을 역임했다.

양우한(楊遇漢) : 무과. 1691년에 도임했다. 1630년생으로 1662년에 무과에 급제했다.

이만웅(李晩雄) : 무과. 1691년 7월에 도임하여 강명(剛明)하고 재능이 있었으며 정사에 임해서는 항상 개연히 말하길 "상사(上司)에 구애되면 온 마음을 다할 수 없으니 무릇 상사의 명령에 있어서 이치에 부당한 것이 있으며 반드시 보고해야한다."라고 하고 어사와 다투길 엄하게 하고 백성을 대하길 정성으로 하자 고을이 모두 한마음이 되어 서로 칙려하였다. 그러나 얼마 안 되어 대간(臺諫)의 계(啓)에 의해 파직을 당했는데 고을 사람들이 지금까지도 애석히 여긴다.

허채(許埰) : 무과. 1692년 8월에 도임했다.

박석창(朴錫昌) : 무과. 1693년 6월에 도임했다. 경원부사(1703)를 역임했다.

임한영(林漢英) : 무과. 1693년 12월에 도임했다.

남두명(南斗明) : 무과. 1696년 1월에 졸하였다.

안적(安績) : 무과. 1696년 1월에 도임했다. 수군절도사를 역임했다.

정길(鄭佶) : 무과. 1696년 8월에 도임했다.

김상(金相) : 무과. 1697년 12월에 도임했다.

유문수(柳文燧) : 무과. 1698년 4월에 도임했다.

이익성(李益晟) : 무과. 1700년 2월에 도임했다.

황탁(黃鐸) : 무과. 1700년 7월에 도임했다. 1650년생이다.

이성구(李星耉) : 무과. 1702년 5월에 도임했다.

이석보(李碩輔) : 무과. 1704년 10월에 도임했다.

이사성(李思晟) : 무과. 1706년 6월에 도임했다.

김추(金樞) : 무과.

최도중(崔燾仲) : 무과. 1706년 11월에 도임했다.

김진정(金晉鼎) : 무과. 1707년 7월에 도임했다.

이만림(李晩林) : 무과. 1708년 9월에 도임했다. 1645년생으로 1673년에 무과에 급제했다.

이온(李蘊) : 무과. 1709년 7월에 도임했다.

이희하(李喜夏) : 무과. 1712년 2월에 도임했다. 1670년생으로 1699년에 무과에 급제했다.

이세형(李世馨) : 무과. 1713년 8월에 도임했다.

박성검(朴性儉) : 무과. 1714년 7월에 도임했다. 1667년생으로 1702년에 무과에 급제했다.

이여회(李汝晦) : 무과. 1715년 8월에 도임했다. 1682년생으로 1711년에 무과에 급제했다.

김석하(金錫夏) : 무과. 1716년 1월에 도임했다.

윤세정(尹世楨) : 무과. 1717년 7월에 도임했다.

박대재(朴大梓) : 무과. 1718년 8월에 도임했다. 1674년생이다.

민태동(閔泰東) : 문과. 1719년 7월에 도임했다. 1662년생으로 1705년에 문과에 급제했다.

이기명(李基命) : 무과. 1721년 6월에 도임했다.

도영성(都永成) : 문과. 1722년 5월에 도임했다. 1658년생으로 1693년에 문과에 급제했다.

전시원(田始元) : 무과. 1723년 8월에 도임했다. 청백리로 선정을 하여 비석이 세워졌다.

위혁만(魏赫萬) : 무과. 1725년 12월에 도임했다.

노제신(盧齊愼) : 무과. 1726년 1월에 도임했다. 1687년생으로 1710년에 무과에 급제했다.

안윤문(安允文) : 무과. 1726년 12월에 도임했다.

양유성(梁有成) : 무과. 1727년 11월에 도임했다.

정순명(鄭舜命) : 무과. 1728년 7월에 도임했다. 1679년생으로 1706년에 무과에 급제했다.

유정(柳淀) : 무과. 1728년 12월에 도임했다.

이태창(李泰昌) : 무과. 1729년 6월에 도임하여 백성을 구휼하고 선정을

하였다.

오태린(吳泰麟) : 무과. 1732년 5월에 도임했다.

전만추(田萬秋) : 무과. 1734년 10월에 도임했다. 1685년생으로 1717년에 무과에 급제했다.

윤심형(尹心衡) : 문과. 1736년 3월에 도임하여 간중하고 유학을 울흥하게 하였다. 1698년생으로 1721년에 문과에 급제하여 부제학과 예조참판을 역임했다.

정우룡(鄭虞龍) : 무과. 1736년 7월에 도임했다.

전만적(田萬積) : 무과. 1737년 3월에 도임했다. 1672년생으로 1710년에 무과에 급제했다.

여반(呂攀) : 무과. 1738년 6월에 도임했다.

한사협(韓師浹) : 무과. 1739년 10월에 도임했다.

최명석(崔鳴錫) : 무과. 1741년 2월에 도임했다.

권의(權錡) : 무과. 1742년 9월에 도임했다.

박태정(朴台炡) : 무과. 1745년 1월에 도임했다.

이중좌(李重佐) : 무과. 1745년 2월에 도임했다.

노처인(盧處仁) : 무과. 1745년 7월에 도임했다.

신태하(申泰河) : 무과. 1747년 2월에 도임했다. 1700년생으로 1730년에 무과에 급제했다.

김태주(金台柱) : 무과. 1747년 9월에 도임했다. 1695년생으로 1728년에 무과에 급제했다.

정승래(鄭承萊) : 무과. 1749년 11월에 도임했다. 1710년생으로 1728년에 무과에 급제했다.

홍중기(洪重耆) : 무과. 1752년 5월에 도임했다.

한성(韓成) : 무과. 1753년 4월에 도임했다.

전만하(田萬夏) : 무과. 1754년 2월에 도임했다.

변주국(邊柱國) : 무과. 1754년 8월에 도임했다. 1698년생으로 1725년에 무과에 급제했다.

이규장(李奎章) : 무과. 1755년 10월에 도임했다. 문아자인(文雅慈仁)하여 백성을 온화하게 어루만져주어서 심한 흉년을 당했을 때도 가벼운 벌도 행하지 않아서 백성들이 이에 힘입어 살아나게 되었으며 떠난 사람을 생각하는 것이 더욱 간절했다.

임세재(林世載) : 무과. 1758년 2월에 도임했다. 1724년생이다.

전견룡(田見龍) : 무과. 1759년 9월에 도임했다.

이책(李策) : 무과. 1760년 6월에 도임했다.

이창명(李昌明) : 무과. 1762년 2월에 도임했다.

이관하(李觀夏) : 무과. 1762년 12월에 도임했다. 1732년생이다.

김응감(金應鑑) : 무과. 1763년 7월에 도임했다. 1698년생으로 1725년에 무과에 급제했다.

김처곤(金處坤) : 무과. 1765년 4월에 도임했다.

이광태(李光台) : 무과. 1767년 1월에 도임했다.

박상충(朴尙忠) : 무과. 1767년 8월에 도임했다.

민원(閔源) : 무과. 1770년 1월에 도임했다. 1710년생으로 1735년에 무과에 급제했다.

박상복(朴尙復) : 무과. 1770년 6월에 도임했다.

윤면구(尹勉矩) : 무과. 1772년 1월에 도임했다.

박세충(朴世忠) : 무과. 1774년 6월에 도임했다.

주중순(朱重純) : 문과. 1775년 12월에 도임했다.

백봉린(白鳳麟) : 무과 .1776년 12월에 도임했다.

민양수(閔養洙) : 무과. 1778년 1월에 도임했다.

민백빈(閔百彬) : 무과. 1780년 6월 1732년생으로 1765년에 무과에 급제했다.

유재희(柳載熙) : 무과. 1782년 6월에 도임했다.

정언형(鄭彦衡) : 무과. 1783년 10월에 도임했다.

이홍수(李弘遂) : 남행. 1784년 4월에 도임했다.
이상오(李商五) : 무과. 1785년 6월에 도임했다.
오재광(吳載光) : 무과. 1786년 1월에 도임했다.
조섭(趙燮) : 무과. 1787년 12월에 도임했다. 1728년생으로 아버지는 조성표(趙聖杓)이다.
오문상(吳文常) : 무과. 1788년 1월에 도임했다.
김광백(金光百) : 무과. 1789년 6월에 도임했다.
김취대(金就大) : 무과. 1790년 2월에 도임했다. 1745년생으로 1784년에 무과에 급제했다.
이억(李檍) : 무과. 1791년 6월에 도임했다.
홍악순(洪樂舜) : 무과. 1793년 4월에 도임했다. 평창군수(1780)를 역임했다.
민수(閔琇) : 무과. 1793년 12월에 도임했다.
김반(金鑿) : 음직. 1794년 6월에 도임했다. 1736년생으로 1768년에 사마시에 합격했다.
윤경철(尹敬喆) : 무과. 1796년 8월에 도임했다.
윤익검(尹益儉) : 무과. 1798년 12월에 도임했다. 1757년생으로 1789년에 무과에 급제했다.
이동야(李東野) : 음직. 1799년 1월에 도임했다.
최익(崔翼) : 무과. 1802년에 도임했다. 중추부도사(1798)를 역임했다.
정내승(鄭來升) : 무과. 평창군수(1796), 수군절도사(1813)를 역임했다.
구명익(具命益) : 무과. 수문장(1799)을 역임했다.
이한정(李漢鼎) : 무과. 대구영장(1767)을 역임했다.
권사억(權師億) : 무과. 1808년에 도임했다.
이제화(李濟和) : 무과. 1768년생으로 1792년에 무과에 급제했다.
김한주(金翰周) : 무과. 1809년 10월에 도임했다.
심윤태(沈尹泰) : 무과. 1777년생으로 1800년에 무과에 급제했다.

이재홍(李載弘) : 무과. 수군절도사(1815)를 역임했다.
유성규(柳成逵) : 무과. 1815년 6월에 도임했다.
신재건(申在健) : 무과. 1816년 6월에 도임했다.
이제완(李濟完) : 무과. 1816년 9월에 도임했다. 병마절도사를 역임했다.
유이균(柳彝均) : 무과. 1817년 10월에 도임했다.
이환보(李煥輔) : 무과. 1818년 6월에 도임했다.
심열태(沈説泰) : 무과. 1820년 11월에 도임했다. 형이 심윤태(沈尹泰)이다.
유하원(柳夏源) : 무과. 1822년 6월에 도임했다. 1775년생으로 1801년에 무과에 급제했다.
이유빈(李儒斌) : 무과. 1822년 9월에 도임했다.
서영순(徐永淳) : 무과. 1824년 6월에 도임했다. 무산부사(1839)를 역임했다.
장유문(張有聞) : 무과. 1825년 12월에 도임했다.
낭궁숙(南宮潚) : 무과.
김선명(金善命) : 무과. 1829년에 도임했다.
유장환(兪章煥) : 무과. 1831년 9월에 도임했다.
오현우(吳顯佑) : 무과. 1833년 6월에 도임했다.
이희수(李熙洙) : 무과. 1835년 6월에 도임했다.
조희원(趙羲元) : 무과. 1837년 6월에 도임했다. 병마절도사(1865)를 역임했다.
서상익(徐相益) : 무과. 1840년에 도임했다. 진주영장(1841)을 역임했다.
남석구(南錫龜) : 무과. 1841년 6월에 도임했다.
이근영(李根永) : 무과. 1842년 6월에 도임했다.
김병일(金炳一) : 무과. 1884년 10월에 도임했다.
이정희(李定熙) : 무과. 1846년 7월에 도임했다.
이근원(李根元) : 무과.

이량희(李亮熙) : 무과. 1848년 6월에 도임했다.

고제환(高濟煥) : 무과. 1849년에 도임했다.

이근천(李根天) : 음직. 1850년 5월에 도임했다. 1796년생으로 신천군수(1845)를 역임했다.

조규년(趙奎年) : 음직. 1852년 7월에 도임했다. 1799년생으로 1825년에 사마시에 합격하고 은률현감(1850)을 역임했다.

윤규석(尹奎錫) : 음직. 1853년 9월에 도임했다. 1807년생으로 1843년에 사마시에 합격하였다.

박수문(朴秀文) : 무과. 1854년 7월에 도임했다.

이태현(李台鉉) : 음직. 1854년 12월에 도임했다. 1800년생으로 1828년에 사마시에 합격하였다.

권응준(權應駿) : 음직. 1856년 10월에 도임했다. 1810년생으로 1843년에 사마시에 합격하였다.

임돈상(任惇常) : 음직. 1857년 5월에 도임했다.

조병로(趙秉老) : 음직. 1858년 5월에 도임했다. 1816년생으로 1846년에 사마시에 합격하였다.

이진재(李晉在) : 음직. 1795년생으로 합천군수(1857)를 역임했다.

홍한주(洪翰周) : 음직. 1862년 3월에 도임했다. 1798년생으로 상주목사(1858)를 역임했다. 아버지는 홍직모(洪稷謨)이다.

유건환(兪建煥) : 음직. 1863년 3월에 도임했다. 1802년생으로 1835년에 사마시에 합격하였다. 아버지는 유중주(兪重柱)이다.

이규서(李奎書) : 무과. 1864년 6월에 도임했다.

신석원(申錫源) : 무과. 1865년 7월에 도임했다. 1824년생으로 태안도호부사를 역임했다.

윤성선(尹性善) : 음직. 1867년 6월에 도임했다. 1806년생으로 1837년에 사마시에 합격하였다.

오달선(吳達善) : 음직. 1868년 11월에 도임했다. 1811년생이다.

이덕초(李悳初) : 음직. 1871년에 도임했다. 1823년생이다.

이병석(李秉奭) : 음직. 1872년 7월에 도임했다. 남원현감(1871)을 역임했다.

이학래(李鶴來) : 음직. 1874년 5월에 도임했다. 1824년생으로 1858년에 사마시에 합격하였다. 장흥부사(1880)를 역임했다.

홍종한(洪鍾漢) : 음직. 1875년 12월에 도임했다. 면천군수(1883)를 역임했다.

오도영(吳道泳) : 음직. 1877년 12월에 도임했다. 1822년생으로 1865년에 사마시에 합격하였다.

김정진(金靖鎭) : 음직. 1879년 10월에 도임했다. 1827년생이다.

이원린(李源麟) : 음직. 1879년 12월에 도임했다. 1820년생이다.

김병섭(金秉燮) : 1882년 3월에 도임했다. 1850년생으로 1864년에 사마시에 합격하였다.

임택호(任澤鎬) : 음직. 1883년 7월에 도임했다. 1839년생으로 1885년에 문과에 급제하여 홍문관교리(1885)를 역임했다.

조병갑(趙秉甲) : 음직. 1885년 4월에 도임했다. 고부군수(1892)를 역임했으며 탐관오리이다.

유달준(兪達濬) : 음직. 1886년 4월에 도임했다. 풍기군수(1885), 경산군수(1895)를 역임했다.

이희익(李憙翼) : 음직. 1887년 4월에 도임했다. 1845년생으로 1892년에 장흥군수(1900)를 역임했다.

김윤현(金胤鉉) : 음직. 1887년 12월에 도임했다. 남원부사(1886), 천안군수(1891)를 역임했다.

한응주(韓應周) : 음직. 1889년 2월에 도임했다. 1824년생으로 1859년에 사마시에 합격했고 의성현감(1888)을 역임했다. 아버지는 한학신(韓學新)이다.

김봉호(金鳳祜) : 음직. 1889년 5월에 도임했다. 창평현령(1889)을 역임했다.

심능필(沈能弼) : 음직. 1890년 8월에 도임했다. 영덕현령(1874), 시종원 부경(1905)을 역임했다.

한응주(韓應周) : 음직. 1892년에 재임하여 1893년에 이임했다.

유원규(柳遠奎) : 음직. 1893년에 도임하여 1894년에 이임하였다. 진안현감(1892)을 역임했다.

오영석(吳榮錫) : 음직. 1894년에 도임하여 1895년에 이임하였다. 함양군수(1888)를 역임했다.

원세록(元世祿) : 무과 1895년에 도임하여 1897년에 이임하였다. 수안군수(1909)를 역임했다.

황연수(黃演秀) : 음직. 1897년 5월에 도임하여 11월에 이임하였다. 금산군수(1898), 비서감승(1907)을 역임했다.

민영일(閔泳一)[196] : 문과. 1897년에 도임하여 1899년에 이임하였다. 1852년생으로 1880년에 문과에 급제하여 풍기군수(1900)를 역임했다.

민영석(閔泳奭) : 1899년에 도임하여 1900년에 이임하였다. 중추원의관(1900)을 역임했다.

이장직(李長稙) : 1900년에 도임하여 1902년에 이임하였다. 시종원부경(1906)을 역임했다.

서정철(徐廷喆) : 무과. 1902년에 도임하여 1903년에 이임하였다. 서산군수(1903), 영천군수(1906)를 역임했다.

이해창(李海昌) : 1903년에 도임하여 1905년에 이임하였다. 의관, 부평군수(1905)를 역임했다.

윤석기(尹錫棋) : 무과. 1905년에 도임하여 1907년에 이임하였다.

정구섭(丁九燮) : 음직. 1907년에 도임하여 1908년에 이임하였다. 법관

196) 본읍지는 민영일까지 기록되어 있다.

양성소 교관(1904)을 역임했다.

오재영(吳在永) : 1909년에 도임하여 1911년에 이임하였다. 아버지는 오연수(吳然琇)이고, 『소재집(小齋集)』이 있다.

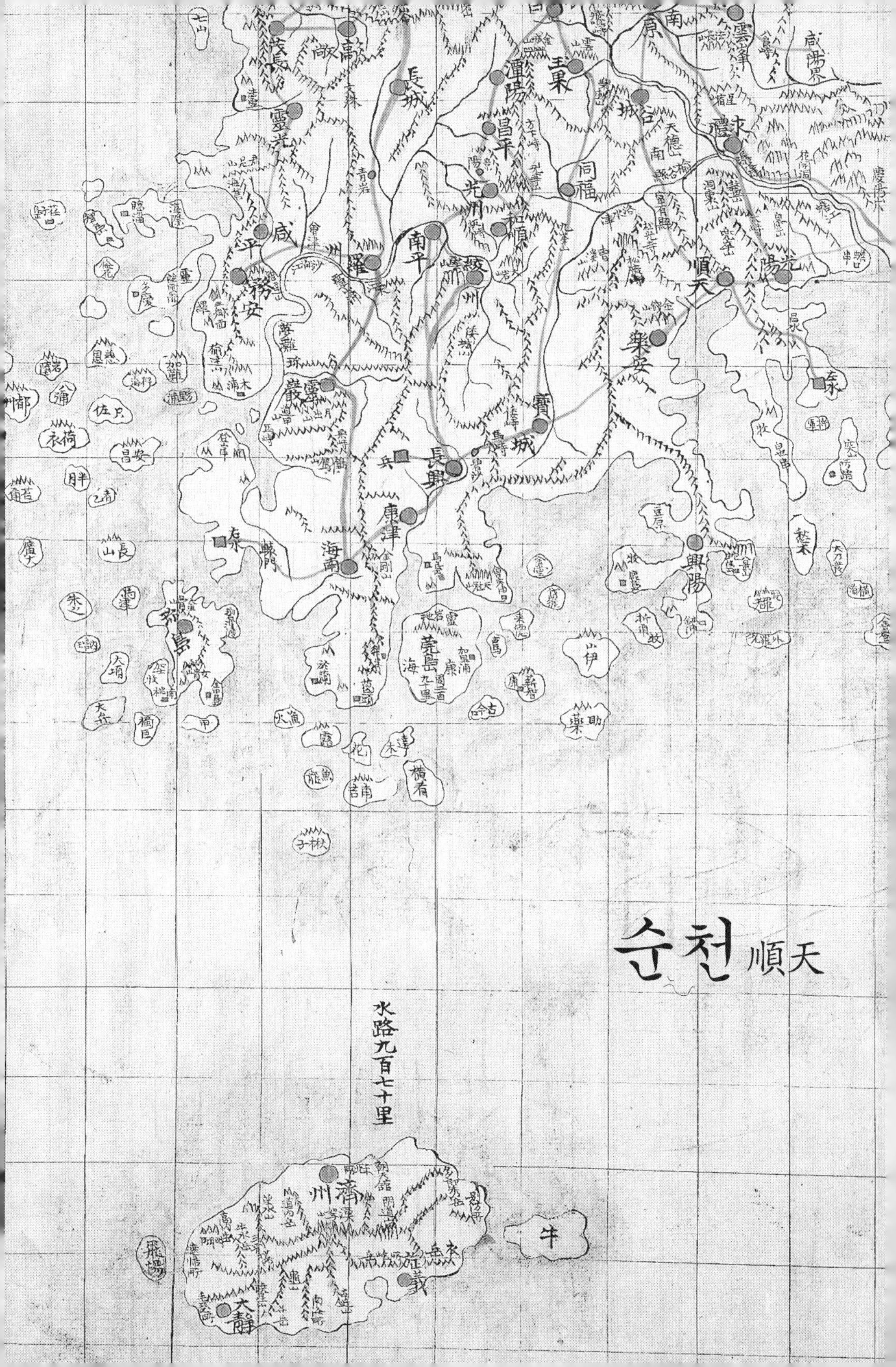
水路九百七十里
濟州
大靜
旌義
長興
海南
康津
興陽
樂安
順天
光陽
寶城
靈巖
務安
咸平
靈光
羅州
南平
綾州
和順
光州
昌平
潭陽
玉果
谷城
同福
求禮
雲峯
長城
莞島
珍島
牛
순천 順天

# 순천(順天)197)

백제 때는 감평군(欿平郡) 또는 사평(沙平), 무평(武平)이라 불렀고 주암면 지역에는 둔지현(遁支縣)이 있었다. 757년(경덕왕 16)에 감평군은 승평군(昇平郡)으로, 둔지현은 부유현(富有縣)으로 개칭되었으며 승평군은 예하에 부유현과 지금의 여수·돌산 지역까지 영속하였다. 983년(성종 2) 12목 설치 당시 승주목이 되어 외관이 파견되었고, 996년에 연해군절도사가 되었는데 일명 승화(昇化)라고도 하였다. 1036년(정종 2)에 다시 승평군이 되었으며 1309년(충선왕 1)에 다시 승주목으로 승격되었다가 이듬 해 다시 순천부로 강등되었는데, 이 때 처음으로 순천이라는 이름이 사용되었다. 이 시기의 순천부는 여수현·돌산현·부유현 등을 속현으로 거느리고 있었다. 1413년(태종 13)에 순천도호부가 되고 세조 때 편제된 진관체제에 따라 주진으로서 전라도 동남부 지역의 중심지가 되었다. 효종 때 순천현으로 강등되었다가 얼마 후 도호부로 복구되었으며 1786년(정조 10)에 다시 현으로 강등되었다가 이듬 해 복구되었다. 순천의 별호는 평양(平陽)·승평(昇平)이다. 1895년의 지방제도 개혁으로 순천군이 되었으며, 이듬해 율촌면 이남의 여수반도와 섬 지역들이 여수군과 돌산군으로 분리 독립되었다. 1909년에 낙안군이 폐지되면서 7개면과 곡성군의 일부 지역이 편입되었다. 1949년에 순천읍과 도사면 일부, 해룡면 일부를 합쳐 순천시로 승격함에 따라 나머지 지역은 승주군이라 개칭되어 순천시와 승주군으로 개편되었다. 1995년 시·군 통합으로 순천시와 승주군이 통합되어 순천시가 되었다.

197) 『신증승평지』(1924)를 저본으로 하였다. 순천의 읍지는 1618년에 이수광에 의해 『승평지』가 만들어지고 그 뒤로도 신증이 몇 차례 더 간행되었지만 선생안은 들어있지 않은 점이 특이하다. 아마도 따로 존재해왔던 것은 아닐까 싶다.

손억(孫億) : 고려 고종 때.

최석(崔碩) : 고려 충렬왕 때.

최원우(崔元祐) : 고려 공민왕 때. 팔마비를 세움.

부사(府使) 박환(朴煥) : 세종 병진년(1436)에 도임, 신유년(1441)에 면직했다. 정사년(1437)에 객사를 건립하였다.

이근전(李根專) : 신유년(1441)에 도임, 병인년(1446)에 면직했다.

양경로(梁敬老) : 병인년(1446)에 도임, 경오년(1450)에 면직했다.

장맹창(張孟昌) : 경오년(1450)에 도임, 을해년(1455) 3월에 면직했다.

정유용(鄭有容) : 을해년(1455) 3월에 도임하여 병자년(1456) 4월에 면직했다. 부정징수와 읍민 장살로 파직되었다.

양계동(楊繼同) : 병자년(1456) 4월에 도임하여 정축년(1457) 3월에 면직했다.

김맹연(金孟捐) : 정축년(1457) 3월에 도임하여 무인년(1458) 정월에 면직했다.

박연서(朴延瑞) : 무인년(1458) 9월에 철원부사로부터 도임하여 기묘년(1459) 6월에 면직했다. 군곡 소실로 파직되었다.

이계손(李繼孫) : 기묘년(1459) 7월에 도임하여 계미년(1463) 11월에 면직했다.

이념의(李念義) : 계미년(1463) 11월에 도임하여 병술년(1466) 3월에 면직했다.

유계반(柳季潘) : 통정. 병술년(1466) 3월에 도임하여 무자년(1468) 10월에 면직했다.

설순조(薛順祖) : 무자년(1468) 10월에 도임하여 신묘년(1471) 10월에 면직했다.

설무림(薛茂林) : 신묘년(1471) 10월에 도임하여 계사년(1473) 8월에 면직했다.

우신(禹晨) : 계사년(1473) 8월에 도임하여 병신년(1476) 8월에 면직했다.

노호신(盧好愼) : 병신년(1476) 10월에 도임하여 무술년(1478) 3월에 면직했다.

이공(李拱) : 무술년(1478) 3월에 도임하여 경자년(1480) 8월에 면직했다.

김경(金冏) : 경자년(1480) 10월에 도임하여 갑진년(1484) 2월에 면직했다.

경정(慶禎) : 통정. 갑진년(1484) 2월에 도임하여 병오년(1486) 12월에 면직했다. 군직으로 진출.

왕종례(王宗禮) : 병오년(1486) 12월에 도임하여 정미년(1487) 5월에 면직했다.

김수정(金守禎) : 정미년(1487) 8월에 도임하여 기유년(1489) 10월에 면직했다.

민영모(閔永慕) : 기유년(1489) 12월에 도임하여 신해년(1491) 10월에 졸서(卒逝)했다.

김약균(金若勻) : 임자년(1492) 정월에 도임하여 정사년(1497) 4월에 면직했다.

이거(李琚) : 정사년(1497) 6월에 도임하여 기미년(1499) 9월에 면직했다.

손번(孫蕃) : 기미년(1499) 9월에 도임하여 경신년(1500) 9월에 담양부사로 갔다.

정전(鄭詮) : 경신년(1500) 9월에 담양부사로부터 도임하여 신유년(1501) 윤7월에 마도축성차원(馬島築城差員) 일로 폄체되었다.

한철동(韓鐵同) : 통정. 신유년(1501) 8월에 도임하여 계해년(1503) 4월에 졸서(卒逝)했다.

최집성(崔集成) : 통정. 계해년(1503) 7월에 도임하여 갑자년(1504) 4월에 졸서(卒逝)했다.

홍임(洪任) : 통정. 갑자년(1504) 7월에 도임하여 병인년(1506) 6월에 면직했다.

이공신(李公信) : 병인년(1506) 10월에 훈련정(訓練正)으로서 도임하여 정묘년(1507) 9월에 통정에 승직되어 갔다.

임훈(任訓) : 무진년(1508) 3월에 도임하여 기사년(1509) 3월에 면직했다.

남순종(南順宗) : 통정. 기사년(1509) 4월에 오위장으로서 도임하여 임신년(1512) 4월에 호군(護軍)이 되어 갔다.

이보(李俌) : 통정. 임신년(1512) 4월에 도임하여 임신년(1512) 6월에 졸서(卒逝)했다.

채윤문(蔡允文) : 통정. 임신년(1512) 10월에 도임하여 계유년(1513) 6월에 면직했다.

오세한(吳世瀚) : 통정. 계유년(1513) 11월에 도임하여 을해년(1515) 6월에 면직했다.

박기(朴期) : 통정. 을해년(1515) 8월에 도임하여 정축년(1517) 정월에 정체(呈遞, 사직서를 올림)하였다.

박상(朴祥) : 정축년(1517) 정월에 도임하여 정축년(1517) 8월에 상(喪)으로 면직했다.

서지(徐祉) : 통정. 정축년(1517) 11월에 도임하여 무인년(1518) 4월에 정체(呈遞)하였다.

신종(申鍾) : 무인년(1518) 6월에 예빈부정(禮賓副正)으로서 도임하여 기묘년(1519) 11월에 면직했다.

이윤종(李胤宗) : 통정. 경진년(1520) 2월에 도임하여 신사년(1521) 12월에 면직했다.

강태수(姜台壽) : 통정. 임오년(1522) 2월에 도임하여 계해년(1523) 11월에 상을 당하였다.

이번(李蕃) : 통정. 갑신년(1524) 3월에 도임하여 갑신년(1524) 9월에 정체(呈遞)하였다.

김인명(金麟明) : 통정. 갑신년(1524) 12월에 도임하여 을유년(1525) 12

월에 파직되었다.

이희옹(李希雍) : 통훈. 병술년(1526) 2월에 도임하여 신묘년(1531) 3월에 질만(秩滿, 임기가 참)하여 봉상정(奉常正)으로 갔다.

유희저(柳希渚) : 통정. 신묘년(1531) 3월에 도임하여 임진년(1532) 7월에 파직되었다.

김구(金鉤) : 통정. 임진년(1532) 8월에 도임하여 임진년(1532) 11월에 졸서(卒逝)했다.

이증(李蒸) : 가선. 계사년(1533) 4월에 도임하여 갑오년(1534) 정월에 졸서(卒逝)했다.

신옥형(申玉衡) : 갑오년(1534) 3월에 도임하여 갑오년(1534) 11월에 창고의 실화(失火)로 인해 파직되었다.

권진(權軫) : 통훈. 을미년(1535) 2월에 도임하여 병신년(1536) 12월에 목장말의 유실로 인해 파직되었다.

홍경림(洪景霖) : 자헌. 병신년(1536) 12월에 도임하여 무술년(1538) 8월에 정체(呈遞)하였다.

유숙(柳淑) : 통훈. 무술년(1538) 10월에 도임하여 계묘년(1543) 10월에 통정에 오르고 상토첨사(上土僉使)가 되어 갔다.

심통원(沈通源) : 계묘년(1543) 10월에 도임하여 을사년(1545) 11월에 홍문관 응교(應敎)로 이직하였다. 환선정을 세움.

신황(申滉) : 통훈. 을사년(1545) 12월에 도임하여 병오년(1546) 9월에 암행어사 유감(柳堪)의 계에 의해 파직되었다.

오성(吳誠) : 통정. 병오년(1546) 11월에 도임하여 정미년(1547) 6월에 상을 당하였다.

강응일(姜應日) : 정미년(1547) 9월에 도임하여 기유년(1549) 5월에 성균관 사성(司成)이 되어 갔다.

김응두(金應斗) : 통훈. 기유년(1549) 12월에 도임하여 신해년(1551) 6월에 좌수사 조안국(趙安國)을 매몰차게 접대한 것으로서 파직되었다.

윤경(尹景) : 통훈. 신해년(1551) 8월에 도임하여 임자년(1552) 정월에 남장(濫杖)한 것으로 인해 붙잡혀 갔다.

강위(姜偉) : 통훈. 임자년(1552) 3월에 도임하여 을묘년(1555) 윤11월에 사옹정(司饔正)이 되어 갔다.

양윤영(梁允英) : 통정. 을묘년(1555) 윤11월에 도임하여 병진년(1556) 11월에 폄체(貶遞)되었다.

백유검(白惟儉) : 중훈. 정사년(1557) 정월에 도임하여 무오년(1559) 10월에 통정에 오르고 가덕첨사(加德僉使)가 되어 갔다.

양의(梁艤) : 통훈. 무오년(1559) 10월에 도임하여 임술년(1562) 2월에 목장말의 유실로 인해 파직되었다.

김세문(金世文) : 통훈. 임술년(1562) 3월에 도임하여 임술년(1562) 7월에 인명치사로 인해 폄체되었다.

이윤탕(李允宕) : 통훈. 임술년(1562) 9월에 도임하여 계해년(1563) 3월에 수사(水使)의 계문(啓聞)에 의해 붙잡혀갔다.

이춘(李春) : 통훈. 계해년(1563) 5월에 도임하여 계해년(1563) 10월에 어사의 계로 파직되었다.

이정(李禎) : 통정. 계해년(1563) 12월에 도임하여 병인년(1566) 3월에 상을 당하였다. 선정비가 있다.

김계(金啓) : 통정. 병인년(1566) 6월에 도임하여 정묘년(1567) 정월에 화사반접사(華使伴接使)가 되어 갔다.

곽규(郭赳) : 통훈. 정묘년(1567) 3월에 도임하여 무진년(1568) 11월에 전세감마련(田稅減磨鍊)의 일로 파직되었다.

정엄(鄭淹) : 통훈. 기사년(1569) 정월에 도임하여 경오년(1570) 2월에 목장말을 유실한 일로 인해 파직되었다.

이선(李選) : 통훈. 경오년(1570) 4월에 도임하여 임신년(1572) 4월에 해운판관(海運判官)의 장계로 파직되었다.

이난수(李鸞壽) : 통훈. 임신년(1572) 5월에 도임하여 조군(漕軍)을 곧 바로 정송(定送)하지 못하여 목장 말을 많이 유실하게 된 일로 인해 파직을 당하였다.

이언화(李彦華) : 통정. 정축년(1577) 4월에 도임하여 정축년(1577) 8월에 전직인 김해의 군적(軍籍) 일로 파직을 당하였다. 선정비가 있다.

최여림(崔汝霖) : 통훈. 정축년(1577) 윤8월에 도임하여 정축년(1577) 10월에 파직을 당하였다.

김관(金瓘) : 통정. 정축년(1577) 12월에 예빈정(禮賓正)으로서 도임하여 기묘년(1579) 2월에 군정(軍政)과 진정(賑政)을 불근지비(不謹措備)하다는 것으로 감사(監司)의 장계에 의해 파직되었다.

이관(李瓘) : 통정. 기묘년(1579) 3월에 김제군수로부터 도임하여 신사년(1581) 정월에 정체(呈遞)하였다.

정인귀(鄭仁貴) : 통훈. 신사년(1581) 3월에 서산군수로서 도임하여 신사년(1581) 12월에 진상궐봉(進上闕封)으로 인해 폄체되었다.

노준(盧埈) : 통훈. 임오년(1582) 3월에 도임하여 계미년(1583) 2월에 목장 말을 많이 잃은 것으로 인해 파직 당하였다.

신익(申翌) : 가선. 계미년(1583) 3월에 도임하여 계미년(1583) 11월에 폄체되었다. 계미년(1583) 5월에 환선정 건립.

이옥(李沃) : 통정. 갑신년(1584) 2월에 도임하여 갑신년(1584) 8월에 순무어사 김여물(金汝岉)의 '군기(軍器)를 불근지비(不謹措備)한다'는 장계로 인해 붙잡혀 갔다.

김여물(金汝岉) : 중훈. 갑신년(1584) 10월에 병조정랑으로서 도임하여 을유년(1585) 12월에 상을 당하였다. 동천 제방을 수축하였다.

이경(李璟) : 통정. 을유년(1585) 12월에 도임하여 병술년(1586) 7월에 좌수사가 되어 갔다.

이용(李戫) : 가선. 병술년(1586) 8월에 도임하여 병술년(1586) 10월에 우수사가 되어 갔다.

변기(邊璣) : 통정. 병술년(1586) 12월에 도임하여 정해년(1587) 2월에 면직했다. 손죽도에서 접전할 때 녹도와 수영의 배 4척이 포로가 된 일로 인해 붙잡혀 갔다.

성응길(成應吉) : 통정. 정해년(1587) 5월에 도임하여 정해년(1587) 6월에 병사가 되어 갔다.

이억기(李億祺) : 통정. 정해년(1587) 7월에 도임하여 무자년(1588) 6월에 상을 당하였다.

변양준(邊良俊) : 통정. 무자년(1588) 윤6월에 도임하여 무자년(1588) 12월에 구마부제(驅馬不齊)의 일로 폄체되었다.

이정남(李廷楠) : 통훈. 기축년(1589) 정월에 도임하여 기축년(1589) 8월에 연변수령이 쇠로한 것으로 체직되어 갔다.

권준(權俊) : 통훈. 기축년(1589) 9월에 도임하여 갑오년(1594) 10월에 면직했다. 임진왜란 때 수전(水戰)에서 여러 차례 승리함으로서 가선에 올랐으나 대간(臺諫)의 '불치(不治)한다'는 계문에 의해 파직되었다.

박진(朴晉) : 가의. 갑오년(1594) 11월에 경상병사로서 도임하여 을미년(1595) 9월에 전라병사가 되어 갔다.

배응경(裵應褧) : 통정. 을미년(1595) 11월에 도임하여 병신년(1596) 11월에 변수(邊守)에 불합(不合)하다는 것으로 체직되었다.

우치속(禹致績) : 통정. 정유년(1597) 정월에 방답첨사에서 도임하여 정유년(1597) 2월에 면직했다. 이순신 휘하에서 공을 세운 일로 조방장(助防將)이 되었다.

오응정(吳應鼎) : 가선. 정유년(1597) 7월에 도임하여 정유년(1597) 8월에 면직했다. 남원을 구하다 순절하였는데, 7세손 상문(相文)이 글을 올려 보루(補漏)에 들어가게 되었다.

김언공(金彦恭) : 통정. 정유년(1597) 11월에 조방장 겸관으로 도임하여 무술년(1598) 6월에 면직했다.

정엽(鄭曄) : 통정. 무술년(1598) 9월에 도임하여 무술년(1598) 12월에 폄체되었다.

김준계(金遵階) : 통훈. 기해년(1599) 2월에 도임하여 기해년(1599) 8월에 통정에 오르고 동래부사에 이배되었다.

이빈(李蘋) : 가선. 기해년(1599) 12월에 도임하여 신축년(1601) 5월에 폄체되었다.

기효복(奇孝福) : 통훈. 신축년(1601) 7월에 도임하여 을사년(1605) 10월에 면직했다. 호성(護聖)의 공훈으로서 통정에 오름. 관사를 건립하였으며, 청덕비(淸德碑)가 있다.

최강(崔堈) : 가의. 을사년(1605) 11월에 가리포첨사로부터 도임하여 병오년(1606) 6월에 경상좌수사가 되어 갔다.

성계선(成啓善) : 통훈. 병오년(1606) 7월에 도임하여 정미년(1607) 7월에 병이 중한 것으로 인해 대간의 계문에 의해 체직되었다. 관청 구지에 아사(衙舍)를 건립하였다.

홍준(洪遵) : 통정. 정미년(1607) 8월에 도임하여 무신년(1608) 9월에 암행어사 김치(金緻)의 계문에 의해 파직되었다.

송기(宋圻) : 통정. 무신년(1608) 10월에 도임하여 경술년(1610) 3월에 정체(呈遞)하였다.

유영순(柳永詢) : 가선. 경술년(1610) 윤3월에 도임하여 신해년(1611) 8월에 면직했다. 숙고(稤庫)와 관청을 중수하였다. 향교(鄕校)에 거사비(去思碑)가 있다.

이창정(李昌庭) : 통훈. 신해년(1611) 9월에 종부정(宗簿正)으로부터 도임하여 임자년(1612) 윤11월에 통정에 오르고 동래부사가 되어 떠났다.

유순익(柳舜翼) : 통훈. 임자년(1612) 윤11월에 도임하여 병진년(1616) 9월에 면직했다. 객사와 환선정 및 연선각을 중수하였으며, 군기를 조비(措備)한 일로 통정에 승직되었다.

이수광(李睟光) : 가선. 병진년(1616) 10월에 도임하여 기미년(1619) 3월에 과만(瓜滿)으로 체직되었다. 『승평지』를 만들었으며, 거사비가 있다.

강복성(康復誠) : 가선. 기미년(1619) 3월에 도임하여 신유년(1621) 7월에 과체(瓜遞, 임기가 만료되어 체직됨)되었다. 연자루를 세웠으며, 거사비가 있다.

이원엽(李元燁) : 통정. 임술년(1622) 9월에 도임하여 계해년(1623) 3월에 붙잡혀 갔다.

이상준(李尙俊) : 통훈. 계해년(1623) 5월에 도임하여 계해년(1623) 8월에 우도(右道)의 시험이 공정하지 못한 것으로 인해 파직되었다.

김지남(金止男) : 계해년(1623) 11월에 도임하여 갑자년(1624) 5월에 살옥(殺獄)에 연루되어 체직되었다.

이덕수(李德洙) : 통훈. 갑자년(1624) 7월에 도임하여 무진년(1628) 3월에 남솔(濫率)한 일로 감사의 계문에 의해 파직되었다. 관풍루(觀風樓)를 중건하였으며, 거사비가 있다.

강대진(姜大進) : 통훈. 무진년(1628) 4월에 도임하여 경오년(1630) 10월에 암행어사의 계에 의해 파직되었다. 거사비가 있다.

정유성(鄭維城) : 조봉. 신미년(1631) 정월에 도임하여 계유년(1633) 정월에 면직했다.

이현(李袨) : 통정. 계유년(1633) 3월에 도임하여 갑술년(1634) 8월에 충청우도 양전사(量田使)가 되어 떠났다. 연자루를 중축하였으며, 거사비가 있다.

정지우(鄭之羽) : 통정. 갑술년(1634) 윤8월에 도임하여 을해년(1635) 12월에 암행어사 조경(趙絅)의 계문에 의해 파직되었으며, 감사 원두표(元斗杓)의 폄(貶)으로 전최(殿最)[198]에서 거하(居下, 하등)를 받았다.

이원진(李元鎭) : 통훈. 병자년(1636) 2월에 도임하여 정축년(1637) 6월에 폄체되었다.

박서(朴遾) : 통훈. 정축년(1637) 8월에 도임하여 기묘년(1639) 정월에 상을 당하였다. 선정비가 있다.

정양필(鄭良弼) : 가선. 기묘년(1639) 3월에 도임하여 신사년(1641) 3월에 충청감사가 되어 떠났다. 동문을 건립하였으며, 거사비가 있다.

황윤후(黃胤後) : 신사년(1641) 5월에 도임하여 계미년(1643) 5월에 병으로 체직되었다.

이응시(李應蓍) : 통훈. 계미년(1643) 8월에 도임하여 갑신년(1644) 12월에 수조전선(水漕戰船)의 일로 파직되었다. 거사비가 있다.

민응형(閔應亨) : 통정. 을유년(1645) 정월에 도임하여 병술년(1646) 2월에 직간(直諫)으로 배척되었다가 다시 대사간에 제수되어 떠났다.

김광현(金光炫) : 가의. 병술년(1646) 3월에 도임하여 정해년(1647) 7월에 사망하였다.

김종일(金宗一) : 통훈. 정해년(1647) 9월에 도임하여 기축년(1649) 정월에 병으로 체직되었다. 홍학비가 세워졌다.

기만헌(奇晩獻) : 통훈. 기축년(1649) 5월에 도임하여 경인년(1650) 3월에 대간(臺諫)의 계에 의해 체직되었다.

임선백(任善伯) : 통훈. 경인년(1650) 4월에 도임하여 신묘년(1651) 11월에 역옥(逆獄)으로 강호(降號)되어 체직되었다.

홍수(洪錖) : 통훈. 임진년(1652) 2월에 도임하여 병신년(1656) 11월에 임기가 만료되어 직강(直講)이 되어 떠났다.

유정(柳頲) : 통훈. 병신년(1656) 11월에 도임하여 무술년(1658) 5월에 패선(敗船)의 일로 체직되었다.

김하량(金廈樑) : 통훈. 무술년(1658) 8월에 도임하여 기해년(1659) 정

198) 전최(殿最) : 지방에서 근무하는 문무 관리의 근무 상태를 조사하여 성적을 매기던 것.

월에 병으로 체직되었다.

이정기(李廷機) : 통훈. 기해년(1659) 2월에 도임하여 경자년(1660) 10월에 우도시관(右道試官) 일로 파직되었다.

정세보(鄭世輔) : 통훈. 경자년(1660) 11월에 도임하여 신축년(1661) 윤7월에 병으로 체직되었다.

이구(李球) : 통훈. 신축년(1661) 9월에 도임하여 계묘년(1663) 정월에 살부(殺夫) 옥사 사건으로 강호(降號)되고 파직되었다.

변황(卞提) : 통훈. 계묘년(1663) 3월에 도임하여 갑진년(1664) 8월에 세선(稅船) 3척이 치패(致敗)된 일로 붙잡혀 갔다.

이향천(李享千) : 통훈. 갑진년(1664) 9월에 도임하여 을사년(1665) 5월에 관기(官騎)를 갖추고 무과 시관을 한 문제로 체포하라는 명이 있었고 그 다음날 사망하였다.

권집(權諿) : 통훈. 을사년(1665) 6월에 도임하여 병오년(1666) 6월에 면직했다. 전최에서 하를 받았다.

홍성구(洪聖龜) : 통훈. 병오년(1666) 10월에 도임하여 병오년(1666) 12월에 만인(蠻人)이 도주한 일로 붙잡혀 갔다.

도거원(都擧元) : 통훈. 정미년(1667) 정월에 도임하여 무신년(1668) 10월에 영차(營差)를 장타(杖打)한 일로 수사(水使) 이익형(李益馨)의 직계(直啓)에 의해 붙잡혀 가고 곧 유배에 처해졌다.

조상한(趙相漢) : 통훈. 기유년(1669) 2월에 도임하여 기유년(1669) 3월에 살인사건으로 붙잡혀 갔다.

김재현(金載顯) : 통훈. 기유년(1669) 6월에 병조좌랑으로서 도임하여 경술년(1670) 8월에 방답첨사와 서로 싸우고 정사(呈辭)가 불손한 것으로 인해 붙잡혀 갔다.

김명열(金命說) : 통훈. 경술년(1670) 9월에 도임하여 신해년(1671) 7월에 대동미를 미납한 일로 붙잡혀갔다.

오상(吳尙) : 통훈. 신해년(1671) 9월에 도임하여 임자년(1672) 12월에 졸서(卒逝)했다.

남천택(南天澤) : 통훈. 계축년(1673) 3월에 도임하여 갑인년(1674) 10월에 면직했다.

송정렴(宋挺濂) : 통훈. 갑인년(1674) 12월에 도임하여 을묘년(1675) 8월에 순무사 이세화(李世華)의 계문에 의해 파직되었다.

송광벽(宋光璧) : 통훈. 을묘년(1675) 10월에 도임하여 정사년(1677) 6월에 면직했다. 자비부마(自備夫馬, 개인비용으로 말과 마부를 갖추고 떠남)하였다.

안후태(安後泰) : 통훈. 정사년(1677) 8월에 도임하여 기미년(1679) 8월에 면직했다. 객사가 불탄 구지에 다시 객사를 건립하였다.

이익공(李益恭) : 통훈. 기미년(1679) 9월에 도임하여 신유년(1681) 4월에 장령이 되어 떠났다. 거사비가 있다.

조시경(趙時瓊) : 통훈. 신유년(1681) 6월에 도임하여 신유년(1681) 9월에 순사(巡使, 관찰사)의 계문에 의해 파직되었다.

심극(沈極) : 통훈. 신유년(1681) 10월에 도임하여 임술년(1682) 7월에 장령이 되어 떠났다.

신학(申澩) : 통훈. 임술년(1682) 8월에 도임하여 임술년(1682) 10월에 순사(巡使)의 계문에 의해 파직되었다.

김호(金灝) : 통훈. 임술년(1682) 12월에 도임하여 갑자년(1684) 2월에 면직했다.

이일익(李日翼) : 통훈. 갑자년(1684) 4월에 도임하여 갑자년(1684) 6월에 붙잡혀갔다.

남궁후(南宮垕) : 갑자년(1684)에 도임했다.

이시만(李蓍晩) : 통훈. 갑자년(1684) 11월에 도임하여 을축년(1685) 10월에 면직했다. 마부와 말을 스스로 갖추어 떠났다.

유영립(柳英立) : 통훈. 을축년(1685) 12월에 도임하여 병인년(1686) 6월에 전최에서 거하를 받고 졸서(卒逝)했다.

한영(韓濴) : 통훈. 병인년(1686) 9월에 도임하여 정묘년(1687) 정월에 광양좌수를 장살한 일로 계파(啓罷)되었다.

이봉징(李鳳徵) : 통훈. 정묘년(1687) 3월에 도임하여 무진년(1688) 6월에 정체(呈遞)하였다. 거사비가 있다.

강석구(姜碩耉) : 통훈. 무진년(1688) 7월에 도임하여 기사년(1689) 8월에 정체(呈遞)하였다.

송상주(宋尙周) : 통훈. 기사년(1689) 9월에 도임하여 경오년(1690) 6월에 대파(臺罷, 대간의 계에 의해 파직)되었다.

윤홍설(尹弘卨) : 통훈. 경오년(1690) 7월에 도임하여 신미년(1691) 3월에 어사의 계에 의해 파직되었다.

임원구(任元耉) : 통훈. 신미년(1691) 3월에 도임하여 임신년(1692) 5월에 대파(臺罷)되었다.

김횡(金潢) : 통정. 계유년(1693) 9월에 도임하여 갑술년(1694) 10월에 전최에서 거하(居下)를 받아 파직되었다.

임홍량(任弘亮) : 통정. 을해년(1695) 2월에 도임하여 을해년(1695) 7월에 의송(宜松)의 일로 수사의 논보와 순사의 계문에 의해 붙잡혀 갔다.

윤유기(尹悠期) : 통훈. 을해년(1695) 8월에 도임하여 병자년(1696) 정월에 전직인 봉상직장(奉常直長) 감조관(監造官)의 일로 붙잡혀 갔다.

박두세(朴斗世) : 통훈. 병자년(1696) 2월에 도임하여 무인년(1698) 7월에 과체되었다. 옥천교와 동천교를 건설하였으며, 거사비가 있다.

조하경(曺夏卿) : 통훈. 무인년(1698) 8월에 도임하여 무인년(1698) 12월에 폄체(貶遞)되었다.

심당(沈橖) : 통훈. 기묘년(1699) 5월에 도임하여 신사년(1701) 2월에 문과 문제로 대파(臺罷)되었다. 거사비가 있다.

정시윤(丁時潤) : 통훈. 신사년(1701) 5월에 도임하여 임오년(1702) 12월에 폄체되었다. 부마(夫馬, 마부와 말)를 스스로 갖추고 떠났다.

조구원(趙九畹) : 중직. 계미년(1703) 3월에 도임하여 갑신년(1704) 정월에 유환(由還, 말미를 받아 고향으로 돌아감)하고 사체(辭遞)하였다.

김덕항(金德恒) : 통훈. 갑신년(1704) 4월에 도임하여 병술년(1706) 7월에 과체되었다.

정사효(鄭思孝) : 통훈. 병술년(1706) 9월에 도임하여 무자년(1708) 11월에 과체되었다. 보민창을 두어서 대동청 하의 태가(駄價)를 연출(捐出)하였다. 철비가 세워졌다.

김만주(金萬胄) : 통훈. 기축년(1709) 2월에 도임하여 경인년(1710) 7월에 장령이 되어 떠났다.

성석기(成碩夔) : 통훈. 경인년(1710) 8월에 도임하여 신묘년(1711) 4월에 순무사 권상유(權尙遊)의 계문에 의해 파직되었다.

신유익(愼惟益) : 조산. 신묘년(1711) 6월에 도임하여 계사년(1713) 9월에 과체되었다.

유백승(柳百乘) : 통훈. 계사년(1713) 10월에 도임하여 갑오년(1714) 3월에 살옥(殺獄) 사건으로 순사(巡使)의 계에 의해 파직되었다.

성임(成任) : 통훈. 갑오년(1714) 7월에 도임하여 을미년(1715) 10월에 재상(灾傷, 자연재해로 농작물이 입는 해)[199]으로 계파(啓罷)되었다.

홍대유(洪大猷) : 통훈. 을미년(1715) 12월에 도임하여 병신년(1716) 5월에 대사간 이세최(李世最)의 계에 의해 파직되었다.

남구명(南九明) : 통정. 병신년(1716) 6월에 도임하여 병신년(1716) 9월에 관직을 버린 일로 계파되었다.

황익재(黃翼再) : 중직. 병신년(1716) 12월에 도임하여 무술년(1718) 11

199) 곡상(哭傷)으로 되어 있는 것을 재상(災傷)으로 고쳤다.

월에 임기가 만료되어 돌아갔다. 양사재를 건립하였으며, 사창제를 실시하였다. 흥학비가 세워졌다.

이완(李浣) : 통훈. 기해년(1719) 2월에 도임하여 경자년(1720) 3월에 균전사(均田使)에게 정사(呈辭)하고 체직되었다.

송사윤(宋思胤) : 통훈. 경자년(1720) 4월에 도임하여 신축년(1721) 10월에 동당 시관이 되어 불참했다는 것으로서 감사의 계에 의해 파직되었다.

신세웅(申世雄) : 통훈. 신축년(1721) 12월에 도임하여 임인년(1722) 12월에 춘하등(春夏等) 포폄에서 거하(居下)를 받아 체직되었다.

한재원(韓在垣) : 통훈. 임인년(1722) 12월에 도임하여 계묘년(1723) 12월에 폄파되었다.

유간(柳諫) : 통훈. 갑진년(1724) 3월에 도임하여 을사년(1725) 6월에 순영(巡營)의 계문에 의해 파직되었다.

권시경(權始經) : 통훈. 을사년(1725) 9월에 도임하여 병오년(1726) 3월에 사기장차관(沙器匠差官)을 거행하지 않는 것으로 인해 붙잡혀갔다.

황찬(黃燦) : 통훈. 병오년(1726) 3월에 도임하여 병오년(1726) 12월에 재상(灾傷)의 일로 순영의 계문에 의해 파직되었다.

박태삼(朴泰三) : 통훈. 정미년(1727) 정월에 도임하여 무신년(1728) 6월에 폄체되었다.

홍중징(洪重徵) : 통훈. 무신년(1728) 9월에 도임하여 경술년(1730) 8월에 사체(辭遞)하였다. 『승평지』를 중간하였다.

허집(許集) : 통훈. 경술년(1730) 9월에 도임하여 신해년(1731) 6월에 상을 당하였다.

이광부(李光溥) : 통훈. 신해년(1731) 8월에 도임하여 임자년(1732) 6월에 체직되었다.

유경시(柳敬時) : 통훈. 임자년(1732) 8월에 도임하여 임자년(1732) 9월에 일찍이 시종을 지냈던 사람이 국상에 참여하지 않은 것으로 인해 파직되었다.

권집(權緝) : 통훈. 임자년(1732) 11월에 도임하여 계축년(1733) 8월에 폄체되었다.

남위로(南渭老) : 통훈. 계축년(1733) 10월에 도임하여 갑인년(1734) 10월에 재상(灾傷)[200]을 차착(差錯, 잘못함)한 일로 계파되었다.

이광식(李光湜) : 통훈. 갑인년(1734) 11월에 도임하여 정사년(1737) 4월에 과체되었다.

이징규(李徵奎) : 통훈. 정사년(1737) 4월에 도임하여 무오년(1738) 4월에 상을 당하였다.

홍득후(洪得厚) : 통훈. 무오년(1738) 6월에 도임하여 경신년(1740) 5월에 장령이 되어 떠났다.

김석일(金錫一) : 통훈. 경신년(1740) 윤6월에 도임하여 신유년(1741) 정월에 통정에 오르고 동래부사가 되어 떠났다.

정언유(鄭彦儒) : 상을 당하였다.

신이진(愼爾晉) : 폄파되었다.

안상휘(安相徽) : 과체되었다.

박수(朴璲) : 기관(棄官)하였다.

조진세(趙鎭世) : 통훈. 을축년(1745) 8월에 도임하여 정묘년(1747) 9월에 폄파되었다.

남태경(南泰慶) : 통정. 정묘년(1747) 11월에 풍기군수로부터 도임하여 무진년(1748) 10월에 갑산부사가 되어 떠났다.

강봉휴(姜鳳休) : 통훈. 무진년(1748) 11월에 도임하여 기사년(1749) 6월에 졸서(卒逝)했다.

박규수(朴奎壽) : 통훈. 기사년(1749) 8월에 도임하여 경오년(1750) 8월

---

200) 곡상(哭傷)으로 되어 있는 것을 재상(災傷)으로 고쳤다.

에 폄파되었다.

박필정(朴弼正) : 통정. 경오년(1750) 8월에 도임하여 신미년(1751) 3월에 폄파되었다.

임사하(任師夏) : 통훈. 신미년(1751) 윤5월에 도임하여 임신년(1752) 10월에 보덕(輔德)에 이배(移拜)되었다.

홍경보(洪鏡輔) : 통훈. 임신년(1752) 11월에 도임하여 계유년(1753) 8월에 면직했다.

이수덕(李壽德) : 통훈. 계유년(1753) 9월에 도임하여 갑술년(1754) 4월에 이정사(釐正使)의 계에 의해 파직되었다.

심익성(沈益聖) : 통훈. 갑술년(1754) 윤4월에 도임하여 을해년(1755) 6월에 폄파되었다.

이수봉(李壽鳳) : 통훈. 을해년(1755) 9월에 도임하여 정축년(1757)에 승교(乘轎, 가마를 타고다님)의 일로 안핵사의 계에 의해 파직되었다.

민광우(閔光遇) : 통정. 정축년(1757) 3월에 도임하여 무인년(1758) 6월에 폄중(貶中)되었다.

이하술(李河述) : 통훈. 무인년(1758) 10월에 도임하여 신사년(1761) 정월에 과체되었다.

구수국(具壽國) : 통훈. 신사년(1761) 정월에 도임하여 계미년(1763) 5월에 세선(稅船)이 취재(臭載, 배에 실은 짐이 상하여 냄새가 나고 못 쓰게 됨)된 일로 특별히 파직되었다.

강필리(姜必履) : 통정. 계미년(1763) 5월에 도임하여 계미년(1763) 7월에 대간으로 있을 때 위패(違牌)의 일로 파직되었다.

신응현(申應顯) : 통훈. 갑신년(1764) 8월에 도임하여 병술년(1766) 4월에 사간(司諫)으로 이배(移拜)하였다.

송덕중(宋德中) : 통훈. 병술년(1766) 5월에 도임하여 정해년(1767) 8월에 폄파되었다.

홍억(洪檍) : 통훈. 정해년(1767) 9월에 도임하여 무자년(1768) 5월에 기관(棄官)하였는데 부마(夫馬)를 스스로 갖추었다.

이만회(李萬恢) : 통정. 무자년(1768) 6월에 도임하여 기축년(1769) 5월에 문신과 수령이 한번에 개차(改差)하는 일로 체직되었다.

조덕진(趙德鎭) : 통훈. 기축년(1769) 5월에 도임하여 기축년(1769) 12월에 폄파되었다.

이철배(李哲培) : 통훈. 경인년(1770) 정월에 도임하여 신묘년(1771) 5월에 세선(稅船)이 치패(致敗)된 일로 붙잡혀가 파직되었다.

최태형(崔台衡) : 통정. 신묘년(1771) 5월에 도임하여 임진년(1772) 6월에 폄중(貶中)되었다.

구채오(具彩五) : 통훈. 임진년(1772) 8월에 도임하여 계사년(1773) 10월에 대파(臺罷)되었다.

정방(鄭枋) : 통훈. 계사년(1773) 10월에 도임하여 계사년(1773) 12월에 대파되었다.

신경준(申景濬) : 통정. 계사년(1773) 12월에 도임하여 갑오년(1774) 6월에 제주목사에 이배되었는데 스스로 부마(夫馬)를 갖추었다.

김약행(金若行) : 통정. 갑오년(1774) 6월에 도임하여 을미년(1775) 12월에 어사의 계에 의해 파직되었다.

임관주(任觀周) : 통훈. 병신년(1776) 정월에 도임하여 정유년(1777) 5월에 집의(執義)에 이배되었다.

이평(李枰) : 통훈. 정유년(1777) 6월에 도임하여 기해년(1779) 3월에 헌납(獻納)에 이배되었다.

이겸환(李謙煥) : 통정. 기해년(1779) 4월에 도임하여 경자년(1780) 3월에 상을 당하였다.

김몽화(金夢華) : 통훈. 경자년(1780) 4월에 도임하여 경자년(1780) 12월에 헌납(獻納)에 이배되었다.

송영(宋鍈) : 통정. 신축년(1781) 정월에 도임하여 임인년(1782) 3월에 대사간에 이배되었다.

이혜조(李惠祚) : 통정. 임인년(1782) 4월에 도임하여 갑진년(1784) 6월에 사체(辭遞)하였다.

유협기(柳協基) : 통훈. 갑진년(1784) 6월에 무안현감으로부터 도임하여 병오년(1786) 정월에 헌납(獻納)에 이배되었다.

유한모(兪漢謨) : 통훈. 병오년(1786) 정월에 도임하여 정미년(1787) 6월에 부수찬에 이배되었다.

정익조(鄭益祚) : 통정. 정미년(1787) 7월에 도임하여 기유년(1789) 10월에 집의(執義)에 이배되었다.

이지원(李祉源) : 통훈. 기유년(1789) 11월에 도임하여 경술년(1790) 2월에 황장목(黃腸木)의 일로 붙잡혀 파직되었다.

윤광안(尹光顔) : 통정. 경술년(1790) 2월에 도임하여 신해년(1791) 5월에 상을 당하였다.

정동원(鄭東元) : 통훈. 신해년(1791) 5월에 담양부사에서 도임하여 임자년(1792) 3월에 상을 당하였다.

이기(李夔) : 통정. 임자년(1792) 4월에 도임하여 임자년(1792) 11월에 상을 당하였다.

홍술조(洪述祖) : 통훈. 임자년(1792) 12월에 도임하여 갑인년(1794) 정월에 파직되었다.

김한동(金翰東) : 통정. 갑인년(1794) 2월에 도임하여 을묘년(1795) 12월에 내직에 이배되었다.

최수로(崔守魯) : 통정. 병진년(1796) 정월에 도임하여 무오년(1798) 6월에 과체되었다.

이동식(李東埴) : 통훈. 무오년(1798) 10월에 도임하여 기미년(1799) 8월에 폄파되었다.

신현(申絢) : 통훈. 기미년(1799) 9월에 도임하여 경신년(1800) 8월에 면직했다.

심철(沈鐵) : 통정. 경신년(1800) 9월에 능주목사에서 도임하여 임술년(1802) 정월에 교리(校理)로 이배되었다.

강휘옥(姜彙鈺) : 통훈. 임술년(1802) 정월에 도임하여 임술년(1802) 12월에 좌수사와 상교(相較)한 일로 순사(巡使)의 계문에 의해 파직되었다.

정노영(鄭魯榮) : 통훈. 계해년(1803) 정월에 도임하여 갑자년(1804) 12월에 사간(司諫)에 이배되었다.

송상렴(宋祥濂) : 통정. 을축년(1805) 정월에 도임하여 정묘년(1807) 6월에 과체되었다.

임후상(任厚祥) : 통정. 정묘년(1807) 7월에 도임하여 무진년(1808) 8월에 수파(繡罷, 어사에 의해 파직)되었다.

조진화(趙晉和) : 통훈. 무진년(1808) 8월에 도임하여 신미년(1811) 4월에 과체되었다.

한기유(韓耆裕) : 통훈. 신미년(1811) 8월에 도임하여 계유년(1813) 8월에 과체되었다.

김학순(金學淳) : 통훈. 계유년(1813) 8월에 도임하여 갑술년(1814) 5월에 상을 당하였다.

서유소(徐有素) : 통훈. 갑술년(1814) 9월에 도임하여 을해년(1815) 12월에 징세 착복으로 파직되었다.

홍기섭(洪起燮) : 통훈. 을해년(1815) 12월에 도임하여 정축년(1817) 12월에 대사간에 이배되었다. 거사비가 있다.

정관수(鄭觀綏) : 통정. 무인년(1818) 정월에 도임하여 무인년(1818) 3월에 대파되었다.

이경삼(李敬參) : 통정. 무인년(1818) 4월에 도임하여 경진년(1820) 6월에 면직했다.

이종운(李鍾運) : 통정. 경진년(1820) 7월에 도임하여 임오년(1822) 7월에 대사간에 이배되었다. 객사를 중수하고 와룡지를 팠다. 거사비가 있다.

이희조(李羲肇) : 통정. 임오년(1822) 7월에 도임하여 계미년(1823) 12월에 대사간에 이배되었다.

김정균(金鼎均) : 통정. 갑신년(1824) 정월에 도임하여 병술년(1826) 4월에 과체. 장대(章臺)와 환선정을 중수하였으며, 거사비가 있다.

박종학(朴宗學) : 통훈. 병술년(1826) 5월에 도임하여 정해년(1827) 7월에 집의(執義)에 이배되었다.

윤명규(尹命圭) : 통정. 정해년(1827) 7월에 도임하여 무자년(1828) 11월에 병사와 상교(相較)한 일로 장파(狀罷)되었다.

이진연(李晉淵) : 통정. 무자년(1828) 12월에 도임하여 경인년(1830) 7월에 대사간에 이배(移拜)되었다.

오치우(吳致愚) : 통정. 경인년(1830) 7월에 도임하여 임진년(1832) 정월에 승지(承旨)에 이배(移拜)되었다.

홍중섭(洪重燮) : 통정. 임진년(1832) 2월에 도임하여 계사년(1833) 8월에 병으로 체직되었다.

임한진(林翰鎭) : 통정. 계사년(1833) 9월에 도임하여 을미년(1835) 3월에 과체되었다.

남이무(南履懋) : 통정. 을미년(1835) 5월에 도임하여 병신년(1836) 12월에 대사간에 이배(移拜)되었다.

정예용(鄭禮容) : 가선. 정유년(1837) 2월에 도임하여 정유년(1837) 6월에 세선(稅船)이 치패(致敗)된 일로 파직되었다.

박종길(朴宗吉) : 통정. 정유년(1837) 9월에 도임하여 기해년(1839) 6월에 대사간에 이배(移拜)되었다. 객사와 연자루를 중수하였다.

이원익(李源益) : 통정. 기해년(1839) 7월에 도임하여 신축년(1841) 5월에 승지에 이배(移拜)되었다.

오취선(吳取善) : 통정. 신축년(1841) 6월에 도임하여 임인년(1842) 7월에 동래부사에 이배(移拜)되었다.

조석형(曺錫亨) : 통정. 임인년(1842) 7월에 도임하여 계묘년(1843) 10월에 이조참의에 이배(移拜)되었다.

이종병(李宗秉) : 통훈. 갑진년(1844) 2월에 도임하여 을사년(1845) 12월에 동부승지에 이배(移拜)되었다.

윤교성(尹敎成) : 통정. 병오년(1846) 정월에 도임하여 정미년(1847) 11월에 과체되었다.

윤행복(尹行福) : 통훈. 무신년(1848) 정월에 도임하여 기유년(1849) 7월에 지평(持平)에 이배(移拜)되었다.

조연창(趙然昌) : 통정. 기유년(1849) 8월에 도임하여 신해년(1851) 4월에 우승지에 이배(移拜)되었다.

이병규(李秉珪) : 통정. 신해년(1851) 5월에 도임하여 임자년(1852) 10월에 우승지에 이배(移拜)되었다.

김연근(金淵根) : 통정. 임자년(1852) 11월에 도임하여 갑인년(1854) 3월에 곡산부사에 이배(移拜)되었다.

신석희(申錫禧) : 통정. 갑인년(1854) 4월에 도임하여 을묘년(1855) 6월에 대사간에 이배(移拜)되었다.

심응태(沈膺泰) : 통정. 을묘년(1855) 7월에 도임하여 정사년(1857) 2월에 좌승지에 이배(移拜)되었다.

이승익(李承益) : 통정. 정사년(1857) 2월에 도임하여 무오년(1858) 5월에 우승지에 이배(移拜)되었다.

박문현(朴文鉉) : 통정. 무오년(1858) 5월에 도임하여 무오년(1858) 12월에 안악군수에 이배(移拜)되었다.

김완식(金完植) : 통정. 무오년(1858) 12월에 도임하여 경신년(1860) 9월에 좌승지에 이배(移拜)되었다.

이인석(李寅奭) : 가선. 경신년(1860) 10월에 도임하여 임술년(1862) 정월에 총관(總管)에 이배(移拜)되었다.

서신보(徐臣輔) : 통정. 임술년(1862) 2월에 도임하여 임술년(1862) 5월에 민요(民擾)로 인해 계파되었다.

박홍양(朴弘陽) : 통정. 임술년(1862) 6월에 도임하여 계해년(1863) 6월에 양주목사와 상환하였다.

황종현(黃鍾顯) : 통정. 계해년(1863) 8월에 도임하여 을축년(1865) 11월에 이조참의에 이배(移拜)되었다.

유협(柳映) : 통정. 을축년(1865) 12월에 도임하여 기사년(1869) 7월에 우부승지에 이배(移拜)되었다. 성을 보수하고 양전(量田)을 고침.

성이호(成彝鎬) : 통정. 기사년(1869) 8월에 도임하여 신미년(1871) 7월에 승지에 이배(移拜)되었다. 환선정을 수리하고 우선정(遇仙亭)을 창건하였다.

이순익(李淳翼) : 통정. 신미년(1871)에 도임하여 임신년(1872) 6월에 승지에 이배(移拜)되었다.

홍재현(洪在鉉) : 통정. 임신년(1872) 8월에 도임하여 갑술년(1874) 6월에 승지에 이배(移拜)되었다.

오준영(吳俊泳) : 통정. 갑술년(1874) 7월에 도임하여 병자년(1876) 8월에 상을 당하였다.

서정순(徐正淳) : 통정. 병자년(1876) 9월에 도임하여 무인년(1878) 3월에 상을 당하였다. 각 면에 선정비가 있다.

엄세영(嚴世永) : 통정. 무인년(1878) 4월에 도임하여 경진년(1880) 6월에 세곡(稅穀)의 일로 체직되었다.

김윤식(金允植) : 통정. 경진년(1880) 6월에 도임하여 신사년(1881) 윤7월에 영선사(領選使)에 피소(被召)되었다.

윤치담(尹致聃) : 통정. 신사년(1881) 9월에 도임하였다.

서주순(徐胄淳) : 통정. 계미년(1883) 4월에 도임하여 갑신년(1884) 11월에 승지에 이배(移拜)되었다.

윤헌(尹瀗) : 통정. 을유년(1885) 정월에 도임하여 동년 6월에 청주목사에 이배(移拜)되었다.

심상한(沈相漢) : 통정. 을유년(1885) 8월에 양주목사에서 도임하여 동년 10월에 성천부사가 되어 갔다.

이범진(李範晉) : 통정. 을유년(1885) 11월에 성천부사에서 도임하여 정해년(1887) 10월에 동춘추(同春秋)에 이배(移拜)되었다.

민경호(閔京鎬) : 통정. 정해년(1887) 12월에 남양부사에서 도임하였다.

송세헌(宋世憲) : 가선. 기축년(1889) 12월에 강화유수에서 도임하였다.

민영숙(閔泳肅) : 통훈. 경인년(1890) 5월에 도임하였다.

원우상(元禹常) : 정헌. 신묘년(1891) 2월에 도임하여 임진년(1892) 5월에 상을 당하였다.

김갑규(金甲圭) : 통정. 임진년(1892) 윤6월에 도임하여 갑오년(1894) 6월에 면직했다.

이수홍(李秀洪) : 통정. 갑오년(1894) 8월에 도임하였다.

군수(郡守) 백낙윤(白樂倫) : 가의. 을미년(1895) 정월에 도임하여 동년 7월에 남원부사 관찰사에 이배(移拜)되었다.

이근풍(李根豐) : 가선. 을미년(1895) 7월에 도임하여 동년 12월에 장흥군수에 이배(移拜)되었다.

김낙구(金洛龜) : 통훈. 을미년(1895) 12월에 도임하여 정유년(1897) 2월에 면직했다.

이겸제(李謙濟) : 통훈. 정유년(1897) 4월에 군부참령(軍部參領)에서 도임하여 무술년(1898) 정월에 면직했다.

윤성구(尹成求) : 통정. 무술년(1898) 4월에 남양부사에서 도임하여 기해년(1899) 6월에 내부참서관에 이배(移拜)되었다.

이재현(李載現) : 가선. 기해년(1899) 6월에 도임하여 신축년(1901) 5월에 상주군수에 이배(移拜)되었다.

김덕수(金德洙) : 통정. 신축년(1901) 7월에 도임하여 임인년(1902) 2월에 면직했다.

신경균(申慶均) : 통정. 임인년(1902) 3월에 도임하여 동년 7월에 정주군수에 이배(移拜)되었다.

최정익(崔正益) : 통정. 임인년(1902) 7월에 도임하여 계묘년(1903) 윤5월에 면직했다.

김명수(金命洙) : 가선. 계묘년(1903) 7월에 도임하여 동년 11월에 전북관찰사에 이배(移拜)되었다.

이우규(李禹珪) : 통정. 갑진년(1904) 2월에 도임하였다.

이승우(李承宇) : 가선. 병오년(1906) 2월에 도임하여 무신년(1908) 12월에 사체하였다.

이병휘(李秉輝) : 통정. 기유년(1909) 9월에 영광군수에서 도임하여 무오년 4월에 곡성군수가 되어 떠났다.

영광 靈光
水路九百七十里
濟州
大靜
旌義
海南
康津
長興
靈巖
羅州
南平
光州
和順
綾州
寶城
樂安
順天
光陽
興陽
務安
咸平
靈光
長城
潭陽
昌平
同福
谷城
玉果
求禮
珍島
莞島

# 영광(靈光)201)

백제 때 무시이군(武尸伊郡)으로 칭했고, 당나라가 백제를 멸한 뒤에 모지(牟支)로 개칭되어 사반주(沙泮州)의 영현으로 되었으며, 오늘날의 군남면 지역에 아로현(阿老縣)이 설치되었다. 757년(경덕왕 16)에 무령군(武靈郡)으로 개칭되고 장사(長沙)·무송(茂松)·고창(高敞)의 3현을 관할하였고, 아로현은 갈도현(喝島縣)으로 고쳐져서 압해군(壓海郡)의 영현으로 되었다. 고려초 940년(태조 23)에 오늘날의 이름인 영광군으로 바뀌었으며, 조선시대에도 영광군을 유지했다. 1629~1638, 1755~1764년에 현으로 강등되기도 했다. 영광의 별호는 오성(筽城)·정주(靜州)이다. 지방제도 개정에 의해 1896년에 전라남도 영광군이 되었고, 1906년의 월경지 정리로 비입지인 망운면·진하산면·다경포를 무안군으로 이관했다. 1914년의 군면 폐합 때 삼계면과 삼서면은 장성군으로 이관되었고, 1963년에는 위도면이 전라북도 부안군으로 편입되었다.

안홍(安弘) : 문과. 통훈대부. 가정(嘉靖) 계축년(1553) 6월 16일에 부임하여 갑인년(1554)에 어사에 의해 파직되었다.

양응태(梁應台) : 문과. 통훈대부. 갑인년(1554) 9월 17일에 부임하여 을묘년(1555)에 왜변(倭變)이 일어나자 문신(文臣)은 합당치 못하다고 하며 떠났다.

이원준(李元俊) : 무과. 통정대부. 을묘년(1555) 6월 3일에 부임하여 병진년(1556)에 파직되었다.

이관(李瓘) : 문과. 통훈대부. 정사년(1557) 정월 24일에 부임하였다. 비

201) 『영광속수여지승람』(1931)을 저본으로 하였다. 이 책은 『전라남도 영광군지도읍지』(1899)를 저본으로 삼은 것으로 보인다.

석이 세워졌다.

조덕원(趙德元) : 문과. 통훈대부. 무오년(1558) 2월 7일에 부임하여 기미년(1559)에 파직되었다.

김한경(金漢卿) : 문과. 통훈대부. 기미년(1559) 5월 6일에 부임하여 신유년(1561)에 파직되었다.

김세공(金世功) : 무과. 통훈대부. 신유년(1561) 10월 13일에 부임하여 갑자년(1564)에 붙잡혀갔다.

신계원(申繼元) : 무과. 통훈대부. 갑자년(1564) 5월 27일에 부임하여 동월에 전임(前任)을 해유(解由)[202]하지 못해 파직되었다.

변봉지(邊鳳祉) : 무과. 통훈대부. 갑자년(1564) 7월 10일에 부임하여 을축년(1565)에 폄파(貶罷)되었다.

윤홍중(尹弘中) : 문과. 통훈대부. 병인년(1566) 2월 13일에 부임하여 무진년(1568)에 파직되었다.

김지(金墀) : 무과. 통훈대부. 융경(隆慶) 기사년(1569) 정월 20일에 부임하여 동래부(東萊府)로 옮겨갔다.

이희응(李希膺) : 무과. 통훈대부. 기사년(1569) 6월 6일에 부임하여 동년에 파직되었다.

손홍서(孫興緖) : 문과. 통훈대부. 경오년(1570) 2월 1일에 부임하여 동년에 폄파(貶罷)되었다.

이사영(李士英) : 문과. 통훈대부. 경오년(1570) 9월 7일에 부임하여 동년에 파직되었다.

안용(安容) : 문과. 중훈대부. 신미년(1571) 2월 3일에 부임하여 계유년(1573)에 헌납(獻納)에 승직되었다.

민정명(閔定命) : 문과. 통훈대부. 만력(萬曆) 갑술년(1574) 정월 15일에

202) 해유(解由) : 조선시대 관리가 교체될 때 작성하는 인수인계서. '해'는 임기가 만료되어 그 직책에서 해제된다는 뜻이고, '유'는 임기중의 업무에 대한 평가를 거쳤다는 뜻이다. 즉 해유는 전임자가 후임자에게 인수인계하면서 재임했던 동안 출납·보관하던 물품 등의 회계가 정확함을 인정받고 책임을 면제받는 것이었다.

부임하여 을해년(1575)에 장령(掌令)으로 승직되었다.

양사준(梁士俊) : 무과. 통훈대부. 을해년(1575) 4월 26일에 부임하여 병자년(1576)에 파직되었다.

최경창(崔慶昌) : 문과. 통훈대부. 병자년(1576) 11월 12일에 부임하여 사체(辭遞)하였다. 호는 고죽(孤竹).

홍여순(洪汝淳) : 문과. 조산대부. 정축년(1577) 윤8월 1일에 부임하여 기묘년(1579)에 파직되었다.

정염(丁焰) : 문과. 통훈대부. 기묘년(1579) 6월 12일에 부임하여 경진년(1580)에 재상(災傷)으로 파직되었다.

민충남(閔忠男) : 문과. 조산대부. 경진년(1580) 12월 10일에 부임하여 신사년(1581)에 폄파(貶罷)되었다.

박광옥(朴光玉) : 문과. 중직대부. 신사년(1581) 10월 22일에 부임하여 계미년(1583)에 파직되었다.

김외천(金畏天) : 무과. 봉정대부. 계미년(1583) 3월 8일에 부임하여 동년에 졸하였다.

홍세영(洪世英) : 문과. 중직대부. 계미년(1583) 11월 22일에 부임하여 정해년(1587)에 사변(事變)으로 인해 체직되었다.

최몽성(崔夢星) : 무과. 통훈대부. 정해년(1587) 3월 6일에 부임하여 무자년(1588)에 전임이었던 영흥부사(永興府使) 때 녹둔도(鹿屯島)에 호인(胡人)이 경작하는 것을 허락한 일로 붙잡혀 갔다.

왕경조(王景祚) : 무과. 조산대부. 무자년(1588) 8월 1일에 부임하여 신묘년(1591)에 파직되었다.

남궁견(南宮涀) : 무과. 통훈대부. 신묘년(1591) 9월 3일에 부임하여 계사년(1593)에 계(啓)에 의해 파직되었다.

신상절(申尙節) : 무과. 통훈대부. 계사년(1593) 3월 6일에 부임하여 암행어사의 계문에 의해 파직되었다.

박진남(朴震男) : 무과. 조산대부. 계사년(1593) 12월 28일에 부임하여 갑오년(1594)에 파직되었다.

정연(丁淵) : 무과. 통훈대부. 갑오년(1594) 4월 15일에 부임하여 을미년(1595)에 전세(田稅)를 포구에 내지 않아서 해판(海判)의 계문에 의해 파직되었다.

김상준(金尙寯) : 문과. 봉직대부. 을미년(1595) 6월 15일에 부임하여 정유년(1597)에 군에 어미를 죽인 일이 있어서 부계(府啓)에 의해 파직되었다.

전협(田浹) : 무과. 통훈대부. 정유년(1597) 9월 1일에 부임하여 무술년(1598)에 감사(監司)의 계문에 의해 파직되었다.

김익복(金益福) : 문과. 봉렬대부. 무술년(1598) 4월 6일에 부임하여 기해년(1599)에 당나라 장수 진도독(陳都督) 앞에서 곤장을 맞고 죽었다.

양사형(楊士衡) : 문과. 통덕랑. 기해년(1599) 4월 1일에 부임하여 동월에 전임인 순찰사종사관 때 공명첩(空名帖)을 잃어버린 일로 붙잡혀갔다.

김공희(金公喜) : 문과. 중직대부. 기해년(1599) 윤4월 24일에 부임하여 경자년(1600)에 어사에 의해 파직되었다.

경섬(慶暹) : 문과. 통훈대부. 경자년(1600) 5월 17일에 부임하여 신축년(1601)에 남원부사에 승직되었다. 비석이 세워졌다.

이춘기(李春祺) : 문과. 통훈대부. 임인년(1602) 5월 20일에 부임하여 계묘년(1603)에 어사에 의해 파직되었다.

박정현(朴鼎賢) : 문과. 조산대부. 계묘년(1603) 5월 6일에 부임하여 잘 다스린 일로 1년을 더하고 무신년(1608)에 떠났다. 비석이 세워졌다.

백대형(白大珩) : 문과. 통훈대부. 무신년(1608) 8월 4일에 부임하여 기유년(1609)에 원계(院啓)로 파직되었다.

윤황(尹煌) : 문과. 중훈대부. 기유년(1609) 11월 8일에 부임하여 계축년(1613)에 부계(府啓)로 파직되었다. 호는 팔송(八松). 비석이 세워졌다.

유석증(兪昔曾) : 문과. 통훈대부. 계축년(1613) 9월 12일에 부임하여 잘 다스린 일로 을묘년(1615)에 당상(堂上)에 오르고 무오년(1618)에 기한을 마치고 떠났다. 비석이 세워졌다.

박이서(朴彝敍) : 문과. 가의대부. 무오년(1618) 2월 21일에 부임하여 기미년(1619)에 사직서를 올리고 떠났다. 비석이 세워졌다.

한옥(韓玉) : 문과. 통훈대부. 기미년(1619) 8월 18일에 부임하여 경신년(1620)에 칭념(稱念)하는 비(婢)를 타살한 일로 감사(監司)의 계보에 의해 파직되었다.

박자응(朴自凝) : 문과. 통훈대부. 경신년(1620) 12월 15일에 부임하여 계해년(1623)에 상을 당해 떠났다. 비석이 세워졌다.

조홍립(曺弘立) : 문과. 통훈대부. 계해년(1623) 5월 25일에 부임하여 순찰사(巡察使)의 계보에 의해 파직되었다.

원두표(元斗杓) : 음관. 통정대부. 계해년(1623) 윤10월 11일에 부임하여 갑자년(1624)에 이괄(李适)의 난이 일어나자 군사를 이끌고 인조의 남행을 도왔다. 비석이 세워졌다.

정양필(鄭良弼) : 문과. 통훈대부. 갑자년(1624) 10월 10일에 부임하여 무진년(1628)에 사직하였다. 비석이 세워졌다.

박안제(朴安悌) : 문과. 통훈대부. 숭정(崇禎) 무진년(1628) 4월 6일에 부임하여 경오년(1630)에 체직되었다. 고을 사람 이극규(李克揆)가 광해군 때 대비를 폐하자는 소두(疏頭)가 되었기 때문에 경원으로 정배되고 모역죄로 복주(伏誅)되었는데 이 일로 군이 현으로 강등되었다. 벼슬이 참판(參判)에 이르렀고 비석이 세워졌다.

현감 임광(任絖) : 문과. 통훈대부. 경오년(1630) 2월 27일에 부임하여 신미년(1631)에 말미를 얻어 상경한 후 사직서를 올리고 체직되었다. 비석이 세워졌다.

박황(朴潢) : 문과. 통훈대부. 신미년(1631) 12월 6일에 부임하여 임신년(1632)에 이조좌랑에 승직되었다.

강대수(姜大遂) : 문과. 임신년(1632) 9월 22일에 부임하여 계유년(1633)에 홍문관부수찬에 승직되었다. 비석이 세워졌다.

이계(李烓) : 문과. 통훈대부. 갑술년(1634) 정월 4일에 부임하여 폄파(貶罷)되었다.

윤효영(尹孝永) : 문과. 통훈대부. 갑술년(1634) 9월 14일에 부임하여 을해년(1635)에 폄파(貶罷)되고 죽었다.

송몽석(宋夢錫) : 문과. 조산대부. 을해년(1635) 8월 7일에 부임하여 정축년(1637)에 병으로 죽었다. 비석이 세워졌다.

이시환(李時煥) : 문과. 통정대부. 정축년(1637) 윤4월 20일에 부임하여 기묘년(1639)에 체직되었다. 비석이 세워졌다. 무인년(1638)에 다시 군으로 승격되었다.

군수 김익희(金益熙) : 문과. 중훈대부. 기묘년(1639) 12월 2일에 부임하여 경진년(1640)에 어버이가 병이 들어 체직되었다.

변호길(邊虎吉) : 문과. 통훈대부. 경진년(1640) 4월 2일에 부임하여 병으로 죽었다.

김정현(金鼎鉉) : 문과. 통훈대부. 경진년(16404) 12월 3일에 부임하여 신사년(1641)에 남형(濫刑)한 일로 부계(府啓)에 의해 파직되었다.

최욱(崔煜) : 문과. 통훈대부. 신사년(1641) 6월 17일에 부임하여 임오년(1642)에 전선화기(戰船火器)를 미비한 일로 통제사 장계(狀啓)에 의해 파직되었다.

유석(柳碩) : 문과. 통훈대부. 임오년(1642) 윤11월 6일에 부임하여 을유년(1645)에 병으로 체직되었다. 호는 개산(皆山).

김태기(金泰基) : 문과. 통훈대부. 을유년(1645) 11월 6일에 부임하여 병술년(1646)에 병으로 죽었다.

변시익(卞時益) : 문과. 통훈대부. 병술년(1646) 3월 7일에 부임하여 동년에 전세(田稅)를 타도(他道)의 배에 실어 보낸 일로 부계(府啓)로 인해 파직되었다.

이인(李壙) : 문과. 통훈대부. 병술년(1646) 10월 16일에 부임하여 전임 한림(翰林) 때 사기(史記)를 수정하지 않은 일로 파직되었다.

이수성(李守誠)[203] : 문과. 통훈대부. 정해년(1647) 정월 27일에 부임하여 무자년(1648)에 관직을 버리고 떠났다.

최탁(崔琢) : 문과. 통훈대부. 무자년(1648) 3월 4일에 부임하여 기축년(1649)에 병으로 사직하였다.

유덕창(柳德昌) : 문과. 통훈대부. 기축년(1649) 4월 20일에 부임하여 경인년(1650)에 어사에 의해 파직되었다.

이제형(李齊衡) : 문과. 통훈대부. 경인년(1650) 2월 25일에 부임하여 임진년(1652)에 월과(月課)를 연속 3번이나 짓지 않은 일로 파직되었다. 비석이 세워졌다.

강윤형(姜允亨) : 문과. 통훈대부. 계사년(1653) 정월 3일에 부임하여 갑오년(1654)에 사직서를 올리고 떠났다.

홍주일(洪柱一) : 문과. 통훈대부. 갑오년(1654) 3월 22일에 부임하여 동년에 어사에 의해 파직되었다. 비석이 세워졌다.

한진(韓縝) : 문과. 통훈대부. 을미년(1655) 2월 25일에 부임하여 병신년(1656)에 노비를 추쇄(推刷)한 일로 어사의 계보에 의해 파직되었다.

최문식(崔文湜) : 문과. 통훈대부. 병신년(1656) 4월 20일에 부임하여 정유년(1657)에 전선(戰船)과 군기(軍器)에 탈이 난 일로 통제사의 계문에 의해 파직되었다.

권령(權坽) : 문과. 통정대부. 정유년(1657) 10월 3일에 부임하여 순찰사와 상피(相避)로 체직되었다. 벼슬이 우윤(右尹)에 이르렀다.

---

203) 『영광속수여지승람』(1931)에는 이수계(李守誡)로 기록되어 있지만 『전라남도 영광군지도읍지』(1899)에 의거하여 고쳤다.

홍수(洪燧) : 문과. 통훈대부. 무술년(1658) 5월 20일에 부임하여 경자년(1660)에 남원부사(南原府使)에 승직되었다. 비석이 세워졌다.

안진(安縝) : 문과. 통훈대부. 경자년(1660) 8월 17일에 부임하여 진휼할 때 진구(賑救)에 불근(不謹)하다는 어사의 서계(書啓)로 인해 붙잡혀갔다.

윤성(尹琙) : 문과. 통훈대부. 신축년(1661) 7월 21일에 부임하여 갑진년(1664)에 사직하였다.

성초객(成楚客) : 문과. 통정대부. 갑진년(1664) 11월 19일에 부임하여 을사년(1665)에 사직하였다.

정시성(鄭始成) : 문과. 통훈대부. 을사년(1665) 12월 10일에 부임하여 정미년(1667)에 살인죄인을 헐하게 다스린 일로 파직되었다. 벼슬이 감사(監司)에 이르렀다.

여경(呂瀓) : 문과. 통훈대부. 정미년(1667) 6월 21일에 부임하여 기유년(1669)에 원계(院啓)에 의해 파직되었다.

홍석기(洪錫箕) : 문과. 통정대부. 기유년(1669) 7월 10일에 부임하여 원계(院啓)로 파직되었다. 호는 만연(晩淵).

심구(沈玖) : 문과. 통훈대부. 경술년(1670) 4월 13일에 부임하여 부계(府啓)에 의해 파직되었다.

정중휘(鄭重徽) : 문과. 통훈대부. 경술년(1670) 12월 12일에 부임하여 필선(弼善)으로 승직되었다. 벼슬이 참판(參判)에 이르렀다.

강여호(姜汝㦿) : 문과. 통훈대부. 계축년(1673) 2월 16일에 부임하여 재상(災傷)으로 파직되었다.

이수항(李守恒) : 문과. 통정대부. 을묘년(1675) 2월 6일에 부임하여 세선(稅船)을 늦게 발선한 일로 파직되었다.

손만웅(孫萬雄) : 문과. 통덕랑. 을묘년(1675) 10월 7일에 부임하여 병진년(1676)에 정언(正言)이 되어 옮겨갔다.

이희룡(李喜龍) : 문과. 중직대부. 정사년(1677) 정월 29일에 부임하여 전선(戰船)에 가좌수(假座首)를 대신 보낸 일로 부계(府啓)에 의해 파직되었다.

이륜(李綸) : 문과. 통훈대부. 정사년(1677) 7월 16일에 부임하여 장령(掌令)에 승직되었다.

박신(朴紳) : 문과. 통훈대부. 기미년(1679) 2월 21일에 부임하여 신유년(1681)에 사직하였다. 비석이 세워졌다.

이증(李增) : 문과. 통훈대부. 신유년(1681) 8월 10일에 부임하여 계해년(1683)에 전임 제주어사(濟州御史) 때 과장(科場)을 살피지 않은 일로 붙잡혀갔다.

이수징(李壽徵) : 문과. 통훈대부. 계해년(1683) 6월 9일에 부임하여 정묘년(1687)에 사직하였다. 비석이 세워졌다.

심집(沈楫) : 문과. 통훈대부. 정묘년(1687) 7월 29일에 부임하여 무진년(1688)에 의주부윤(義州府尹)에 승직되었다.

안여석(安如石) : 문과. 통정대부. 무진년(1688) 9월 11일에 부임하여 기사년(1689)에 청주감사(淸州監司)에 승직되었다.

심극(沈極) : 문과. 통훈대부. 기사년(1689) 윤2월 24일에 부임하여 법성창(法聖倉)의 전세(田稅)를 봉상(捧上)하는 차사원(差使員)과 세미색(稅米色)이 악한 일을 한 것 때문에 붙잡혀갔다.

권지(權持) : 문과. 통정대부. 경오년(1690) 8월 1일에 부임하여 어사의 계보에 의해 파직되었다.

정선명(鄭善鳴) : 문과. 통훈대부. 신미년(1691) 8월 27일에 부임하여 계유년(1693)에 사직하였다.

임순원(任舜元) : 문과. 통훈대부. 계유년(1693) 12월 8일에 부임하여 갑술년(1694)에 사직하였다.

윤성교(尹誠教) : 문과. 통훈대부. 갑술년(1694) 9월 13일에 부임하여 헌납(獻納)으로 승직하였다.

이동암(李東馣) : 문과. 통훈대부. 을해년(1695) 5월 11일에 부임하여 어사의 계보에 의해 파직되었다.

홍숙(洪璛) : 문과. 통정대부. 병자년(1696) 7월 12일에 부임하여 방백(方伯)과 상피(相避)로 체직되었다.

박만정(朴萬鼎) : 문과. 통훈대부. 정축년(1697) 윤3월 13일에 부임하여 노비가 작미(作米)를 납부하지 않은 일로 계파(啓罷)되었다.

박세준(朴世儁) : 문과. 통정대부. 정축년(1697) 10월 13일에 부임하여 사직하였다.

이만령(李萬齡) : 문과. 통훈대부. 무인년(1698) 정월 25일에 부임하여 사직하였다. 비석이 세워졌다.

이현조(李玄祚) : 문과. 통정대부. 경진년(1700) 5월 6일에 부임하여 수조(水操)에 불참한 일로 수사(水使)의 계문으로 인해 붙잡혀갔다.

안세징(安世徵) : 문과. 통정대부. 임오년(1702) 정월 3일에 부임하여 동년에 병으로 죽었다.

임방(任埅) : 문과. 통훈대부. 임오년(1702) 12월 12일에 부임하여 필선(弼善)에 승직되었다. 비석이 세워졌다.

임호(林濩) : 문과. 통정대부. 계미년(1703) 11월 13일에 부임하여 을유년(1705)에 사직하였다. 거사비(去思碑)가 세워졌다.

이형상(李衡祥) : 문과. 통정대부. 을유년(1705) 10월 24일에 부임하여 어사의 계보로 파직되었다. 비석이 세워졌다.

유술(柳述) : 문과. 통훈대부. 병술년(1706) 10월 13일에 부임하여 어사의 계보로 파직되었다.

권업(權㸁) : 문과. 통훈대부. 무자년(1708) 6월 10일에 부임하여 기축년(1709)에 사직하였다. 비석이 세워졌다.

박사동(朴師東) : 문과. 통훈대부. 기축년(1709) 11월 21일에 부임하여 폄파(貶罷)되었다. 비석이 세워졌다.

김시환(金始煥) : 문과. 통훈대부. 임진년(1712) 3월 6일에 부임하여 갑오년(1714)에 필선(弼善)에 승직되었다. 진휼을 잘한 일로 표리

(表裏)를 하사받았고 생사당(生祠堂)이 세워졌다.

권이진(權以鎭) : 문과. 통정대부. 갑오년(1714) 8월 3일에 부임하여 을미년(1715)에 파직되었다. 진휼을 잘한 일로 숙마(熟馬) 1필을 하사받았다.

한세량(韓世良) : 문과. 통정대부. 병신년(1716) 2월 22일에 부임하여 정유년(1717)에 사직하였다.

권첨(權詹) : 문과. 통훈대부. 정유년(1717) 8월 21일에 부임하여 통제사(統制使)와 상피(相避)로 체직되었다.

신필현(申弼賢) : 문과. 통훈대부. 무술년(1718) 7월 1일에 부임하여 재결(災結)을 남보(濫報)하여 계문에 의해 파직되었다.

김시환(金始煥) : 문과. 통훈대부. 무술년(1718) 12월 10일에 부임하여 문학관(文學官)으로 이배(移拜)되었다.

강필경(姜必慶) : 문과. 통훈대부. 임인년(1722) 5월 10일에 부임하여 계묘년(1723)에 교리(校理)에 이배되었다.

황익재(黃翼再) : 문과. 통훈대부. 계묘년(1723) 10월 12일에 부임하여 대간의 탄핵으로 인해 떠났다.

김담(金墰) : 문과. 통훈대부. 을사년(1725) 8월 4일에 부임하여 병오년(1726)에 상을 당해 떠났다.

이의천(李倚天) : 문과. 통정대부. 병오년(1726) 9월 10일에 부임하여 동래부사(東萊府使)에 이배되었다.

박성로(朴聖輅) : 문과. 통정대부. 정미년(1727) 정월 19일에 부임하여 관직을 버리고 떠났다.

김호(金浩) : 문과. 통훈대부. 정미년(1727) 10월 8일에 부임하여 무신년(1728)에 폄파(貶罷)되었다.

이저(李著) : 문과. 통훈대부. 무신년(1728) 8월 10일에 부임하여 본도(本道)에 사직서를 내고 체직되었다.

이정석(李廷錫) : 문과. 통훈대부. 기유년(1729) 7월 24일에 부임하여 경술년(1730)에 병으로 죽었다.

이보욱(李普昱) : 문과. 통훈대부. 경술년(1730) 8월 12일에 부임하여 금송(禁松)을 엄하게 하지 않은 일로서 수사(水使)의 장계(狀啓)로 인해 붙잡혀갔다.

윤지원(尹志遠) : 문과. 조봉대부. 임자년(1732) 3월 2일에 부임하여 동년에 폄파되었다.

조명신(趙命臣) : 문과. 통정대부. 임자년(1732) 11월 17일에 부임하여 체직되었다.

정광제(鄭匡濟) : 문과. 통훈대부. 계축년(1733) 9월 22일에 부임하여 체직되었다.

황상노(黃尙老) : 문과. 통훈대부. 무오년(1738) 7월 9일에 부임하여 감사(監司)와 피혐(避嫌)으로 사직하여 체직되었다.

신치운(申致雲) : 문과. 통정대부. 무오년(1738) 9월 25일에 부임하여 마치(馬峙)에서 호랑이를 잡을 때 속오군(束伍軍)이 마음대로 움직인 일로서 병사(兵使)의 계보에 의해 파직되었다.

남태온(南泰溫) : 문과. 통정대부. 기미년(1739) 7월 22일에 부임하여 임기가 다되었음을 알리려 상경했다가 일 일로 폄파(貶罷)되었다.

이유신(李裕身) : 문과. 통훈대부. 임술년(1742) 4월 10일에 부임하여 계해년(1743)에 서장관(書狀官)에 제수되었다.

조중직(趙重稷) : 문과. 봉정대부. 갑자년(1744) 정월 10일에 부임하여 이조로부터 낮은 점수를 받아 파직되었다.

박춘보(朴春普) : 문과. 통훈대부. 갑자년(1744) 9월 28일에 부임하여 을축년(1745)에 수찬(修撰)에 이배되었다.

한계진(韓啓震) : 문과. 통훈대부. 을축년(1745) 11월 19일에 부임하여 청선(淸船)의 일로 먼저 파직되고 후에 붙잡혀갔다.

유최기(兪㝡基) : 문과. 통정대부. 병인년(1746) 11월 27일에 대사간(大司諫)의 출보(黜補)로 부임하여 정묘년(1747)에 병조참의에 이배되었다.

이홍직(李弘稷) : 문과. 통훈대부. 정묘년(1747) 12월 28일에 부임하여 이조로부터 두 번이나 낮은 점수를 받아 파직되었다.

이광익(李光瀷) : 문과. 통훈대부. 기사년(1749) 4월 10일에 부임하여 신미년(1751)에 장령(掌令)에 이배되었다.

박홍준(朴弘儁) : 문과. 통훈대부. 신미년(1751) 5월 9일에 부임하여 동년에 헌납(獻納)에 이배되었다.

김시위(金始煒) : 문과. 통정대부. 임신년(1752) 2월 10일에 부임하여 계유년(1753)에 어사로 인해 체직되었다.

구윤명(具允明) : 문과. 통정대부. 계유년(1753) 10월 19일에 부임하여 갑술년(1754)에 상을 당했다.

심관(沈鑧) : 문과. 통훈대부. 갑술년(1754) 9월 21일에 부임하여 을해년(1755)에 헌납(獻納)에 이배되었다. 동년 8월에 역모자의 태생지라 해서 군이 현으로 강등되었다.

현감 이우(李堣) : 문과. 통훈대부. 을해년(1755) 11월 14일 정사에서 사간(司諫)으로서 본직에 제수되어 병자년(1756) 정월 4일에 부임하고 정축년(1757)에 안핵사의 계보에 의해 파직되었다.

임상원(林象元) : 문과. 통정대부. 정축년(1757) 5월 7일에 부임하여 기묘년(1759)에 임기가 만료되어 체직되었다.

윤일복(尹一復) : 문과. 통훈대부. 기묘년(1759) 11월 2일에 부임하여 임오년(1762)에 인끈을 던지고 상경하였기 때문에 순영에서 장계하였고, 전교에 의해 본읍에 귀양 보내졌다가 동년 11월에 몽유(蒙宥)되었다.

홍수보(洪秀輔) : 문과. 통훈대부. 임오년(1762) 7월 20일에 부임하여 계미년(1763)에 모친상을 당했다.

윤면동(尹冕東) : 문과. 통훈대부. 계미년(1763) 정월 27일에 부임하여 갑신년(1764)에 진도(珍島) 선인(船人)이 국자(麯子) 7원(員)을

경강(京江)에서 현착(現捉)하고서 본군의 법성포(法聖浦)에서 사갔다는 뜻으로 알린 일로 장기현에 정배(定配)되었다. 갑신년(1764) 정월에 다시 군으로 승격되었다.

군수 이성억(李聖檍) : 문과. 통훈대부. 갑신년(1764) 5월 24일에 부임하여 을유년(1765)에 진휼을 잘한 일로 새서(璽書, 옥새가 찍혀 있는 문서)와 표리(表裏, 옷감)를 하사받았고, 동년의 도정에서 온성부사(穩城府使)에 승직되었다.

이흥종(李興宗) : 문과. 통정대부. 을유년(1765) 7월 16일에 부임하여 정해년(1767)에 서책과 화분을 조운선에 덧실은 일로 어사의 서계로 인해 파직되고 위도진(蝟島鎭)에 정배(定配)되었다.

홍상직(洪相直) : 문과. 통훈대부. 정해년(1767) 7월 15일에 부임하여 동월에 전직인 대간(臺諫)의 일로 파직되었다.

황간(黃幹) : 문과. 통훈대부. 정해년(1767) 8월 9일에 부임하여 무자년(1768)에 대계(臺啓)로 인해 파직되었다.

박사해(朴師海) : 문과. 통정대부. 무자년(1768) 9월 27일에 부임하여 기축년(1769)에 시종관(侍從官)으로서 벼슬이 바뀌어 돌아갔다.

권급(權伋) : 무과. 통정대부. 기축년(1769) 5월 13일에 부임하여 동월에 대신(臺臣)이 상주하여 벼슬이 바뀌어 돌아갔다.

이방일(李邦一) : 무과. 통정대부. 기축년(1769) 6월 4일에 부임하여 신묘년(1771)에 입시했을 때 어버이의 병이 낫지 않은 것을 아뢰어 특별히 체직이 허락되었다.

서명천(徐命天) : 문과. 통정대부. 신묘년(1771) 4월 7일에 부임하여 임진년(1772)에 경파(京罷)되었다.

정언형(鄭彦衡) : 무과. 통정대부. 임진년(1772) 9월 28일에 부임하여 벼슬이 바뀌어 돌아갔다.

이창임(李昌任) : 문과. 통정대부. 계사년(1773) 정월 28일에 부임하여 동년 5월에 승지(承旨)로 승소(承召)하였다.

정환유(鄭煥猷) : 문과. 통정대부. 계사년(1773) 8월 15일에 부임하여 갑자년(1774)에 진휼을 잘한 일로 자품이 올랐고, 을미년(1775)에 사직하였다.

박취원(朴取源) : 문과. 통정대부. 을미년(1775) 4월 26일에 부임하여 병신년(1776)에 친사응피(親査應避)한 일로 감사의 계보에 의해 체직되었다.

홍경안(洪景顔) : 문과. 통정대부. 병신년(1776) 5월 8일에 부임하여 무술년(1778)에 체직되었다.

심유진(沈有鎭) : 문과. 통정대부. 무술년(1778) 8월 12일에 부임하여 경자년(1780)에 사직하였다.

이의관(李義寬) : 문과. 통정대부. 경자년(1780) 7월 9일에 부임하여 신축년(1781)에 친환(親患)으로 이조에 사직서를 올리고 체직되었다.

오대익(吳大益) : 문과. 통정대부. 신축년(1781) 윤5월 18일에 부임하여 임인년(1782)에 대사간(大司諫)에 이배되었다.

이경일(李敬一) : 문과. 통훈대부. 계묘년(1783) 정월 24일에 부임하여 갑진년(1784)에 집의(執義)에 이배되었다.

강오성(姜五成) : 무과. 가의대부. 을사년(1785) 정월 26일에 부임하여 병오년(1786)에 경남좌병사에 승직되었다. 비석이 세워졌다.

한광근(韓光近) : 문과. 통훈대부. 병오년(1786) 3월 28일에 부임하여 정미년(1787)에 부응교(副應校)에 이배되었다. 비석이 세워졌다.

김방행(金方行) : 문과. 통훈대부. 무신년(1788) 정월 16일에 부임하여 기유년(1789)에 법성독진(法聖獨鎭)의 일[204]로 그 진민(鎭民)이 상언(上言)한 것에 의거하여 순영으로부터 조사를 받고 계문에 의해 파직되었다.

---

204) 법성독진(法聖獨鎭)의 일. : 법성진이 1789년(정조 13)에 독진(獨鎭)으로 승격되면서 영광군에서 분리된 일.

이득준(李得駿) : 무과. 통정대부. 기유년(1789) 2월 12일에 부임하여 동년에 통진부사(通津府使)에 이배되었다.

이항연(李恒演) : 음직. 통훈대부. 기유년(1789) 10월 10일에 통진부사로서 상환하여 25일에 부임하고 경술년(1790)에 해주판관(海州判官)으로 옮겼다.

정치순(鄭致淳) : 문과. 통훈대부. 경술년(1790) 5월 18일에 부임하여 임자년(1792)에 전직 읍관의 일로 경파(京罷)되었다.

김재익(金載翼) : 문과. 통정대부. 임자년(1792) 5월 6일에 부임하여 계축년(1793)에 사직제(社稷祭)를 친히 거행하지 않은 일로 취리(就理)[205]후 경파(京罷)되었다.

이제만(李濟萬) : 문과. 통정대부. 갑인년(1794) 정월 19일에 부임하여 병진년(1796)에 체직되었다.

박성태(朴聖泰) : 병진년(1796) 6월 20일에 부임하여 기미년(1799)에 체직되었다.

오태현(吳泰賢) : 문과. 통정대부. 기미년(1799) 5월 17일에 부임하여 경신년(1800)에 폄체되었다.

남이익(南履翼) : 문과. 통정대부. 경신년(1800) 8월 28일에 부임하여 신유년(1801)에 체직되었다.

최광태(崔光泰) : 문과. 통정대부. 신유년(1801) 9월 22일에 부임하여 임술년(1802)에 암행어사 서계에 의해 먼저 파직되고 후에 붙잡혀갔다.

김기상(金箕象) : 문과. 통정대부. 임술년(1802) 7월 10일에 부임하여 계해년(1803)에 체직되었다.

이기헌(李基憲) : 문과. 통훈대부. 계해년(1803) 5월 13일에 부임하여 갑자년(1804)에 체직되었다.

---

205) 취리(就理) : 죄를 지은 벼슬아치가 의금부(義禁府)에 나아가 심리를 받던 일.

윤행직(尹行直) : 문과. 통훈대부. 갑자년(1804) 6월 8일에 부임하여 병인년(1806)에 체직되었다.

엄기(嚴耆) : 문과. 통정대부. 병인년(1806) 9월 22일에 부임하여 기사년(1809)에 임기가 만료되어 체직되었다.

이소(李素) : 음직. 통정대부. 기사년(1809) 5월 24일에 부임하여 경오년(1810)에 대동미를 포장하여 싣지 않은 일로 취리(就理) 후 체직되었다.

박효성(朴孝成) : 문과. 통훈대부. 경오년(1810) 6월 16일에 부임하여 신미년(1811)에 부수찬(副修撰)에 승소(承召)하였다.

심능직(沈能稷) : 문과. 통훈대부. 임신년(1812) 정월 3일에 부임하여 동년에 어사의 서계로 파직되었다.

민치재(閔致載) : 문과. 통정대부. 임신년(1812) 12월 22일에 부임하여 계유년(1813)에 신병 때문에 말미를 얻어 상경했다가 죽었다.

윤정렬(尹鼎烈) : 문과. 통정대부. 계유년(1813) 4월 13일에 부임하여 을해년(1815)에 친사응피(親査應避)한다는 감사의 계보로 인해 체직되었다.

신재식(申在植) : 문과. 통정대부. 을해년(1815) 6월 21일에 부임하여 정축년(1817)에 체직되었다.

송상렴(宋祥濂) : 문과. 가선대부. 정축년(1817) 3월 20일 부임하여 무인년(1818)에 폄파(貶罷)되었다.

박영재(朴英載) : 문과. 통훈대부. 무인년(1818) 7월 18일 부임하여 동월에 상을 당해 체직되었다.

윤명열(尹命烈) : 문과. 통정대부. 무인년(1818) 8월 24일 부임하여 경진년(1820)에 대사간(大司諫)에 승소(承召)하였다.

김도희(金道喜) : 문과. 통훈대부. 경진년(1820) 7월 24일 부임하여 임오년(1822)에 사직하였다.

임존상(任存常) : 문과. 통정대부. 임오년(1822) 4월 20일 부임하여 갑신년(1824)에 체직되었다.

한기유(韓耆裕) : 문과. 통정대부. 갑신년(1824) 7월 20일 부임하여 병술년(1826)에 보덕(輔德)에 제수되었다.

엄도(嚴燾) : 문과. 통정대부. 병술년(1826) 7월 21일 부임하여 정해년(1827)에 폄파(貶罷)되었다.

서유소(徐有素) : 문과. 통정대부. 정해년(1827) 7월 16일 부임하여 기축년(1829)에 승지(承旨)에 제수되었다.

김유헌(金裕憲) : 문과. 통정대부. 기축년(1829) 7월 25일 부임하여 신묘년(1831)에 파직되었다.

한의운(韓義運) : 문과. 가선대부. 신묘년(1831) 5월 20일 부임하여 계사년(1833)에 폄파(貶罷)되었다.

김윤근(金胤根) : 문과. 통정대부. 계사년(1833) 7월 25일 부임하여 갑오년(1834)에 체직되었다.

조병헌(趙秉憲) : 문과. 통훈대부. 갑오년(1834) 6월 27일 부임하여 을미년(1835)에 체직되었다.

홍열모(洪說謨) : 문과. 통훈대부. 을미년(1835) 9월 27일 부임하여 정유년(1837)에 수찬(修撰)에 승소(承召)하였다.

홍재철(洪在喆) : 문과. 통정대부. 정유년(1837) 8월 18일 부임하여 무술년(1838)에 체직되었다.

윤교성(尹敎成) : 문과. 통훈대부. 무술년(1838) 12월 15일 부임하여 경자년(1840)에 체직되었다.

조재경(趙在慶) : 문과. 통정대부. 경자년(1840) 8월 10일 부임하여 임인년(1842)에 부승지(副承旨)에 승소(承召)하였다.

홍영규(洪永圭) : 문과. 통정대부. 임인년(1842) 5월 29일 부임하여 갑진년(1844)에 체직되었다.

남성교(南性敎) : 문과. 통정대부. 갑진년(1844) 5월 19일 부임하여 병오년(1846)에 좌승지(左承旨)에 이배(移拜)되었다.

이명적(李明迪) : 문과. 통정대부. 병오년(1846) 4월 29일 부임하여 무신년(1848)에 좌승지(左承旨)에 이배(移拜)되었다. 비석이 세워졌다.

조운승(曺雲承) : 문과. 통정대부. 무신년(1848) 4월 21일 부임하여 기유년(1849)에 폄파(貶罷)되었다.

권협(權𪎊) : 문과. 통정대부. 기유년(1849) 8월 21일 부임하여 경술년(1850)에 폄파(貶罷)되었다.

김덕근(金德根) : 문과. 통훈대부. 경술년(1850) 7월 16일 부임하여 임자년(1852)에 체직되었다. 비석이 세워졌다.

김익진(金翊鎭) : 문과. 통정대부. 임자년(1852) 6월 27일 부임하여 갑인년(1854)에 대사성(大司成)에 이배(移拜)되었다.

김회명(金會明) : 문과. 통정대부. 갑인년(1854) 5월 그믐일 부임하여 을묘년(1855)에 좌부승지(左副承旨)에 승소(承召)하였다.

송겸수(宋謙洙) : 문과. 통정대부. 을묘년(1855) 11월 7일 부임하여 정사년(1857)에 체직되었다.

조병학(趙秉學) : 문과. 통정대부. 정사년(1857) 3월 13일 부임하여 무오년(1858)에 체직되었다.

윤자덕(尹滋悳) : 문과. 통정대부. 무오년(1858) 5월 20일 부임하여 기미년(1859)에 체직되었다. 비석이 세워졌다.

조인섭(趙寅燮) : 문과. 통정대부. 기미년(1859) 9월 16일 부임하여 경신년(1860)에 체직되었다.

이응인(李應寅) : 문과. 통정대부. 경신년(1860) 6월 22일 부임하여 신유년(1861)에 정주목사(定州牧使)와 상환하였다.

이승유(李承游) : 문과. 통정대부. 신유년(1861) 6월 29일 부임하여 임술년(1862)에 체직되었다.

정해륜(鄭海崙) : 문과. 통정대부. 임술년(1862) 5월 10일 부임하여 계해년(1863)에 좌부승지(左副承旨)에 승소(承召)하였다.

이현익(李玄翼) : 문과. 통정대부. 계해년(1863) 11월 10일 부임하여 병인년(1866)에 체직되었다. 비석이 세워졌다.

남정룡(南廷龍) : 문과. 통정대부. 정묘년(1867) 정월 20일 부임하여 경오년(1870)에 이천부사(利川府使)와 상환하였다. 비석이 세워졌다.

조병세(趙秉世) : 문과. 통정대부. 경오년(1870) 5월 9일 부임하여 임신년(1872)에 승소(承召)하였다. 비석이 세워졌다.

이만직(李萬稙) : 문과. 통정대부. 임신년(1872) 12월 그믐일 부임하여 병자년(1876)에 체직되었다. 비석이 세워졌다.

이기호(李起鎬) : 문과. 통정대부. 병자년(1876) 6월 20일 부임하여 정축년(1877)에 어사의 계보에 의해 파직되었다.

박제교(朴齊敎) : 문과. 통정대부. 무인년(1878) 2월 10일 부임하여 동년에 사직하였다. 비석이 세워졌다.

홍대중(洪大重) : 문과. 통정대부. 무인년(1878) 11월 27일 부임하여 신사년(1881)에 체직되었다. 비석이 세워졌다.

김우균(金羽均) : 신사년(1881) 5월 28일 부임하여 임오년(1882)에 어사의 계보에 의해 파직되었다.

조충희(趙忠熙) : 문과. 통정대부. 계미년(1883) 정월 10일에 부임하여 갑신년(1884)에 체직되었다. 비석이 세워졌다.

김영덕(金永悳) : 문과. 통정대부. 갑신년(1884) 7월에 여주목사(驪州牧使)와 상환하였다.

김명진(金明鎭) : 문과. 통정대부. 갑신년(1884) 8월 30일에 여주목사(驪州牧使)로서 부임하여 병술년(1886)에 경기감사로 옮겨갔다. 비석이 세워졌다.

송세헌(宋世憲) : 문과. 통정대부. 병술년(1886) 5월 5일 정사에서 본직에 제수되어 6월에 모친상을 당했다.

이호철(李鎬喆) : 문과. 통정대부. 병술년(1886) 9월 20일에 부임하여 9월에 이조참의(吏曹參議)에 승소(承召)되었다. 비석이 세워졌다.

송도순(宋道淳) : 문과. 통정대부. 무자년(1888) 10월 27일에 부임하여 기축년(1889)에 부친상을 당했다.

성기운(成岐運) : 문과. 통정대부. 경인년(1890) 2월 30일에 부임하여 10월에 인천부사(仁川府使)에 이배되었다. 비석이 세워졌다.

민치헌(閔致憲) : 문과. 통정대부. 경인년(1890) 10월 23일에 부임하여 계사년(1893)에 경주부윤(慶州府尹)으로 옮겼다. 비석이 세워졌다.

민영수(閔泳壽) : 문과. 통정대부. 경주부윤으로서 계사년(1893) 4월 26일에 부임하여 갑오년(1894) 4월에 승지(承旨)에 승소(承召)하였다.

윤병수(尹秉綬) : 문과. 통정대부. 갑오년(1894) 4월 29일에 부임하여 을미년(1895) 9월에 모친상을 당했다. 비석이 세워졌다.

김용제(金用濟) : 음직. 통훈대부. 을미년(1895) 11월 9일에 부임하여 정유년(1897) 5월에 음죽군수(陰竹郡守)에 이배(移拜)되었다. 거사비(去思碑)가 세워졌다.

신태관(申泰寬)[206] : 문과. 통정대부. 정유년(1897) 6월 3일에 부임하여 기해년(1899)에 체직되었다.

조기하(趙夔夏) : 기해년(1899)에 부임하였다.

심건택(沈健澤) : 임인년(1902)에 부임하였다.

윤주영(尹胄榮) : 갑진년(1904)에 부임하였다.

유진찬(兪鎭贊) : 병오년(1906)에 부임하였다.

민병길(閔丙吉) : 정미년(1907)에 부임하였다.

김정태(金禎泰) : 기유년(1909)에 부임하였다.

박태병(朴台秉) : 임자년(1912)에 부임하였다.

206) 『전라남도영광군지도읍지』(1899)에는 신태관(申泰寬)까지 실려 있다.

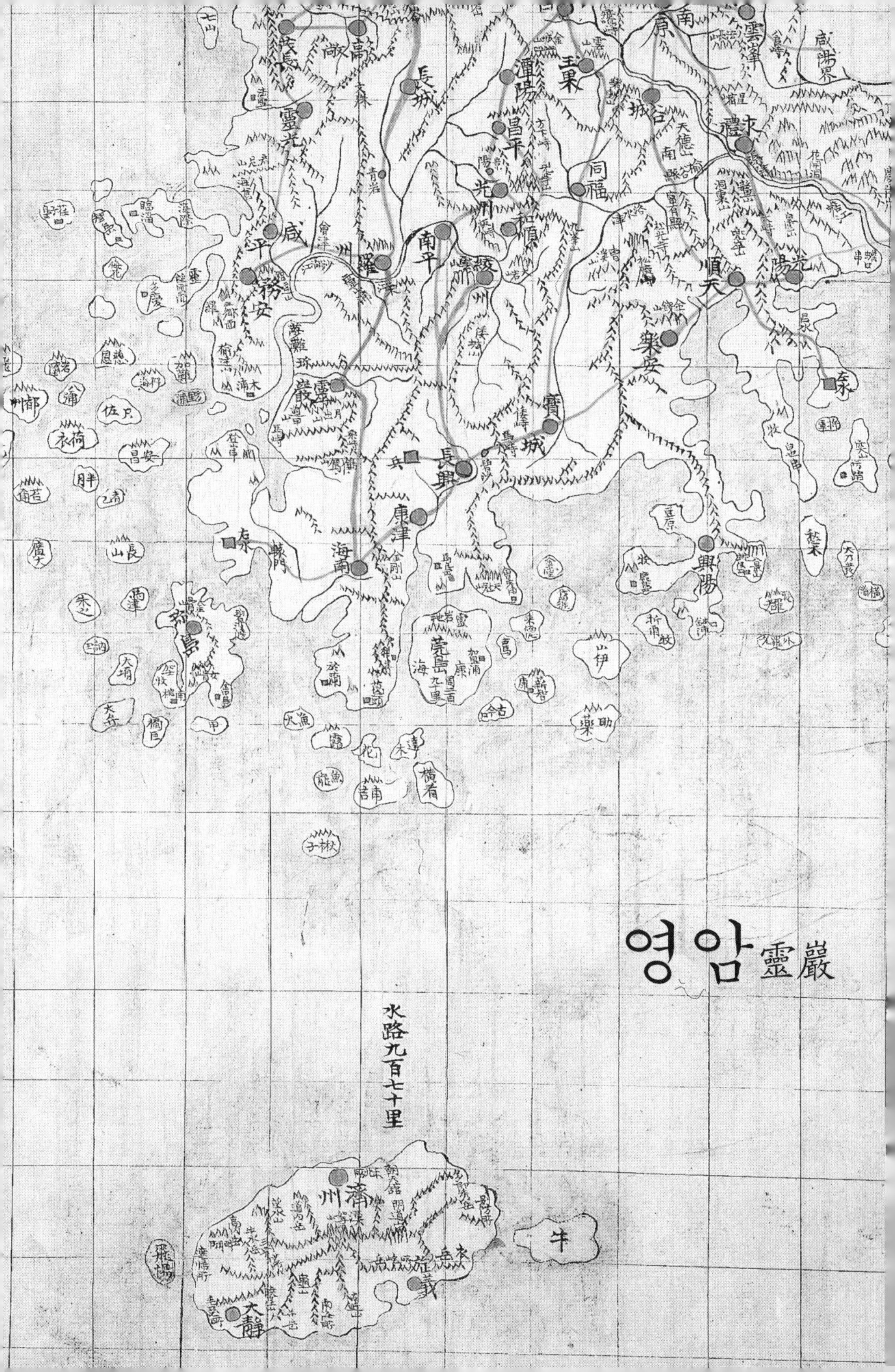
水路九百七十里
濟州
大静
旌義
長興
康津
海南
順天
興陽
樂安
寶城
羅州
務安
咸平
靈光
南平
綾州
光州
和順
昌平
潭陽
谷城
同福
求禮
光陽
莞島

영암 靈巖

## 영암(靈巖)207)

백제 때는 월나군(月奈郡)으로 불렸고, 아로곡현(阿老谷縣)·고미현(古彌縣)이 있었으며, 신라 757년(경덕왕 16)에 영암군으로 개칭했다. 고려 995년(성종 14)에 낭주(朗州)로 개칭하고 안남도호부(安南都護府)를 두었는데, 1018년(현종 9)에 안남도호부가 전주로 옮겨가면서 영암군으로 복칭되었다. 황원군(黃原郡, 해남군 황산면)·도강군(道康郡, 강진군)을 속군으로, 곤미현(昆湄縣, 영암군 미암면)·해남현(海南縣)·죽산현(竹山縣, 해남군 마산면)을 속현으로 관장하였는데 1172년(명종 2) 감무(監務)의 파견으로 이들 군현이 독립했다. 조선시대에도 영암군을 유지했으며, 별호는 낭주(郎州)·월나(月奈)이다. 1895년 지방제도 개정에 의해 나주부 영암군, 1896년에 전라남도 영암군이 되었다. 1906년의 월경지 정리에 따라 비입지인 옥천면·송지시면·송지종면·북평시면·북평종면을 해남군으로 넘겨주고, 나주의 두입지인 종남면·비음면·원정면·금마면과 진도의 비입지인 명산면을 편입했다.

이성(李城) : 통훈. 병신년(1476)에 도임하여 신축년(1481) 12월에 체직되었다.

박근(朴謹) : 통훈. 임인년(1482)에 도임하여 동년 11월에 체직되었다.

홍임(洪任) : 통정. 계묘년(1483)에 도임하여 을사년(1485) 6월에 체직되었다.

문준(文浚) : 통정. 을사년(1485)에 도임하여 무신년(1488)에 체직되었다.

---

207) 『영암군읍지』(1871)를 저본으로 하였다. 1899년에 나온 것으로 보이는 『전라남도 영암군읍지여지도책』에 들어있는 선생안에는 이상하게도 1791년의 인물까지 나온다.

최전(崔湔) : 통정. 기유년(1489)에 도임하여 임자년(1492) 2월에 체직되었다.

강삼(姜參) : 봉직랑. 임자년(1492)에 도임하여 병진년(1496) 12월에 체직되었다.

최형한(崔亨漢) : 조산. 정사년(1497)에 도임하여 병진년[208] 12월에 체직되었다.

조말손(曺末孫) : 통정. 경신년(1500) 5월에 도임하여 갑자년(1504) 12월에 체직되었다.

박종정(朴從貞) : 통훈. 을축년(1505)에 도임, 동년에 체직되었다.

김인석(金引碩) : 통훈. 병인년(1506)에 도임하여 정묘년(1507) 정월에 체직되었다.

윤세림(尹世霖) : 통덕랑. 정묘년(1507) 2월에 도임하여 신미년(1511) 10월에 체직되었다.

이원영(李源英) : 통훈. 임신년(1512)에 도임하여 갑술년(1514)에 체직되었다.

소기파(蘇起坡) : 가선. 갑술년(1514) 12월에 도임, 동월에 우수사로 이임했다.

정무(鄭懋) : 을해년(1515) 2월에 도임, 기묘년(1519) 11월에 신사(身死)하였다.

유장(柳樟) : 경진년(1520) 6월에 도임, 신사년(1521) 7월에 체직되었다.

유희정(柳希汀) : 신사년(1521) 9월 9일에 도임, 갑신년(1524) 12월에 체직되었다.

민노(閔瑙) : 을유년(1525) 4월에 도임, 무자년(1528) 정월에 신사(身死)하였다.

박영자(朴永滋) : 무자년(1528) 3월에 도임, 신묘년(1531) 12월에 체직

208) 기미년(1499)의 오기로 보인다.

되었다.

김수준(金守濬)[209] : 임진년(1532) 3월에 도임, 계사년(1533)에 체직되었다.

노극창(盧克昌) : 계사년(1533)에 도임, 병신년(1536)에 체직되었다.

정공필(鄭公弼) : 병신년(1536)에 도임하여 동년에 체직되었다.

황응(黃應) : 정유년(1537)에 도임, 임인년(1542)에 체직되었다.

김이호(金以豪) : 임인년(1542) 8월에 도임, 갑진년(1544)에 체직되었다.

나사선(羅士愃) : 을사년(1545) 윤정월에 도임, 병오년(1546) 정월에 체직되었다.

이언침(李彦忱) : 병오년(1546) 4월에 도임, 동년 9월에 체직되었다.

이윤필(李胤弼) : 병오년(1546) 9월에 도임, 기유년(1549) 6월에 체직되었다.

박응종(朴應宗) : 기유년(1549) 8월에 도임, 신해년(1551)에 체직되었다.

이견(李堅) : 임자년(1552) 12월에 도임하여 계축년(1553)에 체직되었다.

신방좌(愼邦佐) : 통훈. 계축년(1553)에 도임하여 갑인년(1554)에 체직되었다.

이덕견(李德堅) : 갑인년(1554)에 도임하여 을묘년(1555) 5월 13일에 왜적 만여 명이 달량(達梁)을 약탈함에 제 명에 죽지 못했다.

홍치무(洪致武) : 을묘년(1555) 5월에 도임, 동년 12월에 체직되었다.

한홍제(韓洪濟) : 통훈. 병진년(1556)에 도임, 정사년(1557)에 체직되었다.

조세규(趙世珪) : 정사년(1557) 3월에 도임, 동년 9월에 체직되었다.

소흡(蘇潝) : 정사년(1557) 11월에 도임, 임술년(1562) 3월에 체직되었다.

김구연(金九淵) : 임술년(1562) 3월에 도임, 계해년(1563) 6월에 체직되

---

209) 『전라남도 영암군읍지여지도책』에는 김수선(金守璿)으로 나온다.

었다.

이천수(李千壽) : 계해년(1563) 7월에 도임, 을축년(1565) 2월에 체직되었다.

이붕(李鵬) : 정묘년(1567)에 도임하여 경오년(1570)에 체직되었다.

성응길(成應吉) : 경오년(1570) 4월에 도임, 동년 12월에 체직되었다.

문익성(文益成) : 경오년(1570) 12월에 도임, 신미년(1571) 8월에 체직되었다.

남지원(南知遠) : 신미년(1571) 10월에 도임하여 계유년(1573)에 체직되었다.

심암(沈巖) : 계유년(1573) 9월에 도임, 갑술년(1574) 12월에 체직되었다.

이천(李薦) : 을해년(1575) 정월에 도임, 동년 8월에 체직되었다.

박홍(朴泓) : 을해년(1575) 10월에 도임하여 정축년(1577)에 체직되었다.

조영규(趙英珪) : 정축년(1577) 4월에 도임, 무인년(1578)에 체직되었다.

신지상(愼之詳) : 무인년(1578) 12월에 도임, 기묘년(1579)에 체직되었다.

이효종(李孝宗) : 기묘년(1579) 11월에 도임, 경진년(1580)에 체직되었다.

송정순(宋廷筍) : 경진년(1580) 7월에 도임, 신사년(1581) 2월에 체직되었다.

최경회(崔慶會) : 신사년(1581) 6월에 도임, 계미년(1583) 6월에 체직되었다.

이종장(李宗張) : 계미년(1583) 7월에 도임, 갑신년(1584) 9월에 체직되었다.

원량(元亮) : 갑신년(1584) 11월에 도임, 병술년(1586) 2월에 체직되었다.

조경록(趙景祿) : 병술년(1586) 4월에 도임, 무자년(1588) 2월에 체직되었다.

조경(趙儆) : 무자년(1588) 3월에 도임, 경인년(1590) 7월에 체직되었다.

김성헌(金聲憲) : 경인년(1590) 8월에 도임, 계사년(1593)에 체직되었다.

박승종(朴承宗) : 계사년(1593) 9월에 도임, 동월에 체직되었다.

유지신(柳止信) : 갑오년(1594) 3월에 도임, 동년 5월에 체직되었다.

박홍장(朴弘章) : 갑오년(1594) 5월에 도임, 동년에 체직되었다.

김준계(金遵階) : 갑오년(1594) 9월에 도임, 병신년(1596)에 체직되었다.

이경유(李慶裕) : 병신년(1596) 7월에 도임, 정유년(1597) 8월에 체직되었다.

이종성(李宗誠) : 정유년(1597) 8월에 도임, 기해년(1599)에 체직되었다.

조광익(趙光翼) : 기해년(1599) 윤4월에 도임, 동년에 체직되었다.

현집(玄楫) : 경자년(1600) 3월에 도임, 신축년(1601) 5월에 체직되었다.

구덕령(具德齡) : 신축년(1601) 6월에 도임, 동년에 체직되었다.

김계현(金繼賢) : 신축년(1601) 12월에 도임, 을사년(1605) 10월에 체직되었다.

박진종(朴振宗) : 을사년(1605) 11월에 도임, 병오년(1606) 3월에 체직되었다.

유조생(柳肇生) : 병오년(1606) 3월에 도임, 정미년(1607)에 체직되었다.

나덕신(羅德愼) : 정미년(1607) 3월에 도임, 무신년(1608) 9월에 체직되었다.

권여경(權餘慶) : 무신년(1608) 11월에 도임, 기유년(1609) 12월에 체직되었다.

신경징(申景澄) : 경술년(1610) 2월에 도임, 신해년(1611) 3월에 체직되었다.

이유성(李惟誠) : 신해년(1611) 4월에 도임, 동년 8월에 체직되었다.

이굉(李鍧) : 신해년(1611) 10월에 도임, 임자년(1612) 정월에 체직되었다.

정문룡(鄭文龍) : 임자년(1612) 3월에 도임, 동년 10월에 체직되었다.

조찬한(趙纘韓) : 임자년(1612) 11월에 도임, 갑인년(1614) 4월에 체직되었다.

이직(李稷) : 갑인년(1614) 5월에 도임, 동년[210]에 체직되었다.

이문빈(李文賓) : 무오년(1618) 12월에 도임, 신유년(1621) 6월에 체직되었다.

채용(蔡容) : 신유년(1621) 12월에 도임, 임술년(1622) 6월에 체직되었다.

박래장(朴來章) : 계해년(1623) 4월에 도임, 동년 5월에 체직되었다.

이제(李穧) : 계해년(1623) 8월에 도임, 갑자년(1624) 8월에 체직되었다.

변충범(邊忠範) : 갑자년(1624) 11월에 도임, 을축년(1625) 4월에 체직되었다.

남두첨(南斗瞻) : 을축년(1625) 5월에 도임, 무진년(1628) 3월에 체직되었다.

임간(林揀) : 무진년(1628) 6월에 도임, 기사년(1629) 5월에 체직되었다.

이경(李坰) : 기사년(1629) 8월에 도임, 경오년(1630) 2월에 체직되었다.

이선행(李善行) : 경오년(1630) 4월에 도임, 신미년(1631) 2월에 체직되었다.

이지굉(李志宏) : 신미년(1631) 4월에 도임, 계유년(1633) 8월에 체직되었다.

이정신(李廷臣) : 계유년(1633) 11월에 도임, 을해년(1635) 6월에 체직되었다.

엄황(嚴愰) : 을해년(1635) 9월에 도임, 정축년(1637) 3월에 체직되었다.

이기남(李箕男) : 정축년(1637) 4월에 도임, 동년 6월에 체직되었다.

이경면(李慶綿) : 정축년(1637) 7월에 도임, 무인년(1638) 9월에 체직되

210) 『전라남도 영암군읍지여지도책』에는 무오년(1618) 9월에 체직된 것으로 나온다.

었다.

남두병(南斗柄) : 무인년(1638) 10월에 도임, 기해년(1639) 8월에 체직되었다.

권극정(權克正) : 계미년(1643) 3월에 도임, 동년 12월에 체직되었다.

홍이성(洪頤性) : 갑신년(1644) 12월에 도임, 을유년(1645) 8월에 체직되었다.

박길협(朴吉恊) : 을유년(1645) 10월에 도임, 병술년(1646) 12월에 체직되었다.

윤기망(尹起望) : 정해년(1647) 2월에 도임, 무자년(1648) 5월에 체직되었다.

조응립(趙應立) : 무자년(1648) 7월에 도임, 기축년(1649) 6월에 체직되었다.

이인(李堙) : 기축년(1649) 9월에 도임, 경인년(1650) 9월에 체직되었다.

이행원(李行源) : 경인년(1650) 11월에 도임, 신묘년(1651) 8월에 체직되었다.

김운장(金雲長) : 신묘년(1651) 10월에 도임, 임진년(1652) 6월에 체직되었다.

박정시(朴廷蓍) : 임진년(1652) 7월에 도임, 계사년(1653) 9월에 체직되었다.

이유석(李惟碩) : 계사년(1653) 11월에 도임, 을미년(1655) 10월 체직되었다.

홍종운(洪鍾韻) : 을미년(1655) 12월에 도임, 병신년(1656) 12월 체직되었다.

홍우량(洪宇亮) : 정유년(1657) 2월에 도임, 동년 8월에 체직되었다.

최문오(崔文澳)[211] : 정유년(1657) 10월에 도임, 기해년(1659) 2월에 체

211) 『전라남도 영암군읍지여지도책』에는 최문환(崔文渙)으로 나온다.

직되었다.

전명룡(全命龍) : 기해년(1659) 3월에 도임, 동월에 체직되었다.

신희계(辛喜季) : 기해년(1659) 9월에 도임, 경자년(1660) 11월에 체직되었다.

김익렴(金益廉) : 신축년(1661) 3월에 도임, 동년 6월에 체직되었다.

윤세임(尹世任) : 신축년(1661) 7월에 도임, 동년 10월에 체직되었다.

홍우익(洪宇翼) : 신축년(1661) 12월에 도임, 계묘년(1663) 2월에 체직되었다.

한우기(韓友琦) : 계묘년(1663) 3월에 도임, 동년 6월에 체직되었다.

이세익(李世翊) : 계묘년(1663) 8월에 도임, 병오년(1666) 5월에 체직되었다.

정시대(鄭始大) : 병오년(1666) 6월에 도임, 무신년(1668) 6월에 체직되었다.

권적(權迪) : 무신년(1668) 7월에 도임, 계축년(1673) 5월에 체직되었다.

김수오(金粹五) : 계축년(1673) 8월에 도임, 을묘년(1675) 11월에 체직되었다.

황기(黃錡) : 병진년(1676) 정월에 도임, 정사년(1677) 2월에 체직되었다.

장진(張瑱) : 정사년(1677) 3월에 도임, 동년 7월에 체직되었다.

김방걸(金邦杰) : 정사년(1677) 9월에 도임, 무오년(1678) 11월에 체직되었다.

이희룡(李喜龍) : 기미년(1679) 2월에 도임, 경신년(1680) 정월에 체직되었다.

윤이도(尹以道) : 경신년(1680) 2월에 도임, 동년 6월에 체직되었다.

신후재(申厚載) : 경신년(1680) 8월에 도임, 동년 11월에 체직되었다.

신유(申鍒) : 경신년(1680) 12월에 도임, 갑자년(1684) 3월에 체직되었다.

김구만(金龜萬) : 갑자년(1684) 4월에 도임, 을축년(1685) 5월에 체직되었다.

정도행(鄭道行) : 을축년(1685) 7월에 도임, 정묘년(1687) 5월에 체직되었다.

이태룡(李台龍) : 정묘년(1687) 8월에 도임, 무진년(1688) 2월에 체직되었다.

이행주(李行周) : 무진년(1688) 4월에 도임, 기사년(1689) 10월에 체직되었다.

조수문(趙脩文) : 경오년(1690) 정월에 도임, 동년 10월에 체직되었다.

유전(柳洇) : 경오년(1690) 11월에 도임, 신미년(1691) 4월에 체직되었다.

김태일(金兌一) : 신미년(1691) 4월에 도임, 동년 8월에 체직되었다.

권찬(權儹) : 신미년(1691) 10월에 도임, 임신년(1692) 4월에 체직되었다.

박수강(朴守剛) : 임신년(1692) 5월에 도임, 을해년(1695) 2월에 체직되었다.

남언창(南彦昌) : 을해년(1695) 5월에 도임, 병자년(1696) 5월에 체직되었다.

목천기(睦天祺) : 병자년(1696) 5월에 도임, 동년 10월에 신사(身死)하였다.

심득원(沈得元) : 정축년(1697) 정월에 도임, 동년 6월에 체직되었다.

윤리(尹摛) : 정축년(1697) 9월에 도임, 무인년(1698) 12월에 체직되었다.

이이만(李頤晩) : 기묘년(1699) 3월에 도임, 동년 12월에 체직되었다.

김숙(金俶) : 경진년(1700) 정월에 도임, 동년 6월에 체직되었다.

심방(沈枋) : 경진년(1700) 8월에 도임, 임오년(1702) 5월에 체직되었다.

백한상(白漢相) : 임오년(1702) 7월에 도임, 계미년(1703) 8월에 체직되었다.

신경제(申慶濟) : 계미년(1703) 12월에 도임, 병술년(1706) 7월에 체직되었다.

홍시구(洪時九) : 병술년(1706) 9월에 도임, 정해년(1707) 정월에 체직되었다.

이상열(李尙說) : 정해년(1707) 3월에 도임, 기축년(1709) 12월에 체직되었다.

김일기(金一夔) : 경인년(1710) 정월에 도임, 동년 12월에 체직되었다.

허정(許鼎) : 신묘년(1711) 정월에 도임, 계사년(1713) 12월에 체직되었다.

이인석(李寅錫) : 갑오년(1714) 정월에 도임, 을미년(1715) 3월에 체직되었다.

하섭(河涉) : 을미년(1715) 4월에 도임, 동년 12월에 체직되었다.

박사동(朴師東) : 병신년(1716) 2월에 도임, 동년 12월에 체직되었다.

최도장(崔道章) : 정유년(1717) 정월에 도임, 동년 10월에 체직되었다.

윤석래(尹錫來) : 정유년(1717) 12월에 도임, 무술년(1718) 6월에 체직되었다.

강욱(姜頊) : 무술년(1718) 8월에 도임, 경자년(1720) 9월에 체직되었다.

문덕린(文德麟) : 경자년(1720) 9월에 도임, 임인년(1722) 4월에 체직되었다.

정내주(鄭來周) : 임인년(1722) 6월에 도임, 갑진년(1724) 4월에 체직되었다.

이희제(李喜濟) : 갑진년(1724) 5월에 도임, 을사년(1725) 6월에 체직되었다.

정내징(鄭來徵) : 을사년(1725) 9월에 도임, 병오년(1726) 12월에 체직되었다.

김주(金鑄) : 정미년(1727) 2월에 도임, 동년 12월에 체직되었다.

유순장(柳純章) : 무신년(1728) 2월에 도임, 동년 4월에 체직되었다.

이이제(李以濟) : 무신년(1728) 4월에 도임, 신해년(1731) 2월에 체직되었다.

구문비(具文泌) : 신해년(1731) 6월에 도임, 동년 12월에 신사(身死)하였다.

오명후(吳命厚) : 임자년(1732) 정월에 도임, 갑인년(1734) 12월에 체직되었다.

한서(韓緖) : 을미년(1735) 윤4월에 도임, 병진년(1736) 6월에 체직되었다.

윤하(尹濱) : 병진년(1736) 10월에 도임, 동년 12월에 체직되었다.

한사득(韓師得) : 정사년(1737) 정월에 도임, 무오년(1738) 12월에 체직되었다.

김담(金墰) : 기미년(1739) 3월에 도임, 신유년(1741) 6월에 체직되었다.

임진하(任震夏) : 신유년(1741) 8월에 도임, 계해년(1743) 4월에 체직되었다.

권현(權賢) : 계해년(1743) 5월에 도임, 동년 9월에 체직되었다.

이태상(李泰祥) : 계해년(1743) 12월에 도임, 을축년(1745) 3월에 체직되었다.

이수빈(李守彬) : 을축년(1745) 5월에 도임, 동년 12월에 체직되었다.

이화(李墷)[212] : 병인년(1746) 3월에 도임, 정묘년(1747) 12월에 체직되었다.

어유규(魚有珪) : 무진년(1748) 5월에 도임, 경오년(1750) 7월에 체직되었다.

이양중(李養中) : 경오년(1750) 9월에 도임, 갑술년(1754) 6월에 체직되었다.

212) 『전라남도 영암군읍지여지도책』에는 이엽(李燁)으로 나온다.

이세형(李世馨) : 갑술년(1754) 8월에 도임, 을해년(1755) 3월에 체직되었다.

이민행(李敏行) : 을해년(1755) 6월에 도임, 병자년(1756) 11월에 체직되었다.

유집(柳爌) : 정축년(1757) 정월에 도임, 기묘년(1759) 6월에 체직되었다.

김회원(金會元) : 기묘년(1759) 8월에 도임, 경진년(1760) 12월에 체직되었다.

김이달(金履達) : 신사년(1761) 정월에 도임, 임오년(1762) 2월에 체직되었다.

이방봉(李邦鳳) : 임오년(1762) 3월에 도임, 갑신년(1764) 2월에 체직되었다.

이보관(李普觀) : 갑신년(1764) 3월에 도임, 동년 5월에 체직되었다.

정창성(鄭昌聖) : 갑신년(1764) 5월에 도임, 을유년(1765) 3월에 체직되었다.

윤면구(尹勉矩) : 병술년(1766) 4월에 도임, 정해년(1767) 12월에 체직되었다.

안겸제(安兼濟) : 정해년(1767) 2월에 도임, 기축년(1769) 3월에 체직되었다.

안표(安杓) : 기축년(1769) 3월에 도임, 동년 5월에 체직되었다.

심희진(沈禧鎭) : 기축년(1769) 5월에 도임, 이력이 부족하여 구전(口傳)으로 동월에 체직되었다.

박종익(朴宗益) : 기축년(1769) 5월에 도임, 동년 10월에 체직되었다.

이문덕(李文德) : 기축년(1769) 11월에 도임, 신묘년(1771) 5월에 체직되었다.

이성억(李聖檍) : 신묘년(1771) 6월에 도임, 임진년(1772) 7월에 체직되었다.

이서(李壻) : 임진년(1772) 8월에 도임, 계사년(1773) 6월에 체직되었다.

윤범형(尹範衡) : 계사년(1773) 7월에 도임, 동년 11월에 체직되었다.

윤면동(尹冕東) : 계사년(1773) 12월에 도임, 갑오년(1774) 9월에 체직되었다.

송재악(宋載岳) : 갑오년(1774) 9월에 도임, 을미년(1775) 3월에 체직되었다.

김리희(金履禧) : 을미년(1775) 3월에 도임, 동년 7월에 체직되었다.

윤방(尹坊) : 을미년(1775) 7월에 도임, 병신년(1776) 12월에 체직되었다.

유항주(兪恒柱) : 병신년(1776) 11월에 도임, 무술년(1778) 3월에 체직되었다.

임득호(林得浩) : 무술년(1778) 4월에 도임, 기해년(1779)에 체직되었다.

황태언(黃泰彦) : 기해년(1779) 7월에 도임, 신축년(1781) 윤6월에 체직되었다.

한광근(韓光近) : 신축년(1781) 6월에 도임, 갑진년(1784) 10월에 체직되었다.

김후(金煟) : 갑진년(1784) 11월에 도임, 을사년(1785) 6월에 체직되었다.

이상눌(李尙訥) : 을사년(1785) 7월에 도임, 정미년(1787) 6월에 체직되었다.

이윤빈(李潤彬) : 정미년(1787) 7월에 도임, 무신년(1788) 6월에 체직되었다.

김문순(金文淳) : 무신년(1788) 6월에 도임, 기유년(1789) 정월에 체직되었다.

이응운(李膺運) : 기유년(1789) 2월에 도임, 동년 10월에 체직되었다.

박명구(朴命球) : 기유년(1789) 11월에 도임, 신해년(1791) 6월에 체직되었다.

심갱(沈鏗) : 신해년(1791) 7월에 도임, 동년에 체직되었다.

서윤재(徐潤載)[213] : 신해년(1791) 8월에 도임, 임자년(1792) 정월에 체직되었다.

이륜(李輪) : 임자년(1792) 정월에 도임, 갑인년(1794) 6월에 체직되었다.

최길헌(崔吉憲) : 갑인년(1794) 7월에 도임, 을묘년(1795) 4월에 체직되었다.

이윤원(李潤元) : 을묘년(1795) 5월에 도임, 병진년(1796) 6월에 체직되었다.

오재두(吳在斗) : 병진년(1796) 8월에 도임, 정사년(1797) 11월에 체직되었다.

송문술(宋文述) : 정사년(1797) 11월에 도임, 기미년(1799) 8월에 체직되었다.

남이범(南履範) : 기미년(1799) 9월에 도임, 계해년(1803) 5월에 체직되었다.

조운영(趙運永) : 계해년(1803) 6월에 도임, 을축년(1805) 6월에 체직되었다.

조달수(趙達洙) : 을축년(1805) 윤6월에 도임, 정묘년(1807) 12월에 체직되었다.

이시회(李時晦) : 무진년(1808) 정월에 도임, 경오년(1810) 8월에 체직되었다.

이상일(李商一) : 경오년(1810) 9월에 도임, 임신년(1812) 12월에 체직되었다.

이종영(李鍾英) : 계유년(1813) 정월에 도임, 병자년(1816) 2월에 체직되었다.

안성연(安性淵) : 병자년(1816) 3월에 도임, 정축년(1817) 10월에 체직되었다.

임성고(任聖皐) : 정축년(1817) 10월에 도임, 무인년(1818) 4월에 체직

213) 『전라남도 영암군읍지여지도책』에는 서윤재까지 실려 있다.

되었다.

이형권(李亨權) : 무인년(1818) 5월에 도임, 기묘년(1819) 6월에 체직되었다.

이정식(李禎植) : 기묘년(1819) 7월에 도임, 임오년(1822) 5월에 체직되었다.

이윤덕(李允德) : 임오년(1822) 6월에 도임, 계미년(1823) 6월에 체직되었다.

조희석(趙熙錫) : 계미년(1823) 7월에 도임, 병술년(1826) 12월에 체직되었다.

이건서(李健緖) : 정해년(1827) 정월에 도임, 기축년(1829) 2월에 체직되었다.

이능권(李能權) : 경인년(1830) 정월에 도임, 계사년(1833) 12월에 체직되었다.

이응겸(李應謙)[214] : 경인년(1830) 7월에 도임, 계사년(1833) 12월에 체직되었다.

이중영(李重榮) : 갑오년(1834) 정월에 도임, 을미년(1835) 8월에 체직되었다.

조규진(曺圭振) : 을미년(1835) 9월에 도임, 동년 12월에 체직되었다.

정여원(鄭驪源) : 병신년(1836) 정월에 도임, 무술년(1838) 6월에 체직되었다.

구성희(具性喜) : 무술년(1838) 7월에 도임, 기해년(1839) 9월에 체직되었다.

구재선(具載善) : 기해년(1839) 10월에 도임, 신축년(1841) 2월에 체직되었다.

김호원(金灝源) : 신축년(1841) 3월에 도임, 동년 4월에 체직되었다.

---

214) 이능권(李能權)과 이응겸(李應謙)의 도임 이임 연월이 잘못 기록된 것으로 보인다.

서상직(徐相稷) : 임인년(1842) 5월에 도임, 계묘년(1843) 2월에 체직되었다.

조희찬(趙羲贊) : 계묘년(1843) 4월에 도임, 병오년(1846) 4월에 체직되었다.

정우현(鄭愚鉉) : 병오년(1846) 5월에 부임하여 무신년(1848) 6월에 훈련판사(訓練判事)가 되었다.

김재휘(金在徽) : 무신년(1848) 7월에 부임하여 경술년(1850) 12월에 이조(吏曹) 출(黜)로 체직되었다.

민치린(閔致潾) : 신해년(1851) 정월에 부임하여 계축년(1853) 11월에 상경하였다.

정지현(鄭志鉉) : 계축년(1853) 12월에 부임하여 병진년(1856) 7월에 영장(營將)이 되었다.

이희빈(李熙斌) : 병진년(1856) 7월에 부임하여 기미년(1859) 12월에 판사(判事)가 되었다.

김태익(金泰益) : 경신년(1860) 9월에 부임하여 신유년(1861) 6월에 폄파되었다.

서광훈(徐光勳) : 신유년(1861) 7월에 부임하여 계해년(1863) 7월에 부사에 이배(移拜)되었다.

이규안(李奎顔) : 계해년(1863) 8월에 부임하여 병인년(1866) 12월에 상경하였다.

홍택주(洪宅周) : 정묘년(1867) 정월에 부임하여 기사년(1869) 10월에 영장에 이배(移拜)되었다.

정기택(鄭騏澤)[215] : 기사년(1869) 11월에 부임하여 임신년(1872)에 과체되었다.

구연식(具然軾) : 임신년(1872)에 부임하여 갑술년(1874)에 폄파되었다.

215) 본 읍지는 정기택까지 기록되어 있다.

채규상(蔡圭常) : 갑술년(1874)에 부임하여 을해년(1875)에 사직하였다.

장홍식(張弘植) : 병자년(1876)에 부임하여 동년에 폄파되었다.

이규대(李奎大) : 병자년(1876)에 부임하여 정축년(1877)에 진도에 이배(移拜)되었다.

민창호(閔敞鎬) : 정축년(1877)에 부임하여 경진년(1880)에 사귀(辭歸)하였다.

권창섭(權昌燮) : 경진년(1880)에 부임하여 신사년(1881)에 모친상을 당해서 돌아갔다.

심의철(沈宜哲) : 신사년(1881)에 부임하여 임오년(1882)에 폄파되었다.

남명선(南命善) : 계미년(1883)에 부임하여 갑신년(1884)에 철산에 이배(移拜)되었다.

남석룡(南錫龍) : 갑신년(1884)에 부임하여 을유년(1885)에 선전관에 이배(移拜)되었다.

이상익(李相翼) : 을유년(1885)에 부임하여 정해년(1887)에 선전관에 이배(移拜)되었다.

신홍균(申泓均) : 정해년(1887)에 부임하여 경인년(1890)에 내금장에 이배(移拜)되었다.

조범구(趙範九) : 신묘년(1891)에 부임하여 임진년(1892)에 부교리에 이배(移拜)되었다.

이정식(李鼎植) : 임진년(1892)에 부임하였다.

민관식(閔瓘植) : 계사년(1893)에 부임하였다.

남기원(南起元) : 갑오년(1894)에 부임하였다.

정원성(鄭元成) : 병신년(1896)에 부임하였다.

김중현(金中鉉) : 정유년(1897)에 부임하였다.

심상호(沈相瑚) : 무술년(1898)에 부임하였다.

박원명(朴源明) : 경자년(1900)에 부임하여 신축년(1901)에 담양에 이배(移拜)되었다.

김명수(金命洙) : 신축년(1901)에 부임하여 임인년(1902)에 전주에 이배(移拜)되었다.

이건용(李建鎔) : 임인년(1902)에 부임하여 계묘년(1903)에 모친상을 당해 돌아갔다.

김회수(金晦秀) : 계묘년(1903)에 부임하여 을사년(1905)에 금천에 이배(移拜)되었다.

조동완(趙東完) : 을사년(1905)에 부임하여 동년에 면관되었다.

이재정(李在正) : 병오년(1906)에 부임하여 정미년(1907)에 사직하고 돌아갔다.

이병휘(李秉輝) : 정미년(1907)에 부임하여 기유년(1909)에 순천에 이배(移拜)되었다.

김상대(金相大) : 기유년(1909)에 부임하여 경술년(1910)에 사직하고 돌아갔다.

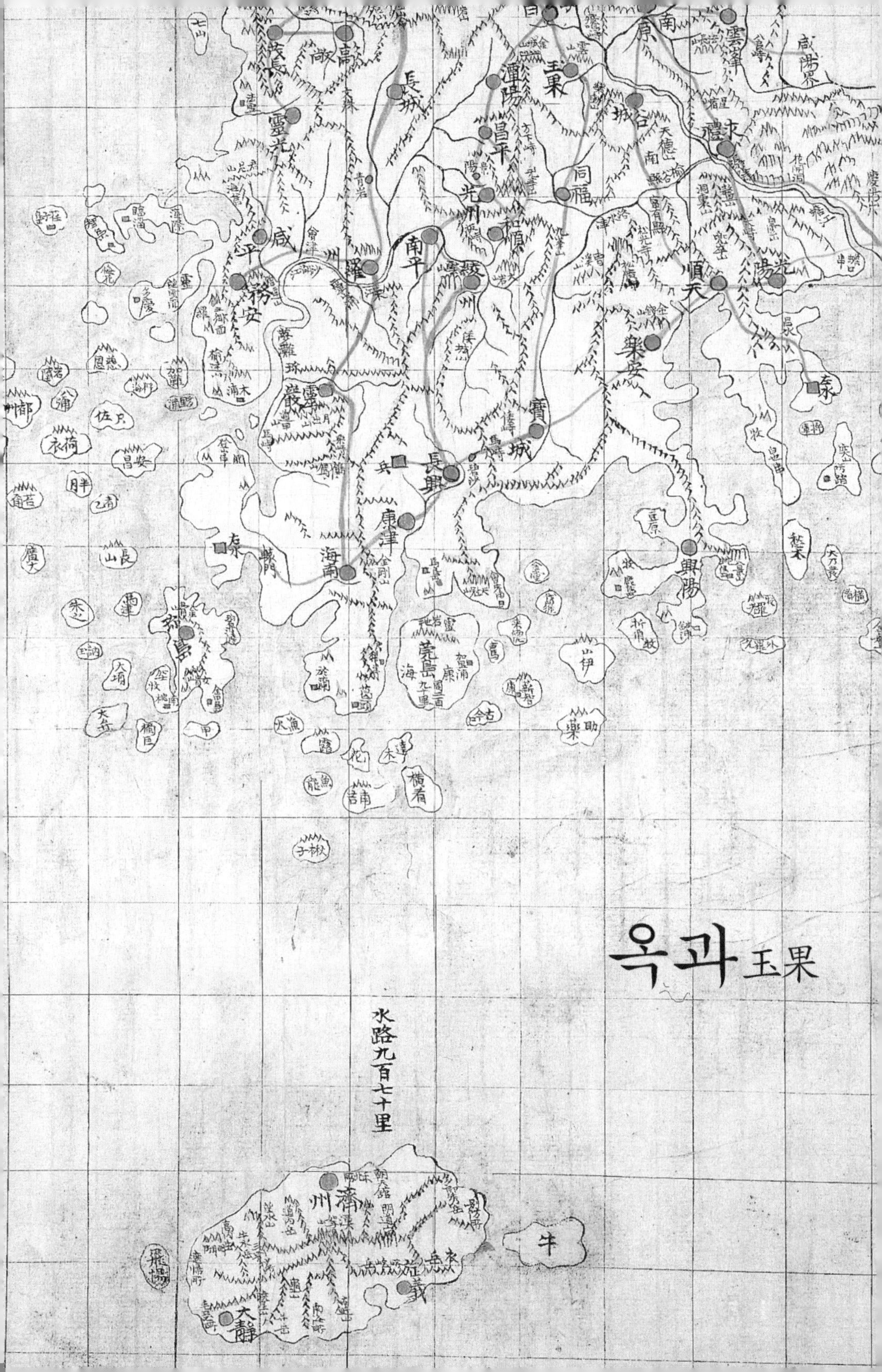
水路九百七十里
濟州
大靜
旌義
牛
珍島
海南
康津
長興
靈巖
務安
咸平
靈光
茂長
高敞
長城
羅州
南平
綾州
寶城
樂安
順天
光陽
興陽
光州
昌平
潭陽
玉果
谷城
求禮
同福
和順
咸陽界

옥과 玉果

## 옥과(玉果)[216]

백제 때 과지현(果支縣)[과혜(果兮)라고도 함]으로 불렸는데, 신라 경덕왕(景德王) 때 옥과(玉果)로 고쳐서 추성군(秋成郡)의 영현(領縣)으로 삼았고, 고려 초기에는 보성군(寶城郡)에 편입시켰으며, 명종 때 옥과현이 되어 조선시대까지 계속 유지되었다. 옥과의 별호는 과지(果支)·설산(雪山)이다. 1895년에 제도가 바뀌어 현감 대신 군수를 두었으며, 1908년에는 옥과현을 폐지하고 창평군에 합하였다. 그 뒤 1914년에 다시 곡성군에 이속되었다.

방옥정(房玉精) : 진사. 부임하여 체직한 연월일 미상이다.

최형한(崔亨漢) : 문과. 부임하여 체직한 연월일 미상이다.

김인후(金麟厚) : 문과. 갑진년(1544, 중종 39)에 도임했으며, 을사년(1545, 인종 1)에 인종이 죽었다는 소식을 듣고, 관직을 버리고 고향으로 돌아가 은거하였다. 옥과 이후의 관직은 쓰지 말도록 유언을 하였다. 영귀서원에 배향되었다.

홍언충(洪彦忠) : 음관. 계해년(1563, 명종 18) 5월 15일에 도임하였고, 병인년(1566, 명종 21) 8월 6일에 북벌하러 가는 군인의 옷을 납품하는 일로 파직을 당했다.

김범(金範) : 진사. 병인년(1566, 명종 21) 10월에 도임하였고, 같은 해 11월 28일에 병으로 죽었다.

송응서(宋應瑞) : 음관. 정묘년(1567, 명종 22) 2월 8일에 도임하였고, 경오년(1570, 선조 3) 11월 16일에 고하(考下)[217]를 받았다.

---

216) 옥과 선생안은 『옥과읍지』(1936년)를 저본으로 하였다. 옥과 선생안은 1788년경에 출간된 『옥과현읍지』를 저본으로 하여 증보해간 것이다.

홍우익(洪友益) : 음관. 신미년(1571, 선조 4) 2월 2일에 도임하였고, 임신년(1572, 선조 5) 2월 13일에 경파(京罷)되었다.

오원(吳源) : 진사, 음관. 임신년(1572, 선조 5) 윤2월 2일에 도임하였고, 병자년(1576, 선조 9) 12월 15일에 연임이라는 것으로서 체직되었다.

정표(鄭彪) : 문관. 정축년(1577, 선조 10) 2월에 도임하였고, 같은 해 윤8월에 병으로 죽었다.

채함(蔡涵) : 음관. 정축년(1577, 선조 10) 10월에 도임하였고, 같은 해 12월에 고하(考下)를 받았다.

김광열(金光烈) : 음관. 무인년(1578, 선조 11) 2월에 도임하였고, 같은 해 7월에 어사(御史)의 계(啓)에 의해 파직되었다.

정언례(鄭彦禮) : 생원, 음관. 무인년(1578, 선조 11) 9월에 도임하였고, 계미년(1583, 선조 16) 10월에 임기가 만료되어 바뀌었다.

진욱(陳郁) : 음관. 계미년(1583, 선조 16) 11월에 도임하였고, 무자년(1588, 선조 21) 10월에 임기가 만료되어 바뀌었다.

성언기(成彦器) : 음관. 무자년(1588, 선조 21) 10월에 도임하였고, 신묘년(1591, 선조 24) 10월에 계(啓)에 의해 파직되었다.

안곡(安鵠) : 문관. 신묘년(1591, 선조 24) 11월에 도임하였고, 을미년(1595, 선조 28) 4월에 계(啓)에 의해 파직되었다.

홍요좌(洪堯佐) : 생원, 음관. 을미년(1595, 선조 28) 5월에 도임하였고, 경자년(1600, 선조 33) 5월에 임기가 만료되어 바뀌었다.

송정기(宋廷琦) : 음관. 경자년(1600, 선조 33) 5월에 도임하였고, 신축년(1601, 선조 34) 10월에 경파(京罷)되었다.

홍민신(洪敏臣) : 진사, 음관. 신축년(1601, 선조 34) 12월에 도임하였고, 병오년(1606, 선조 39) 12월에 경파(京罷)되었다.

---

217) 고하(考下) : 관리의 근무 성적을 평가할 때 성적이 하에 해당된 것을 말한다. 그러면 파직되거나 좌천되었다.

심엄(沈俺) : 생원, 음관. 병오년(1606, 선조 39) 12월에 도임하였고, 기유년(1609, 광해군 1) 1월에 계(啓)에 의해 파직되었다.

성여발(成汝潑) : 생원, 음관. 기유년(1609, 광해군 1) 2월에 도임하였고, 경술년(1610, 광해군 2) 2월에 경파(京罷)되었다.

유진증(兪晋曾) : 문관. 경술년(1610, 광해군 2) 3월에 도임하였고, 같은 해 4월에 계(啓)에 의해 파직되었다.

정회원(鄭恢遠) : 생원, 음관. 경술년(1610, 광해군 2) 6월에 도임하였고, 계축년(1613, 광해군 5) 9월에 옮겨 갔다.

박승현(朴承賢) : 음관. 계축년(1613, 광해군 5) 10월에 도임하였고, 병진년(1616, 광해군 8) 10월에 관직을 버리고 고향으로 돌아갔다.

신경호(申景浩) : 음관. 병진년(1616, 광해군 8) 12월에 도임하였고, 무오년(1618, 광해군 10) 12월에 고하(考下)를 받았다.

하진(河震) : 음관. 기미년(1619, 광해군 11) 3월에 도임하였고, 같은 해 6월에 고하(考下)를 받았다.

유황(柳隍) : 음관. 기미년(1619, 광해군 11) 10월에 도임하였고, 신유년(1621, 광해군 13) 12월에 고하(考下)를 받았다.

장흔(張昕) : 생원, 음관. 임술년(1622, 광해군 14) 5월에 도임하였고, 계해년(1623, 광해군 15) 4월에 어사(御史)의 계(啓)에 의해 파직되었다.

남변(南忭) : 생원, 음관. 계해년(1623, 광해군 15) 5월에 도임하였고, 같은 해 윤10월에 어사(御史)의 계(啓)에 의해 파직되었다.

한욱(韓頊) : 생원, 음관. 갑자년(1624, 인조 2) 1월에 도임하였고, 같은 해 2월에 병으로 죽었다.

나위소(羅緯素) : 문관. 갑자년(1624, 인조 2) 4월에 도임하였고, 기사년(1629, 인조 7) 2월에 임기가 만료되어 바뀌었다.

채충진(蔡忠晋) : 음관. 기사년(1629, 인조 7) 2월에 도임하였고, 경오년(1630, 인조 8) 1월 11일에 재상(災傷)이라는 계(啓)에 의해 파직되었다.

황진(黃縉) : 음관. 경오년(1630, 인조 8) 2월에 도임하였고, 신미년(1631, 인조 9) 1월에 상을 당하여 바뀌었다.

이상형(李尙馨) : 문관. 신미년(1631, 인조 9) 4월에 도임하였고, 계유년(1633, 인조 11) 7월에 전세(田稅)를 포구로 실어낸 일로 경파(京罷)되었다.

이홍발(李興浡) : 음관. 계유년(1633, 인조 11) 8월에 도임하였고, 병자년(1636, 인조 14)에 의병을 일으켜 근왕(勤王)하였으며, 정축년(1637, 인조 15) 5월에 관직을 버리고 고향으로 돌아갔다. 흥학(興學)한 공헌이 있으며, 영귀서원에 배향되었다.

민여찬(閔汝纘) : 음관. 정축년(1637, 인조 15) 6월에 도임하였고, 기묘년(1639, 인조 17) 9월에 병으로 죽었다.

이숭원(李崇元) : 생원, 음관. 기묘년(1639, 인조 17) 10월에 도임하였고, 경진년(1640, 인조 18) 11월에 고하(考下)를 받았다.

이중신(李重信) : 무관. 신사년(1641, 인조 19) 2월에 도임하였고, 갑신년(1644, 인조 22) 11월에 어사(御史)의 계(啓)에 의해 파직되었다.

남해우(南海宇) : 무관. 갑신년(1644, 인조 22) 12월에 도임하였고, 병술년(1646, 인조 24) 12월에 고하(考下)를 받았다.

문익준(文益晙) : 무관. 정해년(1647, 인조 25) 2월에 도임하였고, 무자년(1648, 인조 26) 2월에 어사(御史)의 계(啓)에 의해 파직되었다.

신득홍(申得洪) : 문관. 무자년(1648, 인조 26) 윤3월에 도임하였고, 임진년(1652, 효종 3) 1월에 병사(兵使)의 계(啓)에 의해 파직되었다.

신혼(申混) : 문관. 임진년(1652, 효종 3) 2월에 도임하였고, 갑오년(1654, 효종 5) 1월에 관직을 버리고 고향으로 돌아갔다.

이동직(李東稷) : 진사, 음관. 갑오년(1654, 효종 5) 2월에 도임하였고, 정유년(1657, 효종 8) 1월에 부모가 늙었다는 것으로 상소를 올려 체직되었다.

윤이선(尹以宣) : 음관. 정유년(1657, 효종 8) 3월에 도임하였고, 기해년(1659, 효종 10) 7월에 고하(考下)를 받았다.

김성주(金盛宙) : 음관. 기해년(1659, 효종 10) 9월에 도임하였고, 신축년(1661, 현종 2) 8월에 몸에 병이 있다는 것으로 상소를 올려 체직되었다.

최경(崔勁) : 문관. 신축년(1661, 현종 2) 10월에 도임하였고, 계묘년(1663, 현종 4) 1월에 살인사건을 나아가 검시(檢屍)하지 않은 일로 파직을 당했다.

안집(安潗) : 음관. 계묘년(1663, 현종 4) 2월에 도임하였고, 갑진년(1664, 현종 5) 9월에 대간(臺諫)의 계보(啓報)로 파직되었다.

송이영(宋以穎) : 음관. 갑진년(1664, 현종 5) 12월에 도임하였고, 정미년(1667, 현종 8) 6월에 형조(刑曹)의 계(啓)에 의해 파직되었다.

정수석(鄭洙碩) : 진사. 정미년(1667, 현종 8) 7월에 도임하였고, 임자년(1672, 현종 13)에 임기가 만료되었으나 백성들이 원해서 연임하였으며, 계축년(1673, 현종 14)에 체직되어 돌아갔다.

신여식(申汝栻) : 진사. 계축년(1673, 현종 14) 2월에 도임하였고, 갑인년(1674, 현종 15) 12월에 관직을 버렸다는 계(啓)에 의해 파직되었다.

이만동(李萬東) : 진사. 을묘년(1675, 숙종 1) 2월에 도임하였고, 병진년(1676, 숙종 2) 7월에 이조(吏曹)의 계(啓)에 의해 파직되었다.

임홍익(任弘益) : 문관. 병진년(1676, 숙종 2) 9월에 도임하였고, 같은 해 12월에 고하(考下)를 받았다.

이만정(李萬程) : 생원. 정사년(1677, 숙종 3) 2월에 도임하였고, 같은 해 11월에 대간의 계(啓)에 의해 파직되었다.

김암(金巖) : 진사. 정사년(1677, 숙종 3) 12월에 도임하였고, 경신년(1680, 숙종 6) 7월에 고하(考下)를 받았다.

유근(兪瑾) : 음관. 경신년(1680, 숙종 6) 윤8월에 도임하였고, 임술년(1682, 숙종 8) 10월에 대간의 계보(啓報)로 파직되었다.

이식(李湜) : 문관. 임술년(1682, 숙종 8) 12월에 도임하였고, 갑자년(1684, 숙종 10) 6월에 아약(兒弱, 14세 미만의 병역 연령 미달자)을 정원에 충당한 일로 경파(京罷)되었다.

이담(李橝)[218] : 생원. 갑자년(1684, 숙종 10) 8월에 도임하였고, 을축년(1685, 숙종 11) 2월에 계(啓)에 의해 파직되었다.

이창직(李昌稷) : 진사. 을축년(1685, 숙종 11) 3월에 도임하였고, 같은 해 6월에 고하(考下)를 받았다.

윤보(尹普) : 진사. 을축년(1685, 숙종 11) 9월에 도임하였고, 경오년(1690, 숙종 16) 6월에 임기가 만료되었다.

이관한(李觀漢) : 생원. 경오년(1690, 숙종 16) 7월에 도임하였고, 임신년(1692, 숙종 18) 1월에 대간의 계문에 의하여 파직되었다.

이헌(李憲) : 진사. 임신년(1692, 숙종 18) 2월에 도임하였고, 같은 해 11월에 남솔(濫率, 수령이 가족을 제한 수 이상으로 거느리고 임지로 도임하는 일)하였다는 계보로 인해 파직되었다.

남택하(南宅夏) : 음관. 임신년(1692, 숙종 18) 12월에 도임하였고, 갑술년(1694, 숙종 20) 3월[219]에 대간의 계보(啓報)로 파직되었다.

여필관(呂必寬) : 진사. 갑술년(1694, 숙종 20) 5월[220]에 도임하였고, 병자년(1696, 숙종 22) 5월에 부모가 늙었다는 것으로 상소를 올려 체직되었다.

윤유손(尹有孫) : 음관. 병자년(1696, 숙종 22) 7월에 도임하였고, 정축년(1677, 숙종 23) 12월에 고하(考下)를 받았다.

황진(黃鎭) : 진사. 무인년(1698, 숙종 24) 2월에 도임하였고, 같은 해

---

218) 『전라남도 옥과군읍지』(1899)에는 이담(李壜)으로 쓰여 있다.
219) 『곡성군지』(1917년)에는 파직일이 12월로 나왔다.
220) 『곡성군지』(1917년)에는 도임일이 12월로 나왔다.

11월에 고하(考下)를 받았다.

유봉장(柳鳳長) : 음관. 기묘년(1699, 숙종 25) 3월에 도임하였고, 임오년(1702, 숙종 28) 6월에 고하(考下)를 받았다.

조시환(趙始煥) : 생원. 임오년(1702, 숙종 28) 7월에 도임하였고, 갑신년(1704, 숙종 30) 11월에 농작물의 피해가 많다는 계보(啓報)로 파직되었다.

권설(權卨) : 음관. 을유년(1705, 숙종 31) 1월에 도임하였고, 병술년(1706, 숙종 32) 7월 에 옮겨갔다.

이기명(李箕明) : 진사. 병술년(1706, 숙종 32) 9월에 도임하였고, 무자년(1708, 숙종 34) 9월에 고하(考下)를 받았다.

김경뢰(金慶賚) : 문관. 무자년(1708, 숙종 34) 11월에 도임하였고, 신묘년(1711, 숙종 37) 1월에 임기가 만료되었다.[221]

홍가상(洪可相) : 생원. 신묘년(1711, 숙종 37) 2월 1일에 도임하였고, 임진년(1712, 숙종 38) 6월 15일에 고하(考下)를 받았다.

이원경(李元慶) : 음관. 임진년(1712, 숙종 38) 9월에 도임하였고, 계사년(1713, 숙종 39) 6월에 고하(考下)를 받았다.

신이정(愼爾定) : 음관. 계사년(1713, 숙종 39) 9월에 도임하였고, 갑오년(1714, 숙종 40) 12월에 어사(御史)의 계로 인해 파직되었다.

남반(南磐)[222] : 음관. 을미년(1715, 숙종 41) 2월에 도임하였고, 같은 해 9월에 병으로 죽었다.

강성복(姜聖復) : 음관. 을미년(1715, 숙종 41) 11월에 도임하였고, 정유년(1717, 숙종 43) 7월에 어사의 계로 파직되었다.

변진일(邊震一) : 음관. 정유년(1717, 숙종 43) 8월에 도임하였고, 신축년(1721, 경종 1) 10월에 어사의 계로 파직되었다.

---

221) 『옥과읍지』(1936년)에는 퇴임일자가 임진년(1712, 숙종 37) 1월로 나오는데, 『옥과현읍지』(1788년경)에 의해 위와 같이 바꾸었다.

222) 『옥과읍지』(1936년)에는 남은(南磤)으로 나오지만, 『옥과현읍지』(1788년경) 등의 기록에 의해 고쳤다. 남반(南盤)으로도 나온다.

이경원(李慶遠) : 음관. 신축년(1721, 경종 1) 12월에 도임하였고, 갑진년(1724, 경종 4) 2월에 사직하여 바뀌었다.

박성의(朴性毅) : 문관. 갑진년(1724, 경종 4) 3월에 도임하였고, 정미년(1727, 영조 3) 5월에 생부의 상을 당하여 바뀌었다.

엄한중(嚴漢重) : 문관. 정미년(1727, 영조 3) 7월에 도임하였고, 무신년(1728, 영조 4) 6월에 고하(考下)를 받았다.

윤취함(尹就咸) : 문관. 무신년(1728, 영조 4) 9월에 도임하였고, 기유년(1729, 영조 5) 10월에 대간의 계(啓)에 의해 파직되었다.

민원(閔瑗) : 문관. 기유년(1729, 영조 5) 12월에 도임하였고, 계축년(1733, 영조 9) 2월에 사직하여 바뀌었다.

윤무교(尹懋教) : 음관. 계축년(1733, 영조 9) 4월에 도임하였고, 같은 해 8월에 폄하(貶下)되었다.

권병성(權秉性) : 음관. 계축년(1733, 영조 9) 10월에 도임하였고, 무오년(1738, 영조 14) 2월에 임기가 만료되어 바뀌었다.

윤득리(尹得履) : 진사. 무오년(1738, 영조 14) 8월에 도임하였고, 기미년(1739, 영조 15) 2월에 사직하여 바뀌었다.

송귀명(宋龜明) : 진사. 기미년(1739, 영조 15) 4월에 도임하였고, 경신년(1740, 영조 16) 3월에 어사의 계로 인하여 파직되었다.

정동량(鄭東良) : 진사. 경신년(1740, 영조 16) 윤6월에 도임하였고, 을축년(1745, 영조 21) 2월에 임기가 만료되어 바뀌었다.

신유원(申有源) : 음관. 을축년(1745, 영조 21) 2월에 도임하였고, 같은 해 6월에 고하(考下)를 받았다.

심정의(沈廷儀) : 진사. 을축년(1745, 영조 21) 8월에 도임하였고, 경오년(1750, 영조 26) 8월에 임기가 만료되어 바뀌었다.

이시철(李著徹) : 진사. 경오년(1750, 영조 26) 9월에 도임하였고, 임신년(1752, 영조 28) 12월에 서울에서 병으로 죽었다.

이장회(李長淮) : 진사. 계유년(1753, 영조 29) 2월에 도임하였고, 을해년(1755, 영조 31) 7월에 고하(考下)를 받았다.

송명흠(宋明欽) : 은사(隱士). 을해년(1755, 영조 31) 8월에 도임하였고, 병자년(1756, 영조 32) 9월에 어머니 상을 당하여 체직하고 돌아갔다.

심일진(沈一鎭) : 병자년(1756, 영조 32) 10월에 도임하였고, 기묘년(1759, 영조 35) 5월에 옮겨갔다.

이덕일(李德一) : 진사. 기묘년(1759, 영조 35) 윤6월에 도임하였고, 임오년(1762, 영조 38)에 평가에서 하(下)를 받았다.

유석린(柳錫麟) : 음관. 임오년(1762, 영조 38) 6월에 도임하였고, 같은 해 12월에 대간의 계보로 파직되었다.

이성모(李聖模) : 진사. 계미년(1763, 영조 39) 1월에 도임하였고, 갑신년(1764, 영조 40) 4월 25일에 사직하여 바뀌었다.

이심보(李心輔) : 진사. 갑신년(1764, 영조 40) 6월에 도임하였고, 병술년(1766, 영조 42) 6월에 고하(考下)를 받았다.

최범흥(崔範興) : 음관. 병술년(1766, 영조 42) 7월에 도임하였고, 기축년(1769, 영조 45) 12월에 평가에서 하(下)를 받았다.

홍낙빈(洪樂彬) : 진사. 경인년(1770, 영조 46) 2월에 도임하였고, 계사년(1773, 영조 49) 6월에 양근군수(楊根郡守)로 옮겨갔다.

유정양(柳正養) : 음관. 계사년(1773, 영조 49) 7월에 도임하였고, 을미년(1775, 영조 51) 12월에 어사의 계로 파직되었다.

신익(申㦤) : 음관. 병신년(1776, 영조 52) 2월에 도임하였고, 무술년(1778, 정조 2) 4월에 서울에서 병으로 죽었다. 홍학비를 세웠다.

김치열(金致說) : 음관. 무술년(1778, 정조 2) 6월에 도임하였고, 기해년(1779, 정조 3) 1월에 전직인 광흥창(廣興倉)에서의 일로 파직되었다.

홍윤철(洪允喆) : 진사. 기해년(1779, 정조 3) 3월에 도임하였고, 계묘년(1783, 정조 7) 5월에 담양부의 사람을 죽인 옥사를 다시 검사하는 일로 체포되어 파직되었다.

이종휘(李種徽) : 진사. 계묘년(1783, 정조 7) 6월에 도임하였고, 정미년(1787, 정조 11) 11월의 정사에서 양천현령(陽川縣令)으로 옮겨갔다.

이재용(李在容) : 음관. 정미년(1787, 정조 11) 11월에 도임하였고, 무신년(1788, 정조 12) 5월에 병으로 죽었다.

박동준(朴東俊) : 감역(監役). 남행(南行)[223]. 무신년(1788, 정조 12) 6월에 도임하였으며, 임자년(1792, 정조 16) 12월에 체직되어 경관직(京官職)에 부처되었다.

이보원(李普源) : 진사. 임자년(1792, 정조 16) 12월에 도임하였고, 을묘년(1795, 정조 19) 8월 정사에서 양천현령(陽川縣令)으로 옮겨갔다.

이득양(李得養) : 을묘년(1795, 정조 19) 8월에 도임하였고, 병진년(1796, 정조 20) 2월에 기장현감(機張縣監)으로 옮겨갔다.

위백규(魏伯珪) : 진사. 병진년(1796, 정조 20) 3월에 도임하였고, 정사년(1797, 정조 21) 윤6월에 고하(考下)를 받고 장원별제(掌院別提)에 제수되었다.

유한관(兪漢寬) : 진사. 정사년(1797, 정조 21) 7월에 도임하였고, 같은 해 8월에 병으로 죽었다.

윤평(尹枰)[224] : 진사. 정사년(1797, 정조 21) 8월에 도임하였고, 경신년(1800, 정조 24) 8월에 용담현령(龍潭縣令)으로 옮겨갔다.

심공권(沈公權) : 남행(南行). 경신년(1800, 정조 24) 8월에 도임하였고, 갑자년(1804, 순조 4) 6월에 고하(考下)를 받았다.

윤의동(尹義東) : 진사. 갑자년(1804, 순조 4) 7월에 도임하였고, 을축년(1805, 순조 5) 4월에 병으로 죽었다.

---

223) 남행(南行) : 부조(父祖)의 훈공으로 추천절차에 의하여 벼슬자리에 특별히 채용된 자를 말한다.
224) 『전라남도 옥과군읍지』(1899)에는 윤칭(尹秤)으로 나온다.

윤정진(尹定鎭) : 남행. 을축년(1805, 순조 5) 5월에 도임하였고, 무진년(1808, 순조 8) 8월에 함양군수(咸陽郡守)로 옮겨갔다.

이명운(李鳴運) : 음관. 무진년(1808, 순조 8) 8월에 도임하였고, 임신년(1812, 순조 12) 12월에 정선군수(旌善郡守)로 옮겨갔다.

이만영(李晩永) : 진사. 임신년(1812, 순조 12) 12월에 도임하였고, 병자년(1816, 순조 16) 12월에 만기가 되어 바뀌었다.

이규헌(李奎憲) : 진사. 병자년에 제수되어 정축년(1817, 순조 17) 1월에 도임하였고, 경진년(1820, 순조 20) 6월에 임피현령(臨陂縣令)으로 옮겨갔다.

홍희철(洪羲喆) : 진사. 경진년(1820, 순조 20) 6월에 제수되어 7월에 도임하였고, 임오년(1822, 순조 22) 10월에 풍기군수(豊基郡守)로 옮겨갔다.

정문승(鄭文升) : 진사. 임오년(1822, 순조 22) 11월에 제수되어 계미년(1823, 순조 23) 에 도임하였고, 을유년(1825, 순조 25) 7월에 증산현령(甑山縣令)으로 옮겨갔다.

김용순(金用淳) : 진사. 을유년(1825, 순조 25) 8월에 도임하였고, 정해년(1827, 순조 27) 윤5월에 어머니의 상을 당하여 체직되었다.

김이평(金履平) : 남행. 정해년(1827, 순조 27) 윤5월에 도임하였고, 경인년(1830, 순조 30) 6월에 고하(考下)를 받았다.

홍진연(洪晉淵)[225] : 진사. 경인년(1830, 순조 30) 7월일에 도임하였고, 임진년(1832, 순조 32) 12월에 옮겨갔다.

한치정(韓致定) : 진사. 계사년(1833, 순조 33) 1월에 도임하였고, 갑오년(1834, 순조 34) 6월에 평가에서 하(下)를 받았다.

이유면(李儒冕) : 진사. 갑오년(1834, 순조 34) 7월에 도임하였고, 을미년(1835, 헌종 1) 3월에 경관직(京官職)으로 바뀌었다.

225) 다른 읍지에는 홍보연(洪普淵)으로도 나온다.

이용관(李用觀) : 진사. 을미년(1835, 헌종 1) 4월에 도임하였고, 병신년(1836, 헌종 2) 9월에 어머니의 상을 당하여 체직되었다.

홍정주(洪鼎周) : 남행. 병신년(1836, 헌종 2) 10월에 도임하였고, 경자년(1840, 헌종 6) 12월에 한산군수(韓山郡守)로 옮겨갔다.

최원(崔瑗) : 생원. 경자년(1840, 헌종 6) 12월에 도임하였고, 갑진년(1844, 헌종 10) 6월에 고양군수(高陽郡守)로 옮겨갔다.

정세창(鄭世昌) : 진사. 갑진년(1844, 헌종 10) 7월에 도임하였고, 병오년(1846, 헌종 12) 12월에 김제군수(金堤郡守)로 옮겨갔다.

윤회선(尹會善) : 남행. 정미년(1847, 헌종 13) 2월에 도임하였고, 경술년(1850, 철종 1) 6월에 진산군수(珍山郡守)로 옮겨갔다.

권응준(權應駿) : 진사. 경술년(1850, 철종 1) 7월에 도임하였고, 임자년(1852, 철종 3) 9월에 계로 인해 파직되었다.

윤자승(尹滋承) : 진사. 임자년(1852, 철종 3) 12월에 도임하였고, 을묘년(1855, 철종 6) 12월에 서산군수(瑞山郡守)로 옮겨갔다.

김병기(金炳箕) : 진사. 병진년(1856, 철종 7) 1월에 도임하였고, 기미년(1859, 철종 10) 6월에 폄하되었다.

이민익(李敏益) : 남행. 기미년(1859, 철종 10) 7월에 도임하였고, 신유년(1861, 철종 12) 12월에 상을 당하여 바뀌었다.[226]

신태정(申泰鼎) : 임술년(1862, 철종 13) 6월에 도임하였고, 갑자년(1864, 고종 1) 10월에 평양서윤(平壤庶尹)으로 옮겨갔다.

정화석(鄭華錫) : 진사. 갑자년(1864, 고종 1) 11월에 도임하였고, 을축년(1865, 고종 2) 12월에 어머니의 상을 당하여 체직되었다.

김도근(金度根) : 진사. 병인년(1866, 고종 3) 2월에 도임하였고, 정묘년(1867, 고종 4) 3월에 고양군수(高陽郡守)로 옮겨갔다.

박제만(朴齊萬) : 진사. 정묘년(1867, 고종 4) 4월 29일에 무장에서 도임

226) '기미년 6월 15일에 파직되었다.'라고 잘못 표기된 것을 『곡성군지』(1917년)를 참조하여 바로잡았다.

하였고, 무진년(1868, 고종 5) 8월에 순창군수(淳昌郡守)로 옮겨 갔다.

민철호(閔喆鎬) : 남행. 무진년(1868, 고종 5) 9월 29일에 도임하였고, 임신년(1872, 고종 9) 2월에 고부군수(古阜郡守)로 옮겨갔다.

조병호(趙秉浩) : 진사. 임신년(1872, 고종 9) 2월 10일에 도임하였고, 을해년(1875, 고종 12) 1월에 천안군수(天安郡守)로 옮겨갔다.

이현영(李顯永) : 진사. 을해년(1875, 고종 12) 2월에 도임하였고, 정축년(1877, 고종 14) 5월에 예천군수(醴泉郡守)로 옮겨갔다.

민철호(閔哲鎬) : 진사. 정축년(1877, 고종 14) 7월 13일에 도임하였고, 무인년(1878, 고종 15) 10월에 강서현령(江西縣令)으로 옮겨갔다.

이유돈(李裕敦) : 진사. 무인년(1878, 고종 15) 12월 6일에 도임하였고[227], 경진년(1880, 고종 17) 12월에 영평(永平)으로 옮겨갔다.

민영숙(閔泳肅) : 진사. 신사년(1881, 고종 18) 1월 29일에 도임하였고, 갑신년(1884, 고종 21) 6월에 전주판관(全州判官)으로 옮겨갔다.

이만익(李萬翼) : 진사. 갑신년(1884, 고종 21) 8월 13일에 도임하였고, 병술년(1886, 고종 23) 7월에 진천(鎭川)으로 옮겨갔다.

민선호(閔璿鎬) : 남행. 병술년(1886, 고종 23) 9월 15일에 도임하였고, 정해년(1887, 고종 24) 6월에 김제(金堤)로 옮겨갔다.

채경묵(蔡慶默) : 감역(監役). 정해년(1887, 고종 24) 7월 22일에 도임하였고, 무자년(1888, 고종 25) 6월에 경산(慶山)으로 옮겨갔다.

오우선(吳友善) : 남행. 무자년(1888, 고종 25) 8월 22일에 도임하였고, 기축년(1889, 고종 26) 7월에 순안(順安)으로 옮겨갔다.

남정헌(南廷獻) : 진사. 기축년(1889, 고종 26) 8월에 도임하였고, 계사년(1893, 고종 30) 10월에 익산(益山)으로 옮겨갔다.

홍우석(洪祐奭) : 진사. 계사년(1893, 고종 30) 12월 6일에 도임하였고,

227) 2월로 잘못 표기된 것을 바로잡았다.

을미년(1895, 고종 32) 2월에 좌천되었다.

임홍준(任弘準) : 문관. 을미년(1895, 고종 32) 3월에 도임하였고, 정유년(1897, 광무 1) 11월에 본관에서 해직되었다.

이교승(李教承) : 진사. 정유년(1897, 광무 1) 12월 15일에 도임하였고, 기해년(1899, 광무 3) 12월 18일에 진위(振威)로 옮겨갔다.

강두흠(姜斗欽) : 음관. 경자년(1900, 광무 4) 1월 29일에 도임하였고, 임인년(1902, 광무 6) 7월에 백성의 소요로 인한 계문으로 파직되었다.

김동만(金東萬) : 임인년(1902, 광무 6) 9월에 도임하였고, 같은 해 11월에 직산(稷山)으로 옮겨갔다.

이근상(李根湘) : 임인년(1902, 광무 6) 12월에 도임하였고, 계묘년(1903, 광무 7) 2월에 임실(任實)로 옮겨갔다.

구원모(具源謨) : 계묘년(1903, 광무 7) 3월에 도임하였고, 을사년(1905, 광무 9) 9월에 체직되어 돌아갔다.

이호영(李虎榮) : 을사년(1905, 광무 9) 11월에 도임하였고, 병오년(1906, 광무 10) 6월에 담양으로 옮겨갔다.

이사필(李思弼) : 병오년(1906, 광무 10) 7월에 도임하였고, 같은 해 10월에 동복으로 옮겨갔다.

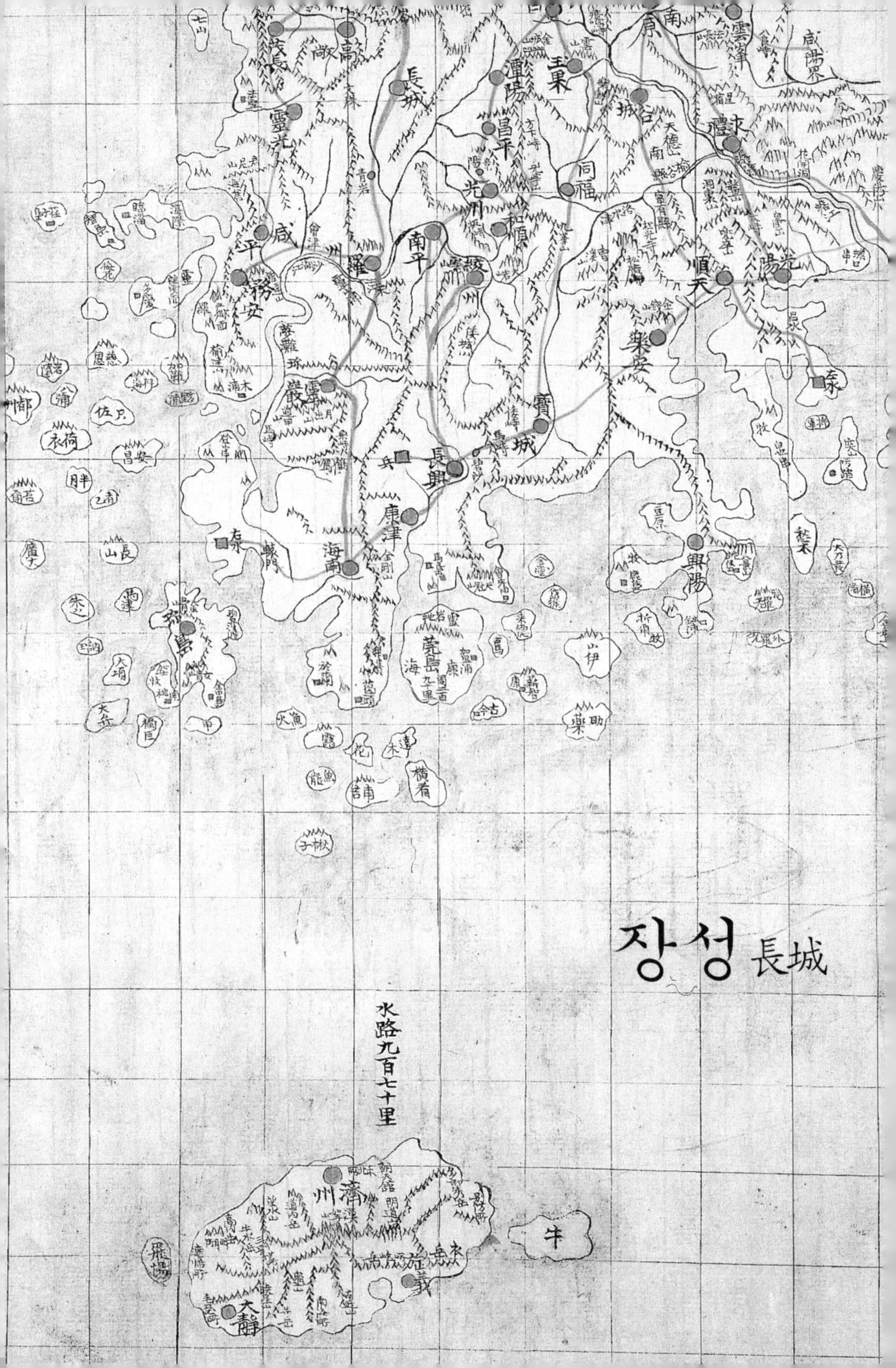


장성 長城

# 장성(長城)228)

백제 때 구지하성(久知下城)이 이곳에 있었다는 견해가 있고, 그 외에 고시이현(古尸伊縣)·구사진혜현(丘斯珍兮縣) 등이 이 군 지역 내에 설치되어 있었다. 757년(경덕왕 16)에 고시이현은 갑성군(岬城郡)으로 개칭되었고, 구사진혜현은 진원현(珍原縣)으로 개칭되어 갑성군의 영현이 되었다. 갑성군은 이성(伊城) 또는 오산현(鰲山縣)으로 불리기도 했었다. 고려의 건국 후 갑성군은 장성군으로 개칭되었고, 1018년(현종 9)에 장성군은 영광군의 속현이 되었으며, 진원현은 나주목의 속현이 되었다. 1172년(명종 2)에 장성군과 진원현에 감무가 파견되었다. 1413년(태종 13)에 장성현과 진원현에 현감이 파견되었고, 진관체제하에서는 나주진관(羅州鎭管)에 속하게 되었다. 1600년(선조 33) 임진왜란의 피해로 장성현과 진원현이 극도로 피폐하자, 두 현을 병합해 치소를 지금의 장성읍 성산리[성자산 아래]로 옮겼다. 1655년(효종 6)에 군비 확장책으로서 입암산성을 수축하고 장성현을 도호부로 승격시켜 입암산성수진관(笠巖山城守鎭官)을 겸하게 하였다. 장성의 별호는 갑성(岬城)·오산(鰲山)·이성(伊城)이다. 1895년 관제개혁에 의해 전주부 장성군으로 되었고, 1896년에는 전라남도 장성군으로 고쳐졌으며, 1906년에 월경지 정리로 창평의 두입지인 갑향면이 편입되었다. 1914년 군면 폐합 때 영광군의 5개면이 삼계면과 삼서면으로 통폐합되어 편입되었고, 함평군 대화면과 영광군 외동면이 동화면으로 폐합되어 이관되었으며, 갑향면(甲鄕面)은 담양군에 이관하였다.

228) 『장성읍지』(1927)를 저본으로 하였다. 이 읍지는 『호남읍지』(1871)를 저본으로 한 읍지이다.

현감(縣監) 박종현(朴宗賢) : 경자년(1600) 정월 3일에 부임하여 순찰사 허성(許筬)과 숙질간으로 상피되어 신축년(1601) 10월 10일에 벼슬이 바뀌어 돌아갔다.

권경호(權景虎) : 신축년(1601) 11월 3일에 부임하여 갑진년(1604) 정월 25일에 조련(操鍊)[229]에 불참한 것으로 암행어사 계문에 의해 파직되어 돌아갔다.

홍희(洪憙) : 갑진년(1604) 3월 3일에 부임하여 을사년(1605) 정월 22일에 벼슬이 바뀌어 돌아갔다.

이숙(李潚) : 을사년(1605) 2월 13일에 부임하여 미상일에 벼슬이 바뀌어 돌아갔다.

김여추(金汝秋) : 부임연월과 퇴임일이 선생안에 애초부터 기록되어 있지 않다.

기협(奇協) : 문과. 기유년(1609) 12월에 부임하여 경술년(1610)에 벼슬이 바뀌어 돌아갔다.

이담(李談) : 신해년(1611) 봄에 부임하여 갑인년(1614) 가을에 벼슬이 바뀌어 돌아갔다.

남두첨(南斗瞻) : 문과. 갑인년(1614)에 부임하여 병진년(1616) 12월에 벼슬이 바뀌어 돌아갔다. 선정비가 세워졌다.

양경우(梁慶遇) : 문과. 정사년(1617) 4월 6일에 부임하여 경신년(1620) 정월 5일에 벼슬이 바뀌어 돌아갔다.

정운서(鄭雲瑞) : 경신년(1620) 4월 1일에 부임하여 계해년(1623) 3월 반정 후 벼슬이 바뀌어 돌아갔다.

이천(李蕆) : 남행. 계해년(1623) 5월 17일에 부임하여 갑자년(1624) 정월 14일에 벼슬이 바뀌어 돌아갔다.

홍진문(洪振文) : 갑자년(1624) 3월 6일에 부임하여 기사년(1629) 2월 6

229) 조련(操鍊) : 전투에 적응하도록 행하는 훈련.

일에 임기가 만료되어 돌아갔다.

이유준(李庾俊) : 기사년(1629) 3월 1일에 부임하여 경오년(1630) 2월 11일에 영조(營操)의 기일을 어긴 일로 계파(啓罷)되었다. 청덕비가 세워졌다.

원리길(元履吉) : 경오년(1630) 4월 19일에 부임하여 동년 7월 15일에 벼슬이 바뀌어 돌아갔다.

장환(張瞬) : 경오년(1630) 8월 24일에 부임하여 을해년(1635) 7월 2일에 임기가 만료되어 돌아갔다. 선정비가 세워졌다.

유시영(柳時英) : 을해년(1635) 9월 24일에 부임하여 무인년(1638) 5월 20일에 처녀를 간택하는 일로 붙잡혀 갔다.

이여항(李汝恒) : 무인년(1638) 6월 24일에 부임하여 경진년(1640) 11월 17일에 수계(繡啓, 암행어사의 계보)에 의해 파직되었다.

한진명(韓振溟) : 경진년(1640) 12월 17일에 부임하여 계미년(1643) 12월 13일에 관직을 버리고 돌아갔다. 청백비(淸白碑)가 세워졌다.

정진(鄭畛) : 갑신년(1644) 2월 6일에 부임하여 무자년(1648) 12월 19일에 임기가 만료되어 돌아갔다.

이문웅(李文雄) : 기축년(1649) 정월 18일에 부임하여 임진년(1652) 10월 24일에 재보상실(灾報爽實)로 파직되었다.

이유형(李惟馨) : 임진년(1652) 12월 6일에 부임하여 계사년(1653) 8월 6일에 계파(啓罷)되었다.

정하(鄭何) : 계사년(1653) 9월 16일에 부임하여 을미년(1655) 2월 21일에 수계(繡啓)로 파직되었다.

심서견(沈瑞肩) : 을미년(1655) 3월 16일에 부임하여 동년 7월 22일에 본현이 부사로 승격되었기 때문에 체직되었다.

부사(府使) 김익훈(金益勳) : 남행. 을미년(1655) 8월 15일에 부임하여 정유년(1657) 3월 28일에 관직을 버리고 돌아갔다. 애민유혜(愛民遺惠)함에 비석을 세워 송덕하였다.

이송령(李松齡) : 남행. 정유년(1657) 6월 5일에 부임하여 무술년(1658) 6월 12일에 향교를 이건한 일로 경파(京罷)되었다. 권농강무(勸農講武)하고 휼민이성(恤民以誠)함에 비석을 세워 송덕하였다.

이상진(李尙眞) : 문과. 무술년(1658) 7월 28일에 부임하여 동년 11월 28일에 좌부승지가 되어 길을 떠났다. 홍학애민(興學愛民)하였다.

이원정(李元禎) : 문과. 무술년(1658) 12월 25일에 부임하여 기해년(1659) 12월 8일에 사은사 서장관에 차정되어 떠났다.

박증휘(朴增輝) : 문과. 경자년(1660) 2월 3일에 부임하여 동년 8월 15일에 시관의 할봉백좌(割封伯左)의 일로 본도의 계문에 의해 파직되었다. 부역과 세금을 박하게 하고 홍학애민하였다.

최일(崔逸) : 문과. 경자년(1660) 9월 27일에 부임하여 신축년(1661) 6월 6일에 진구(賑救)가 정밀하지 못한 일로 나파(拿罷)되었다.

이하악(李河岳) : 남행. 신축년(1661) 7월 21일에 부임하여 계묘년(1663) 8월 26일에 금성현감에 이배되어 9월 23일에 떠났다.

이징(李憕) : 남행. 계묘년(1663) 11월 2일에 부임하여 갑진년(1664) 10월 6일에 사직하고 돌아갔다.

이정(李晶) : 문과. 갑진년(1664) 12월 17일에 부임하여 정미년(1667) 5월 20일에 임기가 만료되어 돌아갔다.

소두산(蘇斗山) : 문과. 정미년(1667) 7월 27일에 부임하여 기유년(1669) 6월 25일에 나주목사에 이배(移拜)되었다. 강명위단(剛明威斷)하여 아전은 두려워하고 백성은 그리워했다.

김세정(金世鼎) : 문과. 기유년(1669) 9월 6일에 부임하여 신해년(1671) 11월 18일에 재상(灾傷)으로 파직되었다. 성심으로 애민하고 온고을 사람을 진제(賑濟)하였다.

송시도(宋時燾) : 남행. 신해년(1671) 12월 15일에 부임하여 갑인년(1674) 10월 1일에 관직을 버리고 돌아갔다.

홍석구(洪錫龜) : 문과. 갑인년(1674) 12월 1일에 부임하여 정사년(1677)

3월 3일에 나주목사에 이배되었고 이어서 대파(臺罷)되었다. 유화(儒化)에 마음을 두고 관방(關防)에 치력했다.

채시구(蔡時龜) : 남행. 정사년(1677) 4월 8일에 부임하여 기미년(1679) 11월 27일에 어머니상을 당해 12월 21일에 떠났다.

송창(宋昌) : 문과. 경신년(1680) 정월 29일에 부임하여 동년 9월 30일에 죄인을 놓친 일로 파직되었다.

정재후(鄭載厚) : 남행. 경신년(1680) 11월 20일에 부임하여 임술년(1682) 8월 8일에 신병으로 사직하고 돌아갔다.

박진규(朴鎭圭) : 문과. 임술년(1682) 8월 23일에 부임하여 을축년(1685) 7월 2일에 청대죽이 고황(枯黃)한 것으로 내국(內局)의 계문에 의해 파직되었다.

심추(沈樞) : 남행. 을축년(1685) 8월 19일에 부임하여 무진년(1688) 정월 12일에 임기가 만료되어 돌아갔다.

이징구(李徵龜) : 문과. 무진년(1688) 4월 5일에 부임하여 동년 10월 30일에 대동미(大同米)를 만시(晩時)에 발선(發船)한 일로 파직을 당했다. 인자하고 염근(廉勤)했으며 선비를 예로 대하고 백성을 사랑했다.

정제태(鄭齊泰) : 문과. 무진년(1688) 12월 27일에 부임하여 임신년(1692) 5월 15일에 계파되었다. 민첩하고 사리에 밝았으며 법제를 닦아 거행하였다.

여필용(呂必容) : 문과. 임신년(1692) 7월 4일에 부임하여 동년 11월 17일에 대계(臺啓)에 의해 파직되어 돌아갔다.

이동근(李東根) : 문과. 계유년(1693) 정월 9일에 부임하여 갑술년(1694) 정월 4일에 친노(親老)하다는 것으로 사직하고 돌아갔다.

성대경(成大經) : 남행. 갑술년(1694) 2월 20일에 부임하여 동년 5월 10일에 금산군의 궁둔(宮屯) 일로 계파되었다.

박시경(朴時璟) : 남행. 갑술년(1694) 6월 15일에 부임하여 병자년(1696)

10월 13일에 원주로 이배(移拜)되었다. 은혜가 깊게 진렴(賑斂)하였으며 유애(遺愛)가 숲처럼 무성하였다.

김여남(金汝南) : 남행. 병자년(1696) 11월 27일에 부임하여 무인년(1698) 5월 7일에 어사에 의해 봉고파직되었다.

홍만기(洪萬紀) : 문과. 무인년(1698) 7월 6일에 부임하여 신사년(1701) 2월에 사간원의 논계(論啓)와 기사년 증광 전시에 입장한 여러 사람 및 대신이 진달하여 체차(遞差)되었다.

신서화(申瑞華) : 남행. 신사년(1701) 4월 25일에 부임하여 동년 12월 15일에 어머니상을 당해 출발하였다.

이만동(李萬東) : 남행. 임오년(1702) 정월 27일에 부임하여 계미년(1703) 9월 4일에 사체(辭遞)하였다.

서경조(徐敬祖) : 남행. 계미년(1703) 11월 6일에 부임하여 갑신년(1704) 12월 2일에 폄체되었다.

임세량(林世良) : 남행. 을유년(1705) 2월 16일에 부임하여 무자년(1708) 3월 9일에 관(官)에서 졸하였다. 흥학 휼민하였으며, 비석이 세워졌다.

윤홍(尹泓) : 남행. 무자년(1708) 5월 11일에 부임하여 경인년(1710) 6월 12일에 폄귀(貶歸)되었다.

이시징(李蓍徵) : 남행. 경인년(1710) 8월 16일에 부임하여 임진년(1712) 6월 2일에 폄귀(貶歸)되었다.

이신룡(李臣龍) : 남행. 임진년(1712) 9월 6일에 부임하여 을미년(1715) 4월 10일에 사체(辭遞)하였다.

정욱선(鄭勗先) : 남행. 을미년(1715) 6월 9일에 부임하여 병신년(1716) 7월 30일에 사체(辭遞)하였다.

신성하(申聖夏) : 남행. 병신년(1716) 9월 22일에 부임하여 정유년(1717) 4월 12일에 친병(親病)으로 말미를 얻어 상경했다가 수계(繡啓)에 의해 체직되었다.

홍처주(洪處宙) : 남행. 정유년(1717) 8월 29일에 부임하여 기해년(1719) 6월 10일에 폄귀(貶歸)되었다.

최종주(崔宗周) : 문과. 기해년(1719) 9월 15일에 부임하여 임인년(1722) 8월 19일에 사체(辭遞)하였다. 청덕선정비가 세워졌다.

이의저(李宜著) : 남행. 임인년(1722) 10월 9일에 부임하여 계묘년(1723) 6월 3일에 광주(光州)에 이배(移拜)되었다. 선정비가 세워졌다.

신의집(申義集) : 남행. 계묘년(1723) 7월 29일에 부임하여 을사년(1725) 3월 15일에 사체(辭遞)하였다.

박수의(朴守義) : 남행. 을사년(1725) 5월 6일에 부임하여 병오년(1726) 6월 9일에 폄귀(貶歸)되었다.

이의록(李宜祿) : 남행. 병오년(1726) 8월 28일에 부임하여 정미년(1727) 6월 7일에 광주(光州)에 이배(移拜)되었다.

윤동로(尹東魯) : 남행. 정미년(1727) 9월 18일에 부임하여 무신년(1728) 9월 28일에 사체(辭遞)하였다.

윤동설(尹東卨) : 남행. 무신년(1728) 10월 25일에 부임하여 계축년(1733) 8월 19일에 임기가 만료되어 체직되었다.

조명종(曺命宗) : 남행. 계축년(1733) 9월 29일에 부임하여 을묘년(1735) 9월 16일에 사체(辭遞)하였다.

이기항(李箕恒) : 남행. 을묘년(1735) 11월 15일에 부임하여 정사년(1737) 7월 7일에 폄귀(貶歸)되었다.

김도흡(金道洽) : 남행. 정사년(1737) 10월 1일에 부임하여 기미년(1739) 6월 5일에 사체(辭遞)하였다.

이시정(李時鼎) : 남행. 기미년(1739) 7월 21일에 부임하여 동년 12월 18일에 어머니상을 당해 떠났다.

송문상(宋文相) : 남행. 경신년(1740) 정월 21일에 부임하여 동년 6월 24일에 폄귀(貶歸)되었다.

이현윤(李顯允) : 남행. 경신년(1740) 8월 9일에 부임하여 계해년(1743)

윤4월 6일에 속읍의 군병을 착인(錯認)하여 관문(關文)을 점시(點視)한 일로 순병영(巡兵營, 감영과 병영)의 계문에 의해 파직되었다.

이언소(李彦熽) : 남행. 계해년(1743) 5월 20일에 부임하여 갑자년(1744) 11월 23일에 친제(親齊)로 사체(辭遞)하였다.

어유황(魚有璜) : 남행. 을축년(1745) 정월 22일에 부임하여 병인년(1746) 8월 2일에 연대(筵對)[230]에서 개량(改量)과 신병으로 계체(啓遞)되었다.

이우(李堣) : 남행. 병인년(1746) 9월 6일에 부임하여 신미년(1751) 7월 26일에 임기가 만료되어 돌아갔다.

정지익(鄭志翼) : 남행. 신미년(1751) 9월 26일에 부임하여 갑술년(1754) 2월 25일에 평양에 이배(移拜)되었다.

김상우(金尙遇) : 남행. 갑술년(1754) 4월 3일에 부임하여 을해년(1755) 7월 11일에 공장(公狀)을 올리지 않았다는 것으로 계파되었다.

김상량(金相良) : 남행. 을해년(1755) 9월 17일에 부임하여 정축년(1757) 6월 6일에 사체(辭遞)하였다.

김시교(金時敎) : 남행. 정축년(1757) 7월 16일에 부임하여 기묘년(1759) 5월 28일에 광주(光州)에 이배(移拜)되었다.

김이원(金履遠) : 남행. 기묘년(1759) 6월 18일에 부임하여 경진년(1760) 7월 2일에 어머니상을 당해 떠났다.

최보흥(崔普興) : 남행. 경진년(1760) 7월 3일에 부임하여 동년 11월 26일에 관(官)에서 졸(卒)하였다.

최홍보(崔弘輔) : 경진년(1760) 12월 29일에 부임하여 계미년(1763) 정월 22일에 수계(繡啓)에 의해 파직되었다.

홍응진(洪應辰) : 남행. 계미년(1763) 2월 6일에 부임하여 동년 12월 2

230) 연대(筵對) : 임금이 경연에서 신하들과 면대함.

일에 대동(大同)을 정퇴(停退)하여 감색(監色)이 치패했는데도 기선(騎船)하지 않은 일로 경파(京罷)되고 붙잡혀갔다.

정경순(鄭景淳) : 남행. 계미년(1763) 12월 18일에 부임하여 을유년(1765) 4월 13일에 광주에 이배(移拜)되었다.

홍익대(洪益大) : 을유년(1765) 11월 10일에 부임하여 정해년(1767) 8월 4일에 폄체되었다.

홍익필(洪益弼) : 남행. 정해년(1767) 8월 29일에 부임하여 무자년(1768) 11월 3일에 진주에 이배(移拜)되었다.

서무수(徐懋修) : 남행. 무자년(1768) 12월 6일에 부임하여 임진년(1772) 6월 26일에 사체(辭遞)하였다.

송익언(宋翼彦) : 남행. 임진년(1772) 7월 22일에 부임하여 갑오년(1774) 6월 2일에 사체(辭遞)하였다.

신광면(申光勉) : 남행. 갑오년(1774) 7월 18일에 부임하여 을미년(1775) 5월 1일에 사체(辭遞)하였다.

김항주(金恒柱) : 남행. 을미년(1775) 6월 18일에 부임하여 병신년(1776) 6월 15일에 폄귀(貶歸)되었다.

홍술조(洪述祖) : 남행. 병신년(1776) 7월 19일에 부임하여 경자년(1780) 5월 29일에 함흥에 이배(移拜)되었다.

심전(沈錪) : 남행. 경자년(1780) 6월 28일에 부임하여 신축년(1781) 6월 1일에 폄체되었다.

정국인(鄭國仁) : 남행. 신축년(1781) 7월 13일에 부임하여 병오년(1786) 5월 10일에 임기가 만료되어 돌아갔다.

유증양(柳曾養) : 남행. 병오년(1786) 7월 26일에 부임하여 정미년(1787) 6월 4일에 관에서 졸하였다.

임준호(林浚浩) : 남행. 정미년(1787) 7월 1일에 부임하여 경술년(1790) 2월 21일에 폄귀(貶歸)되었다.

한문홍(韓文洪) : 남행. 경술년(1790) 3월 17일에 부임하여 동년 12월 5

일에 폄귀(貶歸)되었다.

박좌원(朴左源) : 남행. 신해년(1791) 정월 13일에 부임하여 계축년(1793) 6월에 능주에 이배(移拜)되었다.

김이호(金履鎬) : 남행. 계축년(1793) 7월 15일에 부임하여 갑인년(1794) 2월 10일에 사체(辭遞)하였다.

이학영(李學永) : 남행. 갑인년(1794) 4월 17일에 부임하여 을묘년(1795) 윤2월 6일에 관에서 졸하였다.

홍경후(洪景厚) : 남행. 을묘년(1795) 윤2월 26일에 부임하여 병진년(1796) 9월 19일에 대소(臺疏)에 의해 나파(拿罷)되었다.

이영교(李英敎) : 남행. 병진년(1796) 9월 19일에 부임하여 신유년(1801) 3월 29일에 충주에 승직되었다.

이면휘(李勉輝) : 남행. 신유년(1801) 4월 10일에 부임하여 임술년(1802) 6월 17일에 상주에 이배(移拜)되었다.

김기풍(金基豐) : 남행. 임술년(1802) 7월 16일에 부임하여 갑자년(1804) 12월 21일에 광주(廣州)에 이배(移拜)되었다.

김유(金鍒) : 남행. 을축년(1805) 정월 15일에 부임하여 동년 윤6월 27일에 어머니상을 당해 출발하여 돌아갔다.

이낙수(李洛秀) : 남행. 을축년(1805) 7월 2일에 부임하여 병인년(1806) 11월 1일에 진주에 이배(移拜)되었다.

서유승(徐有升) : 남행. 병인년(1806) 11월 5일에 부임하여 경오년(1810) 6월 10일에 성주에 이배(移拜)되었다. 선정비가 있다.

엄사면(嚴思勉) : 남행. 경오년(1810) 6월 29일에 부임하여 임신년(1812) 10월 24일에 진산에 이배(移拜)되었다.

송운재(宋雲載) : 임신년(1812) 11월 9일에 부임하여 을해년(1815) 6월 1일에 전주에 이배(移拜)되었다.

김명연(金命淵) : 을해년(1815) 6월 1일에 부임하여 병자년(1816) 2월 14일에 판관에 이배(移拜)되었다.

홍집규(洪集圭) : 병자년(1816) 2월 26일에 부임하여 정축년(1817) 8월 1일에 성주에 이배(移拜)되었다.

윤치혁(尹致赫) : 정축년(1817) 8월 10일에 부임하여 정축년(1817) 12월 20일에 원주에 승직이배(移拜)되었다.

권익(權廙) : 정축년(1817) 12월 20일에 부임하여 임오년(1822) 6월 4일에 암행어사에 의해 봉고파직되었다. 선정비가 있다.

홍희경(洪羲敬) : 임오년(1822) 6월 10일에 부임하여 갑신년(1824) 윤7월 14일에 신병으로 사체(辭遞)하였다.

홍철영(洪徹榮) : 갑신년(1824) 윤7월 14일에 부임하여 을유년(1825) 6월 2일에 검장(檢狀)의 착오로 장파(狀罷)되었다.

김이정(金履禎) : 을유년(1825) 7월 7일에 부임하여 기축년(1829) 12월 2일에 수계(繡啓)에 의해 파직되어 돌아갔다.

김조연(金祖淵) : 기축년(1829) 12월 20일에 부임하여 임진년(1832) 5월 10일에 충주에 이배(移拜)되었다.

서유민(徐有民) : 임진년(1832) 5월 20일에 부임하여 갑오년(1834) 6월 2일에 안주에 이배(移拜)되었다.

심의복(沈宜復) : 갑오년(1834) 6월 26일에 부임하여 을미년(1835) 10월 17일에 사체(辭遞)하였다.

조종순(趙鍾淳) : 을미년(1835) 12월 4일에 부임하여 병신년(1836) 12월 15일에 폄귀(貶歸)되었다.

홍장섭(洪章燮) : 병신년(1836) 12월 25일에 부임하여 기해년(1839) 4월 21일에 사체(辭遞)하였다.

이규수(李奎秀) : 기해년(1839) 5월 29일에 부임하여 동년 9월 12일에 관에서 졸하였다.

송종수(宋宗洙) : 기해년(1839) 10월 6일에 부임하여 경자년(1840) 8월 25일에 사체(辭遞)하였다.

김진교(金晋敎) : 남행. 경자년(1840) 9월 12일에 부임하여 임인년(1842)

8월 1일에 황주에 이배(移拜)되었다. 선정비가 있다.

정선교(鄭善敎) : 임인년(1842) 9월 29일에 부임하여 갑진년(1844) 2월 3일에 폄귀(貶歸)되었다.

이장우(李章愚) : 갑진년(1844) 4월 3일에 부임하여 정미년(1847) 6월 5일에 청주에 이배(移拜)되었다. 영모각이 있다.

이병례(李秉禮) : 완산인. 정미년(1847) 7월 24일에 부임하여 기유년(1849) 9월 2일에 감사가 순행할 때 언어를 가리지 않고 썼다는 것으로 장파(狀罷)되었다. 선정비가 있다.

김석연(金昔淵) : 연안인. 기유년(1849) 10월 18일에 부임하여 신해년(1851) 6월 1일에 폄귀(貶歸)되었다.

정우용(鄭愚容) : 신해년(1851) 7월 18일에 부임하여 갑인년(1854) 윤7월 2일에 수계(繡啓)로 벼슬이 바뀌어 돌아갔다.

이원필(李源弼) : 갑인년(1854) 8월 15일에 부임하여 병진년(1856) 2월 3일에 도계(到界)할 때 공장(公狀)을 진달하지 않은 일로 장파(狀罷)되었다.

한필교(韓弼敎) : 남행. 병진년(1856) 3월 25일에 부임하여 무오년(1858) 8월 1일에 사체(辭遞)하였다.

장조(張照) : 남행. 덕수인. 무오년(1858) 9월 7일에 부임하여 기미년(1859) 12월 17일에 폄귀(貶歸)되었다.

김재홍(金在弘) : 남행. 경신년(1860) 정월 29일에 부임하여 임술년(1862) 4월 27일에 사체(辭遞)하였다.

조응화(趙應和) : 남행. 임술년(1862) 5월 29일에 부임하여 갑자년(1864) 6월 12일에 폄귀(貶歸)되었다.

정대식(丁大植) : 남행. 갑자년(1864) 7월 30일에 부임하여 을축년(1865) 12월 16일에 황주에 이배(移拜)되었다. 선정비가 있다.

민세호(閔世鎬) : 남행. 병인년(1866) 정월 28일에 부임하여 무진년(1868) 5월 12일에 암행어사에 의해 봉고파직되었다.

성정호(成鼎鎬) : 남행. 무진년(1868) 6월 26일에 부임하여 경오년(1870) 6월 8일에 진주에 이배(移拜)되었다. 선정비가 있다.

심동근(沈東瑾) : 남행. 경오년(1870) 7월 22일에 부임하여 신미년(1871) 4월 24일에 삼척에 이배(移拜)되었다.

홍병위(洪秉瑋)[231] : 남행. 신미년(1871) 5월 13일에 부임하여 임신년(1872) 12월 15일에 파직되었다. 철로 된 선정비가 있다.

정선시(鄭善始) : 남행. 온양인. 계유년(1873) 2월 28일에 부임하여 을해년(1875) 7월 24일에 연산에 이배(移拜)되었다. 선정비가 있다.

정운소(鄭雲韶) : 남행. 연일인. 을해년(1875) 8월 27일에 부임하여 병자년(1876) 7월 16일에 의성에 이배(移拜)되었다.

서중보(徐中輔) : 남행. 대구인. 병자년(1876) 8월 8일에 부임하여 신사년(1881) 5월 2일에 임기가 만료되어 돌아갔다. 선정비가 있다.

김윤현(金胤鉉) : 광산인. 신사년(1881) 윤7월 15일에 부임하여 계미년(1883) 정월 29일에 안주에 이배(移拜)되었다.

이희(李僖) : 연안인. 계미년(1883) 정월 30일에 부임하여 병술년(1886) 2월 10일에 영월에 이배(移拜)되었다.

김오현(金五鉉) : 광산인. 병술년(1886) 4월 15일에 부임하여 동년 10월 10일에 담양에 이배(移拜)되었다.

김승집(金升集) : 경주인. 병술년(1886) 11월 21일에 부임하여 무자년(1888) 7월 10일에 능주에 이배(移拜)되었다.

윤태원(尹泰元) : 파평인. 무자년(1888) 7월 10일에 부임하여 경인년(1890) 6월 15일에 공조참의에 승직되어 돌아갔다.

김헌수(金憲秀) : 연안인. 경인년(1890) 7월 27일에 부임하여 임진년(1892) 4월 24일에 영해에 이배(移拜)되었다.

김오현(金五鉉) : 광산인. 임진년(1892) 4월 24일에 부임하여 갑오년

231) 『호남읍지』(1871)에는 홍병위까지 실려 있다.

(1894) 3월 23일에 무장에 이배(移拜)되었다.

민상호(閔尙鎬) : 여흥인. 갑오년(1894) 3월 19일에 부임하여 동년 9월에 벼슬이 바뀌어 돌아갔다.

고종 을미년(1895)에 부(府)를 군(郡)으로 고쳤다.

군수 이병훈(李秉勳) : 갑오년(1894) 12월 12일에 부임하여 병신년(1896) 2월 12일에 전주관찰사에 승직되었다. 선정비가 있다.

신승균(申昇均) : 평산인. 병신년(1896) 2월 27일에 부임하여 정유년(1897) 4월 25일에 임피에 이배(移拜)되었다.

김성규(金星圭) : 안동인. 정유년(1897) 5월 20일에 부임하여 기해년(1899) 12월 26일에 면직했다. 광무 3년에 양무감리(量務監理)를 겸임했다. 선정비가 있다.

이석규(李錫珪) : 한산인. 경자년(1900) 정월 29일에 부임하여 신축년(1901) 정월 15일에 옥천에 이배(移拜)되었다.

유기준(兪起濬) : 신축년(1901) 정월 15일에 부임하여 임인년(1902) 5월 10일에 배천에 이배(移拜)되었다.

민영복(閔泳復) : 문과. 여흥인. 임인년(1902) 5월 29일에 부임하여 을사년(1905) 11월 3일에 벼슬이 바뀌어 돌아갔다. 불망비가 있다.

신헌균(申憲均) : 문과. 평산인. 병오년(1906) 정월 14일에 부임하여 정미년(1907) 9월 23일에 사체(辭遞)하였다.

김윤창(金潤昌) : 무과. 청도인. 무신년(1908) 2월 8일에 부임하여 기유년(1909)에 면직했다.

김연하(金演夏) : 남행. 안동인. 경술년(1910) 8월 25일에 부임하여 정3품관에 승자하고, 경신년 8월 7일에 해남에 이배(移拜)되었다.

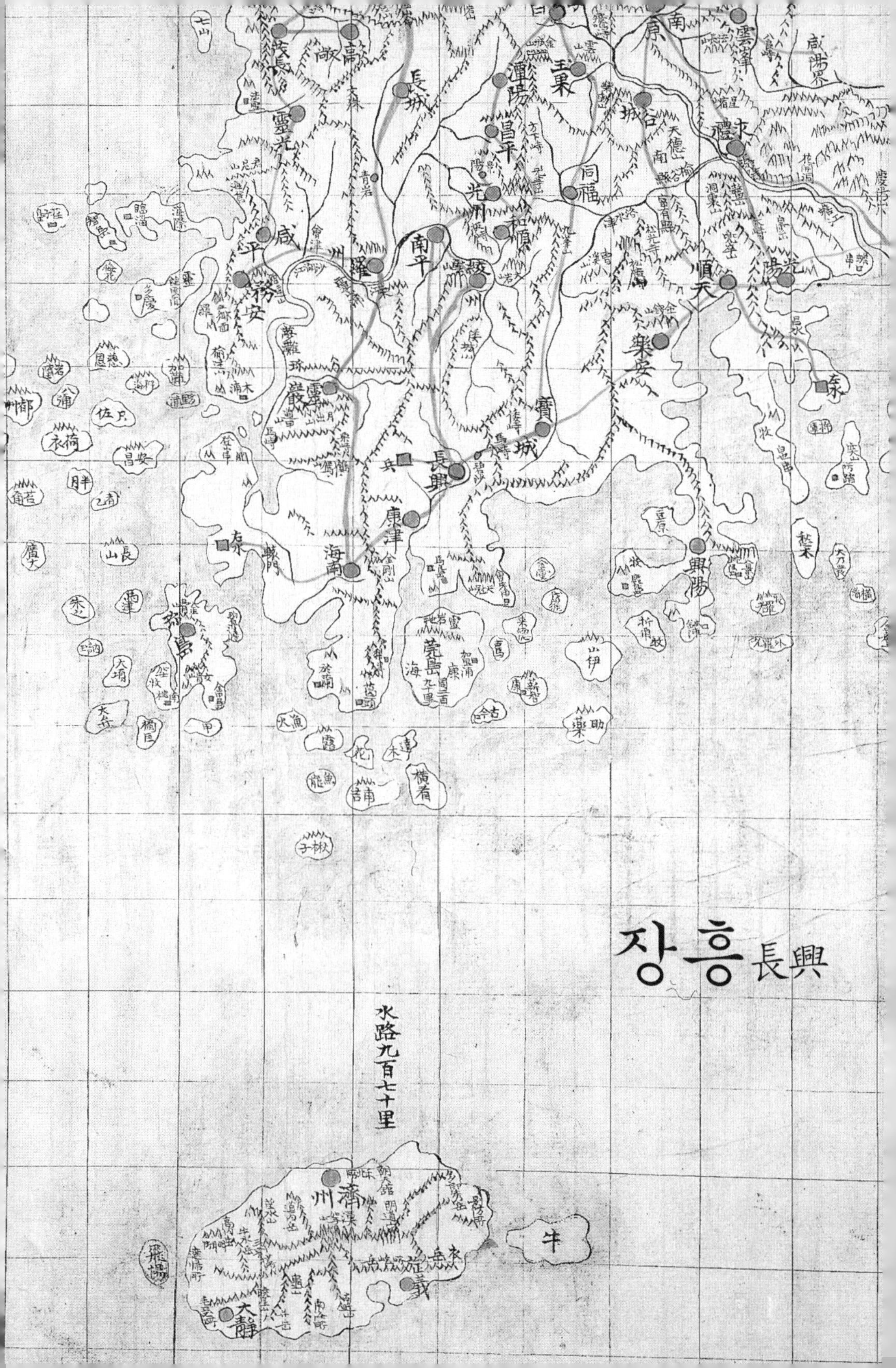
장흥 長興
水路九百七十里
長興
康津
海南
靈巖
羅州
南平
綾州
和順
光州
長城
潭陽
昌平
順天
樂安
寶城
興陽
光陽
務安
咸平
靈光
濟州
大靜
旌義
珍島
牛

## 장흥(長興)232)

백제 때는 오차현(烏次縣)·마사량현(馬斯良縣)·고마미지현(古馬彌知縣)·계천현(季川縣)·두힐현(豆肹縣) 등이 있었다. 757년(경덕왕 16)에 오차현은 오아현(烏兒縣), 마사량현은 대로현(代勞縣), 고마미지현은 마읍현(馬邑縣), 계천현은 계수현(季水縣)으로 개칭되어 모두 보성군의 영현이 되었고, 두힐현은 강원현(薑原縣)으로 개칭되어 분령군(分嶺郡, 낙안)의 영현이 되었다. 고려 초에 오아현이 정안현(定安縣)으로, 마읍현이 수령현(遂寧縣)으로 고쳐져서 영암에 예속되었고, 대로현은 회령현(會寧縣)으로, 계수현은 장택현(長澤縣)으로 고쳐져 계속 보성군의 속현으로 있었다. 그 뒤 정안현은 인종 때 공예태후 임씨(恭睿太后任氏)의 고향이라 하여 장흥부로 승격되었다. 이 무렵 장흥부는 회령현·수령현·장택현과 영암군의 속현이었던 탐진현(耽津縣) 등 4현을 이속시켜 거느리게 되었다. 1265년(원종 6)에 회주목(懷州牧)으로 승격되었다가 1310년(충선왕 2)에 다시 장흥부로 강등되었다. 조선초인 1392년(태조 1)에 수령현의 중령산에 성을 쌓고 중심지로 했으며, 1413년(태종 13)에 장흥도호부로 승격되어 조선시대 동안 유지되었다. 16세기 중엽인 명종대에 치소가 좁다 하여 옛 수령현 땅으로 옮겼다. 1652년(효종 3)에 장흥현으로 강등되었다가 1659년에 복구되었다. 1666년(현종 7)에 감사 민유중(閔維重)의 건의로 진을 따로 두어 부사가 겸임하게 하다가 1683년(숙종 9)에 진을 순천으로 옮겼다. 장흥의 별호는 정주(定州)·관산(冠山)이다. 지방제도 개정에 의해 1896년 전라남도 장흥군이 되었다. 1914년 군면 폐합 때 회령면·천포면이 회천면으로 폐합되어 보성군에 편입

232) 『장흥읍지』(1910)를 저본으로 하였다. 장흥 선생안은 1789년경에 출간된 『장흥부지』를 저본으로 하여 계속 증보해간 것이다.

되었다.

고려(高麗) 한문준(韓文俊) : 부사(副使).

주열(朱悅) : 고종(高宗) 때 지부사(知府使).

윤해(尹諧) : 지부사(知府使). 동정(東征)할 전함(戰艦)을 감독하여 만들었다.

채홍철(蔡洪撤) : 충렬왕 때. 혜정(惠政)비가 있다.

김이(金怡) : 1288년(충렬왕 14)에 장흥부(長興府)의 수령이 되었다. 부의 수령으로 있을 때(1290년) 원나라의 반적(叛賊) 합단(哈丹)이 침입하자, 나라에서는 백성들에게 험지(險地)로 피난하여 스스로를 보존케 하고 농사를 짓지 못하게 하였다. 김이가 안렴사(按廉使) 강취일(姜就日)에게 말하길, "천병(天兵)이 들어옴에 소추(小醜)는 마치 상위의 고기에 지나지 않을 것이니 어찌 변방 고을까지 도달하겠습니까? 또 백성은 밥을 하늘로 삼고 농사짓는 것은 때가 있는 것이니 때를 놓칠 수는 없습니다. 나가서 밭갈이를 하게 해주십시오."라고 청하자, 강취일은 "만약 명령을 어긴다면 견책은 누가 당할 것인가?"라고 하였다. 김이가 탄식하여 말하길, "한 장부가 밭을 갈지 않으면 천하가 굶주림을 받을 것이요, 영(令)을 좇는다면 굶어 죽는 자가 많을 것입니다. 좇지 않고 밭을 간다면 죄를 받는 자는 저 한 사람일 뿐입니다."라고 하고, 백성들에게 농사를 짓게 하였다. 적은 과연 연기(燕岐)에 이르러 궤멸되었다. 다른 군은 모두 수확을 하지 못했는데 오직 장흥부만은 대숙(大熟)하여 원근 사람들이 이에 힘입었다. 임기가 차서 부름을 받고 내시원으로 들어갔다.

황보덕(皇甫德)

본조(本朝, 조선) 안종약(安從約) : 부사(府使)가 되었다.

조지하(趙之夏) : 통훈대부(通訓大夫). 남행(南行).

김유륜(金有倫) : 통훈대부(通訓大夫). 남행(南行).

변포(卞袍) : 통훈대부(通訓大夫). 무과. 봉명정(鳳鳴亭)을 예양(汭陽)의 동쪽 언덕에 세웠는데, 만력 기묘년(1579)에 물에 떠내려갔다.

신이경(申以經) : 통훈대부(通訓大夫). 문과.

김순신(金舜臣) : 가선대부(嘉善大夫). 무과. 세조(世祖) 정해년 12월에 화적(火賊) 장영기(張永己)를 체포하여 특별히 가선대부에 가자(加資)되었다.

최경례(崔經禮) : 통훈대부(通訓大夫). 문과.

반희(潘熙) : 가선대부(嘉善大夫). 무과.

이증문(李曾文) : 통훈대부(通訓大夫). 문과.

최형손(崔亨孫) : 통훈대부(通訓大夫). 무과. 기해년(1479) 정월에 도임하였다.

노효신(盧效愼) : 통정대부(通政大夫). 남행(南行). 갑진년(1484) 정월에 도임하였다.

김극련(金克鍊) : 통정대부(通政大夫). 남행(南行). 병오년(1486) 10월에 도임하였다.

신윤원(申允元) : 통훈대부(通訓大夫). 남행(南行). 기유년(1489) 9월에 도임하였다.

김문경(金文卿) : 통훈대부(通訓大夫). 남행(南行). 경술년(1490) 5월에 도임하였다.

조등(曺登) : 통정대부(通政大夫). 무과. 갑인년(1494) 2월에 도임하였다.

양관(梁灌) : 통정대부(通政大夫). 무과. 을묘년(1495) 2월에 도임하였다. 성종조(成宗朝) 을묘년(1495)에 청백리(淸白吏)에 녹선되었다.

유백손(柳白孫) : 통정대부(通政大夫). 남행(南行). 정사년(1497) 8월에 도임하였다.

이열(李烈) : 통정대부(通政大夫). 무과. 기미년(1499) 3월에 도임하였다.

한증(韓曾) : 통훈대부(通訓大夫). 남행(南行). 경신년(1500) 3월에 도임하였다.

강삼(姜參) : 통정대부(通政大夫). 문과. 갑자년(1504) 5월에 도임하였다.

이필(李珌) : 가선대부(嘉善大夫). 남행(南行). 갑자년(1504) 11월에 도임하였다.

신계원(愼繼源) : 통정대부(通政大夫). 남행(南行). 병인년(1506) 4월에 도임하였다.

성몽선(成夢宣) : 통정대부(通政大夫). 무과. 정묘년(1507) 정월에 도임하였다.

박유인(朴有仁) : 통훈대부(通訓大夫). 무과. 무진년(1508) 정월에 도임하였다.

이식(李軾) : 통훈대부(通訓大夫). 무과. 경오년(1510) 7월에 도임하였다.

김연수(金延壽) : 통정대부(通政大夫). 문과. 계유년(1513) 4월에 도임, 갑술년(1514)에 충청병사(忠淸兵使)로 승진되어 옮겨갔다.

이윤종(李胤宗) : 통정대부(通政大夫). 무과. 을해년(1515) 5월에 도임하였다.

조방정(趙邦禎) : 통훈대부(通訓大夫). 문과. 무인년(1518) 2월에 도임하였다.

이종인(李宗仁) : 가선대부(嘉善大夫). 무과. 경진년(1520) 6월에 도임하여 우수사(右水使)에 승천(陞遷)되었다.

송근(宋懃) : 통훈대부(通訓大夫). 문과. 신사년(1521) 9월에 도임하였다.

최윤손(崔允孫) : 통정대부(通政大夫). 무과. 임오년(1522) 9월에 도임하였다.

소기파(蘇起坡) : 가선대부(嘉善大夫). 무과. 계미년(1523) 6월에 도임하였다.

신승횡(申承澋)[233] : 통훈대부(通訓大夫). 문과. 갑신년(1524) 3월에 도

233) 『장흥부지』(1789)에는 신승조(申承澡)로 나온다.

임하였다.

박선인(朴善仁)[234] : 통훈대부(通訓大夫). 문과. 병술년(1526) 10월에 도임하였다.

송흠(宋欽) : 가선대부(嘉善大夫). 문과. 신묘년(1531) 2월에 도임하였다.

정세현(鄭世賢) : 통훈대부(通訓大夫). 문과. 임진년(1532) 10월에 도임하였다.

송맹경(宋孟璟) : 통훈대부(通訓大夫). 무과. 정유년(1537) 2월에 도임하였다.

이수복(李壽福) : 통훈대부(通訓大夫). 문과. 신축년(1541) 9월에 도임하였다.

김충렬(金忠烈) : 통훈대부(通訓大夫). 문과. 을사년(1545) 3월에 도임하였다.

노극창(盧克昌) : 통훈대부(通訓大夫). 문과. 병오년(1546) 6월에 도임하였다.

남치욱(南致勖) : 통훈대부(通訓大夫). 무과. 병오년(1546) 10월에 도임하였다.

정응규(鄭應奎) : 통훈대부(通訓大夫). 무과. 기유년(1549) 11월에 도임하였다.

유세화(柳世華) : 통훈대부(通訓大夫). 문과. 경술년(1550) 5월에 도임하였다. 전주 거주.

장응량(張應梁) : 통훈대부(通訓大夫). 문과. 계축년(1553) 10월에 도임하였다.

한온(韓蘊) : 통정대부(通政大夫). 무과. 갑인년(1554) 정월에 도임하였다. 청주인(淸州人). 가정 경자년(1540)에 무과(武科)에 등제, 갑인년(1554)에 본 고을 부사에 특제(特除)되어 치적(治績)이 있었

234) 『장흥부지』(1789)에는 박겸인(朴兼仁)으로 나온다.

다. 명종(明宗) 을묘년(1555)에 도리(島夷)가 창궐하자 공과 병사(兵使) 원적(元績)이 달량진(達梁鎭) 성을 지키며 싸웠다. 원적은 패하여 달아났으나 공은 홀로 병사를 거느리고 주야로 힘써 싸우다 죽었다. 숙종 계해년(1683)에 예조판서에 증직되고 비각이 세워졌고 예양사에서 제향한다.

이전(李戩) : 통훈대부(通訓大夫). 무과. 을묘년(1555) 6월에 도임하였다.

변협(邊協) : 조산대부(朝散大夫). 무과. 을묘년(1555) 10월에 도임하였다. 읍성(邑城)을 개축(改築)했다.

조세규(趙世珪) : 통훈대부(通訓大夫). 무과. 정사년(1557) 9월에 도임하였다.

윤사상(尹思商) : 통훈대부(通訓大夫). 무과. 무오년(1558) 10월에 도임하였다.

박해(朴海) : 통정대부(通政大夫). 무과. 신유년(1561) 윤5월에 도임, 경상병사에 제수되었다.

장필무(張弼武) : 통훈대부(通訓大夫). 무과. 계해년(1563) 11월에 도임하였다.

김세문(金世文) : 통훈대부(通訓大夫). 무과. 갑자년(1564) 12월에 도임하였다.

조희문(趙希文) : 통훈대부(通訓大夫). 문과. 병인년(1566) 9월에 도임하였다.

유충정(柳忠貞) : 통정대부(通政大夫). 무과. 기사년(1569) 4월에 도임하였다.

정인관(鄭仁寬) : 통훈대부(通訓大夫). 문과. 신미년(1571) 8월에 도임하였다.

오운(吳沄) : 통훈대부(通訓大夫). 무과. 계유년(1573) 9월에 도임하였다.

송중기(宋重器) : 통정대부(通政大夫). 무과. 갑술년(1574) 4월에 도임하였다.

서봉(徐崶) : 통정대부(通政大夫). 무과. 갑술년(1574) 11월에 도임하였다.
김구연(金九淵) : 통정대부(通政大夫). 무과. 을해년(1575) 11월에 도임하였다.
성박(成鏄) : 통정대부(通政大夫). 무과. 무인년(1578) 6월에 도임하였다.
임응룡(任應龍) : 통정대부(通政大夫). 무과. 기묘년(1579) 10월에 도임하였다.
이준수(李準壽) : 통정대부(通政大夫). 무과. 임오년(1582) 정월에 도임하였다.
정걸(丁傑) : 통정대부(通政大夫). 무과. 임오년(1582) 7월에 도임하였다.
임진(林晋) : 가선대부(嘉善大夫). 무과. 계미년(1583) 2월에 도임하였다. 계미년(1583)에 북병사에 제수되었다.
송응개(宋應漑) : 통정대부(通政大夫). 문과. 계미년(1583) 9월에 도임하였다.
이기(李墍) : 가선대부(嘉善大夫). 문과. 계미년(1583) 10월에 도임하였다. 비석이 세워졌다.
유몽룡(柳夢龍) : 통정대부(通政大夫). 무과. 을유년(1585) 3월에 도임하였다.
정눌(鄭訥) : 통훈대부(通訓大夫). 무과. 을유년(1585) 11월에 도임하였다.
신석계(申石溪) : 통훈대부(通訓大夫). 무과. 무자년(1588) 2월에 도임하였다.
장의현(張義賢) : 통정대부(通政大夫). 무과. 기축년(1589) 3월에 도임하였다.
유희선(柳希先) : 통훈대부(通訓大夫). 무과. 신묘년(1591) 2월에 도임하였다.
황세득(黃世得) : 통훈대부(通訓大夫). 무과. 계사년(1593) 9월에 도임하였다. 직산 거주.
배흥립(裵興立) : 가선대부(嘉善大夫). 무과. 갑오년(1594) 7월에 도임하였다.

장의현(張義賢) : 통정대부(通政大夫). 무과. 재임으로 병신년(1596)[235] 6월에 도임하였다.

이영남(李英男) : 통정대부(通政大夫). 무과. 병신년(1596) 12월에 도임하였다.

김억추(金億秋) : 통정대부(通政大夫). 무과. 정유년(1597) 6월에 도임하였다. 우수사(右水使)에 승천(陞遷)하였다.

전봉(田鳳) : 가선대부(嘉善大夫). 무과. 정유년(1597) 12월에 도임하였다.

이간(李侃) : 통정대부(通政大夫). 무과. 무술년(1598) 8월에 도임하였다.

이광악(李光岳) : 가선대부(嘉善大夫). 무과. 병사(兵使) 겸 부사(府使)로 기해년(1599) 3월에 도임하였다. 광남군에 봉해짐.

이전(李鎭) : 봉정대부(奉正大夫). 무과. 판관, 기해년(1599) 3월에 도임하였다.

백한남(白翰南)[236] : 통훈대부(通訓大夫). 무과. 우후(虞侯).

여정방(呂定邦) : 통훈대부(通訓大夫). 무과. 우후, 기해년(1599) 10월에 도임하였다.

한경원(韓慶元) : 통훈대부(通訓大夫). 무과. 우후. 강진 거주.

안위(安衛) : 가선대부(嘉善大夫). 무과. 병사 겸 부사로 경자년(1600) 4월에 도임하였다.

안신(安伸) : 승의랑(承義郞). 무과. 판관, 경자년(1600) 8월에 도임하였다.

유숙(柳潚) : 승훈랑(承訓郞). 문과. 판관, 경자년(1600) 12월에 도임하였다.

김응서(金應瑞) : 가선대부(嘉善大夫). 무과. 병사 겸 부사로 신축년(1601) 9월에 도임하였다.

---

235) 『장흥읍지』(1910)에 도임이 갑신년으로 되어 있는 것을 전후 상황에 맞추어 병신년으로 고쳤다.
236) 『장흥부지』(1789)에는 백한남(白翰男)으로 나온다.

윤열(尹悅) : 통정대부(通政大夫). 무과. 병사(兵使) 겸 부사(府使)로 도임하였다.

이유함(李惟諴) : 중직대부(中直大夫). 문과. 판관, 임인년(1602) 5월에 도임하였다.

현덕승(玄德升) : 봉직랑(奉直郞). 문과. 판관, 계묘년(1603) 6월에 도임하였다.

김여순(金汝純) : 중직대부(中直大夫). 문과. 판관, 계묘년(1603) 11월에 도임하였다. 상소하여 영으로 옮겨갔다.

오정방(吳定邦) : 가선대부(嘉善大夫). 무과. 병사(兵使) 겸 부사(府使)로 갑진년(1604) 정월에 도임하였다.

조계종(趙繼宗) : 통훈대부(通訓大夫). 무과. 우후.

김응린(金應麟)[237] : 통훈대부(通訓大夫). 무과. 우후.

이영(李英) : 통정대부(通政大夫). 무과. 병사(兵使) 겸 부사(府使)로 갑진년(1604)에 구영(舊營)에 돌아왔다.

신경행(辛景行) : 통정대부(通政大夫). 문과. 갑진년(1604) 윤9월에 도임하였다.

이신원(李信元) : 봉직랑(奉直郞). 문과. 을사년(1605) 8월에 도임하였다.

이집(李㙫) : 통훈대부(通訓大夫). 문과. 정미년(1607) 8월에 도임하였다.

조수준(趙守準) : 통정대부(通政大夫). 문과. 무신년(1608) 10월에 도임하였다.

김정목(金廷睦)[238] : 통정대부(通政大夫). 문과. 신해년(1611) 정월에 도임하였다.

박엽(朴燁) : 통정대부(通政大夫). 무과. 임자년(1612) 11월에 도임하였다. 충청수사(忠淸水使)로 승천(陞遷)하였다.

조의(趙誼) : 통정대부(通政大夫). 무과. 갑인년(1614) 11월에 도임하였

237) 『장흥부지』(1789)에는 김응린(金應獜)으로 나온다.

238) 『장흥부지』(1789)에는 김정목(金庭睦)으로 나온다.

다. 병사(兵使)로 승천(陞遷)하였다.

권여경(權餘慶) : 통훈대부(通訓大夫). 무과. 병진년(1616) 윤8월에 도임하였다.

박상(朴瑺) : 통정대부(通政大夫). 무과. 무오년(1618) 3월에 도임하였다.

김기명(金基命) : 가선대부(嘉善大夫). 무과. 경신년(1620) 2월에 도임하였다.

기순격(奇順格) : 가선대부(嘉善大夫). 무과. 신유년(1621) 5월에 도임하였다.

유림(柳琳) : 가선대부(嘉善大夫). 무과. 계해년(1623) 2월에 도임하였다.

이정철(李廷哲) : 가선대부(嘉善大夫). 무과. 계해년(1623) 7월에 도임하였다.

김희(金憙) : 통훈대부(通訓大夫). 문과. 을축년(1625) 5월에 도임하였다. 선정비(善政碑)가 있다.

목장흠(睦長欽) : 통훈대부(通訓大夫). 문과. 정묘년(1627) 11월에 도임하였다.

허항(許恒) : 통훈대부(通訓大夫). 문과. 무진년(1628) 4월에 도임하였다. 남원에 거주.

윤시용(尹時勇) : 통정대부(通政大夫). 문과. 기사년(1629) 4월에 도임하였다.

최내길(崔來吉) : 가선대부(嘉善大夫). 문과. 기사년(1629) 11월에 완천군(完川君)으로서 도임하였다. 선정비(善政碑)가 있다.

한명욱(韓明勖) : 통정대부(通政大夫). 문과. 신미년(1631) 10월에 도임하였다.

맹세형(孟世衡) : 통정대부(通政大夫). 문과. 임신년(1632) 11월에 도임하였다.

이준(李濬) : 통정대부(通政大夫). 무과. 을해년(1635) 12월에 도임하였다.

양응함(梁應涵) : 통정대부(通政大夫). 무과. 무인년(1638) 2월에 도임하였다. 선정비(善政碑)가 있다.

이진경(李眞卿) : 통정대부(通政大夫). 무과. 경진년(1640) 3월에 도임하였다. 경상도 우병사로 승천하였다.

김익련(金益鍊) : 통정대부(通政大夫). 무과. 경진년(1640) 12월에 도임하였다.

오섬(吳暹) : 통훈대부(通訓大夫). 문과. 계미년(1643) 8월에 도임하였다. 선정비(善政碑)가 있다.

우상중(禹尙中) : 가의대부(嘉義大夫). 무과. 갑신년(1644) 8월에 도임하였다.

허쟁(許崝) : 가선대부(嘉善大夫). 무과. 병술년(1646) 정월에 도임하였다.

이후여(李厚輿) : 통정대부(通政大夫). 무과. 정해년(1647) 2월에 도임하였다.

정취도(鄭就道) : 통정대부(通政大夫). 무과. 기축년(1649) 정월에 도임하였다.

이수창(李壽昌) : 통훈대부(通訓大夫). 무과. 경인년(1650) 2월에 도임하였다. 선정비(善政碑)가 있다.

윤성(尹珹)[239] : 통훈대부(通訓大夫). 문과. 임진년(1652) 2월에 도임하였다. 선정비(善政碑)가 있다.

현감 신응망(辛應望) : 통훈대부(通訓大夫). 무과. 임진년(1652) 9월에 도임하였다.

김익희(金益禧) : 통훈대부(通訓大夫). 문과. 갑오년(1654) 2월에 도임하였다.

민주면(閔周冕)[240] : 봉정대부(奉正大夫). 문과. 정유년(1657) 정월에 도

239) 『장흥부지』(1789)에는 윤감(尹瑊)으로 나온다.

240) 민주면(閔周冕)과 김흥운(金興運)은 『장흥읍지』(1910)에는 누락되어 있다.

임하였다.

김홍운(金興運) : 통훈대부(通訓大夫). 무과. 정유년(1657) 12월에 도임하였다.

박지용(朴之墉) : 통정대부(通政大夫). 무과. 기해년(1659) 3월에 도임하였다. 충청병사로 승천하였다.

부사 김중명(金重明) : 통훈대부(通訓大夫). 무과. 기해년(1659) 5월에 도임하였다.

이민발(李敏發) : 통훈대부(通訓大夫). 무과. 경자년(1660) 11월에 도임하였다.

홍우량(洪宇亮) : 통정대부(通政大夫). 무과. 신축년(1661) 8월에 도임하였다.

오정언(吳廷彦) : 통훈대부(通訓大夫). 무과. 임인년(1662) 9월에 도임하였다.

백서한(白瑞翰) : 통정대부(通政大夫). 무과. 계묘년(1663) 5월에 도임하였다.

이민행(李敏行) : 통정대부(通政大夫). 무과. 을사년(1665) 3월에 도임하였다.

한공신(韓公信) : 통정대부(通政大夫). 무과. 을사년(1665) 12월에 도임하였다.

조무적(曺無敵) : 통정대부(通政大夫). 무과. 병오년(1666) 12월에 도임하였다.

양일한(楊逸漢) : 가선대부(嘉善大夫). 무과. 무신년(1668) 정월에 도임하였다.

유거(柳椐) : 통훈대부(通訓大夫). 문과. 무신년(1668) 12월에 도임하였다.

김상(金鋿) : 통훈대부(通訓大夫). 문과. 경술년(1670) 5월에 도임하였다.

변황(卞熀) : 통훈대부(通訓大夫). 문과. 경술년(1670) 윤6월에 도임하였다.

김세구(金世龜) : 통정대부(通政大夫). 무과. 을묘년(1675) 5월에 도임하였다.

이운등(李雲登) : 통정대부(通政大夫). 무과. 병진년(1676) 3월에 도임하였다.

이한웅(李漢雄) : 통훈대부(通訓大夫). 무과. 정사년(1677) 3월에 도임하였다.

김세정(金世鼎) : 통훈대부(通訓大夫). 문과. 무오년(1678) 3월에 도임하였다.

이용(李溶) : 통훈대부(通訓大夫). 무과. 경신년(1680) 5월에 도임하였다.

이행성(李行成) : 통훈대부(通訓大夫). 무과. 신유년(1681) 8월에 도임하였다.

민홍로(閔興魯) : 통훈대부(通訓大夫). 무과. 계해년(1683) 정월에 도임하였다. 동년 2월에 본도감사 이사명(李師命)의 장계에 의해 전 영장(營將)이었던 순천부에 이진(移鎭)되었다.

남취성(南聚星) : 통정대부(通政大夫). 무과. 을축년(1685) 2월에 도임하였다.

임익교(林翼喬) : 통정대부(通政大夫). 무과. 병인년(1686) 12월에 도임하였다.

이기(李夔) : 통정대부(通政大夫). 무과. 무진년(1688) 7월에 도임하였다. 적인 김시동(金時同)의 태생지라는 것으로 잘못 보고되어 현으로 강등되었다.

현감 윤연(尹衍)[241] : 통정대부(通政大夫). 문과. 무진년(1688) 10월에 도임하였다.

신명임(申命任) : 통훈대부(通訓大夫). 무과. 기사년(1689) 12월에 도임하였다. 부사로 승격되었다.

---

241) 『장흥부지』(1789)에는 윤행(尹行)으로 나온다.

부사 심극(沈極) : 통훈대부(通訓大夫). 문과. 신미년(1691) 4월에 도임하였다.

심령(沈櫺) : 통훈대부(通訓大夫). 무과. 신미년(1691) 8월에 도임하였다.

장만익(張萬益) : 통정대부(通政大夫). 무과. 임신년(1692) 12월에 도임하였다.

정상두(鄭祥斗) : 통정대부(通政大夫). 무과. 갑술년(1694) 8월에 도임하였다.

유덕옥(柳德玉) : 통정대부(通政大夫). 무과. 을해년(1695) 10월에 도임하였다.

신택만(申澤萬) : 통훈대부(通訓大夫). 무과. 정축년(1697) 2월에 도임하였다.

이수민(李壽民) : 통훈대부(通訓大夫). 무과. 경진년(1700) 3월에 도임하였다.

박중징(朴重徵)[242] : 통훈대부(通訓大夫). 무과. 신사년(1701) 9월에 도임하였다.

심진(沈榗) : 통정대부(通政大夫). 무과. 임오년(1702) 6월에 도임하였다. 객관이 불에 탄 것을 계미년(1703)에 개건, 선정비(善政碑)가 있다.

김득문(金得汶)[243] : 통훈대부(通訓大夫). 무과. 갑신년(1704) 9월에 도임하였다.

장만리(張萬里) : 통정대부(通政大夫). 무과. 을유년(1705) 2월에 도임하였다.

이세상(李世祥) : 통정대부(通政大夫). 무과. 을유년(1705) 8월에 도임하였다.

박성석(朴星錫) : 통정대부(通政大夫). 무과. 병술년(1706) 9월에 도임하였다.

---

242) 『장흥부지』(1789)에는 박중징(朴中徵)으로 나온다.

243) 『장흥부지』(1789)에는 김득무(金得茂)로 나온다.

조세망(趙世望) : 통훈대부(通訓大夫). 무과. 무자년(1708) 5월에 도임하였다.

이여적(李汝迪) : 통훈대부(通訓大夫). 무과. 기축년(1709) 2월에 도임하였다. 선정비(善政碑)가 있다.

신필현(申弼賢) : 통훈대부(通訓大夫). 문과. 기축년(1709) 9월에 도임하였다. 선정비(善政碑)가 있다.

양헌석(楊憲奭) : 통정대부(通政大夫). 무과. 경인년(1710) 8월에 도임하였다. 아사가 불에 탄 것을 신묘년(1711)에 개건하였다.

정상주(鄭翔周) : 통정대부(通政大夫). 무과. 임진년(1712) 2월에 도임하였다.

이수량(李遂良) : 통훈대부(通訓大夫). 무과. 임진년(1712) 6월에 도임하였다.

이제면(李濟冕) : 통정대부(通政大夫). 무과. 임진년(1712) 9월에 도임하였다. 선정비(善政碑)가 있다.

김하정(金夏鼎) : 통정대부(通政大夫). 무과. 병신년(1716) 9월에 도임하였다.

한범석(韓範錫) : 통훈대부(通訓大夫). 무과. 정유년(1717) 8월에 도임하였다.

이만협(李萬協) : 통훈대부(通訓大夫). 무과. 무술년(1718) 11월에 도임하였다.

이동창(李東昌) : 통정대부(通政大夫). 무과. 신축년(1721) 8월에 도임하였다.

유이함(柳以咸) : : 통훈대부(通訓大夫). 무과. 계묘년(1723) 2월에 도임하였다.

채숙(蔡橚) : 통훈대부(通訓大夫). 무과. 을사년(1725) 3월에 도임하였다.

신재하(申在夏) : 통훈대부(通訓大夫). 무과. 병오년(1726) 8월에 도임하였다. 선정비각이 있다.

이일형(李日馨) : 통훈대부(通訓大夫). 무과. 신해년(1731) 5월에 도임하였다.

유주기(兪青基) : 통정대부(通政大夫). 무과. 계축년(1733) 8월에 도임하였다. 향교앞에 비석 있음.

이배원(李培源) : 통훈대부(通訓大夫). 무과. 을묘년(1735) 9월에 도임하였다.

이한범(李漢範) : 통훈대부(通訓大夫). 무과. 기미년(1739) 6월에 도임하였다.

신흡(申瑜) : 통훈대부(通訓大夫). 무과. 경신년(1740) 2월에 도임하였다.

남익엽(南益曄) : 통정대부(通政大夫). 무과. 신유년(1741) 7월에 도임하였다.

이명준(李命峻) : 통훈대부(通訓大夫). 무과. 계해년(1743) 9월에 도임하였다.

허급(許汲) : 통훈대부(通訓大夫). 무과. 을축년(1745) 7월에 도임하였다.

임경관(任鏡觀) : 통훈대부(通訓大夫). 문과. 병인년(1746) 9월에 도임하였다.

이담석(李聃錫) : 가선대부(嘉善大夫). 무과. 병인년(1746) 12월에 도임하였다.

민광우(閔光遇) : 통정대부(通政大夫). 문과. 정묘년(1747) 2월에 도임하였다.

이진숭(李鎭嵩) : 통정대부(通政大夫). 무과. 정묘년(1747) 10월에 도임하였다.

이진의(李鎭儀) : 통훈대부(通訓大夫). 문과. 기사년(1749) 정월에 도임하였다.

이정수(李廷壽) : 통훈대부(通訓大夫). 무과. 신미년(1751) 2월에 도임하였다.

이광운(李光運) : 통정대부(通政大夫). 문과. 임신년(1752) 12월에 도임하였다.

최만형(崔萬衡) : 통훈대부(通訓大夫). 무과. 갑술년(1754) 윤4월에 도임하였다.

유현장(柳顯章) : 통정대부(通政大夫). 문과. 병자년(1756) 정월에 도임하였다.

유진항(柳鎭恒) : 통훈대부(通訓大夫). 무과. 정축년(1757) 4월에 도임하였다.

심각(沈瑴) : 통훈대부(通訓大夫). 문과. 무인년(1758) 9월에 도임하였다.

허유(許愈) : 통훈대부(通訓大夫). 무과. 기묘년(1759) 9월에 도임, 신사년(1761) 3월에 체직되었다.

유서오(柳敍五) : 통훈대부(通訓大夫). 문과. 신사년(1761) 3월에 도임, 임오년(1762) 7월에 좌수영의 장계에 의해 파직되었다.

곽정후(郭禎厚) : 통훈대부(通訓大夫). 문과. 임오년(1762) 9월에 도임, 계미년(1763) 3월에 어사의 장계로 파직되었다.

유사흠(柳思欽) : 통훈대부(通訓大夫). 문과. 계미년(1763) 3월에 도임, 동년 5월에 어사의 서계로 체직되었다.

이익원(李翼元) : 통훈대부(通訓大夫). 문과. 계미년(1763) 6월에 도임, 갑신년(1764) 5월에 순파(巡罷)되었다.

황인영(黃仁煐) : 통훈대부(通訓大夫). 무과. 갑신년(1764) 5월에 도임, 무자년(1768) 12월에 체직되었다.

이동태(李東泰) : 통훈대부(通訓大夫). 문과. 무자년(1768) 12월에 도임, 기축년(1769) 5월에 체직되었다.

이욱(李煜) : 통훈대부(通訓大夫). 무과. 기축년(1769) 5월에 도임, 경인년(1770) 7월에 세선(稅船)이 치패(致敗)된 일로 파직되었다.

이보온(李普溫) : 통훈대부(通訓大夫). 문과. 경인년(1770) 7월에 도임, 임진년(1772) 8월에 체직되었다.

오재희(吳載熙) : 통정대부(通政大夫). 무과. 임진년(1772) 8월에 도임,

동년 12월 정사에서 갑산부사에 이배되었다.

허식(許侙) : 통훈대부(通訓大夫). 무과. 임진년(1772) 12월에 도임, 계사년(1773) 4월에 세선(稅船)이 치패(致敗)되어 파직되었다.

유성모(柳成模) : 통정대부(通政大夫). 문과. 계사년(1773) 4월에 도임, 을미년(1775) 6월에 체직되었다.

박재연(朴載淵) : 통훈대부(通訓大夫). 무과. 을미년(1775) 7월에 도임, 병신년(1776) 12월에 파직되었다.

황간(黃幹) : 통정대부(通政大夫). 문과. 병신년(1776) 12월에 도임, 무술년(1778) 12월에 폄파되었다.

이기성(李基成) : 통훈대부(通訓大夫). 무과. 기해년(1779) 정월에 도임, 경자년(1780) 6월 정사에서 나주영장(羅州營將)으로 옮겨갔다.

한광적(韓光迪) : 통훈대부(通訓大夫). 무과. 경자년(1780) 7월에 도임, 신축년(1781) 6월 정사에서 통우후(統虞侯)로 이배되었다.

오경(吳璟) : 통훈대부(通訓大夫). 무과. 신축년(1781) 7월에 도임, 동년 12월 이조의 출하(黜下)되었다.

구강(具綱) : 통훈대부(通訓大夫). 무과. 임인년(1782) 정월에 도임, 계묘년(1783) 6월에 폄하되었다.

신대곤(申大坤) : 통훈대부(通訓大夫). 무과. 계묘년(1783) 6월에 도임, 동년 12월에 서원영장(西原營將)에 이배되었다

이밀(李泌) : 통훈대부(通訓大夫). 무과. 을사년(1785) 2월에 도임, 동년 12월에 폄하되었다.

이석배(李奭培) : 통훈대부(通訓大夫). 무과. 병오년(1786) 정월에 도임, 동년 2월에 상을 당하였다.

송재서(宋載瑞) : 통훈대부(通訓大夫). 무과. 병오년(1786) 5월에 도임, 정미년(1787) 5월에 나주영장이 되었다.

윤수묵(尹守默) : 통훈대부(通訓大夫). 무과. 정미년(1787) 6월에 도임, 무신년(1788) 5월에 희생(犧牲)의 일로 파직되었다.

심봉순(沈鳳淳)[244] : 통훈대부(通訓大夫). 무과. 무신년(1788) 5월에 도임, 경술년(1790) 2월에 황장(黃腸)의 일로 파직되었다.

원영주(元永冑) : 통훈대부(通訓大夫). 무과. 경술년(1790) 3월에 도임, 임자년(1792) 12월에 훈련정에 제수되었다.

남정주(南正周) : 통훈대부(通訓大夫). 무과. 계축년(1793) 2월에 도임, 동년 12월에 폄하되었다.

김한주(金翰周) : 통훈대부(通訓大夫). 무과. 갑인년(1794) 정월에 도임, 동년 7월에 대동미의 일로 파직되었다.

허명(許溟) : 통정대부(通政大夫). 무과. 갑인년(1794) 7월에 도임, 을묘년(1795) 12월에 체직되었다.

홍용건(洪龍健) : 통정대부(通政大夫). 무과. 병진년(1796) 정월에 도임, 무오년(1798) 6월에 체직되었다.

이유수(李惟秀) : 통훈대부(通訓大夫). 무과. 무오년(1798) 6월에 도임, 기미년(1799) 정월에 상을 당하였다.

박효진(朴孝晉) : 통정대부(通政大夫). 무과. 기미년(1799) 2월에 도임, 동년 12월에 체직되었다.

한대유(韓大裕) : 통훈대부(通訓大夫). 음직. 경신년(1800) 정월에 도임, 동년 12월에 진주목사(晉州牧使)에 이배(移拜)되었다.

남형중(南衡重) : 통훈대부(通訓大夫). 무과. 신유년(1801) 정월에 도임, 계해년(1803) 정월에 체직되었다.

유상묵(柳相默) : 통훈대부(通訓大夫). 무과. 계해년(1803) 2월에 도임, 을축년(1805) 2월에 벼슬이 바뀌어 돌아갔다.

남석구(南錫九) : 통훈대부(通訓大夫). 무과. 을축년(1805) 3월에 도임, 동년 윤3월에 상을 당하였다.

조태석(趙台錫) : 통훈대부(通訓大夫). 무과. 을축년(1805) 6월에 도임,

244) 『장흥부지』(1789)는 심봉순(沈鳳淳)까지 나온다.

정묘년(1807) 6월에 체직되었다.

이희수(李羲秀) : 통훈대부(通訓大夫). 무과. 정묘년(1807) 7월에 도임, 무진년(1808) 7월에 체직되었다.

유흥원(柳興源) : 통훈대부(通訓大夫). 무과. 무진년(1808) 8월에 도임, 경오년(1810) 2월에 재결(災結)로 장파(狀罷)되었다.

이보원(李普源) : 통훈대부(通訓大夫). 음직. 경오년(1810) 3월에 도임, 신미년(1811) 9월에 정체(呈遞)되었다.

안광찬(安光贊) : 통훈대부(通訓大夫). 무과. 신미년(1811) 10월에 도임, 임신년(1812) 7월에 진도군수에 이배(移拜)되었다.

이희장(李熙章) : 통훈대부(通訓大夫). 무과. 임신년(1812) 6월에 진도군수와 상환하여 도임, 동년 10월에 익산군수에 이배(移拜)되었다.

한극유(韓克裕) : 통훈대부(通訓大夫). 음직. 임신년(1812) 12월에 도임, 계유년(1813) 4월에 수계(繡啓)로 파직되었다.

구진(具縉) : 통정대부(通政大夫). 무과. 계유년(1813) 5월에 도임, 동년 12월에 폄중(貶中)되었다.

이우도(李禹道) : 가선대부(嘉善大夫). 무과. 갑술년(1814) 2월에 도임, 동년 7월에 폄중(貶中)되었다.

이덕겸(李德謙) : 통정대부(通政大夫). 무과. 갑술년(1814) 8월에 도임, 병자년(1816) 6월에 수계(繡啓)로 파직되었다.

박승환(朴升煥) : 통훈대부(通訓大夫). 무과. 병자년(1816) 윤6월에 도임, 동년 12월에 폄체되었다.

민치성(閔致成) : 통훈대부(通訓大夫). 음직. 정축년(1817) 2월에 도임, 동년 10월에 세금 일로 파직되었다.

이상일(李商一) : 통정대부(通政大夫). 무과. 정축년(1817) 10월에 도임, 무인년(1818) 6월에 폄파되었다.

구재묵(具載默) : 통훈대부(通訓大夫). 무과. 무인년(1818) 7월에 도임, 임오년(1822) 6월 경기중군(京畿中軍)에 이배(移拜)되었다.

신종호(申從鎬) : 통훈대부(通訓大夫). 무과. 임오년(1822) 7월에 도임, 을유년(1825) 7월에 대구영장에 이배(移拜)되었다.

이형재(李亨在) : 통훈대부(通訓大夫). 무과. 을유년(1825) 8월에 도임, 정해년(1827) 5월에 세선(稅船)의 일로 장파(狀罷)되었다. 비석이 있다.

조방직(趙邦稙) : 통훈대부(通訓大夫). 무과. 정해년(1827) 7월에 도임, 경인년(1830) 10월에 정체(呈遞)하였다.

이병식(李昞植) : 통훈대부(通訓大夫). 무과. 경인년(1830) 12월에 도임, 임진년(1832) 6월에 이조의 복계(覆啓)에서 하(下)를 받았다. 비각이 있다.

한택리(韓宅履) : 통훈대부(通訓大夫). 무과. 임진년(1832) 7월에 도임, 동년 12월에 이조의 복계(覆啓)에서 하(下)를 받았다.

정환장(鄭煥章) : 통훈대부(通訓大夫). 무과. 계사년(1833) 정월에 도임, 동년 6월에 폄체되었다.

신재익(申在翼) : 통훈대부(通訓大夫). 음직. 계사년(1833) 8월에 도임, 병신년(1836) 6월에 충주목사에 이배되었다. 비석이 있다.

박내익(朴來益) : 통훈대부(通訓大夫). 무과. 병신년(1836) 6월에 도임, 무술년(1838) 12월에 경주영장에 이배(移拜)되었다.

정면영(鄭冕榮) : 통훈대부(通訓大夫). 무과. 기해년(1839) 정월에 도임, 임인년(1842) 6월에 폄체되었다.

이종정(李鍾正) : 통훈대부(通訓大夫). 무과. 임인년(1842) 7월에 도임, 계묘년(1843) 6월에 폄체되었다.

박현규(朴顯圭) : 통훈대부(通訓大夫). 음직. 계묘년(1843) 7월에 도임, 을사년(1845) 5월에 해주판관에 이배(移拜)되었다.

조연명(趙然明) : 통훈대부(通訓大夫). 음직. 을사년(1845) 5월에 도임, 정미년(1847) 7월에 부안현감에 이배(移拜)되었다.

유덕로(柳德魯) : 통훈대부(通訓大夫). 무과. 정미년(1847) 7월에 도임,

동년 12월에 계파(啓罷)되었다.

김기석(金箕晳) : 통훈대부(通訓大夫). 음직. 무신년(1848) 2월에 도임, 기유년(1849) 6월에 정체(呈遞)되었다. 비석이 있다.

조규순(趙奎淳) : 통훈대부(通訓大夫). 음직. 기유년(1849) 6월에 도임, 동년 12월에 무안현감에 이배(移拜)되었다.

유후조(柳厚祚) : 통훈대부(通訓大夫). 음직. 경술년(1850) 2월에 도임, 신해년(1851) 6월에 폄파되었다.

김헌순(金獻淳) : 통훈대부(通訓大夫). 음직. 신해년(1851) 6월에 도임, 임자년(1852) 2월 29일에 졸서(卒逝)하였다. 비석이 있다.

김낙승(金樂升) : 통훈대부(通訓大夫). 무과. 임자년(1852) 3월에 도임, 갑인년(1854) 6월에 폄파되었다.

박경수(朴京壽) : 통훈대부(通訓大夫). 음직. 갑인년(1854) 7월에 도임, 을묘년(1855) 12월에 이조 복계(覆啓)에서 하(下)를 받았다. 비석이 있다.

이병례(李秉禮) : 통훈대부(通訓大夫). 음직. 병진년(1856) 정월에 도임, 정사년(1857) 윤5월에 경상도 의성현감에 이배되었다.

김석균(金奭均) : 통훈대부(通訓大夫). 음직. 정사년(1857) 6월에 도임, 무오년(1858) 5월에 경주판관에 이배(移拜)되었다. 비석이 있다.

박승규(朴承圭) : 통훈대부(通訓大夫). 음직. 무오년(1858) 5월에 도임, 경신년(1860) 2월에 전직의 일로 파직되었다. 비석이 있다.

민치서(閔致序) : 통훈대부(通訓大夫). 음직. 경신년(1860) 3월에 도임, 임술년(1862) 2월에 경상도 선산부사에 이배(移拜)되었다. 비석이 있다.

박대수(朴岱壽) : 통훈대부(通訓大夫). 음직. 임술년(1862) 3월에 도임, 동년 윤8월에 전직의 일로 파직되었다.

김재환(金在瓛) : 통훈대부(通訓大夫). 음직. 임술년(1862) 9월에 도임, 갑자년(1864) 정월에 경기도 이천부사에 이배(移拜)되었다. 비석이 있다.

김증현(金曾鉉) : 통훈대부(通訓大夫). 음직. 갑자년(1864) 2월에 도임, 을축년(1865) 3월에 상주목사에 이배(移拜)되었다. 비석이 있다.

박봉하(朴鳳夏) : 통훈대부(通訓大夫). 음직. 을축년(1865) 4월에 도임, 병인년(1866) 6월에 대구판관에 이배(移拜)되었다. 비석이 있다.

임승수(林勝洙) : 통훈대부(通訓大夫). 음직. 병인년(1866) 6월에 도임, 정묘년(1867) 8월에 전직의 일로 파직되었다.

신석유(申錫游) : 통훈대부(通訓大夫). 음직. 정묘년(1867) 9월에 도임, 경오년(1870) 6월에 광주목사에 이배(移拜)되었다. 비각이 있다. 문과. 승지(承旨).

한치조(韓致肇) : 통훈대부(通訓大夫). 음직. 경오년(1870) 7월에 도임, 신미년(1871) 2월에 능주목사에 이배(移拜)되었다. 비석이 있다.

오달선(吳達善) : 통훈대부(通訓大夫). 음직. 신미년(1871) 7월에 도임, 갑술년(1874) 8월에 충주목사에 이배(移拜)되었다. 비각이 있다.

김갑근(金甲根) : 통훈대부(通訓大夫). 음직. 갑술년(1874) 8월에 도임, 병자년(1876) 4월에 강릉부사에 이배(移拜)되었다. 비석이 있다.

홍재정(洪在鼎) : 통훈대부(通訓大夫). 음직. 병자년(1876) 5월에 도임, 무인년(1878) 7월에 무안현감에 이배(移拜)되었다. 비석이 있다.

서상조(徐相祖) : 통훈대부(通訓大夫). 음직. 무인년(1878) 8월에 도임, 기묘년(1879) 10월에 전직의 일로 나파(拿罷)되었다. 문과.

윤구(尹榘) : 통훈대부(通訓大夫). 음직. 기묘년(1879) 12월에 도임, 경진년(1880) 7월에 정체(呈遞)하였다. 문과.

이학래(李鶴來) : 통훈대부(通訓大夫). 음직. 경진년(1880) 8월에 도임, 임오년(1882) 12월에 암행어사의 계문에 의해 파직되었고, 계미년(1883) 정월에 졸서(卒逝)하였다. 비각이 있다.

송기로(宋綺老) : 통훈대부(通訓大夫). 음직. 계미년(1883) 2월에 도임, 갑신년(1884) 8월에 광주목사에 이배(移拜)되었다. 비각이 있다.

유치희(兪致喜) : 통훈대부(通訓大夫). 음직. 갑신년(1884) 9월에 도임, 정해년(1887) 2월에 진주목사와 상환하여 바뀌었다. 공조참의가 되었고, 비각이 있다.

송기로(宋綺老) : 재임, 정해년(1887) 윤4월에 진주목사와 상환하여 도임, 무자년(1888) 3월에 옥천군수에 이배(移拜)되었다.

민영직(閔泳稷) : 통훈대부(通訓大夫). 음직. 무자년(1888) 3월에 도임, 동년 동월에 광주목사에 이배(移拜)되었다. 비석이 있다.

민치준(閔致駿) : 통훈대부(通訓大夫). 음직. 무자년(1888) 4월에 도임, 신묘년(1891) 2월에 전주판관에 이배(移拜)되었다. 비각이 있다.

김승집(金升集) : 통정대부(通政大夫). 음직. 신묘년(1891) 2월에 도임, 임진년(1892) 4월에 체직되어 정주(定州)로 옮겼다. 비각이 있다.

이용태(李容泰) : 통정대부(通政大夫). 문과. 임진년(1892) 8월에 도임, 갑오년(1894) 3월에 고부안핵사에 의해 파직되었다. 향교 앞에 비석이 있다.

박제순(朴齊純) : 가선대부(嘉善大夫). 문과. 갑오년(1894) 4월에 도임, 동년 6월에 완백(完伯, 전라감사)에 오르고 또 금백(錦伯, 충청감사)으로 옮겼다.

박헌양(朴憲陽) : 통정대부(通政大夫). 음직. 갑오년(1894) 4월에 도임, 동년 12월에 동학도들이 성을 함락할 때 순절하였다.

이교석(李敎奭) : 통정대부(通政大夫). 무과. 을미년(1895) 2월에 도임, 동년 12월에 정체(呈遞)하였다. 남포(藍浦)에 거주, 비각이 있다.

이근풍(李根豐) : 가의대부(嘉義大夫). 무과. 을미년(1895) 12월에 도임, 정유년(1897) 5월에 정체(呈遞)하였다. 청간비가 있다.

홍우석(洪祐晳) : 교리(校理). 문과. 정유년(1897) 6월에 도임, 무진년(1898) 3월에 정체(呈遞)하였다.

김택규(金宅圭) : 5품. 음직. 무술년(1898) 윤3월에 도임, 신축년(1901) 정월에 춘천군수에 이배되었다. 향교 앞과 영화당에 비가 있다.

이희익(李熹翼) : 승지(承旨). 문과. 신축년(1901) 정월에 도임, 내부(內部)의 상주에 의해 일등에 오르고, 임인년(1902) 정월에 강진군수에 이배되었다.

강영서(姜永瑞) : 통정대부(通政大夫). 음직. 임인년(1902) 2월에 도임, 동년 6월에 강진군수에 이배(移拜)되었다. 비석이 있다.

이희익(李熹翼) : 재임. 임인년(1902) 6월 정사에서 강진군수와 상환하여 7월에 도임, 갑진년(1904) 12월에 졸서(卒逝)하였다. 비석이 있다.

이장용(李章鎔) : 통정대부(通政大夫). 무과. 을사년(1905) 2월에 도임, 정미년(1907) 4월에 산청군수에 이배되었다. 선정비가 있다.

박영대(朴永大) : 통정대부(通政大夫). 정미년(1907) 10월에 도임, 무신년(1908) 4월에 양주군수에 이배(移拜)되었다.

박재규(朴在珪) : 통정대부(通政大夫). 무신년(1908) 11월에 서임, 동월에 도임, 경술년(1910) 8월에 곡성군수에 이배되었다. 나주에 거주.

이재신(李載莘) : 통정대부(通政大夫). 본관은 완산(完山), 자는 은삼(殷三), 경술년(1910) 8월 25일에 서임, 동년 9월 25일에 부임하였다.

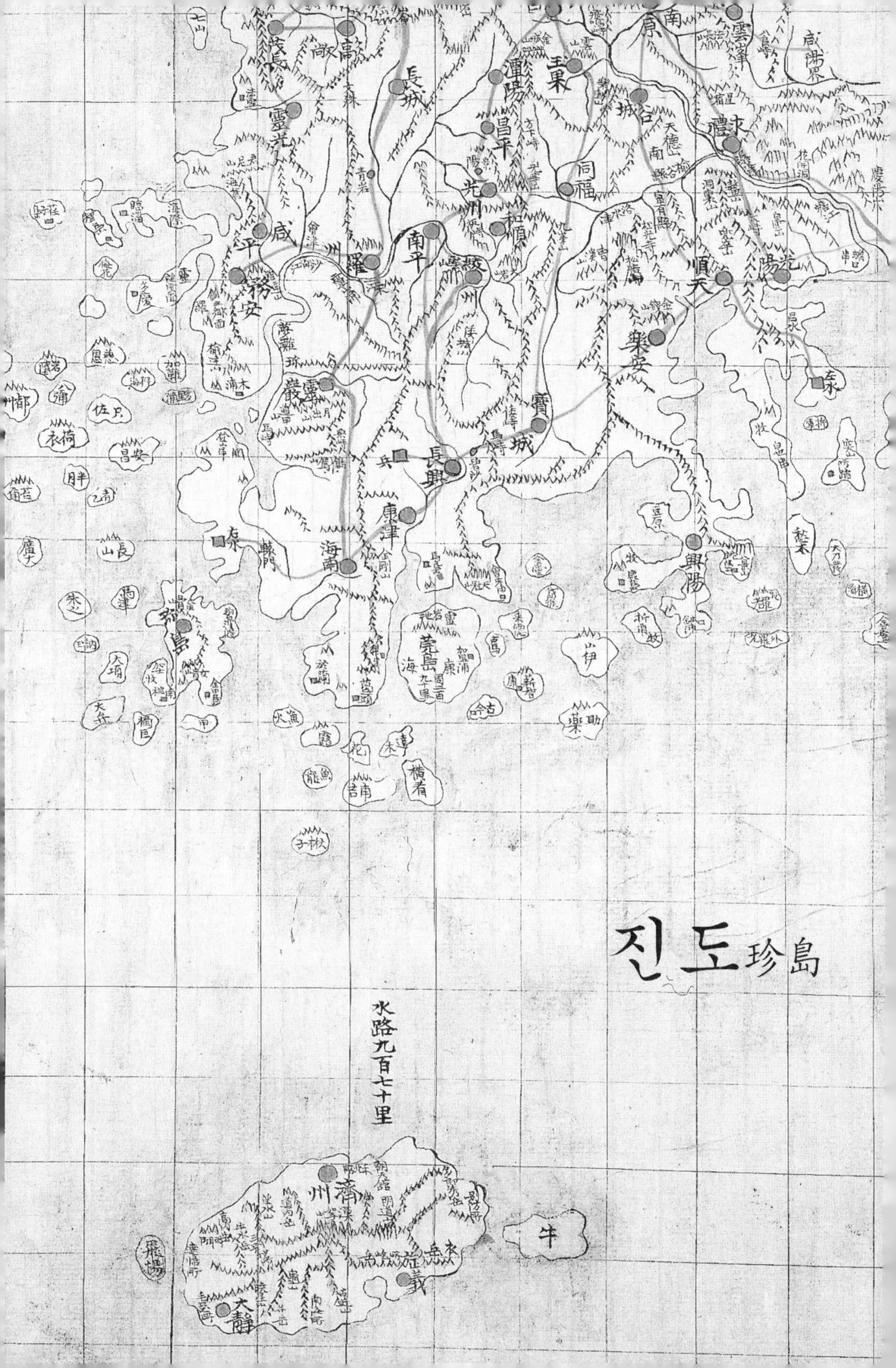

진도 珍島
水路九百七十里
長城
靈光
咸平
務安
羅州
南平
綾州
光州
昌平
潭陽
玉果
谷城
同福
和順
順天
光陽
樂安
寶城
長興
康津
海南
靈巖
興陽
珍島
濟州
大靜
旌義
求禮
雲峰
南原
咸陽界
牛

# 진도(珍島)245)

백제 때는 인진도군(因珍島郡, 고군면 일대)이라 불렸으며, 도산현(徒山縣)과 매구리현(買仇里縣, 임회면)을 거느렸다. 757년(경덕왕 16)에 인진도군은 진도현으로 개칭, 무안군의 영현이 되었고, 도산현은 뇌산군(牢山郡)으로 승격, 매구리현은 첨탐현(瞻耽縣)으로 개칭, 뇌산군의 영현이 되었다. 940년(태조 23)에 뇌산군을 폐지해 가흥현(嘉興縣)으로 하고, 첨탐현은 임회현(臨淮縣), 진도현은 외이현(外耳縣)으로 하여 이들 3현을 속현으로 두는 진도군을 독립시키고 고성에 치소를 두었다. 995년(성종 14)에 진도군을 옥주군(沃州郡)으로 바꾸었다고 하나 확실하지 않다. 1018년(현종 9)에 진도현은 나주의 속현으로 병합되었다가 1144년(인조 21)에 현령이 파견됨으로서 독립했으며, 군에서 현으로 강등된 가흥현이 임회현과 함께 진도의 속현으로 합병되었다. 1270년에 삼별초군이 진도에 웅거해 관부를 설치하고 연호를 오랑국(五狼國)이라 했는데 1271년에 여몽연합군에게 패배해 잔여세력은 제주도로 옮겨가고 주민 1만여 명이 연합군의 포로로 잡혀가 섬이 황폐되었다. 고려 말기에 왜구의 잦은 침입으로 시달리다가 1350년(충정왕 2)에 주민을 육지인 영암의 월악(月嶽)으로 옮겼다가 다시 영암의 명산(命山)으로, 또 금산(金山)으로 옮기게 하였다. 이후 진도는 오랫동안 공도화(空島化)한 것 같다. 1409년(태종 9)에 해남현과 합해 해진군(海珍郡)으로 했으며, 읍터는 녹산역(鹿山驛)의 옛터에 두었다가 1412년에 영암의 옥산(玉山, 해남군 옥천)으로 옮겼다. 1414년에 주민의 진도 거주를 허락하고 10년간 면세조치를 취했다가 9개월 만에 다시 육지로 옮기는 등 곡절 끝에

245) 『전라남도 진도읍지』(1924)를 저본으로 하였다. 진도 선생안은 1791년경에 출간된 『진도군읍지』를 저본으로 하여 계속 증보해간 것이다. 진도 선생안은 애초에 자세하게 기록되어 있었다.

1437년(세종 19)에 해남과 분리하여 독립되었다. 1440년(세종 22)에 읍의 중심지를 외이리(外耳里)에서 지금의 진도읍으로 옮겼다. 1866년(고종 3)에 도호부로 승격되었다가 1874년(고종 11)에 다시 진도군으로 강등되었다. 진도의 별호는 옥주(沃州)이다. 1895년 지방제도 개정에 의해 나주부 진도군, 1896년에 전라남도 진도군이 되었다. 1906년 월경지 정리로 삼촌면을 해남군에, 명산면을 영암군에 이관했다. 1914년 행정구역 개편에 따라 안창(安昌)·가좌(加佐)·도초(都草)면이 무안군에 이속되었다.

양경(梁瓊) : 정통(正統) 2년 정사년(1437) 정월 24일에 해진군(海珍郡)에 도임, 동년 6월 29일에 조정에서 진도군을 분치(分置)하였고, 무오년(1438) 8월에 모상(母喪)을 당하여 체직되었다.

최기(崔岐) : 무오년(1438) 10월 13일에 조산대부로서 도임, 경신년(1440) 3월 7일에 경체(經遞)되었다.

이순전(李純全) : 경신년(1440) 8월 27일에 조봉대부로서 도임, 임술년(1442) 7월 6일에 훈련부사(訓鍊副使)에 제수되었다.

윤처신(尹處信) : 임술년(1442) 12월 28일에 도임, 갑자년(1444) 7월 1일에 경체(經遞)되었다.

이효성(李孝誠) : 갑자년(1444) 윤7월 11일에 도임, 을축년(1445) 12월 3일에 득대(得代)하였다.

김윤돈(金允敦) : 병인년(1446) 정월 26일에 조봉대부로서 도임, 무진년(1448) 7월 25일에 우사어(右司御)에 제수되었다.

조중손(曹仲孫) : 무진년(1448) 8월 25일에 조봉대부로서 도임, 신미년(1451) 2월 9일에 봉정대부 사재부정(使宰副正)에 제수되었다.

안위(安位) : 신미년(1451) 4월 6일에 중훈대부로서 도임, 계유년(1453) 9월 13일에 통훈대부 예빈윤(禮賓尹)에 제수되었다.

남궁치(南宮致) : 계유년(1453) 10월 26일에 중직대부로서 도임, 병자년

(1456) 9월 25일에 통훈대부 상호군(上護軍)에 제수되었다.

허평중(許平仲) : 병자년(1456) 11월 5일에 조봉대부로서 도임, 기묘년 (1459) 7월 3일에 봉렬대부에 제수되어 득대(得代)하였다.

손윤생(孫潤生) : 기묘년(1459) 8월 24일에 통정대부로서 도임, 신사년 (1461) 3월 8일에 부상(父喪)을 당했다.

진상(陳祥) : 신사년(1461) 5월 19일에 중훈대부로서 도임, 계미년(1463) 2월 5일에 모상(母喪)을 당했다.

박후생(朴厚生) : 계미년(1463) 5월 24일에 봉렬대부로서 도임, 병술년 (1466) 12월 6일에 통훈대부 사정(司正)에 제수되었다.

김니(金泥) : 정해년(1467) 정월 28일에 봉정대부로서 도임, 무자년 (1468) 4월 25일에 사직서를 올리고 체직되어 떠났다.

이원로(李元老) : 무자년(1468) 6월 24일에 통훈대부로서 도임, 동년 12월 12일에 체직되어 떠났다.

유호지(柳好池) : 기축년(1469) 윤2월 4일에 통훈대부로서 도임, 신묘년 (1471) 12월 9일에 통예사의(通禮司儀)에 제수되었다.

신사면(辛師勉) : 임진년(1472) 2월 25일에 중직대부로서 도임, 갑오년 (1474) 윤6월 27일에 득대(得代)하였다.

이원림(李元林) : 갑오년(1474) 8월 8일에 통훈대부로서 도임, 정유년 (1477) 4월 4일에 옮겨졌다.

유회(柳檜) : 정유년(1477) 5월 12일에 통훈대부로서 도임, 기해년(1479) 윤10월 22일에 광흥창수(廣興倉守)에 제수되었다.

박형무(朴衡武) : 신축년(1481) 2월 25일에 통훈대부로서 도임, 계묘년 (1483) 10월 5일에 군자판관(軍資判官)에 제수되었다.

최흥손(崔興孫) : 계묘년(1483) 11월 7일에 통훈대부로서 도임, 병오년 (1486) 7월 3일에 옮겨졌다.

이봉휘(李奉輝)[246] : 병오년(1486) 8월 13일에 중훈대부로서 도임, 정미년(1487) 9월 11일에 체직되어 떠났다.

김영생(金寧生) : 무신년(1488) 정월 1일에 통훈대부로서 도임, 기유년(1489) 6월 21일에 졸서(卒逝)했다.

문찬(文贊) : 기유년(1489) 9월 3일에 봉직대부로서 도임, 임자년(1492) 2월 11일에 전설사수(典設司守)에 제수되었다.

김계숙(金繼叔) : 임자년(1492) 4월 26일에 통훈대부로서 도임, 계축년(1493) 10월 8일에 체직되어 떠났다.

조순도(趙順道) : 갑인년(1494) 정월 1일에 통훈대부로서 도임, 동년 10월 26일에 체직되어 떠났다.

홍맹손(洪孟孫) : 을묘년(1495) 정월 10일에 통훈대부로서 도임, 정사년(1497) 6월 23일에 예빈첨정(禮賓僉正)에 제수되었다.

홍석필(洪錫弼) : 정사년(1497) 12월 8일에 통훈대부로서 도임, 기미년(1499) 10월 4일에 체직되어 떠났다.

정희주(鄭希周) : 기미년(1499) 11월 6일에 중직대부로서 도임, 신유년(1501) 2월 19일에 체직되어 떠났다.

이순(李珣) : 신유년(1501) 4월 26일에 봉정대부로서 도임, 갑자년(1504) 11월 22일에 내자시첨정(內資寺僉正)에 제수되었다.

지윤준(池允濬) : 을축년(1505) 정월 7일에 통훈대부로서 도임, 병인년(1506) 7월 9일에 의빈시경력(儀賓寺經歷)에 제수되었다.

조명침(趙明琛) : 병인년(1506) 8월 29일에 통훈대부로서 도임, 기사년(1509) 2월 3일에 사도시첨정(司導寺僉正)에 제수되었다.

백수장(白壽長) : 기사년(1509) 4월 3일에 충분무정국공신(忠奮武靖國功臣)으로서 도임, 신미년(1511) 3월 16일에 체직되어 떠났다.

이계장(李繼長) : 신미년(1511) 4월 5일에 통정대부로서 도임, 계유년(1513) 10월 21일에 부호군(副護軍)에 제수되었다.

신효창(申孝昌) : 계유년(1513) 12월 7일에 통정대부로서 도임, 을해년

246) 이춘휘(李春輝)로 나온 곳도 있다.

(1515) 12월 15일에 폄거(貶去)되었다.

신윤형(申允衡) : 병자년(1516) 3월 7일에 봉정대부로서 도임, 무인년 (1518) 10월 15일에 예빈시판관(禮賓寺判官)에 제수되었다.

이완(李莞) : 무인년(1518) 11월 6일에 통정대부로서 도임, 기묘년(1519) 5월 3일에 폄거(貶去)되었다.

김어적(金魚適) : 기묘년(1519) 7월 2일에 통정대부로서 도임, 동년 11월 15일에 폄거(貶去)되었다.

유종한(柳從漢) : 경진년(1520) 2월 25일에 통정대부로서 도임, 신사년 (1521) 6월 15일에 폄거(貶去)되었다.

윤상손(尹祥孫) : 신사년(1521) 9월 7일에 통훈대부로서 도임, 갑신년 (1524) 2월 8일에 사도시정(司䆃寺正)에 제수되었다.

우안국(禹安國) : 갑신년(1524) 4월 4일에 통훈대부로서 도임, 을유년 (1525) 6월에 모상(母喪)을 당했다.

김세한(金世澣) : 을유년(1525) 8월 15일에 통훈대부로서 도임, 정해년 (1527) 6월에 폄거(貶去)되었다.

홍처성(洪處誠) : 정해년(1527) 8월 9일에 통훈대부로서 도임, 무자년 (1528) 8월에 모상(母喪)을 당했다.

정여흠(鄭汝欽) : 무자년(1528) 10월 22일에 통훈대부로서 도임, 기축년 (1529) 6월에 폄거(貶去)되었다.

이화(李華) : 기축년(1529) 8월 15일에 통훈대부로서 도임, 경인년(1530) 정월에 모상(母喪)을 당했다.

홍우석(洪禹碩) : 경인년(1530) 3월 3일에 통훈대부로서 도임, 동년 11월에 어사(御史)의 계문으로 파직되었다.

지한종(池漢宗) : 신묘년(1531) 2월 7일에 통훈대부로서 도임, 계사년 (1533) 7월에 군자첨정(軍資僉正)에 제수되었다.

권세호(權世豪) : 계사년(1533) 9월 21일에 중훈대부로서 도임, 을미년 (1535) 6월에 체직되어 떠났다.

이억(李億) : 을미년(1535) 10월 3일에 조봉대부로서 도임, 병신년(1536) 9월에 파직되어 떠났다.

신지(辛祉) : 병신년(1536) 11월 9일에 통훈대부로서 도임, 정유년(1537) 3월 9일에 체직되어 떠났다.

최일손(崔日孫) : 정유년(1537) 5월 8일에 통훈대부로서 도임, 기해년(1539) 11월 22일에 사도시첨정(司導寺僉正)에 제수되었다.

김수(金銖) : 기해년(1539) 12월 6일에 통훈대부로서 도임, 신축년(1541) 2월에 졸서(卒逝)했다.

박봉서(朴鳳瑞) : 신축년(1541) 4월 3일에 통훈대부로서 도임, 계묘년(1543) 9월 28일에 훈련첨정(訓鍊僉正)에 제수되었다.

원수연(元粹然) : 계묘년(1543) 11월 16일에 통훈대부로서 도임, 갑진년(1544) 6월에 폄거(貶去)되었다.

김의경(金義卿) : 갑진년(1544) 9월 6일에 통훈대부로서 도임, 병오년(1546) 12월에 폄거(貶去)되었다.

박언근(朴彦瑾) : 정미년(1547) 2월 12일에 통훈대부로서 도임, 기유년(1549) 4월에 어사(御史)의 계문으로 파직되었다.

이자양(李自陽) : 기유년(1549) 7월 2일에 통훈대부로서 도임, 신해년(1551) 10월 22일에 졸서(卒逝)했다.

조술(趙述) : 신해년(1551) 12월 17일에 통훈대부로서 도임, 계축년(1553) 8월 19일에 파직되어 떠났다.

김세명(金世鳴) : 계축년(1553) 10월 3일에 통훈대부로서 도임, 갑인년(1554) 6월 18일에 폄거(貶去)되었다.

김여적(金呂勣) : 갑인년(1554) 7월 16일에 통훈대부로서 도임, 을묘년(1555) 2월 20일에 체직되어 떠났다.

최린(崔潾) : 을묘년(1555) 2월 20일에 통훈대부로서 도임, 동년 5월 14일에 체직되어 떠났다.

이윤탕(李允宕) : 을묘년(1555) 6월 17일에 통훈대부로서 도임, 병진년

(1556) 12월에 파직되어 떠났다.

이희수(李熙壽)[247] : 정사년(1557) 2월 9일에 통훈대부로서 도임, 기미년(1559) 7월 25일에 상의원첨정(尙衣院僉正)에 제수되었다.

이숙남(李叔男) : 기미년(1559) 9월 16일에 통훈대부로서 도임, 신유년(1561) 5월 21일에 파직되어 떠났다.

최윤호(崔潤湖) : 신유년(1561) 7월 3일에 통훈대부로서 도임, 갑자년(1564) 2월에 계파(啓罷)되었다.

홍인록(洪仁祿) : 갑자년(1564) 2월 18일에 통훈대부로서 도임, 을축년(1565) 5월 14일에 파직되어 떠났다.

이희의(李希義) : 을축년(1565) 7월 6일에 통훈대부로서 도임, 정묘년(1567) 정월 15일에 계파(啓罷)되었다.

이훤(李萱) : 정묘년(1567) 3월 11일에 통훈대부로서 도임, 무진년(1568) 정월 24일에 파직되어 떠났다.

장우(張佑) : 무진년(1568) 4월 16일에 봉정대부로서 도임, 기사년(1569) 4월 16일에 파직되어 떠났다.

이엄(李儼) : 기사년(1569) 4월 24일에 통훈대부로서 도임, 신미년(1571) 10월 7일에 내자주부(內資主簿)에 제수되었다.

이치성(李致誠)[248] : 신미년(1571) 11월 20일에 통훈대부로서 도임, 계유년(1573) 5월 20일에 계파(啓罷)되었다.

유경원(柳景源) : 계유년(1573) 6월 10일에 통훈대부로서 도임, 동년 11월 7일에 계파(啓罷)되었다.

김집(金緝) : 계유년(1573) 12월 28일에 통훈대부로서 도임, 병자년(1576) 6월에 임기가 만료되어 돌아갔다.

이수(李銖) : 병자년(1576) 8월 2일에 조봉대부로서 도임, 무인년(1578) 8월에 경연소(經筵所)의 계문에 의해 나거(拿去)되었다.

---

247) 이이수(李頤壽)로 나온 곳도 있다.

248) 박치성(朴致誠)으로 나온 곳도 있다.

우전(禹銓) : 무인년(1578) 10월 12일에 봉정대부로서 도임, 신사년(1581) 3월에 훈련원(訓鍊院)의 계문으로 파직되었다.

이숭곤(李崇坤) : 신사년(1581) 4월 24일에 중훈대부로서 도임, 동년 8월 12일에 폄거(貶去)되었다.

이각(李愨)[249] : 신사년(1581) 10월 20일에 중훈대부로서 도임, 계미년(1583) 12월 14일에 폄거(貶去)되었다.

윤흥신(尹興信) : 갑신년(1584) 2월 4일에 조봉대부로서 도임, 을유년(1585) 4월 7일에 계파(啓罷)되었다.

이방필(李邦弼) : 을유년(1585) 5월 1일에 조봉대부로서 도임, 동년 10월 4일에 계파(啓罷)되었다.

김수연(金秀淵) : 을유년(1585) 11월 1일에 조봉대부로서 도임, 동년 12월 18일에 나거(拿去)되었다.

이원명(李源明) : 병술년(1586) 2월 1일에 통훈대부로서 도임, 동년 3월 18일에 체직되어 떠났다.

구사직(具思稷) : 병술년(1586) 4월 1일에 봉직대부로서 도임, 동년 9월 20일에 계파(啓罷)되었다.

이즙(李濈) : 정해년(1587) 7월 13일에 중직대부로서 도임, 무자년(1588) 3월 5일에 파직되어 떠났다.

김종려(金宗麗) : 무자년(1588) 4월 6일에 통훈대부로서 도임, 기축년(1589) 10월 16일에 계파(啓罷)되었다.

남유(南瑜) : 경인년(1590) 정월 7일에 통훈대부로서 도임, 동년 12월 16일에 체직되어 떠났다.

남억(南嶷) : 신묘년(1591) 3월 3일에 통훈대부로서 도임, 동년 3월 2일에 체직되어 떠났다.

선거이(宣居怡) : 신묘년(1591) 3월 10일에 통정대부로서 도임, 계사년

---

249) 이의(李懿)로 나온 곳도 있다.

(1593) 정월 3일에 본도 병사(兵使)에 제수되었다.

성천지(成天祉) : 계사년(1593) 2월 7일에 조봉대부로서 도임, 동년 4월 8일에 졸서(卒逝)했다.

김만수(金萬壽) : 계사년(1593) 5월 25일에 중훈대부로서 도임, 갑오년(1594) 9월 6일에 계파(啓罷)되었다.

박인룡(朴仁龍) : 갑오년(1594) 11월 1일에 통훈대부로서 도임, 병신년(1596) 정월 10일에 계파(啓罷)되었다.

이희려(李希呂) : 병신년(1596) 정월 26일에 통훈대부로서 도임, 정유년(1597) 6월 20일에 폄거(貶去)되었다.

선의문(宣義問) : 정유년(1597) 7월 12일에 통훈대부로서 도임, 경자년(1600) 2월 28일에 임기가 만료되어 돌아갔다.

이성임(李聖任) : 경자년(1600) 3월 26일에 통정대부로서 도임, 임인년(1602) 6월 15일에 폄거(貶去)되었다.

오대남(吳大男) : 임인년(1602) 8월 13일에 통훈대부로서 도임, 갑진년(1604) 윤9월 6일에 파직되어 떠났다.

홍지(洪祉) : 갑진년(1604) 12월 10일에 통훈대부로서 도임, 을사년(1605) 6월 15일에 폄거(貶去)되었다.

홍준(洪畯) : 을사년(1605) 8월 2일에 통훈대부로서 도임, 동년 10월 20일에 파직되어 떠났다.

송덕일(宋德馹) : 을사년(1605) 11월 10일에 통훈대부로서 도임, 정미년(1607) 정월에 파직되어 떠났다.

조계종(趙繼宗) : 정미년(1607) 2월 18일에 통정대부로서 도임, 무신년(1608) 6월에 병으로 체직되었다.

김극전(金克銓) : 무신년(1608) 8월 30일에 통훈대부로서 도임, 신해년(1611) 2월 9일에 임기가 만료되어 돌아갔다.

최연(崔衍) : 신해년(1611) 3월 22일에 통훈대부로서 도임, 임자년(1612) 3월 5일에 경파(京罷)되었다.

박안도(朴安道) : 임자년(1612) 4월 9일에 통훈대부로서 도임, 갑인년 (1614) 9월 20일에 좌수사(左水使)에 제수되었다.

이서(李曙) : 정사년(1617) 5월 7일에 가선대부로서 도임, 동년 8월 18일에 체직되어 떠났다.

이수경(李守敬) : 정사년(1617) 10월 10일에 통훈대부로서 도임, 경신년 (1620) 12월 22일에 체직되어 떠났다.

구인후(具仁厚) : 신유년(1621) 2월 4일에 가선대부로서 도임, 계해년 (1623) 3월 13일에 통제사(統制使)에 제수되었다.

이눌(李訥) : 계해년(1623) 4월 20일에 통정대부로서 도임, 동년 12월 26일에 체직되어 떠났다.

박성인(朴成仁) : 계해년(1623) 12월 30일에 가선대부로서 도임, 을축년 (1625) 5월 10일에 체직되어 떠났다.

황자중(黃自中) : 을축년(1625) 6월 3일에 통훈대부로서 도임, 동년 12월에 나거(拿去)되었다.

유지경(柳持敬) : 병인년(1626) 2월 12일에 통훈대부로서 도임, 무진년 (1628) 3월에 나거(拿去)되었다.

윤진경(尹進卿) : 무진년(1628) 3월 10일에 통정대부로서 도임, 경오년 (1630) 8월에 임기가 만료되어 돌아갔다.

한몽룡(韓夢龍) : 경오년(1630) 10월 6일에 통정대부로서 도임, 계유년 (1633) 2월에 계파(啓罷)되었다.

이탈(李梲) : 계유년(1633) 3월 16일에 통정대부로서 도임, 동년 12월에 폄거(貶去)되었다.

유응시(柳應時) : 갑술년(1634) 2월 20일에 통훈대부로서 도임, 병자년 (1636) 9월에 임기가 만료되어 돌아갔다.

이정현(李廷顯) : 병자년(1636) 9월 6일에 통훈대부로서 도임, 동년 11월에 계파(啓罷)되었다.

신종술(辛宗述) : 정축년(1637) 정월 3일에 통정대부로서 도임, 동년 3

월에 계파(啓罷)되었다.

홍이성(洪頤性)[250] : 정축년(1637) 4월 3일에 통훈대부로서 도임, 기묘년(1639) 11월에 임기가 만료되어 돌아갔다.

윤창구(尹昌耉) : 기묘년(1639) 12월 3일에 통훈대부로서 도임, 임오년(1642) 5월에 임기가 만료되어 돌아갔다.

이동성(李東星) : 임오년(1642) 6월 17일에 통훈대부로서 도임, 계미년(1643) 11월 11일에 파직되었다.

이각(李恪) : 갑신년(1644) 2월 3일에 통훈대부로서 도임, 동년 12월 11일에 졸서(卒逝)했다.

정형도(鄭亨道) : 을유년(1645) 정월 6일에 통훈대부로서 도임, 동년 6월에 체직되어 떠났다.

송영윤(宋永胤) : 을유년(1645) 7월 19일에 통훈대부로서 도임, 정해년(1647) 5월 5일에 나거(拿去)되었다.

지학해(池學海) : 정해년(1647) 6월 12일에 통정대부로서 도임, 무자년(1648) 12월에 체직되어 떠났다.

김한일(金漢一) : 기축년(1649) 정월 16일에 통훈대부로서 도임, 동년 9월에 계파(啓罷)되었다.

정집(鄭檝) : 경인년(1650) 윤11월 24일에 통정대부로서 도임, 임진년(1652) 7월에 우수사(右水使)에 제수되었다.

홍여한(洪汝漢) : 임진년(1652) 8월 9일에 통훈대부로서 도임, 계사년(1653) 7월에 부산첨사(釜山僉使)에 제수되었다.

강열(姜說) : 계사년(1653) 8월 28일에 통훈대부로서 도임, 동년 11월에 파직되어 떠났다.

노정(盧錠) : 갑오년(1654) 2월 6일에 통훈대부로서 도임, 동년 11월에 대구영장(大丘營將)에 제수되었다.

---

250) 홍희성(洪熙性)으로 나온 것을 다른 군지를 참조하여 홍이성(洪頤性)으로 바꾸었다.

이태형(李泰亨) : 갑오년(1654) 12월 1일에 통훈대부로서 도임, 병신년(1656) 8월에 수조(水操) 중 배가 부서져서 죽었다.

임상유(林商儒) : 병신년(1656) 9월 27일에 통훈대부로서 도임, 정유년(1657) 7월 12일에 모상(母喪)을 당했다.

이정옥(李廷沃) : 정유년(1657) 9월 1일에 통훈대부로서 도임, 기해년(1659) 윤3월에 안흥첨사(安興僉使)에 제수되었다.

이연정(李延禎) : 기해년(1659) 4월 16일에 통훈대부로서 도임, 경자년(1660) 9월 25일에 파직되어 떠났다.

신근(申瑾) : 경자년(1660) 11월 6일에 통훈대부로서 도임, 신축년(1661) 6월 19일에 계파(啓罷)되었다.

설관징(薛觀徵) : 신축년(1661) 윤7월 16일에 통훈대부로서 도임, 임인년(1662) 11월 7일에 파직되어 떠났다.

배상도(裵商度) : 계묘년(1663) 정월 17일에 통훈대부로서 도임, 을사년(1665) 2월 15일에 체직되어 떠났다.

경성익(景星翼) : 을사년(1665) 2월 15일에 통훈대부로서 도임, 병오년(1666) 9월 11일에 계파(啓罷)되었다.

임은(林溵) : 병오년(1666) 9월 29일에 통훈대부로서 도임, 정미년(1667) 2월 20일에 폄거(貶去)되었다.

이구징(李耉徵) : 정미년(1667) 8월 13일에 통훈대부로서 도임, 무신년(1668) 11월에 폄거(貶去)되었다.

이기정(李基定) : 무신년(1668) 12월 26일에 통훈대부로서 도임, 기유년(1669) 12월에 폄거(貶去)되었다.

이동필(李東泌) : 경술년(1670) 윤2월 12일에 통훈대부로서 도임, 임자년(1672) 정월 12일에 계파(啓罷)되었다.

이두구(李斗龜) : 임자년(1672) 3월 10일에 통훈대부로서 도임, 계축년(1673) 8월 1일에 파직되어 떠났다.

윤시달(尹時達) : 계축년(1673) 9월 1일에 통정대부로서 도임, 갑인년

(1674) 정월 9일에 파직되어 떠났다.

한지(韓櫍) : 갑인년(1674) 3월 13일에 통훈대부로서 도임, 을묘년(1675) 5월 5일에 폄거(貶去)되었다.

이이시(李以時) : 을묘년(1675) 6월 20일에 통훈대부로서 도임, 무오년(1678) 정월에 임기가 만료되어 돌아갔다.

윤위(尹煒) : 무오년(1678) 2월 8일에 통훈대부로서 도임, 기미년(1679) 12월에 폄거(貶去)되었다.

황전(黃銓) : 경신년(1680) 2월에 도임, 임술년(1682) 8월에 임기가 만료되어 돌아갔다.

김기(金淇) : 임술년(1682) 8월 8일에 통훈대부로서 도임, 갑자년(1684) 8월 20일에 계파(啓罷)되었다.

이홍필(李弘弼) : 갑자년(1684) 9월 20일에 통훈대부로서 도임, 을축년(1685) 12월 20일에 폄거(貶去)되었다.

이명상(李命相) : 병인년(1686) 2월 19일에 도임, 무진년(1688) 9월에 임기가 만료되어 돌아갔다.

변시백(邊是伯) : 무진년(1688) 9월 29일에 통훈대부로서 도임, 경오년(1690) 8월 20일에 계파(啓罷)되었다.

이지경(李之經) : 경오년(1690) 9월 15일에 통정대부로서 도임, 계유년(1693) 12월에 임기가 만료되어 돌아갔다.

정유전(鄭惟全) : 계유년(1693) 2월 18일에 통훈대부로서 도임, 갑술년(1694) 정월 18일에 나거(拿去)되었다.

이진(李縉) : 갑술년(1694) 2월에 통훈대부로서 도임, 병자년(1696) 8월 6일에 임기가 만료되어 돌아갔다.

김만영(金萬英) : 병자년(1696) 9월 9일에 가의대부로서 도임, 정축년(1697) 윤3월 1일에 졸서(卒逝)했다.

양익무(梁益茂) : 정축년(1697) 4월 20일에 통훈대부로서 도임, 무인년(1698) 6월 11일에 계파(啓罷)되었다.

백한상(白漢相) : 무인년(1698) 8월 1일에 통훈대부로서 도임, 경진년(1700) 정월에 계파(啓罷)되었다.

이석신(李碩臣) : 경진년(1700) 3월 22일에 통훈대부로서 도임, 신사년(1701) 7월에 폄거(貶去)되었다.

남택(南澤) : 신사년(1701) 9월 28일에 통훈대부로서 도임, 임오년(1702) 4월에 계파(啓罷)되었다.

위동전(魏東峑) : 임오년(1702) 9월 10일에 통훈대부로서 도임, 동년 9월 28일에 체직되어 떠났다.

민성기(閔聖基) : 임오년(1702) 12월 6일에 통훈대부로서 도임, 을유년(1705) 8월 12일에 임기가 만료되어 돌아갔다.

손명대(孫命大) : 을유년(1705) 9월 20일에 통훈대부로서 도임, 병술년(1706) 3월 7일에 계파(啓罷)되었다.

임지(林漝) : 병술년(1706) 4월 8일에 통훈대부로서 도임, 정해년(1707) 12월에 폄거(貶去)되었다.

이동상(李東相) : 무자년(1708) 2월 18일에 통훈대부로서 도임, 동년 12월에 폄거(貶去)되었다.

이홍규(李弘規) : 기축년(1709) 2월 20일에 통훈대부로서 도임, 동년 12월에 폄거(貶去)되었다.

이행검(李行儉) : 경인년(1710) 2월에 통훈대부로서 도임, 동년 12월에 폄거(貶去)되었다.

이사목(李思牧) : 신묘년(1711) 2월 2일에 통훈대부로서 도임, 임진년(1712) 11월 10일에 계파(啓罷)되었다.

이기복(李基福) : 계사년(1713) 정월에 통훈대부로서 도임, 을미년(1715) 정월에 어사(御史)의 계(啓)로 파직되었다.

조경(趙儆) : 을미년(1715) 2월에 통훈대부로서 도임, 정유년(1717) 5월에 임기가 만료되어 돌아갔다.

김구령(金九齡) : 정유년(1717) 8월에 통훈대부로서 도임, 기해년(1719)

10월에 임기가 만료되어 돌아갔다.

유암(柳霅) : 기해년(1719) 11월 27일에 통훈대부로서 도임, 신축년(1721) 6월에 병으로 체직되었다.

김정상(金鼎相) : 신축년(1721) 7월에 통훈대부로서 도임, 임인년(1722) 4월에 계파(啓罷)되었다.

전순좌(全舜佐)[251] : 임인년(1722) 6월에 통훈대부로서 도임, 동년 12월에 폄거(貶去)되었다.

신박(辛璞) : 계묘년(1723) 5월 15일에 통정대부로서 도임, 을사년(1725) 5월 3일에 나거(拿去)되었다.

이국보(李國輔) : 을사년(1725) 6월 17일에 통훈대부로서 도임, 동년 9월 27일에 부상(父喪)을 당했다.

홍우귀(洪禹龜) : 을사년(1725) 10월 27일에 통정대부로서 도임, 병오년(1726) 7월 2일에 대파(臺罷)되었다.

김명룡(金命龍) : 병오년(1726) 8월 20일에 통훈대부로서 도임, 정미년(1727) 윤3월 13일에 졸서(卒逝)했다.

민진기(閔鎭箕) : 정미년(1727) 5월 20일에 통훈대부로서 도임, 기유년(1729) 윤7월에 임기가 만료되어 떠났다.

권수봉(權壽鳳) : 기유년(1729) 윤7월에 통훈대부로서 도임, 동년 12월에 폄거(貶去)되었다.

조덕기(趙德基) : 경술년(1730) 4월 16일에 통정대부로서 도임, 임자년(1732) 11월에 임기가 만료되어 떠났다.

민제만(閔濟萬) : 임자년(1732) 11월 16일에 통정대부로서 도임, 계축년(1733) 2월에 폄거(貶去)되었다.

신진소(申震熽) : 갑인년(1734) 3월 12일에 가선대부로서 도임, 동년 4월에 체직되어 떠났다.

251) 김순좌(金舜佐)로 나온 곳도 있다.

남태제(南泰齊) : 갑인년(1734) 4월 22일에 통훈대부로서 도임, 을묘년(1735) 정월 10일에 장악첨정(掌樂僉正)에 제수되었다.

조유항(趙由恒) : 을묘년(1735) 3월 9일에 통정대부로서 도임, 동년 8월에 전선(戰船)이 치패(致敗)되어 계파(啓罷)되었다.

조동제(趙東濟) : 을묘년(1735)에 통정대부로서 도임하였다.

김인서(金麟瑞) : 병진년(1736) 2월 8일에 통정대부로서 도임, 기미년(1739) 4월에 임기가 만료되어 돌아갔다.

홍이원(洪以源) : 기미년(1739) 4월 24일에 가선대부로서 도임, 동년 5월에 체직되어 떠났다.

민선(閔墡) : 기미년(1739) 5월 25일에 통훈대부로서 도임, 동년 12월에 장령(掌令)이 되었다.

성우적(成禹績)[252] : 경신년(1740) 2월 25일에 통정대부로서 도임, 동년 7월에 체직되어 떠났다.

박준(朴埈) : 경신년(1740) 8월 1일에 통훈대부로서 도임, 신유년(1741) 정월에 70세 연로로 체직되어 떠났다.

이희룡(李喜龍) : 신유년(1741) 2월 25일에 통정대부로서 도임, 동년 2월에 체직되어 떠났다.

신처수(申處洙) : 신유년(1741) 12월 8일에 통훈대부로서 도임, 임술년(1742) 정월에 체직되어 떠났다.

유상기(柳祥基) : 임술년(1742) 4월에 통훈대부로서 도임, 동년 12월에 폄거(貶去)되었다.

김양성(金養性) : 계해년(1743) 2월 17일에 통정대부로서 도임, 동년 11월에 나거(拿去)되었다.

정세장(鄭世章) : 갑자년(1744) 정월 3일에 통정대부로서 도임, 을축년(1745) 4월 7일에 폄거(貶去)되었다.

---

252) 홍우적(洪禹績)으로 나온 곳도 있다.

손진민(孫鎭民) : 을축년(1745) 5월 15일에 통정대부로서 도임, 병인년 (1746) 8월 22일에 폄거(貶去)되었다.

우정하(禹正夏) : 병인년(1746) 11월 1일에 통훈대부로서 도임, 정묘년 (1747) 5월에 체직되어 떠났다.

박홍준(朴弘儁) : 정묘년(1747) 5월 29일에 조봉대부로서 도임, 동년 11월 24일에 사서(司書)에 제수되었다.

홍여한(洪如漢) : 무진년(1748) 정월 15일에 통정대부로서 도임, 기사년 (1749) 12월에 폄거(貶去)되었다.

이행빈(李行彬) : 경오년(1750) 정월 15일에 통훈대부로서 도임, 동년 4월에 체직되어 떠났다.

이태중(李台重) : 경오년(1750) 4월 9일에 통정대부로서 도임, 동년 8월 27일에 체직되어 떠났다.

이성망(李聖望) : 경오년(1750) 9월 28일에 통정대부로서 도임, 임신년 (1752) 10월에 우영장(右營將)에 제수되었다.

박종익(朴宗益) : 임신년(1752) 12월 15일에 통훈대부로서 도임, 을해년 (1755) 9월 27일에 나거(拿去)되었다.

이두환(李斗煥) : 을해년(1755) 9월 29일에 통훈대부로서 도임, 병자년 (1756) 6월에 모상(母喪)을 당했다.

박사검(朴思儉) : 병자년(1756) 8월 13일에 가선대부로서 도임, 무인년 (1758) 12월에 폄거(貶去)되었다.

이훈(李薰) : 무인년(1758) 12월 9일에 통정대부로서 도임, 신사년(1761) 4월에 임기가 만료되어 돌아갔다.

채정하(蔡挺夏) : 신사년(1761) 5월 2일에 통훈대부로서 도임, 임오년 (1762) 2월에 폄거(貶去)되었다.

이의수(李毅壽) : 임오년(1762) 3월 6일에 통훈대부로서 도임, 갑신년 (1764) 7월 18일에 임기가 만료되어 돌아갔다.

구택주(具宅柱) : 갑신년(1764) 7월 20일에 통훈대부로서 도임, 정해년

(1767) 정월에 임기가 만료되어 돌아갔다.

이숙(李潚) : 정해년(1767) 정월 10일에 통정대부로서 도임, 기축년 (1769) 7월 22일에 임기가 만료되어 돌아갔다.

이주혁(李周爀) : 기축년(1769) 7월 22일에 통정대부로서 도임, 동년 9월에 계파(啓罷)되었다.

이경린(李慶麟) : 기축년(1769) 9월 17일에 통정대부로서 도임, 임진년 (1772) 정월에 임기가 만료되어 돌아갔다.

박재대(朴載大) : 임진년(1772) 2월 4일에 통훈대부로서 도임, 동년 6월에 폄거(貶去)되었다.

구재훈(具載勳) 임진년(1772) 8월에 통정대부로서 도임, 계사년(1773) 5월 7일에 다대포첨사(多大浦僉使)에 제수되었다.

이양운(李陽運) : 계사년(1773) 5월 7일에 통정대부로서 도임, 을미년 (1775) 7월에 임기가 만료되어 돌아갔다.

김한엽(金漢燁) : 을미년(1775) 7월 25일에 통정대부로서 도임, 동년 12월에 폄거(貶去)되었다.

이인석(李麟錫) : 병신년(1776) 정월 30일에 통정대부로서 도임, 무술년 (1778) 정월에 폄거(貶去)되었다.

이필훈(李弼勳)[253] : 무술년(1778) 2월 24일에 통훈대부로서 도임, 경자년(1780) 7월에 임기가 만료되어 돌아갔다.

이필주(李弼胄) : 경자년(1780) 7월 25일에 통정대부로서 도임, 계묘년 (1783) 정월에 임기가 만료되어 돌아갔다.

이필(李泌) : 계묘년(1783) 정월 24일에 통훈대부로서 도임, 을사년 (1785) 2월에 장흥부사(長興府使)에 제수되었다.

이엽(李曄) : 을사년(1785) 2월 8일에 통훈대부로서 도임, 동년 8월에 세선(稅船)이 치패(致敗)한 일로 나거(拿去)되었다.

253) 이정훈(李鼎勳)으로 나온 곳도 있다.

조한진(曹翰振) : 을사년(1785) 8월 15일에 통훈대부로서 도임, 무신년(1788) 정월에 임기가 만료되어 돌아갔다.

윤갑(尹伸)[254] : 무신년(1788) 정월 17일에 통훈대부로서 도임, 기유년(1789) 7월에 폄거(貶去)되었다.

윤홍검(尹弘儉) : 기유년(1789) 7월 9일에 통훈대부로서 도임, 신해년(1791) 7월에 청주병우후(淸州兵虞候)에 제수되었다.

구강(具絳) : 신해년(1791) 7월 15일에 통훈대부로서 도임, 임기를 채웠다.

최상기(崔尙耆) : 갑인년(1794)에 통훈(通訓)으로서 왔으며, 곡성현감과 상환하였다.

이춘보(李春輔) : 갑인년(1794)에 통훈(通訓)으로서 왔다.

홍술조(洪述祖) : 을묘년(1795)에 통훈(通訓)으로서 왔다.

양완(梁垸) : 무오년(1798)에 통훈(通訓)으로서 왔다.

홍계선(洪繼善) : 기미년(1799)에 통훈(通訓)으로서 왔다.

한근형(韓根馨) : 신유년(1801)에 통훈(通訓)으로서 왔다.

이환익(李煥益) : 임술년(1802)에 통훈(通訓)으로서 왔다.

이전(李坱) : 계해년(1803)에 통훈(通訓)으로서 왔다.

한계풍(韓啓豊) : 갑자년(1804)에 통훈(通訓)으로서 왔다. 임기를 채웠다.

심능완(沈能完) : 병인년(1806)에 통훈(通訓)으로서 왔다.

민식(閔植) : 무진년(1808)에 통훈(通訓)으로서 왔다.

조휘감(趙徽鑑) : 경오년(1810)에 통훈(通訓)으로서 왔다. 임기를 채웠다.

안광찬(安光贊) : 임신년(1812)에 통훈(通訓)으로서 왔다. 흥양현감과 상환했다.

이후(李垕) : 임신년(1812)에 통훈(通訓)으로서 왔다.

조이양(趙彛陽) : 계유년(1813)에 통훈(通訓)으로서 왔다. 만경현령과

254) 윤곤(尹坤)으로 나온 곳도 있다.

상환했다.

유호원(柳鎬源) : 갑술년(1814)에 통훈(通訓)으로서 왔다.

이일휘(李一輝) : 을해년(1815)에 통훈(通訓)으로서 왔다.

박윤영(朴潤榮) : 병자년(1816)에 통훈(通訓)으로서 왔다.

정위(鄭瑋) : 병자년(1816)에 통훈(通訓)으로서 왔다.

유신검(柳信儉) : 정축년(1817)에 통훈(通訓)으로서 왔다.

이유상(李儒常) : 정축년(1817)에 통훈(通訓)으로서 왔다. 순천영장에 제수되었다.

심공작(沈公綽) : 기묘년(1819)에 통훈(通訓)으로서 왔다.

최응현(崔應鉉) : 기묘년(1819)에 통훈(通訓)으로서 왔다.

한명운(韓明運) : 계미년(1823)에 통훈(通訓)으로서 왔다.

이환주(李煥周) : 갑신년(1824)에 통훈(通訓)으로서 왔다.

이병길(李秉吉) : 갑신년(1824)에 통훈(通訓)으로서 왔다.

어명석(魚錫命) : 갑신년(1824)에 통정(通政)으로서 왔다.

어재명(魚在溟) : 정해년(1827)에 통훈(通訓)으로서 왔다.

한응일(韓應一) : 기해년(1829)에 통훈(通訓)으로서 왔다. 임기를 채웠다.

김선문(金善問) : 임진년(1832)에 통훈(通訓)으로서 왔다.

민치봉(閔致鳳) : 계사년(1833)에 통훈(通訓)으로서 왔다. 병영우후가 되어 갔다.

조운정(趙雲程) : 을미년(1835)에 통훈(通訓)으로서 왔다.

김재칠(金在七) : 병신년(1836)에 통훈(通訓)으로서 왔다.

심곤보(沈袞輔) : 무술년(1838)에 통훈(通訓)으로서 왔다.

이긍래(李兢來) : 경자년(1840)에 통훈(通訓)으로서 왔다.

조태현(趙台顯) : 경자년(1840)에 통훈(通訓)으로서 왔다.

이유봉(李儒鳳) : 임인년(1842)에 통훈(通訓)으로서 왔다. 만기가 되어 갔다.

송상보(宋相保) : 을사년(1845)에 통훈(通訓)으로서 왔다.

홍재모(洪載謨) : 정미년(1847)에 통훈(通訓)으로서 왔다.

홍봉주(洪鳳周) : 기유년(1849)에 통훈(通訓)으로서 왔다. 병영우후가 되어 갔다.

장대주(張大周) : 신해년(1851)에 통훈(通訓)으로서 왔다.

홍봉규(洪鳳圭) : 임자년(1852)에 통훈(通訓)으로서 왔다. 임기를 채웠다.

이동현(李東鉉) : 갑인년(1854)에 통훈(通訓)으로서 왔다.

남정윤(南正倫) : 갑인년(1854)에 통훈(通訓)으로서 왔다.

박리규(朴履圭) : 갑인년(1854)에 통훈(通訓)으로서 왔다.

정극현(鄭克鉉) : 병진년(1856)에 통훈(通訓)으로서 왔다. 덕원부사가 되어 갔다.

민대호(閔大鎬) : 정사년(1857)에 통훈(通訓)으로서 왔다.

이붕주(李鵬周) : 기미년(1859)에 통훈(通訓)으로서 왔다.

신춘희(申春熙) : 경신년(1860)에 통훈(通訓)으로서 왔다.

유정로(柳鼎魯) : 신유년(1861)에 통훈(通訓)으로서 왔다.

조존욱(趙存昱) : 계해년(1863)에 통훈(通訓)으로서 왔다. 임기를 채웠다.

조존흥(趙存興) : 을축년(1865)에 통훈(通訓)으로서 왔다. 방어영(防禦營)이 처음 설치되었다.

이근석(李根奭) : 무진년(1868)에 통정(通政)으로서 왔다. 임기를 채웠다.

성교수(成喬修) : 경오년(1870)에 통정(通政)으로서 왔다. 우수사가 되어 갔다.

민치홍(閔致鴻) : 신미년(1871)에 통정(通政)으로서 왔다.

백낙현(白樂賢) : 임신년(1872)에 통정(通政)으로서 왔다. 우수사가 되어 갔다.

구영식(具永植) : 계유년(1873)에 통훈(通訓)으로서 왔다. 전영장(前營將)이 되어 갔다.

심원택(沈遠澤) : 을해년(1875)에 통훈(通訓)으로서 왔다. 임기가 만료되어 갔다.

이규대(李奎大) : 정축년(1877)에 통훈(通訓)으로서 왔다.

이규원(李奎遠) : 무인년(1878)에 통정(通政)으로서 왔다. 부령에 제수되었다.

백낙윤(白樂倫) : 기묘년(1879)에 통훈(通訓)으로서 왔다. 훈련정에 제수되었다.

홍주섭(洪疇燮) : 신사년(1881)에 통훈(通訓)으로서 왔다.

이경현(李景鉉) : 계미년(1883)에 통훈(通訓)으로서 왔다.

장봉진(張鳳鎭) : 을유년(1885)에 통훈(通訓)으로서 왔다.

유기선(柳冀先) : 병술년(1886)에 통훈(通訓)으로서 왔다. 훈련정이 되어 갔다.

신정균(申正均) : 정해년(1887)에 통훈(通訓)으로서 왔다. 훈련정이 되어 갔다.

조희림(趙羲林) : 무자년(1888)에 통훈(通訓)으로서 왔다. 가산에 이배되었다.

최병두(崔丙斗) : 기축년(1889)에 통정(通政)으로서 왔다.

이명헌(李命憲) : 경인년(1890)에 통훈(通訓)으로서 왔다. 고성으로 옮겨갔다.

이희승(李熙昇) : 임진년(1892)에 통정(通政)으로서 왔다.

윤석신(尹錫莘) : 갑오년(1894)에 통정(通政)으로서 왔다.

이전(李琠) : 을미년(1895)에 통정(通政)으로서 왔다.

백윤기(白胤基) : 병신년(1896)에 통훈(通訓)으로서 왔다.

이병규(李秉奎) : 정유년(1897)에 통정(通政)으로서 왔다.

이범교(李範喬) : 기해년(1899)에 통훈(通訓)으로서 왔다.

민영진(閔泳晋) : 신축년(1901)에 와서 금구군수에 제수되었다.

권중면(權重冕) : 을사년(1905)에 와서 능주군수에 제수되었다.

이병화(李秉化) : 정미년(1907)에 왔다.

서병윤(徐丙潤) : 정미년(1907)에 왔다.

송계성(宋桂星) : 기유년(1909)에 왔다.

박종선(朴鍾善) : 경술년(1910)에 왔다.

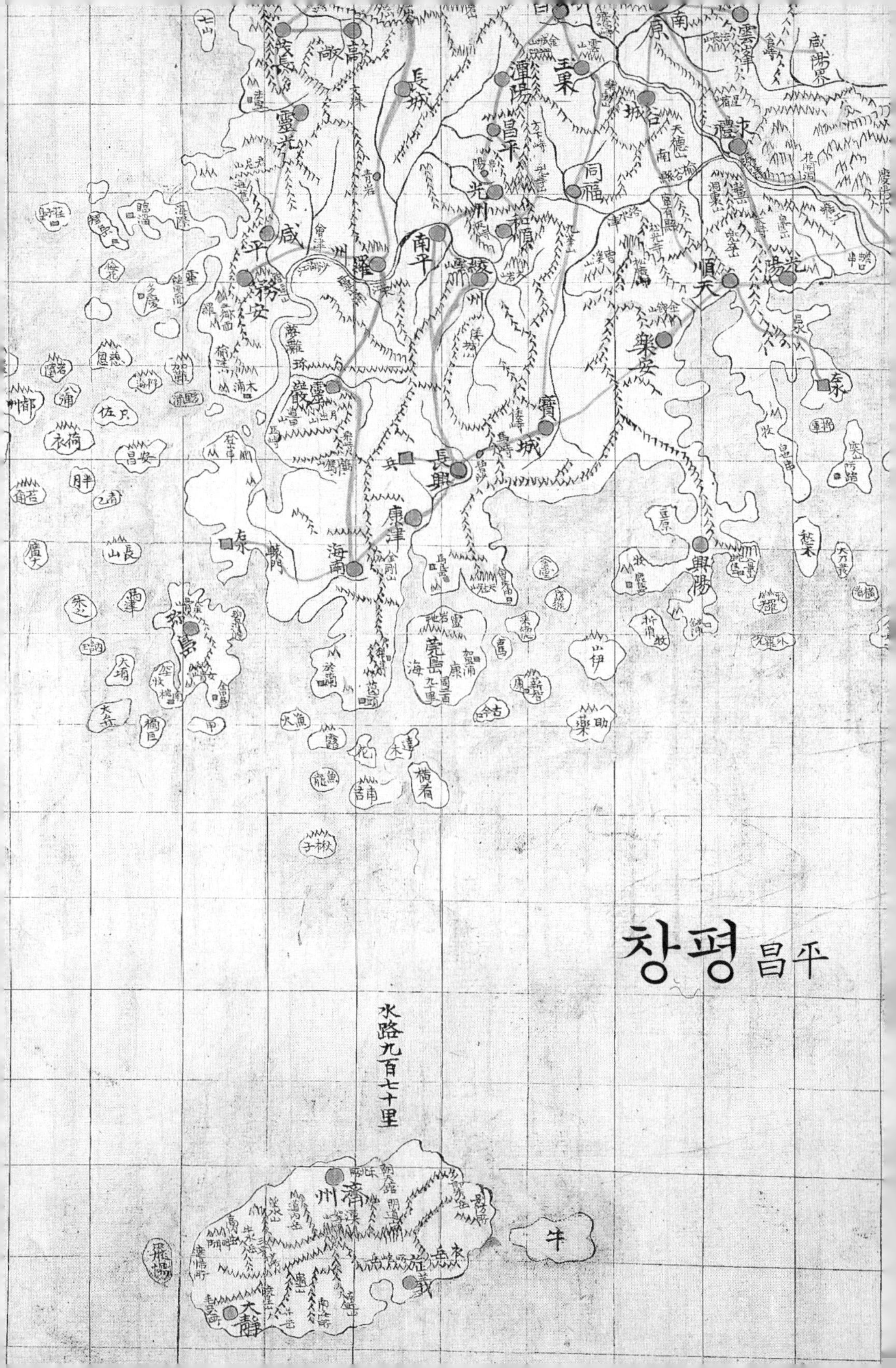
水路九百七十里
濟州
大靜
旌義
海南
康津
長興
寶城
樂安
順天
光陽
興陽
靈巖
務安
咸平
羅州
南平
綾州
和順
光州
昌平
潭陽
長城
靈光
同福
玉果
谷城
求禮
南原
雲峰
珍島
莞島
咸陽界

창평 昌平

# 창평(昌平)255)

백제 때는 굴지(屈支)라 하였으며, 757년(경덕왕 16)에 기양(祈陽)으로 개칭되고 무주(武州, 광주)의 영현이 되었고, 940년(태조 23)에 창평(혹은 鳴平)으로 개칭되었다. 고려 초에는 나주목의 임내였다가 중기에 현령관을 설치하였고, 1391년(공양왕 3)에 광주목 임내의 장평부곡(長平部曲)과 갑향(甲鄕)이 편입되었으며, 조선 초기에는 직촌(直村)으로 편입되었다. 1474년(성종 5)에 고을사람이 현령을 능욕한 죄로 수령이 폐지되고 광주목의 속현으로 편입되었다가 5년 후에 복구되었다. 별호는 기양(祁陽)·명양(鳴陽)이다. 1895년(고종 32)에 창평군이 되어 남원부에 속하였고, 이듬해 전라남도에 속하였으며, 1914년 행정구역개편 때 담양군에 병합되어 창평면이 되었다.

민덕봉(閔德鳳) : 음직. 갑자년(1564)에 도임하였다.
송응수(宋應秀) : 음직. 병인년(1566)에 도임하였다.
이형경(李亨慶) : 음직. 신미년(1571)에 도임하였다.
이효당(李孝讜) : 음직. 계유년(1573)에 도임하여 전최에서 전(殿)을 받아 관직에서 물러났다.
기억(奇嶷) : 음직. 갑술년(1574)에 도임하였다.
정인수(鄭麟壽) : 음직. 무인년(1578)에 도임하여 전최에서 전을 받아 관직에서 물러났다.
여대수(呂大壽) : 음직. 기묘년(1579)에 도임하여 재상(災傷)으로 관직에서 물러났다.

255) 『창평군읍지』(1899)를 저본으로 하였다.

김세휘(金世輝) : 음직. 경진년(1580)에 도임하여 상을 당했다.

홍진(洪津) : 음직. 임오년(1582)에 도임하여 별세하였다.

홍여순(洪汝諄) : 음직. 계미년(1583)에 도임하였다.

한수진(韓守眞) : 음직. 을유년(1585)에 도임하여 어사의 계(啓)로 관직에서 물러났다.

신홍서(申弘緖) : 음직. 병술년(1586)에 도임하였다.

김복억(金福億) : 음직. 무자년(1588)에 도임하여 승진하여 옮겨갔다.

심은(沈訔) : 음직. 신묘년(1591)에 도임하였다.

윤열(尹說) : 음직. 임진년(1592)에 도임하였다.

백유항(白惟恒) : 음직. 계사년(1593)에 도임하였다.

정제(鄭霽) : 음직. 정유년(1597) 12월에 도임하여 무술년(1598) 12월에 전을 받아 관직에서 물러났다.

홍익영(洪翼英) : 음직. 기해년(1599) 2월에 도임하였다.

권경(權暻) : 음직. 계묘년(1603) 정월에 도임하여 을사년(1605) 9월에 재상(災傷)으로 관직에서 물러났다.

유위(柳湋) : 음직. 을사년(1605) 11월에 도임하여 병오년(1606) 3월에 어사의 계(啓)로 관직에서 물러났다.

정빈(鄭玭) : 음직. 병오년(1606) 5월에 도임하여 신해년(1611) 5월에 임기가 차서 옮겨갔다.

정종명(鄭宗溟) : 음직. 신해년(1611) 5월에 도임하여 임자년(1612) 5월에 경찰(京察)[256]로 인해 관직에서 물러났다.

권신중(權信中) : 음직. 임자년(1612) 5월에 도임하여 병진년(1616) 4월에 승진해서 옮겨갔다.

민준철(閔濬哲) : 음직. 병진년(1616) 5월에 도임하여 정사년(1617) 11월에 상경하여 별세했다.

256) 경찰(京察) : 도목정사. 매년 음력 6월과 12월에 관원들의 성적을 평가하여 면직 또는 승진시키던 일.

이언직(李彦直) : 음직. 무오년(1618) 4월에 도임하여 동년 11월에 전을 받아 관직에서 물러났다.

조형남(趙亨男) : 음직. 기미년(1619) 3월에 도임하여 신유년(1621) 12월에 재상으로 관직에서 물러났다.

이승(李昇) : 음직. 임술년(1622) 5월에 도임하여 계해년(1623) 4월에 경찰(京察)로 인해 관직에서 물러났다.

유상(柳穡) : 음직. 계해년(1623) 5월에 도임하여 동년 7월경에 경찰(京察)로 인해 관직에서 물러났다.

이양휴(李揚休) : 음직. 계해년(1623) 9월에 도임하여 갑자년(1624) 8월경에 경찰(京察)로 인해 관직에서 물러났다.

이영의(李榮義) : 음직. 갑자년(1624) 9월에 도임하여 병인년(1626) 6월에 병으로 관직에서 물러났다.

김억(金嶷) : 음직. 병인년(1626) 윤6월에 도임하여 무진년(1628) 4월에 사직하였다.

윤취지(尹就之) : 음직. 무진년(1628) 4월에 도임하여 경오년(1630) 6월에 사직하고 돌아갔다.

한필후(韓必厚) : 음직. 경오년(1630) 8월에 도임하여 갑술년(1634) 2월에 사직하였다.

조흡(趙潝) : 음직. 갑술년(1634) 4월에 도임하여 기묘년(1639) 정월에 임기가 차서 옮겨갔다.

박원기(朴遠基) : 음직. 기묘년(1639) 정월에 도임하여 신사년(1641) 12월에 전을 받아 관직에서 물러났다.

이목(李穆) : 음직. 임오년(1642) 2월에 도임하여 동년 윤11월에 관직에서 물러나 돌아갔다.

방원량(房元亮) : 음직. 계미년(1643)에 도임하였다.

유훤(柳萱) : 음직. 갑신년(1644)에 도임하였다.

박정(朴娗) : 음직. 기축년(1649)에 도임하였다.

김후(金垕) : 음직. 갑오년(1654)에 도임하였다.

이유수(李幼洙) : 음직. 을미년(1655)에 도임하였다.

조시형(趙時馨) : 음직. 병신년(1656)에 도임하였다.

권대재(權大載) : 음직. 정유년(1657)에 도임하였다.

채충립(蔡忠立) : 음직. 무술년(1658)에 도임하였다.

임규(任奎) : 음직. 신축년(1661) 정월에 도임하여 계묘년(1663) 6월에 전을 받아 관직에서 물러났다.

이시연(李時淵) : 음직. 계묘년(1663) 8월에 도임하여 갑진년(1664) 6월에 전을 받아 관직에서 물러났다.

이상달(李尙達) : 음직. 갑진년(1664) 7월에 도임하여 동년 9월에 별세했다.

김세필(金世泌) : 음직. 갑진년(1664) 11월에 도임하여 기유년(1669) 11월에 임기가 차서 옮겨갔다.

이문회(李文會) : 음직. 경술년(1670) 정월에 도임하여 계축년(1673) 9월에 체포되어 관직에서 물러났다.

심력(沈櫟) : 음직. 계축년(1673) 11월에 도임하여 정사년(1677) 2월에 상피로 옮겨갔다.

이일삼(李日三) : 음직. 정사년(1677) 3월에 도임하여 신유년(1681) 5월에 체포되어 관직에서 물러났다.

홍수량(洪受漮) : 음직. 신유년(1681) 7월에 도임하여 계해년(1683) 7월에 승직하여 옮겨갔다.

안여기(安汝器) : 음직. 계해년(1683) 7월에 도임하여 갑자년(1684) 10월에 어사의 계로 관직에서 물러났다.

이대(李岱) : 음직. 갑자년(1684) 12월에 도임하여 을축년(1685) 6월에 체직되었다.

유임중(兪任重) : 음직. 을축년(1685) 8월에 도임하여 동년 동월에 경찰(京察)로 인해 관직에서 물러났다.

정공석(鄭公奭) : 음직. 을축년(1685) 9월에 도임하여 병인년(1686) 9월에 별세했다.

박세웅(朴世雄) : 음직. 병인년(1686) 12월에 도임하여 경오년(1690) 2월에 사직했다.

이영(李泳) : 음직. 경오년(1690) 5월에 도임하여 신미년(1691) 8월에 체포되어 물러났다.

노석빈(盧碩賓) : 음직. 신미년(1691) 10월에 도임하여 임신년(1692) 6월에 성적평가에서 상위를 받았다.

홍우석(洪禹錫) : 음직. 임신년(1692) 8월에 도임하여 갑술년(1694) 10월에 재상으로 관직에서 물러났다.

이질(李耋) : 음직. 갑술년(1694) 12월에 도임하여 무인년(1698) 6월에 어사의 계로 관직에서 물러났다.

송엽(宋曄) : 음직. 무인년(1698) 8월에 도임하여 동년 12월에 전을 받아 옮겨갔다.

구창주(具昌柱) : 음직. 기묘년(1699) 3월에 도임하여 경진년(1700) 12월에 전을 받아 옮겨갔다.

조최(趙最) : 음직. 신사년(1701) 3월에 도임하여 계미년(1703) 6월에 전을 받아 관직에서 물러났다.

민성로(閔聖魯) : 음직. 계미년(1703) 9월에 도임하여 병술년(1706) 7월에 승직되어 옮겨갔다.

윤지원(尹志源) : 음직. 병술년(1706) 9월에 도임하여 동년 10월에 별세했다.

이조원(李肇源) : 음직. 병술년(1706) 12월에 도임하여 신묘년(1711) 6월에 전을 받아 관직에서 물러났다.

이하명(李夏命) : 음직. 신묘년(1711) 8월에 도임하여 을미년(1715) 8월을 상을 당하였다.

정중해(鄭重海) : 음직. 을미년(1715) 7월에 도임하여 정유년(1717) 6월에 어사의 계로 관직에서 물러났다.

정창진(鄭昌震) : 음직. 정유년(1717) 7월에 도임하여 신축년(1721) 9월에 어사의 계로 관직에서 물러났다.

이석인(李錫仁)[257] : 음직. 신축년(1721) 12월에 사섬주부에서 도임하여 갑진년(1724) 7월에 승직하였다.

강필구(姜必龜) : 문과. 갑진년(1724) 8월에 병조좌랑으로서 도임하여 을사년(1725) 6월에 사직하고 돌아갔다.

홍유도(洪裕度) : 음직. 을사년(1725) 8월에 도임하여 병오년(1726) 12월에 폄하(貶下)를 받았다.

이현경(李顯慶) : 음직. 정미년(1727) 5월에 도임해서 동년 8월에 감사의 계로 관직에서 물러났다.[258]

박수인(朴壽仁) : 문과. 정미년(1727) 10월에 병조좌랑으로서 도임하여 무신년(1728) 7월에 별세했다.

유흡(柳潝) : 무과. 무신년(1728) 8월에 사헌부감찰로서 도임하여 경술년(1730) 12월에 계로 관직에서 물러났다.

김한창(金漢昌) : 음직. 신해년(1731) 2월에 전설사별제에서 도임하여 을묘년(1735) 10월에 임기가 차서 옮겨갔다.

윤천화(尹天和) : 음직. 을묘년(1735) 11월에 사헌부감찰로서 도임하여 경신년(1740) 7월에 임기가 차서 옮겨갔다.

조한보(趙漢輔) : 음직. 경신년(1740) 8월에 군자감주부에서 도임하여 갑자년(1744) 3월에 승직되어 옮겨갔다.

임성헌(林聖憲) : 음직. 갑자년(1744) 4월에 의금부도사로서 도임하여 무진년(1748) 9월에 승직되어 옮겨갔다.

김상후(金相后) : 음직. 무진년(1748) 10월에 종친부 전부에서 도임하여 신미년(1751) 3월에 별세했다.

---

257) 이인석(李仁錫)으로 나온 곳도 있다.

258) 병오년(1726)에 도임하였다고 나온 곳도 있다.

이준휘(李儁徽) : 문과. 신미년(1751) 4월에 이조좌랑으로서 도임하여 계유년(1753) 9월에 승직되어 옮겨갔다.

조재복(趙載福) : 음직. 계유년(1753) 10월에 의금부도사에서 도임하여 무인년(1758) 7월에 임기가 차서 옮겨갔다.

민백록(閔百祿) : 음직. 무인년(1758) 11월에 감찰로서 도임하여 임오년(1762) 6월에 체직되었다.

유환유(柳煥猷) : 음직. 임오년(1762) 7월에 도임하여 정해년(1763) 5월에 체직되었다.

윤광현(尹光絢) : 음직. 정해년(1763) 7월에 도임하여 경인년(1770) 5월에 별세했다.

성광묵(成光默) : 음직. 경인년(1770) 5월에 도임하여 갑오년(1774) 6월에 승직하여 옮겨갔다.

이인림(李仁林) : 음직. 갑오년(1774) 6월에 도임하여 무술년(1778) 정월에 승직하여 옮겨갔다.

임중원(林重遠) : 음직. 무술년(1778) 2월에 도임하여 경자년(1780)에 승직하여 옮겨갔다.

이의백(李宜白) : 음직. 경자년(1780) 7월에 형조정랑으로서 도임하여 을사년(1785) 4월에 임기가 차서 돌아갔다.

조인채(趙寅采) : 음직. 을사년(1785) 5월에 도임하여 무신년(1788) 6월에 별세했다.

정은상(鄭殷祥) : 음직. 무신년(1788) 7월에 도임하여 기유년(1789) 6월에 상을 당하였다.

박현수(朴賢秀) : 음직. 기유년(1789) 7월에 도임하여 임자년(1792) 2월에 별세했다.

조광존(趙光存) : 음직. 임자년(1792) 3월에 동부령으로서 도임하여 갑인년(1794) 11월에 계로 관직에서 물러났다.

김제만(金濟萬) : 음직. 갑인년(1794) 12월에 도임하여 병진년(1796)에 옮겨갔다.

김상기(金相虁) : 음직. 병진년(1796)에 도임하여 경신년(1800) 9월에 별세했다.

임낙철(林樂喆) : 음직. 경신년(1800) 11월에 도임하여 신유년(1801) 9월에 상을 당하였다.

정약형(丁若衡) : 음직. 경신년(1800) 정월에 금부도사로서 도임하여 동년 9월에 별세했다.

서유풍(徐有豐) : 음직. 신유년(1801) 10월에 사복사주부로서 도임하여 계해년(1803) 9월에 상을 당했다.

이훈휘(李薰徽) : 음직. 계해년(1803) 3월에 장릉령으로서 도임하여 정묘년(1807) 2월에 상경한 후 병으로 관직을 옮겨갔다.

이영장(李英章) : 음직. 정묘년(1807) 3월에 조지서별제로서 도임하여 기사년(1809) 4월에 병으로 관직을 옮겨갔다.

홍수준(洪秀俊) : 음직. 기사년(1809) 5월에 종묘령에서 도임하여 임신년(1812) 4월에 별세했다.

이종명(李宗明) : 음직. 임신년(1812) 5월에 영릉령에서 도임하여 갑술년(1814) 7월에 폄을 받아서 옮겨갔다.

박영수(朴榮壽) : 음직. 갑술년(1814) 8월에 충훈부도사에서 도임하여 병자년(1816) 11월에 승직하여 옮겨갔다.

김재웅(金在熊) : 음직. 병자년(1816) 12월에 도임하여 기묘년(1819) 5월에 폄을 받았고 별세했다.

홍익필(洪翼弼) : 음직. 기묘년(1819) 7월에 영릉령에서 도임하여 임오년(1822) 6월에 이조의 폄을 받았다.

이현오(李玄五) : 음직. 임오년(1822) 6월에 도임하여 을유년(1825) 12월에 승직하여 옮겨갔다.

남준성(南駿聲) : 음직. 병술년(1826)에 도임하여 무자년(1828) 6월에 승직하여 옮겨갔다.

윤익(尹穓) : 음직. 무자년(1828) 7월에 영희전령에서 도임하여 기축년(1829) 10월에 어사의 계로 관직에서 물러났다.

이화우(李和愚) : 음직. 기축년(1829) 12월에 광흥창주부에서 도임하여 계사년(1833) 11월에 옮겨갔다.

권속(權涑) : 음직. 갑오년(1834) 정월에 공릉령에서 도임하여 동년 4월에 감사의 계로 관직에서 물러났다.

홍운모(洪運謨) : 음직. 갑오년(1834) 5월에 사헌부감찰에서 도임하여 을미년(1835) 3월에 상을 당하였다.

장조(張照) : 음직. 을미년(1835) 4월에 종묘서에서 도임하여 기해년(1839) 6월에 옮겨갔다.

임익상(任翼常) : 음직. 기해년(1839) 7월에 사직령에서 도임하여 임인년(1842) 8월에 상경하여 체직되었다.

서긍보(徐兢輔) : 음직. 임인년(1842)에 군자감주부에서 도임하여 병오년(1846) 12월에 체직되었다.

박태호(朴泰浩) : 음직. 정미년(1847) 정월에 도임하여 기유년(1849) 7월에 폄을 받아 관직에서 물러났다.

이근영(李根榮) : 음직. 기유년(1849) 8월에 영희전령에서 도임하여 경술년(1850) 6월에 모친상을 당하였다.

이상신(李象愼) : 음직. 경술년(1850) 7월에 도임하여 계축년(1853) 12월에 체직되었다.

정기대(鄭基大) : 음직. 갑인년(1854) 정월에 도임하여 2월에 상경하고 관직을 옮겨갔다.

서유선(徐有先) : 음직. 을묘년(1855) 3월에 군자감주부에서 도임하여 정사년(1857) 12월에 체직되었다.

최익봉(崔翼鳳) : 음직. 무오년(1858) 정월에 도임하여 경신년(1860) 6월에 체직되었다.

임면수(林冕洙) : 음직. 경신년(1860) 7월에 문경현감에서 도임하여 임술년(1862) 5월에 경찰(京察)로 인해 옮겨갔다.

이민익(李敏益) : 음직. 임술년(1862) 5월에 옥과현감에서 도임하여 계해년(1863) 정월에 옮겨갔다.

박제형(朴齊珩) : 음직. 계해년(1863) 2월에 가평에서 도임하여 을축년(1865) 11월에 모친상을 당하였다.

이종신(李種信) : 음직. 병인년(1866) 정월에 의빈부도사에서 도임하여 정묘년(1867) 8월에 체직되었다.

성대영(成大永) : 음직. 정묘년(1867) 9월에 전생서판관에서 도임하여 경오년(1870) 11월에 체직되었다.

박최수(朴最壽) : 음직. 경오년(1870) 12월에 도임하여 임신년(1872) 정월에 장악정으로 옮겨갔다.

이우영(李遇永) : 음직. 임신년(1872) 2월에 용안현감으로서 도임하여 동년 12월에 폄을 받아 옮겨갔다.

권용규(權用圭) : 음직. 계유년(1873) 정월에 양양부사로서 도임하여 동년 12월에 폄을 받아 옮겨갔다.

임백헌(任百憲) : 음직. 을해년(1875) 8월에 인제현감으로서 도임하여 경진년(1880) 7월에 옮겨갔다.

정기증(鄭基曾) : 음직. 경진년(1880) 8월에 삼가현감으로서 도임하여 신사년(1881) 4월에 옮겨갔다.

김오현(金五鉉) : 음직. 신사년(1881) 3월에 의령현감으로서 도임하여 계미년(1883) 4월에 옮겨갔다.

김병휴(金炳休) : 음직. 계미년(1883) 5월에 빙고별제로서 도임하여 을유년(1885)에 옮겨갔다.

윤원(尹瑗) : 음직. 을유년(1885) 5월에 진안현감으로서 도임하여 병술년(1886)에 정월에 옮겨갔다.

김봉우(金鳳祐) : 음직. 병술년(1886) 2월에 금부도사로서 도임하여 기축년(1889) 5월에 옮겨갔다.

한응주(韓應周) : 음직. 기축년(1889) 6월에 도임하여 임진년(1892) 정월에 옮겨갔다.

정운학(鄭雲鶴) : 음직. 임진년(1892) 5월에 건릉령에서 도임하여 갑오년(1894) 9월에 관직을 옮겼다.

이범학(李範學) : 음직. 갑오년(1894) 10월에 도임하여 정유년(1897) 5월에 옮겨갔다.

김현승(金顯昇)[259] : 정유년(1897) 5월에 임용되었다.

심길구(沈吉求) : 정유년(1897) 6월에 도임하여 경자년(1900) 3월에 퇴임하였다. 창평면 해곡리에 선정비가 있었다.

신관희(申觀熙) : 경자년(1900) 4월에 완도군수로서 도임하여 신축년(1901) 8월에 퇴임하였다.

백남규(白南圭) : 신축년(1901) 9월에 도임하였다.

장복규(張復圭) : 갑진년(1904)에 도임하였다.

황익연(黃益淵) : 을사년(1905)에 도임하였다. 지방관제 변경으로 관명이 개칭되었다.

김형옥(金衡玉) : 무신년(1908)에 도임하였다.

259) 본 읍지는 김현승까지 기록되어 있다.

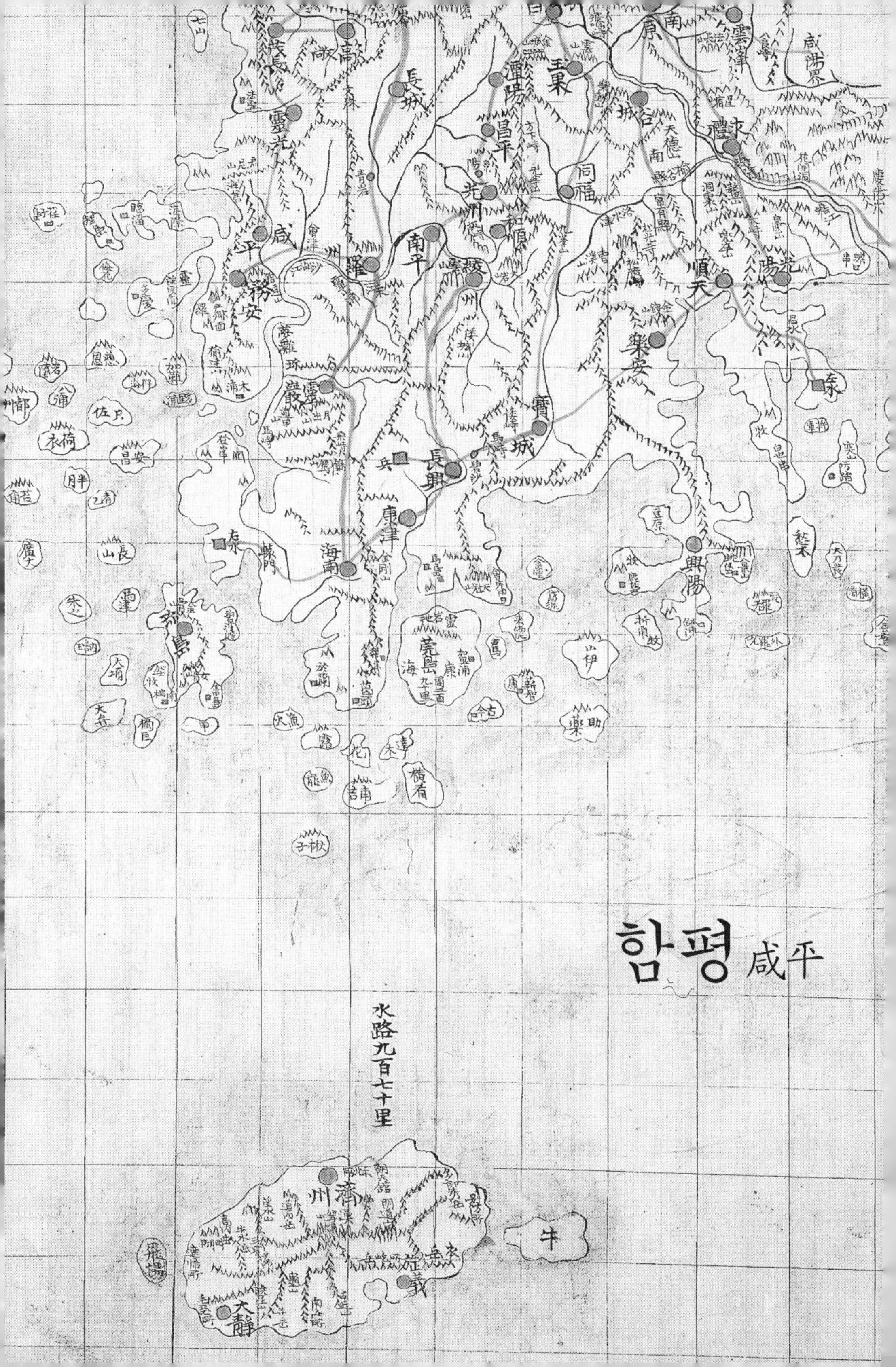
水路九百七十里
長城
靈光
咸平
務安
羅州
南平
光州
昌平
潭陽
和順
綾州
同福
淳昌
谷城
求禮
順天
光陽
樂安
寶城
長興
康津
海南
靈巖
興陽
珍島
濟州
大靜
旌義
咸陽界
牛
飛揚

함평 咸平

# 함평(咸平)260)

백제 때 굴내현(屈乃縣)과 다지현(多只縣)이 있었고, 경덕왕 때 굴내현은 함풍현(咸豊縣)으로, 다지현은 다기현(多岐縣)으로 각각 개칭되어 모두 무안군에 속하였다. 고려 초에 함풍현이 영광군의 속현으로 편입되었고, 다기현은 모평현(牟平縣)으로 개칭되어 역시 영광군의 속현이 되었다. 1172년(명종 2)에는 함풍현에 감무(監務)가 파견되었다. 1409년(태종 9)에 함풍현과 모평현이 합쳐져 함평현(咸平縣)으로 개칭되었다. 함평의 별호는 함풍(咸豊)·모평(牟平)이다. 1895년(고종 32) 지방제도 개편에 따라 함평현에서 나주부 함평군으로 되었다가 다음해에 다시 전라남도 함평군으로 고쳐졌다. 1914년 행정구역 개편에 따라 10개 면으로 통합되어 대개 현재와 같은 윤곽이 갖추어졌고, 1932년에 다시 식지면(食知面)과 평릉면(平陵面)이 합쳐져 나산면으로 개명되어 모두 9개 면을 관할하게 되었다.

우봉(禹鳳) : 무과. 가정 36년 정사년(1557) 8월 2일에 본직에 제수되었다.

우붕(禹鵬) : 무과. 가정 41년 임술년(1562) 12월 27일에 본직에 제수되었다.

최정립(崔挺立) : 무과.

손경지(孫慶之) : 무과.

김식(金湜) : 무과.

최철윤(崔鐵崙) : 무과.

---

260) 『속수함평지』(1931)를 저본으로 하였다.

송섭(宋涉) : 무과.

정문립(鄭文立) : 무과.

이정경(李禎慶) : 무과.

최원(崔涴)[261] : 무과.

이유현(李維賢) : 무과.

장국주(張國柱) : 무과.

남궁한(南宮橌) : 무과.

임영립(林英立) : 무과.

고득준(高得俊) : 무과.

조기(趙琦) : 무과. 정미년(1607)에 도임하였다.

이산배(李山培) : 무과. 기유년(1609)에 도임하였다.

유경선(柳慶善) : 무과. 기유년(1609)에 도임하였다.

이엄(李淹) : 무과. 신해년(1611)에 도임하였다.

김식(金植) : 무과. 신해년(1611)에 도임하였다.

전삼달(全三達) : 무과. 임자년(1612)에 도임하였다.

강작(康綽) : 무과. 임자년(1612)에 도임하였다.

이대길(李大吉) : 무과. 계축년(1613)에 도임하였다.

위정철(魏廷哲) : 무과. 을묘년(1615)에 도임하였다.

이정(李挺) : 무과. 병진년(1616)에 도임하였다.

박정원(朴鼎元) : 문과. 호는 동호(東湖). 정사년(1617)에 도임하여 무오년(1618)에 흉도를 구축(驅逐)한 일로 대계(臺啓)에 의해 파직되었다. 유애사(遺愛祠)에 주향(主享)하며, 비석이 있다.

이란(李灤) : 무과. 무오년(1618)에 도임하였다.

이응남(李應男) : 무과. 경신년(1620)에 도임하였다.

이홍망(李弘望) : 문과. 임술년(1622)에 도임하였다. 비석이 있다.

---

261) 『호남읍지』(1871)에는 최완(崔浣)으로 나온다.

임게(林垍) : 갑자년(1624)에 도임하였다.

이지언(李祗言) : 갑자년(1624)에 도임하였다.

박정(朴炡) : 문과. 을축년(1625)에 도임하였다. 비석이 있다.

목성선(睦性善) : 문과. 정묘년(1627)에 도임하였다. 비석이 있다.

안헌징(安獻徵) : 문과. 무진년(1628)에 도임하였다. 비석이 있다.

박일성(朴日省) : 문과. 경오년(1630)에 도임하였다.

윤강(尹絳) : 문과. 임신년(1632)에 도임하였다. 비석이 있다.

신응망(辛應望) : 문과. 갑술년(1634)에 도임하였다.

홍찬서(洪纘緖) : 문과. 을해년(1635)에 도임하였다.

김여옥(金汝鈺) : 문과. 병자년(1636)에 도임하였다.

강번(姜翻) : 무과. 정축년(1637)에 도임하였다.

김정현(金鼎鉉) : 문과. 무인년(1638)에 도임하였다.

노후설(盧后卨) : 문과. 기묘년(1639)에 도임하였다.

윤집(尹鏶) : 문과. 통훈대부. 경진년(1640)에 도임하였다. 비석이 있다.

이이송(李爾松) : 문과. 통훈대부. 계미년(1643)에 도임하였다.

윤세임(尹世任) : 문과. 통훈대부. 갑신년(1644)에 도임하였다.

오섬(吳暹) : 문과. 통훈대부. 기축년(1649)에 도임하였다.

황준구(黃儁耉) : 문과. 통훈대부. 기축년(1649)에 도임하였다.

이유석(李惟碩) : 문과. 통훈대부. 신묘년(1651)에 도임하였다.

이극성(李克誠) : 문과. 통훈대부. 임진년(1652)에 도임하였다.

김우형(金宇亨) : 문과. 통훈대부. 계사년(1653)에 도임하여 병신년(1656)에 전주판관에 이배(移拜)되었다. 비석이 있다.

이만길(李晩吉) : 문과. 통훈대부. 병신년(1656) 5월에 도임하여 정유년(1657)에 전주판관에 이배(移拜)되었다. 비석이 있다.

오이익(吳以翼) : 문과. 중직대부. 호는 석문(石門). 정유년(1657)에 도임하여 무술년(1658) 5월에 어사의 계에 의해 파직되었다. 유애사에 배향되었다. 비석이 있다.

이민징(李敏徵) : 문과. 통훈대부. 무술년(1658)에 도임하여 기해년 (1659)에 어사의 계에 의해 파직되었다.

이관징(李觀徵) : 문과. 통훈대부. 호는 근곡(芹谷). 기해년(1659)에 도임하여 경자년(1660) 8월에 시관으로서 시권을 잘못 할봉했다는 것으로 경파(京罷)되었다. 유애사에 배향되었으며, 비석이 있다.

이광적(李光迪) : 문과. 통훈대부. 경자년(1660) 9월에 도임하여 계묘년 (1663) 2월에 말미를 받아 상경하고 정체(呈遞)하였다.

박신규(朴信圭) : 문과. 통훈대부. 계묘년(1663) 4월에 도임하여 을사년 (1665) 3월에 기관(棄官)하였다.

윤형성(尹衡聖) : 문과. 조봉대부. 을사년(1665) 4월에 도임하여 정미년 (1667) 정월에 기관(棄官)하였다.

어진익(魚振翼) : 문과. 통훈대부. 정미년(1667) 2월에 도임하여 무신년 (1668) 8월에 세선(稅船)이 치패(致敗)된 일로 경파(京罷)되었다.

오시복(吳始復) : 문과. 승의랑. 걸양(乞養) 진소(陳疏)하여 무신년(1668) 10월에 도임하고, 경술년(1670) 7월에 기관(棄官)하였다. 비석이 있다.

김왕(金迬) : 문과. 통훈대부. 경술년(1670) 8월에 도임하여 신해년 (1671) 12월에 폄하(貶下)되었다.

안한규(安漢珪) : 문과. 조봉대부. 임자년(1672) 2월에 도임하여 계축년 (1673) 4월에 전직인 예조좌랑 때 영릉(寧陵)을 봉심한 일로 취리(就理) 후 파직되었다.

민홍도(閔弘道) : 문과. 통훈대부. 계축년(1673) 6월에 도임하여 갑인년 (1674) 11월에 말미를 얻어 상경했다가 12월에 별세하였다.

김천일(金千鎰) : 문과. 통훈대부. 을묘년(1675) 2월에 도임하여 동년 12월에 폄하(貶下)되었다.

최후상(崔後尙) : 문과. 통훈대부. 병진년(1676) 2월에 도임하여 동년 12월에 경파(京罷)되었다.

남필성(南弼星) : 문과. 통훈대부. 정사년(1677) 2월에 도임하여 기미년(1679) 8월에 말미를 얻어 상경하고 모친상을 당하였다.

성석신(成碩藎)[262] : 문과. 조산대부. 기미년(1679) 10월에 도임하여 신유년(1681) 2월에 어사의 계에 의해 파직되었다.

홍만조(洪萬朝) : 문과. 중직대부. 신유년(1681) 6월에 도임하여 계해년(1683) 8월에 수찬에 제수되었다. 비석이 있다.

이원령(李元齡) : 문과. 통훈대부. 계해년(1683) 10월에 도임하여 갑자년(1684) 6월에 폄하(貶下)되었다.

심박(沈樸) : 무과. 통정대부. 갑자년(1684) 8월에 도임하여 을축년(1685) 7월에 모친상을 당하였다.

이후정(李后定) : 문과. 통훈대부. 호는 만안(晩安). 을사년(1685) 9월에 도임하여 병인년(1686) 5월에 청대죽을 진죽(陳竹)으로 봉진(封進)한 일로 경파(京罷)되었다. 유애사에 배향되었다.

이상인(李相仁) : 무과. 통훈대부. 병인년(1686) 6월에 도임하여 동년 12월에 폄하(貶下)되었다.

이박(李𤈦) : 문과. 통훈대부. 정묘년(1687) 정월에 도임하여 동년 12월에 재상(灾傷)으로 파직되었다.

민순(閔純) : 무과. 통훈대부. 무진년(1688) 정월에 도임하여 신미년(1691) 4월에 어사의 계에 의해 파직되었다.

윤이후(尹爾厚) : 문과. 조봉대부. 신미년(1691) 4월에 도임하여 임신년(1692) 3월에 어사의 계에 의해 파직되었다.

심방(沈枋) : 문과. 통훈대부. 임신년(1692) 5월에 도임하여 계유년(1693) 6월 정사에서 동지사 서장관에 제수되었다.

권성(權惰) : 문과. 봉정대부. 계유년(1693) 8월에 도임하여 갑술년(1694) 12월에 지평에 제수되었다. 비석이 있다.

---

262) 『호남읍지』(1871)에는 성석개(成碩蓋)로 쓰여 있는데 오기인 것 같다.

이영한(李榮漢) : 무과. 통훈대부. 을해년(1695) 2월 18일에 도임하여 병자년(1696) 6월에 폄하(貶下)되었다.

이언경(李彦經) : 문과. 통훈대부. 병자년(1696) 8월 3일에 도임하여 무인년(1698) 7월에 지평에 제수되었다. 비석이 있다.

성초준(成楚俊) : 무과. 통훈대부. 무인년(1698) 10월 1일에 도임하여 기묘년(1699) 6월에 폄하(貶下)되었다.

권이진(權以鎭) : 문과. 통훈대부. 기묘년(1699) 윤7월 14일에 도임하여 신사년(1701) 11월에 사서(司書)에 제수되었다. 비석이 있다.

최동명(崔東溟) : 무과. 통훈대부. 임오년(1702) 정월 2일에 도임하여 동년 6월에 어사의 계에 의해 파직되었다.

신필현(申弼賢) : 문과. 통훈대부. 임오년(1702) 7월 15일에 도임하여 계미년(1703) 6월에 폄하(貶下)되었다.

정이운(鄭以雲) : 무과. 통훈대부. 계미년(1703) 9월 3일에 도임하여 병술년(1706) 7월에 어사의 계보에 의해 파직되었다. 비석이 있다.

박만항(朴萬恒) : 문과. 통훈대부. 병술년(1706) 9월 1일에 도임하여 정해년(1707) 12월에 폄하(貶下)되었다.

이교악(李喬岳) : 문과. 통훈대부. 무자년(1708) 2월 26일에 도임하여 기축년(1709) 7월에 사서에 제수되었다. 유애사에 배향되었으며, 비석이 있다.

김정삼(金鼎三)[263] : 무과. 통훈대부. 기축년(1709) 9월 3일에 도임하여 경인년(1710) 6월 15일에 폄하(貶下)되었다.

김명형(金命衡) : 문과. 조봉대부. 경인년(1710) 윤7월 9일에 도임하여 신묘년(1711) 7월 3일에 모친상을 당했다.

유성하(柳成河) : 남행. 신묘년(1711) 9월 2일에 도임하여 임진년(1712) 6월에 폄하(貶下)되었다.

---

263) 『호남읍지』(1871)에는 김필삼(金弼三)으로 나오고, 1899년 읍지에는 위와 같이 나온다.

황유(黃懰) : 문과. 통훈대부. 임진년(1712) 9월 17일에 도임하여 계사년(1713) 7월에 세선(稅船)의 일로 경파(京罷)되었다. 비석이 있다.

심우량(沈遇良) : 무과. 통훈대부. 계사년(1713) 8월 19일에 도임하여 동년 12월에 감진(監賑) 어사의 계로 파직되었다.

민창기(閔昌基) : 무과. 통훈대부. 갑오년(1714) 정월 13일에 도임하여 을미년(1715) 6월에 폄하(貶下)되었다.

이단장(李端章) : 문과. 통선랑. 을미년(1715) 9월 9일에 도임하여 정유년(1717) 3월에 어사의 계로 파직되었다.

황응수(黃應洙) : 무과. 통훈대부. 정유년(1717) 5월 9일에 도임하여 신축년(1721) 9월에 어사의 계로 파직되었다.

이광보(李光普) : 문과. 통훈대부. 신축년(1721) 11월 8일에 도임하여 갑진년(1724) 6월에 말미를 얻어 상경하였다가 정체(呈遞)하였다.

이세주(李世柱) : 문과. 통훈대부. 갑진년(1724) 7월 24일에 도임하여 을사년(1725) 6월에 관직을 버리고 돌아갔다.

이강(李鋼) : 문과. 통훈대부. 을사년(1725) 8월 3일에 도임하여 병오년(1726) 3월에 계파(啓罷)되었다.

남익엽(南益曄) : 무과. 통훈대부. 병오년(1726) 3월 25일에 도임하여 동년 12월에 폄파(貶罷)되었다.

노삼방(盧三邦) : 문과. 통훈대부. 정미년(1727) 2월 3일에 도임하여 동년 12월에 어사의 계로 파직되었다.

김석기(金錫基) : 무과. 통훈대부. 정미년(1727) 12월 16일에 도임하여 기유년(1729) 9월 15일에 부친상을 만났다.

이일제(李日躋) : 문과. 통훈대부. 기유년(1729) 11월 24일에 도임하여 경술년(1730) 9월 10일에 장령으로 승소(承召)하였다.

홍약수(洪若水) : 무과. 통훈대부. 경술년(1730) 10월 16일에 도임하여 계축년(1733) 5월 27일에 말미를 얻어 갔다.

김오응(金五應) : 문과. 통훈대부. 계축년(1733) 7월 22일에 도임하여 병진년(1736) 10월 15일에 정체(呈遞)하였다. 비석이 있다.

송교명(宋敎明) : 문과. 통훈대부. 병진년(1736) 11월 28일에 도임하여 정사년(1737) 12월에 수찬으로 승소(承召)하였다. 비석이 있다.

박필재(朴弼載) : 문과. 통훈대부. 무오년(1738) 2월 그믐에 전 교리(校理)로서 도임하여 동년 10월에 사직서를 올리고 체직되었다. 비각이 있다.

이경열(李景說) : 무과. 통훈대부. 기미년(1739) 정월 17일에 훈련부정으로서 부임하여 동년 6월에 폄파되었다.

오명후(吳命厚) : 문과. 통훈대부. 기미년(1739) 8월 24일에 부임하여 임술년(1742) 정월에 폄파되었다.

윤동준(尹東浚) : 문과. 봉정대부. 임술년(1742) 4월 20일에 부임하여 동년 7월에 모친상을 당하였다.

이성억(李聖檍) : 문과. 통훈대부. 임술년(1742) 9월 19일에 부임하여 을축년(1745) 10월 3일에 지평에 승소(承召)하였다.

박창윤(朴昌潤) : 문과. 통훈대부. 을축년(1745) 12월 21일에 도임하여 정묘년(1747) 8월에 수사(水使)의 계로 파직되었다.

이중석(李重錫) : 무과. 통훈대부. 정묘년(1747) 11월 16일에 도임하여 무진년(1748) 7월에 폄파되었다.

유현장(柳顯章) : 문과. 통훈대부. 무진년(1748) 9월 9일에 도임하여 경오년(1750) 3월 2일에 벽동군수로 이배(移拜)되었다.

조덕준(趙德濬) : 무과. 통훈대부. 경오년(1750) 5월 1일에 도임하여 신미년(1751) 2월에 모친상을 당하였다.

정항령(鄭恒齡) : 문과. 봉열대부. 신미년(1751) 4월 13일에 도임하여 임신년(1752) 4월 8일에 영장(營狀)에 의해 파직되었다.

이광우(李光佑) : 무과. 통정대부. 임신년(1752) 5월 30일에 도임하여 계유년(1753) 8월 21일에 파직되었다.

김광국(金光國) : 문과. 통훈대부. 계유년(1753) 10월 27일에 도임하여 을해년(1755) 7월 12일에 서장관에 제수되고 특지(特旨)로 잉임했다가 병자년(1756) 8월 17일에 사간에 제수되고 또 시교(時敎)로 연임했으며, 정축년(1757) 7월에 사간에 제수되어 체직되었다.

전진상(田晉祥) : 무과. 통훈대부. 정축년(1757) 8월 12일에 형조정랑으로서 도임하여 경진년(1760) 6월에 점하(点下)되었다.

윤광국(尹光國) : 문과. 통훈대부. 경진년(1760) 7월에 문학(文學)으로서 도임하여 갑신년(1764) 2월에 폄하(貶下)되었다.

박성협(朴聖浹) : 무과. 통정대부. 갑신년(1764) 2월에 어영천총(禦營千總)으로서 본직에 제수되어 3월 13일에 도임하고, 을유년(1765) 4월에 패선(敗船)의 일로 파직되었다.

이백령(李柏齡) : 무과. 통정대부. 을유년(1765) 4월에 도임하여 정해년(1767) 7월에 임기가 만료되어 체직되었다.

이혜조(李惠祚) : 문과. 통훈대부. 정해년(1767) 7월에 도임하여 기축년(1769) 5월 15일에 체직되었다.

김이준(金履準) : 무과. 통훈대부. 기축년(1769) 5월 13일에 도임하여 동년 9월에 대소(臺疏)로 인해 파직되었다.

박종신(朴宗新) : 무과. 가선대부. 기축년(1769) 9월에 도임하여 경인년(1770 )10월에 별세하였다.

안성빈(安聖彬) : 문과. 중직대부. 경인년(1770) 11월에 도임하여 임진년(1772) 정월에 모친상을 당하였다.

신익빈(申益彬) : 문과. 통훈대부. 임진년(1772) 2월에 도임하여 동년 5월에 궁미(宮米)를 때맞추어 납상하지 않은 일로 경파되었다.

임익창(任益昌) : 무과. 통정대부. 임진년(1772) 5월에 도임하여 동년 12월 16일에 별세하였다.

임덕제(林德躋) : 문과. 통훈대부. 계사년(1773) 정월 27일에 상관(上官)하여 갑오년(1774) 3월에 말미를 얻어 상경했다가 별세하였다. 유애사에 배향되었다.

신재문(申載文) : 무과. 통정대부. 갑오년(1774) 6월 10일에 상관했다가 병신년(1776) 6월에 임기가 만료되어 체직되었다.

송환철(宋煥喆) : 문과. 통훈대부. 병신년(1776) 7월 24일에 상관했다가 무술년(1778) 2월 7일에 응교(應教)로 승소(承召)하였다.

이상눌(李尙訥) : 무과. 통훈대부. 정유년(1777) 12월 도정에서 제배(除拜)하여 무술년(1778) 2월 13일에 도임하고, 경자년(1780) 12월 27일에 승자(陞資)하였으며, 신축년(1781) 2월 12일에 전주영장에 이배(移拜)되었다.

강인(姜儐) : 문과. 통훈대부. 신축년(1781) 2월 12일에 제배, 동년 3월에 도임하였으며, 한재(旱災)가 심하여 기우제를 수산(水山)에서 지냈는데 감우가 내렸다. 후에 응령비(應靈碑)를 수산 아래에 세웠다. 임인년(1782) 12월 17일에 수찬으로 승소(承召)하였다.

유현상(兪鉉商) : 무과. 통훈대부. 임인년(1782) 12월 17일에 제배, 계묘년(1783) 정월 4일에 도임, 동년 12월 16일에 대고(大故)를 당하였다.

성덕우(成德雨) : 문과. 통훈대부. 계묘년(1783) 12월 22일에 병랑(兵郎)으로서 도임하여 갑진년(1784) 12월 26일에 교리로 승소(承召)하였다.

송관휴(宋觀休) : 무과. 통훈대부. 갑진년(1784) 12월 28일에 제배, 을사년(1785) 정월 21일에 도임, 정미년(1787) 5월 23일에 낙안군수에 이배(移拜)되었다.

박종정(朴宗正) : 문과. 정미년(1787) 5월 23일에 제수, 6월 19일에 도임, 무신년(1788) 10월에 경파되었다. 비석이 있다.

심석(沈錫) : 무과. 무신년(1788) 11월에 도임하여 동년 동월에 대정현감에 이배(移拜)되었다.

신익녕(辛翊寧) : 무과. 통훈대부. 무신년(1788) 12월 3일에 도임하여 기유년(1789) 2월 25일에 체직되었다.

전응순(全膺舜) : 무과. 통정대부. 기유년(1789) 3월 3일에 제수, 동월 21일에 도임, 신해년(1791) 6월에 임기가 만료되어 체직되었다.

송환질(宋煥質) : 음직. 신해년(1791) 7월에 영양현감에서 이배되어 8월 1일에 도임하고 계축년(1793) 6월에 집에 돌아갔다가 7월 20일에 별세하였다.

한흥유(韓興裕) : 문과. 계축년(1793) 7월 26일에 제배, 8월 11일에 도임, 갑인년(1794) 11월 14일에 유배된 죄인을 지키지 못한 일로 논파(論罷)되었다.

홍술조(洪述祖) : 음직. 갑인년(1794) 11월 8일에 혜랑(惠郞)으로서 제수, 동월 16일에 도임, 을묘년(1795) 7월 3일에 진도에 이배(移拜)되었다.

김기헌(金箕憲) : 음직. 을묘년(1795) 7월 3일에 광흥주부에서 제수, 동월 17일에 도임하여 기미년(1799) 5월 22일에 영천군수에 승직하였다.

신서(申溆) : 문과. 기미년(1799) 5월 22일에 제배, 6월 3일에 도임, 경신년(1800) 6월에 폄파되었다.

이극풍(李克豐) : 무과. 경신년(1800) 8월에 제배, 동월 27일에 상관, 신유년(1801) 4월에 경파되었다.

최이형(崔履亨) : 문과. 신유년(1801) 4월 2일에 제배, 22일에 상관, 12월에 폄파되었다.

이병덕(李秉德) : 무과. 임술년(1802) 정월 11일에 제배, 동월 25일에 상관, 동년 12월에 폄파되었다.

오연상(吳淵常) : 문과. 계해년(1803) 정월 11일에 제배, 2월 6일에 상관, 갑자년(1804) 12월 2일에 부수찬에 특제(特除)되었다.

이재홍(李載弘) : 무과. 갑자년(1804) 11월에 제배, 12월 13일에 상관, 을축년(1805) 6월에 외간을 당하였다.

홍의영(洪儀泳) : 문과. 을축년(1805) 6월에 제배, 윤6월 상관, 병인년

(1806) 7월에 부수찬에 승소하였다.

이영식(李英植) : 무과. 병인년(1806) 7월에 제배, 8월 12일에 상관, 무진년(1808) 윤5월 6일에 외간을 만났다.

이조(李潮) : 문과. 무진년(1808) 5월에 제배, 6월 13일에 상관, 신미년(1811) 2월 24일에 별세하였다.

이익서(李益緖) : 무과. 신미년(1811) 2월 29일에 제배, 3월 13일에 상관, 임신년(1812) 10월에 순영(巡營) 계보에 의해 파직되었다.

이경삼(李敬參) : 문과. 임신년(1812) 10월 25일에 제배, 11월 11일에 상관, 갑술년(1814) 6월에 부수찬에 승소하였다.

이완식(李完植) : 무과. 갑술년(1814) 6월 24일에 제배, 7월 14일에 상관, 을해년(1815) 7월에 구세(舊稅)를 미납한 일로 나파(拿罷)되었다.

이명서(李明緖) : 문과. 을해년(1815) 8월 5일에 제배, 동월 25일에 상관, 10월 3일에 광양현감과 상환(相換)하였다.

구재항(具載恒) : 무과. 을해년(1815) 8월에 광양과 본직을 상환하고, 병자년(1816) 6월 21일에 암행어사의 계(啓)로 체직되었다.

강시환(姜時煥) : 문과. 통훈대부. 호는 가은(稼隱). 병자년(1816) 윤6월 9일에 도임하여 정축년(1817) 4월 19일에 체직되었다. 유애사에 배향되었고, 비석이 있다.

김진정(金鎭鼎) : 무과. 통정대부. 정축년(1817) 5월 1일에 제배, 동월 26일에 상관, 기묘년(1819) 여름에 폄(貶)을 받았다.

윤명주(尹命主)[264] : 문과. 걸양으로 기묘년(1819) 6월 20일에 제배, 7월 27일에 도임, 신사년(1821) 5월에 정체(呈遞)하였다. 비석이 있다.

원영도(元永道) : 무과. 통훈대부. 신사년(1821) 7월에 제배, 8월 1일에

264) 『호남읍지』(1871)에는 윤명규(尹命圭)로 기록되어 있다.

도임, 친제(親齊)로 동월 29일에 상경하고 상을 당하였다.

권복(權馥) : 문과. 신사년(1821) 9월 6일에 제배, 10월 9일에 상관, 계미년(1823) 2월에 정언(正言)에 승소(承召)하였다.

오치현(吳致賢) : 무과. 계미년(1823) 정월 17일에 제배, 2월 12일에 상관, 동년 5월에 경체(京遞)되었다.

이기화(李基華) : 문과. 통훈대부. 계미년(1823) 5월 2일에 제배, 6월 13일에 상관, 을유년(1825) 12월에 장령으로 승소하였다.

이만학(李晩學) : 무과. 통훈대부. 을유년(1825) 11월 25일에 제배, 12월 27일에 상관, 무자년(1828) 6월에 폄파되었다.

이재학(李在鶴) : 문과. 무자년(1828) 6월 24일에 제배, 기축년(1829) 5월 19일에 지평에 승소하였다.

이광룡(李光龍) : 무과. 통정대부. 기축년(1829) 5월 19일에 제배, 6월 16일에 상관, 경인년(1830) 12월에 말미를 얻어 상경했다가 폄파되었다.

민영세(閔英世) : 문과. 경인년(1830) 12월 22일에 제배, 임진년(1832) 6월 25일에 교리에 승소하였다.

김기조(金箕祖) : 무과. 임진년(1832) 6월 15일에 제배, 을미년(1835) 6월 25일에 순천영장에 제수되었다.

홍희석(洪羲錫) : 문과. 을미년(1835) 6월에 응교로서 걸양하여 제배, 병신년(1836) 10월 21일에 정체(呈遞)하였다.

황회영(黃晦瑛) : 문과. 병신년(1836) 10월 22일에 제배, 정유년(1837) 6월 15일에 폄파되었다.

조백승(曺柏承) : 무과. 정유년(1837) 6월에 제배, 무술년(1838) 5월에 사직단에 불이 난 일로 붙잡혀갔다.

심동규(沈東奎) : 문과. 무술년(1838) 5월 17일에 제배, 신축년(1841) 5월 17일에 정언에 승소하였다.

유숙(柳琡) : 무과. 신축년(1841) 5월 17일에 제배, 임인년(1842) 12월 1

일에 사직서를 올리고 체직되었다.

김상직(金相稷) : 문과. 임인년(1842) 12월 1일에 제배, 갑진년(1844) 5월 5일에 사직서를 올리고 체직되었다. 비석이 있다.

허채(許采) : 무과. 갑진년(1844) 5월 15일에 제배, 을사년(1845) 6월 15일에 폄파되었다.

유진익(柳進翼) : 음직. 을사년(1845) 6월 25일에 제배, 병오년(1846) 6월 15일에 폄파되었다.

이유응(李裕膺) : 문과. 한림. 병오년(1846) 7월 11일에 제배, 정미년(1847) 4월에 체직되었다.

윤석하(尹錫夏) : 무과. 정미년(1847) 5월 2일에 제배, 12월 1일에 어사의 계에 의해 파직되었다.

허전(許傳) : 문과. 정미년(1847) 12월 2일에 제배, 기유년(1849) 7월에 이조의 거하(居下)를 받았다.

장일환(張日煥) : 무과. 기유년(1849) 7월에 제배, 신해년(1851) 6월 15일에 폄파되었다. 비석이 있다.

이진면(李鎭冕) : 무과. 신해년(1851) 6월에 제배, 임자년(1852) 6월 15일에 폄파되었다.

홍우길(洪祐吉) : 문과. 임자년(1852) 6월 27일에 제배, 12월 30일에 사직서를 올리고 체직되었다. 비석이 있다.

이종만(李鍾晩) : 무과. 임자년(1852) 12월 2일에 제배, 계축년(1853) 11월 15일에 세선(稅船)이 빙박(氷泊)한 일로 경파(京罷)되었다.

정재기(鄭在箕) : 음직. 통훈대부. 문의현령에서 이배, 계축년(1853) 12월 16일에 도임하여 갑인년(1854) 12월에 거중(居中)으로 파직되고, 이조의 거하(居下)를 받았다.

조연천(趙然天) : 음직. 통훈대부. 청송부사에서 본직으로 을묘년(1855) 2월에 도임하여 병진년(1856) 6월에 폄하(貶下)되었다.

홍선용(洪選容) : 음직. 병진년(1856) 6월에 양근군수에서 이배하고, 12

월에 폄하(貶下)되었다.

홍우신(洪祐信) : 음직. 통훈대부. 병진년(1856) 12월 27일에 청송부사에서 이배하여 정사년(1857) 2월에 도임하고, 6월에 전최의 성적이 거중(居中)에 들어 점하(点下)를 받았다.

정재용(鄭在容) : 음직. 통훈대부. 정사년(1857) 6월에 홍주목사에서 이배, 무오년(1858) 12월 20일에 김해부사로 이배(移拜)되었다.

김직선(金直善) : 음직. 통훈대부. 무오년(1858) 12월 20일에 황주목사에서 이배, 기미년(1859) 6월 25일에 영월군수로 이배(移拜)되었다.

이휘부(李彙溥) : 음직. 통훈대부. 기미년(1859) 6월 25일에 삼척부사에서 이배, 동년 10월 29일에 풍기군수에 이배(移拜)되었다.

권명규(權命奎) : 음직. 기미년(1859) 10월 29일에 풍기군수에서 이배, 임술년(1862) 4월 16일에 민요(民擾) 때문에 경파(京罷)되었다.

김기현(金箕絢) : 음직. 통훈대부. 임술년(1862) 4월 23일에 인천부사에서 이배, 동년 10월 1일에 진주목사로 이배(移拜)되었다.

윤장선(尹章善) : 음직. 통훈대부. 임술년(1862) 10월 1일에 고성군수에서 이배, 동년 11월에 도임, 계해년(1863) 6월에 이조의 거하를 받았다.

남희중(南羲重) : 음직. 계해년(1863) 7월에 청송부사에서 이배, 갑자년(1864) 11월에 특교(特教)로 성주목사에 제수되었다. 동년 정월에 양세(兩稅)를 본창(本倉)에 환속(還屬)시켰다. 비석이 있다.

윤종의(尹宗儀) : 음직. 갑자년(1864) 11월 9일에 특제, 정묘년(1867) 5월 14일에 청풍부사에 이배(移拜)되었다. 비석이 있다.

김낙균(金樂均) : 음직. 정묘년(1867) 5월 14일에 보은군수에서 이배, 무진년(1868) 5월 24일에 모친상을 당했다. 비석이 있다.

홍병위(洪秉瑋) : 음직. 무진년(1868) 6월 13일에 문천군수에서 이배, 신미년(1871) 4월 25일에 장성부사로 승직되었다. 비각이 있다.

김병우(金炳右) : 음직. 신미년(1871) 4월 24일에 비안현감에서 이배, 갑술년(1874) 8월에 안성군수로 이배(移拜)되었다. 비각이 있다.

조장희(趙璋熙) : 음직. 갑술년(1874) 8월에 한산군수에서 내임하여 정축년(1877) 12월에 평창군수로 옮겨갔다. 비각이 있다.

이용일(李用一) : 음직. 통훈대부. 정축년(1877) 2월 20일에 공주판관에서 이배, 무인년(1878) 2월 24일에 도임하여 동년 7월 10일에 별세하였다.

윤영선(尹永善) : 음직. 통훈대부. 무인년(1878) 7월에 옥구현감에서 이배, 9월에 도임하여 경진년(1880) 4월에 경파되었다.

권재우(權在禹) : 음직. 통훈대부. 경진년(1880) 4월 25일에 진산군수에서 이배, 오월에 도임하여 계미년(1883) 2월 26일에 어사에 의해 봉고(封庫)되었다. 비각이 있다.

민선호(閔璿鎬) : 음직. 통훈대부. 계미년(1883) 3월 3일에 창녕현감에서 이배, 5월 11일에 도임, 갑신년(1884) 12월 15일에 폄파되었다.

이주필(李周弼) : 음직. 을유년(1885) 2월 23일에 지례현감에서 이배, 동년 4월 21일에 도임, 동년 10월 20일에 석성현감으로 이배(移拜)되었다.

홍우룡(洪祐龍) : 음직. 을유년(1885) 10월 20일에 청풍부사에서 내임하여 12월에 상관하고 병술년(1886) 12월에 평택현감에 이배되었다. 비석이 있다.

윤자선(尹滋善) : 음직. 병술년(1886) 12월 29일에 당진현감에서 내임하여 정해년(1887) 10월 14일에 세선(稅船)의 장발장(裝發狀)을 보고하지 않은 일로 장문(狀聞)하여 경체(京遞)되었다.

정기우(鄭基雨) : 음직. 정해년(1887) 10월 14일에 무안현감에서 이배, 동월 30일에 도임하여 무자년(1888) 5월 30일에 경산현령과 상환하였다. 비각이 있다.

이주필(李周弼) : 음직. 무자년(1888) 5월 30일에 경산현령에서 이배, 7월에 상관, 기축년(1889) 7월에 안협현감과 상환하였다. 만인산과

비각이 있다.

김택수(金澤秀) : 음직. 기축년(1889) 7월 18일에 안협현감에서 이배, 동년 9월에 도임, 임진년(1892) 12월 10일에 익산군수에 이배(移拜)되었다. 비각이 있다.

권풍식(權豐植) : 음직. 계사년(1893) 3월 26일에 당진현감에서 이배, 동년 5월에 도임, 갑오년(1894) 12월에 동도에게 군기(軍器)를 빼앗긴 일로 서울에 압송되어 갔는데, 본 고을 유생들의 호소로 용서를 입었고, 을미년(1895) 4월에 전주판관에 이배되었다. 비각이 있다.

군수 이석규(李錫珪)[265] : 음직. 을미년(1895) 8월 10일에 제배, 9월에 도임, 정유년(1897) 3월 5일에 김제군수에 이배(移拜)되었다. 비석이 있다.

서민순(徐敏淳) : 음직. 정유년(1897) 3월 5일에 안산군수에서 퇴임, 4월에 도임, 기해년(1899) 7월에 영해군수가 되어 퇴임하였다. 비각이 있다.

민태식(閔泰植) : 음직. 기해년(1899) 7월에 연안군수에서 제수, 9월 13일에 도임, 10월에 상경하여 전직의 일로 경자년(1900)에 면관(免官)되었다.

경용중(慶龍重) : 음직. 통훈대부. 경자년(1900) 4월 11일에 도임하여, 동년 11월 9일에 비인군수로 이배(移拜)되었다.

윤우선(尹寓善) : 음직. 정3품. 경자년(1900) 10월 18일에 진주군수에서 제수되어 11월 24일에 도임, 신축년(1901) 3월 14일에 서천군수로 이배(移拜)되었다.

정대위(丁大緯) : 음직. 정삼품. 신축년(1901) 3월 14일에 서천군수에서 제수, 5월 5일에 도임, 동년 6월 29일에 부평군수로 이배(移拜)되

265) 『함평군읍지급지도서』(1899)에는 이석규까지 실려 있다.

었다.

이창익(李昌翼) : 음직. 통훈대부. 신축년(1901) 6월 29일에 남평군수에서 제수, 8월 28일에 무장군수로 전임하였다.

김상일(金相一) : 음직. 통훈대부. 신축년(1901) 8월 29일에 예천군수에서 제수, 동년 9월 25일에 도임, 임인년(1902) 정월 28일 정사에서 청풍군수로 전임되었다.

윤숙영(尹肅榮) : 음직. 통정대부. 임인년(1902) 정월 8일에 고부군수에서 제수, 동년 2월 16일에 도임, 계묘년(1903) 6월에 체직되었다.

박준승(朴準承) : 음직. 통정대부. 내부위생국장에 있다가 계묘년(1903) 7월에 본직에 서임되고, 8월 13일에 도임하였다. 만인병(萬人屛)[266]이 있다.

진상언(秦尙彦) : 정미년(1907)에 도임하여 무신년(1908) 9월 20일에 체직되었다.

김재석(金在錫) : 무신년(1908) 9월 16일에 도임하여 임자년(1912)에 체직되었다.

---

266) 만인병(萬人屛) : 옛날 덕 있는 사람이 회갑이나 고희 또는 회혼(回婚)을 맞으면 그를 흠모하는 주변 사람들이 덕을 치하하고 장수를 비는 짤막한 글을 써 모아 병풍을 만들어 바쳤는데 이를 말한다.

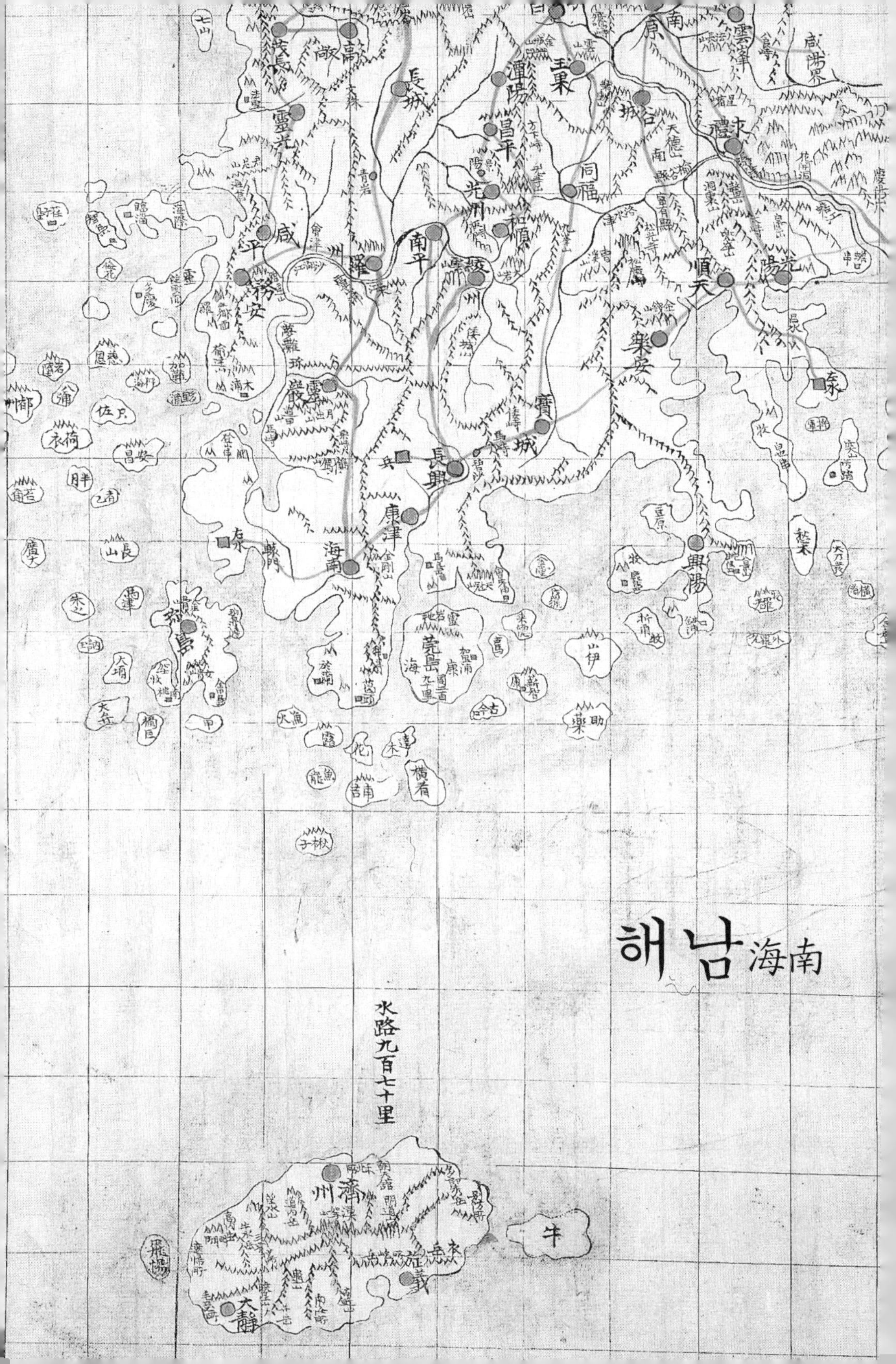

해남 海南
水路九百七十里
濟州
大靜
旌義
牛
海南
康津
長興
靈巖
羅州
務安
咸平
靈光
南平
光州
和順
綾州
寶城
樂安
順天
興陽
光陽
求禮
谷城
同福
昌平
潭陽
玉果
長城
高敞
茂長
珍島
莞島

# 해남(海南)267)

백제 때 새금현(塞琴縣)과 황술현(黃述縣), 고서이현(古西伊縣)이 이곳에 설치되었다. 757년(경덕왕 16)에 새금현은 침명현(浸溟縣, 또는 投濱縣)으로, 고서이현은 고안현(固安縣, 또는 同安縣)으로, 황술현은 황원현(黃原縣)으로 개칭되어 양무군(陽武郡, 지금의 강진)의 영현이 되었다. 고려 초에 침명현은 해남현(海南縣)으로, 고안현은 죽산현(竹山縣)으로, 황원현은 황원군으로 개칭되어 영암군의 임내가 되었으며 뒤에 감무가 파견되었다. 1409년(태종 9)에 왜구 때문에 육지부로 옮겨온 진도현(珍島縣)과 병합해 해진군(海珍郡)으로 개편되었다. 1412년에 읍치를 당악(棠岳, 지금의 현산면 고현리)에서 영암군의 임내인 옥산현(玉山縣)으로 옮겼다. 1437년(세종 19)에 진도와 분리되어 현감이 부임하였다. 1440년에 무안 대굴포(大掘浦)에 있던 수군처치사영(水軍處置使營)이 황원곶(黃原串, 지금의 문내면 선두리)으로 옮겨와 전라우수영이 되었다. 1448년에 황원현(黃原縣)과 옥산현·죽산현 등 영암의 임내지역이 해남으로 이속되었다. 해남의 별호는 해미(海彌)·당악(棠岳)이다. 1895년에 나주부 해남군이 되었고 1896년에 전라남도 해남군으로 개편되었다. 1906년에 월경지 정리에 의해 진도의 비입지인 삼촌면과 영암의 옥천면·송지면·북평면 등을 병합하였다. 1914년에는 행정구역 개편에 따라 완도군·강진군·영암군의 일부 지역을 조절해 13개 면으로 편성되었다.

양경(梁璚)268) : 해진군 초대군수로, 기축년(1409) 2월 3일에 임명되

267) 『해남군지』(1925, 해남향교)를 저본으로 하였다. 해남 선생안은 1791년경에 간행된 『해남읍지』를 저본으로 하여 이후 계속 증보해간 것으로 보인다.

었다.

박초(朴礎) : 문과. 을미년(1415) 7월 8일에 임명되었다.

유신(柳信) : 문과. 정미년(1427) 2월 7일에 임명되었다.

금이성(琴以成) : 봉화인. 신미년(1451) 3월 5일에 임명되었다.

성중성(成重性) : 창녕인. 무자년(1468) 11월 9일에 임명되었다.

조연(曺兗) : 문과. 병신년(1476) 11월 29일에 임명되었다.

유수담(柳秀潭) : 임인년(1482)에 임명되었다.

정세순(鄭世舜) : 임인년(1482)에 임명되었다.

심홍식(沈洪植) : 계미년(1483)에 임명되었다.

정의운(鄭義耘) : 계미년(1483) 8월 10일에 임명되었다.

이배근(李培根) : 임오년(1522) 4월 16일에 임명되었다.

윤변(尹忭) : 임진년(1532) 9월 9일에 임명되었다.

김언겸(金彦謙) : 임인년(1542) 6월 12일에 임명되었다.

임세창(林世昌) : 정미년(1547) 7월 22일에 임명되었다.

박민헌(朴敏獻) : 기유년(1549)에 임명되었다.

남연경(南延慶) : 의령인. 갑인년(1554) 3월 27일에 임명되었다.

변협(邊協) : 원주인. 갑인년(1554) 6월 21일에 임명되었다.

김응인(金應寅) : 정묘년(1567) 12월 15일에 임명되었다.

이사영(李士英) : 무진년(1568) 10월 23일에 임명되었다.

임응룡(任應龍) : 기사년(1569)에 임명되었다.

이사언(李士彦)

이계응(李季應) : 경오년(1570) 3월 28일에 임명되었다.

민전(閔佺) : 여흥인. 경오년(1570)에 임명되었다.

최경장(崔慶長)

장의현(張義賢)

---

268) 『호남읍지』(1871)에는 양경(梁瓊)부터 전인룡(田仁龍)까지는 실려 있지 않다. 이 읍지에는 거의 이름만 나온다.

변응정(邊應井)

이안계(李安繼)

위대기(魏大器)

현읍(玄揖)

최위지(崔緯地)

전인룡(田仁龍)

유형(柳珩) : 무과. 병신년(1596)에 도임하였다.

원수의(元守義) : 무과. 기해년(1599) 2월에 도임하였다.

이정신(李挺臣) : 신축년(1601) 3월 21일에 암행어사 서계에 의해 파직되었다.

이지(李芷) : 무과. 신축년(1601) 3월에 도임하였다.

황경남(黃慶男) : 무과. 임인년(1602) 2월에 도임하였다.

박엽(朴燁) : 무과. 임인년(1602) 8월에 도임하였다.

김극제(金克悌) : 무과. 갑진년(1604) 정월에 도임하였다.

강혜(姜譓) : 무과. 갑진년(1604) 9월에 도임하였다.

신훤(申晅) : 무과. 을사년(1605) 9월에 도임하였다.

이진선(李振先) : 무과. 병인년(1606) 정월에 도임하였다.

이의제(李宜梯) : 무과. 정미년(1607) 정월에 도임하였다.

소계희(蘇繼禧) : 무과. 정미년(1607) 9월에 도임하였다.

조정(趙靖) : 문과. 무신년(1608) 10월에 도임하였다.

신여훈(愼汝訓) : 무과. 기유년(1609) 10월에 도임하였다.

홍직(洪稙)[269] : 무과. 경술년(1610) 정월에 도임하였다.

유의립(柳義立)

변흡(邊翕) : 무과. 임자년(1612) 9월에 도임하였다.

소응종(蘇應宗) : 무과. 임자년(1612) 윤11월에 도임하였다.

---

269) 홍식(洪植)으로 표기된 것을 고쳤다.

이종빈(李宗彬) : 무과. 계축년(1613) 8월에 도임하였다.

김계(金繼) : 무과. 갑인년(1614) 10월 20일에 도임하였다.

신경추(申景樞) : 무과. 정사년(1617) 5월 15일에 도임하였다.

신욱(辛頊) : 무과. 무오년(1618) 11월 17일에 도임하였다.

기순격(奇順格) : 무과. 경신년(1620) 6월 3일에 도임하였다.

임천수(任天壽) : 무과. 신유년(1621) 9월 3일에 도임하였다.

유속(柳潚) : 문과. 계해년(1623) 8월에 도임하였다.

최보(崔葆) : 문과. 갑자년(1624) 3월 7일에 도임하였다.

이의충(李宜忠) : 무과. 을축년(1625) 5월 1일에 도임하였다.

이시민(李時敏) : 문과. 병인년(1626) 9월 22일에 도임하였다.

구의준(具義俊) : 무과. 무진년(1628) 정월 6일에 도임하였다.

김여수(金汝水)[270] : 무과. 신미년(1631) 정월 20일에 도임하였다.

박선(朴璇) : 무과. 임신년(1632) 4월 12일에 도임하였다.

유시무(柳時茂) : 무과. 계유년(1633) 3월 9일에 도임하였다.

김준원(金俊元) : 무과. 정축년(1637) 3월 19일에 도임하였다.

조정립(趙廷立) : 무과. 무인년(1638) 8월 2일에 도임하였다.

남궁충(南宮忠) : 무과. 기묘년(1639) 6월 24일에 도임하였다.

유진립(柳震立) : 무과. 경진년(1640) 2월 13일에 도임하였다.

장준(張準) : 무과. 경진년(1640) 8월 7일에 도임하였다.

강열(姜說) : 무과. 임오년(1642) 8월 9일에 도임하였다.

전황(田滉) : 무과. 정해년(1647) 6월 17일에 도임하였다.

이우신(李遇臣) : 무과. 무자년(1648) 8월 2일에 도임하였다.

신근(申瑾)[271] : 무과. 기축년(1649) 정월 8일에 도임하였다.

유비연(柳斐然) : 무과. 신묘년(1651) 7월 26일에 도임하였다.

정계(鄭桂) : 무과. 임진년(1652) 8월 3일에 도임하였다.

---

270) 『호남읍지』(1871)에는 김여준(金汝俊)으로 나온다.
271) 『호남읍지』(1871)에는 신근(申瑾)으로 나온다.

손실(孫實) : 무과. 갑오년(1654) 2월 13일에 도임하였다.

김효(金斅) : 무과. 병신년(1656) 9월 15일에 도임하였다.

박상질(朴尙質) : 무과. 정유년(1657) 2월 19일에 도임하였다.

권희(權曦) : 무과. 무술년(1658) 4월 3일에 도임하였다.

이휴징(李休徵) : 문과. 무술년(1658) 9월 21일에 도임하였다.

안집(安緝) : 무과. 기해년(1659) 4월 20일에 도임하였다.

정호례(鄭好禮) : 무과. 기해년(1659) 8월 1일에 도임, 신축년(1661) 6월 22일에 체직되었다.

한희설(韓希卨) : 문과. 신축년(1661) 8월 23일에 도임하여 임인년(1662) 11월에 체직되었다.

윤필은(尹弼殷) : 문과. 임인년(1662) 12월 4일에 도임하여 을사년(1665) 정월에 사직하였다.

손회종(孫會宗) : 문과. 을사년(1665) 3월 3일에 도임하여 병오년(1666) 10월 25일에 체직되었다.

이덕구(李德耉) : 문과. 병오년(1666) 12월 15일에 도임하여 정미년(1667) 2월 21일에 별세하였다.

조상한(趙相漢) : 문과. 정미년(1667) 윤4월 2일에 도임하여 동년 12월 16일에 체직되었다.

한익주(韓翊周) : 문과. 무신년(1668) 2월 13일에 도임하여 기유년(1669) 5월 10일에 상을 당하였다.

한세필(韓世弼) : 무과. 기유년(1669) 7월 26일에 도임하여 신해년(1671) 10월에 재상(災傷)으로 파직되었다.

유덕삼(柳德三) : 무과. 신해년(1671) 11월 11일에 도임하여 계축년(1673) 6월 15일에 체직되었다.

황징(黃澂) : 무과. 계축년(1673) 7월 21일에 제수, 9월 3일에 도임, 을묘년(1675) 3월 10일에 체직되었다.

위천상(魏天相) : 무과. 을묘년(1675) 2월 26일에 제수, 3월 25일에 도임, 동년 11월 10일에 체직되었다.

이항(李炕)[272] : 무과. 을묘년(1675) 11월 2일에 제수, 12월 17일에 도임, 병진년(1676) 6월 1일에 쌀 10석(石)을 세선(稅船)에 첨가해 실은 것이 드러나서 체직되었다.

원덕휘(元德徽) : 무과. 병진년(1676) 4월 25일에 제수, 6월 15일에 도임, 정사년(1677) 4월 2일에 파직되었다.

최혁(崔槅) : 무과. 정사년(1677) 5월 13일에 도임하여 무오년(1678) 윤3월 3일에 파직되었다.

백세흥(白世興) : 문과. 무오년(1678) 4월 21일에 도임하여 기미년(1679) 정월 16일에 파직되었다.

최호진(崔好鎭) : 무과. 기미년(1679) 2월 29일에 도임하였다.

조이병(趙爾炳) : 문과. 기미년(1679) 12월 26일에 도임하여 경신년(1680) 11월 7일에 장령에 이배(移拜)되었다.

이홍저(李弘著) : 무과. 신유년(1681) 정월 4일에 도임하여 동년 9월 11일에 파직되었다.

곽병(郭柄)[273] : 무과. 신유년(1681) 12월 3일에 도임하여 동년 12월 16일에 상을 당하였다.

김유(金瑜) : 문과. 임술년(1682) 2월 17일에 도임하여 동년 10월 25일에 파직되었다.

최용지(崔容之) : 무과. 임술년(1682) 12월 8일에 도임하여 갑자년(1684) 9월 19일에 암행어사에 의해 파직당하였다.

김덕항(金德恒) : 문과. 갑자년(1684) 10월 24일에 도임하여 을축년(1685) 5월 20일에 사직하였다.

서익(徐榏) : 무과. 을축년(1685) 8월 15일에 도임하여 정묘년(1687) 8월 15일에 파직되었다.

---

272) 이범(李帆)으로 잘못 표기된 것을 바로잡았다.
273) 『호남읍지』(1871)에는 실려 있지 않다.

유상로(柳尙輅) : 무과. 정묘년(1687) 9월 24일에 도임하여 무진년(1688) 7월 21일에 파직되었다.

유덕옥(柳德玉) : 무과. 무진년(1688) 9월 4일에 도임하여 기사년(1689) 윤3월 13일에 파직되었다.

최기(崔紀) : 문과. 기사년(1689) 4월 26일에 도임하여 경오년(1690) 2월 8일에 파직되었다.

이훤(李萱) : 무과. 경오년(1690) 3월 26일에 도임하여 동년 11월 9일에 파직되었다.

유상재(柳尙載) : 문과. 신미년(1691) 정월 4일에 도임하여 계유년(1693) 정월 1일에 정파(呈罷)되었다.

최형기(崔衡基) : 무과. 계유년(1693) 6월 20일에 도임하여 갑술년(1694) 12월 17일에 폄하되었다.

강산두(姜山斗) : 문과. 을해년(1695) 2월 10일에 도임하여 동년 11월 8일에 대파(臺罷)되었다.

이휘(李暉) : 무과. 을해년(1695) 11월 14일에 도임하여 병자년(1696) 10월 26일에 대파되었다.

최휴(崔烋) : 문과. 병자년(1696) 12월 1일에 도임하여 기묘년(1699) 2월 12일에 폄중(貶中)으로 파직되었다.

유대로(劉大老) : 무과. 기묘년(1699) 3월 19일에 도임하여 경진년(1700) 6월 17일에 폄중으로 파직되었다.

최상은(崔相殷) : 문과. 경진년(1700) 9월 3일에 도임하여 계미년(1703) 6월 18일에 졸서(卒逝)했다.

한정(韓綎) : 무과. 계미년(1703) 8월 29일에 도임하여 갑신년(1704) 4월에 붙잡혀가고, 6월에 직임을 띠고 다시 돌아왔으며, 10월 26일에 붙잡혀가서 파직되었다.

신백주(申伯周) : 문과. 을유년(1705) 2월 2일에 도임하여 병술년(1706) 12월 22일에 파직되었다.

유동기(柳東起) : 무과. 정해년(1707) 3월 3일에 도임하여 무자년(1708) 5월 13일에 전결(田結)의 일로 대파(臺罷)되었다.

임세필(林世弼) : 문과. 무자년(1708) 6월 16일에 도임하였다.

민사연(閔思淵) : 무과. 기축년(1709) 7월 28일에 도임하여 신묘년(1711) 7월 2일에 폄중(貶中)을 받고 이조의 계에 의해 파직되었다.

이증록(李增祿) : 문과. 신묘년(1711) 8월 17일에 도임하여 계사년(1713) 3월 28일에 취리(就理)되었다.

이당(李塘) : 무과. 계사년(1713) 6월 13일에 도임하여 을미년(1715) 10월 7일에 상납할 대동미를 납부하지 않은 일로 계파되었다.

김명형(金命衡) : 문과. 을미년(1715) 11월 27일에 도임하여 병신년(1716) 9월 2일에 파직되었다.

송래백(宋來栢)[274] : 문과. 병신년(1716) 9월 9일의 정사에서 제수되고, 대론(臺論)에 의해 10월 5일에 정체(呈遞)하였다.

이기명(李基命) : 무과. 가의(嘉義). 병신년(1716) 11월 1일에 도임하여 정유년(1717) 7월에 폄중(貶中)으로 파직되었다.

윤대영(尹大英) : 문과. 정유년(1717) 8월 27일에 도임하여 무술년(1718) 7월에 폄중(貶中)으로 파직되었다.

조태망(趙泰望) : 무과. 무술년(1718) 8월 2일에 도임하여 기해년(1719) 2월 17일에 상을 당하였다.

고만첨(高萬瞻) : 문과. 기해년(1719) 4월 1일에 도임하여 경자년(1720) 12월에 폄파되었다.

서간세(徐幹世) : 무과. 신축년(1721) 2월 26일에 도임하여 동년 12월 9일에 상을 당하였다.

유서(柳澨) : 무과. 임인년(1722) 정월 29일에 도임하여 계묘년(1723) 5월 5일에 신병으로 계파되었다.

---

274) 『호남읍지』(1871)에는 실려 있지 않다.

김한운(金翰運) : 문과. 계묘년(1723) 7월 1일에 도임하여 을사년(1725) 4월에 취리(就理)되었다.

이성채(李星彩) : 문과. 을사년(1725) 8월 2일에 도임하여 병오년(1726) 7월 7일에 파직되었다.

유대회(劉大誨)[275] : 무과. 병오년(1726) 9월 6일에 도임하여 동년 12월 18일에 파직되었다.

이수익(李壽益) : 문과. 정미년(1727) 윤3월 29일에 도임하여 동년 9월 4일에 정언에 제수되었다.

최유한(崔有漢) : 문과. 정미년(1727) 9월 29일에 도임하여 무신년(1728) 정월 17일에 경파되었다.

유득장(柳得章) : 문과. 무신년(1728) 2월 2일에 도임하여 경술년(1730) 5월 8일에 나파(拿罷)되었다.

최운룡(崔雲龍) : 문과. 경술년(1730) 7월 2일에 도임하여 동년 9월 20일에 재상(災傷)으로 파직되었다.

김하구(金夏九) : 문과. 경술년(1730) 11월 19일에 도임하여 신해년(1731) 4월 21일에 취리(就理)되었다.

정재춘(鄭再春) : 문과. 신해년(1731) 6월 3일에 도임하여 임자년(1732) 5월 25일에 취리(就理)되었다.

신경서(申慶瑞) : 무과. 임자년(1732) 윤5월 29일에 도임하여 계축년(1733) 6월 22일에 경파되었다.

김몽규(金夢烓) : 무과. 계축년(1733) 8월 10일에 도임하여 갑인년(1734) 정월 10일에 경파되었다.

김중희(金重熙) : 문과. 갑인년(1734) 4월 11일에 도임하여 동년 11월 7일에 제주목사로 이배(移拜)되었다.

허권(許權) : 무과. 갑인년(1734) 11월 22일에 도임하여 을묘년(1735) 6

275) 『호남읍지』(1871)에는 유대해(劉大海)로 쓰여 있다.

월 26일에 폄(貶)으로 복계(覆啓)에 의해 파직되었다.

김세원(金世元) : 무과. 병진년(1736) 5월 8일에 도임하여 정사년(1737) 7월 10일에 폄중(貶中)을 받았다.

김좌신(金佐臣) : 무과. 정사년(1737) 10월 3일에 도임하여 기미년(1739) 5월 15일에 체직하여 경직(京職)에 부치라는 승전(承傳)을 받았다.

채응복(蔡膺福) : 문과. 기미년(1739) 5월 25일에 보외(補外)로 도임하여 경신년(1740) 5월 5일에 헌납에 승소하였다.

이창석(李昌碩) : 문과. 경신년(1740) 6월 6일에 도임하여 7월 21일에 체직하여 경직(京職)에 부치라는 승전(承傳)을 받았다.

오수채(吳遂采) : 문과. 경신년(1740) 7월 21일에 특지(特旨)로 출보(出補)하여 8월 1일에 도임, 신유년(1741) 2월에 응교 겸 필선에 승소하였다. 후에 또 장흥 복검(覆檢)에 나아가지 않은 일로 붙잡혀갔다.

남익년((南益年) : 무과. 신유년(1741) 3월 25일에 도임하여 임술년(1742) 7월 14일에 별세하였다.

김정봉(金廷鳳) : 문과. 임술년(1742) 9월 17일에 도임하여 을축년(1745) 4월 3일에 폄중(貶中)으로 복계(覆啓)에 의해 파직되었다.

이익만(李益蔓) : 무과. 을축년(1745) 5월 15일에 도임하여 동년 11월 10일에 상을 당하였다.

이우평(李宇平) : 무과. 병진년(1746) 정월 3일에 도임하여 동년 3월 20일에 파직되었다.

박성룡(朴聖龍) : 문과. 병인년(1746) 3월 26일에 제수되어 4월 12일에 도임하고 무진년(1748) 7월 9일에 파직되었다.

조하신(曺夏臣) : 무과. 무진년(1748) 8월 5일에 제수, 9월 19일에 도임, 기사년(1749) 12월 21일에 충주영장에 이배(移拜)되었다.

이석록(李錫祿) : 문과. 경오년(1750) 2월 24일에 도임하여 신미년(1751)

3월 25일에 폄파되었다.

김종혁(金宗爀) : 무과. 신미년(1751) 5월 25일에 도임하여 계유년(1753) 11월 5일에 폄중 복계로 파직되었다.

조정구(趙鼎耉) : 문과. 계유년(1753) 12월 17일에 도임하여 갑술년(1754) 8월 9일에 폄중 복계로 파직되었다.

윤면술(尹勉述) : 무과. 갑술년(1754) 9월 25일에 도임하여 병자년(1756) 3월 13일에 폄중 복계에 하고(下考), 순영의 분부로 인해 교대되었다.

정기경(鄭基慶) : 무과. 병자년(1756) 4월 3일에 도임하여 동년 12월 15일에 폄하되었다.

정지신(鄭趾新) : 무과. 정축년(1757) 정월 24일에 도임하여 경진년(1760) 7월에 상주영장에 이배(移拜)되었다.

조시태(曺時泰) : 무과. 경진년(1760) 8월 16일에 도임하여 임오년(1762) 2월에 폄하되었다.

권형필(權衡弼) : 무과. 임오년(1762) 3월 3일에 도임하여 동년 6월 3일에 병으로 체직되었다.

신윤광(申胤洸) : 무과. 임오년(1762) 7월 3일에 도임하여 계미년(1763) 7월 2일에 체직되었다. 5월에 근친을 위해 사유서를 올리고 상경하고 보외(補外)로 내려왔다가 체직된 것이다.

권도(權導) : 문과. 계미년(1763) 7월 2일에 이조참의로서 보외에 나가지 않고 동월 13일에 도임하여 동년 10월에 병조참의에 승소(承召)하여 조정으로 돌아갔다.

윤홍(尹泓) : 무과. 계미년(1763) 11월에 도임하여 갑신년(1764) 2월에 영장에 옮겨졌다.

윤광정(尹光鼎) : 무과. 갑신년(1764) 3월 15일에 당상 선전관으로서 도임하여 을유년(1765) 정월 4일에 전주영장에 이배(移拜)되었다.

김장로(金章魯) : 무과. 을유년(1765) 정월 22일에 도임하여 동년 4월에 세선(稅船)이 치패(致敗)된 일로 곧바로 경상도 연일현에 유배되었다.

정택(鄭擇) : 문과. 을유년(1765) 4월 20일에 도임하여 무자년(1768) 6월 도정에서 수안군에 이배되어 잉임하다가 기축년(1769) 5월에 시종신에 들어 모두 체차되었던 중에 배도(倍道)하여 환조하였다.

백사은(白師誾) : 무과. 기축년(1769) 5월 13일에 도임하여 경인년(1770) 5월 8일에 새 순사도(巡使道)가 도계(到界)할 때 공장(公狀)을 올리지 않은 일로 파직되었다.

김준(金瑌) : 무과. 경인년(1770) 윤5월 3일에 도임하여 신묘년(1771) 4월 20일에 상을 당하였다.

허엄(許儼) : 무과. 통정. 신묘년(1771) 5월 28일에 도임하여 동년 11월 30일에 제주공과(濟州貢果)를 진상하는 일로 경파(京罷)되었다.

신석기(辛錫基) : 무과. 가선. 신묘년(1771) 12월 9일에 도임하여 임진년(1772) 6월 15일에 폄중되었다.

권필칭(權必稱) : 무과. 임진년(1772) 8월 8일에 도임하여 계사년(1773) 12월 22일 도정에서 병영우후에 이배되었다.

이육(李堉) : 문과. 참의. 갑오년(1774) 정월 9일에 도임하여 동년 10월 28일에 괘방(掛榜)한 죄인을 착송(捉送)하기를 지체한 일로 계파되었다.

이보한(李普漢) : 무과. 갑오년(1774) 11월 12일에 도임하여 을미년(1775) 2월에 암행하여 반고미(反庫米) 5백석을 집탈한 일로 취리(就理)되고, 4월에 환관(還官), 12월에 폄하되었다.

김창록(金昌祿) : 문과. 병신년(1776) 정월 16일에 도임하여 동년 12월 18일에 폄파되었다.

이은복(李殷福) : 무과. 병신년(1776) 4월 21일 정사에서 본직에 제수되었다.

이항림(李恒林) : 무과. 정유년(1777) 2월 3일에 도임하여 경자년(1780) 정월 3일에 폄파되었다.

김서구(金敍九) : 문과. 경자년(1780) 2월 20일에 도임하여 신축년(1781) 6월에 세선(稅船)을 남재(濫載)한 일로 붙잡혀갔다.

김처승(金處升) : 무과. 신축년(1781) 6월 24일에 도임하여 계묘년(1783) 10월에 계파되었다.

유인철(柳仁喆) : 무과. 계묘년(1783) 10월 27일에 도임하여 을사년(1785) 2월에 김해부사에 승직되었다.

이민수(李民秀) : 무과. 을사년(1785) 3월에 곤양군수로부터 도임하여 동년 8월에 2척의 세선(稅船)이 치패(致敗)된 일로 파직되었다.

윤수묵(尹守默) : 무과. 을사년(1785) 8월 20일에 도임하여 정미년(1787) 6월에 장흥부사로 이배(移拜)되었다.

신처문(申處文)[276] : 무과. 정미년(1787) 5월 23일 정사에서 본직에 제수, 6월 18일에 도임하여 기유년(1789) 6월 17일에 폄하되었다.

윤예기(尹芮基) : 무과. 기유년(1789) 7월 7일에 도임하여 신해년(1791) 6월 17일에 폄하되었다.

이응복(李膺福) : 무과. 신해년(1791) 7월 13일에 도임하여 동년 10월 19일에 상을 당하였다.

이운춘(李雲春) : 무과. 신해년(1791) 11월 15일에 도임하여 계축년(1793) 9월에 명례궁에 납부하는 대전(代錢)을 경무납(京貿納)한 일로 파직되었다.

정간(鄭杆) : 음직. 계축년(1793) 9월 12일에 도임하여 을묘년(1795) 5월에 수계(繡啓)로 파직되었다.

안책(安策) : 문과. 을묘년(1795) 6월 6일에 도임하여 병진년(1796) 9월 5일에 병조정랑에 승직되었다.

---

276) 윤처문(尹處文)으로 잘못되어 있는 것을 바로잡았다.

홍계선(洪繼善) : 무과. 병진년(1796) 9월 12일에 도임하여 무오년(1798) 12월 18일에 과체되었다.

홍대연(洪大淵) : 음직. 무오년(1798) 12월 28일에 도임하여 계해년(1803) 정월 9일 도정에 의해 금구현령에 이배(移拜)되었다.

이유수(李惟秀) : 무과. 계해년(1803) 2월 2일에 도임하여 병인년(1806) 12월 20일 도정에서 내금장(內禁將)에 승직되어 돌아갔다.

임선(任爔) : 문과. 정묘년(1807) 정월 28일에 도임하여 무진년(1808) 12월 20일 도정에서 정언에 승직되었다.

윤수임(尹守任) : 무과. 기사년(1809) 정월 15일에 도임하여 경오년(1810) 2월에 재상(灾傷)으로 장파(狀罷)되었다.

이방억(李邦億) : 무과. 경오년(1810) 3월 2일에 도임하여 신미년(1811) 8월에 병사(兵使)와의 상피로 돌아갔다.

윤영휘(尹永輝) : 문과. 신미년(1811) 10월 10일에 도임하여 임신년(1812) 4월 17일에 상을 당하였다.

이종운(李鍾運) : 문과. 임신년(1812) 5월 20일에 도임하여 계유년(1813) 4월에 세선(稅船)이 치패(致敗)된 일로 파직되었다.

이복수(李馥秀) : 무과. 계유년(1813) 5월 4일에 도임하여 을해년(1815) 6월에 세선(稅船)이 치패(致敗)된 일로 파직되었다.

이조현(李朝鉉) : 문과. 을해년(1815) 6월 30일에 도임하여 병자년(1816) 6월 17일에 폄하되었다.

장수초(張守初) : 무과. 병자년(1816) 윤6월 2일에 도임하여 정축년(1817)에 세선(稅船)을 만장(晩裝)했다는 초기(草記)로 파직되었다.

이복형(李復馨) : 무과. 정축년(1817) 10월 20일에 도임하여 경진년(1820) 6월에 폄중(貶中)하여 연속해서 중을 받은 것으로 인해 체직되었다.

김노철(金魯哲) : 무과. 도광 원년 경진년(1820) 7월 22일에 도임하여 암행어사의 서계(書啓)로 명을 기다리다가 임오년(1822) 6월 15일에 폄중으로 복계(覆啓)에 의해 파직되었다.

원영정(元永貞) : 무과. 임오년(1822) 7월 27일에 도임하여 갑신년(1824) 10월 26일에 옥사로 인해 계파되었다.

김선명(金善命) : 무과. 갑신년(1824) 11월 26일에 도임하여 을유년(1825) 11월 10일에 생부상을 당하였다.

신재형(申在衡) : 무과. 을유년(1825) 12월 13일에 도임하여 무자년(1828) 6월 15일에 폄중으로 복계 파직되었다.

유유린(柳幼麟) : 문과. 무자년(1828) 7월 13일에 도임하여 기축년(1829) 5월 정사에서 정언에 승소하였다.

한원식(韓元植) : 무과. 기축년(1829) 6월 20일에 도임하여 경인년(1830) 10월 20일에 친환(親患)으로 체직되었다.

백귀진(白龜鎭) : 무과. 경인년(1830) 11월 18일에 도임하여 계사년(1833) 6월 17일에 폄하되었다.

오정주(吳鼎周) : 무과. 통정. 계사년(1833) 7월 22일에 도임하여 갑오년(1834) 6월 18일에 폄중되었다.

원세훈(元世勳) : 무과. 갑오년(1834) 7월 28일에 도임하여 을미년(1835) 4월 20일에 사망하였다.

신태희(申泰羲) : 무과. 을미년(1835) 6월 2일에 도임하여 무술년(1838) 12월 22일 도정에서 청주우후로 이배(移拜)되었다.

이진영(李鎭永) : 무과. 기해년(1839) 정월 24일에 도임하여 동년 6월 25일에 전최에서 점하(點下)를 받았다.

조희린(趙羲麟) : 무과. 기해년(1839) 7월 22일에 도임하여 동년 12월 17일에 전최에서 점하(點下)를 받았다.

백낙문(白樂聞) : 무과. 경자년(1840) 정월 20일에 도임하여 임인년(1842) 5월 22일에 암행어사에 의해 장파(狀罷)되었다.

한계원(韓啓源) : 문과. 임인년(1842) 7월 16일에 도임하여 갑진년(1844)

정월 6일에 교리로 승소(承召)하였다. 거사비가 있다.

홍규영(洪奎永) : 무과. 갑진년(1844) 정월 20일에 도임하여 병오년(1846) 2월 25일에 상을 당하였다.

조덕관(趙德觀) : 무과. 병오년(1846) 4월 16일에 도임하여 무신년(1848) 7월 16일에 세선(稅船)이 치패(致敗)된 일로 경파되었다.

장용규(張龍逵) : 문과. 무신년(1848) 8월 29일에 도임하여 경술년(1850) 4월 5일에 장령에 승소하였다.

김명권(金明權) : 무과. 경술년(1850) 5월 17일에 도임하여 신해년(1851) 12월 17일에 폄하되었다.

권최환(權最煥) : 무과. 임자년(1852) 정월 29일에 도임하여 계축년(1853) 11월 24일에 세선(稅船)이 빙박(氷泊)한 일로 파직되었다.

유종(柳淙) : 무과. 계축년(1853) 12월 26일에 도임하여 병진년(1856) 3월 11일에 도망간 자를 호(戶)로 올린 일로 경파되었다.

이남집(李南輯) : 무과. 병진년(1856) 4월 4일에 도임하여 경신년(1860) 7월 6일에 진주영장에 이배(移拜)되었다.

이인희(李寅喜) : 무과. 경신년(1860) 8월 7일에 도임하여 임술년(1862) 12월 2일에 정체(呈遞)하였다.

신필보(申弼輔) : 무과. 계해년(1863) 정월 11일에 도임하여 을축년(1865) 5월 13일에 부친상을 당하였다.

양주갑(梁柱甲) : 무과. 통정. 을축년(1865) 윤5월 22일에 도임하여 무진년(1868) 10월 14일에 신병으로 서울에서 정체하였다.

이규응(李奎應)[277] : 무과. 전주인.

신림(申林) : 무과.

김연규(金演奎) : 무과.

허진(許璡) : 무과.

277) 『호남읍지』(1871)에는 이규응까지 실려 있다.

이규승(李圭昇) : 무과.

김홍구(金鴻求) : 무과.

민영완(閔泳完) : 무과.

유장렬(柳漳烈) : 무과.

김세희(金世熙) : 무과.

김성택(金聖澤) : 무과.

이용중(李容中) : 무과.

윤홍구(尹弘求) : 무과.

정석진(鄭錫珍) : 무과.

홍건(洪楗) : 무과.

윤석정(尹錫禎) : 무과.

김용규(金容圭) : 음직.

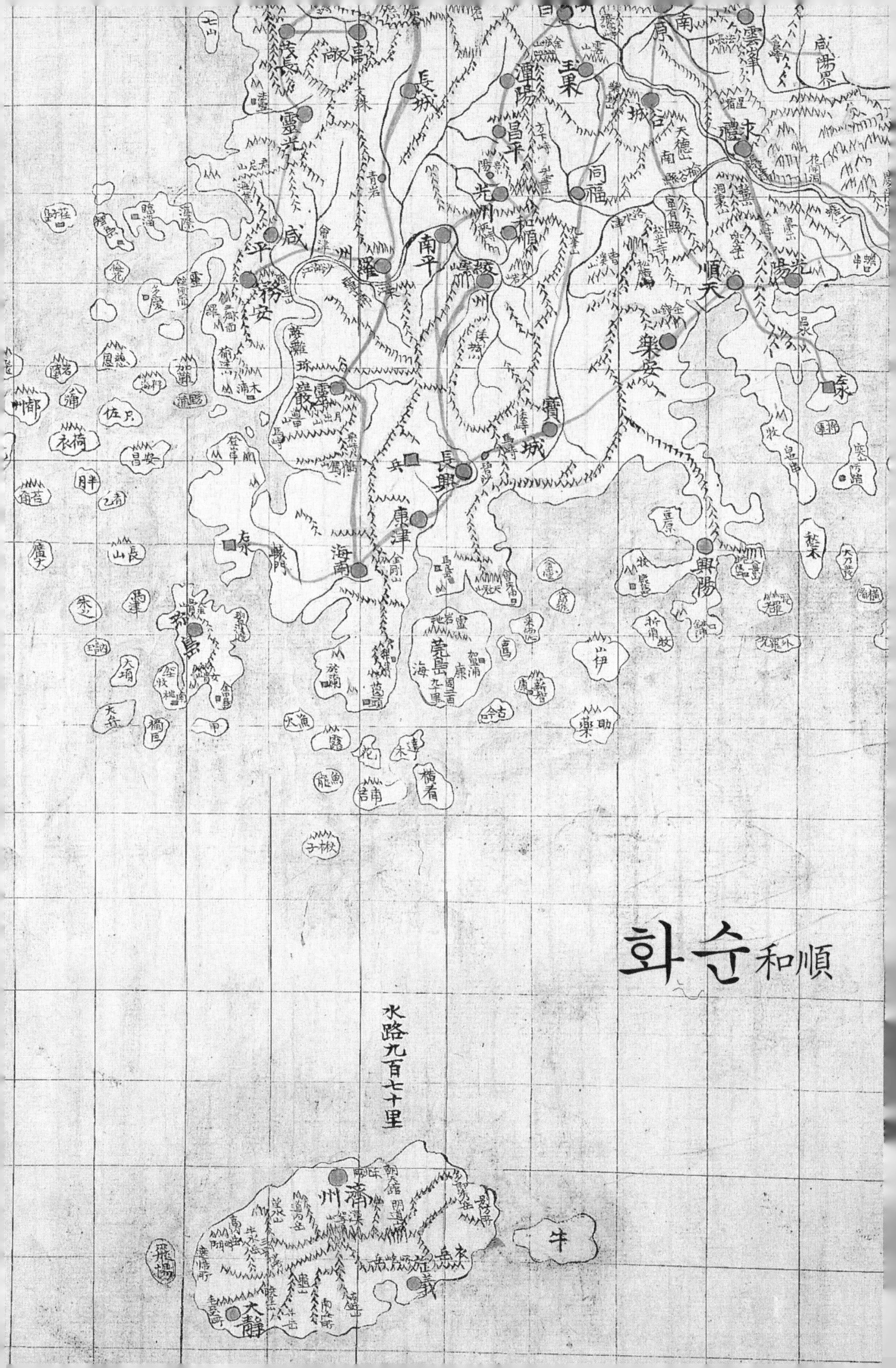
水路九百七十里
濟州
大靜
旌義
牛
珍島
海南
康津
長興
靈巖
羅州
南平
光州
和順
綾州
寶城
樂安
順天
光陽
興陽
務安
咸平
靈光
長城
潭陽
昌平
同福
谷城
求禮
玉果

화순 和順

# 화순(和順)[278]

백제 때 잉리아현(仍利阿縣)으로 불렸고, 757년(경덕왕 16)에 여미현(汝湄縣)으로 고쳐져 능성군의 영현이 되었다. 940년에 화순현(和順縣)으로 개칭되어 나주목의 속현이 되었다가 뒤에 능성현에 소속되었다. 1390년(공양왕 2)에 감무가 파견되었고 화순감무는 남평감무(南平監務)를 겸임하였다. 1394년(태조 3)에 남평과 화순이 분리되었고 화순감무가 동복감무를 겸하게 되었다. 1405년(태종 5)에 동복현이 폐지되어 화순현에 합쳐졌으며 1407년에 복순현(福順縣)으로 개칭되었다. 1416년 다시 동복현이 분리, 독립되었고 화순현은 능성현에 합속되어 순성현(順城縣)으로 개칭되었다가 1418년에 각각 분리되었다. 1594년(선조 27) 임진왜란의 병화 때문에 화순현이 능성현에 합쳐졌다가 1611년(광해군 3)에 다시 분리되었다. 1655년(효종 6)에 동복현이 폐지되어 화순현에 예속되었다가 1664년(현종 5) 다시 분리되었다. 화순의 별호는 해빈(海濱)·오성(烏城)·산양(山陽)이다. 1895년에 나주부 화순군으로 개편되었다가 1896년에 전라남도 화순군이 되었다. 1908년에 화순군이 능주군에 병합되었으나, 1914년 행정구역 개편 때 능주군을 화순군으로 개칭하고 동복 지역 외에 남평군 저포면·다소면 일부, 광주군 지한면 일부, 창평군 일부가 합쳐져 지금의 화순군과 거의 같은 영역을 갖추게 되었다.

김중성(金仲誠) : 병신년(1416)에 도임, 정유년(1417) 4월 25일에 파직되었다.

문범(文範) : 정덕 기사년(1509)에 도임하여 갑술년(1514)에 체직된 후

278) 『호남읍지·화순현읍지』(1895)를 저본으로 하였다.

명천(明川)에 제수되었다. 강진 거주.

김제민(金濟閔) : 갑신년(1584)에 도임하여 순창현감으로 퇴임하였다.

이인부(李仁傅) : 생원. 만력 39년 신해년(1611)에 복현(復縣)된 후 2월 7일에 부임하여 병진년(1616) 정월에 임기가 만료되어 교체되었다. 비석이 있다.

신수무(愼守武) : 유학(幼學). 만력 44년 병진년(1616) 5월 4일에 부임하여 기미년(1619) 3월에 승급하여 능성현령에 제수되었다.

성여발(成汝撥) : 생원. 만력 47년 기미년(1619) 4월 22일에 부임하여 계해년(1623) 3월에 경파(京罷)되었다.

최상겸(崔尙謙) : 생원. 천계 3년 계해년(1623) 6월 25일에 부임하여 갑자년(1624) 12월에 전최(殿最)에서 낮은 등급을 받아 교체되었다.

정세규(鄭世規) : 진사. 천계 5년 을축년(1625) 2월 6일에 부임하여 경오년(1630) 정월에 임기가 만료되어 교체되었다.

조시중(趙時中) : 유학. 숭정 3년 경오년(1630) 2월 10일에 부임하여 임신년(1632) 6월의 전최에서 낮은 등급을 받아 교체되었다.

이봉룡(李鳳龍) : 진사. 숭정 5년 임신년(1632) 9월 3일에 부임하여 을해년(1635) 6월의 전최에서 낮은 등급을 받아 교체되었다.

유훤(柳萱) : 생원. 숭정 8년 을해년(1635) 7월 27일에 부임하여 경진년(1640) 6월에 임기가 만료되어 교체되었다.

홍명현(洪命顯) : 유학. 숭정 13년 경진년(1640) 8월 4일에 부임하여 을유년(1645) 6월에 임기가 만료되어 교체되었다. 비석이 있다.

조인형(趙仁亨) : 진사. 순치 2년 을유년(1645) 7월 15일에 부임하여 동년 12월에 재상(災傷)으로 교체되었다.

형승윤(邢承尹) : 무과. 순치 3년 병술년(1646) 정월 22일에 부임하여 동년 11월에 재상(災傷)으로 교체되었다.

홍명하(洪命夏) : 문과. 순치 4년 정해년(1647) 정월 3일에 부임하여 무자년(1648) 7월에 승급하여 홍문관수찬에 제수되었다. 생사당, 청덕비, 숭유중도비가 있다.

정영한(鄭榮漢) : 생원. 순치 5년 무자년(1648) 8월 2일에 부임하여 임진년(1652) 12월 전최에서 낮은 등급을 받아 교체되었다.

박유상(朴由常) : 생원. 순치 10년 계사년(1653) 2월 9일에 부임하여 동년 9월에 파직되었다. 영모비가 있다.

채진후(蔡振後) : 진사. 순치 10년 계사년(1653) 10월 24일에 부임하여 갑오년(1654) 10월에 별세하였다. 타루비가 있다.

이상필(李尙弼) : 진사. 순치 11년 갑오년(1654) 12월 18일에 부임하여 병신년(1656) 3월에 파직되었다.

손지(孫志) : 문과. 순치 13년 병신년(1656) 4월 17일에 부임하여 무술년(1658) 12월에 파직되었다.

김극형(金克亨) : 생원. 순치 16년 기해년(1659) 2월 24일에 부임하여 계묘년(1663) 2월 8일에 별세하였다.

송지렴(宋之濂) : 진사. 강희 2년 계묘년(1663) 4월 4일에 부임하여 갑진년(1664) 윤6월에 파직되었다.

유성오(柳誠吾) : 진사. 강희 3년 갑진년(1664) 7월 24일에 부임하여 기유년(1669) 6월에 임기가 만료되어 교체되었다.

조종면(趙宗冕) : 진사. 강희 8년 기유년(1669) 8월 26일에 부임하여 경술년(1670) 4월에 상을 당하였다.

오찬(吳燦) : 문과. 강희 9년 경술년(1670) 5월 27일에 부임하여 동년 10월에 재상(災傷)으로 파직되었다.

고두기(高斗紀) : 진사. 강희 9년 경술년(1670) 12월 1일에 부임하여 임자년(1672) 12월 전최에서 낮은 등급을 받아 교체되었다.

한지원(韓志遠) : 유학. 강희 12년 계축년(1673) 2월 11일에 부임하여 을묘년(1675) 5월에 대간의 계(啓)에 의하여 파직되었다.

김필진(金必振) : 진사. 강희 14년 을묘년(1675) 7월 17일에 부임하여 동년 11월에 계파(啓罷)되었다.

박성부(朴成阜) : 생원. 강희 15년 병진년(1676) 정월 17일에 부임하여 무오년(1678) 12월에 광주가 화순을 겸하게 되었는데 납저(臘猪)를 궐봉(闕封)하여 계파(啓罷)되었다.

허학(許嶨) : 문과. 강희 18년 기미년(1679) 정월 16일에 부임하여 경신년(1680) 7월에 경파되었다.

김재문(金載文) : 생원. 강희 19년 경신년(1680) 8월 8일에 부임하여 신유년(1682) 8월에 계파(啓罷)되었다.

정무(鄭堥) : 강희 20년 신유년(1682) 10월 7일에 부임하여 병인년(1686) 8월에 임기가 만료되어 교체되었다. 마애비가 있다.

심강(沈棡) : 진사. 강희 25년 병인년(1686) 9월 9일에 부임하여 무진년(1688) 7월에 경파(京罷)되었다.

민처중(閔處重) : 유학. 강희 27년 무진년(1688) 8월 22일에 부임하여 기사년(1689) 12월 전최에서 낮은 등급을 받아 교체되었다.

이만재(李萬材) : 강희 29년 경오년(1690) 2월 27일에 부임하여 신미년(1691) 12월에 사직하였다.

송래백(宋來栢) : 문과. 강희 30년 신미년(1691) 12월 12일에 부임하여 임신년(1692) 12월 전최에서 낮은 등급을 받아 교체되었다.

이유환(李有煥) : 유학. 강희 32년 계유년(1693) 2월 18일에 부임하여 갑술년(1694) 12월 전최에서 낮은 등급을 받아 교체되었다.

이성좌(李聖佐) : 유학. 강희 34년 을해년(1695) 2월 16일에 부임하여 병자년 2월에 암행어사에 의해 파직되었다.

임정(林淨) : 생원. 병자년(1696) 3월 17일에 도임하여 신사년(1701) 1월에 임기가 차서 교체되었다. 마애비가 있다.

홍우익(洪禹翊) : 진사. 신사년(1701) 3월 3일에 도임하여 계미년(1703) 8월에 영천군수에 제수되고, 9월에 별세하였다.

김치봉(金致鳳) : 생원. 계미년(1703) 10월 1일에 도임하여 병술년(1706) 6월에 암행어사에 의해 파직되었다.

이언위(李彦緯) : 진사. 병술년(1706) 7월 28일에 도임하여 무자년(1708) 4월에 사직하였다.

유박(柳博)[279] : 유학. 무자년(1708) 6월 6일에 도임하여 기축년(1709) 10월에 재상(災傷)으로 파직되었다.

이명연(李明淵) : 진사. 경인년(1710) 1월 10일에 도임하여 신묘년(1711) 6월에 전체(殿最)에 의해 파직되었다.

김하명(金夏明) : 진사. 신묘년(1711) 9월 1일에 도임하여 을미년(1715) 6월에 전체(殿最)에 의해 파직되었다.

이집(李集) : 유학. 을미년(1715) 8월에 도임하여 병신년(1716) 8월에 사직하였다.

홍치대(洪致大) : 유학. 병신년(1716) 9월 6일에 도임하여 정유년(1717) 9월에 사직하였다.

한종규(韓宗揆) : 유학. 정유년(1717) 11월 11일에 도임하여 신축년(1721) 4월에 사직하였다.

심원준(沈元浚) : 유학. 신축년(1721) 6월 18일에 도임하여 갑진년(1724) 5월에 별세하였다.

조복명(趙復命) : 진사. 옹정 2년 갑진년(1724) 7월 26일에 도임, 을사년(1725) 3월에 대파(臺罷)되었다.

홍계상(洪啓相) : 문과. 을사년(1725) 6월 2일에 도임, 병오년(1726) 6월에 별세하였다.

박필홍(朴必興) : 문과. 병오년(1726) 8월 24일에 도임, 정미년(1727) 4월에 생죽순이 부패된 일로 8월에 대파(臺罷)되었다.

이지완(李志完) : 유학. 정미년(1727) 12월 17일에 도임, 임자년(1732) 10월에 임기가 만료되어 체직되었다.

구만선(具萬善) : 진사. 임자년(1732) 12월 11일에 도임, 계축년(1733)

---

279) 유박(柳搏)으로 쓰여있는 것을 다른 읍지를 참조하여 고쳤다.

12월에 전직(前職)의 일로 나포되었다.

신의립(辛義立) : 진사. 갑인년(1734) 2월 13일에 도임, 을묘년(1735) 6월에 전최(殿最)에 의해 파직되었다.

홍상보(洪尙輔) : 진사. 을묘년(1735) 8월 29일에 도임, 병진년(1736) 12월에 사직하였다.

어유화(魚有和) : 유학. 건륭 2년 정사년(1737) 2월 10일에 도임, 무오년(1738) 6월에 상을 당하였다.

조종유(趙宗裕) : 유학. 무오년(1738) 7월 정사에서 의금부도사로서 본직에 제수되어 8월 28일에 도임, 계해년(1743) 8월에 임기가 만료되어 사축서별제에 이배되었다.

이원(李瑗) : 진사. 계해년(1743) 10월 21일에 공조좌랑으로서 도임, 정묘년(1747) 5월 29일에 괴산군수에 승직되었다.

안휴(安休) : 진사. 정묘년(1747) 6월 정사에서 공조좌랑으로서 본직에 제수, 7월 18일에 도임, 무진년(1748) 7월 2일에 폄파(貶罷)되었다.

이양원(李養源) : 유일(遺逸). 무진년(1748) 9월 27일에 전 지평으로서 도임, 경오년(1750년) 12월 3일에 장령에 승직되었다. 기사년(1749)에 차군정을 중수하였다.

홍헌보(洪巘輔) : 진사. 신미년(1751) 3월 17일에 호조정랑으로서 도임, 임신년(1752) 11월 20일에 사직하였다. 마애비가 있다.

여면주(呂冕周) : 생원. 계유년(1753) 1월 22일에 세자익위사 위솔(世子翊衛司衛率)로서 도임, 정축년(1757) 10월 28일에 임기가 만료되어 체직되었다.

홍응성(洪應盛) : 유학. 정축년(1757) 12월 3일에 의금부도사로서 도임, 신사년(1761) 2월 6일에 사직하였다.

이희영(李喜永) : 유학. 신사년(1761) 3월 20일에 사헌부감찰로서 도임, 임오년(1762) 1월 21일에 전직의 일로 나포되었다.

이준영(李俊永) : 유학. 임오년(1762) 3월 9일에 종친부전부(宗親府典簿)로서 도임, 병술년(1766) 12월에 임기가 만료되어 체직되었다.

이성진(李星鎭) : 유학. 정해년(1767) 1월 22일에 종모서령(宗廟署令)으로서 도임, 경인년(1770) 6월에 흡곡현령으로 옮겨갔다. 무자년(1768)에 공해 객관을 중수하였다.

윤행원(尹行元) : 진사. 경인년(1770) 7월 21일에 서부도사로서 도임, 을미년(1775) 6월에 임기가 만료되어 체직되었다.

이현기(李顯紀) : 유학. 을미년(1775) 7월 17월에 군자판관으로서 도임, 정유년(1777) 9월에 사직하였다.

정재원(丁載遠) : 생원. 정유년(1777) 11월 2일에 제용감판관으로서 도임, 경자년(1780) 2월에 예천군수에 승직되었다.

박명순(朴明淳) : 생원. 경자년(1780) 3월 27일에 사헌부감찰로서 도임, 갑진년(1784) 12월에 임기가 만료되어 체직되었다.

임성운(林性運) : 유학. 을사년(1785) 2월 4일에 한성부판관으로서 도임, 기유년(1789) 윤5월에 교하군수로 승직되었다.[280]

엄사윤(嚴思允) : 유학. 기유년(1789) 6월 1일에 경릉령으로서 도임, 경술년(1790) 12월에 경체(京遞)되었다. 이조의 계에 의해 하고(下考)를 받았다.

심주현(沈周賢) : 생원. 경술년(1790) 12월 28일에 종묘령으로서 도임, 계축년(1793) 6월에 풍기군수로 승직되었다.

유순(柳詢) : 진사. 계축년(1793) 6월 22일에 서부령으로서 도임, 을묘년(1795) 11월에 임천군수로 승직되었다.

박우원(朴右源) : 생원. 을묘년(1795) 12월 1일에 장영전력으로서 도임, 경신년(1800) 8월에 임기가 만료되어 체직되었다.

서겸순(徐謙淳) : 유학. 경신년(1800) 8월 29일에 홍릉령으로서 도임, 신

280) 무신년(1788) 12월에 임기가 만료되어 체직되었다고 나온 곳도 있다.

유년(1801) 2월에 경체되었다.

이영석(李永錫) : 진사. 신유년(1801) 2월 16일에 공조정랑으로서 도임, 을축년(1805) 12월에 임기가 만료되어 체직되었다.

박화문(朴和文) : 유학. 병인년(1806) 1월 24일에 평시서주부로서 도임, 정묘년(1807) 10월에 사직하였다.

윤행철(尹行澈) : 진사. 정묘년(1807) 12월 30일에 장령전령으로서 도임, 임신년(1812) 6월에 임기가 만료되어 체직되었다.

엄철(嚴喆) : 진사. 임신년(1812) 7월 18일에 공조좌랑으로서 도임, 계유년(1813) 5월 2일에 별세하였다.

조진수(趙鎭壽) : 생원. 계유년(1813) 5월 28일에 전생서판관으로서 도임, 갑술년(1814) 5월에 사직하였다.

이광식(李光植) : 유학. 갑술년(1814) 6월 20일에 전생서판관으로서 도임, 1814년 12월 25일에 이조의 복계(覆啓)에 의해 파직되었다.

이광도(李廣度) : 생원. 기해년(1815) 1월 18일에 형조정랑으로서 도임, 병자년(1816) 6월 13일에 어사의 계에 의해 파직되었다.

한감(韓警) : 유학. 병자년(1816) 윤6월 4일에 종친전부로서 도임, 정축년(1817) 3월 12일에 연산현감과 상환하였다.

홍철영(洪徹榮) : 유학. 정축년(1817) 4월 8일에 연산현감으로서 상환하여 도임, 1817년 11월 17일에 교하군수로 승직되었다.

신상현(申常顯) : 진사. 무인년(1818) 1월 15일에 종묘서령으로서 도임, 경진년(1820) 4월에 관찰사와 친혐(親嫌)으로 체직되었다.

조중일(趙重日) : 진사. 경진년(1820) 5월 17일에 건원릉령으로서 도임, 신사년(1821) 12월에 폄하(貶下)되었다.

정진석(鄭晋錫) : 진사. 도광 원년 임오년(1822) 1월 20일에 경모궁령으로서 도임, 갑신년(1824) 6월 25일에 양근군수로 승직되었다.

민치문(閔致文) : 진사. 갑신년(1824) 7월 26일에 종친전부로서 도임, 정해년(1827) 6월 24일에 황해도 금천군수로 승직되었다.

신수(申綏) : 유학. 정해년(1827) 7월 19일에 건원릉령으로서 도임, 기축년(1829) 11월 3일에 암행어사에 의해 파직되었다.

민치원(閔致遠) : 진사. 기축년(1829) 12월 6일에 종묘령으로서 도임, 경인년(1830) 12월에 폄하(貶下)되었다.

김성구(金性求) : 진사. 신묘년(1831) 1월 21일에 형조정랑으로서 도임, 임진년(1832) 6월에 폄하(貶下)되었다.

서승순(徐承淳) : 진사. 임진년(1832) 7월 26일에 영희전령으로서 도임, 을미년(1835) 3월 25일에 안성군수에 제배되었다.

민노행(閔魯行) : 진사. 을미년(1835) 4월 29일에 형조정랑으로서 도임, 무술년(1838) 6월에 김포군수에 승직되었다.

이태현(李台鉉) : 진사. 무술년(1838) 7월 17일에 공조정랑으로서 도임, 신축년(1841) 6월 10일에 단양군수에 제배되었다.

홍건후(洪健厚) : 진사. 신축년(1841) 7월 20일에 전생서판관으로서 도임, 임인년(1842) 8월 12일에 암행어사의 계에 의해 파직되었다.

이계영(李啓榮)[281] : 진사. 임인년(1842) 9월 21일에 종묘서령으로서 도임, 을사년(1845) 1월 8일에 삭녕군수에 이배(移拜)되었다.

송익수(宋益洙) : 유학. 을사년(1845) 2월 12일에 장릉령으로서 도임, 정미년(1847) 12월 1일에 암행어사의 계에 의해 파직되었다.

김준흠(金駿欽) : 유학. 무신년(1848) 1월 12일에 영릉령으로서 도임, 임자년(1852) 7월 30일에 경파(京罷)되었다. 임자년(1852) 1월에 숭유중도비를 세웠다.

정주석(鄭胄錫) : 유학. 함풍 2년 임자년(1852) 9월 26일에 도임, 계축년(1853) 6월 15일에 폄하(貶下)되었다.

박제숭(朴濟崧) : 유학. 계축년(1853) 7월 23일에 동부령으로서 도임, 무오년(1858) 4월에 임기가 만료되어 체직되었다. 무오년(1858) 5월

281) 김계영(金啓榮)으로 나온 곳도 있다.

에 청간휼민영세불망비가 세워졌다.

조재성(趙在性) : 유학. 무오년(1858) 5월 17일에 공조정랑으로서 도임, 경신년(1860) 12월 20일에 양근군수에 이배되었다.

서상복(徐相復) : 진사. 신유년(1861) 2월 13일에 현릉원령으로서 도임, 임술년(1862) 5월에 계파(啓罷)되었다.

이운승(李雲承) : 진사. 동치 1년 임술년(1862) 5월 24일에 종묘령으로서 도임, 동년 12월에 경체되었다. 이조의 복계에서 하고(下考)를 받았다.

정기양(鄭基陽) : 유학. 계해년(1863) 2월 4일에 광흥령으로서 도임, 을축년(1865) 6월 8일에 상을 당하였다.

조기순(趙岐淳) : 진사. 을축년(1865) 7월 22일에 영희전령으로서 도임, 무진년(1868) 8월 20일에 맹산현감에 제수되었다.

심병규(沈炳奎)[282] : 진사. 무진년(1868) 10월 6일에 형조정랑으로서 도임, 경오년(1870) 6월에 폄하(貶下)되었다.

남학희(南學熙) : 유학. 경오년(1870) 8월 14일에 장릉령으로서 도임, 계유년(1873) 6월 10일에 합천군수에 이배(移拜)되었다.

강문영(姜文永) : 생원. 계유년(1873) 윤6월 27일에 경모궁령으로서 도임, 갑술년(1874) 11월에 암행어사에 의해 파직되었다.

김양균(金養均) : 갑술년(1874) 12월 28일에 익릉령으로서 도임, 을해년(1875) 4월 5일에 별세하였다.

김윤현(金胤鉉) : 진사. 광서 1년 을해년(1875) 5월 29일에 광흥창수로서 도임, 무인년(1878) 11월에 영해부사에 이배(移拜)되었다.

송면로(宋勉老) : 진사. 무인년(1878) 12월 15일에 익위사좌사어로서 도임, 신사년(1881) 12월 22일에 대흥군수에 이배(移拜)되었다. 무인년(1878)에 숭유중도비를 세웠다.

---

282) 심능선(沈能璿)으로 나온 곳도 있다.

정순묵(鄭淳默) : 무과. 임오년(1882) 3월 13일에 의약동참으로서 도임, 계미년(1883) 3월 27일에 영평군수와 상환하였다. 1882년 3월에 숭유중도비를 세웠다.

박제성(朴齊性) : 진사. 계미년(1883) 5월 17일에 영평군수로서 도임, 동년 11월 15일에 함창현감과 상환하였다.

정우달(鄭禹達) : 유학. 계미년(1883) 12월 24일에 함창현감으로서 도임, 갑신년(1884) 12월 15일에 폄하(貶下)되었다.

이관직(李寬稙) : 진사. 을유년(1885) 4월 24일에 군자감판관으로서 도임, 병술년(1886) 7월 29일에 영유현령에 이배(移拜)되었다.

이철응(李哲應) : 유학. 병술년(1886) 10월 20일에 은진현감으로서 도임, 정해년(1887) 5월 18일에 서천군수와 상환하였다.

이헌우(李憲愚) : 유학. 정해년(1887) 9월 17일에 서천군수로서 도임, 무자년(1888) 2월 16일에 장수현감에 이배(移拜)되었다.

김요협(金堯莢) : 음직. 무자년(1888) 4월 28일에 사옹원주부로서 도임, 기축년(1889) 6월 6일에 진안현감과 상환하였다. 기축년(1889) 4월에 숭유중도비를 세웠다.

이중익(李重翼) : 진사. 기축년(1889) 8월 7일에 진안현감으로서 도임, 임진년(1892) 1월 24일에 다시 진안현감에 이배(移拜)되었다. 1890년 11월에 숭유중도비를 세웠다.

이희하(李熙夏) : 유학. 임진년(1892) 1월 24일에 곡성현감으로서 도임, 계사년(1893) 3월 17일에 남평현감에 이배(移拜)되었다.

민영석(閔泳奭)283) : 유학. 계사년(1893) 1월 25일 정사에서 공조좌랑으로서 본직에 제수, 3월 25일에 도임, 을미년(1895) 8월에 체직되었다. 갑오년(1894) 4월에 숭유중도비를 세웠다.

이도희(李道熙) : 병신년(1896) 2월에 도임, 정유년(1897) 11월에 면관

283) 본 읍지는 민영석까지 기록되어 있다.

되었다. 병신년(1896)에 아사(衙舍)를 중건하였다.

이교영(李敎榮) : 정유년(1897) 11월에 15일에 동복군수로서 본직에 제수되어 무술년(1898) 3월에 남평군수에 제수되었다.

안익환(安翊煥) : 무술년(1898) 3월에 도임, 경자년(1900) 4월에 고산군수에 이배(移拜)되었다. 무술년(1898) 12월에 숭유중도비를 세웠다.

조진규(趙晋奎) : 경자년(1900) 4월에 도임, 신축년(1901) 11월에 인제군수에 이배(移拜)되었다. 신축년(1901) 10월에 청덕휼민영세불망비가 세워졌다.

이석우(李錫禹) : 신축년(1901) 11월에 도임, 임인년(1902) 8월에 면관하였다.

심은택(沈殷澤) : 임인년(1902) 9월에 도임, 갑진년(1904) 3월에 폄파되었다.

최홍준(崔泓俊) : 갑진년(1904) 9월에 도임, 정미년(1907) 2월에 삭녕군수로 옮겨갔다.

이해성(李海盛) : 정미년(1907) 2월에 포천군수에서 도임, 동년 12월에 해남군수에 이배(移拜)되었다.

1908년에 능주군에 병합되었다.

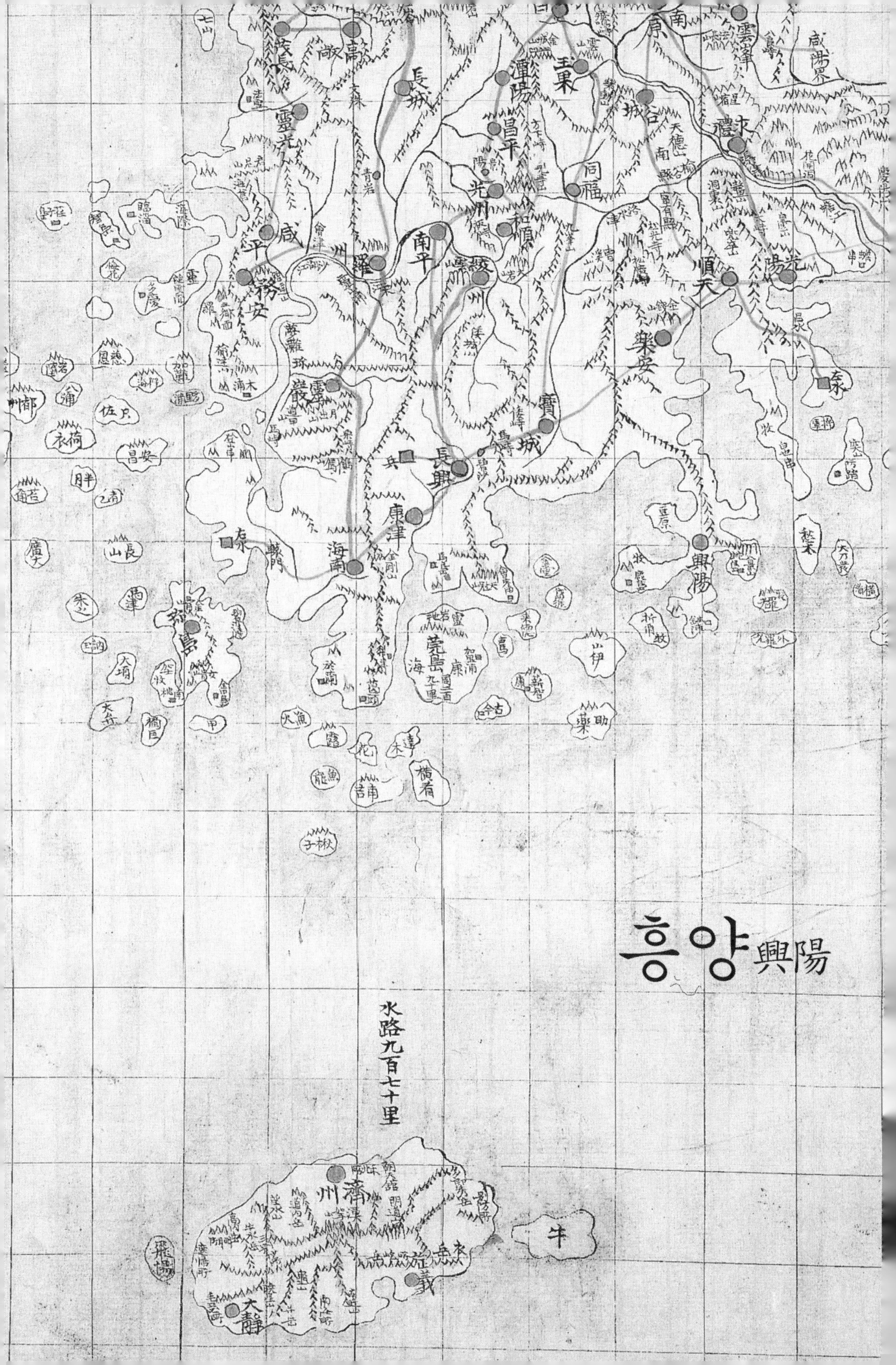
흥양 興陽
水路九百七十里
濟州
大靜
旌義
海南
康津
長興
寶城
樂安
順天
光陽
興陽
靈巖
務安
咸平
羅州
南平
光州
和順
綾州
同福
昌平
潭陽
長城
靈光
高敞
玉果
谷城
求禮
雲峰
南原
咸陽界
莞島
珍島
牛

## 흥양(興陽)284)

백제 때 분사군(分槎郡, 낙안)의 영역에 속했고 비사현(比史縣, 지금의 동강)·조조례현(助助禮縣, 지금의 남양)·두힐현(豆肹縣, 지금의 두원) 등의 여러 현이 있었다. 본래 장흥부의 고이부곡(高伊部曲, 혹은 猫部曲)이었는데 고려 1285년(충렬왕 11)에 고흥현으로 승격되고 감무가 설치되어 독립되었다. 그러나 여말선초에 왜구의 침입과 약탈이 심하여 보성군의 조양현(兆陽縣)으로 읍의 치소를 옮겼다. 1397년 진을 설치하고 병마사로 하여금 판현사(判縣使)를 겸하게 했다가 1441년(세종 23)에 장흥부의 두원현으로 옮기고 보성군의 남양현(南陽縣)을 비롯하여 태강현(泰江縣)·두원현(荳原縣)·도화현(道化縣)·풍안현(豊安縣)·도양현(道陽縣) 등의 속현을 편입시켜 고흥과 남양의 끝 글자를 따라 흥양현이라 정했다. 발포진(鉢浦鎭)·사도진(蛇渡鎭)·여도진(呂渡鎭)·녹도진(鹿島鎭) 등의 4영을 거느렸는데, 이 영들은 1480년(성종 11)에 설치된 것으로 보이며 좌수영 소속이었다. 흥양의 별호는 고양(高陽)·영주(瀛州)이다. 1895년과 1896년의 지방제도 개혁으로 전라남도 흥양군이 되었으며, 1914년 군면 폐합 때 흥양군 일원과 돌산군 일부를 병합하여 고흥군으로 개칭했다.

김재(金滓) : 때종 때 문과 급제. 광산군(光山君). 신유년(1441)에 조양(兆陽)을 혁파하고 감무(監務)를 두었다.
홍익생(洪益生)
최명손(崔明孫)

284) 『흥양지』(1926)를 저본으로 하였다. 흥양 선생안은 1900년 이전의 읍지에서는 찾아볼 수 없었다.

우중손(禹仲孫)

조지산(趙智山)

하계조(河戒祖)

정윤성(鄭允盛)

김윤종(金允宗)

양치회(梁治淮)

박적손(朴迪孫)

김발(金發)

최공필(崔公弼)

이조양(李朝陽)

소세득(蘇世得)

정여흠(鄭汝欽)

유조심(柳祖諶)

이세기(李世箕)

임팽석(任彭碩)

홍영호(洪永浩)

소연(蘇連)

윤붕(尹鵬)

이광진(李光軫)

김희연(金希連)

오윤희(吳胤禧)

박윤침(朴允琛)

신수팽(申壽彭)

신지상(愼之祥)

구현록(具顯祿)

전덕여(全德輿)

이원린(李元麟)

이예문(李禮文)

이장(李章)

김응정(金應精)

권우(權遇)

이각(李慤)

이준헌(李遵憲)

박옹(朴顒) : 문과.

정응정(鄭應井) : 문과.

고현(高賢) : 문과.

임길수(林吉秀) : 문과.

유몽경(柳夢經) : 문과.

신응사(申應泗) : 무과.

이한(李僩) : 무과.

오적(吳積) : 문과. 유애비(遺愛碑)가 있다.

임제(林悌) : 문과.

정설(鄭渫) : 문과.

유숭인(柳崇仁) : 무과.

성천지(成天祉) : 무과.

김의일(金毅一) : 무과. 정해년(1587)에 도임하였다.

배흥립(裵興立) : 무과. 기축년(1589)에 도임하였다.

황세득(黃世得) : 무과. 갑오년(1594)에 도임하였다.

홍유의(洪有義) : 무과. 을미년(1595)에 도임하였다.

최희량(崔希亮) : 무과. 정유년(1597)에 도임하였다.

고득장(高得蔣) : 무과. 무술년(1598)에 도임하였다. 노량(露梁) 전투에서 전사하였다.

이흥립(李興立) : 무과. 기해년(1599)에 도임하였다.

강협(姜浹) : 무과. 계묘년(1603)에 도임하였다.

송여종(宋汝悰) : 무과. 계묘년(1603)에 도임하였다.

조현남(趙顯男) : 무과. 갑진년(1604)에 도임하였다.

정침(鄭沉) : 무과. 을사년(1605)에 도임하였다.

박정기(朴廷琦) : 무과. 을사년(1605)에 도임하였다.

홍세충(洪世忠) : 무과. 정미년(1607)에 도임하였다.

변흡(邊潝) : 무과. 무신년(1608)에 도임하였다. 선정비(善政碑)가 있다.

이전(李錪) : 무과. 기유년(1609)에 도임하였다.

이중로(李重老) : 무과. 기유년(1609)에 도임하였다.

이승일(李承一) : 무과. 계축년(1613)에 도임하였다.

안준도(安遵道) : 무과. 계축년(1613)에 도임하였다.

손기(孫紀) : 무과. 을묘년(1615)에 도임하였다.

허실(許實) : 문과. 을묘년(1615)에 도임하였다.

박유건(朴惟健) : 무과. 병진년(1616)에 도임하였다.

권담(權曇) : 무과. 신유년(1621)에 도임하였다.

박정원(朴鼎元) : 문과. 계해년(1623)에 도임하였다.

신천익(愼天翊) : 문과. 계해년(1623)에 도임하였다. 청덕비(淸德碑)가 있다.

박성오(朴省吾) : 무과. 을축년(1625)에 도임하였다.

고부천(高傅川) : 문과. 을축년(1625)에 도임하였다.

정홍임(鄭弘任) : 문과. 병인년(1626)에 도임하였다.

권도(權濤) : 문과. 무진년(1628)에 도임하였다. 청덕비(淸德碑)가 있다.

신응망(辛應望) : 문과. 무진년(1628)에 도임하였다.

변복일(邊復一) : 문과. 기사년(1629)에 도임하였다.

한석곤(韓錫坤) : 경오년(1630)에 도임하였다.

황호(黃戻) : 문과. 경오년(1630)에 도임하였다. 선정비(善政碑)가 있다.

박의(朴漪) : 문과. 신미년(1631)에 도임하였다. 청간비(淸簡碑)가 있다.

홍세호(洪世虎) : 무과. 계유년(1634)에 도임하였다.

이정현(李廷顯) : 무과. 을해년(1635)에 도임하였다.
김경(金鏡) : 무과. 병자년(1636)에 도임하였다.
윤미(尹敉) : 문과. 정축년(1637)에 도임하였다. 선정비(善政碑)가 있다.
양만용(梁曼容) : 문과. 기묘년(1637)에 도임하였다. 청덕비(淸德碑)가 있다.
남궁집(南宮鏶) : 문과. 신사년(1641)에 도임하였다. 송덕비(頌德碑)가 있다.
안욱(安頊) : 문과. 신사년(1641)에 도임하였다.
김한일(金漢一) : 무과. 임오년(1642)에 도임하였다.
홍근(洪瑾) : 무과. 계미년(1643)에 도임하였다.
이박(李舶) : 무과. 병술년(1646)에 도임하였다.
이종검(李從儉) : 무과. 병술년(1646)에 도임하였다.
이경환(李慶桓) : 문과. 경인년(1650)에 도임하였다.
김명룡(金命龍) : 문과. 신묘년(1651)에 도임하였다.
김위(金瑋) : 문과. 신묘년(1651)에 도임하였다. 거사비(去思碑)가 있다.
도거원(都擧元) : 문과. 임진년(1652)에 도임하였다. 청덕선정비(淸德善政碑)가 있다.
허각(許恪) : 무과. 갑오년(1654)에 도임하였다. 선정비(善政碑)가 있다.
반윤기(潘潤沂) : 문과. 을미년(1655)에 도임하였다.
이민행(李敏行) : 무과. 을미년(1655)에 도임하였다.
남종표(南宗標) : 무과. 병신년(1656)에 도임하였다.
유병연(柳炳然) : 무과. 정유년(1657)에 도임하였다.
강석규(姜錫圭) : 무과. 무술년(1658)에 도임하였다.
한여윤(韓汝尹) : 무과. 기해년(1659)에 도임하였다.
박진익(朴進益) : 무과. 신축년(1661)에 도임하였다.
이상직(李尙稷) : 무과. 임인년(1662)에 도임하였다.
이동필(李東泌) : 무과. 갑진년(1664)에 도임하였다.

이지호(李之虎) : 무과. 병오년(1666)에 도임하였다.
양억(梁嶷) : 무과. 무신년(1668)에 도임하였다.
이건(李健) : 무과. 경술년(1670)에 도임하였다.
이상전(李尙銓) : 무과. 신해년(1671)에 도임하였다.
김대유(金大有) : 무과. 임자년(1672)에 도임하였다.
윤진망(尹震望) : 무과. 계축년(1673)에 도임하였다.
박시민(朴時珉) : 무과. 갑인년(1674)에 도임하였다.
이담(李禫) : 무과. 정사년(1677)에 도임하였다.
조정하(曺挺夏) : 무과. 기미년(1679)에 도임하였다.
박세주(朴世柱) : 무과. 신유년(1681)에 도임하였다.
윤일상(尹一商) : 무과. 계해년(1683)에 도임하였다.
송시빈(宋時彬) : 무과. 갑자년(1684)에 도임하였다.
모세번(牟世蕃) : 무과. 병인년(1686)에 도임하였다.
박몽석(朴夢錫) : 무과. 정묘년(1687)에 도임하였다.
홍빈원(洪贇元) : 문과. 무진년(1688)에 도임하였다.
조유장(趙有樯) : 무과. 기사년(1689)에 도임하였다.
송상한(宋尙漢) : 무과. 신미년(1691)에 도임하였다.
손필억(孫必億) : 무과. 임신년(1692)에 도임하였다.
이해준(李海準) : 문과. 계유년(1693)에 도임하였다.
박사일(朴思一) : 문과. 갑술년(1694)에 도임하였다.
이장(李璋) : 무과. 을해년(1695)에 도임하였다.
우제박(禹濟博) : 무과. 병자년(1696)에 도임하였다.
원치도(元致道) : 문과. 정유년(1697)에 도임하였다.
유봉서(柳鳳瑞) : 문과. 무인년(1698)에 도임하였다. 영세불망비(永世不忘碑)가 있다.
박동현(朴東顯) : 무과. 무인년(1698)에 도임하였다.
신식(申湜) : 무과. 기묘년(1699)에 도임하였다. 청덕선정비(淸德善政碑)

가 있다.

안홍석(安弘錫) : 무과. 임오년(1702)에 도임하였다. 선정비(善政碑)가 있다.

정동호(鄭東虎) : 문과. 계미년(1703)에 도임하였다.

정도적(鄭道積) : 무과. 을유년(1705)에 도임하였다.

이기명(李基命) : 무과. 병술년(1706)에 도임하였다.

송내백(宋來柏) : 문과. 기축년(1707)에 도임하였다.

정운형(鄭運亨) : 문과. 경인년(1710)에 도임하였다. 청간인덕비(淸簡仁德碑)가 있다.

최석서(崔錫瑞) : 무과. 임진년(1712)에 도임하였다.

윤대영(尹大英) : 문과. 갑오년(1714)에 도임하였다.

김정상(金鼎相) : 무과. 을미년(1715)에 도임하였다.

정단(鄭翧) : 문과. 정유년(1717)에 도임하였다.

양취달(楊就達) : 무과. 기해년(1719)에 도임하였다.

하덕유(河德裕) : 무과. 경자년(1720)에 도임하였다.

장세량(張世良) : 문과. 임인년(1722)에 도임하였다.

문덕겸(文德謙) : 문과. 계묘년(1723)에 도임하였다.

이선(李譔) : 무과. 갑진년(1724)에 도임하였다.

송병보(宋炳普) : 무과. 을사년(1725)에 도임하였다.

손경익(孫景翼) : 문과. 무신년(1728)에 도임하였다.

박사정(朴師正) : 문과. 무신년(1728)에 도임하였다.

김정희(金鼎熙) : 무과. 무신년(1728)에 도임하였다.

박민재(朴旻梓) : 무과. 경술년(1730)에 도임하였다.

권상직(權相稷) : 무과. 신해년(1731)에 도임하였다.

이시혁(李始爀) : 무과. 계축년(1733)에 도임하였다.

심해(沈瑎) : 무과. 계축년(1733)에 도임하였다.

이태창(李泰昌) : 무과. 병진년(1736)에 도임하였다.

김시걸(金時傑) : 무과. 무오년(1738)에 도임하였다.
어유규(魚有珪) : 무과. 기미년(1739)에 도임하였다.
김광려(金光礪) : 무과. 신유년(1741)에 도임하였다.
이행빈(李行彬) : 무과. 임술년(1742)에 도임하였다.
한만경(韓萬慶) : 무과. 갑자년(1744)에 도임하였다.
정집녕(鄭輯寧) : 무과. 병인년(1746)에 도임하였다.
전치우(田致雨) : 무과. 무진년(1748)에 도임하였다.
박양신(朴良藎) : 무과. 기사년(1749)에 도임하였다.
변익노(邊翼老) : 문과. 경오년(1750)에 도임하였다.
허휘(許彙) : 문과. 경오년(1750)에 도임하였다.
이진길(李晋吉) : 무과. 임신년(1752)에 도임하였다.
백사문(白師文) : 무과. 계유년(1753)에 도임하였다.
최항대(崔恒大) : 무과. 갑술년(1754)에 도임하였다.
윤밀(尹謐) : 문과. 을해년(1755)에 도임하였다.
백상휘(白尙輝) : 무과. 정축년(1757)에 도임하였다.
이의배(李義培) : 무과. 정축년(1757)에 도임하였다.
이문덕(李文德) : 무과. 기묘년(1759)에 도임하였다.
조시겸(趙時謙) : 문과. 경진년(1760)에 도임하였다.
김정우(金廷遇) : 무과. 경진년(1760)에 도임하였다.
박상겸(朴尙謙) : 무과. 임오년(1762)에 도임하였다.
심국현(沈國賢) : 문과. 임오년(1762)에 도임하였다.
이운해(李雲海) : 문과. 계미년(1763)에 도임하였다.
신석기(辛錫箕) : 무과. 계미년(1763)에 도임하였다.
이서(李壻) : 무과. 을유년(1765)에 도임하였다.
오재형(吳載衡) : 무과. 병인년(1766)에 도임하여 무자년(1768)에 임기가 만료되어 체직되었다.
박돈행(朴敦行) : 무과. 무자년(1768)에 도임하여 기축년(1769)에 경파

(京罷)되었다.

심집(沈鏶) : 문과. 기축년(1769)에 도임하여 신묘년(1771)에 임기가 만료되어 체직되었다.

김이준(金履準) : 무과. 신묘년(1771)에 도임하여 임진년(1772)에 대파(臺罷)되었다.

김재천(金載天) : 문과. 임진년(1772)에 도임하여 동년에 경파(京罷)되었다.

김취행(金就行) : 무과. 임진년(1772)에 도임하여 계사년(1773)에 폄파되었다.

이만식(李萬軾) : 문과. 계축년(1773)에 도임하여 병신년(1776)에 붙잡혀갔다.

심명덕(沈命德) : 문과. 병신년(1776)에 도임하여 무술년(1778)에 승소(陞召)하였다.

신우상(申禹相) : 문과. 무술년(1778)에 도임하여 경자년(1780)에 폄파되었다.

정주신(鄭胄新) : 무과. 경자년(1780)에 도임하여 신축년(1781)에 파직되었다.

임제원(林濟遠) : 문과. 신축년(1781)에 도임하여 계묘년(1783)에 승소(陞召)하였다.

이성오(李性吾) : 문과. 계묘년(1783)에 도임하여 갑진년(1784)에 폄파되었다.

장제현(張齊賢) : 무과. 갑진년(1784)에 도임하여 동년에 폄파되었다.

최수로(崔守魯) : 문과. 을사년(1785)에 도임하여 병오년(1786)에 승직하였다.

안책(安策) : 문과. 병오년(1786)에 도임하여 무신년(1788)에 승소(陞召)하였다.

이광우(李光遇) : 무과. 무신년(1788)에 도임하여 동년에 파직되었다.

홍계선(洪繼善) : 무과. 무신년(1788)에 도임하여 기유년(1789)에 사직하였다.

이동선(李東善) : 무과. 기유년(1789)에 도임하여 동년에 승소(陞召)하였다.

양완(梁埦) : 무과. 기유년(1789)에 도임하여 경술년(1790)에 파직되었다.

신광로(申光輅) : 무과. 경술년(1790)에 도임하여 신해년(1791)에 파직되었다.

정만시(鄭萬始) : 문과. 신해년(1791)에 도임하여 임자년(1792)에 승소(陞召)하였다.

고정헌(高廷憲) : 문과. 임자년(1792)에 도임하여 동년에 이직(移職)하였다.

이성중(李性重) : 남행. 임자년(1792)에 도임하여 계축년(1793)에 이직하였다.

박종정(朴宗正) : 문과. 계축년(1793)에 도임하여 을묘년(1795)에 파직되었다.

민형묵(閔亨默) : 무과. 을묘년(1795)에 도임하여 무오년(1798)에 이직하였다.

임한호(林漢浩) : 문과. 무오년(1798)에 도임하여 경신년(1800)에 승소(陞召)하였다. 선정비(善政碑)가 세워졌다.

김희락(金熙洛) : 문과. 경신년(1800)에 도임하여 신유년(1801)에 경파(京罷)되었다.

윤함(尹涵) : 문과. 신유년(1801)에 도임하여 계해년(1803)에 사직하였다.

최시순(崔時淳) : 문과. 계해년(1803)에 도임하여 을축년(1805)에 승소(陞召)하였다.

구의화(具毅和) : 무과. 을축년(1805)에 도임하여 병인년(1806)에 벼슬이 바뀌어 돌아갔다.

이계(李晵) : 문과. 병인년(1806)에 도임하여 무진년(1808)에 임기가 만료되어 체직되었다.

김학순(金學淳) : 무과. 무진년(1808)에 도임하여 신미년(1811)에 벼슬이 바뀌어 돌아갔다.

이후(李垕) : 무과. 신미년(1811)에 도임하여 임신년(1812)에 진도군수와 상환하였다.

안광찬(安光贊) : 무과. 임신년(1812) 진도군수에서 상환하여 도임하고, 을해년(1815)에 임기가 만료되어 돌아갔다. 불망비(不忘碑)가 있다.

이응식(李應植) : 무과. 을해년(1815)에 도임하여 정축년(1817)에 상주영장(尙州營將)에 이배(移拜)되었다.

유민검(柳民儉) : 무과. 정축년(1817)에 도임하여 동년에 경파(京罷)되었다.

신의학(愼宜學) : 문과. 정축년(1817)에 도임하여 기묘년(1819)에 폄파(貶罷)되었다.

이광로(李光魯) : 무과. 기묘년(1819)에 도임하여 동년에 모친상을 당하였다.

이욱(李勖) : 무과. 기묘년(1819)에 도임하여 임오년(1822)에 임기가 만료되어 돌아갔다.

김선일(金善一) : 무과. 임오년(1822)에 도임하여 갑신년(1824)에 임기가 만료되어 돌아갔다.

조경진(趙璟鎭) : 문과. 갑신년(1824)에 도임하여 병술년(1826)에 승소(陞召)하였다.

남리형(南履炯) : 문과. 병술년(1826)에 도임하여 정해년(1827)에 승소(陞召)하였다. 청덕선정비(淸德善政碑)가 세워졌다.

조존정(趙存鼎) : 무과. 정해년(1827)에 도임하여 기축년(1829)에 이직하였다.

유상정(柳相鼎) : 문과. 경인년(1830)에 도임하여 동년에 체직되었다.

정구(鄭龜) : 문과. 경인년(1830)에 도임하여 임진년(1832)에 승소하였다.

서영순(徐永淳) : 무과. 임진년(1832)에 도임하여 동년에 파출(罷黜)되었다.

박재관(朴載寬) : 무과. 임진년(1832)에 도임하여 계사년(1833)에 폄파(貶罷)되었다.

윤수봉(尹守鳳) : 무과. 계사년(1833)에 도임하여 을미년(1835)에 사직하였다. 불망비(不忘碑)가 있다.

이석원(李錫遠) : 무과. 을미년(1835)에 도임하여 정유년(1837)에 폄파(貶罷)되었다.

김응균(金應均) : 문과. 정유년(1837)에 도임하여 기해년(1839)에 경체(京遞)되었다.

남궁석(南宮錫) : 무과. 기해년(1839)에 도임하여 신축년(1841)에 임기가 만료되어 체직되었다.

유석환(兪錫煥) : 문과. 신축년(1841)에 도임하여 계묘년(1843)에 경체(京遞)되었다.

백낙현(白樂賢) : 무과. 갑진년(1844)에 도임하여 을사년(1845)에 계파(啓罷)되었다.

김익진(金翊鎭) : 문과. 을사년(1845)에 도임하여 정미년(1847)에 사직하였다.

이희평(李熙平) : 무과. 정미년(1847)에 도임하여 동년에 모친상을 만났다.

서상악(徐相岳) : 무과. 정미년(1847)에 도임하여 기유년(1819)에 상주영장(尙州營將)에 이배(移拜)되었다.

이기년(李綺秊) : 무과. 기유년(1849)에 도임하여 신해년(1851)에 계파(啓罷)되었다.

양주태(梁柱台) : 무과. 신해년(1851)에 도임하여 계축년(1853)에 임기가 만료되어 체직되었다. 불망비(不忘碑)가 있다.

윤치성(尹致聖) : 문과. 계축년(1853)에 도임하여 을묘년(1855)에 지평(持平)에 제수되었다. 불망비(不忘碑)가 있다.

임응준(任應準) : 문과. 을묘년(1855)에 도임하여 병진년(1856)에 폄거(貶去)되었다.

이기풍(李基灃) : 무과. 정사년(1857)에 도임하여 무오년(1858)에 이배(移拜)되었다.

김만원(金晚源) : 문과. 무오년(1858)에 도임하여 기미년(1859)에 이배(移拜)되었다.

박영찬(朴永瓚) : 무과. 기미년(1859)에 도임하였다. 신유년(1861)에 이배(移拜)되었다.

민희식(閔羲軾) : 문과. 신유년(1861)에 도임하여 임술년(1862)에 민요(民擾) 때문에 떠났다.

이교영(李敎永) : 무과. 임술년(1862)에 도임하여 갑자년(1864)에 이배(移拜)되었다. 선정비(善政碑)가 있다.

여은섭(呂殷燮) : 무과. 갑자년(1864)에 도임하여 을축년(1865)에 이배(移拜)되었다. 선정비(善政碑)가 있다.

정관섭(丁觀燮) : 무과. 병인년(1866)에 도임하여 무진년(1868)에 승소(陞召)하였다. 선정비(善政碑)가 있다.

이덕순(李德純) : 무과. 무진년(1868)에 도임하여 계유년(1873)에 이배(移拜)되었다. 선정비(善政碑)가 있다.

유희동(柳曦東) : 무과. 계유년(1873)에 도임하여 을해년(1875)에 이배(移拜)되었다. 불망비(不忘碑)가 있다.

김홍집(金弘集) : 문과. 을해년(1875)에 도임하여 정축년(1877)에 옥당(玉堂)에 제수되었다. 각 면에 선정비(善政碑)가 있다.

김연수(金演壽) : 문과. 무진년(1878)에 도임하여 기묘년(1879)에 경체(京遞)되었다.

이호면(李鎬冕) : 문과. 기묘년(1879)에 도임하여 경진년(1880)에 이배

(移拜)되었다

이장권(李章權) : 무과. 신사년(1881)에 도임하여 동년에 계파(啓罷)되었다.

홍재찬(洪在瓚) : 문과. 신사년(1881)에 도임하여 계미년(1883)에 승소(陞召)하였다.

이건석(李建晳) : 무과. 계미년(1883)에 도임하여 갑신년(1884)에 경체(京遞)되었다.

홍형주(洪瀅周) : 문과. 을유년(1885)에 도임하여 임직 중에 죽었다. 만인산(萬人傘)이 있다.

조시영(曺始永) : 문과. 을유년(1885)에 도임하여 병술년(1886)에 외간(外艱, 부친상)을 만났다.

정인석(鄭寅奭) : 문과. 정해년(1887)에 도임하여 기축년(1889)에 임기가 만료되어 체직되었다.

민영수(閔泳壽) : 문과. 기축년(1889)에 도임하여 신묘년(1891)에 승소(陞召)하였다. 만인산(萬人傘)이 있다.

조준구(趙駿九) : 음직. 신묘년(1891)에 도임하여 임진년(1892)에 이배(移拜)되었다.

조시영(曺始永) : 문과. 계사년(1893)에 도임하여 갑오년(1894)에 체직되었다.

유석응(柳錫膺) : 무과. 갑오년(1894)에 도임하여 을미년(1895)에 체직되었다.

이순하(李舜夏) : 문과. 병신년(1896)에 도임하여 무술년(1898)에 체직되었다.

이완호(李完鎬) : 문과. 무술년(1898)에 도임하여 기해년(1899)에 이배(移拜)되었다.

민술호(閔述鎬) : 음직. 기해년(1899)에 도임하여 신축년(1901)에 승소(陞召)하였다.

이범교(李範喬) : 문과. 신축년(1901)에 도임하여 임인년(1902)에 승소(陞召)하였다.

조두현(趙斗顯) : 임인년(1902)에 도임하여 갑진년(1904) 벼슬이 바뀌어 돌아갔다.

백남규(白南圭) : 을사년(1905)에 도임하여 병오년(1906) 벼슬이 바뀌어 돌아갔다.

이용상(李龍相) : 병오년(1906)에 도임하여 기유년(1909)에 돌아갔다.

박지양(朴芝陽) : 경술년(1910)에 부임하였다.

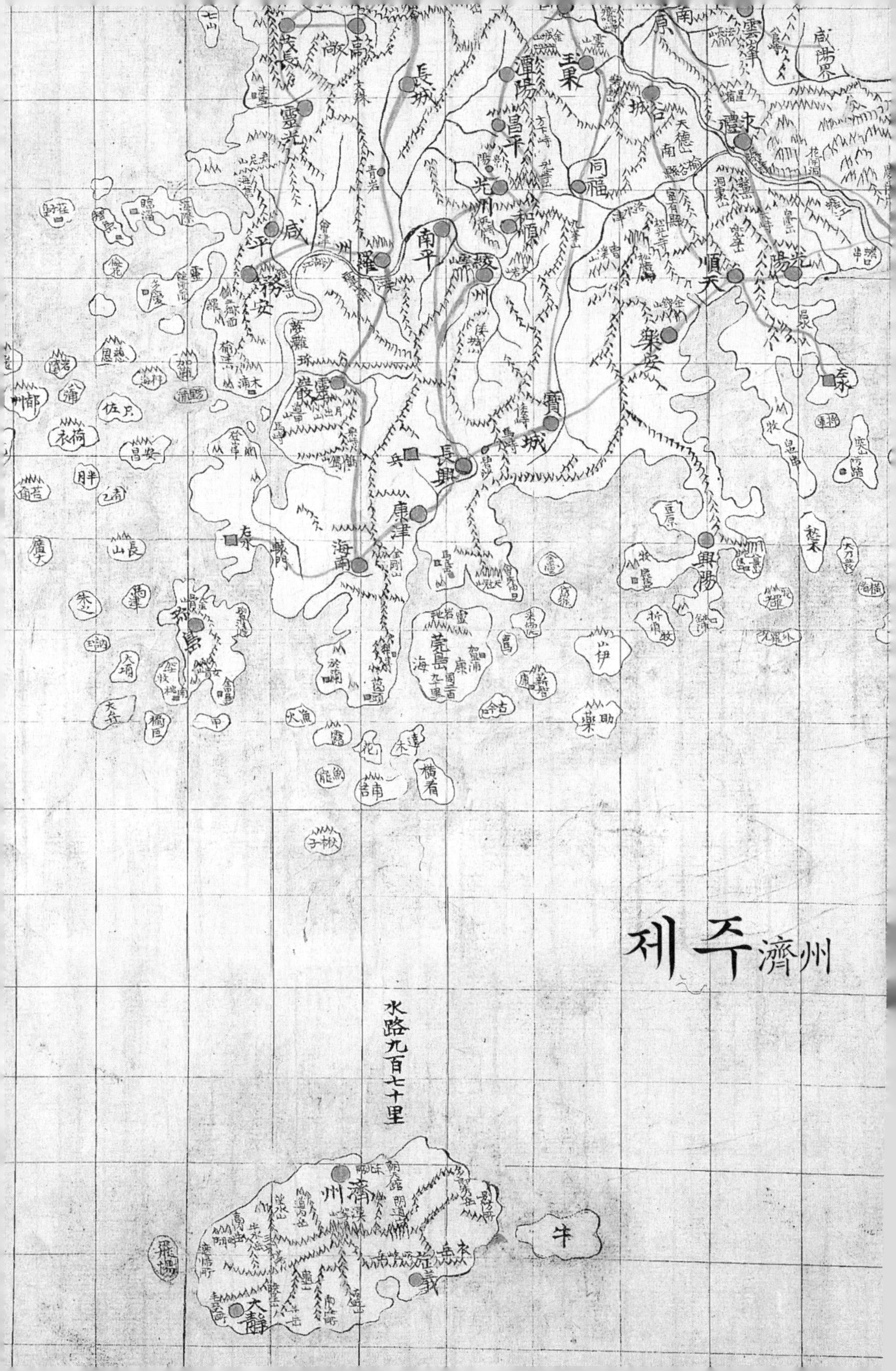
제주 濟州
水路九百七十里
長城
靈光
咸平
務安
羅州
南平
光州
和順
綾州
長興
康津
海南
靈巖
寶城
樂安
順天
光陽
興陽
昌平
潭陽
玉果
谷城
同福
求禮
雲峰
南原
咸陽界
珍島
莞島
濟州
旌義
大靜
牛

# 제주(濟州)285)

## 제주(濟州)

제주의 옛 이름은 탐라(耽羅)·탁라(乇羅)·탐모라(耽毛羅)·동영주(東瀛洲)이다. 1105년(숙종10)에 탐라군으로 개편되어 고려의 관할 하에 들어갔으며 고종 때 탐라를 제주라 개칭했다. 1271년(원종12) 김통정이 삼별초를 거느리고 약 3년간 제주에서 웅거하다 토벌되었다. 이후 원나라의 직할령이 되었으며, 제주에 목마장이 설치되었다. 1294년 고려에 환원되었고, 1295년(충렬왕 21)에 제주의 행정단위가 제주목으로 개편되었다. 그 후 1300년(충렬왕 26)에 이르러서는 제주목에 속했던 촌 가운데서 14개 촌이 동·서 방향으로 나뉘어, 각각의 군·현으로 개편되어 현존하는 마을의 틀과 명칭이 생겨나게 되었다. 조선시대 제주는 행정구역상 전라도 제주목으로 통합되었고, 1416년(태종 16)에 고려 시대의 행정조직이었던 동·서도현(東·西道縣) 제도를 폐지하고, 3읍 행정체제인 제주목과 정의현(旌義縣), 대정현(大靜縣)으로 개편하였으며, 이에 따른 하부조직은 1609년(광해군 1)에 이르러 3읍 8면으로 개편되었다. 1864년(고종 1) 8월 30일 조정에서는 제주목의 정의현과 대정현 2개 현을 군으로 승격시키면서, 제주목사의 관할에서 분리시켜 직접 전라도 관찰사의 관할 아래 두게 하였는데 문제점이 지적되면서 1880년(고종 17) 1월 27일 다시 예전대로 정의현·대정현으로 환원시켜 제주목사의 관할 아래 귀속시켰다. 1895년에 제주부 제주목, 정의군 대정군으로 개편되었다가 1896년에 전라남도 제주목 정의군 대정군이 되었으며, 1906년에

285) 『제주·대정·정의읍지』(1793)를 저본으로 하였다.

10월 1일에 제주목을 제주군으로 개칭하였다. 1946년에는 도로 승격되었다.

김중광(金仲光) : 을묘년(1375)에 도임했다.
이영익(李英益) : 정사년(1377)에 재임했다.
노성열(盧成烈) : 경신년(1380)에 도임했다.
이지부(李之富) : 신유년(1381)에 도임했다.
박의룡(朴義龍) : 임술년(1382)에 도임했다.
김중광(金仲光) : 계해년(1383)에 재임했다.
임영무(林永茂) : 을축년(1385)에 도임했다.
옥산기(玉散奇) : 무진년(1388)에 도임했다.
양인달(梁仁達) : 기사년(1389)에 도임했다.
유귀산(庾龜山) : 신묘년(1391)에 도임했다.
여의손(呂義孫) : 만호(萬戶). 태조 2년 계유년(1393) 12월에 도임하여 태조 4년 을해년(1395) 4월에 이임했다.
이침(李忱) : 을해년(1395) 4월에 도임하여 정축년(1397) 4월에 이임했다.
김천신(金天伸) : 정축년(1397) 4월에 도임하여 기묘년(1399) 7월에 이임했다.
김사민(金思敏)[286] : 기묘년(1399) 8월에 도임하여 신사년(1401) 10월에 이임했다.
박덕공(朴德公) : 신사년(1401) 10월에 도임하여 계미년(1403) 12월에 이임했다.
이원항(李原恒) : 갑신년(1404) 4월에 도임하여 병술년(1406) 9월에 이임했다.

286) 전사민(全思敏)으로도 나온다.

조원(趙原) : 병술년(1406) 9월에 도임하여 기축년(1409) 윤4월에 이임했다.

정초(鄭初) : 기축년(1409) 윤4월에 도임하여 경인년(1410) 1월에 이임했다.

김정준(金庭雋) : 경인년(1410) 1월에 도임하여 임진년(1412) 4월에 이임했다.

윤임(尹臨) : 임진년(1412) 4월에 도임하여 갑오년(1414) 8월에 이임했다.

오식(吳湜) : 갑오년(1414) 윤9월에 도임하여 정유년(1417) 4월에 이임했다.

이간(李暕) : 정유년(1417) 4월에 도임하여 기해년(1419) 6월에 이임했다.

정을현(鄭乙賢) : 기해년(1419) 6월에 도임하여 경자년(1420) 4월에 이임했다.

이신(李伸) : 경자년(1420) 5월에 도임하여 동년 11월에 이임했다.

정간(鄭幹) : 경자년(1420) 11월에 도임하여 계묘년(1423) 1월에 이임했다.

김소(金素) : 계묘년(1423) 3월에 도임하여 을사년(1425) 3월에 이임했다.

조희정(趙希鼎) : 을사년(1425) 5월에 도임하여 병오년(1426) 9월에 이임했다.

장우량(張友良) : 정미년(1427) 1월에 도임하여 기유년(1429) 4월에 이임했다.

김흡(金洽) : 기유년(1429) 4월에 도임하여 신해년(1431) 9월에 이임했다.

김인(金裀) : 신해년(1431) 9월에 도임하여 갑인년(1434) 3월에 이임했다.

이붕(李鵬) : 갑인년(1434) 3월에 도임하여 동년 8월에 이임했다.

최해산(崔海山) : 갑인년(1434) 10월에 도임하여 정사년(1437) 2월에 이임했다.

한승순(韓承舜) : 정사년(1437) 2월에 도임하여 기미년(1439) 2월에 이임했다.

정간(丁艮) : 기미년(1439) 4월에 도임하여 신유년(1441) 10월에 이임했다.

신처강(辛處康) : 신유년(1441) 10월에 도임하여 계해년(1443) 12월에 이임했다.

기건(奇虔) : 계해년(1443) 12월에 도임하여 을축년(1445) 12월에 이임했다.

이흥문(李興門) : 병인년(1446) 2월에 도임하여 정묘년(1447) 4월에 이임했다.

신숙청(辛淑晴) : 정묘년(1447) 6월에 도임하여 기사년(1449) 7월에 이임했다.

이명겸(李鳴謙) : 기사년(1449) 10월에 도임하여 신미년(1451) 9월에 이임했다.

홍익성(洪益誠) : 신미년(1451) 11월에 도임하여 계유년(1453) 11월에 이임했다.

최수평(崔守平) : 갑술년(1454) 5월에 도임하여 병자년(1456) 4월에 이임했다.

장맹창(張孟昌) : 병자년(1456) 4월에 도임하여 동년 7월에 이임했다.

설효조(薛孝祖) : 병자년(1456) 8월에 도임하여 기묘년(1459) 1월에 이임했다.

원지어(元志於) : 기묘년(1459) 3월에 도임하여 신사년(1461) 1월에 이임했다.

최경례(崔景禮) : 신사년(1461) 2월에 도임하여 임오년(1462) 7월에 이임했다.

복승리(卜承利) : 임오년(1462) 7월에 도임하여 을유년(1465) 2월에 이임했다.

문여량(文汝良) : 을유년(1465) 2월에 도임하여 병술년(1466) 윤3월에 이임했다.

이유의(李由義) : 병술년(1466) 윤3월에 도임하여 기축년(1469) 2월에 이임했다.

김호인(金好仁) : 기축년(1469) 2월에 도임하여 경인년(1470) 10월에 이임했다.

이약동(李約東) : 경인년(1470) 10월에 도임하여 계사년(1473) 8월에 이임했다.

이장손(李長孫) : 계사년(1473) 8월에 도임하여 병신년(1476) 6월에 이임했다.

정형(鄭亨) : 병신년(1476) 6월에 도임하여 무술년(1478) 8월에 이임했다.

양찬(梁瓚) : 무술년(1478) 10월에 도임하여 신축년(1481) 7월에 이임했다.

최전(崔湔) : 신축년(1481) 7월에 도임하여 갑진년(1484) 1월에 이임했다.

이거인(李居仁) : 갑진년(1484) 4월에 도임하여 병오년(1486) 7월에 이임했다.

이수생(李壽生) : 병오년(1486) 10월에 도임하여 정미년(1487) 7월에 이임했다.

허희(許熙) : 정미년(1487) 10월에 도임하여 경술년(1490) 5월에 이임했다.

이종윤(李從允) : 경술년(1490) 8월에 도임하여 갑인년(1494) 12월에 이임했다.

정인운(鄭仁耘) : 을묘년(1495) 4월에 도임하여 정사년(1497) 10월에 이임했다.

민휘(閔暉) : 무오년(1498) 2월에 도임하여 경신년(1500) 8월에 이임했다.

남궁찬(南宮璨) : 경신년(1500) 11월에 도임하여 계해년(1503) 7월에 이임했다.

김율(金硉) : 계해년(1503) 8월에 도임하여 갑자년(1504) 11월에 이임했다.

육한(陸閑) : 을축년(1505) 4월에 도임하여 병인년(1506) 10월에 이임했다.

방유영(方有寧) : 정묘년(1507) 1월에 도임하여 기사년(1509) 7월에 이임했다.

이전(李琠) : 기사년(1509) 9월에 도임하여 경오년(1510) 6월에 이임했다.

장림(張琳) : 경오년(1510) 6월에 도임하여 동년 12월에 이임했다.

김석철(金錫哲) : 신미년(1511) 1월에 도임하여 계유년(1513) 6월에 이임했다.

성수재(成秀才) : 계유년(1513) 9월에 도임하여 을해년(1515) 3월에 이임했다.

정건(鄭健) : 을해년(1515) 5월에 도임하여 정축년(1517) 9월에 이임했다.

이윤번(李允蕃) : 무인년(1518) 4월에 도임하여 경진년(1520) 8월에 이임했다.

이운(李耘) : 경진년(1520) 9월에 도임하여 계미년(1523) 3월에 이임했다.

김흠조(金欽祖) : 계미년(1523) 윤4월에 도임하여 병술년(1526) 4월에 이임했다.

이수동(李壽童) : 병술년(1526) 4월에 도임하여 무자년(1528) 12월에 이임했다.

송인수(宋仁粹) : 무자년(1528) 12월에 도임하여 신묘년(1531) 6월에 이임했다.

이희옹(李希雍) : 신묘년(1531) 7월에 도임하여 갑오년(1534) 3월에 이임했다.

송인수(宋麟壽) : 갑오년(1534) 3월에 도임하여 동년 6월에 이임했다.

심연원(沈連源) : 갑오년(1534) 9월에 도임하여 정유년(1537) 6월에 이임했다.

김수성(金遂性) : 정유년(1537) 6월에 도임하여 무술년(1538) 3월에 이임했다.

권진(權軫) : 무술년(1538) 3월에 도임하여 경자년(1540) 8월에 이임했다.

조사수(趙士秀) : 경자년(1540) 11월에 도임하여 신축년(1541) 3월에 이임했다.

윤중형(尹仲衡) : 신축년(1541) 3월에 도임하여 임인년(1542) 11월에 이임했다.

김윤종(金胤宗) : 계묘년(1543) 3월에 도임하여 을사년(1545) 11월에 이임했다.

임형수(林亨秀) : 을사년(1545) 11월에 도임하여 병오년(1546) 10월에 이임했다.

김숙(金淑) : 병오년(1546) 10월에 도임하여 기유년(1549) 5월에 이임했다.

한흡(韓洽) : 기유년(1549) 5월에 도임하여 경술년(1550) 7월에 이임했다.

김충렬(金忠烈) : 경술년(1550) 7월에 도임하여 임자년(1552) 5월에 이임했다.

남치근(南致勤) : 임자년(1552) 6월에 도임하여 을묘년(1555) 2월에 이임했다.

김수문(金秀文) : 을묘년(1555) 2월에 도임하여 정사년(1557) 10월에 이임했다.

민응서(閔應瑞) : 정사년(1557) 10월에 도임하여 무오년(1558) 10월에 이임했다.

이영(李榮) : 무오년(1558) 10월에 도임하여 경신년(1560) 10월에 이임했다.

오성(吳誠) : 신유년(1561) 1월에 도임하여 임술년(1562) 10월에 이임했다.

김우서(金禹瑞) : 임술년(1562) 10월에 도임하여 을축년(1565) 9월에 이임했다.

이선원(李善源) : 을축년(1565) 9월에 도임하여 동년 10월에 이임했다.

변협(邊協) : 을축년(1565) 11월에 도임하여 동년 12월에 이임했다.

곽흘(郭屹) : 을축년(1565) 12월에 도임하여 무진년(1568) 6월에 이임했다.

이전(李戩) : 무진년(1568) 7월에 도임하여 신미년(1571) 1월에 이임했다.

소흡(蘇潝) : 신미년(1571) 3월에 도임하여 계유년(1573) 6월에 이임했다.

강려(姜侶) : 계유년(1573) 6월에 도임하여 갑술년(1574) 10월에 이임했다.

송중기(宋重器) : 갑술년(1574) 12월에 도임하여 정축년(1577) 8월에 이임했다.

임진(林晉) : 정축년(1577) 8월에 도임하여 기묘년(1579) 10월에 이임했다.

신각(申恪) : 기묘년(1579) 11월에 도임하여 신사년(1581) 2월에 이임했다.

김태정(金泰廷) : 신사년(1581) 3월에 도임하여 임오년(1582) 8월에 이임했다.

최여림(崔汝霖) : 임오년(1582) 9월에 도임하여 계미년(1583) 9월에 이임했다.

김응남(金應南) : 계미년(1583) 10월에 도임하여 을유년(1585) 4월에 이임했다.

임응룡(任應龍) : 을유년(1585) 4월에 도임하여 병술년(1586) 8월에 이임했다.

양사영(梁思瑩) : 병술년(1586) 11월에 도임하여 기축년(1589) 10월에 이임했다.

이옥(李沃) : 기축년(1589) 10월에 도임하여 임진년(1592) 3월에 이임했다.

양대수(楊大樹) : 임진년(1592) 3월에 도임하여 동년 6월에 이임했다.

이경록(李慶祿) : 임진년(1592) 9월에 도임하여 기해년(1599) 1월에 이임했다.

성윤문(成允文) : 기해년(1599) 3월에 도임하여 신축년(1601) 6월에 이임했다.

조경(趙儆) : 신축년(1601) 8월에 도임하여 임인년(1602) 7월에 이임했다.

김명윤(金命胤) : 임인년(1602) 7월에 도임하여 갑진년(1604) 8월에 이임했다.

이영(李英) : 갑진년(1604) 10월에 도임하여 정미년(1607) 7월에 이임했다.

이응해(李應獬) : 정미년(1607) 7월에 도임하여 무신년(1608) 6월에 이임했다.

변양걸(邊良傑) : 무신년(1608) 6월에 도임하여 경술년(1610) 2월에 이임했다.

이기빈(李箕賓) : 경술년(1610) 2월에 도임하여 신해년(1611) 9월에 이임했다.

이현(李玹) : 신해년(1611) 9월에 도임하여 계축년(1613) 2월에 이임했다.

현집(玄楫) : 계축년(1613) 2월에 도임하여 병진년(1616) 4월에 이임했다.

이괄(李适)[287] : 병진년(1616) 5월에 도임하여 기미년(1619) 2월에 이임했다.

홍걸(洪傑) : 기미년(1619) 2월에 도임하여 동년 5월에 이임했다.

양호(梁濩)[288] : 기미년(1619) 10월에 도임하여 임술년(1622) 10월에 이임했다.

유순무(柳舜懋) : 임술년(1622) 11월에 도임하여 계해년(1623) 8월에 이임했다.

민기(閔璣) : 계해년(1623) 8월에 도임하여 갑자년(1624) 6월에 이임했다.

성안의(成安義) : 갑자년(1624) 6월에 도임하여 정묘년(1627) 4월에 이임했다.

박명부(朴命榑) : 정묘년(1627) 4월에 도임하여 기사년(1629) 6월에 이임했다.

이진경(李眞卿) : 기사년(1629) 6월에 도임하여 임신년(1632) 2월에 이임했다.

이곽(李廓) : 임신년(1632) 3월에 도임하여 갑술년(1634) 윤8월에 이임했다.

신경호(申景琥) : 갑술년(1634) 9월에 도임하여 정축년(1637) 5월에 이

287) 본 읍지에는 들어있지 않았다.
288) 본 읍지에는 들어있지 않았다.

임했다.

성하종(成夏宗) : 정축년(1637) 5월에 도임하여 무인년(1638) 6월에 이임했다.

심연(沈演) : 무인년(1638) 6월에 도임하여 경진년(1640) 9월에 이임했다.

이시방(李時昉) : 경진년(1640) 9월에 도임하여 임오년(1642) 8월에 이임했다.

원숙(元䎘) : 임오년(1642) 8월에 도임하여 을유년(1645) 4월에 이임했다.

유정익(柳廷益) : 을유년(1645) 4월에 도임하여 정해년(1647) 5월에 이임했다.

김여수(金汝水) : 정해년(1647) 5월에 도임하여 기축년(1649) 9월에 이임했다.

김수익(金壽翼) : 기축년(1649) 9월에 도임하여 신묘년(1651) 7월에 이임했다.

이원진(李元鎭) : 신묘년(1651) 7월에 도임하여 계사년(1653) 10월에 이임했다.

소동도(蘇東道) : 계사년(1653) 10월에 도임하여 을미년(1655) 9월에 이임했다.

구의준(具義俊) : 을미년(1655) 9월에 도임하여 무술년(1658) 4월에 이임했다.

이회(李襘) : 무술년(1658) 4월에 도임하여 경자년(1660) 5월에 이임했다.

이지형(李枝馨) : 경자년(1660) 5월에 도임하여 임인년(1662) 8월에 이임했다.

이익한(李翊漢) : 임인년(1662) 8월에 도임하여 계묘년(1663) 3월에 이임했다.

이중신(李重信) : 계묘년(1663) 3월에 도임하여 을사년(1665) 11월에 이임했다.

홍우량(洪宇亮) : 을사년(1665) 11월에 도임하여 정미년(1667) 5월에 이임했다.

이인(李壙) : 정미년(1667) 6월에 도임하여 기유년(1669) 9월에 이임했다.

노정(盧錠) : 기유년(1669) 9월에 도임하여 임자년(1672) 5월에 이임했다.

윤계(尹堦) : 임자년(1672) 5월에 도임하여 동년 10월에 이임했다.

김홍운(金興運) : 임자년(1672) 10월에 도임하여 을묘년(1675) 6월에 이임했다.

소두산(蘇斗山) : 을묘년(1675) 6월에 도임하여 병진년(1676) 2월에 이임했다.

윤창형(尹昌亨) : 병진년(1676) 2월에 도임하여 무오년(1678) 8월에 이임했다.

최관(崔寬) : 무오년(1678) 8월에 도임하여 경신년(1680) 5월에 이임했다.

원상(元相) : 경신년(1680) 5월에 도임하여 동년 8월에 이임했다.

임홍망(任弘望) : 경신년(1680) 8월에 도임하여 신유년(1681) 12월에 이임했다.

신경윤(愼景尹) : 신유년(1681) 12월에 도임하여 갑자년(1684) 4월에 이임했다.

김세구(金世龜) : 갑자년(1684) 4월에 도임하여 을축년(1685) 1월에 이임했다.

강세구(姜世龜) : 을축년(1685) 4월에 도임하여 동년 10월에 이임했다.

이상전(李尙銓) : 을축년(1685) 10월에 도임하여 무진년(1688) 4월에 이임했다.

이희룡(李喜龍) : 무진년(1688) 4월에 도임하여 기사년(1689) 5월에 이임했다.

이우항(李宇恒) : 기사년(1689) 5월에 도임하여 신미년(1691) 12월에 이임했다.

윤정화(尹鼎和) : 임신년(1692) 1월에 도임하여 계유년(1693) 4월에 이임했다.

이기하(李基夏) : 계유년(1693) 4월에 도임하여 갑술년(1694) 7월에 이임했다.

이익태(李益泰) : 갑술년(1694) 7월에 도임하여 병자년(1696) 9월에 이임했다.

유한명(柳漢明) : 병자년(1696) 10월에 도임하여 기묘년(1699) 5월에 이임했다.

남지훈(南至薰) : 기묘년(1699) 5월에 도임하여 신사년(1701) 9월에 이임했다.

박성석(朴星錫) : 신사년(1701) 9월에 도임하여 임오년(1702) 6월에 이임했다.

이형상(李衡祥) : 임오년(1702) 6월에 도임하여 계미년(1703) 6월에 이임했다.

이희태(李喜泰) : 계미년(1703) 6월에 도임하여 갑신년(1704) 10월에 이임했다.

송정규(宋廷奎) : 갑신년(1704) 10월에 도임하여 병술년(1706) 9월에 이임했다.

이규성(李奎成) : 병술년(1706) 9월에 도임하여 기축년(1709) 5월에 이임했다.

최계옹(崔啓翁) : 기축년(1709) 5월에 도임하여 경인년(1710) 12월에 이임했다.

백시구(白時耉) : 경인년(1710) 12월에 도임하여 신묘년(1711) 5월에 이임했다.

이익한(李翊漢) : 신묘년(1711) 5월에 도임하여 계사년(1713) 7월에 이임했다.

변시태(邊是泰) : 계사년(1713) 7월에 도임하여 병신년(1716) 3월에 이임했다.

홍중주(洪重周) : 병신년(1716) 3월에 도임하여 정유년(1717) 9월에 이임했다.

정석빈(鄭碩賓) : 정유년(1717) 9월에 도임하여 기해년(1719) 6월에 이임했다.

정동후(鄭東後) : 기해년(1719) 6월에 도임하여 경자년(1720) 7월에 이임했다.

민제장(閔濟章) : 경자년(1720) 7월에 도임하여 신축년(1721) 8월에 이임했다.

최완(崔烷) : 임인년(1722) 4월에 도임하여 계묘년(1723) 5월에 이임했다.

신유익(愼惟益) : 계묘년(1723) 8월에 도임하여 을사년(1725) 6월에 이임했다.

한범석(韓範錫) : 을사년(1725) 6월에 도임하여 정미년(1727) 10월에 이임했다.

정계장(鄭啓章) : 정미년(1727) 10월에 도임하여 기유년(1729) 6월에 이임했다.

이수신(李守身) : 기유년(1729) 10월에 도임하여 신해년(1731) 9월에 이임했다.

정필녕(鄭必寧) : 신해년(1731) 9월에 도임하여 계축년(1733) 8월에 이임했다.

정도원(鄭道元) : 계축년(1733) 8월에 도임하여 갑인년(1734) 9월에 이임했다.

김정(金儆) : 을묘년(1735) 4월에 도임하여 정사년(1737) 9월에 이임했다.
이희하(李希夏) : 정사년(1737) 9월에 도임하여 무오년(1738) 10월에 이임했다.
홍중징(洪重徵) : 무오년(1738) 10월에 도임하여 기미년(1739) 9월에 이임했다.
조동점(趙東漸) : 기미년(1739) 9월에 도임하여 경신년(1740) 9월에 이임했다.
안경운(安慶運) : 경신년(1740) 9월에 도임하여 계해년(1743) 3월에 이임했다.
김윤(金潤) : 계해년(1743) 3월에 도임하여 갑자년(1744) 9월에 이임했다.
윤식(尹植) : 갑자년(1744) 9월에 도임하여 을축년(1745) 9월에 이임했다.
유징구(柳徵龜) : 을축년(1745) 9월에 도임하여 병인년(1746) 3월에 이임했다.
한억증(韓億增) : 병인년(1746) 3월에 도임하여 정묘년(1747) 11월에 이임했다.
박태신(朴泰新) : 정묘년(1747) 11월에 도임하여 기사년(1749) 10월에 이임했다.
정언유(鄭彦儒) : 기사년(1749) 10월에 도임하여 신미년(1751) 8월에 이임했다.
윤구연(尹九淵) : 신미년(1751) 8월에 도임하여 임신년(1752) 12월에 이임했다.
김몽규(金夢煃) : 임신년(1752) 12월에 도임하여 갑술년(1754) 10월에 이임했다.
홍태두(洪泰斗) : 갑술년(1754) 10월에 도임하여 병자년(1756) 윤9월에 이임했다.
이윤성(李潤成) : 병자년(1756) 윤9월에 도임하여 정축년(1757) 10월에 이임했다.

조위진(趙威鎭) : 정축년(1757) 11월에 도임하여 기묘년(1759) 5월에 이임했다.

허류(許瑬) : 기묘년(1759) 5월에 도임하여 경진년(1760) 7월에 이임했다.

이창운(李昌運) : 경진년(1760) 7월에 도임하여 신사년(1761) 7월에 이임했다.

신광익(申光翼) : 신사년(1761) 7월에 도임하여 계미년(1763) 5월에 이임했다.

이달(李鐽) : 계미년(1763) 5월에 도임하여 동년 7월에 이임했다.

이명운(李明運) : 계미년(1763) 7월에 도임하여 을유년(1765) 6월에 이임했다.

유진하(柳鎭夏) : 을유년(1765) 6월에 도임하여 동년 8월에 이임했다.

윤시동(尹蓍東) : 을유년(1765) 8월에 도임하여 병술년(1766) 6월에 이임했다.

안표(安杓) : 병술년(1766) 6월에 도임하여 정해년(1767) 2월에 이임했다.

남익상(南益祥) : 정해년(1767) 2월에 도임하여 기축년(1769) 7월에 이임했다.

안종규(安宗奎) : 기축년(1769) 7월에 도임하여 신묘년(1771) 1월에 이임했다.

양세현(梁世絢) : 신묘년(1771) 1월에 도임하여 계사년(1773) 3월에 이임했다.

박성협(朴聖浹) : 계사년(1773) 3월에 도임하여 갑오년(1774) 5월에 이임했다.

신경준(申景濬) : 갑오년(1774) 7월에 도임하여 을미년(1775) 2월에 이임했다.

유혁(柳爀) : 을미년(1775) 2월에 도임하여 정유년(1777) 3월에 이임했다.

황최언(黃寂彦) : 정유년(1777) 3월에 도임하여 무술년(1778) 12월에 이임했다.

김영수(金永綏) : 무술년(1778) 12월에 도임하여 신축년(1781) 3월에 이임했다.

김시구(金蓍耉) : 신축년(1781) 3월에 도임하여 동년 7월에 이임했다.

이양정(李養鼎) : 신축년(1781) 7월에 도임하여 임인년(1782) 1월에 이임했다.

이문혁(李文爀) : 임인년(1782) 1월에 도임하여 계묘년(1783) 4월에 이임했다.

엄사만(嚴思晩) : 계묘년(1783) 6월에 도임하여 을사년(1785) 5월에 이임했다.

윤득규(尹得逵) : 을사년(1785) 5월에 도임하여 병오년(1786) 4월에 이임했다.

이명준(李命俊) : 병오년(1786) 4월에 도임하여 무신년(1788) 3월에 이임했다.

홍인묵(洪仁默) : 무신년(1788) 3월에 도임하여 동년 10월에 이임했다.

이철모(李喆模) : 무신년(1788) 10월에 도임하여 경술년(1790) 7월에 이임했다.

이홍운(李鴻運) : 경술년(1790) 7월에 도임하여 신해년(1791) 8월에 이임했다.

이운빈(李運彬) : 신해년(1791) 8월에 도임하여 임자년(1792) 3월에 이임했다.

이철운(李喆運) : 임자년(1792) 3월에 도임하여 계축년(1793) 12월에 이임했다.

심낙수(沈樂洙) : 계축년(1793) 12월에 도임하여 갑인년(1794) 10월에 이임했다.

이우현(李禹鉉) : 갑인년(1794) 10월에 도임하여 병진년(1796) 4월에 이임했다.

유사모(柳師模) : 병진년(1796) 4월에 도임하여 정사년(1797) 6월에 이임했다.

조명집(曹命楫) : 정사년(1797) 6월에 도임하여 기미년(1799) 7월에 이임했다.

임시철(林蓍喆) : 기미년(1799) 7월에 도임하여 동년 12월에 이임했다.

정관휘(鄭觀輝) : 기미년(1799) 12월에 도임하여 임술년(1802) 3월에 이임했다.

이연필(李延弼) : 임술년(1802) 3월에 도임하여 계해년(1803) 7월에 이임했다.

유경(柳畊) : 계해년(1803) 9월에 도임하여 갑자년(1804) 9월에 이임했다.

박종주(朴宗柱) : 갑자년(1804) 9월에 도임하여 정묘년(1807) 3월에 이임했다.

한정운(韓鼎運) : 정묘년(1807) 3월에 도임하여 기사년(1809) 1월에 이임했다.

이현택(李顯宅) : 기사년(1809) 1월에 도임하여 신미년(1811) 6월에 이임했다.

조정철(趙貞喆) : 신미년(1811) 6월에 도임하여 임신년(1812) 6월에 이임했다.

김수기(金守基) : 임신년(1812) 6월에 도임하여 갑술년(1814) 4월에 이임했다.

허명(許溟) : 갑술년(1814) 4월에 도임하여 을해년(1815) 5월에 이임했다.

윤구동(尹久東) : 을해년(1815) 5월에 도임하여 정축년(1817) 10월에 이임했다.

조의진(趙義鎭) : 정축년(1817) 10월에 도임하여 경진년(1820) 3월에 이임했다.

한상묵(韓象默) : 경진년(1820) 3월에 도임하여 동년 12월에 이임했다.

백영진(白泳鎭) : 신사년(1821) 1월에 도임하여 동년 10월에 이임했다.

이원팔(李元八) : 임오년(1822) 1월에 도임하여 갑신년(1824) 1월에 이임했다.

임성고(任聖皐) : 갑신년(1824) 1월에 도임하여 병술년(1826) 6월에 이임했다.

심영석(沈英錫) : 병술년(1826) 6월에 도임하여 정해년(1827) 8월에 이임했다.

이행교(李行敎) : 정해년(1827) 8월에 도임하여 경인년(1830) 3월에 이임했다.

이예연(李禮延) : 경인년(1830) 3월에 도임하여 임진년(1832) 2월에 이임했다.

한응호(韓應浩) : 임진년(1832) 2월에 도임하여 갑오년(1834) 7월에 이임했다.

박장복(朴長復) : 갑오년(1834) 7월에 도임하여 병신년(1836) 3월에 이임했다.

조우석(趙禹錫) : 병신년(1836) 3월에 도임하여 정유년(1836) 11월에 이임했다.

이원달(李源達) : 정유년(1837) 11월에 도임하여 기해년(1839) 3월에 이임했다.

구재룡(具載龍) : 기해년(1839) 3월에 도임하여 신축년(1841) 윤3월에 이임했다.

이원조(李源祚) : 신축년(1841) 윤3월에 도임하여 계묘년(1843) 6월에 이임했다.

이용현(李容鉉) : 계묘년(1843) 6월에 도임하여 갑진년(1844) 8월에 이임했다.

권직(權溭) : 갑진년(1844) 12월에 도임하여 병오년(1846) 2월에 이임했다.

이의식(李宜植) : 병오년(1846) 2월에 도임하여 무신년(1848) 3월에 이임했다.

장인식(張寅植) : 무신년(1848) 3월에 도임하여 경술년(1850) 6월에 이임했다.

이현공(李玄功) : 경술년(1850) 6월에 도임하여 신해년(1851) 7월에 이임했다.

백희수(白希洙) : 신해년(1851) 7월에 도임하여 계축년(1853) 12월에 이임했다.

목인배(睦仁培) : 계축년(1853) 12월에 도임하여 을묘년(1855) 8월에 이임했다.

채동건(蔡東健) : 을묘년(1855) 8월에 도임하여 정사년(1857) 6월에 이임했다.

임백능(任百能) : 정사년(1857) 6월에 도임하여 무오년(1858) 12월에 이임했다.

정우현(鄭愚鉉) : 무오년(1858) 12월에 도임하여 경신년(1860) 윤3월에 이임했다.

강면규(姜冕奎) : 경신년(1860) 윤3월에 도임하여 신유년(1861) 2월에 이임했다.

신종익(申從翼) : 신유년(1861) 2월에 도임하여 임술년(1862) 2월에 이임했다.

임헌대(任憲大) : 임술년(1862) 2월에 도임하여 계해년(1863) 1월에 이임했다.

정기원(鄭岐源) : 계해년(1863) 1월에 도임하여 갑자년(1864) 3월에 이임했다.

양헌수(梁憲洙) : 갑자년(1864) 3월에 도임하여 병인년(1866) 8월에 이임했다.

이후선(李後善) : 병인년(1866) 8월에 도임하여 무진년(1868) 10월에 이임했다.

조희순(趙羲純) : 무진년(1868) 10월에 도임하여 임신년(1872) 5월에 이임했다.

이복희(李宓熙) : 임신년(1872) 5월에 도임하여 갑술년(1874) 7월에 이임했다.

이희충(李熙忠) : 갑술년(1874) 7월에 도임하여 정축년(1877) 1월에 이임했다.

백낙연(白樂淵) : 정축년(1877) 1월에 도임하여 신사년(1881) 5월에 이임했다.

박선양(朴善陽) : 신사년(1881) 5월에 도임하여 계미년(1883) 5월에 이임했다.

심현택(沈賢澤) : 계미년(1883) 5월에 도임하여 갑신년(1884) 12월에 이임했다.

홍규(洪圭) : 갑신년(1884) 12월에 도임하여 병술년(1886) 5월에 이임했다.

심원택(沈遠澤) : 병술년(1886) 5월에 도임하여 무자년(1888) 7월에 이임했다.

송구호(宋龜浩) : 무자년(1888) 7월에 도임하여 경인년(1890) 4월에 이임했다.

조균하(趙均夏) : 경인년(1890) 4월에 도임하여 신묘년(1891) 8월에 이임했다.

정용기(鄭龍基) : 신묘년(1891) 8월에 도임하여 동년 9월에 이임했다.

이규원(李奎遠) : 신묘년(1891) 9월에 도임하여 갑오년(1894) 9월에 이임했다.

이봉헌(李鳳憲) : 갑오년(1894) 9월에 도임하여 을미년(1895) 8월에 이임했다.

오경림(吳慶林) : 을미년(1895) 8월에 도임하여 병신년(1896) 4월에 이임했다.

이병휘(李秉輝) : 병신년(1896) 4월에 도임하여 무술년(1898) 3월에 이임했다.

박용원(朴用元) : 무술년(1898) 3월에 도임하여 기해년(1899) 10월에 이임했다.

이상규(李庠珪) : 기해년(1899) 10월에 도임하여 신축년(1901) 1월에 이임했다.

이재호(李在護) : 신축년(1901) 4월에 도임하여 임인년(1902) 6월에 이임했다.

윤석인(尹錫仁) : 임인년(1902) 8월에 도임하여 동년 10월에 이임했다.

홍종우(洪鍾宇) : 계묘년(1903) 1월에 도임하여 을사년(1905) 4월에 이임했다.

조종환(趙鍾桓) : 을사년(1905) 5월에 도임하여 병오년(1906) 6월에 이임했다. 1906년에 제주목이 제주군으로 개칭되었다.

군수 윤원구(尹元求) : 병오년(1906)에 도임하여 무신년(1908)에 면직되었다.

## 제주판관

이을부(李乙富) : 계해년(1383)에 도임하였다.

엄충언(嚴忠彦) : 정묘년(1387)에 도임하였다.

오숙(吳淑) : 기사년(1389)에 도임하였다.

이제(李悌) : 경진년(1400)에 도임하였다.

한이(韓彛) : 임오년(1402) 12월에 도임하여 을유년(1405) 2월에 체직되었다.

양진(梁縝) : 을유년(1405) 8월에 도임하여 병술년(1406) 3월에 체직되었다.

진준(陳遵) : 병술년(1406) 4월에 도임하여 무자년(1408) 10월에 체직되었다.

김녕(金寧) : 기축년(1409) 4월에 도임하여 신묘년(1411) 8월에 체직되었다.

유유녕(柳維寧) : 신묘년(1411) 11월에 도임하여 계사년(1413) 8월에 체직되었다.

장합(張合) : 계사년(1413) 9월에 도임하여 병신년(1416) 3월에 체직되었다.

차유선(車有宣) : 병신년(1416) 4월에 도임하여 정유년(1417) 9월에 체직되었다.

하담(河澹) : 정유년(1417) 11월에 도임하여 경자년(1420) 1월에 체직되었다.

김렴(金廉) : 경자년(1420) 윤1월에 도임하여 임인년(1422) 10월에 체직되었다.

최치렴(崔致廉) : 임인년(1422) 윤12월에 도임하여 계묘년(1423) 7월에 체직되었다.

문헌(文獻) : 계묘년(1423) 9월에 도임하여 병오년(1426) 1월에 체직되었다.

문상행(文尙行) : 병오년(1426) 1월에 도임하여 무신년(1428) 4월에 체직되었다.

태석균(太石勻) : 무신년(1428) 6월에 도임하여 경술년(1430) 8월에 체직되었다.

정유림(鄭有臨) : 경술년(1430) 9월에 도임하여 계축년(1433) 4월에 체직되었다.

조상정(曺尙正) : 계축년(1433) 8월에 도임하여 병진년(1436) 3월에 체직되었다.

이견의(李堅義) : 병진년(1436) 3월에 도임하여 무오년(1438) 8월에 체직되었다.

원내인(元乃仁) : 무오년(1438) 9월에 도임하여 경신년(1440) 9월에 체직되었다.

진자평(陳自平) : 신유년(1440) 1월에 도임하여 계해년(1443) 3월에 체직되었다.

박제함(朴悌諴) : 계해년(1443) 3월에 도임하여 을축년(1445) 3월에 체직되었다.

정하생(鄭夏生) : 을축년(1445) 10월에 도임하여 병인년(1446) 8월에 체직되었다.

오상명(吳尙明) : 병인년(1446) 11월에 도임하여 정묘년(1447) 12월에 체직되었다.

김계보(金季甫) : 무진년(1448) 5월에 도임하여 경오년(1450) 4월에 체직되었다.

남맹운(南孟雲) : 경오년(1450) 7월에 도임하여 임신년(1452) 8월에 체직되었다.

이구관(李九寬) : 임신년(1452) 10월에 도임하여 을해년(1455) 1월에 체직되었다.

이상노(李商老) : 을해년(1455) 4월에 도임하여 정축년(1457) 4월에 체직되었다.

이백원(李伯原) : 정축년(1457) 5월에 도임했다.

주상례(朱尙禮) : 경진년(1460) 2월에 도임하여 임오년(1462) 3월에 체직되었다.

박종문(朴宗文) : 임오년(1462) 2월에 도임하여 갑신년(1464) 9월에 체직되었다.

최여정(崔汝貞) : 갑신년(1464) 11월에 도임하여 병술년(1466) 5월에 체직되었다.

이인충(李仁忠) : 병술년(1466) 7월에 도임하여 기축년(1469) 8월에 체직되었다.

하주(河澍) : 기축년(1469) 8월에 도임하여 임진년(1472) 4월에 체직되었다.

신계린(辛季磷) : 임진년(1472) 4월에 도임했다.

조영정(趙永貞) : 을미년(1475) 5월에 도임하여 무술년(1478) 4월에 체직되었다.

박원의(朴元懿) : 무술년(1478) 5월에 도임하여 경자년(1480) 2월에 체직되었다.

하준(河濬) : 경자년(1480) 4월에 도임하여 계묘년(1483)에 체직되었다.

이돈례(李敦禮) : 계묘년(1483) 1월에 도임하여 을사년(1485) 9월에 체직되었다.

정전(鄭詮) : 을사년(1485) 11월에 도임하여 무신년(1488) 4월에 체직되었다.

우경(禹堈) : 무신년(1488) 12월에 도임하여 신해년(1491) 3월에 체직되었다.

김세균(金世勻) : 신해년(1491) 2월에 도임하여 계축년(1493) 7월에 체직되었다.

김익겸(金益謙) : 계축년(1493) 10월에 도임하여 병진년(1496) 7월에 체직되었다.

정사종(鄭嗣宗) : 병진년(1496) 6월에 도임하여 기미년(1499) 3월에 체직되었다.

김어적(金魚適) : 기미년(1499) 3월에 도임하여 신유년(1501) 12월에 체직되었다.

박종정(朴從貞) : 신유년(1501) 12월에 도임하여 갑자년(1504) 9월에 체직되었다.

유팽종(柳彭宗) : 갑자년(1504) 8월에 도임하여 정묘년(1507) 6월에 체직되었다.

오순종(吳舜從) : 정묘년(1507) 6월에 도임하여 경오년(1510) 6월에 체직되었다.

최양보(崔良輔) : 경오년(1510) 6월에 도임하였다.

서련(徐憐) : 계유년(1513) 2월에 도임하여 을해년(1515) 4월에 체직되었다.

정이우(鄭而右) : 을해년(1515) 2월[289]에 도임하여 정축년(1517) 6월에 졸하였다.

박한필(朴漢弼) : 정축년(1517) 9월에 도임하여 경진년(1520) 4월에 체직되었다.

진세인(秦世仁) : 경진년(1520) 4월에 도임하여 계미년(1523) 1월에 체직되었다.

이해(李海) : 임오년(1522) 12월에 도임하여 계미년(1523)에 체직되었다.

김일원(金鎰元) : 을유년(1525) 8월에 도임하여 무자년(1528) 1월에 체직되었다.

김륜(金崙) : 무자년(1528) 5월에 도임하여 기축년(1529) 6월에 체직되었다.

조세건(曺世健) : 기축년(1529) 9월에 도임하여 임진년(1532) 5월에 체직되었다.

이억(李億) : 임진년(1532) 5월에 도임하여 을미년(1535) 1월에 체직되었다.

허승필(許承弼) : 을미년(1535) 1월에 도임하여 병신년(1536) 1월에 체

289) 12월을 잘못 표기한듯하다.

직되었다.

박수원(朴守元) : 병신년(1536) 2월에 도임하여 무술년(1538) 11월에 체직되었다.

한근(韓瑾) : 무술년(1538) 10월에 도임하여 경자년(1540) 11월에 체직되었다.

이희영(李喜榮) : 신축년(1541) 3월에 도임하여 임인년(1542) 4월에 졸하였다.

황윤관(黃允寬) : 임인년(1542) 7월에 도임하여 을사년(1545) 2월에 체직되었다.

이원준(李元濬) : 을사년(1545) 2월에 도임하여 정미년(1547) 11월에 체직되었다.

최공필(崔公弼) : 정미년(1547) 11월에 도임하여 경술년(1550) 7월에 체직되었다.

이숙(李淑) : 경술년(1550) 7월에 도임하여 신해년(1551) 1월에 체직되었다.

김효량(金孝良) : 신해년(1551) 4월에 도임하여 계축년(1553) 12월에 체직되었다.

이선원(李善源) : 계축년(1553) 12월에 도임하여 병진년(1556) 8월에 체직되었다.

공사검(孔士儉) : 병진년(1556) 8월에 도임하여 무오년(1558) 2월에 체직되었다.

김세공(金世功) : 무오년(1558) 2월에 도임하여 경신년(1560) 9월에 체직되었다.

홍흥종(洪興宗) : 경신년(1560) 9월에 도임하여 임술년(1562)에 체직되었다.

유경선(柳敬善) : 계해년(1563) 1월에 도임하여 동년에 체직되었다.

정귀수(丁龜壽) : 계해년(1563) 9월에 도임하여 병인년(1566) 5월에 체직되었다.

신석계(申石溪) : 병인년(1566) 5월에 도임하여 무진년(1568) 10월에 체직되었다.

오운(吳沄) : 무진년(1568) 12월에 도임하여 신미년(1571) 8월에 체직되었다.

이천(李薦) : 신미년(1571) 8월에 도임하여 갑술년(1574) 8월에 체직되었다.

김우고(金友皐) : 갑술년(1574) 8월에 도임하여 정축년(1577) 5월에 체직되었다.

조인후(趙仁後) : 정축년(1577) 5월에 도임하여 동년에 체직되었다.

유극량(劉克良) : 무인년(1578) 3월에 도임하여 경진년(1580) 12월에 체직되었다.

김경복(金景福) : 경진년(1580) 12월에 도임하여 계미년(1583) 4월에 체직되었다.

방승경(方承慶) : 계미년(1583) 6월에 도임하여 병술년(1586) 3월에 체직되었다.

정운(鄭運) : 병술년(1586) 1월에 도임하여 동년 12월에 체직되었다.

전인복(田仁福) : 정해년(1587) 1월에 도임하여 기축년(1589) 10월에 체직되었다.

박홍장(朴弘長) : 기축년(1589) 10월에 도임하여 임진년(1592) 5월에 체직되었다.

양집(梁諿) : 임진년(1592) 5월에 도임하여 을미년(1595) 12월에 체직되었다.

송홍렬(宋弘烈) : 을미년(1595) 11월에 도임하여 정유년(1597) 4월에 체직되었다.

윤찬(尹瓚) : 정유년(1597) 6월에 도임하여 무술년(1598) 2월에 체직되었다.

이정생(李挺生) : 기해년(1599) 8월에 도임하여 경자년(1600) 9월에 체직되었다.

안극효(安克孝) : 경자년(1600) 12월에 도임하여 신축년(1601) 7월에 체직되었다.

이종일(李宗一) : 신축년(1601) 9월에 도임하여 갑진년(1604) 윤9월에 체직되었다.

최관(崔灌) : 갑진년(1604) 윤9월에 도임하여 동년 10월에 체직되었다.

권여경(權餘慶) : 갑진년(1604) 11월에 도임하여 정미년(1607)에 체직되었다.

이전(李錪) : 정미년(1607)에 도임하여 기유년(1609) 4월에 체직되었다.

김치(金緻) : 기유년(1609) 3월에 도임하여 경술년(1610) 9월에 체직되었다.

박형준(朴亨俊) : 경술년(1610) 9월에 도임하여 신해년(1611) 6월에 체직되었다.

문희현(文希賢) : 신해년(1611) 6월에 도임하여 임자년(1612) 2월에 체직되었다.

이정신(李廷臣) : 임자년(1612) 3월에 도임하여 을묘년(1615) 3월에 체직되었다.

이유길(李有吉) : 을묘년(1615) 3월에 도임하여 정사년(1617) 12월에 체직되었다.

현대초(玄大初) : 정사년(1617) 12월에 도임하여 기미년(1619)에 체직되었다.

이익길(李益吉) : 경신년(1620)에 도임하여 계해년(1623) 5월에 체직되었다.

이경여(李慶餘) : 계해년(1623) 5월에 도임하여 갑자년(1624) 6월에 체직되었다.

이극려(李克蘺) : 갑자년(1624) 10월에 도임하여 병인년(1626) 1월에 체직되었다.

이각(李恪) : 병인년(1626) 1월에 도임하여 무진년(1628) 8월에 체직되었다.

김형(金瀅) : 무진년(1628) 8월에 도임하여 기사년(1629) 12월에 체직되었다.

정척(鄭倜) : 경오년(1630) 2월에 도임하여 임신년(1632) 9월에 체직되었다.

이대하(李大厦) : 임신년(1632) 9월에 도임하여 을해년(1635) 4월에 체직되었다.

송겸(宋謙) : 을해년(1635) 5월에 도임하여 정축년(1637) 6월에 체직되었다.

김름(金凜) : 정축년(1637) 6월에 도임하여 기묘년(1639)에 체직되었다.

민연(閔埏) : 경진년(1640) 1월에 도임하여 임오년(1642)에 체직되었다.

선집(宣緝) : 임오년(1642)에 도임하여 동년 2월에 체직되었다.

변급(邊岌) : 임오년(1642) 10월에 도임하여 을유년(1645) 3월에 체직되었다.

유응문(劉應文) : 을유년(1645) 3월에 도임하여 정해년(1647) 9월에 체직되었다.

김흥운(金興運) : 정해년(1647) 9월에 도임하여 경인년(1650) 3월에 체직되었다.

홍우량(洪宇亮) : 경인년(1650) 3월에 도임하여 신묘년(1651)에 체직되었다.

노정(盧錠) : 신묘년(1651)에 도임하여 계사년(1653) 8월에 체직되었다.

임상유(林商儒) : 계사년(1653) 8월에 도임하여 갑오년(1654) 1월에 체직되었다.

한여윤(韓汝尹) : 갑오년(1654) 4월에 도임하여 병신년(1656) 9월에 체직되었다.

정사한(鄭斯翰) : 병신년(1656) 10월에 도임하여 정유년(1657) 5월에 체직되었다.

김우(金雨) : 정유년(1657) 11월에 도임하여 경자년(1660) 4월에 체직되었다.

이만지(李萬枝) : 경자년(1660) 4월에 도임하여 임인년(1662) 8월에 체직되었다.

나팔기(羅八紀) : 임인년(1662) 8월에 도임하여 을사년(1665) 6월에 체직되었다.

최진남(崔鎭南) : 을사년(1665) 6월에 도임하여 정미년(1667) 8월에 체직되었다.

김환(金煥) : 정미년(1667) 8월에 도임하여 경술년(1670) 1월에 체직되었다.

윤필은(尹弼殷) : 경술년(1670) 1월에 도임하여 동년 8월에 체직되었다.

이석번(李碩蕃) : 신해년(1671) 1월에 도임하여 계축년(1673) 7월에 체직되었다.

이운림(李雲林) : 계축년(1673) 7월에 도임하여 병진년(1676) 5월에 체직되었다.

박치도(朴致道) : 병진년(1676) 5월에 도임하여 무오년(1678) 8월에 체직되었다.

이점(李岾) : 무오년(1678) 8월에 도임하여 기미년(1679) 3월에 체직되었다.

강성좌(姜聖佐) : 기미년(1679) 7월에 도임하여 경신년(1680) 5월에 체직되었다.

이세강(李世剛) : 경신년(1680) 윤8월에 도임하여 계해년(1683) 1월에 체직되었다.

정재제(鄭載濟) : 계해년(1683) 1월에 도임하여 갑자년(1684) 4월에 체직되었다.

윤세초(尹世礎) : 갑자년(1684) 11월에 도임하여 병인년(1686)에 체직되었다.

윤이취(尹以就) : 병인년(1686) 10월에 도임하여 기사년(1689) 4월에 체직되었다.

김지(金沚) : 기사년(1689) 4월에 도임하여 신미년(1691) 8월에 체직되었다.

이수익(李受益) : 신미년(1691) 윤7월에 도임하여 갑술년(1694) 5월에 체직되었다.

노삼석(盧三錫) : 갑술년(1694) 윤5월에 도임하여 병자년(1696) 4월에 체직되었다.

이석신(李碩臣) : 병자년(1696) 8월에 도임하여 기묘년(1699) 5월에 체직되었다.

조시운(趙時耘) : 기묘년(1699) 5월에 도임하여 신사년(1701) 8월에 체직되었다.

이태현(李泰顯) : 신사년(1701) 7월에 도임하여 계미년(1703) 12월에 체직되었다.

김석민(金錫民) : 계미년(1703) 12월에 도임하여 병술년(1706) 4월에 체직되었다.

정회(鄭會) : 병술년(1706) 4월에 도임하여 정해년(1707) 3월에 체직되었다.

김중태(金重泰) : 정해년(1707) 4월에 도임하여 기축년(1709) 10월에 체직되었다.

신선완(申善浣) : 기축년(1709) 10월에 도임하여 임진년(1712) 10월에 체직되었다.

남구명(南九明) : 임진년(1712) 10월에 도임하여 을미년(1715) 2월에 체직되었다.

정간(鄭揀) : 을미년(1715) 5월에 도임하여 무술년(1718) 6월에 체직되었다.

민치룡(閔致龍) : 무술년(1718) 4월에 도임하여 경자년(1720) 4월에 체직되었다.

최동일(崔東逸) : 경자년(1720) 4월에 도임하여 임인년(1722) 7월에 체직되었다.

이성좌(李聖佐) : 임인년(1722) 9월에 도임하여 을사년(1725) 6월에 체직되었다.

임봉서(林鳳瑞) : 을사년(1725) 5월에 도임하여 병오년(1726) 7월에 체직되었다.

정동리(鄭東里) : 병오년(1726) 9월에 도임하여 무신년(1728) 6월에 체직되었다.

이태두(李泰斗) : 무신년(1728) 9월에 도임하여 경술년(1730) 11월에 체직되었다.

오성유(吳聖兪) : 경술년(1730) 10월에 도임하여 계축년(1733) 7월에 체직되었다.

김오석(金五錫) : 계축년(1733) 6월에 도임하여 갑인년(1734) 7월에 체직되었다.

한선기(韓選基) : 갑인년(1734) 8월에 도임하여 정사년(1737) 4월에 체직되었다.

오명계(吳命季) : 정사년(1737)에 도임하여 무오년(1738) 9월에 체직되었다.

양처대(梁處大) : 기미년(1739) 3월에 도임하여 경신년(1740) 1월에 체직되었다.

고한장(高漢章) : 경신년(1740) 윤6월에 도임하여 임술년(1742) 5월에 체직되었다.

김명려(金命礪) : 임술년(1742) 5월에 도임하여 갑자년(1744) 8월에 체직되었다.

김서구(金瑞龜) : 갑자년(1744) 8월에 도임하여 병인년(1746)에 체직되었다.

김진성(金振聲) : 병인년(1746) 5월에 도임하여 정묘년(1747) 9월에 체직되었다.

이한동(李漢東) : 정묘년(1747) 12월에 도임하여 경오년(1750) 4월에 체직되었다.

김재연(金載淵) : 경오년(1750) 4월에 도임하여 임신년(1752) 11월에 체직되었다.

박창봉(朴昌鳳) : 임신년(1752) 11월에 도임하여 갑술년(1754) 7월에 체직되었다.

안세윤(安世潤) : 갑술년(1754) 9월에 도임하여 정축년(1757) 4월에 체직되었다.

모경관(牟景觀) : 정축년(1757) 4월에 도임하여 기묘년(1759) 8월에 체직되었다.

한유추(韓有樞) : 기묘년(1759) 8월에 도임하여 임오년(1762) 3월에 체직되었다.

구광태(具光泰) : 임오년(1762) 3월에 도임하여 갑신년(1764) 4월에 체직되었다.

심광(沈洸) : 갑신년(1764) 4월에 도임하여 병술년(1766) 8월에 체직되었다.

신기경(愼基慶) : 병술년(1766) 8월에 도임하여 기축년(1769) 2월에 체직되었다.

한상유(韓尙裕) : 기축년(1769) 2월에 도임하여 경인년(1770) 3월에 체직되었다.

황덕빈(黃德彬) : 경인년(1770) 3월에 도임하여 임진년(1772) 8월에 체직되었다.

전우성(全宇成) : 임진년(1772) 8월에 도임하여 을미년(1775) 2월에 체직되었다.

김광현(金光鉉) : 을미년(1775) 2월에 도임하여 정유년(1777) 8월에 체직되었다.

경내운(慶來運) : 정유년(1777) 8월에 도임하여 경자년(1780) 3월에 체직되었다.

황인채(黃鱗采) : 경자년(1780) 3월에 도임하여 신축년(1781) 7월에 체직되었다.

이형묵(李亨默) : 신축년(1781) 7월에 도임하여 임인년(1782) 12월에 체직되었다.

김재욱(金再郁) : 계묘년(1783) 2월에 도임하여 을사년(1785) 7월에 체직되었다.

정련(鄭鍊) : 을사년(1785) 7월에 도임하여 무신년(1788) 1월에 체직되었다.

김봉길(金鳳吉) : 무신년(1788) 1월에 도임하여 경술년(1790) 8월에 체직되었다.

이휘조(李徽祚) : 경술년(1790) 8월에 도임하여 계축년(1793) 5월에 체직되었다.

홍리조(洪履祚) : 계축년(1793)에 도임하여 을묘년(1795)에 떠나갔다.

조경일(趙敬日) : 을묘년(1795)에 도임하여 정사년(1797)에 상을 당했다.

조장한(趙章漢) : 정사년(1797)에 도임하여 기미년(1799)에 파직되었다.

이종번(李宗蕃) : 기미년(1799)에 도임하여 임술년(1802)에 떠났다.

조경원(趙慶遠) : 임술년(1802)에 도임하여 갑자년(1804)에 떠났다.

김한필(金漢弼) : 갑자년(1804)에 도임하여 병인년(1806)에 파직되었다.

이몽룡(李夢龍) : 병인년(1806)에 도임하여 기사년(1809)에 체직되었다.

손응호(孫應虎) : 기사년(1809)에 도임하여 신미년(1811)에 체직되었다.

이국표(李國標) : 신미년(1811)에 도임하여 계유년(1813)에 체직되었다.

장지대(張持大) : 계유년(1813)에 도임하여 병자년(1816)에 체직되었다.

한계익(韓啓翼) : 병자년(1816)에 도임하여 무인년(1818)에 체직되었다.

신명(申冥) : 무인년(1818)에 도임하여 동년에 폄파되었다.

서지보(徐志輔) : 기묘년(1819)에 도임하여 동년에 파직되었다.

윤형동(尹炯東) : 기묘년(1819)에 도임하여 신사년(1821)에 파직되었다.

채홍면(蔡弘勉) : 신사년(1821)에 도임하여 갑신년(1824)에 체직되었다.

장만섭(張晩燮) : 갑신년(1824)에 도임하여 을유년(1825)에 파직되었다.

이필술(李必述) : 을유년(1825)에 도임하여 정해년(1827)에 체직되었다.

이의겸(李義謙) : 정해년(1827)에 도임하여 기축년(1829)에 체직되었다.

이식(李湜) : 기축년(1829)에 도임하여 신묘년(1831)에 체직되었다.

이광영(李光映) : 신묘년(1831)에 도임하여 갑오년(1834)에 체직되었다.

김영공(金英恭) : 갑오년(1834)에 도임하여 을미년(1835)에 체직되었다.

신의항(申義恒) : 을미년(1835)에 도임하여 무술년(1838)에 체직되었다.

김조흠(金祖欽) : 무술년(1838)에 도임하여 기해년(1839)에 체직되었다.

김최선(金最善) : 기해년(1839)에 도임하여 신축년(1841)에 체직되었다.

김현복(金鉉復) : 임인년(1842)에 도임하여 갑진년(1844)에 체직되었다.

송익렬(宋益烈) : 갑진년(1844)에 도임하여 병오년(1846)에 차직되었다.

탁종술(卓宗述) : 병오년(1846)에 도임하여 무신년(1848)에 체직되었다.

강재의(姜在毅) : 무신년(1848)에 도임하여 신해년(1851)에 체직되었다.

임백연(任百淵) : 신해년(1851)에 도임하여 임자년(1852)에 파직되었다.

구재영(具載榮) : 임자년(1852)에 도임하여 계축년(1853)에 파직되었다.

김의표(金儀表) : 갑인년(1854)에 도임하여 을묘년(1855)에 체직되었다.

홍경섭(洪敬燮) : 을묘년(1855)에 도임하여 정사년(1857)에 체직되었다.

구재린(具載麟) : 정사년(1857)에 도임하여 무오년(1858)에 파직되었다.

구원조(具源祚) : 무오년(1858)에 도임하여 계해년(1863)에 파직되었다.

백기호(白基虎) : 계해년(1863)에 도임하여 갑자년(1864)에 폄직되었다.

이남재(李南載) : 을축년(1865)에 도임하여 병인년(1866)에 죽었다.

신재호(愼栽祜) : 병인년(1866)에 도임하여 정묘년(1867)에 파직되었다.

이재정(李載貞) : 정묘년(1867)에 도임하여 기사년(1869)에 체직되었다.
김병수(金炳洙) : 기사년(1869)에 도임하여 신미년(1871)에 체직되었다.
김기홍(金基洪) : 신미년(1871)에 도임하여 갑술년(1874)에 체직되었다.
이조현(李朝鉉) : 갑술년(1874)에 도임하여 병자년(1876)에 체직되었다.
양제하(梁濟夏) : 병자년(1876)에 도임하여 기묘년(1879)에 체직되었다.
송상순(宋祥淳) : 기묘년(1879)에 도임하여 경진년(1880)에 체직되었다.
김병수(金炳洙) : 경진년(1880)에 도임하여 신사년(1881)에 체직되었다.
이학선(李學善) : 신사년(1881)에 도임하여 계미년(1883)에 체직되었다.
고경준(高景晙) : 계미년(1883)에 도임하여 을유년(1885)에 체직되었다.
이규서(李圭瑞) : 을유년(1885)에 도임하여 병술년(1886)에 체직되었다.
강기조(姜基祚) : 병술년(1886)에 도임하여 동년에 상을 당하였다.
김응수(金膺洙) : 미상.
전재봉(全在鳳) : 정해년(1887)에 도임하여 무자년(1888)에 체직되었다.
강인호(康仁鎬) : 무자년(1888)에 도임하여 기축년(1889)에 체직되었다.
서홍순(徐弘淳) : 기축년(1889)에 도임하여 동년에 체직되었다.
강인호(康仁鎬) : 기축년(1889)에 재임하여 경인년(1890)에 체직되었다.
윤자선(尹滋善) : 경인년(1890)에 도임하여 신묘년(1891)에 파직되었다.
김응부(金膺賦) : 신묘년(1891)에 도임하여 동년에 상을 당하였다.
이경록(李慶祿) : 임진년(1892)에 도임하여 동년에 체직되었다.
안승관(安承觀) : 임진년(1892)에 도임하여 동년에 체직되었다.
송두옥(宋斗玉) : 임진년(1892)에 도임하여 동년에 체직되었다.
김응우(金膺友) : 임진년(1892)에 도임하여 계사년(1893)에 체직되었다.
채귀석(蔡龜錫) : 계사년(1893)에 도임하여 을미년(1895)에 체직되었다.
이시영(李時英) : 을미년(1895)에 도임하여 동년에 체직되었다.
유긍환(俞兢煥) : 을미년(1895)에 도임하여 병신년(1896)에 체직되었다.
김희주(金熙胄) : 정유년(1897)에 도임하여 신축년(1901)에 체직되었다.
김창수(金昌洙) : 신축년(1901)에 도임하여 동년에 체직되었다.

홍희(洪墧) : 신축년(1901)에 도임하여 동년에 파직되었다.

김창호(金昌鎬) : 신축년(1901)에 도임하여 임인년(1902)에 체직되었다.

김창수(金昌洙) : 임인년(1902)에 도임하여 동년에 체직되었다.

송석진(宋錫珍) : 임인년(1902)에 도임하여 동년에 죽었다.

홍우순(洪友淳) : 계묘년(1903)에 도임하여 을사년(1905)에 체직되었다.

김중배(金重培) : 병오년(1906)에 도임하여 동년에 체직되었다.

대정(大靜)

박기손(朴祺孫) : 경인년(1530) 9월에 도임하여 임진년(1532) 2월에 체직되었다.

최맹호(崔孟浩) : 임진년(1532) 5월에 도임하여 을미년(1535) 1월에 체직되었다.

방진(方震) : 을미년(1535) 1월에 도임하여 정유년(1537) 11월에 체직되었다.

정운(鄭雲) : 정유년(1537) 11월에 도임하여 무술년(1538) 11월에 체직되었다.

선중륜(宣重倫) : 기해년(1539) 4월에 도임하여 신축년(1541) 12월에 체직되었다.

김중련(金仲鍊) : 신축년(1541) 12월에 도임하여 갑진년(1544) 8월에 체직되었다.

윤사상(尹思商) : 갑진년(1544) 8월에 도임하여 정미년(1547) 4월에 체직되었다.

배규(裵奎) : 정미년(1547) 4월에 도임하여 기유년(1549) 12월에 체직되었다.

윤웅(尹雄) : 기유년(1549) 12월에 도임하여 경술년(1550) 4월에 체직되었다.

이흔(李昕) : 경술년(1550) 12월에 도임하여 계축년(1553) 12월에 체직되었다.

공사검(孔士儉) : 계축년(1553) 12월에 도임하여 병진년(1556) 8월에 체직되었다.

강려(姜侶) : 병진년(1556) 8월에 도임하여 기미년(1559) 4월에 체직되었다.

조승(曺琢) : 기미년(1559) 4월에 도임하여 경신년(1560) 8월에 체직되었다.

이운(李雲) : 경신년(1560) 8월에 도임하여 신유년(1561) 4월에 체직되었다.

이희복(李希福) : 신유년(1561) 6월에 도임하여 계해년(1563) 12월에 체직되었다.

정양우(鄭良祐) : 갑자년(1564) 1월에 도임하여 병인년(1566) 10월에 체직되었다.

손추(孫樞) : 병인년(1566) 10월에 도임하여 기사년(1569) 3월에 체직되었다.

윤운(尹雲) : 기사년(1569) 6월에 도임하여 신미년(1571) 11월에 체직되었다.

박응상(朴應祥) : 임신년(1572) 2월에 도임하여 동년 3월에 체직되었다.

김응복(金應福) : 임신년(1572) 5월에 도임하여 갑술년(1574) 12월에 체직되었다.

조용(趙瑢) : 을해년(1575) 1월에 도임하여 병자년(1576) 10월에 졸하였다.

임기문(林起文) : 정축년(1577) 2월에 도임하여 기묘년(1579) 9월에 체직되었다.

원응두(元應斗) : 기묘년(1579) 9월에 도임하여 신사년(1581) 6월에 체직되었다.

남산수(南山壽) : 신사년(1581) 9월에 도임하여 임오년(1582) 8월에 체직되었다.

최사공(崔士恭) : 임오년(1582) 2월에 도임하여 계미년(1583) 7월에 체직되었다.

오응창(吳應昌) : 계미년(1583) 10월에 도임하여 병술년(1586) 3월에 체직되었다.

남응선(南應善) : 병술년(1586) 4월에 도임하여 무자년(1588) 10월에 체직되었다.

최천보(崔天寶) : 무자년(1588) 10월에 도임하여 신묘년(1591) 6월에 체직되었다.

이정립(李廷立) : 신묘년(1591) 6월에 도임하여 갑오년(1594) 7월에 체직되었다.

김호제(金好悌) : 갑오년(1594) 7월에 도임하여 무술년(1598) 8월에 체직되었다.

최위지(崔緯地) : 무술년(1598) 9월에 도임하여 경자년(1600) 12월에 체직되었다.

이신(李愼) : 신축년(1601) 1월에 도임하여 계묘년(1603) 7월에 체직되었다.

이서룡(李瑞龍) : 병오년(1606) 7월에 도임하여 동년 9월에 체직되었다.

이시건(柳時健) : 병오년(1606) 12월에 도임하여 기유년(1609) 5월에 체직되었다.

양수진(楊秀津) : 기유년(1609) 6월에 도임하여 신해년(1611) 10월에 체직되었다.

박종호(朴宗豪) : 신해년(1611) 10월에 도임하여 임자년(1612) 5월에 체직되었다.

한계함(韓繼咸) : 임자년(1612) 7월에 도임하여 계축년(1613) 11월에 체직되었다.

김정원(金廷元) : 계축년(1613) 12월에 도임하여 병진년(1616) 8월에 체직되었다.

성하종(成夏宗) : 병진년(1616) 8월에 도임하여 기미년(1619) 6월에 체직되었다.

윤언서(尹彦恕) : 기미년(1619) 4월에 도임하여 경신년(1620) 3월에 체직되었다.

임응안(任應顔) : 임술년(1622) 6월에 도임하여 계해년(1623) 5월에 체직되었다.

이양문(李揚門) : 계해년(1623) 5월에 도임하여 병인년(1626) 2월에 체직되었다.

김철명(金喆鳴) : 병인년(1626) 2월에 도임하여 무진년(1628) 9월에 체직되었다.

이상(李祥) : 무진년(1628) 9월에 도임하여 기사년(1629) 7월에 체직되었다.

이구(李球) : 기사년(1629) 8월에 도임하여 신미년(1631) 11월에 체직되었다.

장준(張準) : 임신년(1632) 1월에 도임하여 갑술년(1634) 윤8월에 체직되었다.

윤탁(尹忦) : 갑술년(1634) 윤8월에 도임하여 정축년(1637) 4월에 체직되었다.

김영망(金英望) : 정축년(1637) 윤4월에 도임하여 기묘년(1639) 11월에 체직되었다.

송대유(宋大裕) : 기묘년(1639) 11월에 도임하여 경진년(1640) 7월에 체직되었다.

이엽(李燁) : 경진년(1640) 9월에 도임하여 계미년(1643) 2월에 체직되었다.

안익룡(安翼龍) : 계미년(1643) 2월에 도임하여 을유년(1645) 11월에 체직되었다.

오영발(吳穎發) : 을유년(1645) 11월에 도임하여 무자년(1648) 4월에 체직되었다.

박승충(朴承忠) : 무자년(1648) 4월에 도임하여 경인년(1650) 11월에 체직되었다.

조정황(趙廷璜) : 경인년(1650) 윤11월에 도임하여 계사년(1653) 5월에 체직되었다.

권극중(權克中) : 계사년(1653) 6월에 도임하여 을미년(1655) 9월에 체직되었다.

이예남(李禮男) : 을미년(1655) 9월에 도임하여 정유년(1657) 11월에 체직되었다.

이시빈(李時彬) : 정유년(1657) 11월에 도임하여 동년 12월에 체직되었다.

이상직(李尙稷) : 무술년(1658) 2월에 도임하여 경자년(1660) 6월에 체직되었다.

유정(柳頲) : 경자년(1660) 6월에 도임하여 계묘년(1663) 1월에 체직되었다.

곽성구(郭聖衢) : 계묘년(1663) 1월에 도임하여 을사년(1665) 8월에 체직되었다.

이이시(李以時) : 을사년(1665) 8월에 도임하여 정미년(1667) 4월에 체직되었다.

안숙(安塾) : 정미년(1667) 4월에 도임하여 동년 7월에 체직되었다.

조문혁(趙門赫) : 정미년(1667) 10월에 도임하여 경술년(1670) 윤2월에 체직되었다.

정태주(鄭台周) : 경술년(1670) 윤2월에 도임하여 신해년(1671) 6월에 체직되었다.

진재창(陳再昌) : 신해년(1671) 10월에 도임하여 갑인년(1674) 5월에 체직되었다.

신택(申澤) : 갑인년(1674) 5월에 도임하여 정사년(1677) 1월에 체직되었다.

이승래(李升來) : 정사년(1677) 3월에 도임하여 기미년(1679) 8월에 체직되었다.

이당(李簹) : 기미년(1679) 8월에 도임하여 신유년(1681) 10월에 체직되었다.

정창회(鄭昌會) : 신유년(1681) 10월에 도임하여 계해년(1683) 11월에 체직되었다.

김세량(金世亮) : 갑자년(1684) 4월에 도임하여 병인년(1686) 9월에 체직되었다.

유성년(柳星年) : 병인년(1686) 9월에 도임하여 기사년(1689) 3월에 체직되었다.

장후재(張後載) : 기사년(1689) 3월에 도임하여 신미년(1691) 10월에 체직되었다.

이익민(李益敏) : 신미년(1691) 10월에 도임하여 갑술년(1694) 5월에 체직되었다.

반처렴(潘處濂) : 갑술년(1694) 5월에 도임하여 을해년(1695) 4월에 체직되었다.

김경(金磬) : 을해년(1695) 4월에 도임하여 정축년(1697) 11월에 체직되었다.

이만재(李萬材) : 정축년(1697) 11월에 도임하여 경진년(1700) 5월에 체직되었다.

황순(黃錞) : 경진년(1700) 5월에 도임하여 임오년(1702) 2월에 체직되었다.

최동제(崔東濟) : 임오년(1702) 2월에 도임하여 갑신년(1704) 3월에 체직되었다.

김홍서(金弘瑞) : 갑신년(1704) 3월에 도임하여 을유년(1705) 3월에 체직되었다.

김순신(金舜臣) : 을유년(1705) 7월에 도임하여 무자년(1708) 8월에 체직되었다.

이격(李激) : 무자년(1708) 8월에 도임하여 신묘년(1711) 3월에 체직되었다.

권윤(權倫) : 신묘년(1711) 3월에 도임하여 계사년(1713) 9월에 체직되었다.

이현징(李顯徵) : 계사년(1713) 9월에 도임하여 갑오년(1714) 8월에 체직되었다.

김희윤(金熙潤) : 갑오년(1714) 8월에 도임하여 병신년(1716) 5월에 체직되었다.

박이문(朴以文) : 병신년(1716) 8월에 도임하여 임인년(1722)[290] 6월에 체직되었다.

김세화(金世華) : 기해년(1719) 3월에 도임하여 신축년(1721) 8월에 체직되었다.

남수현(南壽賢) : 신축년(1721) 8월에 도임하여 임인년(1722) 6월에 체직되었다.

강속(姜潚) : 임인년(1722) 11월에 도임하여 을사년(1725) 7월에 체직되었다.

정운형(鄭運亨) : 을사년(1725) 8월에 도임하여 정미년(1727) 11월에 체직되었다.

최준제(崔俊齊) : 정미년(1727) 11월에 도임하여 경술년(1730) 4월에 체직되었다.

이경훈(李景勳) : 경술년(1730) 4월에 도임하여 임자년(1732) 11월에 체직되었다.

박세필(朴世弼) : 임자년(1732) 12월에 도임하여 갑인년(1734) 7월에 체직되었다.

김진옥(金振玉) : 갑인년(1734) 8월에 도임하여 을묘년(1735) 7월에 체직되었다.

김상삼(金象三) : 을묘년(1735) 11월에 도임하여 정사년(1737) 6월에 체직되었다.

---

290) 연도표기가 잘못된 것 같다.

김중채(金重采) : 정사년(1737) 윤9월에 도임하여 무오년(1738) 11월에 체직되었다.

유홍관(兪鴻觀) : 기미년(1739) 4월에 도임하여 동년 5월에 체직되었다.

신명대(申命大) : 기미년(1739) 9월에 도임하여 임술년(1742) 5월에 체직되었다.

정홍래(鄭興萊) : 임술년(1742) 5월에 도임하여 계해년(1743) 10월에 체직되었다.

이저(李著) : 갑자년(1744) 1월에 도임하여 병인년(1746) 4월에 체직되었다.

김수(金脩) : 병인년(1746) 6월에 도임하여 무진년(1748) 5월에 체직되었다.

백택인(白宅仁) : 무진년(1748) 8월에 도임하여 신미년(1751) 4월에 체직되었다.

장봉의(張鳳儀) : 신미년(1751) 4월에 도임하여 동년 5월에 졸하였다.

이희춘(李熙春) : 신미년(1751) 7월에 도임하여 갑술년(1754) 5월에 체직되었다.

박세원(朴世源) : 갑술년(1754) 5월에 도임하여 병자년(1756) 12월에 체직되었다.

유일장(柳一章) : 병자년(1756) 12월에 도임하여 기묘년(1759) 7월에 체직되었다.

최종신(崔宗信) : 임오년(1762) 4월에 도임하여 계미년(1763) 9월에 체직되었다.

권상진(權尙鎭) : 계미년(1763) 9월에 도임하여 을유년(1765) 윤2월에 체직되었다.

김영(金鍈) : 을유년(1765) 윤2월에 도임하여 정해년(1767) 4월에 체직되었다.

송익채(宋益彩) : 정해년(1767) 6월에 도임하여 경인년(1770) 5월에 체직되었다.

이관(李寬) : 경인년(1770) 5월에 도임하여 계사년(1773) 4월에 체직되었다.

안상철(安相徹) : 계사년(1773) 4월에 도임하여 갑오년(1774) 11월에 체직되었다.

한동악(韓東岳) : 을미년(1775) 4월에 도임하여 병신년(1776) 9월에 체직되었다.

김도혁(金道赫) : 병신년(1776) 9월에 도임하여 무술년(1778) 7월에 체직되었다.

김중옥(金重玉) : 무술년(1778) 8월에 도임하여 경자년(1780) 2월에 졸하였다.

나윤록(羅潤祿) : 경자년(1780) 6월에 도임하여 신축년(1781) 7월에 체직되었다.

이양재(李亮載) : 신축년(1781) 7월에 도임하여 임인년(1782) 4월에 체직되었다.

박재연(朴載淵) : 임인년(1782) 6월에 도임하여 갑진년(1784) 5월에 체직되었다.

박상춘(朴尙春) : 갑진년(1784) 5월에 도임하여 병오년(1786) 3월에 체직되었다.

홍계선(洪繼善) : 병오년(1786) 4월에 도임하여 정미년(1787) 11월에 체직되었다.

장한철(張漢喆) : 무신년(1788) 2월에 도임하여 기유년(1789) 1월에 체직되었다.

심석(沈錫) : 기유년(1789) 1월에 도임하여 신해년(1791) 2월에 체직되었다.

이인신(李麟臣)[291] : 신해년(1791) 2월에 도임하여 임자년(1792) 5월에 졸하였다.

정운제(鄭運躋)

고한록(高漢祿)

홍삼필(洪三弼)

부종인(夫宗仁)

이흡(李熻)

김필룡(金弼龍)

이택관(李宅觀)

원상요(元相堯)

한길모(韓吉謩)

변경붕(邊景鵬)

백사건(白師建)

모달겸(牟達兼)

김인택(金仁澤)

고창림(高昌彬)

김지태(金持泰)

부사민(夫士敏)

김재호(金在浩)

박상율(朴尙律)

정상교(丁庠敎)

홍여일(洪麗一)

김유(金柔)

장시열(張時悅)

안윤경(安允璟)

정귀룡(鄭貴龍)

강계우(姜繼遇)

---

291) 본 읍지는 이인신까지 기록되어 있다.

고성규(高性奎)

안윤항(安允沆)

지약연(池若淵)

한정일(韓挺馹)

김시원(金始遠)

원석중(元錫中)

윤원(尹瑗)

신상흠(愼尙欽)

강이진(康履鎭)

김기휴(金沂休)

신성흠(愼性欽)

강이진(康履鎭)

한홍일(韓弘一)

강우진(康祐鎭)

성교수(成喬修)

김몽구(金夢求)

장덕오(張德五)

이우식(李友植)

강진원(姜鎭元)

강재오(康在五)

신재호(愼栽祜)

김규임(金圭任)

고용진(高龍振)

윤정식(尹正植)

김기성(金基成)

전맹술(全孟述)

은덕중(殷德仲)

윤정식(尹正植)

김진석(金振錫)

김상호(金商澔)

임동한(林東漢)

서홍순(徐弘淳)

이재방(李在邦)

하흥도(河興道)

송두옥(宋斗玉)

이익제(李益濟)

채귀석(蔡龜錫)

신재호(愼栽祜)

채귀석(蔡龜錫)

허철(許撤)

남만리(南萬里)

김종하(金鍾河)

## 정의(旌義)

송섬(宋暹)
정유용(鄭有容)
남유온(南有溫)
문희석(文禧碩)
이치(李治)
신나동(申羅同)
왕무(王懋)
신희(辛禧)
양세창(梁世昌)
정귀석(鄭龜碩)
윤언상(尹彦祥)
김경준(金敬俊)
임철중(任鐵重)
신계영(申繼榮)
임백손(林百孫)
노사종(盧嗣宗)
김추(金樞)
가순(賈純)
이인곤(李仁坤)
오하몽(吳下蒙)
노안(魯顔)
소흡(蘓翕)
김인(金仁)
신지상(愼之詳)
김수생(金壽生)

최수장(崔水長)

정붕(丁鵬) : 이상은 도임연월 미상.

유희인(柳熙仁) : 계해년(1563) 정월에 도임하여 동년 10월에 벼슬이 바뀌어 돌아갔다.

김사물(金四勿) : 계해년(1563) 10월에 도임하여 병인년(1566) 5월에 벼슬이 바뀌어 돌아갔다.

정침(鄭忱) : 병인년(1566) 5월에 도임하여 무진년(1568) 12월에 벼슬이 바뀌어 돌아갔다.

이고연(李鼓連) : 무진년(1568) 12월에 도임하여 기사년(1569) 12월에 벼슬이 바뀌어 돌아갔다.

김우추(金遇秋) : 경오년(1570) 2월에 도임하여 임신년(1572) 5월에 벼슬이 바뀌어 돌아갔다.

이수헌(李壽憲) : 임신년(1572) 8월에 도임하여 을해년(1575) 3월에 벼슬이 바뀌어 돌아갔다.

정인개(鄭仁槪) : 을해년(1575) 3월에 도임하여 정축년(1577) 11월에 벼슬이 바뀌어 돌아갔다.

이응홍(李應泓) : 정축년(1577) 11월에 도임하여 경진년(1580) 윤4월에 벼슬이 바뀌어 돌아갔다.

이선형(李善亨) : 경진년(1580) 6월에 도임하여 계미년(1583) 3월에 벼슬이 바뀌어 돌아갔다.

장석명(張錫命) : 계미년(1583) 3월에 도임하여 을유년(1585) 11월에 벼슬이 바뀌어 돌아갔다.

김대이(金大頤) : 을유년(1585) 11월에 도임하여 병술년(1586) 6월에 벼슬이 바뀌어 돌아갔다.

이방좌(李邦佐) : 병술년(1586) 7월에 도임하여 기축년(1589) 4월에 벼슬이 바뀌어 돌아갔다.

안윤헌(安潤獻) : 기축년(1589) 4월에 도임하여 동년 5월에 벼슬이 바꿔어 돌아갔다.

최기변(崔琦抃) : 기축년(1589) 7월에 도임하여 임진년(1592) 5월에 벼슬이 바꿔어 돌아갔다.

방덕룡(方德龍) : 임진년(1592) 3월에 도임하여 을미년(1595) 10월에 벼슬이 바꿔어 돌아갔다.

박형남(朴亨男) : 을미년(1595) 11월에 도임하여 무술년(1598) 11월에 벼슬이 바꿔어 돌아갔다.

이춘영(李春榮) : 무술년(1598) 11월에 도임하여 경자년(1600) 3월에 벼슬이 바꿔어 돌아갔다.

이연경(李延慶) : 경자년(1600) 5월에 도임하여 임인년(1602) 12월에 벼슬이 바꿔어 돌아갔다.

한경원(韓慶元) : 을사년(1605) 7월에 도임하여 병오년(1606) 정월에 벼슬이 바꿔어 돌아갔다.

채직(蔡稷) : 병오년(1606) 정월에 도임하여 무신년(1608) 9월에 벼슬이 바꿔어 돌아갔다.

이정경(李禎慶) : 무신년(1608) 9월에 도임하여 기유년(1609) 12월에 벼슬이 바꿔어 돌아갔다.

이유길(李有吉) : 경술년(1610) 3월에 도임하여 임자년(1612) 9월에 벼슬이 바꿔어 돌아갔다.

정흔(鄭昕) : 임자년(1612) 윤11월에 도임하여 을묘년(1615) 5월에 벼슬이 바꿔어 돌아갔다.

조양부(趙良傅) : 을묘년(1615) 7월에 도임하여 무오년(1618) 정월에 벼슬이 바꿔어 돌아갔다.

이담(李儋) : 무오년(1618) 4월에 도임하여 경신년(1620) 9월에 벼슬이 바꿔어 돌아갔다.

고부옥(高傅沃) : 신유년(1621) 정월에 도임하여 동년 3월에 졸(卒)하였다.

정박(鄭鎛) : 신유년(1621) 8월에 도임하여 계해년(1623) 7월에 벼슬이 바뀌어 돌아갔다.

황선신(黃善身) : 계해년(1623) 7월에 도임하여 갑자년(1624) 4월에 벼슬이 바뀌어 돌아갔다.

민영(閔栐) : 갑자년(1624) 5월에 도임하여 병인년(1626) 11월에 벼슬이 바뀌어 돌아갔다.

오세장(吳世章) : 정묘년(1627) 정월에 도임하여 기사년(1629) 7월에 벼슬이 바뀌어 돌아갔다.

최인건(崔仁健) : 기사년(1629) 8월에 도임하여 임신년(1632) 2월에 벼슬이 바뀌어 돌아갔다.

정취도(鄭就道) : 임신년(1632) 5월에 도임하여 갑술년(1634) 10월에 벼슬이 바뀌어 돌아갔다.

신희승(辛喜承) : 갑술년(1634) 12월에 도임하여 정축년(1637) 5월에 벼슬이 바뀌어 돌아갔다.

김한일(金漢一) : 정축년(1637) 7월에 도임하여 기묘년(1639) 12월에 벼슬이 바뀌어 돌아갔다.

황영(黃寧) : 경진년(1640) 윤정월에 도임하여 임오년(1642) 6월에 벼슬이 바뀌어 돌아갔다.

선홍원(宣弘遠) : 임오년(1642) 8월에 도임하여 갑신년(1644) 12월에 벼슬이 바뀌어 돌아갔다.

이석구(李碩耇) : 을유년(1645) 2월에 도임하여 병술년(1646) 정월에 벼슬이 바뀌어 돌아갔다.

송익(宋益) : 병술년(1646) 4월에 도임하여 무자년(1648) 10월에 벼슬이 바뀌어 돌아갔다.

강승(姜昇) : 무자년(1648) 10월에 도임하여 기축년(1649) 9월에 벼슬이 바뀌어 돌아갔다.

안집(安緝) : 기축년(1649) 11월에 도임하여 신묘년(1651) 정월에 벼슬이 바뀌어 돌아갔다.

이탁남(李卓男) : 신묘년(1651) 4월에 도임하여 임진년(1652) 4월에 벼슬이 바뀌어 돌아갔다.

남해우(南海宇) : 임진년(1652) 6월에 도임하여 갑오년(1654) 9월에 벼슬이 바뀌어 돌아갔다.

남중회(南重晦) : 갑오년(1654) 9월에 도임하여 병신년(1656) 12월에 벼슬이 바뀌어 돌아갔다.

안여공(安汝玒) : 병신년(1656) 12월에 도임하여 기해년(1659) 4월에 벼슬이 바뀌어 돌아갔다.

김익견(金益堅) : 기해년(1659) 6월에 도임하여 신축년(1661) 11월에 벼슬이 바뀌어 돌아갔다.

오상훈(吳尙勳) : 신축년(1661) 12월에 도임하여 임인년(1662) 10월에 벼슬이 바뀌어 돌아갔다.

임식(任湜) : 계묘년(1663) 정월에 도임하여 을사년(1665) 8월에 벼슬이 바뀌어 돌아갔다.

우여탁(禹汝度) : 을사년(1665) 8월에 도임하여 무신년(1668) 6월에 벼슬이 바뀌어 돌아갔다.

김세익(金世翊) : 무신년(1668) 5월에 도임하여 동년 11월에 벼슬이 바뀌어 돌아갔다.

최국성(崔國成) : 기유년(1669) 3월에 도임하여 동년 5월에 벼슬이 바뀌어 돌아갔다.

이송로(李松老) : 기유년(1669) 11월에 도임하여 임자년(1672) 윤7월에 벼슬이 바뀌어 돌아갔다.

이지행(李志行) : 임자년(1672) 윤7월에 도임하여 갑인년(1674) 6월에 벼슬이 바뀌어 돌아갔다.

민최(閔冣) : 갑인년(1674) 9월에 도임하여 을묘년(1675) 10월에 벼슬이 바뀌어 돌아갔다.

상인첨(尙仁詹) : 을묘년(1675) 11월에 도임하여 무오년(1678) 4월에 벼슬이 바뀌어 돌아갔다.

이만지(李萬持) : 무오년(1678) 5월에 도임하여 기미년(1679) 7월에 벼슬이 바뀌어 돌아갔다.

김성구(金聲久) : 기미년(1679) 7월에 도임하여 신유년(1681) 10월에 벼슬이 바뀌어 돌아갔다.

김응운(金應運) : 신유년(1681) 10월에 도임하여 갑자년(1684) 4월에 벼슬이 바뀌어 돌아갔다.

김하세(金夏世) : 갑자년(1684) 4월에 도임하여 병인년(1686) 9월에 벼슬이 바뀌어 돌아갔다.

박세길(朴世佶) : 병인년(1686) 9월에 도임하여 기사년(1689) 3월에 벼슬이 바뀌어 돌아갔다.

이태동(李泰東) : 기사년(1689) 3월에 도임하여 동년 8월에 벼슬이 바뀌어 돌아갔다.

박제(朴濟) : 경오년(1690) 정월에 도임하여 임신년(1692) 7월에 벼슬이 바뀌어 돌아갔다.

신명백(申命伯) : 임신년(1692) 7월에 도임하여 을해년(1695) 3월에 월에 벼슬이 바뀌어 돌아갔다.

신성원(愼聖源) : 을해년(1695) 3월에 도임하여 정축년(1697) 9월에 벼슬이 바뀌어 돌아갔다.

이한장(李漢章) : 정축년(1697) 9월에 도임하여 경진년(1700) 2월에 벼슬이 바뀌어 돌아갔다.

김익구(金益九) : 경진년(1700) 2월에 도임하여 임오년(1702) 7월에 졸(卒)하였다.

박상하(朴尙夏) : 임오년(1702) 7월에 도임하여 을유년(1705) 3월에 벼슬이 바뀌어 돌아갔다.

홍우(洪禑) : 을유년(1705) 3월에 도임하여 병술년(1706) 5월에 벼슬이 바뀌어 돌아갔다.

심익삼(沈益三) : 병술년(1706) 9월에 도임하여 기축년(1709) 4월에 벼슬이 바뀌어 돌아갔다.

정동리(鄭東里) : 기축년(1709) 4월에 도임하여 신묘년(1711) 9월에 벼슬이 바뀌어 돌아갔다.

조명주(趙命周) : 신묘년(1711) 9월에 도임하여 계사년(1713) 8월에 벼슬이 바뀌어 돌아갔다.

김초보(金楚寶) : 계사년(1713) 9월에 도임하여 병신년(1716) 3월에 벼슬이 바뀌어 돌아갔다.

위혁만(魏赫萬) : 병신년(1716) 3월에 도임하여 무술년(1718) 4월에 벼슬이 바뀌어 돌아갔다.

송내백(宋來柏) : 무술년(1718) 4월에 도임하여 경자년(1720) 11월에 벼슬이 바뀌어 돌아갔다.

고중명(高重明) : 경자년(1720) 11월에 도임하여 신축년(1721) 3월에 벼슬이 바뀌어 돌아갔다.

김세형(金世衡) : 신축년(1721) 5월에 도임하여 계묘년(1723) 10월에 벼슬이 바뀌어 돌아갔다.

강우량(康遇諒) : 계묘년(1723) 10월에 도임하여 갑진년(1724) 4월에 벼슬이 바뀌어 돌아갔다.

고효원(高效元) : 갑진년(1724) 8월에 도임하여 을사년(1725) 12월에 벼슬이 바뀌어 돌아갔다.

박양검(朴良儉) : 병오년(1726) 5월에 도임하여 정미년(1727) 6월에 벼슬이 바뀌어 돌아갔다.

채인해(蔡仁海) : 정미년(1727) 9월에 도임하여 무신년(1728) 6월에 벼슬이 바뀌어 돌아갔다.

상시창(尙時昌) : 무신년(1728) 10월에 도임하여 기유년(1729) 7월에 벼슬이 바뀌어 돌아갔다.

이명석(李明錫) : 기유년(1729) 8월에 도임하여 경술년(1730) 10월에 벼슬이 바뀌어 돌아갔다.

권혁(權赫) : 경술년(1730) 10월에 도임하여 동년 11월에 벼슬이 바뀌어 돌아갔다.

이명석(李明錫) : 신해년(1731) 정월에 도임하여 임자년(1732) 5월에 벼슬이 바뀌어 돌아갔다.

송우성(宋遇聖) : 임자년(1732) 8월에 도임하여 계축년(1733) 8월에 벼슬이 바뀌어 돌아갔다.

박규환(朴奎煥) : 갑인년(1734) 정월에 도임하여 을묘년(1735) 7월에 벼슬이 바뀌어 돌아갔다.

허승(許昇) : 을묘년(1735) 10월에 도임하여 정사년(1737) 9월에 벼슬이 바뀌어 돌아갔다.

김정봉(金廷鳳) : 무오년(1738) 3월에 도임하여 동년 6월에 벼슬이 바뀌어 돌아갔다.

나억령(羅億齡) : 무오년(1738) 10월에 도임하여 경신년(1740) 5월에 벼슬이 바뀌어 돌아갔다.

김상환(金商煥) : 경신년(1740) 8월에 도임하여 임술년(1742) 12월에 벼슬이 바뀌어 돌아갔다.

홍언석(洪彦奭) : 임술년(1742) 12월에 도임하여 을축년(1745) 8월에 벼슬이 바뀌어 돌아갔다.

박인보(朴寅輔) : 을축년(1745) 8월에 도임하여 정묘년(1747) 정월에 벼슬이 바뀌어 돌아갔다.

김운(金運) : 정묘년(1747) 4월에 도임하여 무진년(1748) 7월에 벼슬이 바뀌어 돌아갔다.

하대윤(河大潤) : 무진년(1748) 9월에 도임하여 기사년(1749) 정월에 졸(卒)하였다.

노현학(盧賢鶴) : 기사년(1749) 5월에 도임하여 신미년(1751) 3월에 벼슬이 바뀌어 돌아갔다.

여우주(呂遇周) : 신미년(1751) 7월에 도임하여 갑술년(1754) 2월에 벼슬이 바뀌어 돌아갔다.

정계주(鄭啓周) : 갑술년(1754) 5월에 도임하여 병자년(1756) 9월에 벼슬이 바뀌어 돌아갔다.

윤신흥(尹莘興) : 병자년(1756) 11월에 도임하여 무인년(1758) 10월에 벼슬이 바뀌어 돌아갔다.

이수덕(李壽德) : 무인년(1758) 10월에 도임하여 기묘년(1759) 3월에 벼슬이 바뀌어 돌아갔다.

박규오(朴奎五) : 기묘년(1759) 3월에 도임하여 신사년(1761) 3월에 벼슬이 바뀌어 돌아갔다.

박명구(朴命球) : 신사년(1761) 8월에 도임하여 임오년(1762) 9월에 벼슬이 바뀌어 돌아갔다.

이형도(李亨道) : 임오년(1762) 11월에 도임하여 계미년(1763) 9월에 벼슬이 바뀌어 돌아갔다.

조세선(趙世選) : 계미년(1763) 9월에 도임하여 갑신년(1764) 4월에 벼슬이 바뀌어 돌아갔다.

최범중(崔範重) : 갑신년(1764) 4월에 도임하여 정해년(1767) 2월에 벼슬이 바뀌어 돌아갔다.

전백령(全柏齡) : 정해년(1767) 2월에 도임하여 무자년(1768) 6월에 벼슬이 바뀌어 돌아갔다.

유집(柳潗) : 무자년(1768) 9월에 도임하여 기축년(1769) 7월에 졸(卒)하였다.

문명구(文命龜) : 기축년(1769) 9월에 도임하여 신묘년(1771) 6월에 벼슬이 바뀌어 돌아갔다.

하용주(河龍珠) : 신묘년(1771) 7월에 도임하여 동년 8월에 벼슬이 바뀌어 돌아갔다.

유익성(柳翼星) : 신묘년(1771) 9월에 도임하여 계사년(1773) 11월에 벼슬이 바뀌어 돌아갔다.

임광현(任光鉉) : 갑오년(1774) 3월에 도임하여 병신년(1776) 9월에 벼슬이 바뀌어 돌아갔다.

허서(許敍) : 병신년(1776) 9월에 도임하여 기해년(1779) 3월에 벼슬이 바뀌어 돌아갔다.

송중현(宋重鉉) : 기해년(1779) 3월에 도임하여 신축년(1781) 윤5월에 벼슬이 바뀌어 돌아갔다.

이우진(李羽晉) : 신축년(1781) 7월에 도임하여 동년 12월에 벼슬이 바뀌어 돌아갔다.

이장익(李長益) : 임인년(1782) 2월에 도임하여 갑진년(1784) 8월에 벼슬이 바뀌어 돌아갔다.

이갑룡(李甲龍) : 갑진년(1784) 8월에 도임하여 정미년(1787) 7월에 벼슬이 바뀌어 돌아갔다.

오윤국(吳允國) : 정미년(1787) 7월에 도임하여 무신년(1788) 8월에 벼슬이 바뀌어 돌아갔다.

신대년((申大年) : 무신년(1788) 11월에 도임하여 동년 12월에 벼슬이 바뀌어 돌아갔다.

조원순(趙元珣) : 무신년(1788) 12월에 도임하여 신해년(1791) 2월에 벼슬이 바뀌어 돌아갔다.

허식(許湜) : 신해년(1791) 2월에 도임하여 계축년(1793) 7월에 벼슬이 바뀌어 돌아갔다.

고한록(高漢祿)

남수(南洙)

홍상오(洪相五)

문약연(文躍淵)

김사철(金思喆)

정중록(鄭重祿)

박종림(朴宗林)

변경우(邊景祐)

여철영(呂喆永)

노상희(盧尙熙)

권취일(權就一)

이종덕(李種德)

이언무(李彦懋)

박사렴(朴師濂)

구영석(具齡錫)

김계중(金繼重)

강연(康綖)

유가균(柳可均)

박종묵(朴宗默)

안윤경(安允璟)

김진원(金鎭元)

길현범(吉顯範)

안의석(安義錫)

신상흠(愼尙欽)

장두형(張斗衡)

임수룡(任秀龍)

이동규(李東奎)

강이호(康履昊)

김종관(金鍾輨)

구병우(具秉愚)

김기행(金沂行)

강이철(康履綴)

강만식(康萬埴)
이언길(李彦吉)
여은섭(呂殷燮)
이기혁(李基赫)
이병한(李秉漢)
홍준모(洪俊謨)
강우진(康祐鎭)
김의성(金義性)
성정호(成定鎬)
이우식(李友植)
홍재진(洪在晋)
방우량(龐友亮)
강학수(康鶴守)
고계정(高啓正)
유익증(柳益增)
전종태(全鍾泰)
남계장(南啓章)
고윤모(高允模)
홍재한(洪在翰)
고명철(高明哲)
이영재(李榮載)
마종문(馬鍾文)
송두옥(宋斗玉)
김문수(金汶洙)
임학주(林鶴周)
김응평(金膺平)
홍재심(洪在深)

김응병(金膺柄)

성준호(成俊鎬)

강인호(康仁鎬)

김재용(金在鏞)

김희주(金熙冑)

유긍환(兪兢煥)

채수강(蔡洙康) : 정미년(1907) 1월 29일에 지도군수로 전보되었다.

장용견(張容堅) : 정미년(1907) 3월 13일에 임용되었다.

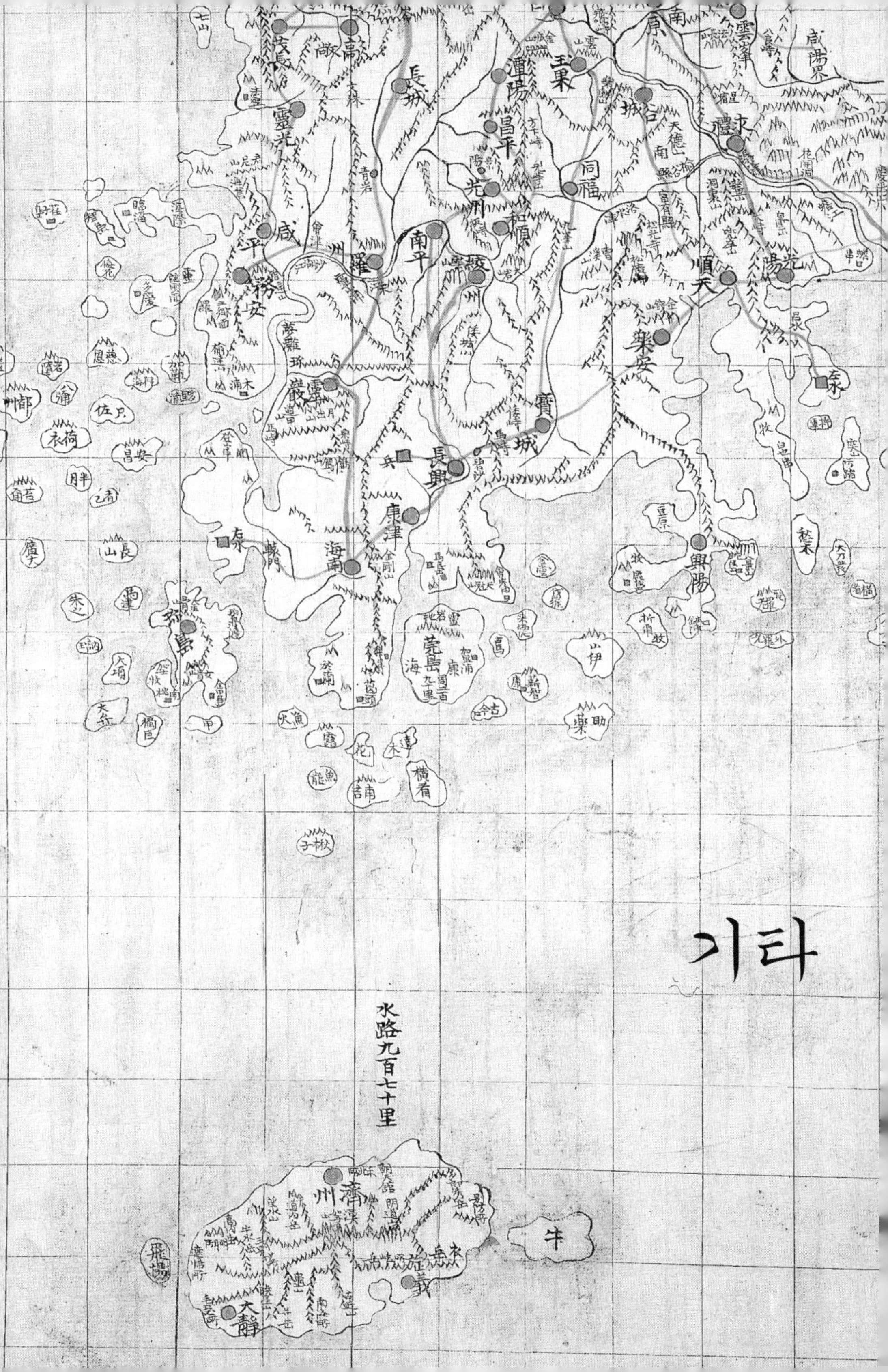
長城
潭陽
昌平
光州
和順
同福
谷城
求禮
雲峯
南原
咸陽界
靈光
咸平
務安
羅州
南平
綾州
順天
光陽
樂安
寶城
長興
康津
海南
靈巖
興陽
珍島
莞島
水路九百七十里
濟州
大靜
旌義
牛

기타

## 기타

### 여수(麗水)[292]

백제 때 지금의 여수지역에 원촌현(猿村縣)이, 돌산지역에 돌산현(突山縣)이 두어져 감평군(欿平郡, 순천)에 예속되었다. 757년(경덕왕 16)에 승평군(昇平郡)으로 개칭되면서 그 예하의 원촌현은 해읍현(海邑縣)으로, 돌산현은 여산현(廬山縣)으로 개칭되었다. 940년(태조 23)에는 해읍현이 여수현(麗水縣)으로, 여산현이 다시 돌산현으로 개칭되었는데 이 두 현은 여전히 승평군의 속현이었다. 1350년(충정왕 2) 처음 현령이 파견되어 주읍으로 승격되었다. 1396년(태조 5) 현령 오흔인(吳欣仁)이 신왕조에 불복하였다 하여 폐현이 되었다가 다시 순천도호부에 편입되어 조선시대 동안 계속되었다. 같은 때 진례(進禮)에 진이 설치되었다가, 1423년(세종 5)에 진례만호진이 폐지되었고, 내례만호진(內禮萬戶鎭)이 설치되었다. 1479년(성종 10)에 진이 폐지되었고 대신 전라좌도수군절도사영이 설치됨으로서 전라도 동남부의 수군을 통할하게 되었다. 1485년부터 전라좌수영성이 5년 8개월에 걸쳐서 축조되었는데, 1601년 통제영이 경상도 거제로 옮겨감으로서 좌수영만 남게 되었다. 1725년(영조 1)에 여수도호부가 설치되어 전라좌수사를 겸임하게 했다가 이듬해 폐지되었다. 1885년(고종 22년) 4월 23일에 영국군이 삼산면의 거문도를 점령하여 1887년 3월 1일까지 주둔한 거문도점령사건이 일어났다. 1894년(고종 31)에 동학혁명군이 전라좌수영성을 공격하여 이곳에서 치열한 공방전이 벌어지기도 하였다. 1895년 전라좌수영이 폐

---

292) 『전라남도지 여수군지초략』(1924)을 저본으로 하였다.

지되었고, 1896년 도서지방에 돌산군이 신설되었다. 1897년 육지 지역에 여수군이 신설되어 순천도호부에서 분리, 독립되었고, 1914년에 돌산군이 폐지되고 여수군으로 편입되어 10개 면으로 분할되었다. 1949년 6월에 여수항의 개항이 선포되고, 8월에 여수읍이 시로 승격되면서 나머지 지역은 여천군이 되어 여수시와 분리되었다. 1998년 4월 1일에 여천시·여천군·여수시가 통합되어 새로운 여수시가 되었다.

오횡묵(吳弦默) : 해주인. 정유년(1897) 4월 25일에 임명되었다.
최정익(崔正益) : 해주인. 기해년(1899)에 부임했다.
윤귀영(尹龜榮) : 해평인. 경자년(1900)에 부임했다.
문창석(文昌錫) : 남평인. 신축년(1901)에 부임했다.
윤풍정(尹豐禎) : 파평인. 임인년(1902)에 부임했다.
곽경근(郭慶根) : 현풍인. 을사년(1905)에 부임했다.
송재기(宋在夔) : 여산인. 병오년(1906)에 부임했다.
김종휴(金鍾烋) : 나주인. 무신년(1908)에 부임했다.

## 돌산(突山)

백제 때 돌산현(突山縣)이었다가 신라 때 여산(廬山, 또는 盧山)이라는 이름이 처음 붙게 되었다. 하지만 줄곧 독립되지 못하고 승평(昇平) 등지의 속현이었으며, 조선시대에는 방답진(防踏鎭)을 두었고, 1896년(고종 32)에서야 비로소 돌산군으로 독립하였다. 1914년 일제의 행정구역 개편 당시 여수군 산하로 편입되었으며, 현재는 전라남도 여수시 돌산읍이 이 지역이라고 파악된다. 관방(關防)과 관련해서 주목되는 것이 거문진(巨文鎭)으로, 이곳이 바로 1885년부터 1887년까지 영국이 점거하고 있던 곳으로, 거문도(巨文島)는 특정한 섬을 가리키는 것이 아닌 거문진을 구성하고 있던 도서군(島嶼群)을 가리키는 것이다. 읍지 편찬 당시는 영국의 점령으로부터 그리 오래지 않았기 때문에, 읍지에도 이와 관련된 내용이 상세하게 실려 있다.

조동훈(趙東勳) : 병신년(1896) 1월 24일에 임명되었다.
진상언(秦尙彦) : 정유년(1897) 4월 25일에 임명되었다.
유긍환(兪兢煥) : 정유년(1897)에 부임하였다.
윤철규(尹喆圭) : 정유년(1897) 11월 11일에 임명되었다.
홍희(洪熺) : 무술(1898) 3월 6일에 임명되었다.
최정익(崔正益) : 경자년(1900) 12월 29일에 임명되었다.
서창보(徐彰輔) : 남행. 신축년(1901) 6월 14일에 낙안군수에서 이배(移拜)되었다. 수원 거주.
박승철(朴勝轍) : 임인년(1902) 3월 12일에 면직되었다.
마준영(馬駿榮) : 임인년(1902)에 도임하여 병오년(1906) 9월 13일에 참서관에 임명되었다.
오극선(吳克善) : 병오년(1906) 9월 19일에 임명되었다.
이재화(李在華) : 경술년(1910) 7월 18일에 임명되었다.

## 완도(莞島)[293]

신라 829년(흥덕왕 3)에 청해진을 설치했다가 851년(문성왕 13)에 폐지되었다. 고려 때부터 조선시대에 이르는 시기에 완도는 강진에, 보길도 등은 영암에 속하는 등 하나의 독립된 행정체계로 결집되지 못했다. 그러나 1521년(중종 16) 완도에 가리포진이, 1596년(선조 29) 신지도에 신지도진이 설치되고, 정유재란 중에 이순신이 고금도에 수군의 본영을 옮겼었다. 1896년에 영암·강진·해남·장흥에 속한 48개의 큰 섬과 52개의 작은 섬을 분리해 19개면으로 완도군을 설치함으로서 비로소 독립된 군이 되었다. 1914년 군면 폐합 때 고금면·금일면·청산면·노화면·군내면·군외면·신지면·소안면으로 재편되고, 팔금면은 무안군에, 추자면은 제주군에 이관되었다.

이규승(李圭昇) : 건양 원년 병신년(1896) 2월 4일에 도임하여 기해년(1899) 6월 8일에 체직되었다. 선정비가 있다.

신관희(申觀熙) : 기해년(1899) 6월 10일에 도임하여 경자년(1900) 4월 8일에 창평군으로 전보되었다.

노태우(盧泰愚) : 경자년(1900) 4월 12일에 도임하여 신축년(1901) 정월 10일에 진보군으로 전보되었다.

김선일(金善一) : 신축년(1901) 2월 12일에 도임하여 임인년(1902) 2월 3일에 예산군으로 전보되었다.

이정상(李鼎相) : 임인년(1902) 2월 15일에 도임하여 계묘년(1903) 6월 6일에 청풍군으로 전보되었다.

우기동(禹起東) : 계묘년(1903) 6월 16일에 도임하여 을사년(1905) 5월 5일에 음죽군으로 전보되었다.

---

293) 『완도군지』(1925)를 저본으로 하였다.

김상섭(金商燮) : 을사년(1905) 6월 12일에 도임하여 정미년(1907) 5월 8일에 칠곡군으로 전보되었다.

정긍조(鄭肯朝) : 정미년(1907) 7월 7일에 도임하여 기유년(1909) 6월 6일에 체직되었다.

송원섭(宋元燮) : 기유년(1909) 7월 15일에 도임하여 정사년(1917) 2월 10일에 영암군으로 전보되었다.

## 지도(智島)

강희 임술년(1682)에 설진(設鎭)한 후 1895년에 폐지하고, 1896년 2월 3일 칙령 제13호로 서남해안 도서지역에 완도군·돌산군·지도군의 3군을 신설했다. 그 가운데 지도군에는 나주·영광·부안·만경·무안의 5개 군에 나누어져 있던 117개의 도서를 15개면으로 나누어 소속시켰다. 그러나 1914년 군면 폐합으로 지도군이 폐지되고 지도군 소속 섬들과 완도군 팔금면, 진도군 도초면이 무안군에 병합되었고, 고군산면은 옥구군으로, 위도면·낙월면은 영광군으로 편입되었다. 1969년에 다시 무안군 내의 섬지역을 분리하여 도서로 이루어진 신안군을 설치했다.

오횡묵(吳宖默) : 통정대부. 병신년(1896) 1월 24일에 임명되었다.

김한정(金漢鼎) : 정유년(1897) 4월 25일에 임명되었다.

박용규(朴鎔奎) : 기해년(1899) 1월 20일에 임명되었다.

김영년(金永年) : 경자년(1900) 12월 29일에 임명되었다.

송상희(宋祥熙) : 갑진년(1904) 2월에 재임중이었고, 을사년(1905) 1월 22일에 중추원의관에 임명되었다.

홍세영(洪世泳) : 을사년(1905) 1월 24일에 임명되어 정미년(1907) 1월 21일에 면직되었다.

채수강(蔡洙康) : 음직. 평강인. 정미년(1907) 1월 29일에 정의군수에서 임명되어 무신년(1908) 11월 28일에 강진군수에 이배되었다.

김동우(金東佑) : 기유년(1909) 4월 13일에 임명되었다.

咸陽界
南原
雲峯
玉果
潭陽
長城
谷城
求禮
昌平
同福
光州
和順
靈光
咸平
務安
羅州
南平
綾州
順天
光陽
樂安
靈巖
寶城
長興
康津
海南
興陽
珍島
莞島
水路九百七十里
濟州
大靜
旌義
牛


부록

# 부록1. 수군진영(水軍鎭營)

## 전라우수영(全羅右水營)

전라우수영은 처음에는 무안(務安)의 대굴포(大掘浦, 현재 함평군 학교면 학교리)에 있었던 수군처치사영(水軍處置使營)이었는데, 1440년(세종 22)에 해남의 황원곶(黃原串)으로 이동하여, 1464년(세조 10)에 수군절도사영(水軍節度使營)으로 승격되었다. 1479년(성종 10)에 전라남도 순천 내례포에 전라좌도 수군절도사영이 설치된 후 이곳은 전라우도 수군절도사영이라 부르게 되었고, 임진왜란 때 명량해전의 주요 본거지가 되었다. 『대동지지』에 따르면 7관 18포로 구성되어 있어 임란 당시 조선 수군 군영 중 가장 규모가 컸다. 속진은 법성포(法聖浦)·군산(群山)·고군산(古群山)·위도(蝟島)·임치도(臨淄島)·고금도(古今島)·가리포(加里浦)·남도포(南桃浦)·금갑도(金甲島)·어란포(於蘭浦)·이진(梨津)·신지도(薪智島)·마도(馬島)·목포(木浦)·다경포(多慶浦)·지도(智島)·임자도(荏子島)·검모포(黔毛浦) 등이다.

수군처시사 박실(朴實) : 1426년 2월에 자헌대부(資憲大夫)로서 부임하였다.

이란(李蘭) : 1426년 7월에 자헌대부(資憲大夫)로서 부임하였다.

박성양(朴成陽) : 1426년 9월에 자헌대부(資憲大夫)로서 부임하였다.

곽승우(郭承雨) : 1430년 3월에 자헌대부(資憲大夫)로서 부임하였다.

왕린(王麟) : 1430년 10월에 자헌대부(資憲大夫)로서 부임하였다.

서침(徐沉) : 1433년 9월에 통정대부(通政大夫)로서 부임하였다.

유한(柳漢) : 1436년 정월에 가선대부(嘉善大夫)로서 부임하였다.

전시귀(田時貴) : 1436년 5월에 가선대부(嘉善大夫)로서 부임하였다.
윤득홍(尹得弘) : 1439년 6월에 자헌대부(資憲大夫)로서 부임하였다.
이각(李恪) : 1441년 3월에 정헌대부(正憲大夫)로서 부임하였다.
최숙손(崔淑孫) : 1443년 7월에 가선대부(嘉善大夫)로서 부임하였다.
김유양(金有讓) : 1444년 2월에 통정대부(通政大夫)로서 부임하였다.
박이녕(朴以寧) : 1445년 6월에 통정대부(通政大夫)로서 부임하였다.
정간(丁艮) : 1446년 정월에 통정대부(通政大夫)로서 부임하였다.
이화(李樺) : 1446년 10월에 가선대부(嘉善大夫)로서 부임하였다.
이종목(李宗睦) : 1448년 7월에 통정대부(通政大夫)로서 부임하였다.
권맹경(權孟慶) : 1450년 8월에 가선대부(嘉善大夫)로서 부임하였다.
마승(馬勝) : 1451년 8월에 가선대부(嘉善大夫)로서 부임하였다.
이사명(李思明) : 1453년 8월에 통정대부(通政大夫)로서 부임했다가 1454년 6월에 가선대부(嘉善大夫)가 되어 떠났다.
이행검(李行檢) : 1455년 9월에 가선대부(嘉善大夫)로서 부임하였다.
정종(鄭種) : 1457년 3월에 통정대부(通政大夫)로서 부임하였다.
설정신(薛丁新) : 1458년 7월에 통정대부(通政大夫)로서 부임하였다.
이재(李梓) : 1460년 정월에 통정대부(通政大夫)로서 부임하였다.
봉석주(奉碩柱) : 1460년 10월에 가선대부(嘉善大夫)로서 부임하였다.
유사(柳泗) : 1461년 2월에 통정대부(通政大夫)로서 부임하였다.
권환(權歡) : 1461년 7월에 가선대부(嘉善大夫)로서 부임하였다.
김처지(金處智) : 1463년 7월에 통정대부(通政大夫)로서 부임하였다.
최유림(崔有霖) : 1465년 5월에 통정대부(通政大夫)로서 부임하였다.
수군절도사 조성산(趙誠山) : 1465년 7월에 절충장군(折衝將軍)으로서 부임하였다.
김치원(金致元) : 1467년 11월에 절충장군(折衝將軍)으로서 부임하였다.
조종지(趙宗智) : 1469년 2월에 절충장군(折衝將軍)으로서 부임하였다.
이돈인(李惇仁) : 1470년 8월에 부임했다가 1472년 7월에 첨지사(僉知

使)가 되어 떠났다.

한충인(韓忠仁) : 1472년 7월에 절충장군(折衝將軍)으로서 부임하였다.

민효간(閔孝幹) : 1473년 2월에 절충장군(折衝將軍)으로서 부임하였다.

조간(曺幹) : 1475년 6월에 절충장군(折衝將軍)으로서 부임하였다.

권종손(權宗孫) : 1477년 7월에 절충장군(折衝將軍)으로서 부임하였다.

변포(卞袍) : 1479년 5월에 절충장군(折衝將軍)으로서 부임하였다.

김치형(金致亨) : 1481년 7월에 절충장군(折衝將軍)으로서 부임하였다.

심안인(沈安仁) : 1483년 5월에 절충장군(折衝將軍)으로서 부임하였다.

신주(辛鑄) : 1485년 7월에 부임했다가 1487년 7월에 동지사(同知使)가 되어 떠났다.

이돈인(李惇仁) : 1487년 7월에 부임했다가 1489년 정월 24일에 졸하였다.

왕종신(王宗信) : 1489년 4월 9일에 부임했다가 같은 해 9월에 떠났다.

전림(田霖) : 1489년 11월에 부임했다가 1491년에 떠났다.

황경인(黃敬仁) : 1491년 8월에 부임하였다.

김사수(金四守) : 1493년 6월 22일에 부임했다가 1494년 7월에 떠났다.

김훤(金萱) : 1494년 9월 22일에 부임했다가 1494년 11월 8일에 부친상으로 떠났다.

이소(李玿) : 1495년 정월 22일에 부임했다가 1497년 3월 13일에 떠났다.

이영산(李英山) : 1497년 3월 15일에 부임했다가 1499년 5월 6일에 떠났다.

안윤손(安潤孫) : 1499년 5월 9일에 부임했다가 1500년 2월 19일에 떠났다.

하맹윤(河孟潤) : 1500년 3월에 부임했다가 1502년 3월에 첨지사(僉知使)가 되어 떠났다.

유승손(柳承孫) : 1502년 3월 26일에 부임했다가 1504년 4월에 떠났다.

유제(柳睇) : 1504년 4월에 부임했다가 1504년 6월에 떠났다.

유진(柳軫) : 1504년 6월에 오위장(五衛將)으로서 부임했다가 1506년 10월에 떠났다.

이량(李良) : 1506년 10월 10일에 부임했다가 1508년 11월에 떠났다.

심형(沈亨) : 1508년 12월에 부임했다가 1510년 12월에 떠났다.

조한손(曺漢孫) : 1510년 11월에 부임했다가 1512년 12월에 떠났다.

전오륜(全五倫) : 1512년 12월에 부임했다가 1514년 12월에 떠났다.

소기파(蘇起坡) : 1514년 12월에 부임했다가 1516년 8월에 산거(散去)하였다.

이종인(李宗仁) : 1516년 9월에 부임했다가 철거(輟去)하였다.

우맹선(禹孟善) : 1518년 2월 8일에 부임했다가 1518년 6월 11일에 의주목사가 되어 떠났다.

이권(李菤) : 1518년 6월에 부임했다가 1519년 11월에 떠났다.

김양필(金良弼) : 1519년 12월에 부임했다가 추자도에서 왜구를 만난 일로 산거(散去)하였다.

이종인(李宗仁) : 1521년 7월에 부임했다가 추자도에서 왜구를 만난 일로 산거(散去)하였다.

이권(李菤) : 1522년 6월 12일에 부임했다가 1522년 8월에 철거(輟去)하였다.

정윤겸(鄭允謙) : 1522년 9월 1일에 부임했다가 1524년 8월에 군(君)에 봉해져 떠났다.

권팽년(權彭年) : 1525년 정월 8일에 부임했다가 1526년 12월 1일에 첨사(僉使)로 체직되었다.

김수연(金秀淵) : 1527년 정월 16일에 부임했다가 1528년 12월 11일에 산거(散去)하였다.

유성(柳星) : 1529년 정월 11일에 부임했다가 3월 11일에 경상좌병사가 되어 떠났다.

유용(柳墉) : 1524년 3월에 부임했다가 같은 해 4월에 군직에서 체직되어 산거(散去)하였다.

이몽린(李夢麟) : 1524년 4월에 부임했다가 1530년 3월에 산거(散去)하였다.

고자겸(高自謙) : 1530년 11월 11일에 부임했다가 1532년 12월에 동지중추(同知中樞)가 되어 떠났다.

조현범(趙賢範) : 1532년 12월에 부임했다가 1534년 윤2월에 회령부사(會寧府使)로 특진되어 떠났다.

오세한(吳世翰) : 1534년 4월에 부임했다가 1535년 10월에 왜구를 만난 일로 산거(散去)하였다.

한규(韓珪) : 1535년 12월에 부임했다가 1536년 6월에 산거(散去)하였다.

이극공(李克恭) : 1536년 8월에 부임했다가 1537년 8월에 추자도 왜변의 일로 체직되었다.

유홍(柳泓) : 1537년 8월에 부임했다가 1539년 윤7월에 회령부사(會寧府使)가 되어 떠났다.

권세건(權世健) : 1539년 윤7월에 부임했다가 1540년 8월에 산거(散去)하였다.

김공석(金公奭) : 1540년 9월에 부임했다가 1541년 12월에 함경북도 병사(兵使)가 되어 떠났다.

지세방(池世芳) : 1541년 12월 13일에 부임했다가 1543년 12월 13일에 첨지(僉知)로 체직되었다.

민응서(閔應瑞) : 1543년 12월 24일에 부임했다가 1544년 10월 6일에 산거(散去)하였다.

양윤의(梁允義) : 1544년 11월 6일에 부임했다가 1546년 12월 2일에 동지중추부사로 체직되었다.

최호(崔豪) : 1546년 12월 5일에 부임했다가 1548년 12월 4일에 체직되었다.

조안국(趙安國) : 1548년 12월 5일에 부임했다가 1549년 4월 15일에 체직되었다.

김세한(金世澣) : 1549년 4월에 첨지(僉知)로 부임했다가 1551년 3월에 철거(輟去)하였다.

송진(宋軫) : 1551년 4월에 부임했다가 1552년 2월에 어버이가 늙은 것으로 사직하였다.

원준량(元俊良) : 1552년 3월 6일에 부임했다가 같은 해 6월 28일에 산거(散去)하였다.

김경석(金景錫) : 1552년 7월 8일에 부임했다가 1554년 정월에 승진하고 3월에 산거(散去)하였다.

김빈(金贇) : 1554년 4월 6일에 부임했다가 1555년 5월 13일에 산거(散去)하였다.

최호(崔豪) : 1555년 6월 7일에 부임했다가 8월에 왜구를 잡아 승진하였고, 1556년 3월 6일에 산거(散去)하였다.

오흡(吳潝) : 1556년 3월 11일에 부임했다가 1557년 10월에 병사(兵使)가 되어 떠났다.

최희효(崔希孝) : 1557년 12월에 부임했다가 1559년 12월 20일에 승진하여 떠났다.

곽흘(郭屹) : 1559년 12월 10일에 부임했다가 1560년 12월에 승진하고, 1561년 12월에 떠났다.

홍치무(洪致武) : 1561년 12월 10일에 부임했다가 1563년 8월에 추자도에서 왜구를 만난 일로 산거(散去)하였다.

이선원(李善源) : 1563년 8월 8일에 부임했다가 1565년 9월 1일에 제주목사로 떠났다.

조술(趙述) : 1565년 9월 3일에 부임했다가 1566년 2월에 철거(輟去)하였다.

이문성(李文誠) : 1566년 3월 11일에 부임했다가 같은 해 7월에 파직되었다.

박인수(朴麟壽) : 1566년 8월 27일에 부임했다가 1567년 8월 28일에 산거(散去)하였다.

임진(林晋) : 1567년 9월 24일에 부임했다가 1569년 정월 10일에 임기가 차서 떠났다.

소흡(蘇瀹) : 1569년 11월 6일에 부임했다가 1571년 정월 10일에 제주목사로 떠났다.

한홍제(韓弘濟) : 1571년 정월 10일에 부임했다가 1572년 정월에 졸하였다.

강려(姜侶) : 1572년 3월 8일에 부임했다가 1573년 5월에 제주목사로 떠났다.

유몽룡(柳夢龍) : 1573년 5월 3일에 부임했다가 1575년 4월에 임기가 차서 떠났다.

곽영(郭嶸) : 1575년 4월 13일에 부임했다가 1576년 9월에 부모노환으로 사직서 올림.

이발(李潑) : 1576년 10월 9일에 부임했다가 1578년 8월 22일에 임기가 차서 체직되었다.

이충백(李忠伯) : 1579년 9월 28일에 부임했다가 1580년 9월에 신병으로 사직서 올려 체직되었다.

조대곤(曺大坤) : 1580년 9월 28일에 부임했다가 1582년 9월에 임기가 차서 체직되었다.

성응길(成應吉) : 1582년 10월 26일에 부임했다가 1584년 정월에 병으로 사직하였다.

이유의(李由義) : 1584년 2월 6일에 부임했다가 1585년 6월에 철거(輟去)하였다.

이옥(李沃) : 1585년 6월 29일에 부임했다가 1586년 9월에 추자도에서 왜구를 만난 일로 산거(散去)하였다.

이용(李戫) : 1586년 10월 13일에 부임했다가 1587년 정월에 전라도 병사(兵使)가 되어 떠났다.

원호(元豪) : 1587년 정월 1일에 부임했다가 같은 해 3월에 선산도 왜변으로 산거(散去)하였다.

정걸(丁傑) : 1587년 3월 20일에 부임했다가 1589년 2월에 사직하였다.

장의현(張義賢) : 1589년 2월 25일에 부임했다가 9월에 체직되어 떠났다.

서득운(徐得運) : 1589년 9월 25일에 부임했다가 1590년 4월에 병으로 체직되었다.

변국간(卞國幹) : 1590년 4월 27일에 부임했다가 1591년 12월 2일에 졸하였다.

이억기(李億祺) : 1592년 정월 20일에 부임했다가 1597년 7월에 3도의 전선(戰船)이 고성 땅 적전포에서 적에게 함몰되었다.

김억추(金億秋) : 1597년 8월 7일에 부임했다가 1598년 정월 5일에 부친상으로 체직되어 떠났다.

안위(安衛) : 1598년 2월 14일에 부임했다가 11월 19일에 남해 노량에서 전투, 1599년 정월 10일에 같은 곳 싸움에서 탄환에 중상을 입고 체직되었다.

김억추(金億秋) : 1599년 정월 13일에 부임했다가 1601년 3월에 임기가 차서 떠났다.

유형(柳珩) : 1601년 3월에 부임했다가 12월에 가선대부로 특진, 통제사로 승직되었다.

이응표(李應彪) : 1601년 11월 25일에 부임했다가 1602년 8월에 철거(輟去)하였다.

정응성(鄭應聖) : 1602년 8월에 부임했다가 1604년 8월에 임기가 차서 체직되었다.

송안정(宋安廷) : 1604년 19월에 부임했다가 1605년 12월에 본도 병사로 승진 후 떠났다.

이문전(李文荃) : 1606년 6월 17일에 부임했다가 1608년 5월에 임기가 차서 체직되었다.

안위(安衛) : 1608년 6월 15일에 부임했다가 1609년 5월에 철거(驟去)하였다.

신여량(申汝樑) : 1609년 5월 9일에 부임했다가 품계가 깎여서 떠나게 되자 진영이 모두 통탄하였다.

정응성(鄭應聖) : 1609년 6월에 부임했다가 1610년 5월에 상을 듣고 떠났다.

우치적(禹致績) : 1610년 6월에 부임했다가 1611년 6월에 통제사로 승진해서 옮김.

이수(李璲) : 1611년 7월에 부임했다가 1613년 5월에 나포. 아속들도 체포되었다.

이광영(李光英) : 1613년 5월에 부임했다가 1614년 8월에 철거(驟去)하였다.

허완(許完) : 1614년 10월에 절충장군으로서 부임했다가 1616년 2월에 떠났다.

허완(許完) : 1616년 12월 6일에 부임했다가 1618년 7월에 사직소를 올리고 떠났다.

원수신(元守身) : 1618년 6월에 절충장군 훈련중군으로 특제되고, 사은숙배하는 날에 특별히 가자되었으며 1619년 2월에 용주(龍舟)를 제조한 일로 또 가의(嘉義)가 더해졌다.

오정방(吳定邦) : 1620년 2월 7일에 부임했다가 1622년 8월 25일에 떠났다.

이홍사(李弘嗣) : 1622년 8월 25일에 부임했다가 1623년 5월에 철거(驟去)하였다.

허완(許完) : 1623년 5월 11일에 부임했다가 1624년 6월 10일에 철거(驟去)하였다.

김완(金完) : 1625년 2월 16일에 부임했다가 1626년 3월 27일에 체포되어 떠났다.

이응순(李應順) : 1626년 4월에 부임했다가 1627년 정월에 체직되어 떠났다.

유림(柳琳) : 1627년 2월 3일에 부임했다가 1630년 4월 28일에 평안병사에 제수되었다.

황직(黃溭) : 1630년 5월 7일에 가선대부로서 경기수사에 제수되고, 25일 만에 영의정·좌의정의 탑전 계(啓)로 본도에 임명, 1631년 윤11월 9일에 간원의 계로 파직되었다.

황용정(黃用正) : 1632년 정월 21일에 부임했다가 1633년 9월 25일에 팔에 난 종기로 인해 졸하였다.

안영남(安穎男) : 1633년 12월 27일에 부임했다가 1634년 7월에 철거(輟去)하였다.

최진립(崔震立) : 1634년 7월에 부임했다가 1636년 7월에 겸 팔도 도체부별장이 되어 떠났다.

소문진(蘇文震) : 1636년 7월에 부임했다가 12월에 동부(同府)의 계로 파직되었다.

성하종(成夏宗) : 1637년 정월에 부임했다가 4월에 제주목사에 임명되어 갔다.

민인전(閔仁佺) : 1637년 윤4월에 부임했다가 1638년 7월에 파직되어 떠났다.

이언척(李言惕) : 1638년 8월에 부임했다가12월에 경상좌병사로 승진해 갔다.

이준(李濬) : 1639년 정월에 부임했다가 같은 해 11월에 파직되어 떠났다.

손비(孫泌) : 1639년 12월 10일에 부임했다가 1640년 11월에 암행어사의 계로 파직되었다. 본도 감사의 살인 장계로 체포되었다.

김술(金述) : 1640년 12월에 부임했다가 1642년 3월에 신병으로 사직소를 올려 체직되었다.

임충간(任忠幹) : 1642년 3월 26일에 부임했다가 1643년 2월에 통제사와 본도감사의 계로 파직되었다.

남두병(南斗柄) : 1643년 2월 23일에 부임했다가 1645년 2월에 떠났다. 남루와 격랑고 창건.

김익련(金益鍊) : 1645년 2월 4일에 부임했다가 1646년 12월 1일에 철거(輟去)하였다.

김체건(金體乾) : 1646년 12월 10일에 부임했다가 1648년 10월 25일에 훈련도정 겸 천총으로 떠났다.

윤창구(尹昌耉) : 1648년 11월 2일에 부임했다가 1650년 10월 2일에 떠났다.

양응함(梁應涵) : 1650년 10월 8일에 부임했다가 1652년 7월 9일에 떠났다.

정집(鄭檝) : 1652년 7월 13일에 부임했다가 1654년 6월에 어궁별장으로 떠났다.

안경(安鏡) : 1654년 6월 17일에 부임했다가 1655년 3월에 비변사의 논계로 파직되었다.

윤천뢰(尹天賚) : 1655년 3월 24일에 부임했다가 1656년 3월 28일에 체포되었다.

이익달(李益達) : 1656년 3월 29일에 부임했다가 8월 15일 수군훈련 때 대작전선 13척을 파손한 것으로 인해 9월에 체포되었다.

변급(邊岌) : 1656년 9월 14일에 부임했다가 1658년 3월에 홍주영장이 되어 떠났다.

이중신(李重信) : 1658년 4월 2일에 부임했다가 1660년 2월 11일에 행수선전관이 되어 떠났다.

이동현(李東顯) : 1660년 2월 15일에 부임했다가 윤7월 17일에 파직되었다.

조유(趙猷) : 1661년 윤7월 19일에 부임했다가 1662년 3월에 감사 이태연의 치계로 체포.

이상경(李尙敬) : 1662년 3월 17일에 부임했다가 1664년 3월 4일에 어영별장으로 떠났다.

김동흘(金東屹) : 1664년 3월 23일에 부임했다가 1665년 8월 28일에 경상좌병사로 승직되었다.

유비연(柳斐然) : 1665년 8월 23일에 부임했다가 1667년 7월에 도감천총으로 떠났다.

노정(盧錠) : 1667년 8월 4일에 부임했다가 1669년 6월에 훈국우별장으로 떠났다.

이간(李玕) : 1669년 6월 29일에 부임했다가 1670년 윤2월 15일에 대간의 논핵으로 파직되었다.

이박(李璞) : 1670년 2월 21일에 부임했다가 1672년 정월에 파직되었다.

민섬(閔暹) : 1672년 정월에 부임했다가 1673년 4월에 부계(府啓)로 인해 파직되었다.

한집(韓楫) : 1673년 4월 29일에 부임했다가 같은 해 7월 10일에 돌연 중풍을 얻어 졸하였다.

장시규(張是奎) : 1673년 8월에 부임했다가 1675년 6월에 만기가 되어 떠났다.

김성(金城) : 1675년 6월 15일에 부임했다가 1677년 3월 21일에 만기가 되어 떠났다.

강만석(姜萬碩) : 1677년 3월 23일에 부임했다가 같은 해 8월 7일에 부친상을 당해 떠났다.

유병연(柳炳然) : 1677년 8월 27일에 부임했다가 1678년 9월 24일에 해남의 윤직미(尹直美)가 배를 만든 일로 파직되었다.

목존선(睦存善) : 1678년 10월 1일에 부임했다가 1680년 6월에 김병판의 입계로 체포되었다.

홍중형(洪重亨) : 1680년 7월 1일에 부임했다가 1681년 7월 16일에 모친상을 듣고 떠났다.

김세구(金世龜) : 1681년 8월 3일에 부임했다가 1683년 6월 9일에 암행어사의 서계로 파직되었다.

이빈(李翻) : 1683년 6월 13일에 부임했다가 1685년 5월 3일에 임기가 차서 떠났다.

최운서(崔雲瑞) : 1685년 5월 7일에 부임했다가 1687년 정월 4일에 만기가 되어 떠났다.

박신주(朴新胄) : 1687년 정월 6일에 부임했다가 1688년 8월 1일에 파직되었다.

유성노(柳星老) : 1688년 8월 2일에 부임했다가 1689년 9월 7일에 신병으로 사직하고 떠났다.

한석(韓奭) : 1689년 9월 21일에 부임했다가 1690년 10월 27일에 졸하였다.

유성한(柳星漢) : 1690년 12월 3일에 부임했다가 1692년 정월 20일에 체포되었다.

신건(申鍵) : 1692년 정월 26일에 부임했다가 1694년 정월에 만기가 되어 떠났다.

김숙(金俶) : 1694년 2월 1일에 부임했다가 같은 해 7월에 대간의 탄핵으로 파직되어 떠났다.

유성추(柳星樞) : 1694년 7월에 부임했다가 1695년 8월에 본도 병상(兵相)이 되었다.

유한명(柳漢明) : 1695년 8월에 부임했다가 1696년 9월에 제주목사로 옮겼다.

신유(申鍒) : 1696년 10월에 부임했다가 같은 해 12월에 철거(輟去)하였다.

정상두(鄭祥斗) : 1696년 12월에 부임했다가 1698년 9월에 만기가 되어 떠났다.

권개(權掛) : 1698년 9월에 부임했다가 1700년 4월에 졸하였다.

이용(李溶) : 1700년 5월 1일에 부임했다가 1701년 11월에 황해병사가 되어 올라갔다.

오중주(吳重周) : 1701년 12월 27일에 부임했다가 같은 달 16일에 본도 병사(兵使)로 옮겼다.

이석근(李碩根) : 1702년 정월 15일에 본직에 제수되어 같은 해 6월에 도신의 장계로 파직되었다.

변시태(邊是泰) : 1702년 윤6월에 부임했다가 1704년 5월에 본도 병사(兵使)로 옮겼다.

신찬(申璨) : 1704년 5월에 부임했다가 1706년 2월에 만기가 되어 돌아갔다.

이규성(李奎成) : 1706년 2월 26일에 부임했다가 7월 26에 제주목사로 옮겼다.

최정현(崔鼎鉉) : 1706년 9월 20일에 부임했다가 1708년 8월 10일에 만기가 되어 돌아갔다.

민임중(閔任重) : 1708년 8월 1일에 부임했다가 1709년 5월 12일에 파직되었다.

이석관(李碩寬) : 1709년 5월 12일에 부임했다가 1710년 8월 13일에 대간의 평론으로 파직되었다.

윤정주(尹廷舟) : 1710년 8월에 부임했다가 1712년 4월에 만기로 체직되었다.

민순(閔純) : 1712년 4월에 부임했다가 1713년 윤5월에 대간의 계로 인해 체포되었다.

윤일상(尹一商) : 1713년 윤5월에 부임했다가 1715년 3월에 만기가 되어 떠났다.

이상욱(李相頊) : 1715년 3월 17일에 부임했다가 1717년 정월 19일에 만기가 되어 돌아갔다.

정석빈(鄭碩賓) : 1717년 정월 21일에 부임했다가 9월 23일에 제주목사에 임명되었다.

심진(沈榗) : 1708년 8월 1일에 부임했다가 1709년 5월 12일에 파직되었다.

김익상(金翊相) : 시호는 장민공(壯愍公). 1717년 9월 15일에 부임했다가 1719년 10월에 만기가 되어 떠났다.

이사성(李思晟) : 1721년 9월 21일에 부임했다가 1723년 4월 29일에 회령부사로 승직되었다.

최도장(崔道章) : 1723년 5월 1일에 부임했다가 1724년 10월 5일에 만기가 되어 돌아갔다.

한성흠(韓聖欽) : 1724년 10월 10일에 부임했다가 1725년 11월 13일에 병으로 사직소를 올리고 체직되었다.

이숙(李潚) : 1725년 11월 17일에 부임했다가 1726년 9월 17일에 회령부사로 승진하고 10월 4일에 떠났다.

김석보(金錫保) : 1726년 10월 4일에 부임했다가 1727년 4월 15일에 영좌병사에 임명되어 7월 24일에 떠났다.

이수신(李守身) : 1727년 7월 25일에 부임했다가 조정의 계로 파직되고, 8월 24일에 어영천총이 되어 돌아갔다.

신명윤(申命尹) : 1729년 8월 27일에 부임했다가 1731년 4월에 만기가 되어 돌아갔다.

김광(金洸) : 1731년48월 30일에 부임했다가 10월에 사직하고, 1732년 2월 9일에 본영을 떠났다.

유성기(柳聖基) : 1732년 2월 15일에 부임했다가 1733년 정월 10일에 풍증으로 졸하였다.

윤광신(尹光莘) : 1733년 4월 3일에 부임했다가 같은 해 9월 15일에 체직되어 돌아갔다.

구칙(具栻) : 1733년 9월 16일에 부임했다가 1735년 10월 26일에 만기가 되어 돌아갔다.

성은석(成殷錫) : 1735년 10월 29일에 부임했다가 1737년 5월 17일에 만기가 되어 돌아갔다.

서간세(徐幹世) : 1737년 5월 20일에 부임했다가 1739년 5월 6일에 만기가 되어 돌아갔다.

변성우(邊聖佑) : 1739년 5월 7일에 부임했다가 1740년 4월 3일에 모친상으로 떠났다.

김상두(金相斗) : 1740년 4월 26일에 부임했다가 1742년 정월 26일에 만기가 되어 돌아갔다.

노계정(盧啓禎) : 1742년 정월 28일에 부임했다가 1743년 6월 19일에 사직하고 돌아갔다.

유징구(柳徵龜) : 1744년 4월 29일에 부임했다가 1745년 8월 24일에 제주목사에 임명되어 떠났다.

이형신(李衡身) : 4월 21일에 본영에 도착했다가 1747년 7월 26일에 만기가 되어 돌아갔다.

전일상(田日祥) : 1747년 7월 29일에 부임했다가 사직소를 올리고 1748년 12월 6일에 떠났다.

신명상(申命相) : 1748년 12월 10일에 부임했다가 1750년 11월에 만기가 되어 돌아갔다.

윤구연(尹九淵) : 1750년 11월 1일에 부임했다가 1751년 7월 28일에 제주목사에 임명되어 떠났다.

이방좌(李邦佐) : 1751년 7월 27일에 부임했다가 1753년 3월 19일에 충청병사에 임명되어 떠났다.

홍태두(洪泰斗) : 1753년 3월 20일에 부임했다가 1754년 10월에 제주목사에 임명되어 떠났다.

허급(許汲) : 1754년 10월 15일에 부임했다가 1755년 4월에 파직되고 9

월에 나포되었다.

이은춘(李殷春) : 1755년 9월 26일에 부임했다가 11월 14일에 경상좌병사에 제수되고, 1756년 정월에 떠났다.

홍약수(洪若水) : 1756년 2월 1일에 부임했다가 1757년 11월 26일에 강계부사가 되어 떠났다.

이명준(李命峻) : 1757년 11월 26일에 부임했다가 1759년 12월 1일에 만기가 되어 돌아갔다.

심봉징(沈鳳徵) : 1759년 12월 2일에 부임했다가 1760년 3월 24일에 표류자의 의복을 지급하지 않아 체포되었다.

신광익(申光翼) : 1760년 3월 24일에 부임했다가 1761년 6월 15일에 제주목사가 되어 떠났다.

신사엄(申思儼) : 1761년 6월 15일에 부임했다가 1763년 5월 27일에 만기가 되어 돌아갔다.

이홍(李泓) : 1763년 5월 27일에 부임했다가 1765년 4월 16일에 만기가 되어 돌아갔다.

유혁(柳爀) : 1765년 3월 3일에 제수, 1766년 5월 28일에 파직되었다.

전광훈(田光勳) : 1766년 7월 4일에 부임했다가 1767년 2월에 어버이가 연로하다는 이유로 사직하였다.

양세현(梁世絢) : 1767년 3월에 부임했다가 1768년 10월에 변방의 일로 파직되어 돌아갔다.

이영보(李永輔) : 1768년 11월 3일에 부임했다가 1770년 12월에 만기가 되어 돌아갔다. 절충장군.

윤병연(尹秉淵) : 1770년 12월 28일에 부임했다가 1771년 6월에 통제사와 상피로 체직되었다.

조규진(趙圭鎭) : 1771년 6월 10일에 부임했다가 1772년 12월 26일에 회령부사에 임명되었다.

이응혁(李應爀) : 1773년 정월 25일에 제수, 1774년 4월에 사직하였다.

절충장군.

신대겸(申大謙) : 1774년 6월에 부임했다가 12월에 본도 병사에 임명되었으나 부임 전에 본영에서 나포되었다.

최경악(崔景岳) : 1775년 2월에 부임했다가 1776년 7월에 순영(巡營)의 계로 파직되고 나포되었다.

이정병(李鼎炳) : 1776년 7월 21일에 부임했다가 9월 27일에 수군 훈련 시 응사하지 않아서 나포되었다.

민혜수(閔惠洙) : 1776년 9월 28일에 부임했다가 1778년 7월 3일에 파직된 후 나포되었다.

유집(柳熼) : 1778년 7월 22일에 부임했다가 1779년 10월에 사직하였다. 절충장군.

김정우(金廷遇) : 1779년 12월 16일에 부임했다가 1781년 7월에 체포되었다. 절충장군.

이방붕(李邦鵬) : 1781년 7월 12일에 부임하여 1782년 정월 24일에 서울에서 파직되었다.

윤득규(尹得逵) : 1782년 3월에 부임하여 임기를 채웠다.

정관채(鄭觀采) : 1784년 5월에 부임하여 1786년 정월에 본도 병사에 승직되었다.

신우문(申遇文) : 1786년 3월 6일에 부임하여 1788년 정월에 만기가 되어 체직되었다.

이문철(李文喆) : 1788년 정월 24일에 부임하여 1789년 11월에 만기를 보고하였다.

이욱(李煜) : 1790년 정월 9일에 부임하여 같은 해 2월에 파직되었다.

변지건(卞至健) : 1790년 3월 6일에 부임하여 1792년 2월에 만기가 되어 체직되었다.

이항림(李恒林) : 1792년 3월 30일에 부임하여 같은 해 8월 29일에 체직되어 돌아갔다.

김사목(金思穆) : 1792년 8월 29일에 부임하여 1793년 5월에 총융사로 임금의 부름을 받았다.

이동식(李東植) : 1793년 5월 30일에 부임하여 12월 15일에 본도 병사에 제수되어 이듬해에 떠났다.

정언형(鄭彦衡) : 1793년 12월 16일에 제수, 1795년 6월 5일에 나포되었다.

이백연(李栢然) : 1795년 6월에 부임하여 1796년 정월에 체직되어 돌아갔다.

이명규(李明奎) : 1796년 정월에 부임하여 같은 해 10월에 나포되었다.

김처한(金處漢) : 1796년 10월 29일에 부임하여 1798년 8월 24일에 만기가 되어 돌아갔다.

황인영(黃仁煐) : 1798년 12월 18일에 본도 병사로 승진되었다.

임재수(林栽洙) : 1798년 12월 30일에 부임하여 1800년 12월에 만기가 되어 돌아갔다.

김희(金爔) : 1800년 12월 6일에 부임하여 1802년 6월에 암행어사의 계로 파직되었다.

김주연(金珠淵) : 1802년 7월 15일에 부임하여 전직의 교대 문제로 8월 16일에 나포.

장현택(張鉉宅) : 1802년 8월에 부임하여 1803년 8월 28일에 별장직으로 올라갔다.

오재광(吳載光) : 1803년 8월에 부임하여 1805년에 가선대부로 승진하고, 같은 해 7월에 만기로 체직되었다.

윤예규(尹芮圭) : 1805년 6월에 본직에 제수, 1807년 6월에 임기가 차서 돌아갔다.

권탁(權逴) : 1807년 6월에 본직에 제수, 1808년 6월에 유약하다는 암행어사의 계로 파직되었다.

서익순(徐翼淳) : 봉우(鳳宇)로 개명. 1808년 6월에 부임하여 1809년 8

월에 부자가 곤임(閫任, 병사·수사 등과 각 진·영의 직임)이라는 것으로 장계를 올려 체직되었다.

서유봉(徐有鳳) : 1809년 7월에 본직에 제수, 1811년 5월에 임기가 차서 체직되었다.

유상엽(柳相燁) : 1811년 5월에 부임하여 1813년 5월에 암행어사의 계로 파직되었다. 나포되어 갔다.

심택지(沈擇之) : 1813년 4월 16일에 본직에 제수, 1815년 3월 26일에 임기가 차서 체직되었다.

이민수(李民秀) : 1815년 3월 1일에 본직에 제수, 1817년 3월에 임기가 차서 체직되었다.

조은석(趙恩錫) : 1817년 2월에 임명, 1818년 3월에 태복(太僕)의 초기(草記)로 파직되었다.

백영진(白泳鎭) : 1818년 4월에 본직에 제수, 1819년 11월에 사직서를 올려 체직되었다.

이승권(李升權) : 등단(登壇, 대장벼슬에 오름)하여 1819년 11월에 제수, 1820년 7월에 사직하였다.

민종혁(閔宗爀) : 1820년 6월에 임명, 1822년 7월 3일에 임기가 차서 체직되었다.

임성고(任聖皐) : 등단하여 1822년 7월에 제수, 1823년 12월에 제주목사에 임명되었다.

이원조(李源祖) : 1824년 정월에 본직에 제수, 같은 해 8월에 사직하였다.

권응호(權應祜) : 1824년 8월에 본직에 제수, 9월에 본영 도착, 1825년 2월에 파직되었다.

김상순(金相順) : 1825년 5월에 부임하여 1827년 5월에 임기가 차서 돌아갔다.

한응호(韓應浩) : 1827년 5월에 본직에 제수, 1829년 4월에 임기가 차서 돌아갔다.

윤재탁(尹載鐸) : 1829년 4월에 부임하여 1830년 정월에 암행어사의 계로 나포되었다.

이응식(李應植) : 등단하여 1830년 정월에 부임하여 1831년 10월에 사직하였다.

허계(許棨) : 등단하여 1831년 11월에 부임하여 1833년 10월에 임기가 차서 체직되었다.

이관규(李寬奎) : 1833년 10월에 부임하여 1835년 8월에 임기가 차서 체직되었다.

임백관(任百觀) : 1835년 8월에 부임하여 1837년 2월에 본도 병사로 승진하였다.

조덕영(趙德永) : 1837년 2월에 제수, 1839년 정월에 임기가 차서 체직되었다.

구재룡(具載龍) : 1838년 12월에 부임하여 1839년 3월에 제주목사에 임명되었다.

서상오(徐相五) : 등단하여 1839년 5월에 부임하여 같은 해 11월에 본도 병사로 승진하였다.

이경순(李景純) : 등단하여 1840년 2월에 부임하여 9월에 전직의 일로 암행어사가 계하여 나포되었다.

심낙신(沈樂臣) : 등단하여 1840년 9월에 부임하여 1841년 8월에 사직소를 올려 체직되었다.

이민덕(李敏德) : 1841년 8월에 부임하여 1842년 11월에 본도 병사로 승진하였다.

조존경(趙存卿) : 1842년 11월에 절충장군으로서 왔다가 1843년 11월에 사직하였다.

신관호(申觀浩) : 등단하여 1843년 12월에 부임하여 1846년 3월에 임기가 차서 체직되었다.

신종익(申從翼) : 1845년 12월에 부임하여 1845년 12월에 경상우병사로 승진하였다.

이희장(李熙章) : 1845년 12월에 부임하여 1847년 9월에 프랑스 선박의 일로 임기 전에 체직되었다.

이용현(李容鉉) : 1847년 9월에 전 좌수사 택차(擇差)로 왔다가 1849년 9월에 임기가 차서 체직되었다.

정기원(鄭岐源) : 외등단(外登壇, 대장의 자격으로 외관인 통제사나 총융사가 되는 일을 말함)하여 1849년 9월에 부임하고 1850년 10월에 사직소를 올려 체직되었다.

구장화(具鏘和) : 1850년 9월에 부임하여 1851년 2월에 충청병사에 승진되었다.

조관석(趙寬錫) : 1850년 3월에 부임하여 1853년 3월에 임기가 차서 체직되었다.

이용상(李容象) : 1853년 정월에 제수, 1855년 정월에 임기가 차서 체직되었다.

심환영(沈煥永) : 1855년 2월에 부임하여 같은 해 11월에 경상좌병사로 승진하였다.

김영구(金永求) : 1855년 11월에 부임하여 1857년 6월에 도감천총 내직으로 옮겼다.

한원직(韓元稙) : 1857년 7월에 부임하여 1858년 6월에 통제사와 상피로 체직되었다.

윤치의(尹致誼) : 1858년 9월에 부임하여 1860년에 부호군 내직으로 옮겼다.

백희수(白希洙) : 1860년 윤3월 27일에 부임하여 4월 12일에 본도 병사에 임명되었다.

김겸희(李兼熙) : 1860년 6월에 부임하여 1861년 4월에 천총(千摠) 내직으로 옮겼다.

김옥근(金沃根) : 1861년 5월에 부임하여 같은 해 8월에 사직하였다.

이용희(李容熙) : 등단하여 1861년 9월에 부임하여 1862년 윤8월에 승지 내직으로 옮김.

오진영(吳晋泳) : 1862년 9월에 부임하여 1863년 6월에 사직하였다.

신익(申榏) : 1863년 7월에 부임하여 1864년 5월에 본도 병사에 임명되었다.

이중영(李重榮) : 1864년 6월에 부임하여 1866년 3월에 병사에 승진하였다.

박내명(朴來命) : 1866년 5월 15일에 부임하여 9월에 경체(徑遞)되었다.

장인식(張寅植) : 1866년 10월 15일에 부임하였다.

원세정(元世熲) : 1867년 4월 16일에 부임하여 1868년 12월에 금위별장 내직으로 옮겼다.

정환승(鄭煥升) : 1868년 12월 10일에 부임하여 1869년 6월에 금위천총 내직으로 옮겼다.

유환(柳晥) : 1869년 6월 29일에 부임하여 1870년 7월에 승지로 체직되었다.

이민우(李敏宇) : 1870년 7월 26일에 부임하여 1870년 5월 10일에 조정으로 돌아갔다.

이회준(李會準) : 1872년 11월 6일에 부임하여 1873년 4월 26일에 우수사에 임명되었다.

백낙현(白樂賢) : 1873년 4월 26일에 좌수사로 승진, 1875년 2월 23일에 임기가 차서 체직되었다.

김기혁(金箕赫) : 1875년 2월 22일에 부임진, 1877년 12월 15일에 본도 병사로 승진, 부임하기 전 경상우병사에 임명되었다.

조희승(趙羲升) : 1878년 4월 4일에 부임하여 1880년 3월에 임기가 차서 체직되었다.

이보헌(李普憲) : 1880년 3월 14일에 부임하여 1882년 2월에 조정으로 돌아갔다.

서광정(徐光鼎) : 1882년 2월 9일에 부임하여 1883년 5월 9일에 체직되었다.

민경호(閔敬鎬) : 1883년 5월 9일에 부임하여 1884년 5월 18일에 경상좌병사로 승진하였다.

이용관(李容觀) : 1884년 9월 24일에 부임하여 1886년 6월 16일에 임기가 차서 체직되었다.

허진(許璡) : 1886년 6월 16일에 부임하여 1887년 8월에 체직, 10월에 떠났다.

조동훈(趙東勳) : 1887년 8월 30일에 부임하여 1888년 11월에 체직되어 1889년 8월에 떠났다.

이용겸(李容謙) : 1889년 8월 18일에 부임하여 1890년 9월에 체직되었다.

임원호(任原鎬) : 1890년 9월 29일에 부임하여 1892년 2월에 조정으로 돌아갔다.

이규태(李圭泰) : 1892년 2월 29일에 부임하여 1894년 2월 25일에 인수인계하였다.

이규환(李圭桓) : 1894년 2월 25일에 부임하여 12월에 어버이가 연로하다는 것으로 사직하였다.

권봉규(權鳳圭) : 1894년 12월 22일에 부임하여 1895년 8월에 영 폐지 칙령을 수령하였다.

## 가리포진(加里浦鎭)294)

전라도 강진현, 지금의 완도군 군내리에 설치된 수군진(水軍鎭)이다. 1522년(중종 17)에 창설되었는데 이때 인근 영암지방의 달량진(達梁鎭)을 흡수·통합하여 첨절제사가 파견되었다. 숙종 때 서남해 도서지역의 해안 방어 체제가 대폭적으로 정비되어 주진(主鎭, 水營)→첨사진(僉使鎭)→만호진(萬戶鎭)→별장진(別將鎭)의 지휘체계가 확립되었다. 가리포진은 주진인 전라우수영에 속한 거진(巨鎭)이었다. 17세기 가리포진의 휘하에는 장흥의 회령포진, 강진의 고금도진·신지도진·마도진, 해남의 이진진·어란포진, 진도의 남도포진·금갑도진 등이 배치되었다. 가리포진은 완도 일대의 해안 방어뿐만 아니라, 장흥·강진·해남·진도 등지를 관할하였으며, 위급할 때에는 제주도까지 방어하였다. 1895년 지방행정제도를 개편할 때 폐지되었고, 수군진의 기능은 새로 신설된 완도군에 승계되었다.

이반(李班) : 당하관으로서 1522년 7월 3일에 처음 도임하여 3년의 임기를 채웠다.

강덕원(姜德元) : 당하관(堂下官)으로서 1525년에 도임하여 3년의 임기를 채웠다.

정종아(鄭從雅) : 당하관으로서 도임하여 폄하(貶下)되었다. 나주 거주.

송세량(宋世良) : 당하관으로서 도임하여 폄하(貶下)되었다.

김인우(金仁祐) : 당하관으로서 1528년에 도임하여 폄하(貶下)되었다.

허계창(許繼昌) : 당하관으로서 도임하여 폄하(貶下)되었다.

안종원(安宗元) : 당하관으로서 도임하여 3년의 임기를 채웠다.

---

294) 『가리포진첨사선생안』은 1723년에 전라병마절도사 조빈(趙儐)이 자신의 조부 조유(趙猷)가 가리포 첨사를 역임하고 삼도수군통제사가 된 것을 인연으로 가리포진을 방문해 첨사 선생안을 만들었다. 이 선생안에는 초대 이반(李班) 첨사부터 명선욱(明瑄煜) 첨사까지 기록되어있다.

홍희(洪熙) : 당하관으로서 도임하여 폄하(貶下)되었다.
예인충(芮仁忠) : 당하관으로서 도임하여 폄하(貶下)되었다.
배곤(裵衮) : 당하관으로서 도임하여 폄하(貶下)되었다.
최응순(崔應洵) : 당하관으로서 도임하여 폄하(貶下)되었다.
함일덕(咸一德) : 당하관으로서 도임하여 폄하(貶下)되었다.
구희신(具希愼) : 당하관으로서 도임하여 폄하(貶下)되었다.
정귀아(鄭歸雅) : 당하관으로서 도임하여 폄하(貶下)되었다.
김경(金璚) : 당하관으로서 도임하여 폄하(貶下)되었다.
양달사(梁達泗) : 당하관으로서 도임하여 폄하(貶下)되었다. 영암 거주.
김세응(金世應) : 당하관으로서 도임하여 폄하(貶下)되었다.
남정(南井) : 당하관으로서 도임하여 3년의 임기를 채웠다.
이정신(李貞臣) : 당하관으로서 도임하여 폄하(貶下)되었다.
문응주(文應周) : 당하관으로서 도임하여 13개월 만에 옥구현령에 이배되었다.
최종호(崔終浩) : 당하관으로서 1553년 11월 16일 제수, 좌수사에 이배되었다.
이제남(李弟南) : 당상관으로서 도임하여 별세하였다.
김척(金滌) : 당상관으로서 도임하여 경체(京遞)되었다.
이세린(李世麟) : 가선대부로서 1554년에 도임하였다.
정걸(丁傑) : 당하관으로서 1555년 제수, 부안현령에 이배되었다.
백붕(白鵬) : 당하관으로서 도임하여 사도진첨사에 승직되었다.
유여흠(兪汝欽) : 당상관으로서 도임하여 대론(臺論)에 의해 체직되었다.
조술(趙述) : 당상관으로서 도임하여 전라좌수사에 승직되었다.
이우(李友) : 당하관으로서 도임하여 3년의 임기를 마쳤다.
이흔(李昕) : 당하관으로서 도임하여 나거(拿去)되었다.
양사철(梁思哲) : 당상관으로서 도임하여 나거(拿去)되었다.
박해(朴海) : 당상관으로서 도임하여 대론(臺論)에 의해 체직되었다.

이원예(李元睿) : 당하관으로서 도임하여 폄하(貶下)되었다.

이선원(李善原) : 당하관으로서 도임하여 3년의 임기를 마쳤다. 군민을 진휼하여 선정비가 세워졌다.

한계남(韓繼男) : 당상관으로서 도임하여 3년의 임기를 마쳤다.

정걸(丁傑) : 당하관으로서 도임하여 경상우수사에 승직되었다.

김광일(金光一) : 당하관으로서 도임하여 폄하(貶下)되었다.

고번(高墦) : 당하관으로서 1572년 8월 24일에 도임하여 1574년에 사직서를 올리고 체직되었다.

윤지숙(尹之淑) : 당하관으로서 도임하여 두 번이나 사직서를 올리고 체직되었다.

정상복(鄭祥福) : 당상관으로서 1575년 3월 10일에 도임하여 동년 9월에 폄하(貶下)되었다.

이욱(李旭) : 당하관으로서 1576년에 도임하여 중폄(中貶)을 받아 체직되었다.

이언신(李彦臣) : 당하관으로서 도임하여 3년의 임기를 마쳤다.

권우(權遇) : 당하관으로서 도임하여 두 번이나 사직서를 올리고 체직되었다.

송순례(宋純禮) : 당하관으로서 도임하여 대론(臺論)에 의해 나거(拿去)되었다. 홍양 거주.

당언필(唐彦弼) : 당상관으로서 1583년 2월 3일에 도임, 동년 12월에 폄체되었다.

이사인(李嗣仁) : 당상관으로서 1584년 2월 27일 도임, 때맞추어 부임하지 않은 것으로 동년 3월 9일에 감사의 계보에 의해 파직되었다.

이억기(李億祺) : 당하관으로서 도임하여 경흥부사에 이배되었다.

어충우(魚忠祐) : 당상관으로서 도임하여 폄체되었다.

이필(李蹕) : 당하관으로서 1587년에 도임하여 선산도(청산도)에서 왜적을 만나 생포된 일로 인해 나거(拿去)되었다.

고봉정(高鳳禎) : 당하관으로서 도임하여 대론(臺論)에 의해 체직되었다. 제주 거주.

오응태(吳應台) : 당하관으로서 도임하여 폄하(貶下)되었다.

김우추(金遇秋) : 당하관으로서 도임하여 살인을 하고 영암에 간혔던 일로 파직되었다. 수원 거주.

이수연(李壽憐) : 당상관으로서 도임하여 전직의 일로 대론(臺論)에 의해 체직되었다.

이순신(李舜臣) : 1591년 2월 10일에 제수, 부임하지 않은 채 바로 전라좌도수군절도사에 임명되었다.

구사직(具思稷) : 당상관으로서 1591년 3월에 도임하여 3년의 임기를 마쳤다.

이응표(李應彪) : 당상관으로서 1593년에 도임하여 임진왜란으로 인해 5년을 재임하였으며, 1598년에 대론에 의해 체직되었다. 서울 거주.

이영남(李英男) : 당상관으로서 도임하여 1598년에 노량진전투에서 탄환을 맞고 별세했다.

변홍달(卞弘達) : 당상관으로서 1598년에 도임하여 1601년에 사냥이나 하면서 일에 힘쓰지 않는다는 체찰사의 장계에 의해 파직되었다. 장흥 거주.

조계종(趙繼宗) : 당상관으로서 1601년 4월 22일에 도임하여 1603년 11월 24일에 교대하였다. 서울 거주.

최강(崔堈) : 당상관으로서 1603년 11월 24일에 도임하여 1605년 11월 2일에 순천부사에 이배되었다. 청덕비가 세워졌다. 고성 거주.

위대기(魏大器) : 당상관으로서 1605년 11월 22일에 도임하여 1606년 10월 4일에 감사의 장계에 의해 파직되었다. 장흥 거주.

정희현(鄭希玄) : 당상관으로서 1606년 4월에 도임하여 조선(造船)의 일[295]로 대론에 의해 1607년 7월 17일에 교대하였다. 교하 거주.

임영립(林英立) : 당하관으로서 1607년 7월 17일에 도임하여 해남에서 전선을 만들어 암거래하다가 피소되어 1608년에 경파(京罷)되었다.

신성(申晟) : 당하관으로서 1608년 10월 17일에 도임하여 군졸을 무휼하고 진심으로 방비하니 감사와 수사가 장계를 올려 당상관에 오르고 3년의 임기를 마쳤다. 평산 거주.

박봉수(朴鳳壽) : 당상관으로서 1611년 5월 3일에 도임하여 군졸을 무휼하고 진심으로 방비를 함에 순무어사와 감사가 장계를 올려 가선대부에 승자되고 1613년 4월 22일에 상을 당했다. 울산 거주.

이장(李嶂) : 당하관으로서 1613년 6월 10일에 도임하여 8월 22일에 담증으로 별세하였다. 온양 거주.

안이명(安以命) : 당상관으로서 1614년 7월 15일에 도임하여 1618년 3월 18일에 3년의 임기를 마치고 교대하였다. 양산 거주.

엄황(嚴榥) : 당상관으로서 1617년 3월 18일에 도임하여 군졸을 무휼하고 군기와 군량을 많이 갖추는 등 진심으로 나랏일을 함에 계보에 의해 당상관에 승자되고 3년의 임기를 마친 후 1619년 10월 15일에 교대되었다. 선정비가 세워졌다. 서울 거주.

이정(李瀞) : 당상관으로서 1619년 10월 15일에 도임하여 1622년 4월 7일에 임기 3년을 채우고 교대하였다. 나주 거주.

소계남(蘇季男) : 당상관으로서 1622년 4월 7일에 도임하여 1623년 6월에 폄체되었다. 태인 거주.

신종술(辛宗述) : 당상관으로서 1623년 10월 3일에 도임하여 군기를 많이 갖춤으로서 수사의 장계에 의해 표리(表裏)를 하사받고 1626년 3월 22일에 임기 3년을 채우고 교대하였다. 서울 거주.

신기영(申起瀛) : 당상관으로서 1626년 2월 22일에 도임하여 동년에 파

295) 조선(造船)의 일 : 부당하게 완도의 나무를 마구 베어 사복을 채운 사건.

직되었다. 서울 거주.

한호(韓灝) : 가선대부로서 1626년 윤6월 20일에 도임하여 1629년 2월 4일에 3년의 임기를 채우고 교대하였다. 청덕비가 세워졌다. 광주(廣州) 거주.

이권(李綣) : 당하관으로서 1629년 2월 4일에 도임하여 진심으로 일을 함에 표리를 하사받고 1630년에 서쪽으로 수군을 이동할 때 격군(格軍, 사공)이 규율을 지키지 않은 일로 동년 7월 15일에 파직을 당하였다. 성주 거주.

백현민(白賢民) : 당하관으로서 1630년 7월 20일에 도임하여 1633년 8월 8일에 교대하였다. 진심으로 나라을 위함에 표리를 하사받았다. 홍덕 거주.

위정철(魏廷喆)[296] : 당상관으로서 1633년 2월 8일에 도임하여 임기를 마치고 1635년 9월 9일에 교대하였다. 진심으로 나랏일을 함에 감사가 장계를 올려 두 번이나 표리를 하사받았다. 장흥 거주.

이후여(李厚輿) : 당상관으로서 1635년 9월 9일에 도임하여 진심으로 나랏일을 하고 1638년 1월 22일에 임기를 마치고 교대하였다. 서울 거주.

유광춘(柳光春) : 가선대부로서 1638년 1월 22일에 도임하여 영남의 첨방(添防)에 두 척의 배와 아이 20명을 보낸 일로 순검사의 장계에 의해 동년 7월 13일에 파직되었다. 면천 거주.

이숙(李淑) : 당상관으로서 1638년 7월 13일에 도임하여 군졸을 무휼하고 나랏일에 마음을 다했으며 1639년 1월 30일에 상을 당했다. 서울 거주.

김이성(金以誠) : 당하관으로서 1639년 4월 3일에 도임하여 진심으로 나랏일을 하고 사졸을 대하였는데 고포(雇布)의 일로 암행어사

296) 위왕철(魏迋喆)로 쓰인 곳도 있다.

장계에 의해 1640년 10월 27일에 파직되었다. 서울 거주.

신진익(申晋翼) : 당하관으로서 1640년 10월 7일에 도임하여 나랏일에 온 힘을 기울였고 1943년 2월 26일에 임기 3년을 채우고 교대하였다. 서울 거주.

이순성(李循性) : 당하관으로서 1643년 2월 26일에 도임하여 군졸을 무휼하고 진심으로 나랏일을 한다는 감사의 장계에 의해 두 번이나 표리를 하사받고 3년의 임기를 마치고도 잉임하여 1646년 2월 28일에 교대하였다. 서울 거주.

노수원(盧守元) : 가선대부로서 1646년 2월 28일에 도임하여 병으로 두 번이나 사직서를 올리고 감사의 장계에 의해 동년 11월 14일에 파직되었다. 홍주 거주.

황응길(黃應吉) : 당하관으로서 1646년 11월 14일에 도임하여 진심으로 방비하고 선창을 세운 일로 1649년 8월 1일에 임기 3년을 채우고 교대되었다. 고양 거주.

조유(趙猷) : 당하관으로서 1649년 8월 1일에 도임하여 두 척의 전선을 새로 만든 일로 순사(巡使)에게 보고하니 우후(虞侯)를 시켜 적간하게 하여 감사와 수사의 장계에 의해 1651년 7월 11일에 파직되었다. 남양 거주.

홍순민(洪舜民) : 당하관으로서 1651년 10월 1일에 도임하여 불차(不次) 당상관이 되고 1653년 2월 3일에 교대되어 덕포첨사로 이배되었다. 보은 거주.

이화악(李華岳) : 당하관으로서 1653년 2월 3일에 도임하여 불차(不次) 당상관이 되고 1654년 5월 1일에 교대되어 안동영장에 이배되었다. 서산 거주.

채시한(蔡蓍漢) : 당하관으로서 1654년 5월 1일에 도임하여 동년 10월 14일에 별세하였다. 평산 거주.

조상주(趙相周) : 당하관으로서 1654년 11월 1일에 도임하여 군졸을 무휼하고 진심으로 나랏일을 하고 1657년 9월 28일에 3년 임기를 채우고 교대되었다. 비석이 세워졌다. 김제 거주.

박희민(朴希閔) : 당상관으로서 1657년 9월 28일에 도임하여 1658년 2월 22일에 만포첨사에 이배되었다. 충주 거주.

남해우(南海宇) : 당하관으로서 1658년 2월 22일에 도임하여 동년 12월 16일에 폄체되었다. 의성 거주.

남숙(南淑) : 당하관으로서 1659년 1월 7일에 도임하여 군졸을 무휼함에 암행어사의 서계와 수사의 장계에 의해 두 번이나 표리를 하사받고 훈정(訓正)에 제수되고 1661년 6월에 임기 3년을 채우고 교대되었다. 충주 거주.

이상림(李尙霖) : 당하관으로서 1661년 6월 16일에 도임하여 전직인 고부군수 시절에 환자[還上]를 허위로 기록한 일로 1662년 2월 25일에 붙잡히고 파직되었다. 홍주 거주.

홍유량(洪有量) : 당하관으로서 1662년 4월 20일에 도임하여 나랏일에 온힘을 다하고 군졸을 무휼하다가 1664년 9월 19일에 임기를 채우고 교대되었다. 광주(廣州) 거주.

정사한(鄭斯翰) : 당하관으로서 1664년 9월 19일에 도임하여 나랏일에 온힘을 다하고 1667년 2월 23일에 임기 3년을 채우고 교대하였다. 수원 거주.

이만지(李萬枝) : 당하관으로서 1667년 2월 23일에 도임하여 나랏일에 온힘을 다하고 군졸을 무휼하다가 1669년 9월 8일에 임기를 채우고 교대하였다. 안산 거주.

우여도(禹汝度) : 당하관으로서 1669년 9월 8일에 도임하여 1671년 3월 6일에 정의현감 때 호구를 성급하지 않은 일로 체직되었다. 성주 거주.

최형운(崔亨運) : 당하관으로서 1671년 3월 6일에 도임하여 1672년 12월에 신병을 알려서 수사의 장계에 의거하여 파직되었다. 진위 거주.

홍우민(洪禹民) : 당하관으로서 1673년 2월 9일에 도임하여 1675년 6월에 순무사의 장계에 의해 붙잡혀 파직되었다. 보은 거주.

홍하상(洪夏相) : 당하관으로서 1675년 7월 24일에 도임하여 1676년 6월 14일에 교대되었다. 광주(廣州) 거주.

신유(申鍒) : 당하관으로서 1676년 9월 15일에 도임하여 1679년 2월 1일에 폄체되었다. 서울 거주.

이지하(李之夏) : 당하관으로서 1679년 2월 2일에 도임하여 1681년 4월 24일에 붙잡혀 파직되었다.

이두천(李斗千) : 당하관으로서 1681년 6월 18일에 도임하여 1684년 4월 4일에 임기 3년을 채우고 교대하였다. 서산 거주.

김중원(金重元) : 당하관으로서 1684년 4월 6일에 도임하여 통제사와 상피로 1685년 6월 26일에 교체되었다. 철원 거주.

박태규(朴泰圭) : 당하관으로서 1685년 6월 26일에 도임하여 1686년 12월에 폄체되었다. 남양 거주.

이만웅(李晩雄) : 당하관으로서 1687년 2월 18일에 도임하여 1688년 6월 10일에 완도의 송근(松根)에 대한 일로 붙잡혀 파직되었다. 철원 거주.

이여옥(李汝玉) : 당하관으로서 1688년 7월 22일에 도임하여 나랏일에 온 힘을 다하여 승자되고 1691년 1월 24일에 임기 3년을 채우고 교대하였다. 서산 거주.

민후경(閔後慶) : 당하관으로서 1691년 1월 22일에 도임하여 1692년 4월 24일에 강진현감이 완도의 황장목(黃腸木)을 몰래 벨 때 살피지 못한 일로 인해 먼저 파직되고 뒤에 추고 당했다. 광주(光州) 거주

강익사(姜翊泗) : 당하관으로서 1692년 4월 24일에 도임하여 동년 12월에 의외의 일로 감사의 장계에 의해 파출되었다.

이점(李坫) : 당하관으로서 1693년 1월 22일에 도임하여 동년 5월 7일에 별세하였다. 죽산 거주.

송양하(宋樑夏) : 당하관으로서 1693년 6월 20일에 도임하여 1695년 10월 21일에 교대하였다. 홍양 거주.

이분국(李芬國) : 당하관으로서 1695년 10월 20일에 도임하여 1698년 3월 4일에 임기 3년을 채우고 교대하였다. 단성 거주.

이운기(李雲機) : 당하관으로서 1698년 3월 3일에 도임하여 1700년 9월 2일에 임기 3년을 채우고 교대하였다. 수원 거주.

윤세적(尹世勣) : 당하관으로서 1700년 9월 3일에 도임하여 1703년 2월 15일에 임기 3년을 채우고 교대하였다. 거창 거주.

김정명(金鼎鳴) : 당하관으로서 1703년 2월 15일에 도임하여 수영의 우후와 이종으로 상피하여 1704년 2월 7일에 체직되었다. 감사가 진심으로 나랏일을 하여 치적이 현저하다고 장계를 올리고 잉임을 청했으나 관철되지 못했다. 철원 거주.

김사정(金嗣鼎)[297] : 당하관으로서 1704년 2월 7일에 도임하여 나랏일에 온 힘을 다하였고 1705년 가을에 조련할 때 수사의 포계로 1706년에 승자되고 동년 10월에 교대되었다. 선정비가 세워졌다. 서울 거주.

김석보(金錫保) : 당하관으로서 1706년 10월 23일에 도임하여 전선(戰船)이 불에 탄 일로 1707년 11월 11일에 파직되었고 1708년 2월 15일에 교대되었다. 영천 거주.

이침(李梫) : 당하관으로서 1708년 2월에 도총경력으로서 본직에 제수되어 부임하고 나랏일에 온 힘을 다하고 군사의 일을 닦았으며 사졸들을 진휼하여 수사의 포계로 인해 가자되고 1710년 윤7월 10일에 임기 3년을 채우고 교대하였다. 서울 거주.

297) 혹은 김사필(金嗣弼).

김수하(金壽河) : 당하관으로서 1710년 7월에 도총경력으로서 본직에 제수되고 윤7월 10일에 부임하여 1712년 5월에 군기와 배를 특별히 갖춘 일로 수사의 계문에 의해 가자되고 1713년 3월에 임기를 채우고 교대되었다. 장흥 거주.

최인석(崔寅錫) : 당하관으로서 1713년 3월에 도총경력으로서 본직에 제수되고 1714년 6월에 폄하를 받고 1715년 1월 10일에 교대되었다. 서울 거주.

곽기화(郭氣和) : 당하관으로서 1714년 11월에 훈련첨정으로서 본직에 제수되고 1715년 1월 10일에 부임하여 군기와 배를 고치고 선창을 건축하였으며 1715년 봄에 진휼을 잘 한 일로 수사의 포계에 의해 가자되고 1717년 3월에 임기를 채우고 교대하였다.

최동명(崔東溟) : 당하관으로서 1717년 2월에 도총경력으로서 본직에 제수되고 3월 17일에 부임하여 1719년 7월 16일에 인신(印信) 고쳐서 처음 사용하였으며, 동년에 노직으로서 승자하고 동년 10월 8일에 교대되었다. 보은 거주.

김몽익(金夢翼) : 당하관, 1719년 7월에 도총경력으로서 본직에 제수되고 10월 8일에 부임하여 1722년 5월 6일에 교대되었다. 서울 거주.

정도완(鄭道完) : 당하관, 1722년 3월 26일 정사에서 훈련첨정으로서 본직에 제수되고 5월 5일에 도임하여 동년 6월 15일에 별세하였다. 충주 거주.

이형(李炯)[298] : 당하관, 훈련첨정으로서 본직에 제수되어 1722년 9월 6일에 도임하고, 직무에 온 힘을 다했으며 내외 아사를 많이 보수하여 일신하고 이어서 객사를 새로 건립하였으며 널리 구휼을 하여 암행어사의 서계에 의해 승자되고 곧 체직되었다. 진위

298) 혹은 이경(李烱).

거주.

장석(張禝)[299] : 당하관, 도총경력으로서 본직에 제수되어 1724년 3월 3일에 도임하고 1726년 2월 8일에 종묘의 재목을 함부로 베는 차원(差員)의 일로 붙잡혀 파직되었다. 남원 거주.

허전(許𡌦) : 훈련첨정으로서 1726년 4월 3일에 도임하여 1727년 4월에 배가 부서졌는데 많은 사람을 건져낸 일로 가자되고 동년 9월 19일에 교대되었다. 면천 거주.

한덕기(韓德基) : 당하관, 훈련첨정으로서 본직에 제수, 1727년 9월 19일에 도임하여 1730년 4월 10일에 교대하였다. 목천 거주.

허빈(許賓) : 당상관, 도총경력으로서 본직에 제수되어 1730년 4월 11일에 도임하고 군기와 배를 보수하고 군량미를 특별히 갖춘 일로 수사가 계문하여 승자되고 체직되었다. 면천 거주.

이만백(李晩白) : 당하관, 도총경력으로서 본직에 제수되고 1731년 4월 28일에 도임하여 물에 빠진 인명을 많이 살린 일로 수사가 계문하여 승자되고 1732년 6월 12일에 체직되었다. 비석이 세워졌다. 파주 거주.

최한전(崔翰全) : 당하관, 도총경력으로서 1732년 6월 12일에 도임하여 풍락송을 곧바로 이송하지 않은 일로 1733년 3월에 붙잡혀 파직되었다. 고성 거주.

김광려(金光礪) : 도총경력으로서 1733년 4월 1일에 도임하여 임기가 찬 후인 1735년 11월에 승자되어 돌아갔다. 서울 거주.

이언태(李彦泰) : 경력으로서 1735년 9월 정사에서 본직에 제수되어 11월 19일에 도임하고 1738년 3월 6일에 임기가 차서 돌아갔다. 서울 거주.

신득문(申得文) : 당하관, 도총경력으로서 1738년 3월에 도임하여 군사

---

299) 혹은 장석(張潰).

업무에 온힘을 다하여 전선의 기치와 군기 집물을 예리하고 선명하게 한 것이 다른 진영의 공보다 월등한 일로 수사가 포계하여 가자되고 1739년 11월에 체직되었다. 직산 거주.

윤석규(尹錫圭) : 당하관, 1739년 10월 13일 정사에서 도총경력으로서 제수되고 12월 1일에 도임하여 1741년 9월 23일에 별세하였다. 여산 거주.

전명좌(全命佐) : 당하관, 1741년 10월 정사에서 도총경력으로서 제수되고 1743년 11월에 가자되어 체직되었다. 직산 거주.

최일(崔溢) : 당하관, 1743년 9월에 훈련첨정으로서 본직에 제수되어 1744년 10월에 폄중을 받아 체직되었다. 해미 거주.

정기경(鄭基慶) : 당하관, 도총경력으로서 1744년 10월 9일에 도임하여 송전(松田)에 불이 난 일로 1745년 7월에 감사가 장계하여 붙잡혀 파직되었다. 안성 거주.

김형(金珩) : 훈련첨정으로서 1745년 9월 3일에 도임하여 1747년 7월 16일에 임기가 차서 승자되어 돌아갔다. 전의 거주.

조수인(曺壽仁) : 경력으로서 1747년 7월 16일에 도임하여 1749년 9월에 체직되었다. 박천 거주.

이숙(李潚) : 훈련첨정으로서 1749년 10월 4일에 도임하여 1751년 가을에 조련할 때 군기와 배를 스스로 갖추고 새로이 만든 일로 수영의 포계에 의해 아직 가자되기 전인 10월에 경체(徑遞)되어 돌아갔다.

서의돈(徐議敦) : 참상무겸(參上武兼)으로서 1751년 9월에 본직에 제수되고 10월 22일에 도임하여 1754년 4월에 임기가 만료되어 체직되었다.

김창급(金昌岌) : 가선대부로서 1754년 2월 25일 정사에서 본직에 제수되고 4월에 도임하여 1756년 3월 7일에 전선에 불이 난 일로 수영의 계에 의해 파직되어 서울로 돌아갔다.

이운구(李雲衢) : 1756년 5월 4일에 도임하여 1758년 11월에 임기가 차서 서울로 돌아갔다.

권정혁(權庭赫) : 가의대부 별군직으로서 1758년 10월 18일에 제수되어 11월에 도임하고 임기가 차서 서울로 돌아갔다.

홍석복(洪錫福) : 1761년 4월 7일 정사에서 제수되고 동월 27일에 도임하여 1763년 6월에 임기가 차서 서울로 돌아갔다.

서호진(徐好進) : 가선대부 별군직으로서 1763년 6월 정사에서 제수되고 7월 18일에 도임하여 1766년 2월에 임기가 차서 서울로 돌아갔다.

서완석(徐完碩) : 자헌대부 별군직으로서 1765년 12월 정사에서 제수되고 1766년 2월 3일에 도임하여 1768년 7월에 체직되어 돌아갔다. 서울 거주.

최태강(崔泰崗) : 가의대부로서 1768년 2월 25일 정사에서 제수되고 동년 7월 13일에 도임하여 1770년 12월에 폄중을 받았다.

임춘흥(林春興) : 가의대부로서 1770년 12월 25일 정사에서 제수되고 1771년 1월 22일에 도임하여 1773년 6월에 폄중을 받았다.

정윤철(鄭允喆) : 당상관으로서 1773년 7월 13일에 도임하여 임기 3년을 채우고 1776년 1월 15일에 서울로 돌아갔다.

서정진(徐廷進) : 당하관으로서 1776년 1월 16일에 도임하여 동년 7월 28일에 파직되어 서울로 돌아갔다.

김해윤(金海潤) : 당상관으로서 1776년 7월 6일 정사에서 제수되고 동월 28일에 도임하여 3년의 임기를 채우고 1779년 2월 1일에 체직되었다. 서울 거주.

임세재(林世載) : 숭록대부로서 1779년 1월에 도임하여 1781년 1월에 고군산첨사에 이배되고 첨지중추에 부쳐졌다.

여종주(呂從周) : 가선대부, 1781년 1월에 고군산 첨사로서 제수되어 동월에 도임하였고 1783년 5월에 체직되어 서울로 돌아갔다. 비석이 세워졌다.

임세욱(任世郁) : 당하관 호위청병방(扈衛廳兵房)으로서 1781년 12월 정사에서 초지첨사에 제수되고 1783년 4월에 본직에 제수되었으며 1784년 7월에 체직되었다.

김득원(金得源) : 가선대부로서 1784년 7월에 도임하여 1787년 1월에 임기가 차서 체직되었다.

유우신(劉遇信) : 가선대부로서 1787년 1월에 도임하여 1789년 7월에 임기가 차서 서울로 돌아갔다.

방중석(方仲碩) : 자헌대부로서 1789년 7월에 도임하여 1791년 3월 25일에 별세하였다. 서울 거주.

이시한(李蓍漢) : 당하관 무겸선전(武兼宣傳)으로서 1791년 4월에 도임하여 동년 12월에 체직되고 경직(京職)에 부쳐졌다.

윤영희(尹永僖) : 교리 보외 진안현감으로서 1791년 12월에 이보(移補)되어 1792년 7월에 수영의 장계에 의해 파직되고 유배되었다.

이서구(李瑞龜) : 고군산 첨사로서 1792년 7월에 도임하고 1793년 7월에 우도에 풍락송을 발매한 도차원(都差員)의 일로 특교에 의해 파직되었다.

진덕리(陳德履) : 당하관 금오별장으로서 1793년 6월에 도임하여 1794년에 성을 쌓은 공으로 회위논사(回慰論使)와 순영(巡營)의 포계(褒啓)에 의해 1795년 윤2월에 절충장군이 되었고, 동년에 제주의 이속(移粟) 일로 동년 3월에 가선대부가 되었으며, 6월에 암행어사 서계에 의해 파직하지 말고 가까운 곳에 처하게 하여 서울로 돌아갔다.

고용득(高龍得) : 정헌대부 장용위로서 1795년 6월에 도임하고 동년 11월에 상을 당했다. 서울 거주.

박재희(朴載熙) : 훈련원부정으로서 1795년 12월 정사에서 본직에 제수되고 1796년 10월에 체직되어 돌아갔다. 서울 거주.

이위(李渭) : 가의대부로서 1796년 9월 정사에서 본직에 제수되어 1797년 7월에 체직되었다. 화성 거주.

김상흥(金尙興) : 가의대부로서 1797년 6월 정사에서 본직에 제수되어 동년 7월 25일에 도임하고 1799년 8월에 폄하를 받아 체직되었다. 서울 거주.

한경린(韓慶麟) : 절충장군 장용위로서 1799년 9월 22일에 도임하여 1800년 8월 17일에 별세하였다. 서울 거주.

우덕원(禹德遠) : 당하관 병조교련관으로서 1800년 8월 정사에서 제배되고 9월에 도임하여 1802년 6월에 어사의 서계로 인해 파직되어 붙잡혀갔다. 서울 거주.

김종환(金宗煥) : 1802년 5월 30일 정사에서 본직에 제배되어 7월 13일에 도임했다.

이운고(李雲枯)[300] : 1804년 11월에 내금장으로서 본직에 제수되어 1805년 2월에 송전(松田)에 불이 난 일로 순영문의 장계에 의해 파직되었다. 용인 거주.

홍간(洪榦) : 1805년 5월에 내금장으로서 본직에 제수되어 1806년 2월 24일에 별세하였다. 서울 거주.

홍성희(洪聖禧) : 1806년 3월 정사에서 겸사복장으로서 본직에 제수되고 1807년 11월에 사직서를 올려 체직되었다. 서울 거주.

최병교(崔秉敎) : 1807년 12월 도정에서 우림장으로서 본직에 제수되고 1810년 8월에 임기가 차서 체직되었다. 서울 거주.

김경신(金敬身) : 1810년 7월 도정에서 본직에 제수되고 1811년 1월에 체직되었다. 영평 거주.

안대진(安大進) : 1810년 12월 정사에서 내금장으로서 본직에 제수되어 1811년 1월에 도임하고 1813년 8월에 임기가 차서 체직되었다.

300) 또는 이운호(李雲楛).

송산 거주.

이인묵(李仁默) : 1813년 7월 도정에서 전부사로서 본직에 제수되어 1815년 12월에 임기가 차서 체직되었다. 서울 거주.

최우현(崔禹鉉) : 1816년 3월에 부임하여 1818년 6월에 임기가 차서 체직되었다. 서울 거주.

김주철(金周喆) : 1818년 6월 25일 도정에서 중화부사(中和府使, 새로 만든 자리)로서 본직에 제수되고 7월 17일에 도임하여 동년 12월 26일에 상을 당했다. 수원 거주.

채익영(蔡翼永) : 1819년 2월에 도임하여 1820년 1월에 체직되었다. 진천 거주.

장지대(張持大) : 1820년 1월의 산정(散政)에서 내금장으로서 본직에 제수되어 1822년 6월 도정에서 임기가 만료되어 체직되었다.

성재곤(成在坤) : 1822년 6월 25일 도정에서 내금장으로서 본직에 제수되어 1824년 6월에 폄중을 받고 체직되었다. 상주 거주.

조정언(趙廷彦) : 1824년 6월 도정에서 본직에 제수되어 1826년 12월에 임기가 찼음을 보고하고 1827년 1월에 체직되었다. 청덕비가 세워졌다.

정택화(鄭宅和) : 1826년 12월 도정에서 금위영 기사장으로서 본직에 제수되어 1829년 6월에 임기가 차서 체직되었다. 선정비가 세워졌다.

이태성(李台成) : 1829년 6월 도정에서 오위장으로서 본직에 제수되어 1830년 8월 5일에 조난을 당해 해남에 거주하였다.

김노철(金魯哲) : 1830년 9월 28일에 도임하여 1833년 1월에 임기가 차서 체직되었다. 서산 거주.

김상채(金尙埰) : 1833년 1월 17일에 도임하여 1835년 6월에 임기가 차서 체직되었다. 서울 거주.

이현직(李顯稷) : 1835년 8월 6일에 도임하여 1838년 1월에 임기가 차서 체직되었다.

정택신(鄭宅信) : 1838년 1월 29일에 도임하여 1840년 1월에 임기가 차서 체직되었다. 서울 거주.

김칭근(金偁根) : 1840년 2월 27일에 도임하여 1842년 7월에 체직되었다. 서울 거주.

신의항(申義恒) : 1842년 7월 27일에 도임하여 1843년 윤7월에 체직되었다.

김이원(金履元) : 1843년 8월 2일에 도임하여 1846년 2월에 임기가 차서 체직되었다. 서울 거주.

이호문(李浩文) : 1846년 2월에 도임하여 1847년 4월에 사직하였다.

조희상(趙羲象)[301] : 1847년 6월에 도임하여 1849년 8월에 임기가 차서 체직되었다.

박경진(朴敬鎭) : 1850년 8월에 도임하여 1852년 1월에 임기가 차서 체직되었다. 선정비가 세워졌다.

이규찬(李圭燦) : 1852년 1월에 도임하여 1853년 4월에 고령첨사에 이배되었다.

홍선(洪墡) : 1853년 4월 25일에 도임하여 1855년 8월 13일에 임기가 차서 체직되었다. 선정비가 세워졌다.

박대영(朴大榮) : 1855년 6월 25일에 운산군수로서 본직에 제수되어 8월 11일에 도임하고 1858년 1월에 임기가 차서 체직되었다.

김춘근(金春根) : 1857년 2월 1일 산정에서 본직에 제수되고 1858년 2월 5일에 도임하여 1859년 3월 4일에 별세했다. 서울 거주.

이정호(李鼎鎬) : 1859년 4월에 도임하여 1860년 1월에 점중(點中)을 받아 체직되었다.

박윤수(朴齋壽) : 1860년 1월에 도임하여 1861년 6월에 폄하를 받고 7

301) 혹은 조의상(趙義象).

월에 체직되었다.

이완무(李完懋) : 1861년 6월 도정에서 본직에 제수되어 7월에 도임하고 1863년 8월에 전세(田稅)를 실은 배가 치패된 일로 체직되었다. 선정비가 세워졌다.

유형노(柳衡櫓) : 1863년 8월 13일 정사에서 본직에 제수되고 동년 9월 2일에 도임하여 1865년 6월에 순영의 계문에 의해 파직되었다.

박정희(朴鼎熹) : 1865년 6월 산정에서 본직에 제수되어 7월 6일에 도임하고 1868년 11월에 임기가 차서 체직되었다.

이위소(李暐沼) : 1868년 12월 2일에 도임하여 1870년 5월에 순영문의 계보에 의해 파직되었다.

이병학(李秉鶴) : 1870년 7월 4일에 택차(擇差)로 제수되어 도임하고 1871년 10월에 친로(親老)로 사직하였다. 선정비가 세워졌다.

이관수(李寬修) : 1871년 9월 1일에 제수되어 10월 9일에 도임하고 1873년 9월에 기사장 내직으로 이직하였는데 머물기를 원했지만 관철되지 못했다. 선정비가 세워졌다.

방구명(方久明)[302] : 1873년 7월 19일 도정에서 제배되어 9월 3일에 도임하고 1875년 1월에 기사장 내직으로 이배되었다.

이헌우(李獻宇) : 1875년 1월 13일 정사에서 본직에 제수되고 2월 26일에 도임하여 1876년 7월 16일 도정에서 대구영장에 이배되었다.

어상우(魚相愚) : 1876년 7월 16일 16일 도정에서 본직에 제수되고 9월 15일에 도임하여 1878년 6월 그믐에 경군문(京軍門)으로 체직되었다.

홍우성(洪祐聖) : 1878년 6월 30일 도정에서 공주중군으로서 본직에 승직되고 9월 6일에 도임하여 동년 12월 28일 정사에서 대구영장에 이배되었다.

302) 혹은 방윤명(方允明).

김태희(金泰熙) : 1878년 12월 28일 정사에서 무위소별선군관(武衛所別選軍官)으로서 본직에 특제되었고 1879년 2월 23일에 도임하여 1881년 6월 24일 정사에서 내직인 호군준삼군(護軍準三軍)에 이배되었다. 영세불망비가 세워졌다.

민치검(閔致儉) : 1881년 6월 24일에 재배되어 윤7월 20일에 도임하고 1882년 3월 16일 도정에서 전주영장에 이배되었다.

전인호(全仁鎬) : 1882년 3월 16일 정사에서 무위소별선군관(武衛所別選軍官)으로서 본직에 특제되어 4월 그믐에 도임하고 동년 10월 6일 정사에서 전주영장에 이배되었다.

이상돈(李相惇) : 1882년 11월에 대구중군으로서 본군에 이배되었고 12월 3일에 도임하여 1883년 11월 19일에 민요(民擾)로 인해서 관직이 해직되어 돌아갔다.

홍병덕(洪秉悳) : 1883년 12월 정사에서 전 군수의 민요로 인한 일로 본직에 제수되었다. 보민불망비가 세워졌다.

이남희(李南熙) : 1885년 3월 정사에서 제수되어 4월 그믐에 도임하고 1886년 1월에 내직으로 옮겨갔다.

오윤영(吳允泳)303) : 1886년 5월에 도임하여 6월에 별세하였다.

이민석(李敏錫) : 1886년 7월 29일 산정에서 본직에 제수되어 9월 20일에 도임하고 1887년 윤4월 7일 정사에서 경체(徑遞)되었다.

이종상(李鐘祥) : 1887년 윤4월 7일 정사에서 본직에 제배되고 5월 3일에 도임하여 동년 11월 28일에 바뀌었다.

김완근(金完根) : 1887년 10월 9일 산정에서 본직에 제배되고 동년 11월 28일에 도임하여 1889년 3월 20일에 바뀌었다.

신태홍(申泰弘) : 1889년 1월 29일 도정에서 본직에 제배되고 동년 3월 20일에 도임하여 1890년 윤2월 19일에 바뀌었다.

303) 혹은 오구영(吳久泳).

민봉호(閔鳳鎬) : 1890년 1월 30일 도정에서 본직에 몽점을 입어 윤2월 16일에 도임하고 10월 그믐 도정에서 체직되었다.

배규진(裵圭鎭) : 1890년 10월 29일 도정에서 본직에 제배되고 1891년 1월 그믐에 도임하여 6월 25일에 체직되었다.

최재우(崔在宇) : 1891년 6월 25일 도정에서 본직에 제수되고 동년 8월 29일에 도임하여 1892년 3월 8일에 바뀌었다.

안광옥(安光玉) : 1892년 1월 27일 도정에서 본직에 제수되고 동년 3월 27일에 도임하여 1893년 3월 8일에 바뀌었다.

명선욱(明瑄煜) : 1893년 1월 30일 도정에서 본직에 제수되고 동년 3월 8일에 도임하여 1894년 8월 25일에 바뀌었다.

이범규(李範珪) : 1894년 7월 5일에 제수되었다. 1895년에 철폐되었다.

## 섬진진(蟾津鎭)[304]

섬진진은 지금의 전남 광양시 다압면 도사리에 있었던 진(鎭)이다. 1705년에 이곳에 정식으로 수군진(水軍陣)이 설치되어 수군 장교인 별장(別將)이 일정한 규모의 병력을 거느리고 주둔하기 시작하고, 4척의 병선과 200~300명의 군사가 주둔하여 섬진나루를 경비했다. 그리고 선박세와 통행세를 비롯한 각종 세금을 인근 고을로부터 거두어들이는 조세행위를 병행하여 진 운영의 재정을 충당했다.

권평(權枰) : 을유년(1705)에 도임하였다.
김기(金琦) : 정해년(1707)에 도임하였다.
이후운(李後雲) : 기축년(1709)에 도임하였다.
홍유병(洪有炳) : 임진년(1712)에 도임하였다.
이덕하(李德夏) : 갑오년(1714)에 도임하였다.
임홍선(任弘選) : 을미년(1715)에 도임하였다.
송하시(宋夏時) : 정유년(1717)에 도임하였다.
이정화(朴廷華) : 기해년(1719)에 도임하였다.
황익중(黃益中) : 신축년(1721)에 도임하였다.
하진해(河振海) : 신축년(1721)에 도임하였다.
주경회(朱景晦) : 갑진년(1724)에 도임하였다.
장상성(張相星) : 병오년(1726)에 도임하였다.
이중재(李重載) : 무신년(1728)에 도임하였다.
김여구(金汝九) : 기유년(1729)에 도임하였다.
오홍욱(吳興旭) : 임자년(1732)에 도임하였다.
정원창(鄭遠昌) : 임자년(1732)에 도임하였다.

304) 『광양군지』(1924)를 참조하였다. 1705년부터 1798년까지의 별장안만 기록되어있다.

조상걸(趙商傑) : 을묘년(1735)에 도임하였다.
강석제(姜碩齊) : 정사년(1737)에 도임하였다.
김세휘(金世輝) : 경신년(1740)에 도임하였다.
이만근(李萬根) : 신유년(1741)에 도임하였다.
표세망(表世望) : 임술년(1742)에 도임하였다.
김유문(金有文) : 갑자년(1744)에 도임하였다.
이동번(李東蕃) : 정묘년(1747)에 도임하였다.
여문규(余文規) : 경오년(1750)에 도임하였다.
이시윤(李時潤) : 임신년(1752)에 도임하였다.
김유혁(金有爀) : 을해년(1755)에 도임하였다.
이진웅(李振雄) : 병자년(1756)에 도임하였다.
이무춘(李茂春) : 기묘년(1759)에 도임하였다.
백세현(白世賢) : 임오년(1762)에 도임하였다.
서영욱(徐永郁) : 갑신년(1764)에 도임하였다.
김득상(金得商) : 정해년(1767)에 도임하였다.
정상열(鄭相悅) : 기축년(1769)에 도임하였다.
정유신(鄭有信) : 임진년(1772)에 도임하였다.
김경태(金景台) : 계사년(1773)에 도임하였다.
서세태(徐世泰) : 병신년(1776)에 도임하였다.
양홍조(梁弘祚) : 병신년(1776)에 도임하였다.
김귀철(金龜喆) : 기해년(1779)에 도임하였다.
한덕주(韓德柱) : 신축년(1781)에 도임하였다.
장흡(張洽) : 계묘년(1783)에 도임하였다.
홍우범(洪禹範) : 을사년(1785)에 도임하였다.
최무휘(崔武輝) : 정미년(1787)[305]에 도임하였다.

305) 정묘년으로 쓰여 있는 것을 바로잡았다.

염덕승(廉德升) : 경술년(1790)에 도임하였다.

박성범(朴聖範) : 임자년(1792)에 도임하였다.

김도성(金道成) : 계축년(1793)에 도임하였다.

김응집(金膺集) : 갑인년(1794)에 도임하였다.

김이권(金履權) : 병진년(1796)에 도임하였다.

송이성(宋履成) : 무오년(1798)에 도임하였다.

# 부록 2. 전라도관찰사(全羅道觀察使)[306]

권사복(權思復) : 무술년(1358)에 도임했다.

박대양(朴大陽)[307] : 무술년(1358)에 도임했다.

안극인(安克仁) : 기해년(1359)에 도임했다.

강군보(姜君甫) : 기해년(1359)에 도임했다.

이방(李昉) : 경자년(1360)에 도임했다.

배원룡(裴元龍) : 경자년(1360)에 도임했다.

전녹생(田祿生) : 신축년(1361)에 도임했다.

배극렴(裴克廉) : 신축년(1361)에 도임했다.

민선(閔宣) : 임인년(1362)에 도임했다.

유혜손(柳惠孫) : 임인년(1362)에 도임하여 계묘년(1363)에 이임했다.

박사신(朴思愼) : 계묘년(1363)에 도임했다.

홍원노(洪元老) : 갑진년(1364)에 도임했다.

박동생(朴東生) : 갑진년(1364)에 도임했다.

조운걸(趙云傑) : 을사년(1365)에 도임하여 을사년(1365)에 이임했다.

김윤관(金允觀) : 병오년(1366)에 도임했다.

이보만(李普萬) : 병오년(1366)에 도임하여 무신년(1368)에 이임했다.

신원좌(辛元佐) : 기유년(1369)에 도임하여 경술년(1370)에 이임했다.

---

306) 전라도(全羅道)의 장관(長官)으로 종이품(從二品)이고, 정원은 1원이다. 모두 문관(文官)으로 임명하였으며 배임(拜任)한지 2년이면 체임(遞任)되었다. 도내의 행정(行政)·사법(司法)·군사(軍事)의 사무를 총괄하고 관하 부윤(府尹)·목사(牧使)·부사(府使)·군수(郡守)·현령(縣令)·현감(縣監)을 지휘 감독하였으며 또한 전라병마절도사(全羅兵馬節度使, 從二品)와 전라수군절도사(全羅水軍節度使, 正三品 堂上)를 겸임하였으며 또한 전주부윤(全州府尹)을 겸직하였다. 1895년(고종 32)에 8도를 폐하고 23부(二十三府)를 둘 때에 폐지되었다.
위 선생안은 이동희(1995)의 『조선시대 전라도의 감사·수령명단』을 참조하였다.

307) 혹은 박태양(朴太陽).

이요(李瑤) : 경술년(1370)에 도임하여 신해년(1371)에 이임했다.

안익상(安益祥) : 신해년(1371)에 도임했다.

윤진(尹珍) : 임자년(1372)에 도임했다.

남을번(南乙番) : 임자년(1372)에 도임하여 계축년(1373)에 이임했다.

서규형(徐圭衡) : 계축년(1373)에 도임하여 갑인년(1374)에 이임했다.

정준제(鄭俊提) : 갑인년(1374)에 도임했다.

화지원(華之元) : 을묘년(1375)에 도임했다.

김사형(金士衡) : 을묘년(1375)에 도임했다.

이득겸(李得謙) : 병진년(1376)에 도임했다.

이사영(李士榮) : 병진년(1376)에 도임했다.

이극명(李克明) : 정사년(1377)에 도임했다.

정교(鄭喬) : 정사년(1377)에 도임했다.

신희(辛熙) : 무오년(1378)에 도임했다.

송문중(宋文仲) : 무오년(1378)에 도임했다.

정리(鄭釐) : 기미년(1379)에 도임했다.

이사렴(李士廉) : 경신년(1380)에 도임했다.

최서(崔恕) : 경신년(1380)에 도임하여 신유년(1381)에 이임했다.

허조(許祖) : 신유년(1381)에 도임했다.

최정지(崔丁智) : 임술년(1382)에 도임했다.

선윤지(宣允祉) : 임술년(1382)에 도임했다.

여예(呂禰)[308] : 계해년(1383)에 도임했다.

하자종(河自宗) : 계해년(1383)에 도임했다.

이엽(李曄) : 갑자년(1384)에 도임했다.

진의귀(陳義貴) : 갑자년(1384)에 도임했다.

유원지(柳元枝) : 을축년(1385)에 도임했다.

---

308) 혹은 여칭(呂稱).

유정현(柳廷顯) : 을축년(1385)에 도임했다.
남재(南在) : 병인년(1386)에 도임했다.
전리(田理) : 병인년(1386)에 도임했다.
안경검(安景儉) : 정묘년(1387)에 도임했다.
최관(崔關) : 정묘년(1387)에 도임했다.
유량(柳亮) : 무진년(1388)에 도임했다.
최유경(崔有慶) : 무진년(1388) 9월에 도임하여 기사년(1389) 10월에 체직되었다.
노숭(盧嵩) : 기사년(1389) 10월에 도임하여 신미년(1391) 3월에 체직되었다.
김사안(金士安) : 신미년(1391) 3월에 도임하여 동년에 죽었다.
하륜(河崙) : 신미년(1391) 9월에 도임하여 임신년(1392) 4월에 체직되었다.
이원(李源) : 임신년(1392) 5월에 도임하여 임신년(1392) 10월에 상경하였다.
김희선(金希善) : 임신년(1392) 10월에 도임하여 계유년(1393) 10월에 상경하였다.
안경공(安景公) : 계유년(1393) 10월에 도임하여 갑술년(1394) 3월에 상을 당하였다.
조박(趙璞) : 갑술년(1394) 4월에 도임하여 을해년(1395) 2월에 체직되었다.
이백유(李伯由) : 을해년(1395) 2월에 도임하여 동년 8월에 한성윤이 되었다.
이무(李茂) : 을해년(1395) 9월에 도임하여 병자년(1396) 8월에 상경하였다.
김수익(金守益) : 병자년(1396) 11월에 도임하여 정축년(1397) 6월에 상경하였다.

민여익(閔汝益) : 정축년(1397) 6월에 도임하여 무인년(1398) 1월에 체직되었다.

장자충(張子忠) : 무인년(1398) 1월에 도임하여 동년 9월에 체직되었다.

성석용(成石瑢) : 자헌대부. 무인년(1398) 10월에 도임하여 기묘년 12월에 체직되어 올라갔다.

함부림(咸傅霖) : 경진년(1400) 1월에 도임하여 신사년(1401) 3월에 체직되었다.

조휴(趙休) : 신사년(1401) 3월에 도임하여 임오년(1402) 2월에 체직되었다.

유염(柳琰) : 임오년(1402) 2월에 도임하여 동년 10월에 체직되었다.

유기(柳沂) : 임오년(1402) 10월에 도임하여 동년 12월에 체직되었다.

이행(李行) : 계미년(1403) 1월에 도임하여 갑신년(1404) 4월에 체직되었다.

유정현(柳廷顯) : 갑신년(1404) 4월에 도임하여 동년 8월에 체직되었다.

정구(鄭矩) : 갑신년(1404) 8월에 도임하여 을유년(1405) 7월에 의정부사에 이배되었다.

유관(柳觀) : 을유년(1405) 7월에 도임하여 병술년(1406) 2월에 체직되었다.

박은(朴訔) : 병술년(1406) 2월에 도임하여 동년 윤7월에 좌군동지총제(左軍同知摠制)에 이배되었다.

최긍(崔兢) : 병술년(1406) 8월에 도임하여 정해년(1407) 12월에 체직되었다.

윤향(尹向) : 정해년(1407) 12월에 도임하여 기축년(1409) 7월에 지총제(知摠制)에 이배되었다.

허주(許周) : 기축년(1409) 7월에 도임하여 신묘년(1411) 1월에 한성윤이 되었다.

이귀산(李貴山) : 신묘년(1411) 1월에 도임하여 임진년(1412) 8월에 체직되었다.

조원(趙源) : 임진년(1412) 8월에 도임하여 갑오년(1414) 2월에 체직되었다.

김정준(金廷準) : 갑오년(1414) 2월에 도임하여 을미년(1415) 2월에 체직되었다.

박습(朴習) : 을미년(1415) 3월에 도임하여 동년 10월에 대사헌이 되었다.

권진(權軫) : 을미년(1415) 11월에 도임하여 병신년(1416) 12월에 공안부윤(恭安府尹)이 되었다.

정경(鄭耕) : 병신년(1416) 12월에 도임하여 정유년(1417) 12월에 체직되었다.

성달생(成達生) : 정유년(1417) 12월에 도임하여 무술년(1418) 7월에 중군총제(中軍摠制)가 되었다.

오식(吳湜) : 무술년(1418) 7월에 도임하여 무술년(1418) 11월에 중군총제(中軍摠制)가 되었다.

이안우(李安愚) : 무술년(1418) 11월에 도임하여 기해년(1419) 12월에 체직되었다.

신호(申浩) : 기해년(1419) 12월에 도임하여 좌군총제(左軍摠制)가 되어갔다.

장윤화(張允和) : 가선대부. 경자년(1420) 10월에 도임하여 신축년(1421) 4월에 체직되었다.

하연(河演) : 신축년(1421) 4월에 도임하여 임인년(1422) 윤12월에 병조참판이 되었다.

성억(成抑) : 임인년(1422) 윤12월에 도임하여 계묘년(1423) 5월에 체직되었다.

조계생(趙啓生) : 계묘년(1423) 5월에 도임하여 갑진년(1424) 5월에 체직되었다.

이발(李發) : 갑진년(1424) 5월에 도임하여 을사년(1425) 7월에 체직되었다.

최부(崔府) : 가선대부. 을사년(1425) 7월에 도임하여 병오년(1426) 7월에 체직되었다.

김익정(金益精) : 병오년(1426) 7월에 도임하여 정미년(1427) 7월에 체직되었다.

심도원(沈道源) : 가선대부. 정미년(1427) 7월에 도임하여 무신년(1428) 7월에 체직되었다.

김맹성(金孟成) : 무신년(1428) 7월에 도임하여 기유년(1429) 8월에 체직되었다.

한혜(韓惠) : 기유년(1429) 8월에 도임하여 경술년(1430) 4월에 체직되었다.

신개(申槩) : 자헌대부. 경술년(1430) 4월에 도임하여 신해년(1431) 2월에 체직되었다.

서선(徐選) : 자헌대부. 신해년(1431) 2월에 도임하여 임자년(1432) 2월에 체직되었다.

박안신(朴安信) : 자헌대부. 임자년(1432) 2월에 도임하여 계축년(1433) 2월에 체직되었다.

이숙묘(李叔畝) : 계축년(1433) 2월에 도임하여 갑인년(1434) 8월에 체직되었다.

민심언(閔審言) : 가선대부. 갑인년(1434) 8월에 도임하여 을묘년(1435) 8월에 체직되었다.

이효인(李孝仁) : 통정대부. 을묘년(1435) 8월에 도임하여 정사년(1437) 7월에 병조참의가 되었다.

정명덕(鄭明德) : 자헌대부. 정사년(1437)에 도임하여 무오년(1438) 7월에 체직되었다.

정갑손(鄭甲孫) : 가선대부. 무오년(1438) 7월에 도임하여 기미년(1439)

6월에 체직되었다.

권극화(權克和) : 통정대부. 기미년(1439) 7월에 도임하여 경신년(1440) 6월에 예조참의가 되었다.

임종선(任從善) : 통정대부. 경신년(1440) 6월에 도임하여 신유년(1441) 7월에 지병사(知兵曹事)가 되었다.

금유(琴柔) : 통정대부. 신유년(1441) 7월에 도임하여 임술년(1442) 7월에 공조참의가 되었다.

배환(裵桓) : 통정대부. 임술년(1442) 7월에 도임하여 동년 12월에 경체(徑遞)되었다.

박중림(朴仲林) : 통정대부. 임술년(1442) 12월에 도임하여 계해년(1443) 1월에 부친상을 당하였다.

정충경(鄭忠敬) : 가선대부. 계해년(1443) 2월에 도임하여 동년 5월에 병으로 체직되었다.

조황(曺貺) : 통정대부. 계해년(1443) 5월에 도임하여 동년 6월에 죽었다.

이맹진(李孟畛) : 자헌대부. 계해년(1443) 6월에 도임하여 갑자년(1444) 윤7월에 체직되었다.

한석(韓碩) : 통정대부. 갑자년(1444) 윤7월에 도임하여 을축년(1445) 8월에 호조참의가 되었다.

신기(愼幾) : 통정대부. 을축년(1445) 8월에 도임하여 병인년(1446) 9월에 형조참의가 되었다.

이사임(李思任) : 가선대부. 병인년(1446) 9월에 도임하여 정묘년(1447) 7월에 체직되었다.

기건(奇虔) : 통정대부. 정묘년(1447) 7월에 도임하여 경오년(1450) 윤1월에 호조참의가 되었다.

성봉조(成奉祖) : 가선대부. 경오년(1450) 윤1월에 도임하여 임신년(1452)에 한성부윤이 되었다.

김연지(金連枝) : 임신년(1452) 2월에 도임하여 갑술년(1454) 5월에 체직되었다.

노숙동(盧叔同) : 가선대부. 갑술년(1454) 5월에 도임하여 을해년(1455) 7월에 체직되었다.

이석형(李石亨) : 통정대부. 을해년(1455) 7월에 도임하여 병자년(1456) 7월에 체직되었다.

송처관(宋處寬) : 가선대부. 병자년(1456) 7월에 도임하여 정축년(1457) 7월에 체직되었다.

안숭효(安崇孝) : 가선대부. 정축년(1457) 7월에 도임하여 무인년(1458) 7월에 체직되었다.

김세민(金世敏) : 정헌대부. 무인년(1458) 7월에 도임하여 기묘년(1459) 7월에 중추부사가 되었다.

이연손(李延孫) : 가선대부. 기묘년(1459) 7 경진년(1460) 3월에 체직되었다.

이효장(李孝長) : 가선대부. 경진년(1460) 3월에 도임하여 신사년(1461) 7월에 체직되었다.

함우치(咸禹治) : 가선대부. 신사년(1461) 7월에 도임하여 임오년(1462) 5월에 대사헌이 되었다.

원효연(元孝然) : 가선대부. 임오년(1462) 5월에 도임하여 계미년(1463) 6월에 체직되었다.

송문림(宋文林) : 가선대부. 계미년(1463) 6월에 도임하여 갑신년(1464)에 체직되었다.

성임(成任) : 가선대부. 갑신년(1464) 8월에 도임하여 을유년(1465) 9월에 체직되었다.

김길통(金吉通) : 가선대부. 을유년(1465) 9월에 도임하여 병술년(1466) 10월에 체직되었다.

유자환(柳自煥) : 가선대부. 병술년(1466) 10월에 도임하여 정해년(1467) 4월에 체직되었다.

이윤인(李允仁) : 가선대부. 정해년(1467) 4월에 도임하여 무자년(1468) 10월에 체직되었다.

박건(朴楗) : 무자년(1468) 10월에 도임하여 기축년(1469) 11월에 한성우윤이 되었다.

권각(權恪) : 기축년(1469) 11월에 도임하여 경인년(1470) 1월에 체직되었다.

오응(吳凝) : 경인년(1470) 2월에 도임하여 동년 3월에 죽었다.

고태필(高台弼) : 경인년(1470) 4월에 도임하여 임진년(1472) 10월에 체직되었다.

김지경(金之慶) : 임진년(1472) 10월에 도임하여 계사년(1473) 8월에 체직되었다.

이극균(李克均) : 계사년(1473) 8월에 도임하여 갑오년(1474) 11월에 체직되었다.

예승석(芮承錫) : 갑오년(1474) 11월에 도임하여 을미년(1475) 12월에 한성우윤이 되었다.

김순명(金順命) : 을미년(1475) 12월에 도임하여 정유년(1477) 3월에 형조참판이 되었다.

이극증(李克增) : 정헌대부. 정유년(1477) 5월에 도임하여 무술년(1478) 6월에 우참찬이 되었다.

김영유(金永濡) : 무술년(1478) 6월에 도임하여 기해년(1479) 7월에 체직되었다.

성준(成俊) : 기해년(1479) 7월에 도임하여 경자년(1480) 9월에 체직되었다.

이칙(李則) : 경자년(1480) 9월에 도임하여 신축년(1481) 10월에 형조참의가 되었다.

정난종(鄭蘭宗) : 신축년(1481) 10월에 도임하여 임인년(1482) 9월에 체직되었다.

이극돈(李克墩) : 임인년(1482) 9월에 도임하여 계묘년(1483) 10월에 중추부사가 되었다.

유순(柳洵) : 계묘년(1483) 10월에 도임하였다.

강자평(姜子平) : 을사년(1485)에 도임하였다.

이약동(李約東) : 병오년(1486)에 도임하였다.

김종직(金宗直) : 정미년(1487)에 도임하였다.

이집(李諿) : 무신년(1488)에 도임하였다.

이숙함(李淑瑊) : 기유년(1489)에 도임하였다.

박안성(朴安性) : 경술년(1490)에 도임하여 신해년(1491) 6월에 첨지중추부사가 되었다.

김극검(金克儉) : 신해년(1491) 6월에 도임하여 계축년(1493) 9월에 체직되었다.

권경희(權景禧) : 계축년(1493) 9월에 도임하였다.

조위(曺偉) : 을묘년(1495)에 도임하였다.

박숭질(朴崇質)

정석견(鄭錫堅)

박처륜(朴處綸)[309]

이인형(李仁亨)

김수동(金壽童) :

안침(安琛) : 무오년(1498) 12월에 도임하였다.

정숙지(鄭叔知) : 경신년(1500) 1월에 도임하였다.

이손(李蓀) : 통정대부. 중추부사가 되었다.

최한원(崔漢源) : 가선대부. 신유년(1501) 11월에 도임하였다.

장순손(張順孫) : 임술년(1502)에 도임하였다.

김영정(金永貞) : 계해년(1503) 12월에 도임하였다.

---

309) 혹은 박윤검(朴倫儉).

이계맹(李繼孟) : 가선대부. 무진년(1508)에 도임하였다.
임유겸(任由謙) : 가선대부. 기사년(1509)에 도임하였다.
남곤(南袞) : 가선대부. 계유년(1513)에 도임하였다.
성세정(成世貞) : 가선대부. 갑술년(1514)에 도임하였다.
김당(金璫) : 가선대부. 을해년(1515)에 도임하였다.
허굉(許硡) : 통정대부. 병자년(1516)에 도임하였다.
조원기(趙元紀) : 가선대부. 정축년(1517) 3월에 도임하여 무인년(1518) 5월에 공조판서가 되었다.
이언호(李彦浩) : 가선대부. 무인년(1518) 5월에 도임하여 기묘년(1519) 5월에 죽었다.
김안국(金安國) : 자헌대부. 기묘년(1519) 6월에 도임하였다.
윤세호(尹世豪)
이세정(李世貞) : 경진년(1520) 5월에 도임하였다.
김양진(金楊震) : 신사년(1521)에 도임하였다.
신상(申鏛) : 가선대부. 임오년(1522)에 도임하였다.
손중돈(孫仲暾) : 계미년(1523)에 도임하였다.
이사균(李思鈞) : 가선대부. 갑신년(1524)에 도임하였다.
유여림(俞汝霖) : 을유년(1525)에 도임하였다.
유관(柳灌) : 통정대부. 병술년(1526)에 도임하였다.
성세창(成世昌) : 가선대부. 정해년(1527)에 도임하였다.
유부(柳溥) : 가선대부. 무자년(1528)에 도임하였다.
조방언(趙邦彦) : 가선대부. 기축년(1529)에 도임하였다.
소세양(蘇世讓) : 가선대부. 경인년(1530)에 도임하였다.
이환(李芄) : 가선대부. 신묘년(1531) 11월에 도임하였다.
최세절(崔世節) : 가선대부.
반석평(潘碩枰) : 가선대부. 임진년(1532) 3월에 도임하였다.
최중홍(崔重洪) : 가선대부. 계사년(1533) 5월에 도임하여 관에서 죽었다.

송흠(宋欽) : 가선대부.

남세웅(南世雄) : 가선대부. 갑오년(1534) 3월에 도임하여 동년 6월에 체직되었다.

한윤창(韓胤昌) : 갑오년(1534) 7월에 도임하였다.

정옥형(丁玉亨) : 가선대부. 을미년(1535)에 도임하였다.

양연(梁淵) : 통정대부. 병신년(1536) 3월에 도임하여 정유년(1537) 4월에 체직되었다.

유윤덕(柳潤德) : 통정대부. 정유년(1537) 4월에 도임하여 무술년(1538) 5월에 체직되었다.

김정국(金正國) : 통정대부. 무술년(1538) 5월에 도임하여 기해년(1539) 7월에 체직되었다.

윤개(尹漑) : 가선대부. 기해년(1539) 7월에 도임하여 경자년(1540) 5월에 체직되었다.

안현(安玹) : 통정대부. 경자년(1540) 5월에 도임하여 신축년(1541) 5월에 체직되었다.

임권(任權) : 가선대부. 신축년(1541)에 도임하였다.

최보한(崔輔漢) : 가선대부. 신축년(1541) 5월에 도임하여 동년 11월에 체직되었다.

송순(宋純) : 가선대부. 임인년(1542) 4월에 도임하여 계묘년(1543) 3월에 체직되었다.

송인수(宋麟壽) : 가선대부. 계묘년(1543) 3월에 도임하였다.

정유선(鄭惟善) : 가선대부. 갑진년(1544)에 도임하였다.

심광언(沈光彦) : 통정대부. 을사년(1545) 2월에 도임하여 병오년(1546) 3월에 체직되었다.

김만균(金萬鈞) : 가선대부. 병오년(1546) 3월에 도임하였다.

구수담(具壽聃) : 가선대부. 정미년(1547)에 도임하였다.

한두(韓㞳) : 가선대부. 무신년(1548)에 도임하였다.

김광철(金光轍) : 무신년(1548)에 도임하였다.

유진동(柳震同) : 가선대부. 기유년(1549)에 도임하여 탄핵을 당했다.

남궁숙(南宮淑) : 경술년(1550)에 도임하여 신해년(1551) 1월에 체직되었다.

정언각(鄭彦慤) : 신해년(1551) 1월에 도임하여 동년 8월에 탄핵을 당하여 체직되었다.

박수량(朴守良) : 신해년(1551) 10월에 도임하여 임자년(1552) 4월에 사직서를 올려 체직되었다.

조광원(曺光遠) : 자헌대부. 임자년(1552) 10월에 도임하여 계축년(1553) 5월에 체직되었다.

홍담(洪曇) : 가선대부. 계축년(1553) 5월에 도임하여 동년 10월에 경체(徑遞)되었다.

유강(兪絳) : 통정대부. 계축년(1553) 10월에 도임하여 갑인년(1554) 8월에 사직서를 올려 체직되었다.

김주(金澍) : 갑인년(1554) 8월에 도임하여 동년 10월에 파직되었다.

이윤경(李潤慶) : 가선대부. 갑인년(1554) 10월에 도임하여 병진년(1556) 9월에 체직되었다.

권철(權轍) : 자헌대부. 병진년(1556) 9월에 도임하여 정사년(1557) 10월에 체직되었다.

원혼(元混) : 가선대부. 정사년(1557) 10월에 도임하였다.

안위(安瑋) : 가선대부. 무오년(1558) 5월에 도임하였다.

이택(李澤) : 가선대부. 기미년(1559) 6월에 도임하였다.

심수경(沈守慶) : 가선대부. 경신년(1560)에 도임하였다.

박충원(朴忠元) : 가선대부. 신유년(1561)에 도임하였다.

윤인서(尹仁恕) : 가선대부. 임술년(1562) 3월에 도임하여 동년 10월에 사직서를 올려 체직되었다.

이문형(李文馨) : 가선대부. 임술년(1562)에 도임하였다.

김덕룡(金德龍) : 가선대부. 계해년(1563)에 도임하였다.
남궁침(南宮忱) : 가선대부. 갑자년(1564) 윤2월에 도임하였다.
권응창(權應昌) : 가선대부. 을축년(1565)에 도임하였다.
유창문(柳昌文) : 가선대부. 을축년(1565)에 도임하였다.
강섬(姜暹) : 자헌대부. 병인년(1566)에 도임하였다.
송찬(宋贊) : 가선대부. 무진년(1658)에 도임하였다.
이준민(李俊民) : 통정대부. 무진년(1568)에 도임하였다.
정종영(鄭宗榮) : 자헌대부. 기사년(1569) 4월에 도임하였다.
이우민(李友閔) : 가선대부. 경오년(1570)에 도임하였다.
유희춘(柳希春) : 통정대부. 신미년(1571) 4월에 도임하여 동년 10월에 대사헌이 되었다.
이양원(李陽元) : 가선대부. 신미년(1571)에 도임하였다.
유홍(兪泓) : 통정대부. 임신년(1572)에 도임하였다.
이중호(李仲虎) : 통정대부. 계유년(1573) 7월에 도임하였다.
박민헌(朴民獻) : 통정대부. 계유년(1573) 10월에 도임하여 갑술년(1574) 11월에 체직되었다.
신응시(辛應時) : 통정대부. 갑술년(1574) 11월에 도임하여 갑술년(1574) 3월에 사직서를 올려 체직되었다.
박계현(朴啓賢) : 가선대부. 을해년(1575) 3월에 도임하여 동년 7월에 사직서를 올려 체직되었다.
최응룡(崔應龍) : 가선대부. 을해년(1575) 8월에 도임하여 병자년(1576) 8월에 체직되었다.
최홍한(崔弘僴) : 가선대부. 병자년(1576) 8월에 도임하여 정축년(1577) 9월에 체직되었다.
심의겸(沈義謙) : 가선대부. 정축년(1577) 9월에 도임하여 무인년(1578)에 체직되었다.
김계휘(金繼輝) : 가선대부. 무인년(1578)에 도임하여 기묘년(1579)에 형조판서가 되었다.

구사맹(具思孟) : 기묘년(1579) 5월에 도임하여 경진년(1580) 5월에 체직되었다.

손식(孫軾) : 가선대부. 경진년(1580) 5월에 도임하였다.

이증(李增) : 통정대부. 신사년(1581)에 도임하였다.

정철(鄭澈) : 통정대부. 신사년(1581)에 도임하여 경체(徑遞)되었다.

임국노(任國老) : 통정대부. 임오년(1582) 10월에 도임하여 계미년(1583) 3월에 경체(徑遞)되었다.

김명원(金命元) : 가선대부. 계미년(1583) 3월에 도임하여 동년 6월에 붙잡혀가게 되었다.

구봉령(具鳳齡) : 가선대부. 계미년(1583) 6월에 도임하여 갑신년(1584) 4월에 임기가 차서 체직되었다.

홍연(洪淵) : 가선대부. 갑신년(1584) 4월에 도임하여 동년 10월에 체직되었다.

김우옹(金宇顒) : 통정대부. 갑신년(1584) 10월에 도임하여 을유년(1585) 1월에 경체되었다.

김태정(金泰廷) : 가선대부. 을유년(1585) 1월에 도임하여 병술년(1586) 2월에 임기가 차서 체직되었다.

홍연(洪淵) : 가선대부. 병술년(1586) 2월에 도임하여 동년 8월에 경체되었다.

한준(韓準) : 가선대부. 병술년(1586) 8월에 도임하여 정해년(1587) 6월에 체직되었다.

윤두수(尹斗壽) : 가선대부. 정해년(1587) 6월에 도임하여 무자년(1588) 6월에 임기가 차서 체직되었다.

유영립(柳永立) : 가선대부. 무자년(1588) 6월에 도임하여 기축년(1589) 1월에 체직되었다.

이광(李洸) : 자헌대부. 기축년(1589) 1월에 도임하여 경인년(1590) 3월에 임기가 차서 체직되었다.

홍여순(洪汝諄) : 통정대부. 경인년(1590) 3월에 도임하여 신묘년(1591)에 체직되었다.

이광(李洸) : 자헌대부. 신묘년(1591)에 도임하여 겸 관찰사로서 백의종군하였다.

권율(權慄) : 가선대부. 임진년(1592) 8월에 도임하여 계사년(1593)에 도원수가 되었다.

홍세공(洪世恭) : 통정대부. 계사년(1593)에 도임하여 갑오년(1594) 6월에 전윤(全尹)에 제수되었다.

이정암(李廷馣) : 가선대부. 갑오년(1594) 6월에 도임하여 병신년(1596)에 체직되었다.

박홍노(朴弘老) : 통정대부. 병신년(1596) 7월에 도임하여 정유년(1597) 8월에 체직되었다.

황신(黃愼) : 가선대부. 정유년(1597) 8월에 도임하여 무술년(1598) 12월에 체직되었다.

한효순(韓孝純) : 무술년(1598) 12월에 도임하여 경자년(1600) 6월에 체직되었다.

이홍노(李弘老) : 가선대부. 경자년(1600) 6월에 도임하여 신축년(1601) 8월에 탄핵을 당해 체직되었다.

허성(許筬) : 가선대부. 신축년(1601) 9월에 도임하여 임인년(1602) 2월에 탄핵을 당해 체직되었다.

한준겸(韓浚謙) : 가선대부. 임인년(1602) 2월에 도임하여 계묘년(1603) 9월에 사직서를 올려 체직되었다.

장만(張晩) : 가의대부. 계묘년(1603) 9월에 도임하여 을사년(1605) 9월에 사직서를 올려 체직되었다.

권협(權悏) : 자헌대부. 을사년(1605) 9월에 도임하여 정미년(1607) 3월에 체직되었다.

최관(崔瓘) : 가선대부. 정미년(1607) 4월에 도임하여 무신년(1608) 4월에 동지중추가 되었다.

구의강(具義剛) : 가선대부. 무신년(1608) 4월에 도임하여 무신년(1608) 8월에 체직되었다.

윤안성(尹安性) : 가의대부. 무신년(1608) 8월에 도임하여 기유년(1609) 4월에 체직되었다.

박승종(朴承宗) : 자헌대부. 기유년(1609) 4월에 도임하여 임기가 차서 형조판서가 되었다.

윤휘(尹暉) : 통정대부. 경술년(1610) 4월에 도임하여 신해년(1611) 2월에 사직서를 올려 체직되었다.

정경세(鄭經世) : 가선대부. 신해년(1611) 2월에 도임하여 동년 9월에 탄핵을 당해 체직되었다.

한덕원(韓德遠) : 가선대부. 신해년(1611) 9월에 도임하여 임자년(1612) 3월에 경체되었다.

이충(李沖) : 가선대부. 임자년(1612) 3월에 도임하여 계축년(1613) 4월에 체직되었다.

이경전(李慶全) : 가선대부. 계축년(1613) 4월에 도임하여 을묘년(1615) 9월에 체직되었다.

이덕동(李德洞) : 가선대부. 을묘년(1615) 9월에 도임하여 병진년(1616) 11월에 임기가 차서 체직되었다.

박자흥(朴自興) : 가선대부. 병진년(1616) 11월에 도임하여 정사년(1617) 5월에 체형조참판이 되었다.

이홍주(李弘胄) : 통정대부. 정사년(1617) 5월에 도임하여 무오년(1618) 7월에 임기가 차서 체직되었다.

이창후(李昌後) : 가선대부. 무오년(1618) 7월에 도임하여 기미년(1619) 11월에 체직되었다.

유색(柳穡) : 가선대부. 기미년(1619) 11월에 도임하여 신유년(1621) 5

월에 죽었다.

황근중(黃謹中) : 가선대부. 신유년(1621) 7월에 도임하여 계해년(1623) 4월에 탄핵을 당해 체직되었다.

황치경(黃致敬) : 통정대부. 계해년(1623) 4월에 도임하여 동년 7월에 경되었다.

유석증(兪昔曾) : 가선대부. 계해년(1623)7월에 도임하여 동년 동월에 죽었다.

이명(李溟) : 통정대부. 계해년(1623) 8월에 도임하여 을축년(1625) 8월에 임기가 차서 체직되었다.

민성징(閔聖徵) : 가선대부. 을축년(1625) 8월에 도임하여 정묘년(1627) 7월에 체직되었다.

윤이지(尹履之) : 통정대부. 정묘년(1627) 7월에 도임하여 무진년(1628) 8월에 체직되었다.

이성구(李聖求) : 무진년(1628) 8월에 도임하여 동년 12월에 부친의 병으로 사직서를 올려 체직되었다.

권태일(權泰一) : 가선대부. 무진년(1628) 12월에 도임하여 기사년(1629) 12월에 임기가 차서 체직되었다.

송상인(宋象仁) : 통정대부. 기사년(1629) 12월에 도임하여 경오년(1630)에 경체되었다.

정세구(鄭世矩) : 통정대부. 경오년(1630)에 도임하였다.

이경용(李景容) : 통정대부.

이경여(李敬輿) : 통정대부. 계유년(1633) 1월에 도임하여 갑술년(1634) 4월에 임기가 차서 체직되었다.

원두표(元斗杓) : 가의대부. 갑술년(1634) 4월에 도임하여 병자년(1636) 4월에 임기가 차서 체직되었다.

이시방(李時昉) : 가선대부. 병자년(1636) 4월에 도임하여 정축년(1637) 4월에 체직되었다.

원두표(元斗杓) : 정헌대부. 정축년(1637) 4월에 도임하여 무인년(1638) 7월에 체직되었다.

구봉서(具鳳瑞) : 통정대부. 무인년(1638) 8월에 도임하여 기묘년(1639) 9월에 체직되었다.

원두표(元斗杓) : 자헌대부. 기묘년(1639) 9월에 도임하여 신사년(1641) 5월에 임기가 차서 체직되었다.

정세규(鄭世規) : 가선대부. 신사년(1641) 5월에 도임하여 임오년(1642) 12월에 파직되었다.

남선(南銑) : 통정대부. 임오년(1642) 12월에 도임하여 갑신년(1644) 1월에 임기가 차서 체직되었다.

박황(朴潢) : 가선대부. 갑신년(1644) 1월에 도임하여 동년 3월에 붙잡혀갔다.

목성선(睦性善) : 통정대부. 갑신년(1644) 4월에 도임하여 을유년(1645) 6월에 임기가 차서 체직되었다.

윤명은(尹鳴殷) : 통정대부. 을유년(1645) 6월에 도임하여 병술년(1646) 4월에 파직되었다.

정유성(鄭維城) : 통정대부. 병술년(1646) 4월에 도임하여 정해년(1647) 5월에 임기가 차서 체직되었다.

이시해(李時楷) : 통정대부. 정해년(1647) 5월에 도임하여 무자년(1648) 8월에 임기가 차서 체직되었다.

허적(許積) : 통정대부. 무자년(1648) 8월에 도임하여 기축년(1649) 7월에 평안감사가 되었다.

이시만(李時萬) : 통정대부. 기축년(1649) 7월에 도임하여 동년 12월에 파직되었다.

이시매(李時楳) : 가선대부. 기축년(1649) 12월에 도임하여 신묘년(1651) 1월에 임기가 차서 체직되었다.

심택(沈澤) : 통정대부. 신묘년(1651) 1월에 도임하여 갑오년(1654) 4월에 임기가 차서 체직되었다.

이만(李曼) : 가선대부. 갑오년(1654) 4월에 도임하여 을미년(1655) 10월에 파직되었다.

정지화(鄭知和) : 통정대부. 을미년(1655) 10월에 도임하여 병신년(1656) 1월에 모친상을 당했다.

조계원(趙啓遠) : 가의대부. 병신년(1656) 2월에 도임하여 무술년(1658) 2월에 임기가 차서 체직되었다.

권우(權堣) : 통정대부. 무술년(1658) 2월에 도임하여 동년 9월에 파직되었다.

서필원(徐必遠) : 통정대부. 무술년(1658) 9월에 도임하여 기해년(1659) 4월에 파직되었다.

김시진(金始振) : 통정대부. 기해년(1659) 4 월에 도임하여 신축년(1661) 7월에 임기가 차서 체직되었다.

이태연(李泰淵) : 통정대부. 신축년(1661) 7월에 도임하여 임인년(1662) 11월에 파직되었다.

조귀석(趙龜錫) : 통정대부. 임인년(1662) 11월에 도임하여 갑진년(1664) 3월에 파직되었다.

정만화(鄭萬和) : 통정대부. 갑진년(1664) 3월에 도임하여 을사년(1665) 3월에 임기가 차서 체직되었다.

민유중(閔維重) : 통정대부. 을사년(1665) 3월에 도임하여 병오년(1666) 7월에 임기가 차서 체직되었다.

홍처후(洪處厚) : 통정대부. 병오년(1666) 7월에 도임하여 정미년(1667) 9월에 임기가 차서 체직되었다.

민점(閔點) : 통정대부. 정미년(1667) 9월에 도임하여 무신년(1668) 12월에 임기가 차서 체직되었다.

여성제(呂聖齊) : 통정대부. 무신년(1668) 12월에 도임하여 기유년(1669) 7월에 붙잡혀갔다.

김징(金澄) : 통정대부. 기유년(1669) 7월에 도임하여 경술년(1670) 윤2월에 붙잡혀갔다.

오시수(吳始壽) : 통정대부. 경술년(1670) 윤2월에 도임하여 임자년(1672) 5월에 임기가 차서 체직되었다.

신정(申晸) : 통정대부. 임자년(1672) 5월에 도임하여 계축년(1673) 1월에 병조참지가 되었다.

이동직(李東稷) : 통정대부. 계축년(1673) 1월에 도임하여 을묘년(1675) 3월에 임기가 차서 체직되었다.

홍주삼(洪柱三) : 통정대부. 을묘년(1675) 3월에 도임하여 동년 5월에 체직되었다.

권대재(權大載) : 통정대부. 을묘년(1675) 7월에 도임하여 병진년(1676) 3월에 파직되었다.

박신규(朴信圭) : 통정대부. 병진년(1676) 3월에 도임하여 무오년(1678) 7월에 임기가 차서 체직되었다.

유명현(柳命賢) : 통정대부. 무오년(1678) 7월에 도임하여 경신년(1680) 5월에 탄핵을 당해 체직되었다.

임규(任奎) : 통정대부. 경신년(1680) 5월에 도임하여 신유년(1681) 3월에 탄핵을 당해 체직되었다.

조세환(趙世煥) : 통정대부. 신유년(1681) 3월에 도임하여 동년 10월에 탄핵을 당해 체직되었다.

신익상(申翼相) : 가선대부. 신유년(1681) 10월에 도임하여 임술년(1682) 9월에 파직되었다.

이사명(李師命) : 가선대부. 임술년(1682) 9월에 도임하여 을축년(1685) 5월에 친병(親病)으로 사직서를 올려 체직되었다.

이세화(李世華) : 가선대부. 을축년(1685) 5월에 도임하여 병인년(1686) 7월에 체직되었다.

김진구(金鎭龜) : 통정대부. 병인년(1686) 7월에 도임하여 정묘년(1687)

1월에 부친의 병으로 사직서를 올려 체직되었다.

이유(李濡) : 통정대부. 정묘년(1687) 1월에 도임하여 무진년(1688) 10월에 파직되었다.

권시경(權是經) : 통정대부. 무진년(1688) 10월에 도임하여 기사년(1689) 5월에 탄핵을 당해 체직되었다.

엄집(嚴緝) : 통정대부. 기사년(1689) 5월에 도임하여 경오년(1690) 6월에 사직서를 올려 체직되었다.

이현기(李玄紀) : 통정대부. 경오년(1690) 6월에 도임하여 임신년(1692) 1월에 친병으로 사직서를 올려 체직되었다.

홍만조(洪萬朝) : 통정대부. 임신년(1692) 1월에 도임하여 동년 9월에 파직되었다.

이봉징(李鳳徵) : 가선대부. 임신년(1692) 9월에 도임하여 계유년(1693) 2월에 병으로 체직되었다.

박경준(朴慶俊) : 가선대부. 계유년(1693) 2월에 도임하여 갑술년(1694) 5월에 파직되었다.

최규서(崔奎瑞) : 통정대부. 갑술년(1694) 5월에 도임하여 을해년(1695) 2월에 부제학이 되었다.

이수언(李秀彦) : 자헌대부. 을해년(1695) 2월에 도임하여 동년 9월에 대사헌이 되었다.

김만길(金萬吉) : 통정대부. 을해년(1695) 9월에 도임하여 정축년(1697) 2월에 이조참의가 되었다.

심권(沈權) : 통정대부. 정축년(1697) 2월에 도임하여 동년 4월에 죽었다.

김우항(金宇杭) : 통정대부. 정축년(1697) 5월에 도임하여 무인년(1698) 4월에 사직서를 올려 체직되었다.

유득일(俞得一) : 통정대부. 무인년(1698) 4월에 도임하여 기묘년(1699) 6월에 병으로 체직되었다.

박태순(朴泰淳) : 통정대부. 기묘년(1699) 6월에 도임하여 동년 8월에 탄핵을 당하고 붙잡혀가게 되었다.

김시걸(金時傑) : 통정대부. 기묘년(1699) 8월에 도임하여 신사년(1701) 5월에 병으로 체직되었다.

홍만조(洪萬朝) : 가선대부. 신사년(1701) 6월에 도임하여 동년 12월에 붙잡혀가게 되었다.

한성우(韓聖佑) : 통정대부. 신사년(1701) 12월에 도임하여 계미년(1703) 4월에 사직서를 올려 체직되었다.

민진원(閔鎭遠) : 통정대부. 계미년(1703) 4월에 도임하여 갑신년(1704) 9월에 사직서를 올려 체직되었다.

서문유(徐文裕) : 가선대부. 갑신년(1704) 9월에 도임하여 을유년(1705) 10월에 병으로 체직되었다.

권상유(權尙游) : 통정대부. 을유년(1705) 10월에 도임하여 병술년(1706) 8월에 사직서를 올려 체직되었다.

홍중하(洪重夏) : 통정대부. 병술년(1706) 8월에 도임하여 정해년(1707) 2월에 상을 당하였다.

이광좌(李光佐) : 통정대부. 정해년(1707) 4월에 도임하여 무자년(1708) 6월에 상을 당하였다.

박필명(朴弼明) : 통정대부. 무자년(1708) 7월에 도임하여 기축년(1709) 4월에 붙잡혀갔다.

이진수(李震壽) : 통정대부. 기축년(1709) 4월에 도임하여 신묘년(1711) 2월에 병으로 체직되었다.

이해조(李海朝) : 통정대부. 신묘년(1711) 2월에 도임하여 동년 12월에 죽었다.

유봉휘(柳鳳輝) : 통정대부. 임진년(1712)에 도임하여 갑오년(1714) 7월에 체직되었다.

이집(李㙫) : 통정대부. 갑오년(1714) 7월에 도임하여 을미년(1715) 10월에 사직서를 올려 체직되었다.

김보택(金普澤) : 통정대부. 을미년(1715) 10월에 도임하여 정유년(1717) 5월에 체직되었다.

홍치중(洪致中) : 통정대부. 정유년(1717) 5월에 도임하여 무술년(1718) 8월에 대사헌이 되었다.

홍석보(洪錫輔) : 통정대부. 무술년(1718) 8월에 도임하여 기해년(1719) 2월에 체직되었다.

신사철(申思喆) : 통정대부. 기해년(1719) 4월에 도임하여 경자년(1720) 12월에 이조참의가 되었다.

유명홍(兪命弘) : 가선대부. 경자년(1720) 12월에 도임하여 임인년(1722) 5월에 병으로 체직되었다.

권중경(權重經) : 통정대부. 임인년(1722) 5월에 도임하여 동년 9월에 탄핵을 당해 체직되었다.

황이장(黃爾章) : 가선대부. 임인년(1722) 9월에 도임하여 갑진년(1724) 1월에 대사간이 되었다.

권첨(權詹) : 통정대부. 갑진년(1724) 4월에 도임하여 을사년(1725) 5월에 탄핵을 당해 체직되었다.

김조택(金祖澤) : 통정대부. 을사년(1725) 5월에 도임하여 병오년(1726) 9월에 사직서를 올려 체직되었다.

이유(李瑜) : 통정대부. 병오년(1726) 9월에 도임하여 정미년(1727) 4월에 우부승지가 되었다.

이현록(李顯祿) : 통정대부. 정미년(1727) 4월에 도임하여 동년 8월에 탄핵을 당해 파직되었다.

정사효(鄭思孝) : 통정대부. 정미년(1727) 9월에 도임하여 무신년(1728) 3월에 체직되었다.

이광덕(李匡德) : 통정대부. 무신년(1728) 3월에 도임하여 경술년(1730) 1월에 친병으로 사직하였다.

민응수(閔應洙) : 통정대부. 경술년(1730) 2월에 도임하여 동년 10월에 파직되었다.

이수항(李壽沆) : 가선대부. 경술년(1730) 11월에 도임하여 임자년(1732) 5월에 붙잡혀갔다.

유엄(柳儼) : 통정대부. 임자년(1732) 윤5월에 도임하여 계축년(1733) 3월에 붙잡혀갔다.

이성룡(李聖龍) : 통정대부. 계축년(1733) 3월에 도임하여 동년 5월에 파직되었다.

조현명(趙顯命) : 가선대부. 계축년(1733) 5월에 도임하여 갑인년(1734) 9월에 체직되었다.

유복명(柳復明) : 통정대부. 갑인년(1734) 9월에 도임하여 을묘년(1735) 4월에 탄핵을 당해 체직되었다.

서종옥(徐宗玉) : 통정대부. 을묘년(1735) 윤4월에 도임하여 병진년(1736) 4월에 체직되었다.

윤득화(尹得和) : 통정대부. 병진년(1736) 4월에 도임하여 정사년(1737) 5월에 사직서를 올려 체직되었다.

이흡(李潝) : 통정대부. 정사년(1737) 5월에 도임하여 동년 6월에 파직되었다.

서명구(徐命九) : 통정대부. 정사년(1737) 8월에 도임하여 동년 11월에 탄핵을 당해 체직되었다.

이수항(李壽沆) : 가선대부. 정사년(1737) 12월에 도임하여 무오년(1738) 8월에 탄핵을 당해 파직되었다.

이진순(李眞淳) : 가의대부. 무오년(1738) 8월에 도임하여 동년 9월에 죽었다.

이주진(李周鎭) : 통정대부. 무오년(1738) 9월에 도임하여 경신년(1740) 6월에 대사간이 되었다.

권혁(權爀) : 통정대부. 경신년(1740) 6월에 도임하여 신유년(1741) 11월에 파직되었다.

권적(權禘) : 가선대부. 신유년(1741) 11월에 도임하여 임술년(1742) 8월에 파직되었다.

조영국(趙榮國) : 통정대부. 임술년(1742) 8월에 도임하여 갑자년(1744) 9월에 임기가 차서 체직되었다.

원경하(元景夏) : 가선대부. 갑자년(1744) 9월에 도임하여 동년 11월에 부제학이 되었다.

정형복(鄭亨復) : 통정대부. 갑자년(1744) 11월에 도임하여 병인년(1746) 5월에 파직되었다.

홍창한(洪昌漢) : 통정대부. 병인년(1746) 5월에 도임하여 정묘년(1747) 5월에 상을 당하였다.

조영로(趙榮魯) : 통정대부. 정묘년(1747) 6월에 도임하여 무진년(1748) 4월에 죽었다.

한익모(韓翼謩) : 통정대부. 무진년(1748) 5월에 도임하여 경오년(1750) 5월에 파직되었다.

이석표(李錫杓) : 통정대부. 경오년(1750) 5월에 도임하여 신미년(1751) 1월에 죽었다.

이성중(李成中) : 가선대부. 신미년(1751) 1월에 도임하여 임신년(1752) 11월에 임기가 차서 체직되었다.

서명구(徐命九) : 가선대부. 임신년(1752) 11월에 도임하여 갑술년(1754) 7월에 파직되었다.

조운규(趙雲逵) : 가선대부. 갑술년(1754) 7월에 도임하여 을해년(1755) 7월에 체직되었다.

민백상(閔百祥) : 가선대부. 을해년(1755) 7월에 도임하여 병자년(1756) 9월에 병으로 체직되었다.

이창수(李昌壽) : 가선대부. 병자년(1756) 윤9월에 도임하여 정축년(1757) 9월에 병으로 체직되었다.

홍인한(洪麟漢) : 통정대부. 정축년(1757) 9월에 도임하여 기묘년(1759)

12월에 임기가 차서 체직되었다.

박도원(朴道源) : 통정대부. 기묘년(1759) 12월에 도임하여 신사년(1761) 12월에 임기가 차서 체직되었다.

원경순(元景淳) : 가선대부. 신사년(1761) 12월에 도임하여 계미년(1763) 7월에 파직되었다.

박상덕(朴相德) : 가선대부. 계미년(1763) 7월에 도임하여 동년 12월에 파직되었다.

심이지(沈履之) : 통정대부. 계미년(1763) 12월에 도임하여 을유년(1765) 12월에 임기가 차서 체직되었다.

원인손(元仁孫) : 가선대부. 을유년(1765) 12월에 도임하여 정해년(1767) 6월에 체직되었다.

홍낙인(洪樂仁) : 통정대부. 정해년(1767) 7월에 도임하여 무자년(1768) 5월에 체직되었다.

김상익(金相翊) : 통정대부. 무자년(1768) 5월에 도임하여 기축년(1769) 8월에 체직되었다.

김치양(金致讓) : 통정대부. 기축년(1769) 8월에 도임하여 경인년(1770) 5월에 파직되었다.

김노진(金魯鎭) : 통정대부. 경인년(1770) 5월에 도임하여 신묘년(1771) 1월에 파직되었다.

윤동승(尹東昇) : 통정대부. 신묘년(1771) 1월에 도임하여 동년 11월에 탄핵을 당해 체직되었다.

홍낙성(洪樂性) : 자헌대부. 신묘년(1771) 11월에 도임하여 계사년(1773) 윤3월에 지돈녕에 승직되었다.

원의손(元義孫) : 가선대부. 계사년(1773) 윤3월에 도임하여 갑오년(1774) 7월에 체직되었다.

서호수(徐浩修) : 통정대부. 갑오년(1774) 7월에 도임하여 을미년(1775) 9월에 체직되었다.

안겸제(安兼濟) : 가선대부. 을미년(1775) 9월에 도임하여 병신년(1776) 4월에 붙잡혔다.

이보행(李普行) : 통정대부. 병신년(1776) 4월에 도임하여 정유년(1777) 8월에 대사헌에 승직되었다.

정원시(鄭元始) : 통정대부. 정유년(1777) 8월에 도임하여 기해년(1779) 4월에 대사간에 승직되었다.

정일상(鄭一祥) : 가선대부. 기해년(1779) 4월에 도임하여 동년 11월에 파직되었다.

서유린(徐有隣) : 가의대부. 기해년(1779) 11월에 도임하여 신축년(1781) 4월에 호조참판이 되었다.

박우원(朴祐源) : 통정대부. 신축년(1781) 4월에 도임하여 계묘년(1783) 3월에 임기가 차서 체직되었다.

조시위(趙時偉) : 가선대부. 계묘년(1783) 3월에 도임하여 을사년(1785) 1월에 임기가 차서 체직되었다.

이재학(李在學) : 가선대부. 을사년(1785) 1월에 도임하여 병오년(1786) 7월에 병조참판이 되었다.

심이삼(沈頤三) : 가의대부. 병오년(1786) 7월에 도임하여 무신년(1788) 7월에 임기가 차서 체직되었다.

서용보(徐龍輔) : 통정대부. 무신년(1788) 7월에 도임하여 기유년(1789) 4월에 체직되었다.

윤행선(尹行先) : 통정대부. 기유년(1789) 4월에 도임하여 동년 12월에 파직되었다.

민태혁(閔台爀) : 가선대부. 기유년(1789) 12월에 도임했다.

윤시동(尹蓍東) : 경술년(1790) 4월에 도임했다.

정민시(鄭民始) : 신해년(1791) 8월에 도임했다.

권엄(權㰖) : 계축년(1793) 6월에 도임했다.

이서구(李書九) : 계축년(1793) 8월에 도임했다.

서정수(徐鼎修) : 을묘년(1795) 4월에 도임했다.
이득신(李得臣) : 정사년(1797) 9월에 도임했다.
조종현(趙宗鉉) : 기미년(1799) 2월에 도임했다.
김달순(金達淳) : 경신년(1800) 11월에 도임했다.
윤행임(尹行恁) : 신유년(1801) 5월에 도임했다.
한용구(韓用龜) : 임술년(1802) 7월에 도임했다.
정대용(鄭大容) : 갑자년(1804) 3월에 도임했다.
심중규(沈衆奎) : 을축년(1805) 8월에 도임했다.
이조원(李肇源) : 병인년(1806) 9월에 도임했다.
이면응(李冕膺) : 무진년(1808) 10월에 도임했다.
이상황(李相璜) : 경오년(1810) 2월에 도임했다.
박윤수(朴崙壽) : 임신년(1812) 4월에 도임했다.
김계온(金啓溫) : 갑술년(1814) 3월에 도임했다.
김교근(金敎根) : 병자년(1816) 3월에 도임했다.
이노익(李魯益) : 정축년(1817) 7월에 도임했다.
박종훈(朴宗薰) : 기묘년(1819) 3월에 도임했다.
이서구(李書九) : 경진년(1820) 10월에 도임했다.
홍석주(洪奭周) : 임오년(1822) 3월에 도임했다.
박기수(朴綺壽) : 계미년(1823) 11월에 도임했다.
조봉진(曺鳳振) : 을유년(1825) 4월에 도임했다.
이광문(李光文) : 정해년(1827) 9월에 도임했다.
서경보(徐畊輔) : 무자년(1828) 10월에 도임했다.
조인영(趙寅永) : 기축년(1829) 6월에 도임했다.
박영원(朴永元) : 경인년(1830) 12월에 도임했다.
이규현(李奎鉉) : 임진년(1832) 5월에 도임했다.
서유구(徐有榘) : 계사년(1833) 8월에 도임했다.
김흥근(金興根) : 을미년(1835) 7월에 도임했다.

이헌구(李憲球) : 정유년(1837) 3월에 도임했다.
이목연(李穆淵) : 기해년(1839) 8월에 도임했다.
이돈영(李敦榮) : 신축년(1841) 7월에 도임했다.
서기순(徐箕淳) : 임인년(1842) 8월에 도임했다.
김경선(金景善) : 계묘년(1843) 3월에 도임했다.
이시재(李時在) : 을사년(1845) 9월에 도임했다.
홍희석(洪羲錫) : 정미년(1847) 5월에 도임했다.
남병철(南秉哲) : 기유년(1849) 9월에 도임했다.
이유원(李裕元) : 신해년(1851) 2월에 도임했다.
정최조(鄭㝡朝) : 임자년(1852) 3월에 도임했다.
정기세(鄭基世) : 갑인년(1854) 5월에 도임했다.
서헌순(徐憲淳) : 을묘년(1855) 7월에 도임했다.
김병교(金炳喬) : 병진년(1856) 3월에 도임했다.
심경택(沈敬澤) : 정사년(1857) 8월에 도임했다.
조휘림(趙徽林) : 무오년(1858) 11월에 도임했다.
조연흥(趙然興) : 기미년(1859) 5월에 도임했다.
윤행복(尹行福) : 기미년(1859) 7월에 도임했다.
임긍수(林肯洙) : 경신년(1860) 3월에 도임했다.
김시연(金始淵) : 신유년(1861) 4월에 도임했다.
정헌교(鄭獻教) : 임술년(1862) 5월에 도임했다.
정건조(鄭健朝) : 계해년(1863) 7월에 도임했다.
조재응(趙在應) : 을축년(1865) 2월에 도임했다.
서상정(徐相鼎) : 병인년(1866) 3월에 도임했다.
이호준(李鎬俊) : 경오년(1870) 3월에 도임했다.
조성교(趙性教) : 갑술년(1874) 4월에 도임했다.
정범조(鄭範朝) : 병자년(1876) 2월에 도임했다.
이돈상(李敦相) : 병자년(1876) 9월에 도임했다.

심이택(沈履澤) : 무인년(1878) 8월에 도임했다.
이병문(李秉文) : 신사년(1881) 2월에 도임했다.
조강하(趙康夏) : 임오년(1882) 7월에 도임했다.
김성근(金聲根) : 계미년(1883) 2월에 도임했다.
윤영신(尹榮信) : 을유년(1885) 2월에 도임했다.
이헌직(李憲稙) : 정해년(1887) 4월에 도임했다.
김규홍(金奎泓) : 기축년(1889) 6월에 도임했다.
민정식(閔正植) : 신묘년(1891) 2월에 도임했다.
이경직(李耕稙) : 임진년(1892) 8월에 도임했다.
김문현(金文鉉) : 계사년(1893) 8월에 도임했다.
김학진(金鶴鎭) : 갑오년(1894) 5월에 도임했다.
이도재(李道宰) : 갑오년(1894) 11월에 도임했다.
조민희(趙民熙) : 을미년(1895) 11월에 도임했다.

# 후기

선생안(先生案)은 조선시대 관리의 명단을 적은 책으로 관안(官案)이라고도 한다. 각 고을마다 선생안을 남겨두어서 지방 수령의 신상을 일목요연하게 파악할 수 있다. 『전남선생안』에는 전남과 제주 지역에 해당하는 목사, 부사, 군수, 현령, 현감의 명단을 모두 실었고, 이밖에도 현재 남아있는 수사, 첨사, 별장 명단을 실었으며, 끝으로 전라도관찰사 명단도 덧붙였다.

호남지역의 선생안은 대부분 임진왜란 이전 것은 남아있지 않다. 전란의 폐해가 얼마나 혹독했는지를 이것을 통해서도 가늠해볼 수 있다. 그러나 다행히도 나주, 순천, 장흥, 진도, 제주 등의 경우에는 거의 완벽에 가까울 정도로 남아있는 편이다. 특히 제주는 고려시대부터 1900년대까지 목사 명단과 판관 명단이 잘 남아있어서 모범으로 삼게 된다. 나머지 지역은 대부분 임진왜란 이후부터 기록하고 있고, 그 이전 것을 적은 경우는 대부분 뒤에 수습한 것이라 거의 이름만 적고 있는 경우가 많다.

선생안의 기록은 각 지역마다 특색이 있다. 어떤 지역은 이름과 출신만 적고 있는 경우가 있는가 하면 단지 부임연월과 이임연월만 적은 경우도 있고, 어떤 지역은 수령의 활동 또는 체직 사유를 잘 적은 경우도 있으며, 어떤 경우에는 부임 이전의 관직명과 이후의 관직명까지를 잘 적은 경우도 있다.

전남과 제주의 선생안에 오른 이름은 7,900명이 넘으며, 그중 중복된 이름을 처리하면 해당인물은 6,800여명에 이른다. 이중에는 동명이

인인 경우도 있을 것이고, 같은 사람을 이름자가 다르기 때문에 여러명으로 셈한 경우도 있을 것이다. 이름자가 생소하거나 없어진 글자도 많이 있다 보니 이것을 표기하는 데 혼선을 빚어서 한 사람의 이름이 여러 가지로 나온 경우도 있는 것이다.

선생안은 읍지가 만들어졌다고 해서 그 읍지에 모두 들어있는 것은 아니다. 읍지 속에 선생안이 들어가기 시작한 것은 대개는 18세기 후반에 나온 읍지에서부터인데 정조 연간에 각 지역에서 읍지 편찬이 활발히 이루어진 것과 관계가 있다.

전남 지역 고을 중 가장 먼저 선생안을 입록한 옥과의 경우 1788년경에 만들어진 것이다. 이와 비슷한 시기에 곡성, 동복, 장흥, 진도, 해남, 제주 등도 선생안을 만들었는데 이들은 처음부터 내용을 자세하게 잘 정리하고 있어서 후대의 선생안은 여기에 덧붙이기만 해도 되었다. 능주의 경우에는 항목을 두긴 했으나 극히 소략한 것이 특징이다.

이에 비해 순천이나 광주, 낙안, 보성, 흥양 등지에는 선생안이 들어있지 않다가 19세기 후반에 나온 읍지나 그 이후에 나온 읍지에 들어가기 시작했다. 순천의 경우에는 고려말의 인물까지 기록이 되어 있는 것을 보면 선생안이 따로 존재하고 있었음을 짐작할 수 있고, 보성의 경우에는 뒤에 만들어졌음을 알 수 있으니 바로 선생안의 내용이 매우 소략하기 때문이다.

전라남도의 고을은 모두 28개(제주지역 3개 포함) 지역이었다. 남아있는 선생안을 보고서도 각 고을의 크기와 위상을 짐작할 수 있다. 그런데 이밖에도 1895~1896년의 관제 개편으로 새로 군이 만들어진 곳이 있다. 여수, 완도 지도, 돌산이 그런 경우에 해당된다. 여수나 완도는 지금까지 잘 이어지고 있는데 돌산과 지도는 아쉽게도 1914년에 군으로서의 생명을 마감하게 되었다. 역사는 비록 짧을지라도 이곳의 선생안도 기록하여 참조하기 쉽게 하였다.

水路九百七十里
濟州
大靜
旌義
牛
海南
康津
長興
寶城
樂安
順天
光陽
興陽
珍島
務安
靈光
羅州
南平
綾州
光州
和順
昌平
潭陽
玉果
谷城
同福
求禮
雲峯
長城
高敞
茂長
咸平
靈巖
莞島
咸陽界

색인

고번(高墦) ; 가리포

고봉정(高鳳禎) ; 가리포

고부옥(高傅沃) ; 정의

고부천(高傅川) ; 남평·홍양

고성규(高性奎) ; 대정

고언장(高彦章) ; 곡성

고용득(高龍得) ; 가리포

고용진(高龍振) ; 대정

고윤모(高允模) ; 정의

고응문(高應文) ; 강진

고자겸(高自謙) ; 우수영

고정헌(高庭憲) ; 곡성·홍양

고제환(高濟煥) ; 보성

고중명(高重明) ; 정의

고창림(高昌彬) ; 대정

고천령(高千齡) ; 강진

고충수(高忠橾) ; 곡성

고태필(高台弼) ; 관찰사

고한록(高漢祿) ; 대정

고한록(高漢祿) ; 정의

고한장(高漢章) ; 제주판관

고현(高賢) ; 홍양

고효원(高效元) ; 정의

공사검(孔士儉) ; 대정·제주판관

곽경근(郭慶根) ; 여수

곽규(郭赳) ; 광주·순천

곽기화(郭氣和) ; 가리포

곽덕중(郭德中) ; 동복

곽득형(郭得亨) ; 곡성

곽병(郭柄) ; 해남

곽성구(郭聖龜) ; 광주·능주·무안

곽성구(郭聖衢) ; 대정

곽승우(郭承雨) ; 우수영

곽영(郭嶸) ; 우수영

곽윤명(郭允明) ; 나주판관

곽은(郭垠) ; 담양

곽정후(郭禎厚) ; 장흥

곽흘(郭屹) ; 우수영·제주

구강(具綱) ; 장흥

구강(具絳) ; 진도

구광태(具光泰) ; 제주판관

구달원(具達遠) ; 광양

구대훈(具大勳) ; 낙안

구덕령(具德齡) ; 영암·광양

구만선(具萬善) ; 화순

구명익(具命益) ; 보성

구문비(具文泌) ; 영암

구문영(具文泳) ; 광양

구병우(具秉愚) ; 정의

구봉령(具鳳齡) ; 관찰사

구봉서(具鳳瑞) ; 나주·관찰사

구사맹(具思孟) ; 관찰사

구사직(具思稷) ; 진도·가리포

구성희(具性喜) ; 영암

구세지(具世智) ; 구례

구송(仇送) ; 나주판관

구수국(具壽國) ; 능주·순천

구수담(具壽聃) ; 관찰사

구수복(具壽福) ; 구례

구숙(具橚) ; 남평

구심(具瀋) ; 능주

구연식(具然軾) ; 영암

구영석(具齡錫) ; 정의

구영식(具永植) ; 진도

구원모(具源謨) ; 옥과

구원조(具源祚) ; 제주판관

구윤명(具允明) ; 영광

구의강(具義剛) ; 관찰사

구의준(具義俊) ; 제주·해남

구의화(具毅和) ; 홍양

구인기(具仁墍) ; 담양

구인후(具仁厚) ; 진도

구일(具鎰) ; 남평

구장화(具鏘和) ; 우수영

구재룡(具載龍) ; 우수영·제주

구재린(具載麟) ; 제주판관

구재묵(具載默) ; 장흥

구재선(具載善) ; 영암

구재영(具載榮) ; 제주판관

구재항(具載恒) ; 광양·함평

구재훈(具載勳) ; 진도

구진(具縉) ; 장흥

구창주(具昌柱) ; 창평

구채오(具彩五) ; 순천

구칙(具侙) ; 우수영

구택규(具宅奎) ; 나주

구택주(具宅柱) ; 진도

구현록(具顯祿) ; 홍양

권중면(權重冕) ; 능주·진도
권중은(權重殷) ; 광주
권중청(權中淸) ; 무안
권지(權持) ; 영광
권직(權溭) ; 제주
권진(權禛) ; 무안
권진(權軫) ; 순천·제주·관찰사
권진석(權震錫) ; 보성
권집(權緝) ; 순천
권집(權諿) ; 순천
권찬(權儹) ; 영암
권창섭(權昌燮) ; 영암
권천(權踐) ; 나주
권철(權轍) ; 관찰사
권첨(權詹) ; 영광·관찰사
권최환(權最煥) ; 해남
권취일(權就一) ; 정의
권탁(權逴) ; 우수영
권태일(權泰一) ; 관찰사
권팽년(權彭年) ; 우수영
권평(權枰) ; 섬진
권풍식(權豐植) ; 함평
권필칭(權必稱) ; 광양·해남
권해(權澥) ; 강진
권혁(權爀) ; 관찰사
권혁(權赫) ; 정의
권현(權晛) ; 남평
권현(權賢) ; 영암
권혐(權馦) ; 영광
권협(權悏) ; 나주·관찰사
권형(權泂) ; 보성
권형필(權衡弼) ; 해남
권환(權歡) ; 우수영
권희(權曦) ; 해남
권희도(權希道) ; 나주판관
권희맹(權希孟) ; 나주
금유(琴柔) ; 관찰사
금이성(琴以成) ; 해남
기건(奇虔) ; 제주·관찰사
기경헌(奇敬獻) ; 보성
기만헌(奇晩獻) ; 순천
기분(奇賁) ; 나주
기순격(奇順格) ; 장흥·해남
기억(奇嶷) ; 창평
기여헌(奇汝獻) ; 구례
기협(奇恊) ; 장성
기효근(奇孝謹) ; 광주판관
기효복(奇孝福) ; 순천
기효전(奇孝荃) ; 곡성
기효증(奇孝曾) ; 동복
길현범(吉顯範) ; 정의
김가(金㤩) ; 나주
김갑규(金甲圭) ; 순천
김갑균(金甲均) ; 담양
김갑근(金甲根) ; 장흥
김개(金闓) ; 나주
김겸희(李兼熙) ; 우수영
김경(金瓊) ; 가리포
김경(金磬) ; 대정
김경(金鏡) ; 홍양
김경(金坰) ; 구례
김경(金冏) ; 순천
김경규(金敬圭) ; 광주
김경로(金敬老) ; 광주판관
김경뢰(金慶賚) ; 옥과
김경린(金慶獜) ; 강진
김경복(金景福) ; 제주판관
김경석(金景錫) ; 우수영
김경선(金景善) ; 관찰사
김경신(金敬身) ; 가리포
김경연(金慶衍) ; 무안
김경준(金敬俊) ; 정의
김경태(金景台) ; 섬진
김경항(金慶恒) ; 능주
김경헌(金景憲) ; 담양
김경훈(金敬勳) ; 강진
김계(金繼) ; 해남
김계(金啓) ; 순천
김계보(金季甫) ; 제주판관
김계숙(金繼叔) ; 진도
김계온(金啓溫) ; 관찰사
김계중(金繼重) ; 정의
김계현(金繼賢) ; 영암
김계휘(金繼輝) ; 관찰사
김계희(金係熙) ; 나주
김공석(金公奭) ; 우수영
김공주(金公珠) ; 강진
김공희(金公喜) ; 영광
김관(金瓘) ; 순천
김광(金洸) ; 우수영
김광국(金光國) ; 함평
김광려(金光礪) ; 홍양·가리포
김광백(金光百) ; 보성
김광열(金光烈) ; 옥과

김도근(金度根) ; 옥과·능주
김도성(金道成) ; 섬진
김도혁(金道赫) ; 대정
김도협(金道浹) ; 담양
김도흡(金道洽) ; 장성
김도희(金道喜) ; 영광
김동만(金東萬) ; 옥과
김동선(金東選) ; 나주
김동우(金東佑) ; 지도
김동정(金東鼎) ; 능주
김동헌(金東獻) ; 담양
김동흘(金東屹) ; 우수영
김두강(金斗剛) ; 광양
김두명(金斗明) ; 능주
김두현(金斗鉉) ; 광양·낙안
김득광(金得光) ; 보성
김득대(金得大) ; 담양
김득문(金得汶) ; 장흥
김득상(金得商) ; 섬진
김득원(金得源) ; 가리포
김득휘(金得輝) ; 낙안
김락(金洛) ; 담양
김렴(金鎌) ; 광주
김렴(金廉) ; 제주판관
김령(金坽) ; 무안
김로(金櫓) ; 광양
김륜(金崙) ; 제주판관
김름(金凜) ; 제주판관
김리(金履) ; 나주
김리승(金履昇) ; 광양
김리원(金履遠) ; 장성
김리정(金履禎) ; 장성
김리호(金履鎬) ; 장성
김리환(金履煥) ; 강진
김리희(金履禧) ; 영암
김만균(金萬鈞) ; 관찰사
김만길(金萬吉) ; 관찰사
김만수(金萬壽) ; 진도
김만영(金萬英) ; 진도
김만원(金晩源) ; 홍양
김만적(金萬敵) ; 곡성
김만주(金萬胄) ; 순천
김만증(金萬增) ; 나주
김만형(金萬亨) ; 구례
김만홍(金滿泓) ; 낙안·구례
김말문(金末文) ; 나주
김맹성(金孟成) ; 관찰사
김맹연(金孟捐) ; 순천
김명권(金明權) ; 해남
김명려(金命礪) ; 제주판관
김명룡(金命龍) ; 홍양·진도
김명수(金命洙) ; 영암·순천
김명언(金命彦) ; 구례
김명연(金命淵) ; 장성
김명열(金命說) ; 강진·순천
김명원(金命元) ; 나주·관찰사
김명윤(金命胤) ; 제주
김명진(金明鎭) ; 나주·영광
김명형(金命衡) ; 해남·함평
김몽구(金夢求) ; 대정
김몽규(金夢煃) ; 해남·제주
김몽석(金夢錫) ; 곡성
김몽익(金夢翼) ; 가리포
김몽좌(金夢佐) ; 곡성
김몽화(金夢華) ; 순천
김문경(金文卿) ; 장흥
김문수(金汶洙) ; 정의
김문순(金文淳) ; 영암
김문표(金文豹) ; 남평
김문현(金文鉉) ; 관찰사
김민학(金敏學) ; 낙안
김밀(金蜜) ; 강진
김박(金博) ; 능주
김반(金盤) ; 보성
김발(金發) ; 홍양
김방걸(金邦杰) ; 영암
김방행(金方行) ; 영광
김백균(金百鈞) ; 광양
김백옥(金伯玉) ; 보성
김범(金範) ; 옥과
김병교(金炳喬) ; 관찰사
김병기(金炳箕) ; 옥과
김병섭(金秉燮) ; 보성
김병수(金炳洙) ; 제주판관2
김병안(金炳鷃) ; 담양
김병억(金炳億) ; 담양
김병우(金炳愚) ; 나주
김병우(金炳右) ; 함평

김성최(金盛最) ; 담양
김성택(金聖澤) ; 해남
김성헌(金聲憲) ; 영암
김성휴(金聖休) ; 남평
김성희(金成喜) ; 낙안
김세공(金世功) ; 영광·제주판관
김세구(金世龜) ; 장흥·우수영·제주
김세균(金世勻) ; 제주판관
김세기(金世基) ; 담양·광주관찰사
김세량(金世亮) ; 대정
김세명(金世鳴) ; 진도
김세문(金世文) ; 장흥·순천
김세민(金世敏) ; 관찰사
김세범(金世範) ; 광양
김세연(金世淵) ; 남평
김세원(金世元) ; 해남
김세응(金世應) ; 가리포
김세익(金世翊) ; 정의
김세정(金世鼎) ; 광주·장성·장흥
김세필(金世泌) ; 창평
김세한(金世澣) ; 진도·우수영
김세형(金世衡) ; 정의
김세호(金世鎬) ; 무안
김세화(金世華) ; 대정
김세휘(金世輝) ; 창평·섬진
김세희(金世熙) ; 해남
김소(金素) ; 광주·제주
김수(金脩) ; 대정
김수(金銖) ; 진도
김수기(金守基) ; 제주
김수동(金壽童) ; 관찰사
김수문(金秀文) ; 제주
김수생(金壽生) ; 정의
김수성(金遂性) ; 제주
김수연(金秀淵) ; 진도·우수영
김수오(金粹五) ; 영암
김수익(金守益) ; 관찰사
김수익(金壽翼) ; 제주
김수정(金守禎) ; 순천
김수준(金守濬) ; 영암
김수창(金壽昌) ; 곡성
김수하(金壽河) ; 가리포
김수해(金壽海) ; 낙안
김수형(金壽亨) ; 나주판관
김수홍(金守弘) ; 광주
김숙(金俶) ; 영암·우수영
김숙(金淑) ; 제주
김순명(金順命) ; 관찰사
김순신(金舜臣) ; 장흥·대정
김술(金述) ; 우수영
김숭조(金崇祖) ; 나주
김승집(金升集) ; 담양·장성·장흥·능주
김시걸(金時傑) ; 곡성·홍양·관찰사
김시경(金始慶) ; 낙안
김시교(金時敎) ; 광주·장성
김시구(金蓍耉) ; 제주
김시언(金時彦) ; 남평
김시연(金始淵) ; 관찰사
김시영(金始煐) ; 광주·담양
김시원(金始遠) ; 대정
김시위(金始煒) ; 영광
김시진(金始振) ; 관찰사
김시환(金始煥) ; 영광2
김식(金湜) ; 함평
김식(金植) ; 함평
김안국(金安國) ; 관찰사
김암(金巖) ; 옥과
김약균(金若勻) ; 순천
김약행(金若行) ; 순천
김양(金陽) ; 광주
김양균(金養均) ; 화순
김양봉(金陽鳳) ; 동복
김양선(金養善) ; 구례
김양성(金養性) ; 진도
김양심(金養心) ; 낙안
김양준(金楊俊) ; 나주판관
김양진(金楊震) ; 관찰사
김양필(金良弼) ; 우수영
김어적(金魚適) ; 진도·제주판관
김억(金嶷) ; 곡성·창평
김억추(金億秋) ; 장흥·우수영2
김언(金漹) ; 나주
김언겸(金彦謙) ; 해남
김언공(金彦恭) ; 순천

김윤종(金允宗) ; 홍양
김윤종(金胤宗) ; 제주
김윤진(金允珍) ; 나주
김윤창(金潤昌) ; 장성
김윤택(金允澤) ; 나주판관
김윤해(金潤海) ; 무안
김윤현(金胤鉉) ; 광주·보성·장성·화순
김율(金硉) ; 제주
김응감(金應瑊) ; 강진
김응감(金應鑑) ; 보성
김응균(金應均) ; 홍양
김응남(金應南) ; 제주
김응두(金應斗) ; 광주·순천
김응린(金應麟) ; 장홍
김응모(金膺模) ; 낙안
김응병(金膺柄) ; 정의
김응복(金應福) ; 대정
김응부(金膺賦) ; 제주판관
김응서(金應瑞) ; 장홍
김응수(金膺洙) ; 제주판관
김응식(金應湜) ; 강진
김응우(金膺友) ; 제주판관
김응운(金應運) ; 정의
김응인(金應寅) ; 해남
김응정(金應精) ; 홍양
김응조(金應祖) ; 담양
김응집(金膺集) ; 섬진
김응평(金膺平) ; 정의
김의경(金義卿) ; 진도
김의립(金毅立) ; 능주
김의성(金義性) ; 구례·정의
김의일(金毅一) ; 홍양
김의표(金儀表) ; 제주판관
김이(金洢) ; 남평
김이(金怡) ; 장홍
김이계(金履銈) ; 담양
김이권(金履權) ; 섬진
김이기(金履基) ; 광주·능주
김이달(金履達) ; 영암
김이만(金履萬) ; 무안
김이성(金以誠) ; 가리포
김이완(金履完) ; 남평
김이원(金履元) ; 가리포
김이준(金履準) ; 홍양·함평
김이평(金履平) ; 옥과
김이호(金以豪) ; 영암
김익견(金益堅) ; 광양·정의
김익겸(金益謙) ; 제주판관
김익경(金益炅) ; 담양
김익구(金益九) ; 정의
김익련(金益鍊) ; 장홍·우수영
김익렴(金益廉) ; 영암
김익복(金益福) ; 능주·영광
김익상(金翊相) ; 우수영
김익성(金益成) ; 능주
김익수(金益守) ; 나주
김익정(金益精) ; 관찰사
김익종(金益鍾) ; 강진
김익진(金翊鎭) ; 영광·홍양
김익화(金益華) ; 강진
김익훈(金益勳) ; 광주·장성
김익희(金益禧) ; 강진·장홍
김익희(金益熙) ; 영광
김인(金仁) ; 정의
김인(金裀) ; 제주
김인권(金仁權) ; 구례
김인대(金仁大) ; 나주
김인명(金麟明) ; 순천
김인서(金麟瑞) ; 진도
김인석(金引碩) ; 영암
김인수(金仁秀) ; 남평
김인순(金麟淳) ; 남평
김인우(金仁祐) ; 가리포
김인택(金仁澤) ; 대정
김인후(金麟厚) ; 옥과
김일기(金一夔) ; 영암
김일성(金日省) ; 무안
김일순(金鎰淳) ; 낙안
김일연(金逸淵) ; 무안
김일원(金鎰元) ; 제주판관
김일준(金逸駿) ; 담양
김일현(金一鉉) ; 곡성·구례
김입(金立) ; 곡성
김자강(金自剛) ; 동복
김자수(金自修) ; 강진
김자행(金自行) ; 나주2
김장로(金章魯) ; 해남

김중성(金仲誠) ; 능주·화순
김중옥(金重玉) ; 대정
김중원(金重元) ; 가리포
김중채(金重采) ; 대정
김중태(金重泰) ; 제주판관
김중현(金中鉉) ; 영암
김중희(金重熙) ; 광주·해남
김증(金璔) ; 나주판관
김증현(金曾鉉) ; 장흥
김지(金洓) ; 제주판관
김지(金墀) ; 영광
김지경(金之慶) ; 관찰사
김지남(金止男) ; 순천
김지태(金持泰) ; 대정
김직선(金直善) ; 나주·함평
김직현(金稷鉉) ; 나주
김진(金搢) ; 나주
김진교(金晋教) ; 장성
김진구(金鎭龜) ; 관찰사
김진석(金振錫) ; 대정
김진성(金振聲) ; 제주판관
김진오(金鎭五) ; 광양
김진옥(金鎭玉) ; 나주
김진옥(金振玉) ; 대정
김진원(金鎭元) ; 정의
김진정(金晉鼎) ; 보성
김진정(金鎭鼎) ; 함평
김진한(金振漢) ; 곡성
김진현(金鎭賢) ; 곡성
김진화(金鎭華) ; 광주·능주
김질간(金質幹) ; 강진
김집(金緝) ; 진도
김징(金澄) ; 강진·관찰사
김창급(金昌岌) ; 가리포
김창록(金昌祿) ; 해남
김창수(金昌洙) ; 제주판관2
김창호(金昌鎬) ; 제주판관
김처곤(金處坤) ; 보성
김처승(金處升) ; 해남
김처지(金處智) ; 우수영
김처한(金處漢) ; 우수영
김척(金滌) ; 보성·가리포
김천수(金千壽) ; 강진
김천수(金天洙) ; 광주·나주
김천신(金天伸) ; 제주
김천일(金千鎰) ; 담양·함평
김철명(金喆鳴) ; 대정
김철행(金喆行) ; 담양
김체건(金體乾) ; 우수영
김초보(金楚寶) ; 정의
김초중(金楚重) ; 구례
김최선(金最善) ; 제주판관
김최행(金最行) ; 구례
김추(金樞) ; 보성·정의
김춘경(金春卿) ; 나주
김춘근(金春根) ; 가리포
김충렬(金忠烈) ; 보성·장흥·제주
김충서(金忠恕) ; 강진
김취대(金就大) ; 보성
김취문(金就文) ; 나주
김취행(金就行) ; 홍양
김치(金寘) ; 광주
김치(金緻) ; 제주판관
김치봉(金致鳳) ; 화순
김치양(金致讓) ; 관찰사
김치열(金致說) ; 옥과
김치오(金致五) ; 낙안
김치원(金致元) ; 우수영
김치형(金致亨) ; 우수영
김칭근(金偁根) ; 가리포
김태기(金泰基) ; 영광
김태익(金泰益) ; 영암
김태일(金兌一) ; 영암
김태정(金泰廷) ; 제주·관찰사
김태주(金台柱) ; 보성
김태희(金泰熙) ; 가리포
김택(金澤) ; 남평
김택규(金宅圭) ; 장흥
김택수(金澤秀) ; 함평
김택진(金宅鎭) ; 동복
김필룡(金弼龍) ; 대정
김필진(金必振) ; 화순
김필형(金必泂) ; 광양
김하구(金夏九) ; 해남
김하량(金廈樑) ; 순천
김하명(金夏明) ; 화순
김하세(金夏世) ; 정의
김하정(金夏鼎) ; 장흥
김하현(金夏鉉) ; 담양
김학만(金學萬) ; 보성

남궁경(南宮檄) ; 곡성
남궁석(南宮錫) ; 홍양
낭궁숙(南宮潚) ; 보성
남궁숙(南宮淑) ; 관찰사
남궁익(南宮翼) ; 동복
남궁일(南宮鎰) ; 구례
남궁집(南宮鏶) ; 강진·홍양
남궁찬(南宮璨) ; 제주
남궁충(南宮忠) ; 해남
남궁치(南宮致) ; 진도
남궁침(南宮忱) ; 관찰사
남궁표(南宮杓) ; 구례
남궁한(南宮橌) ; 함평
남궁후(南宮垕) ; 순천
남기명(南紀溟) ; 남평
남기원(南起元) ; 영암
남길관(南吉寬) ; 강진
남두명(南斗明) ; 보성
남두병(南斗柄) ; 영암·우수영
남두첨(南斗瞻) ; 영암·장성
남륜(南崙) ; 광양
남리형(南履炯) ; 홍양
남만리(南萬里) ; 대정
남맹운(南孟雲) ; 제주판관
남명선(南命善) ; 영암
남명직(南命稷) ; 구례
남반(南磻) ; 옥과
남변(南忭) ; 옥과
남병관(南秉寬) ; 무안
남병선(南秉善) ; 나주
남병철(南秉哲) ; 관찰사
남산수(南山壽) ; 대정
남상구(南尙耉) ; 무안
남상천(南相天) ; 곡성
남석구(南錫龜) ; 보성
남석구(南錫九) ; 장홍
남석룡(南錫龍) ; 영암
남선(南銑) ; 관찰사
남성교(南性教) ; 영광
남성로(南省老) ; 광양
남세웅(南世雄) ; 관찰사
남수(南洙) ; 정의
남수현(南壽賢) ; 대정
남숙(南淑) ; 가리포
남순종(南順宗) ; 순천
남억(南嶷) ; 진도
남언창(南彦昌) ; 나주·영암
남연경(南延慶) ; 해남
남위로(南渭老) ; 순천
남유(南瑜) ; 나주·진도
남유성(南有星) ; 강진
남유온(南有溫) ; 정의
남윤관(南胤寬) ; 강진·무안
남을번(南乙番) ; 관찰사
남응선(南應善) ; 대정
남이공(南以恭) ; 나주
남이무(南履懋) ; 순천
남이범(南履範) ; 영암
남이익(南履翼) ; 영광
남익년(南益年) ; 해남
남익상(南益祥) ; 제주
남익엽(南益曄) ; 장홍·함평
남익중(南益重) ; 구례
남익훈(南益熏) ; 나주
남인구(南麟耉) ; 광주·능주
남재(南在) ; 관찰사
남전(南荃) ; 강진
남정(南井) ; 가리포
남정룡(南廷龍) ; 영광
남정오(南正五) ; 강진
남정윤(南正倫) ; 진도
남정주(南正周) ; 장홍
남정중(南正重) ; 능주
남정헌(南廷獻) ; 옥과
남정현(南廷顯) ; 담양
남종표(南宗標) ; 홍양
남준성(南駿聲) ; 창평
남중회(南重晦) ; 정의
남지욱(南志彧) ; 광양
남지원(南智遠) ; 보성·영암
남지훈(南至薰) ; 제주
남천택(南天澤) ; 순천
남취명(南就明) ; 광주
남취성(南聚星) ; 장홍
남치근(南致勤) ; 제주
남치욱(南致勖) ; 장홍
남태경(南泰慶) ; 순천
남태온(南泰溫) ; 영광
남태제(南泰齊) ; 진도
남택(南澤) ; 진도
남택하(南宅夏) ; 옥과

천·장흥
민기(閔圻) ; 남평
민기(閔璣) ; 제주
민길호(閔吉鎬) ; 광주
민노(閔瑙) ; 영암
민노행(閔魯行) ; 화순
민대륜(閔大倫) ; 구례
민대호(閔大鎬) ; 진도
민덕봉(閔德鳳) ; 창평
민두혁(閔斗爀) ; 남평
민백남(閔百男) ; 나주
민백록(閔百祿) ; 창평
민백분(閔百奮) ; 나주
민백빈(閔百彬) ; 보성
민백상(閔百祥) ; 관찰사
민병길(閔丙吉) ; 영광
민봉호(閔鳳鎬) ; 가리포
민사연(閔思淵) ; 해남
민상현(閔象鉉) ; 능주
민상호(閔尙鎬) ; 장성
민석재(閔碩才) ; 낙안
민선(閔璿) ; 낙안
민선(閔宣) ; 관찰사
민선(閔墡) ; 진도
민선호(閔璿鎬) ; 광주·담양·옥과·함평
민섬(閔暹) ; 우수영
민성기(閔聖基) ; 진도
민성로(閔聖魯) ; 창평
민성복(閔聖復) ; 동복
민성준(閔聖濬) ; 광양
민성징(閔聖徵) ; 관찰사
민세호(閔世鎬) ; 장성

민수(閔琇) ; 보성
민숙(閔墊) ; 능주
민순(閔純) ; 함평·우수영
민순호(閔舜鎬) ; 낙안
민술호(閔述鎬) ; 홍양
민식(閔植) ; 진도
민심언(閔審言) ; 관찰사
민양수(閔養洙) ; 보성
민여로(閔汝老) ; 능주
민여익(閔汝益) ; 관찰사
민여임(閔汝任) ; 나주
민여찬(閔汝纘) ; 옥과
민연(閔埏) ; 제주판관
민영(閔栐) ; 정의
민영대(閔泳大) ; 남평
민영모(閔永慕) ; 순천
민영복(閔泳復) ; 장성
민영석(閔泳奭) ; 보성·화순
민영세(閔英世) ; 함평
민영수(閔泳壽) ; 광양·영광·홍양
민영숙(閔泳肅) ; 순천·옥과
민영완(閔泳完) ; 해남
민영우(閔泳愚) ; 광주
민영은(閔泳殷) ; 강진·낙안
민영일(閔泳一) ; 보성
민영조(閔泳祚) ; 광양
민영직(閔泳稷) ; 광주·남평·장흥
민영진(閔泳晋) ; 진도

민영집(閔泳集) ; 남평
민영채(閔泳采) ; 나주·무안
민영철(閔永喆) ; 강진
민영철(閔泳喆) ; 광주관찰사
민영학(閔泳學) ; 곡성
민영학(閔永學) ; 무안
민원(閔源) ; 보성
민원(閔瑗) ; 옥과
민위(閔緯) ; 동복
민유중(閔維重) ; 관찰사
민응서(閔應瑞) ; 제주·우수영
민응수(閔應洙) ; 관찰사
민응협(閔應協) ; 광주
민응형(閔應亨) ; 순천
민이(閔邇) ; 나주
민인량(閔仁亮) ; 보성
민인백(閔仁伯) ; 나주
민인전(閔仁佺) ; 우수영
민임중(閔任重) ; 우수영
민적(閔頔) ; 나주
민전(閔佺) ; 해남
민점(閔點) ; 관찰사
민정명(閔定命) ; 영광
민정식(閔正植) ; 관찰사
민정준(閔廷俊) ; 강진·광양
민정호(閔定鎬) ; 남평
민정환(閔廷桓) ; 강진
민제만(閔濟萬) ; 진도
민제장(閔濟章) ; 제주

박동준(朴東俊) ; 옥과
박동현(朴東顯) ; 홍양
박동형(朴東亨) ; 광양
박두세(朴斗世) ; 순천
박래장(朴來章) ; 영암
박리규(朴履圭) ; 진도
박림(朴琳) ; 보성
박만보(朴萬普) ; 광주
박만정(朴萬鼎) ; 무안·영광
박만항(朴萬恒) ; 함평
박명구(朴命球) ; 영암·정의
박명부(朴命榑) ; 제주
박명손(朴命孫) ; 나주
박명수(朴命壽) ; 보성
박명순(朴明淳) ; 화순
박명의(朴明義) ; 능주
박명재(朴明梓) ; 곡성
박명환(朴明煥) ; 구례
박몽석(朴夢錫) ; 홍양
박문명(朴文明) ; 광양
박문수(朴文守) ; 담양
박문찬(朴文燦) ; 나주판관
박문현(朴文鉉) ; 순천
박민재(朴旻梓) ; 홍양
박민준(朴民浚) ; 곡성
박민헌(朴民獻) ; 관찰사
박민헌(朴敏獻) ; 해남
박배(朴培) ; 나주
박병(朴炳) ; 곡성
박봉서(朴鳳瑞) ; 진도
박봉수(朴鳳壽) ; 가리포
박봉하(朴鳳夏) ; 광주·장흥
박사검(朴思儉) ; 낙안·진도
박사눌(朴師訥) ; 능주
박사동(朴師東) ; 영광·영암
박사량(朴士良) ; 강진
박사량(朴思良) ; 구례·낙안
박사렴(朴師濂) ; 정의
박사신(朴思愼) ; 관찰사
박사약(朴思約) ; 동복
박사옥(朴師沃) ; 나주
박사우(朴思遇) ; 곡성
박사일(朴思一) ; 홍양
박사정(朴師正) ; 홍양
박사해(朴師海) ; 영광
박사형(朴師亨) ; 담양
박상(朴祥) ; 나주·담양·순천
박상(朴瑺) ; 장흥
박상겸(朴尙謙) ; 홍양
박상덕(朴相德) ; 관찰사
박상복(朴尙復) ; 보성
박상순(朴尙淳) ; 동복
박상욱(朴尙郁) ; 남평
박상율(朴尙律) ; 대정
박상질(朴尙質) ; 해남
박상춘(朴尙春) ; 대정
박상충(朴尙忠) ; 보성
박상하(朴尙夏) ; 정의
박서(朴遾) ; 순천
박석창(朴錫昌) ; 보성
박선(朴璇) ; 해남
박선양(朴善陽) ; 제주
박선인(朴善仁) ; 장흥
박선흥(朴宣興) ; 보성
박성검(朴性儉) ; 보성
박성로(朴聖輅) ; 영광
박성룡(朴聖龍) ; 해남
박성범(朴聖範) ; 섬진
박성부(朴成阜) ; 화순
박성석(朴星錫) ; 장흥·제주
박성양(朴成陽) ; 우수영
박성오(朴省吾) ; 홍양
박성의(朴性毅) ; 옥과
박성인(朴成仁) ; 진도
박성태(朴聖泰) ; 영광
박성협(朴聖浹) ; 함평·제주
박성환(朴聖煥) ; 능주
박세길(朴世佶) ; 정의
박세병(朴世秉) ; 남평
박세웅(朴世雄) ; 창평
박세원(朴世源) ; 대정
박세주(朴世柱) ; 홍양
박세준(朴世儁) ; 영광
박세충(朴世忠) ; 보성
박세표(朴世標) ; 남평
박세필(朴世弼) ; 대정
박세현(朴世賢) ; 담양
박세후(朴世煦) ; 광양
박수(朴璲) ; 순천
박수강(朴守剛) ; 영암

백낙윤(白樂倫) ; 진도·순천
백낙현(白樂賢) ; 진도·홍양·우수영
백남규(白南圭) ; 창평·홍양
백노수(白魯洙) ; 광양
백대형(白大珩) ; 영광
백동신(白東臣) ; 낙안
백봉린(白鳳麟) ; 보성
백붕(白鵬) ; 가리포
백사건(白師建) ; 대정
백사문(白師文) ; 홍양
백사은(白師誾) ; 해남
백상휘(白尙輝) ; 홍양
백서한(白瑞翰) ; 장흥
백세현(白世賢) ; 섬진
백세흥(白世興) ; 강진·해남
백수장(白壽長) ; 진도
백시구(白時耉) ; 제주
백영진(白泳鎭) ; 제주·우수영
백유검(白惟儉) ; 순천
백유항(白惟恒) ; 창평
백윤기(白胤基) ; 진도
백인걸(白仁傑) ; 남평
백진(白瑨) ; 나주
백태원(白泰源) ; 광양
백택인(白宅仁) ; 구례·대정
백한남(白翰南) ; 장흥
백한상(白漢相) ; 영암·진도
백현민(白賢民) ; 가리포
백홍성(白弘性) ; 낙안
백회(白繪) ; 보성
백효민(白孝民) ; 남평
백후청(白後淸) ; 낙안·보성
백흥기(白興基) ; 강진
백흥남(白興南) ; 무안
백희수(白希洙) ; 제주·우수영
변경붕(邊景鵬) ; 대정
변경우(邊景祐) ; 정의
변관하(卞觀夏) ; 곡성
변국간(卞國幹) ; 우수영
변급(邊岌) ; 보성·우수영·제주판관
변기(邊璣) ; 강진·순천
변복일(邊復一) ; 홍양
변봉지(邊鳳祉) ; 영광
변상벽(卞相璧) ; 곡성
변성우(邊聖佑) ; 우수영
변시백(邊是伯) ; 진도
변시익(卞時益) ; 무안·영광
변시태(邊是泰) ; 제주·우수영
변양걸(邊良傑) ; 제주
변양준(邊良俊) ; 순천
변언양(邊彦讓) ; 강진
변언황(邊彦璜) ; 강진·낙안
변유(邊宥) ; 강진
변응정(邊應井) ; 해남
변익노(邊翼老) ; 홍양
변자신(邊自新) ; 강진
변종신(卞宗信) ; 나주판관
변주국(邊柱國) ; 보성
변지건(卞至健) ; 우수영
변진일(邊震日) ; 옥과
변충범(邊忠範) ; 영암
변포(卞袍) ; 장흥·우수영
변협(邊協) ; 장흥·해남·제주
변호길(邊虎吉) ; 영광
변혼(邊混) ; 구례
변홍달(卞弘達) ; 가리포
변황(卞榥) ; 순천·장흥
변흡(邊潝) ; 해남·홍양
복승리(卜承利) ; 제주
봉사종(奉嗣宗) ; 나주
봉석주(奉碩柱) ; 우수영
부사민(夫士敏) ; 대정
부종인(夫宗仁) ; 대정
상시창(尙時昌) ; 정의
상인첨(尙仁詹) ; 정의
서간세(徐幹世) ; 해남·우수영
서겸순(徐謙淳) ; 화순
서경보(徐耕輔) ; 관찰사
서경순(徐經淳) ; 광주
서경조(徐敬祖) ; 장성
서경천(徐擎天) ; 광주
서광정(徐光鼎) ; 우수영
서광훈(徐光勳) ; 영암
서교수(徐敎修) ; 나주

서홍보(徐輿輔) ; 능주
선거이(宣居怡) ; 진도
선시중(宣時中) ; 능주
선윤지(宣允祉) ; 관찰사
선의문(宣義問) ; 진도
선중륜(宣重倫) ; 대정
선집(宣緝) ; 제주판관
선홍원(宣弘遠) ; 정의
설관징(薛觀徵) ; 진도
설무림(薛茂林) ; 순천
설순조(薛順祖) ; 광주·순천
설언국(薛彦國) ; 강진
설정신(薛丁新) ; 나주판관·우수영
설효조(薛孝祖) ; 제주
성계선(成啓善) ; 곡성(남원)·순천
성곡(成穀) ; 강진
성광묵(成光默) ; 창평
성교수(成喬修) ; 진도·대정
성긍묵(成兢默) ; 곡성
성기운(成岐運) ; 영광
성달생(成達生) ; 관찰사
성대경(成大經) ; 장성
성대영(成大永) ; 창평
성덕우(成德雨) ; 광주·함평
성몽선(成夢宣) ; 장흥
성박(成鎛) ; 보성·장흥
성봉조(成奉祖) ; 관찰사
성석기(成碩夔) ; 순천
성석신(成碩藎) ; 함평
성석용(成石瑢) ; 관찰사
성세정(成世貞) ; 관찰사2
성수묵(成遂默) ; 무안
성수웅(成壽雄) ; 남평
성수익(成壽益) ; 광주
성수재(成秀才) ; 제주
성안의(成安義) ; 곡성(남원)·광주·제주
성억(成抑) ; 관찰사
성언기(成彦器) ; 옥과
성언집(成彦檝) ; 강진
성여발(成汝潑) ; 옥과·화순
성우적(成禹績) ; 진도
성윤문(成允文) ; 제주
성은석(成殷錫) ; 우수영
성응길(成應吉) ; 순천·영암·우수영
성이성(成以性) ; 담양
성이호(成彛鎬) ; 순천
성임(成任) ; 순천·관찰사
성자항(成子沆) ; 담양
성재곤(成在坤) ; 가리포
성정진(成鼎鎭) ; 광주·무안
성정호(成鼎鎬) ; 장성
성정호(成定鎬) ; 정의
성종인(成種仁) ; 강진
성준(成俊) ; 관찰사
성준호(成俊鎬) ; 정의
성중성(成重性) ; 해남
성지선(成至善) ; 남평
성천지(成天祉) ; 진도·흥양
성초객(成楚客) ; 영광
성초준(成楚俊) ; 함평
성필우(成弼禹) ; 구례
성하명(成夏明) ; 강진
성하종(成夏宗) ; 대정·제주·우수영
소계남(蘇季男) ; 가리포
소계희(蘇繼禧) ; 해남
소기파(蘇起坡) ; 영암·장흥·우수영
소동도(蘇東道) ; 담양·제주
소두산(蘇斗山) ; 나주·장성·제주
소문진(蘇文震) ; 우수영
소사원(蘇泗源) ; 강진
소산해(蘇山海) ; 광양
소세득(蘇世得) ; 흥양
소세양(蘇世讓) ; 관찰사
소연(蘇連) ; 남평·흥양
소응종(蘇應宗) ; 낙안·해남
소자파(蘇自坡) ; 남평
소해(蘇邂) ; 곡성·능주
소흡(蘇潝) ; 영암·제주·정의·우수영
손경석(孫景錫) ; 능주
손경익(孫景翼) ; 흥양
손경지(孫景祉) ; 보성
손경지(孫慶之) ; 함평
손기(孫紀) ; 흥양

송안정(宋安廷) ; 우수영
송양하(宋樑夏) ; 가리포
송여종(宋汝悰) ; 흥양
송연손(宋演孫) ; 곡성
송엽(宋曄) ; 창평
송영(宋鍈) ; 낙안·무안·순천
송영윤(宋永胤) ; 진도
송옥형(宋玉衡) ; 광양
송요경(宋堯卿) ; 나주·담양
송요화(宋堯和) ; 광주
송우(宋愚) ; 나주
송우성(宋遇聖) ; 정의
송운재(宋雲載) ; 동복·장성
송원섭(宋元燮) ; 완도
송유룡(宋儒龍) ; 능주
송유식(宋儒式) ; 무안
송응개(宋應漑) ; 장흥
송응규(宋應圭) ; 강진
송응서(宋應瑞) ; 옥과
송응수(宋應秀) ; 창평
송이성(宋履成) ; 섬진
송이영(宋以穎) ; 옥과
송익(宋益) ; 정의
송익렬(宋益烈) ; 제주판관
송익손(宋益孫) ; 나주
송익수(宋益洙) ; 화순
송익언(宋翼彦) ; 담양·장성
송익채(宋益彩) ; 대정
송익현(宋翼賢) ; 동복

송인(宋因) ; 나주
송인수(宋麟壽) ; 제주·관찰사
송인수(宋仁粹) ; 제주
송인옥(宋寅玉) ; 나주
송일(宋馹) ; 나주
송자호(宋子浩) ; 나주판관
송재기(宋在夔) ; 여수
송재서(宋載瑞) ; 장흥
송재악(宋載岳) ; 영암
송재희(宋載禧) ; 남평
송전(宋琠) ; 나주
송정규(宋廷奎) ; 광주·나주·제주
송정기(宋廷琦) ; 옥과
송정렴(宋挺濂) ; 강진·순천
송정순(宋廷荀) ; 구례·영암
송정희(宋正熙) ; 나주
송종면(宋鍾冕) ; 광주
송종석(宋宗錫) ; 곡성
송종수(宋宗洙) ; 담양·장성
송중기(宋重器) ; 장흥·제주
송중현(宋重鉉) ; 정의
송지경(宋持敬) ; 남평
송지렴(宋知濂) ; 광주
송지렴(宋之濂) ; 동복·화순
송지학(宋持學) ; 남평
송진(宋軫) ; 우수영

송진옥(宋振玉) ; 곡성
송찬(宋贊) ; 관찰사
송창(宋昌) ; 장성
송창명(宋昌明) ; 무안
송처관(宋處寬) ; 관찰사
송처중(宋處中) ; 동복
송태희(宋太熙) ; 동복
송택상(宋宅相) ; 무안
송택휴(宋宅休) ; 나주
송하시(宋夏時) ; 섬진
송행길(宋行吉) ; 강진
송홍렬(宋弘烈) ; 제주판관
송홍은(宋洪殷) ; 나주판관
송환질(宋煥質) ; 함평
송환철(宋煥喆) ; 함평
송흠(宋欽) ; 나주·보성·장흥·관찰사
송흠명(宋欽明) ; 광주
송흠서(宋欽書) ; 남평
신각(申恪) ; 제주
신개(申槩) ; 관찰사
신건(申健) ; 보성
신건(申鍵) ; 우수영
신경(申經) ; 보성
신경균(申慶均) ; 순천
신경보(申慶普) ; 능주
신경서(申慶瑞) ; 해남
신경우(申景雨) ; 강진
신경윤(愼景尹) ; 제주
신경제(申慶濟) ; 영암
신경준(申景濬) ; 순천·제주
신경진(申景禛) ; 담양

신승횡(申承濎) ; 장흥
신식(申湜) ; 홍양
신언모(申彦模) ; 낙안
신여관(申汝擢) ; 보성
신여량(申汝樑) ; 우수영
신여식(申汝栻) ; 옥과
신연(申涎) ; 강진
신연(辛璉) ; 나주
신열도(申悅道) ; 능주
신영홍(申永洪) ; 나주
신옥(申沃) ; 곡성
신옥형(申玉衡) ; 순천
신우문(申遇文) ; 우수영
신우상(申禹相) ; 홍양
신욱(辛頊) ; 해남
신원(申源) ; 구례
신원좌(辛元佐) ; 관찰사
신유(申瀏) ; 강진
신유(申鍒) ; 영암·우수영·가리포
신유원(申有源) ; 옥과
신유익(愼惟益) ; 능주·순천·제주
신윤광(申胤洸) ; 해남
신윤원(申允元) ; 장흥
신윤형(申允衡) ; 진도
신응망(辛應望) ; 장흥·함평·홍양
신응사(申應泗) ; 홍양
신응삼(辛應三) ; 광양
신응시(辛應時) ; 광주·관찰사
신응원(申應元) ; 동복
신응현(申應顯) ; 순천
신응화(申應華) ; 광양
신응희(申應熙) ; 광주관찰사
신의립(辛義立) ; 화순
신의집(申義集) ; 장성
신의학(愼宜學) ; 홍양
신의항(申義恒) ; 제주판관·가리포
신이경(申以經) ; 장흥
신이정(愼爾定) ; 옥과
신이진(愼爾晉) ; 순천
신익(申㦝) ; 옥과
신익(申翌) ; 순천
신익(申榏) ; 우수영
신익녕(辛翊寧) ; 함평
신익빈(申益彬) ; 함평
신익상(申翼相) ; 관찰사
신익전(申翊全) ; 광주
신일(辛馹) ; 나주
신재건(申在健) ; 보성
신재명(申在明) ; 무안
신재문(申載文) ; 함평
신재순(申在順) ; 광주
신재식(申在植) ; 무안·영광
신재익(申在翼) ; 장흥
신재정(申在貞) ; 낙안
신재하(申在夏) ; 장흥
신재형(申在衡) ; 해남
신재호(愼栽祜) ; 대정2·제주판관
신전(愼詮) ; 나주판관
신정(申晸) ; 관찰사
신정균(申正均) ; 진도
신종(申鍾) ; 순천
신종명(申鍾命) ; 구례
신종술(辛宗述) ; 진도·가리포
신종익(申從翼) ; 제주·우수영
신종호(申從鎬) ; 장흥
신주(辛鑄) ; 우수영
신지(辛祉) ; 진도
신지상(愼之詳) ; 영암·정의
신지상(愼之祥) ; 홍양
신지응(愼祉膺) ; 낙안
신진소(申震熽) ; 진도
신진익(申晋翼) ; 가리포
신집(申楫) ; 구례·무안
신찬(申璨) ; 우수영
신처강(辛處康) ; 제주
신처문(申處文) ; 해남
신처수(申處洙) ; 진도
신천익(愼天翊) ; 홍양
신초(辛礎) ; 보성
신춘희(申春熙) ; 진도
신충일(申忠一) ; 강진
신치권(申致權) ; 낙안
신치운(申致雲) ; 영광
신태관(申泰寬) ; 영광
신태익(申泰益) ; 구례
신태정(申泰鼎) ; 능주·담양·옥과
신태하(申泰河) ; 보성

심서견(沈瑞肩) ; 장성
심석(沈錫) ; 함평·대정
심세우(沈世遇) ; 무안
심수(沈銖) ; 능주
심수(沈鐩) ; 남평
심수경(沈守慶) ; 관찰사
심안인(沈安仁) ; 우수영
심암(沈巖) ; 영암
심엄(沈惓) ; 옥과
심연(沈演) ; 광주·남평·제주
심연(沈淵) ; 담양
심연원(沈連源) ; 제주
심열태(沈說泰) ; 보성
심영석(沈英錫) ; 제주
심우단(沈友端) ; 동복
심우량(沈遇良) ; 함평
심원준(沈元浚) ; 화순
심원택(沈遠澤) ; 진도·제주
심유진(沈有鎭) ; 영광
심유현(沈維賢) ; 담양
심윤태(沈尹泰) ; 보성
심은(沈訔) ; 창평
심은택(沈殷澤) ; 화순
심응태(沈膺泰) ; 순천
심의겸(沈義謙) ; 관찰사
심의복(沈宜復) ; 나주·장성
심의영(沈宜泳) ; 구례·광양
심의원(沈宜元) ; 강진
심의찬(沈宜贊) ; 강진
심의철(沈宜哲) ; 영암
심의현(沈宜絢) ; 능주
심이삼(沈頤三) ; 관찰사
심이지(沈頤之) ; 나주
심이지(沈履之) ; 관찰사
심이택(沈履澤) ; 관찰사
심익삼(沈益三) ; 정의
심익성(沈益聖) ; 순천
심익창(沈益昌) ; 남평
심일진(沈一鎭) ; 옥과
심전(沈澱) ; 동복
심전(沈鋑) ; 장성
심정노(沈廷老) ; 남평
심정의(沈廷儀) ; 옥과
심제(沈儕) ; 담양
심제현(沈齊賢) ; 담양
심존지(沈存之) ; 담양
심주현(沈周賢) ; 화순
심중규(沈衆奎) ; 관찰사
심중량(沈仲良) ; 담양
심지명(沈之溟) ; 나주
심지해(沈之海) ; 낙안
심지헌(沈之瀗) ; 동복
심진(沈榗) ; 장흥·우수영
심진현(沈晉賢) ; 구례
심집(沈鏶) ; 흥양
심집(沈楫) ; 영광
심징(沈徵) ; 담양
심철(沈鐵) ; 순천
심최량(沈最良) ; 광주
심추(沈樞) ; 장성
심탁(沈鐸) ; 광주
심택(沈澤) ; 관찰사
심택지(沈擇之) ; 우수영
심택진(沈宅鎭) ; 곡성
심통원(沈通源) ; 순천
심해(沈瑎) ; 흥양
심현택(沈賢澤) ; 제주
심형(沈亨) ; 우수영
심홍식(沈洪植) ; 해남
심환영(沈煥永) ; 우수영
심환지(沈煥之) ; 능주
심후지(沈厚之) ; 나주
심후천(沈後天) ; 광양
심희순(沈熙淳) ; 동복
심희진(沈禧鎭) ; 영암
안겸제(安兼濟) ; 영암·관찰사
안경(安鏡) ; 우수영
안경검(安景儉) ; 관찰사
안경공(安景公) ; 관찰사
안경운(安慶運) ; 제주
안곡(安鵠) ; 옥과
안광옥(安光玉) ; 가리포
안광찬(安光贊) ; 장흥·진도·흥양
안극인(安克仁) ; 곡성·남평·관찰사
안극효(安克孝) ; 제주판관
안근(安根) ; 보성
안기현(安基鉉) ; 무안
안대진(安大進) ; 가리포
안대훈(安大勛) ; 보성
안명학(安鳴鶴) ; 강진
안묵지(安默智) ; 능주
안복화(安復和) ; 곡성

양완(梁垸) ; 진도·홍양
양우한(楊遇漢) ; 보성
양유성(梁有成) ; 보성
양유진(梁有珍) ; 나주
양윤영(梁允英) ; 순천
양윤의(梁允義) ; 우수영
양응정(梁應鼎) ; 광주
양응태(梁應台) ; 영광
양응함(梁應涵) ; 장흥·우수영
양의(梁艤) ; 순천
양익무(梁益茂) ; 진도
양인달(梁仁達) ; 제주
양일한(楊逸漢) ; 장흥
양정집(梁廷楫) ; 곡성
양제하(梁濟夏) ; 제주판관
양주갑(梁柱甲) ; 해남
양주익(梁周翊) ; 능주
양주태(梁柱台) ; 홍양
양주화(梁柱華) ; 낙안
양지손(梁芷孫) ; 곡성
양진(梁縝) ; 제주판관
양집(梁諿) ; 제주판관
양찬(梁瓚) ; 제주
양처대(梁處大) ; 제주판관
양철견(梁鐵堅) ; 곡성
양취달(楊就達) ; 홍양
양치회(梁治淮) ; 홍양
양헌석(楊憲奭) ; 광양·장흥
양헌수(梁憲洙) ; 제주
양호(梁濩) ; 제주
양홍(楊洪) ; 능주

양홍조(梁弘祚) ; 섬진
양희석(梁希奭) ; 곡성
어득황(魚得滉) ; 구례
어명석(魚錫命) ; 진도
어사필(魚史弼) ; 광양
어상우(魚相愚) ; 가리포
어영담(魚泳潭) ; 광양
어운급(魚雲級) ; 낙안
어유규(魚有珪) ; 영암·홍양
어유붕(魚有鵬) ; 광주
어유화(魚有和) ; 화순
어유황(魚有璜) ; 장성
어재명(魚在溟) ; 진도
어재연(魚在淵) ; 광양
어재윤(魚在潤) ; 곡성
어진열(魚震說) ; 무안
어진익(魚振翼) ; 함평
어충우(魚忠祐) ; 가리포
엄경하(嚴慶遐) ; 능주
엄기(嚴耆) ; 영광
엄도(嚴燾) ; 영광
엄사만(嚴思晩) ; 무안·제주
엄사면(嚴思勉) ; 동복·장성
엄사윤(嚴思允) ; 화순
엄석명(嚴錫明) ; 곡성
엄세영(嚴世永) ; 순천
엄집(嚴緝) ; 능주·관찰사
엄철(嚴喆) ; 화순
엄충언(嚴忠彦) ; 제주판관
엄태구(嚴台耉) ; 보성

엄한중(嚴漢重) ; 옥과
엄황(嚴榥) ; 가리포
엄황(嚴愰) ; 영암
여경(呂瀲) ; 영광
여광세(呂光世) ; 곡성
여대수(呂大壽) ; 창평
여면주(呂冕周) ; 화순
여문규(余文規) ; 섬진
여반(呂攀) ; 보성
여선덕(呂善德) ; 능주
여선응(呂善應) ; 강진
여성제(呂聖齊) ; 관찰사
여예(呂禰) ; 관찰사
여우길(呂佑吉) ; 광주
여우주(呂遇周) ; 정의
여위현(呂衛賢) ; 나주
여은섭(呂殷燮) ; 홍양·정의
여의손(呂義孫) ; 나주·제주
여이재(呂爾載) ; 강진
여정방(呂定邦) ; 장흥
여종주(呂從周) ; 가리포
여중섭(呂重燮) ; 능주
여철영(呂喆永) ; 정의
여칭(呂稱) ; 나주
여필관(呂必寬) ; 옥과
여필시(呂必時) ; 동복
여필용(呂必容) ; 장성
여형(呂衡) ; 보성
염뇌(廉雷) ; 곡성
염덕승(廉德升) ; 섬진
예승석(芮承錫) ; 관찰사

오한적(吳漢迪) ; 곡성·광양·낙안
오현우(吳顯佑) ; 보성
오현주(吳鉉胄) ; 능주
오횡묵(吳宖默) ; 여수·지도
오흡(吳潝) ; 우수영
오흥욱(吳興旭) ; 섬진
옥산기(玉散奇) ; 제주
왕경조(王景祚) ; 영광
왕도상(王道常) ; 낙안
왕린(王麟) ; 우수영
왕무(王懋) ; 정의
왕종례(王宗禮) ; 순천
왕종신(王宗信) ; 우수영
우경(禹垌) ; 제주판관
우기동(禹起東) ; 완도
우덕원(禹德遠) ; 가리포
우맹선(禹孟善) ; 우수영
우배선(禹拜善) ; 낙안
우복룡(禹伏龍) ; 나주
우봉(禹鳳) ; 함평
우붕(禹鵬) ; 함평
우상중(禹尙中) ; 낙안·장흥
우성(禹成) ; 남평
우신(禹晨) ; 순천
우안국(禹安國) ; 진도
우여탁(禹汝度) ; 정의·가리포
우인태(禹仁泰) ; 광주판관
우전(禹銓) ; 강진·진도
우정규(禹楨圭) ; 광양
우정하(禹正夏) ; 진도
우제박(禹濟博) ; 홍양
우중손(禹仲孫) ; 홍양
우치속(禹致續) ; 순천
우치적(禹致績) ; 우수영
우하(禹夏) ; 나주
우홍부(禹洪富) ; 나주
우홍제(禹弘濟) ; 낙안
원경순(元景淳) ; 관찰사
원경하(元景夏) ; 관찰사
원계진(元繄鎭) ; 곡성
원내인(元乃仁) ; 제주판관
원덕휘(元德徽) ; 해남
원두추(元斗樞) ; 나주
원두표(元斗杓) ; 나주·영광·관찰사3
원량(元亮) ; 영암
원리길(元履吉) ; 구례·장성
원상(元相) ; 제주
원상요(元相堯) ; 대정
원석중(元錫中) ; 대정
원세록(元世祿) ; 보성
원세정(元世禎) ; 우수영
원세현(元世顯) ; 구례
원세훈(元世勳) ; 해남
원수경(元守敬) ; 광주판관
원수신(元守身) ; 우수영
원수연(元粹然) ; 진도
원수의(元守義) ; 해남
원숙(元翻) ; 제주
원시형(元始亨) ; 낙안
원식(元植) ; 낙안
원신(元愼) ; 곡성남원
원영도(元永道) ; 함평
원영정(元永貞) ; 해남
원영주(元永胄) ; 장흥
원우상(元禹常) ; 순천
원욱(元郁) ; 나주판관
원유남(元裕男) ; 담양
원응두(元應斗) ; 대정
원의손(元義孫) ; 관찰사
원인손(元仁孫) ; 관찰사
원종의(元宗義) ; 광주판관
원준량(元俊良) ; 우수영
원중채(元重采) ; 낙안
원지어(元志於) ; 제주
원진명(元振溟) ; 남평
원진택(元振澤) ; 나주
원철(元撤) ; 무안
원치도(元致道) ; 홍양
원호(元豪) ; 우수영
원혼(元混) ; 관찰사
원효연(元孝然) ; 관찰사
위대기(魏大器) ; 해남·가리포
위대성(魏大成) ; 곡성
위동전(魏東荃) ; 진도
위백규(魏伯珪) ; 옥과
위정철(魏廷喆) ; 가리포
위정철(魏廷哲) ; 함평
위천상(魏天相) ; 해남
위혁만(魏赫萬) ; 보성·정의
유가균(柳可均) ; 정의
유간(柳諫) ; 순천

유색(柳穡) ; 관찰사
유서(柳澨) ; 해남
유서오(柳敍五) ; 장흥
유석(柳碩) ; 능주·나주·영광
유석린(柳錫麟) ; 옥과
유석응(柳錫膺) ; 홍양
유석증(兪昔曾) ; 나주2·능주·영광·관찰사
유석환(兪錫煥) ; 홍양
유석희(柳錫喜) ; 강진
유성(柳星) ; 우수영
유성규(柳成逵) ; 보성
유성기(柳聖基) ; 우수영
유성년(柳星年) ; 대정
유성노(柳星老) ; 우수영
유성모(柳成模) ; 장흥
유성부(柳聖溥) ; 낙안
유성오(柳誠吾) ; 화순
유성운(柳成運) ; 능주
유성중(兪性中) ; 남평
유성증(兪省曾) ; 능주
유성추(柳星樞) ; 우수영
유성하(柳成河) ; 함평
유성한(柳星漢) ; 우수영
유성화(柳聖和) ; 동복
유세화(柳世華) ; 장흥
유속(柳涑) ; 해남
유수담(柳秀潭) ; 해남
유숙(柳淑) ; 순천
유숙(柳琡) ; 함평
유숙(柳潚) ; 장흥
유순(柳洵) ; 관찰사
유순(柳詢) ; 화순
유순무(柳舜懋) ; 제주
유순익(柳舜翼) ; 순천
유순장(柳純章) ; 영암
유술(柳述) ; 영광
유숭인(柳崇仁) ; 홍양
유승손(柳承孫) ; 우수영
유시무(柳時茂) ; 해남
유시영(柳時英) ; 장성
유신(柳信) ; 해남
유신검(柳信儉) ; 진도
유신로(柳莘老) ; 보성
유암(柳霅) ; 진도
유억수(柳億壽) ; 강진
유언민(兪彦民) ; 남평
유언술(兪彦述) ; 나주
유언제(兪彦銻) ; 광주
유언지(兪彦摯) ; 낙안
유엄(柳儼) ; 관찰사
유여각(柳汝恪) ; 나주
유여림(兪汝霖) ; 관찰사
유여흠(兪汝欽) ; 가리포
유연(柳淵) ; 강진
유염(柳琰) ; 관찰사
유영(柳泳) ; 광양
유영립(柳永立) ; 보성·관찰사
유영립(柳英立) ; 순천
유영보(柳榮輔) ; 무안
유영순(柳永詢) ; 순천
유완근(柳完根) ; 낙안
유용(柳墉) ; 우수영
유우신(劉遇信) ; 가리포
유원규(柳遠奎) ; 보성
유원지(柳元枝) ; 관찰사
유위(柳湋) ; 창평
유유(柳濡) ; 나주
유유녕(柳維寧) ; 제주판관
유유린(柳幼麟) ; 해남
유윤덕(柳潤德) ; 관찰사
유은(柳溵) ; 강진
유응문(劉應文) ; 제주판관
유응시(柳應時) ; 진도
유의(柳誼) ; 동복
유의립(柳義立) ; 해남
유이균(柳彝均) ; 보성
유이승(柳以升) ; 나주
유이주(柳爾冑) ; 낙안
유이함(柳以咸) ; 장흥
유익공(柳益恭) ; 광양
유익성(柳翼星) ; 정의
유익증(柳益增) ; 정의
유익지(柳翼之) ; 나주판관
유익형(柳益衡) ; 구례
유인성(柳仁聲) ; 곡성
유인수(柳仁洙) ; 곡성
유인철(柳仁喆) ; 해남
유일운(柳一運) ; 동복
유일장(柳一章) ; 대정
유임중(兪任重) ; 창평
유자환(柳自煥) ; 관찰사
유장(柳樟) ; 영암
유장렬(柳漳烈) ; 해남
유장환(兪章煥) ; 보성
유재(柳梓) ; 광양·낙안
유재희(柳載熙) ; 보성

유흡(柳潝) ; 창평
유홍원(柳興源) ; 장흥
유희동(柳曦東) ; 홍양
유희선(柳希先) ; 장흥
유희인(柳熙仁) ; 정의
유희저(柳希渚) ; 순천
유희정(柳希汀) ; 영암
유희춘(柳希春) ; 관찰사
육대춘(陸大春) ; 곡성·광양
육한(陸閑) ; 제주
윤갑(尹𠇥) ; 진도
윤강(尹絳) ; 함평
윤개(尹漑) ; 관찰사
윤격(尹檄) ; 나주·남평
윤경(尹景) ; 순천
윤경의(尹景儀) ; 남평
윤경주(尹敬周) ; 남평
윤경철(尹敬喆) ; 보성
윤계(尹棨) ; 강진
윤계(尹堦) ; 제주
윤광(尹珖) ; 낙안
윤광국(尹光國) ; 함평
윤광신(尹光莘) ; 우수영
윤광안(尹光顔) ; 순천
윤광운(尹光雲) ; 강진
윤광정(尹光鼎) ; 해남
윤광현(尹光絢) ; 창평
윤교성(尹敎成) ; 순천·영광
윤구(尹橋) ; 장흥
윤구동(尹久東) ; 제주
윤구연(尹九淵) ; 제주·우수영
윤귀영(尹龜榮) ; 여수
윤규석(尹奎錫) ; 능주·담양·보성
윤기동(尹耆東) ; 능주
윤기망(尹起望) ; 보성·영암
윤길(尹趌) ; 강진
윤대영(尹大英) ; 해남·홍양
윤대이(尹大頤) ; 보성
윤동로(尹東魯) ; 담양·장성
윤동설(尹東卨) ; 능주·장성
윤동승(尹東昇) ; 관찰사
윤동준(尹東浚) ; 함평
윤두수(尹斗壽) ; 관찰사
윤득규(尹得逵) ; 제주·우수영
윤득리(尹得履) ; 옥과
윤득열(尹得說) ; 광주
윤득징(尹得徵) ; 강진
윤득홍(尹得弘) ; 우수영
윤득화(尹得和) ; 관찰사
윤리(尹摛) ; 영암
윤면교(尹勉敎) ; 나주
윤면구(尹勉矩) ; 보성·영암
윤면동(尹冕東) ; 강진·영광·영암
윤면술(尹勉述) ; 해남
윤명규(尹命圭) ; 순천
윤명렬(尹命烈) ; 광주·영광
윤명은(尹鳴殷) ; 관찰사
윤명주(尹命主) ; 함평
윤무교(尹懋敎) ; 능주·옥과
윤미(尹敉) ; 홍양
윤민성(尹敏聖) ; 동복
윤밀(尹謐) ; 광양·홍양
윤방(尹坊) ; 영암
윤방서(尹邦瑞) ; 남평
윤범형(尹範衡) ; 영암
윤변(尹抃) ; 광주·해남
윤병수(尹秉綬) ; 영광
윤병연(尹秉淵) ; 우수영
윤보(尹普) ; 옥과
윤복(尹復) ; 광주·나주
윤붕(尹鵬) ; 홍양
윤사상(尹思商) ; 장흥·대정
윤삼락(尹三樂) ; 광양
윤상손(尹祥孫) ; 진도
윤상익(尹相翊) ; 나주
윤상일(尹庠一) ; 동복
윤상희(尹尙喜) ; 담양
윤석규(尹錫圭) ; 가리포
윤석기(尹錫棋) ; 보성
윤석래(尹錫來) ; 영암
윤석렬(尹錫烈) ; 강진
윤석신(尹錫莘) ; 진도
윤석인(尹錫仁) ; 제주
윤석정(尹錫禎) ; 해남
윤석하(尹錫夏) ; 함평

윤주영(尹胄榮) ; 영광
윤주진(尹周鎭) ; 담양
윤중형(尹仲衡) ; 제주
윤지(尹墀) ; 동복
윤지선(尹趾善) ; 능주
윤지숙(尹之淑) ; 가리포
윤지원(尹志遠) ; 영광
윤지원(尹志源) ; 창평
윤진(尹珍) ; 관찰사
윤진(尹搢) ; 능주
윤진경(尹進卿) ; 진도
윤진망(尹震望) ; 흥양
윤집(尹鏶) ; 함평
윤징상(尹徵商) ; 곡성
윤찬(尹瓚) ; 제주판관
윤창구(尹昌耉) ; 진도·우수영
윤창형(尹昌亨) ; 제주
윤처신(尹處信) ; 진도
윤천구(尹天衢) ; 담양
윤천뢰(尹天賚) ; 우수영
윤천화(尹天和) ; 창평
윤철규(尹喆圭) ; 돌산
윤충원(尹忠源) ; 동복
윤취지(尹就之) ; 창평
윤취함(尹就咸) ; 옥과
윤치경(尹致慶) ; 광양
윤치담(尹致聃) ; 순천
윤치성(尹致聖) ; 흥양
윤치용(尹致容) ; 광주·나주
윤치응(尹致膺) ; 나주
윤치의(尹致誼) ; 우수영
윤치혁(尹致爀) ; 장성·능주·광주
윤탁(尹忺) ; 대정
윤태원(尹泰元) ; 나주·장성
윤태창(尹泰昌) ; 무안
윤택(尹澤) ; 광양·나주
윤평(尹枰) ; 옥과
윤풍정(尹豐禎) ; 여수
윤필은(尹弼殷) ; 해남·제주판관
윤하(尹河) ; 광주판관
윤하(尹瀪) ; 영암
윤함(尹涵) ; 흥양
윤해(尹諧) ; 장흥
윤행(尹行) ; 광주·나주·능주
윤행보(尹行普) ; 무안
윤행복(尹行福) ; 순천·관찰사
윤행선(尹行先) ; 관찰사
윤행원(尹行元) ; 화순
윤행임(尹行恁) ; 관찰사
윤행직(尹行直) ; 영광
윤행철(尹行澈) ; 화순
윤향(尹向) ; 관찰사
윤헌(尹瀗) ; 순천·나주관찰사
윤형동(尹炯東) ; 제주판관
윤형성(尹衡聖) ; 함평
윤혜진(尹惠鎭) ; 광양
윤홍(尹泓) ; 능주·무안·장성·해남
윤홍검(尹弘儉) ; 진도
윤홍구(尹弘求) ; 동복·해남
윤홍렬(尹弘烈) ; 담양
윤홍설(尹弘卨) ; 순천
윤홍업(尹弘業) ; 능주
윤홍중(尹弘中) ; 영광
윤황(尹煌) ; 영광
윤회선(尹會善) ; 옥과
윤횡선(尹宖善) ; 능주·무안
윤효손(尹孝孫) ; 나주
윤효영(尹孝永) ; 영광
윤효전(尹孝全) ; 담양
윤휘(尹暉) ; 관찰사
윤흡(尹潝) ; 나주
윤흥신(尹興信) ; 진도
윤흥지(尹興智) ; 곡성
윤희길(尹希吉) ; 광주
은덕중(殷德仲) ; 대정
이각(李覺) ; 곡성
이각(李恪) ; 광주·진도·우수영·제주판관
이각(李瑴) ; 보성
이각(李慤) ; 진도·흥양
이간(李侃) ; 담양·장흥
이간(李澗) ; 보성
이간(李墾) ; 동복
이간(李旰) ; 우수영
이간(李暕) ; 제주
이갑룡(李甲龍) ; 정의
이강(李鋼) ; 함평
이거(李琚) ; 순천

이광악(李光岳) ; 장흥
이광영(李光英) ; 우수영
이광영(李光映) ; 제주판관
이광우(李光佑) ; 함평
이광우(李光遇) ; 홍양
이광운(李光運) ; 장흥
이광의(李廣義) ; 능주
이광익(李光瀷) ; 영광
이광재(李光載) ; 광주
이광적(李光迪) ; 함평
이광좌(李光佐) ; 관찰사
이광진(李光軫) ; 담양·홍양
이광태(李光台) ; 보성
이광하(李光夏) ; 담양
이광헌(李光憲) ; 남평·담양
이광현(李光鉉) ; 무안
이광회(李匡會) ; 광주
이굉(李鍧) ; 영암
이교(李珓) ; 나주
이교석(李敎奭) ; 장흥
이교승(李敎承) ; 옥과
이교악(李喬岳) ; 함평
이교영(李敎榮) ; 남평·동복·화순
이교영(李喬榮) ; 능주
이교영(李敎永) ; 홍양
이교익(李敎益) ; 구례
이구(李球) ; 순천·대정
이구관(李九寬) ; 나주판관·제주판관
이구령(李龜齡) ; 능주
이구징(李耉徵) ; 진도
이국보(李國輔) ; 진도
이국표(李國標) ; 제주판관
이권(李綣) ; 가리포
이권(李蕃) ; 우수영2
이귀산(李貴山) ; 관찰사
이귀정(李龜楨) ; 곡성
이규남(李圭男) ; 낙안
이규대(李奎大) ; 영암·진도
이규량(李奎亮) ; 동복
이규로(李奎老) ; 담양
이규문(李奎文) ; 담양
이규봉(李奎鳳) ; 낙안
이규삼(李奎參) ; 강진
이규서(李奎書) ; 보성
이규서(李圭瑞) ; 제주판관
이규성(李奎成) ; 제주·우수영
이규수(李奎秀) ; 장성
이규승(李圭昇) ; 완도·해남
이규안(李奎顔) ; 영암
이규열(李奎說) ; 동복
이규원(李奎遠) ; 진도·제주
이규응(李奎應) ; 해남
이규일(李揆一) ; 동복
이규장(李奎章) ; 광양·보성
이규찬(李圭燦) ; 가리포
이규태(李圭泰) ; 우수영
이규하(李奎夏) ; 강진
이규헌(李圭憲) ; 낙안·능주·옥과
이규현(李奎鉉) ; 관찰사
이규환(李圭桓) ; 우수영
이규횡(李奎鐄) ; 낙안
이극공(李克恭) ; 우수영
이극균(李克均) ; 관찰사
이극돈(李克墩) ; 관찰사
이극려(李克礪) ; 제주판관
이극록(李克祿) ; 무안
이극명(李克明) ; 관찰사
이극문(李克文) ; 곡성
이극성(李克誠) ; 함평
이극신(李克信) ; 강진
이극증(李克增) ; 관찰사
이극풍(李克豐) ; 함평
이극형(李克亨) ; 강진
이근교(李根敎) ; 광주관찰사
이근상(李根湘) ; 옥과
이근석(李根奭) ; 진도
이근영(李根永) ; 보성
이근영(李根榮) ; 창평
이근원(李根元) ; 보성
이근전(李根專) ; 순천
이근주(李近胄) ; 광양
이근천(李根天) ; 보성
이근풍(李根豐) ; 순천·장흥
이근호(李根澔) ; 광주관찰사
이근홍(李根洪) ; 남평
이긍래(李兢來) ; 진도

이보관(李普觀) ; 영암
이보만(李普萬) ; 관찰사
이보영(李普榮) ; 낙안
이보온(李普溫) ; 무안·장흥
이보욱(李普昱) ; 영광·나주
이보원(李普源) ; 옥과·장흥
이보한(李普漢) ; 해남
이보행(李普行) ; 관찰사
이보헌(李普憲) ; 우수영
이복(李馥) ; 강진
이복경(李復慶) ; 낙안
이복남(李福男) ; 나주
이복수(李馥秀) ; 해남
이복승(李復承) ; 광주
이복현(李復鉉) ; 곡성
이복형(李復馨) ; 해남
이복희(李宓熙) ; 제주
이봉룡(李鳳龍) ; 화순
이봉상(李鳳相) ; 구례
이봉손(李奉孫) ; 남평
이봉징(李鳳徵) ; 순천·관찰사
이봉헌(李鳳憲) ; 제주
이봉휘(李奉輝) ; 진도
이분국(李芬國) ; 가리포
이붕(李鵬) ; 영암·제주
이붕주(李鵬周) ; 진도
이빈(李穦) ; 보성
이빈(李蘋) ; 순천
이빈(李翻) ; 우수영
이사관(李思觀) ; 나주
이사균(李思鈞) ; 관찰사
이사렴(李士廉) ; 관찰사
이사명(李思命) ; 곡성남원
이사명(李師命) ; 관찰사
이사명(李思明) ; 우수영
이사목(李思牧) ; 진도
이사방(李斯昉) ; 나주판관
이사성(李思晟) ; 보성·우수영
이사순(李思順) ; 곡성
이사안(李師顔) ; 남평
이사언(李士彦) ; 해남
이사영(李士榮) ; 관찰사
이사영(李士英) ; 영광·해남
이사의(離思義) ; 동복
이사인(李嗣仁) ; 가리포
이사임(李思任) ; 관찰사
이사증(李師曾) ; 광양
이사필(李思弼) ; 동복·옥과
이산배(李山培) ; 함평
이삼석(李三碩) ; 담양
이삼성(李三省) ; 강진
이삼준(李三俊) ; 담양
이상(李祥) ; 대정
이상경(李祥慶) ; 곡성
이상경(李尙敬) ; 우수영
이상규(李庠珪) ; 강진·제주
이상규(李尙規) ; 보성
이상길(李尙吉) ; 광주
이상노(李商老) ; 제주판관
이상눌(李尙訥) ; 영암·함평
이상달(李尙達) ; 창평
이상도(李尙度) ; 담양
이상돈(李相惇) ; 가리포
이상돈(李象暾) ; 무안
이상두(李象斗) ; 담양
이상림(李尙霖) ; 가리포
이상신(李象愼) ; 무안·창평
이상악(李尙嶽) ; 구례
이상억(李象億) ; 무안
이상열(李尙說) ; 영암
이상오(李商五) ; 보성
이상우(李尙愚) ; 무안
이상욱(李相頊) ; 낙안·우수영
이상익(李尙翼) ; 무안
이상익(李相翼) ; 영암
이상인(李相仁) ; 함평
이상일(李商一) ; 영암·장흥
이상전(李尙銓) ; 흥양·제주
이상정(李象鼎) ; 능주
이상준(李尙俊) ; 순천
이상직(李尙稷) ; 구례·흥양·대정
이상진(李尙眞) ; 장성
이상필(李尙弼) ; 동복·화순
이상형(李尙馨) ; 옥과

이종목(李鍾穆) ; 무안
이종목(李宗睦) ; 우수영
이종무(李鍾武) ; 구례
이종번(李宗蕃) ; 제주판관
이종병(李宗秉) ; 순천
이종빈(李宗彬) ; 해남
이종상(李宗祥) ; 구례
이종상(李鐘祥) ; 가리포
이종서(李鍾緖) ; 강진
이종섭(李宗燮) ; 능주
이종성(李宗誠) ; 영암
이종숙(李鍾淑) ; 광양
이종식(李鍾植) ; 구례
이종신(李種信) ; 창평
이종언(李宗彦) ; 광양
이종영(李鍾英) ; 영암
이종운(李鍾運) ; 순천·해남
이종원(李宗垣) ; 광주
이종윤(李從允) ; 제주
이종인(李宗仁) ; 장흥·우수영2
이종일(李宗一) ; 제주판관
이종장(李宗張) ; 영암
이종정(李鍾正) ; 장흥
이종직(李鍾稷) ; 곡성
이종호(李宗鎬) ; 낙안
이종화(李種華) ; 나주판관
이종휘(李種徽) ; 옥과
이주(李儔) ; 구례
이주상(李周尙) ; 낙안
이주영(李周永) ; 광양
이주진(李周鎭) ; 관찰사
이주징(李周徵) ; 광주
이주필(李周弼) ; 함평2
이주혁(李周爀) ; 진도
이주현(李周顯) ; 강진
이준(李隼) ; 담양
이준(李濬) ; 장흥·우수영
이준건(李俊健) ; 보성
이준규(李峻奎) ; 남평·무안
이준덕(李駿德) ; 낙안
이준민(李俊民) ; 나주·관찰사
이준수(李準壽) ; 장흥
이준악(李峻岳) ; 나주
이준영(李俊永) ; 곡성·화순
이준영(李準榮) ; 무안
이준종(李俊宗) ; 남평
이준헌(李遵憲) ; 홍양
이준휘(李儁徽) ; 창평
이중덕(李重德) ; 낙안
이중로(李重老) ; 홍양
이중석(李重錫) ; 함평
이중신(李重信) ; 옥과·제주·우수영
이중엽(李重燁) ; 구례
이중영(李重榮) ; 영암·우수영
이중옥(李重玉) ; 구례
이중익(李重翼) ; 광양
이중익(李重益) ; 무안
이중익(李重翼) ; 화순
이중재(李重載) ; 섬진
이중좌(李重佐) ; 보성
이중창(李重昌) ; 광양·낙안
이중호(李仲虎) ; 담양·관찰사
이즙(李濈) ; 진도
이증(李增) ; 영광·관찰사
이증(李蒸) ; 순천
이증(李拯) ; 동복
이증록(李增祿) ; 해남
이증문(李曾文) ; 장흥
이증화(李贈華) ; 광주판관
이증화(李曾華) ; 능주
이지(李芷) ; 해남
이지경(李之經) ; 진도
이지굉(李志宏) ; 영암
이지발(李枝發) ; 광양
이지백(李之白) ; 광양
이지부(李之富) ; 제주
이지언(李祗言) ; 함평
이지연(李止淵) ; 나주·무안
이지완(李志完) ; 화순
이지원(李祉源) ; 순천
이지을(李持乙) ; 나주판관
이지태(李志泰) ; 광양
이지태(李之泰) ; 나주
이지하(李之夏) ; 가리포
이지행(李志行) ; 구례·정의
이지형(李枝馨) ; 제주
이지호(李之虎) ; 홍양

이태현(李泰顯) ; 제주판관
이태현(李台鉉) ; 화순
이태형(李泰亨) ; 곡성·진도
이택(李澤) ; 관찰사
이택관(李宅觀) ; 대정
이택영(李宅永) ; 광양
이평(李枰) ; 강진·순천
이필(李泌) ; 진도
이필(李蹕) ; 가리포
이필(李珌) ; 장흥
이필술(李必述) ; 제주판관
이필주(李弼胄) ; 진도
이필행(李必行) ; 보성
이필훈(李弼勳) ; 진도
이하명(李夏命) ; 창평
이하술(李河述) ; 순천·무안
이하악(李河岳) ; 나주·장성
이하징(李夏徵) ; 나주·능주
이학래(李鶴來) ; 동복·보성·장흥
이학선(李學善) ; 제주판관
이학영(李學永) ; 장성
이한(李僩) ; 나주
이한(李僴) ; 흥양
이한구(李翰衢) ; 곡성
이한규(李漢珪) ; 보성
이한규(李翰奎) ; 구례
이한동(李漢東) ; 제주판관
이한명(李漢明) ; 광양
이한무(李漢武) ; 광양
이한범(李漢範) ; 장흥
이한웅(李漢雄) ; 장흥
이한장(李漢章) ; 정의
이한정(李漢鼎) ; 보성
이함(李咸) ; 강진
이함림(李咸臨) ; 광양
이함일(李涵一) ; 강진
이항(李恒) ; 광주
이항(李炕) ; 해남
이항림(李恒林) ; 해남·우수영
이항연(李恒演) ; 능주·영광
이항조(李恒祚) ; 무안
이해(李海) ; 제주판관
이해성(李海盛) ; 화순
이해조(李海朝) ; 남평·관찰사
이해주(李海柱) ; 구례
이해준(李海準) ; 흥양
이해창(李海昌) ; 보성
이해청(李海淸) ; 강진
이행(李行) ; 관찰사
이행검(李行儉) ; 진도
이행검(李行檢) ; 우수영
이행교(李行敎) ; 제주
이행규(李行奎) ; 강진
이행빈(李行彬) ; 진도·흥양
이행성(李行成) ; 장흥
이행원(李行源) ; 영암·능주
이행주(李行周) ; 영암
이행진(李行進) ; 무안
이향천(李享千) ; 순천
이헌(李蕙) ; 옥과
이헌구(李憲球) ; 관찰사
이헌기(李憲基) ; 곡성
이헌우(李獻宇) ; 가리포
이헌우(李憲愚) ; 화순
이헌유(李憲儒) ; 담양
이헌응(李憲膺) ; 남평
이헌조(李憲祖) ; 담양
이헌직(李憲稙) ; 관찰사
이현(李袨) ; 순천
이현(李玹) ; 제주
이현경(李顯慶) ; 창평·동복
이현공(李玄功) ; 제주
이현기(李玄紀) ; 관찰사
이현기(李玄璣) ; 광양
이현기(李顯紀) ; 화순
이현록(李顯祿) ; 관찰사
이현영(李顯英) ; 구례
이현영(李顯永) ; 옥과
이현오(李玄五) ; 능주·창평
이현윤(李顯允) ; 장성
이현응(李顯應) ; 남평
이현익(李顯益) ; 곡성
이현익(李玄翼) ; 영광
이현조(李顯祚) ; 강진
이현조(李玄祚) ; 영광
이현직(李顯稷) ; 가리포
이현징(李顯徵) ; 대정

임현(林晛) ; 강진
임형수(林亨壽) ; 광양
임형수(林亨秀) ; 제주
임형진(林迥鎭) ; 남평
임호(林濩) ; 영광
임홍량(任弘亮) ; 순천
임홍망(任弘望) ; 광주·나주·제주
임홍선(任弘選) ; 섬진
임홍익(任弘益) ; 옥과
임홍준(任弘準) ; 옥과
임환(林渙) ; 능주
임회(林澮) ; 광주
임회(林晦) ; 담양
임회(林誨) ; 나주
임효달(任孝達) ; 광주·능주
임후상(任厚祥) ; 순천
임후석(任後錫) ; 광양
임훈(林薰) ; 광주
임훈(任訓) ; 순천
임흥효(任興孝) ; 강진
임희교(任希敎) ; 동복
장계소(張啓紹) ; 동복
장교준(張敎駿) ; 낙안
장국주(張國柱) ; 함평
장대주(張大周) ; 진도
장덕오(張德五) ; 대정
장동칠(張東七) ; 낙안
장두형(張斗衡) ; 정의
장림(張琳) ; 제주
장만(張晩) ; 관찰사
장만리(張萬里) ; 장흥
장만섭(張晩燮) ; 제주판관
장만익(張萬益) ; 장흥
장맹창(張孟昌) ; 순천·제주
장문석(張文碩) ; 강진
장복규(張復圭) ; 창평
장봉의(張鳳儀) ; 대정
장봉진(張鳳鎭) ; 진도
장상성(張相星) ; 섬진
장석(張裲) ; 가리포
장석명(張錫命) ; 정의
장선담(張善潭) ; 구례
장성(張晟) ; 강진
장세량(張世良) ; 홍양
장세린(張世麟) ; 남평
장세명(張世明) ; 남평
장수초(張守初) ; 해남
장순손(張順孫) ; 관찰사
장시규(張是奎) ; 우수영
장시열(張時悅) ; 대정
장신립(張信立) ; 곡성
장언침(張彦忱) ; 낙안
장완(張梡) ; 남평
장용견(張容堅) ; 정의
장용규(張龍逵) ; 해남
장우(張佑) ; 진도
장우귀(張宇龜) ; 강진
장우량(張友良) ; 제주
장우진(張友軫) ; 낙안
장위한(張緯漢) ; 구례
장유(張維) ; 나주
장유문(張有聞) ; 보성
장윤화(張允和) ; 관찰사
장응량(張應梁) ; 장흥
장응성(張應聖) ; 능주
장응정(張應禎) ; 담양
장의현(張義賢) ; 광주·장흥2·해남·우수영
장인식(張寅植) ; 제주·우수영
장일환(張日煥) ; 함평
장자충(張子忠) ; 관찰사
장제현(張齊賢) ; 홍양
장조(張照) ; 장성·창평
장준(張準) ; 해남·대정
장중인(張仲仁) ; 능주
장지겸(張志謙) ; 광양
장지대(張持大) ; 제주판관·가리포
장진(張瑨) ; 영암
장태소(張泰紹) ; 낙안
장택기(張宅基) ; 광양
장필무(張弼武) ; 장흥
장한공(張漢公) ; 보성
장한봉(張漢鳳) ; 곡성
장한철(張漢喆) ; 대정
장합(張合) ; 제주판관
장항(張沆) ; 나주
장현택(張鉉宅) ; 우수영
장홍식(張弘植) ; 영암
장환(張暵) ; 장성
장후재(張後載) ; 대정
장흔(張昕) ; 옥과
장흡(張洽) ; 섬진
장희(張熙) ; 남평
전견룡(田見龍) ; 보성

창평
정기택(鄭騏澤) ; 영암
정기풍(鄭基豊) ; 나주
정기화(鄭琦和) ; 무안
정길(鄭吉) ; 보성
정난종(鄭蘭宗) ; 관찰사
정내승(鄭來升) ; 보성
정내주(鄭來周) ; 무안·영암
정내징(鄭來徵) ; 영암
정내창(鄭來彰) ; 보성
정내항(鄭來恒) ; 구례
정노영(鄭魯榮) ; 순천
정눌(鄭訥) ; 장흥
정단(鄭翧) ; 흥양
정대민(鄭大民) ; 곡성
정대식(丁大植) ; 장성
정대용(鄭大容) ; 관찰사
정대용(鄭大用) ; 낙안
정대위(丁大緯) ; 함평
정덕생(鄭德生) ; 구례
정도완(鄭道完) ; 가리포
정도원(鄭道元) ; 제주
정도적(鄭道積) ; 흥양
정도행(鄭道行) ; 영암
정동기(鄭東箕) ; 남평
정동량(鄭東良) ; 옥과
정동리(鄭東里) ; 정의·제주판관
정동원(鄭東元) ; 순천
정동유(鄭東愈) ; 담양
정동협(鄭東協) ; 남평
정동호(鄭東虎) ; 흥양
정동후(鄭東後) ; 제주
정련(鄭鍊) ; 제주판관
정리(鄭釐) ; 관찰사
정림(鄭琳) ; 곡성
정만시(鄭萬始) ; 흥양
정만종(鄭萬鍾) ; 능주
정만화(鄭萬和) ; 관찰사
정맹남(鄭孟男) ; 보성
정면영(鄭冕榮) ; 장흥
정명덕(鄭明德) ; 관찰사
정무(鄭懋) ; 영암
정무(鄭埜) ; 화순
정문룡(鄭文龍) ; 영암
정문립(鄭文立) ; 함평
정문승(鄭文升) ; 담양·옥과
정문흥(鄭文興) ; 곡성
정민시(鄭民始) ; 관찰사
정박(鄭鏄) ; 정의
정반(鄭槃) ; 무안
정방(鄭枋) ; 순천
정범조(鄭範朝) ; 관찰사
정복선(鄭復先) ; 광주·나주
정붕(丁鵬) ; 정의
정빈(鄭玭) ; 창평
정사종(鄭嗣宗) ; 제주판관
정사한(鄭斯翰) ; 제주판관·가리포
정사호(鄭賜湖) ; 곡성(남원)
정사효(鄭思孝) ; 능주·순천·관찰사
정상(鄭詳) ; 남평
정상교(丁庠敎) ; 대정
정상두(鄭祥斗) ; 장흥·우수영
정상복(鄭祥福) ; 가리포
정상열(鄭相悅) ; 섬진
정상주(鄭翔周) ; 장흥
정상철(鄭象哲) ; 능주
정석견(鄭錫堅) ; 관찰사
정석경(鄭錫敬) ; 광주
정석빈(鄭碩賓) ; 제주·우수영
정석윤(鄭錫胤) ; 구례
정석조(鄭錫朝) ; 무안
정석주(鄭錫疇) ; 능주
정석진(鄭錫珍) ; 해남
정선교(鄭善敎) ; 장성
정선명(鄭善鳴) ; 영광
정선시(鄭善始) ; 장성
정설(鄭渫) ; 나주·흥양
정성시(鄭聖時) ; 무안
정세광(丁世光) ; 곡성
정세구(鄭世矩) ; 관찰사
정세규(鄭世規) ; 화순·관찰사
정세보(鄭世輔) ; 순천
정세순(鄭世舜) ; 해남
정세장(鄭世章) ; 진도
정세창(鄭世昌) ; 무안·옥과
정세필(鄭世弼) ; 강진
정세현(鄭世賢) ; 장흥
정세형(鄭世衡) ; 광양·

정윤조(丁允祖) ; 광주판관
정윤철(鄭允喆) ; 가리포
정은상(鄭殷祥) ; 곡성·구례·창평
정을현(鄭乙賢) ; 제주
정응규(鄭應奎) ; 장흥
정응성(鄭應聖) ; 곡성(남원)·우수영2
정응정(鄭應井) ; 홍양
정의운(鄭義耘) ; 해남
정이(鄭位) ; 동복
정이규(鄭以規) ; 강진
정이우(鄭而右) ; 제주판관
정이운(鄭以雲) ; 함평
정이중(鄭以重) ; 낙안
정익시(鄭翊時) ; 강진
정익용(鄭益鎔) ; 낙안
정익조(鄭益祚) ; 순천
정인(鄭寅) ; 강진
정인개(鄭仁槪) ; 정의
정인관(鄭仁寬) ; 보성·장흥
정인국(鄭寅國) ; 강진
정인귀(鄭仁貴) ; 순천
정인석(鄭寅奭) ; 홍양
정인수(鄭麟壽) ; 창평
정인운(鄭仁耘) ; 제주
정인태(鄭寅台) ; 구례
정인환(鄭寅煥) ; 동복
정일녕(鄭一寧) ; 능주
정일상(鄭一祥) ; 관찰사
정일엽(鄭一曄) ; 낙안
정일환(鄭日煥) ; 광주

정장손(鄭長孫) ; 남평
정재기(鄭在箕) ; 함평
정재용(鄭在容) ; 함평
정재원(丁載遠) ; 화순
정재제(鄭載濟) ; 제주판관
정재춘(鄭再春) ; 해남
정재후(鄭載厚) ; 능주·장성
정전(鄭詮) ; 순천·제주판관
정제(鄭霽) ; 창평
정제태(鄭齊泰) ; 장성
정존중(鄭存中) ; 광주
정종(鄭種) ; 우수영
정종명(鄭宗溟) ; 창평
정종아(鄭從雅) ; 가리포
정종영(鄭宗榮) ; 관찰사
정주석(鄭冑錫) ; 화순
정주신(鄭冑新) ; 홍양
정주응(鄭周應) ; 광양
정준섭(鄭峻燮) ; 구례
정준제(鄭俊堤) ; 관찰사
정준채(鄭駿采) ; 광양
정중대(鄭重岱) ; 무안
정중록(鄭重祿) ; 정의
정중수(鄭中守) ; 나주
정중해(鄭重海) ; 창평
정중휘(鄭重徽) ; 광주·영광
정지신(鄭趾新) ; 곡성·해남
정지용(鄭持容) ; 남평
정지우(鄭之羽) ; 순천

정지익(鄭志翼) ; 나주·장성
정지현(鄭志鉉) ; 영암
정지호(鄭之虎) ; 나주
정지화(鄭知和) ; 관찰사
정진(鄭津) ; 나주
정진(鄭縝) ; 장성
정진묵(鄭晉默) ; 곡성
정진석(鄭晋錫) ; 화순
정집(鄭濈) ; 곡성·진도·우수영
정집녕(鄭輯寧) ; 홍양
정창기(鄭昌耆) ; 곡성
정창성(鄭昌聖) ; 영암
정창유(丁昌裕) ; 구례
정창주(鄭昌周) ; 광양
정창주(鄭昌冑) ; 담양
정창진(鄭昌震) ; 창평
정창한(鄭昌翰) ; 보성
정창회(鄭昌會) ; 대정
정척(鄭倜) ; 보성·제주판관
정철(鄭澈) ; 관찰사
정초(鄭初) ; 제주
정최조(鄭取朝) ; 관찰사
정충경(鄭忠敬) ; 관찰사
정취도(鄭就道) ; 장흥·정의
정치순(鄭致淳) ; 영광
정침(鄭忱) ; 정의
정침(鄭沉) ; 홍양
정태주(鄭台周) ; 대정
정택(鄭澤) ; 해남

조명종(曺命宗) ; 장성
조명주(趙命周) ; 정의
조명집(曹命楫) ; 제주
조명철(曺命喆) ; 구례
조명침(趙明琛) ; 진도
조명하(趙命夏) ; 능주
조몽웅(趙夢熊) ; 구례
조무적(曺無敵) ; 장흥
조문벽(趙文壁) ; 낙안
조문혁(趙門赫) ; 대정
조민희(趙民熙) ; 관찰사
조박(趙璞) ; 나주·관찰사
조방언(趙邦彦) ; 관찰사
조방정(趙邦禎) ; 장흥
조방직(趙邦稙) ; 장흥
조방필(趙邦弼) ; 곡성
조백승(曺柏承) ; 함평
조범구(趙範九) ; 영암
조병갑(趙秉甲) ; 보성
조병덕(趙秉德) ; 광양
조병로(趙秉老) ; 나주·보성
조병립(趙秉立) ; 남평
조병문(趙秉文) ; 능주
조병세(趙秉世) ; 영광
조병우(曺秉瑀) ; 강진·남평
조병일(趙秉一) ; 강진
조병학(趙秉學) ; 영광
조병헌(趙秉憲) ; 영광
조병호(趙秉浩) ; 옥과
조복경(曺復卿) ; 강진·무안
조복명(趙復命) ; 화순
조봉진(曺鳳振) ; 관찰사
조빈(趙贇) ; 보성
조사겸(趙思謙) ; 구례
조사수(趙士秀) ; 제주
조사충(趙思忠) ; 능주
조상걸(趙商傑) ; 섬진
조상수(趙尙遂) ; 남평
조상익(趙常翼) ; 구례
조상정(曺尙正) ; 제주판관
조상주(趙相周) ; 낙안·가리포
조상한(趙相漢) ; 순천·해남
조석구(趙錫龜) ; 강진
조석영(趙奭永) ; 나주
조석현(曺錫玄) ; 담양
조석형(曺錫亨) ; 순천
조섭(趙燮) ; 보성
조성(趙醒) ; 강진
조성교(趙性敎) ; 관찰사
조성보(趙聖輔) ; 나주
조성산(趙誠山) ; 우수영
조성하(趙聲夏) ; 구례
조성희(趙性熹) ; 동복2
조세감(趙世瑊) ; 보성
조세건(曺世健) ; 제주판관
조세규(趙世珪) ; 영암·장흥
조세망(趙世望) ; 장흥
조세선(趙世選) ; 정의
조세익(曺世益) ; 보성
조세환(趙世煥) ; 관찰사
조수문(趙脩文) ; 영암
조수인(曺壽仁) ; 가리포
조수준(趙守準) ; 나주·장흥
조숙(趙潚) ; 능주
조숙(曹淑) ; 광양
조순(趙純) ; 동복
조순도(趙順道) ; 진도
조순신(趙純臣) ; 강진
조술(趙述) ; 진도·우수영·가리포
조승(曺琡) ; 대정
조승현(趙承顯) ; 광양
조시겸(趙時謙) ; 흥양
조시경(趙時瓊) ; 순천
조시만(趙時萬) ; 나주
조시순(趙時淳) ; 나주
조시술(趙時述) ; 광주·나주
조시영(曺始永) ; 흥양2
조시운(趙時耘) ; 제주판관
조시위(趙時偉) ; 관찰사
조시일(趙時一) ; 보성
조시중(趙時中) ; 화순
조시태(曺時泰) ; 해남
조시형(趙時馨) ; 창평
조시환(趙始煥) ; 옥과
조안국(趙安國) ; 광주·우수영
조양부(趙良傅) ; 정의
조억(趙億) ; 남평
조연(曺兗) ; 해남
조연덕(趙衍德) ; 광주

조종환(趙鍾桓) ; 제주
조준구(趙駿九) ; 무안·홍양
조중관(趙重觀) ; 강진
조중구(趙重九) ; 담양
조중선(趙重選) ; 낙안
조중손(曹仲孫) ; 진도
조중엽(趙重燁) ; 광양
조중일(趙重日) ; 화순
조중직(趙重稷) ; 영광
조지당(趙之唐) ; 나주
조지산(趙智山) ; 홍양
조지하(趙之夏) ; 장흥
조지항(趙持恒) ; 능주
조진규(趙晋奎) ; 무안·화순
조진문(趙鎭文) ; 곡성
조진민(趙鎭敏) ; 광주
조진선(趙鎭宣) ; 나주
조진세(趙鎭世) ; 순천
조진수(趙鎭壽) ; 화순
조진정(趙鎭禎) ; 강진
조진화(趙晉和) ; 순천
조찬(趙纘) ; 곡성
조찬한(趙纘韓) ; 영암
조창문(趙昌門) ; 구례
조천령(曺千齡) ; 동복
조천보(趙天寶) ; 나주
조철영(趙徹永) ; 광주·담양
조최(趙最) ; 창평
조충손(趙衷孫) ; 보성
조충희(趙忠熙) ; 광양·영광
조칙(趙侙) ; 곡성
조태과(趙泰果) ; 담양
조태기(趙泰耆) ; 남평
조태망(趙泰望) ; 해남
조태석(趙台錫) ; 장흥
조태순(趙台淳) ; 남평
조태현(趙台顯) ; 진도
조태흥(趙泰興) ; 능주·담양
조필달(趙必達) ; 보성
조필영(趙弼永) ; 나주·무안
조하경(曺夏卿) ; 순천
조하승(曹夏升) ; 광양
조하신(曺夏臣) ; 해남
조학점(趙學點) ; 곡성
조학천(趙學天) ; 담양
조학춘(趙學春) ; 강진
조학현(趙學顯) ; 구례
조한근(趙漢根) ; 나주관찰사
조한보(趙漢輔) ; 창평
조한손(曺漢孫) ; 우수영
조한용(趙漢鏞) ; 광주·담양·동복
조한위(趙漢緯) ; 강진
조한익(趙漢益) ; 광양
조한진(曹翰振) ; 진도
조함영(趙咸永) ; 나주
조현남(趙顯男) ; 홍양
조현명(趙顯命) ; 관찰사
조현범(趙賢範) ; 우수영
조형(趙珩) ; 곡성
조형남(趙亨男) ; 창평
조형도(趙亨道) ; 보성
조형원(趙亨遠) ; 낙안
조혼(曹渾) ; 나주판관
조홍립(曺弘立) ; 영광
조홍벽(趙弘璧) ; 곡성
조홍진(趙洪鎭) ; 강진
조환(趙環) ; 나주
조황(曺晄) ; 관찰사
조효원(趙孝元) ; 동복
조훈(趙勛) ; 나주판관
조휘감(趙徽鑑) ; 진도
조휘림(趙徽林) ; 관찰사
조휘진(曹翬振) ; 나주
조휴(趙休) ; 관찰사
조흡(趙潝) ; 광주·창평
조흡(曺恰) ; 나주
조희(趙禧) ; 나주
조희린(趙義麟) ; 해남
조희림(趙義林) ; 진도
조희문(趙希文) ; 장흥
조희보(趙希輔) ; 광주
조희상(趙義象) ; 가리포
조희석(趙熙錫) ; 영암
조희순(趙義純) ; 제주
조희승(趙義升) ; 우수영
조희원(趙義元) ; 보성
조희일(趙希逸) ; 광주·담양
조희정(趙希鼎) ; 제주
조희찬(趙義贊) ; 영암
조희철(趙熙哲) ; 나주

최길헌(崔吉憲) ; 영암
최내길(崔來吉) ; 장흥
최대처(崔大處) ; 낙안
최도장(崔道章) ; 영암·우수영
최도중(崔燾仲) ; 보성
최동립(崔東立) ; 담양
최동명(崔東溟) ; 구례·함평·가리포
최동언(崔東彦) ; 구례
최동일(崔東逸) ; 제주판관
최동제(崔東濟) ; 곡성·대정
최두현(崔斗顯) ; 곡성
최래길(崔來吉) ; 능주
최린(崔潾) ; 진도
최만형(崔萬衡) ; 장흥
최맹호(崔孟浩) ; 대정
최명석(崔鳴錫) ; 보성
최명손(崔明孫) ; 홍양
최몽성(崔夢星) ; 영광
최무휘(崔武輝) ; 섬진
최문식(崔文湜) ; 영광
최문오(崔文澳) ; 영암
최민(崔岷) ; 나주판관
최범중(崔範重) ; 정의
최범흥(崔範興) ; 옥과
최병교(崔秉敎) ; 가리포
최병두(崔丙斗) ; 진도
최보(崔葆) ; 해남
최보한(崔輔漢) ; 관찰사
최보흥(崔普興) ; 장성
최부(崔府) ; 관찰사
최사공(崔士恭) ; 대정
최산택(崔山澤) ; 광양
최상겸(崔尙謙) ; 화순
최상기(崔尙耆) ; 곡성·진도
최상은(崔相殷) ; 해남
최상익(崔商翼) ; 담양
최상정(崔尙鼎) ; 광주
최서(崔恕) ; 관찰사
최석(崔碩) ; 순천
최석서(崔錫瑞) ; 광양·홍양
최석홍(崔錫弘) ; 구례
최선복(崔善復) ; 나주
최성(崔晟) ; 광양
최세보(崔世輔) ; 구례
최세절(崔世節) ; 관찰사
최세화(崔世華) ; 광양
최수(崔[illegible]) ; 무안
최수로(崔壽老) ; 나주판관
최수로(崔守魯) ; 순천·홍양
최수장(崔水長) ; 정의
최수준(崔秀俊) ; 무안
최수평(崔守平) ; 제주
최수학(崔壽學) ; 광양
최숙손(崔淑孫) ; 우수영
최시순(崔時淳) ; 홍양
최신헌(崔新憲) ; 곡성
최양보(崔良輔) ; 제주판관
최양필(崔良弼) ; 보성
최여달(崔汝達) ; 곡성
최여림(崔汝霖) ; 보성·순천·제주
최여정(崔汝貞) ; 제주판관
최연(崔葕) ; 광주
최연(崔衍) ; 진도
최옥호(崔玉皓) ; 나주
최온(崔蘊) ; 남평
최완(崔烷) ; 제주
최용지(崔容之) ; 낙안·해남
최우(崔遇) ; 담양
최우칠(崔宇七) ; 구례
최우현(崔禹鉉) ; 가리포
최욱(崔煜) ; 영광
최운룡(崔雲龍) ; 강진·해남
최운서(崔雲瑞) ; 우수영
최원(崔援) ; 무안·옥과
최원(崔綩) ; 함평
최원우(崔元祐) ; 순천
최위지(崔緯地) ; 해남·대정
최유경(崔有慶) ; 관찰사
최유림(崔有霖) ; 우수영
최유지(崔攸之) ; 강진·구례·담양
최유태(崔裕泰) ; 낙안
최유한(崔有漢) ; 해남
최유해(崔有海) ; 광주
최윤손(崔允孫) ; 장흥
최윤호(崔潤湖) ; 진도
최율(崔律) ; 보성
최응룡(崔應龍) ; 광주·나

하응유(河應裕) ; 광양
하자종(河自宗) ; 관찰사
하주(河澍) ; 제주판관
하준(河濬) ; 제주판관
하진(河震) ; 옥과
하진해(河振海) ; 섬진
하집(河楫) ; 나주
하팽로(河彭老) ; 곡성
하홍도(河興道) ; 대정
한감(韓警) ; 화순
한건(韓謇) ; 곡성
한경린(韓慶麟) ; 가리포
한경원(韓慶元) ; 장흥·정의
한경유(韓景愈) ; 광양
한계남(韓繼男) ; 가리포
한계미(韓繼美) ; 나주판관
한계원(韓啓源) ; 해남
한계익(韓啓翼) ; 제주판관
한계진(韓啓震) ; 영광
한계철(韓啓轍) ; 낙안
한계풍(韓啓豊) ; 진도
한계함(韓繼咸) ; 대정
한공신(韓公信) ; 장흥
한광근(韓光近) ; 영광·영암
한광적(韓光迪) ; 장흥
한광협(韓光協) ; 무안
한규(韓珪) ; 우수영
한극유(韓克裕) ; 장흥
한근(韓瑾) ; 제주판관
한근형(韓根馨) ; 진도
한긍유(韓兢裕) ; 강진
한기동(韓耆東) ; 나주관찰사2
한기유(韓耆裕) ; 순천·영광
한길모(韓吉謩) ; 대정
한대유(韓大裕) ; 장흥
한덕기(韓德基) ; 가리포
한덕수(韓德脩) ; 광양
한덕원(韓德遠) ; 관찰사
한덕주(韓德柱) ; 섬진
한덕증(韓德增) ; 광양
한덕필(韓德弼) ; 능주
한동악(韓東岳) ; 대정
한두(韓枓) ; 관찰사
한만경(韓萬慶) ; 홍양
한명욱(韓明勖) ; 장흥
한명운(韓明運) ; 진도
한몽룡(韓夢龍) ; 진도
한무(韓楙) ; 동복
한문준(韓文俊) ; 장흥
한문홍(韓文洪) ; 장성
한백연(韓百衍) ; 남평
한범석(韓範錫) ; 장흥·제주
한범제(韓范齊) ; 무안
한복(韓馥) ; 나주
한봉조(韓鳳朝) ; 무안
한사득(韓師得) ; 영암
한사선(韓師善) ; 남평
한사진(韓師鎭) ; 광양
한사협(韓師浹) ; 보성
한상명(韓尙明) ; 구례
한상묵(韓象默) ; 제주
한상유(韓尙裕) ; 제주판관
한서(韓緖) ; 영암
한석(韓碩) ; 관찰사
한석(韓奭) ; 우수영
한석곤(韓錫坤) ; 홍양
한선기(韓選基) ; 제주판관
한성(韓成) ; 보성
한성검(韓聖儉) ; 광양
한성우(韓聖佑) ; 광주·관찰사
한성흠(韓聖欽) ; 우수영
한세량(韓世良) ; 영광
한세양(韓世讓) ; 담양
한세필(韓世弼) ; 해남
한수진(韓守眞) ; 창평
한순(韓楯) ; 남평
한승순(韓承舜) ; 제주
한신민(韓信民) ; 곡성
한억길(韓億吉) ; 낙안
한억증(韓億增) ; 제주
한여윤(韓汝尹) ; 홍양·제주판관
한여직(韓汝稷) ; 능주
한영(韓濚) ; 순천
한오장(韓五章) ; 광양
한옥(韓玉) ; 영광
한온(韓蘊) ; 장흥
한용간(韓用幹) ; 무안
한용구(韓用龜) ; 관찰사
한용권(韓用權) ; 곡성
한용신(韓用信) ; 낙안
한용한(韓用翰) ; 동복
한우기(韓友琦) ; 영암

허식(許侙) ; 장흥
허실(許實) ; 흥양
허심(許鐔) ; 광양
허엄(許儼) ; 해남
허완(許完) ; 남평·우수영3
허용(許嵱) ; 강진
허유(許愈) ; 장흥
허재(許梓) ; 구례
허쟁(許崝) ; 낙안·장흥
허적(許積) ; 관찰사
허전(許坱) ; 가리포
허전(許傳) ; 함평
허정(許鼎) ; 영암
허조(許祖) ; 관찰사
허주(許周) ; 관찰사
허지(許墀) ; 나주
허지혜(許之惠) ; 나주판관
허진(許璡) ; 해남·우수영
허질(許秩) ; 나주
허질(許晊) ; 무안
허집(許集) ; 순천
허채(許埰) ; 보성
허채(許采) ; 함평
허철(許撤) ; 대정
허평중(許平仲) ; 진도
허학(許礐) ; 화순
허한(許僩) ; 능주
허항(許恒) ; 장흥
허휘(許彙) ; 강진·흥양
허희(許熙) ; 제주
현극(玄極) ; 보성
현대초(玄大初) ; 제주판관
현덕승(玄德升) ; 장흥
현명운(玄明運) ; 무안
현읍(玄揖) ; 해남
현중인(玄仲仁) ; 나주판관
현집(玄楫) ; 영암·제주
형승윤(邢承尹) ; 화순
형자관(邢自寬) ; 남평
홍가상(洪可相) ; 옥과
홍간(洪榦) ; 가리포
홍감보(洪鑑輔) ; 나주
홍건(洪楗) ; 해남
홍건조(洪健祚) ; 광양
홍건후(洪健厚) ; 화순
홍걸(洪傑) ; 제주
홍검(洪檢) ; 무안
홍경(洪璥) ; 곡성
홍경림(洪景霖) ; 순천
홍경보(洪鏡輔) ; 광주·순천
홍경섭(洪敬燮) ; 제주판관
홍경안(洪景顔) ; 영광
홍경운(洪景運) ; 구례
홍경후(洪景厚) ; 장성
홍계상(洪啓相) ; 화순
홍계선(洪繼善) ; 진도·해남·흥양·대정
홍규(洪圭) ; 제주
홍규영(洪奎永) ; 해남
홍근(洪瑾) ; 흥양
홍기섭(洪耆燮) ; 담양
홍기섭(洪起燮) ; 순천
홍기주(洪岐周) ; 곡성
홍낙빈(洪樂彬) ; 옥과
홍낙성(洪樂性) ; 관찰사
홍낙우(洪樂佑) ; 구례
홍낙인(洪樂仁) ; 관찰사
홍난유(洪蘭裕) ; 광주
홍남립(洪南立) ; 광양·보성
홍담(洪曇) ; 관찰사
홍대연(洪大淵) ; 해남
홍대유(洪大猷) ; 순천
홍대인(洪大寅) ; 구례
홍대중(洪大重) ; 영광
홍득우(洪得禹) ; 담양
홍득일(洪得一) ; 나주
홍득후(洪得厚) ; 순천
홍력(洪櫟) ; 나주
홍리조(洪履祚) ; 제주판관
홍만기(洪萬紀) ; 장성
홍만조(洪萬朝) ; 함평·관찰사2
홍맹손(洪孟孫) ; 진도
홍명섭(洪明燮) ; 남평
홍명원(洪命元) ; 광주
홍명하(洪命夏) ; 화순
홍명한(洪名漢) ; 나주
홍명현(洪命顯) ; 화순
홍문영(洪文泳) ; 무안
홍민신(洪敏臣) ; 옥과
홍박(洪溥) ; 광주
홍배호(洪配浩) ; 담양
홍백영(洪百泳) ; 동복
홍병덕(洪秉悳) ; 가리포
홍병신(洪秉臣) ; 강진
홍병위(洪秉瑋) ; 장성·함평

홍유병(洪有炳) ; 섬진
홍유의(洪有義) ; 흥양
홍윤(洪錀) ; 능주
홍윤보(洪允輔) ; 능주
홍윤철(洪允喆) ; 옥과
홍응몽(洪應夢) ; 남평
홍응성(洪應盛) ; 화순
홍응진(洪應辰) ; 장성
홍의발(洪義發) ; 나주판관
홍의영(洪儀泳) ; 함평
홍이(洪伊) ; 남평
홍이성(洪頣性) ; 영암·진도
홍이원(洪以源) ; 진도
홍이호(洪彝浩) ; 구례
홍익대(洪益大) ; 장성
홍익생(洪益生) ; 흥양
홍익성(洪益誠) ; 제주
홍익영(洪翼英) ; 창평
홍익필(洪益弼) ; 나주·장성
홍익필(洪翼弼) ; 창평
홍익한(洪益閈) ; 광주
홍인록(洪仁祿) ; 진도
홍인묵(洪仁默) ; 제주
홍인한(洪麟漢) ; 관찰사
홍일형(洪一衡) ; 강진
홍임(洪任) ; 순천·영암
홍장섭(洪章燮) ; 장성
홍재기(洪在琪) ; 무안
홍재모(洪載謨) ; 진도
홍재심(洪在深) ; 정의
홍재응(洪在應) ; 광주·나주·담양
홍재정(洪在鼎) ; 무안·장흥
홍재중(洪在重) ; 무안
홍재진(洪在晋) ; 정의
홍재찬(洪在瓚) ; 흥양
홍재철(洪在喆) ; 영광
홍재한(洪在翰) ; 정의
홍재현(洪在鉉) ; 순천
홍정유(洪鼎猷) ; 담양
홍정주(洪鼎周) ; 옥과
홍종오(洪鍾五) ; 남평
홍종우(洪鍾宇) ; 제주
홍종운(洪鍾韻) ; 영암
홍종윤(洪鍾潤) ; 동복
홍종한(洪鍾漢) ; 보성
홍주구(洪疇九) ; 동복
홍주만(洪周萬) ; 능주
홍주삼(洪柱三) ; 광주·관찰사
홍주섭(洪疇燮) ; 진도
홍주언(洪柱彦) ; 구례
홍주일(洪柱一) ; 영광
홍준(洪遵) ; 순천
홍준(洪晙) ; 진도
홍준모(洪俊謨) ; 정의
홍중기(洪重夔) ; 강진
홍중기(洪重耆) ; 보성
홍중섭(洪重燮) ; 순천
홍중주(洪重周) ; 제주
홍중징(洪重徵) ; 순천·제주
홍중하(洪重夏) ; 광주·관찰사
홍중형(洪重亨) ; 우수영
홍중효(洪重孝) ; 능주
홍지(洪祉) ; 낙안·진도
홍직(洪稙) ; 해남
홍진(洪津) ; 곡성·창평
홍진문(洪振文) ; 장성
홍진연(洪晉淵) ; 옥과
홍집규(洪集圭) ; 장성
홍찬서(洪纘緖) ; 함평
홍창한(洪昌漢) ; 관찰사
홍채(洪埰) ; 구례
홍채주(洪采疇) ; 낙안
홍처량(洪處亮) ; 광주
홍처성(洪處誠) ; 진도
홍처심(洪處深) ; 남평
홍처윤(洪處尹) ; 나주
홍처주(洪處宙) ; 장성
홍처후(洪處厚) ; 강진·관찰사
홍철영(洪徹榮) ; 능주·장성·화순
홍춘년(洪春年) ; 나주
홍충해(洪忠海) ; 동복
홍치대(洪致大) ; 화순
홍치무(洪致武) ; 영암·우수영
홍치중(洪致中) ; 관찰사
홍태두(洪泰斗) ; 제주·우수영
홍택주(洪宅周) ; 영암
홍하상(洪夏相) ; 가리포
홍한주(洪翰周) ; 보성

전남선생안

**초판 1쇄 찍은 날** 2017년 12월 26일
**초판 1쇄 펴낸 날** 2017년 12월 28일

**편 역** 권수용
**만든곳** 도서출판 심미안
**주소** 61489 광주광역시 동구 천변우로 487(학동) 2층
**전화** 062-651-6968
**팩스** 062-651-9690
**메일** simmian21@hanmail.net
**블로그** blog.naver.com/munhakdlesimmian
**등록** 2003년 3월 13일 제05-01-0268호

**값** 25,000원
**ISBN** 978-89-6381-236-6 93090